JN424582

소명출판
20년

한국문학 연구
20년

소명출판 창립20주년 기념 서평집
소명출판 20년, 한국문학 연구 20년 | 수정판

초판인쇄 2018년 2월 10일 **초판발행** 2018년 2월 17일
엮은이 편집부 **펴낸이** 박성모 **펴낸곳** 소명출판 **출판등록** 제13-522호
주소 06643 서울시 서초구 서초중앙로6길 15, 1층
전화 02-585-7840 **팩스** 02-585-7848 **전자우편** somyungbooks@daum.net **홈페이지** www.somyong.co.kr

값 15,000원 ⓒ 소명출판, 2018
ISBN 979-11-5905-100-5 03810

잘못된 책은 바꾸어드립니다.
이 책은 저작권법의 보호를 받는 저작물이므로 무단전재와 복제를 금하며,
이 책의 전부 또는 일부를 이용하려면 반드시 사전에 소명출판의 동의를 받아야 합니다.

소명출판 창립20주년
기념 서평집

소명출판 20년 / 한국문학 연구 20년

수정판

편집부 편

소명출판

2018년은 소명출판이 문을 연 지 꼭 20년이 되는 해입니다. 소명출판이 첫걸음을 내딛은 1998년 그때, 갓 설이 지나고 얼마 안 된 시기로 분주히 순비하는 와중에 때 이른 봄비가 간간히 내렸던 기억이 납니다. 그러나 대한민국이라는 반도 국가는 IMF라는 초유의 한파로 이전에 볼 수 없었던 흉흉한 소식들과 진풍경이 가득했습니다. 도심의 골목마다에는 크고 작은 업체들은 물론 개인 파산으로 인해 멀쩡한 사무실 집기들이 켜켜이 쌓이고 나뒹굴고 있었습니다. 참으로 스산하고 엄혹한 시기였습니다. 그런 시기에 뚜렷한 준비나 지향도 없이 막연하게 기존 학술출판 현장의 졸속함에 대한 나름의 답답함으로, 그리고 명분뿐이었지만 민족문학사연구소의 일원으로서 기관지 『민족문학사연구』의 불투명한 행로에 무엇인가에 쫓기듯 출판업에 뛰어들었습니다. 그렇게 시작한 일이 벌써 20년이 흘렀다니! 잠시, 심호흡을 해봅니다.

소명출판 창립 20주년을 맞으며 그동안 디뎌온 길을 한번 차분하게 되돌아보았습니다. 세월이 흐른 만큼 아련해지며 더욱 더 그리운 소명출판 초기의 저자분들과 필자분들의 얼굴도 어떤 형식으로라도 보고 싶었습니다. 망설이다가 그 흔적들을 찾아 나섰습니다. 미처 챙겨놓지 못한 채 여기저기 흩어져 있던 서평 목록들을 가능한 범주에서 일단 모두 추슬러 보았습니다. 이 일 자체마저도 쉬운 것이 아니었습니다.

각종 학술지나 저널에 실린 서평들을 일일이 확인하기에는 필수적으로 관련 학계의 광범위한 도움이 있어야 했습니다. 최종으로 정리된 목록은 그 자체의 방대함과 넓은 주제 때문에 도저히 한 권에 다 담을 수 없었고 그럴듯한 묘책도 떠오르지 않았습니다. 그리하여 아쉬움이 크지만 한국문학 연구로 주제의 범위를 좁히고 이미 역사가 된 오래전 글들이나마 소박하게 정리해 보기로 했습니다. 이렇게 주제를 좁혀도 다 담을 수 없는 한계를 감내하면서 『소명출판 20년, 한국문학 연구 20년』이 세상에 나오게 되었습니다. 여기에 실리지 못한 서평들이 더 많지만 부족해서가 아닙니다. 이 점 크게 아쉽지만 필자분들께서 흔쾌히 이해해 주셨으면 합니다.

사실, 오래전부터 소명출판은 '동아시아 인문학의 구축과 연대'라는 지향점이 있었습니다. 동아시아라는 지도와 그 연대기를 펼쳐놓고 촘촘한 지형지물을 살피느라 다소 느린 걸음으로 나아가고 있습니다. 『소명출판 20년, 한국문학 연구 20년』의 목차를 살펴보시면 '동아시아 인문학의 구축과 연대'라는 지향점으로 나아가는 길 위에 소명출판이 있다는 것을 이 책에서 그 일부나마 확인하실 수 있습니다.

이렇게 한 권의 책으로 지난 세월을 묶고 보니 감회가 새롭습니다. 무엇보다 지난 글의 재수록 출간에 선뜻 동의해 주신 모든 분들과 이 책의 기획에 큰 역할을 해준 벗 고려대 박헌호 교수와 서울대 류준필 교수, 또 이름을 밝히기 꺼리며 각별한 도움을 주신 몇몇 분들께 이 자리를 빌어 특별히 감사의 마음을 전합니다.

더불어 이 지면을 통해 소명출판과 오랜 세월 함께해 주신 협력업체에 깊은 감사의 말씀을 전하고 싶습니다. 지금의 소명출판은 협력업체의 믿음과 신뢰가 없었다면 존재하기 어려웠을 것입니다. 많은 부수를 찍거나 팔리는 책을 내지도 않는 소명출판 같은 출판사와 함께하는 자체가 협력업체에도 때때로 큰 부담이 되었을 것입니다. 다만, 소명출판은 제작단가 차이나 그때그때의 필요에 따라 협력업체를 옮긴다거나 복수의 업체와 일을 진행하지 않아 왔습니다. 앞으로도 오로지 고품질을 추구하며 그동안 함께해 온 협력업체와 돈독한 관계를 유지하는 것을 최선으로 삼을 것입니다. 소명출판의 협력업체는 감히 말씀드리건대 국내 최대 규모는 아닐지라도 그 내실에 있어서는 최고의 자부심과 품질을 보장하는 업체들입니다. 언제나 그렇듯 출판관련 협력업체는 출판계의 명암과 그 운명을 함께하고, 그만큼 어려운 환경 속에 있습니다. 그럼에도 소명출판과 고락을 함께해 주신 협력업체 관계자분들께 진심으로 감사드립니다.

이제 소명출판은 스무 살 청년이 되었습니다. 몸은 성인이 되었지만 그 내면은 앞으로 더 섬세하게 가다듬고 정진해야 하는 숙제가 남았습니다. 그동안 많이 부족했습니다. 출판계나 독자 생태계를 무시하고 고집으로 일관해 왔고 그만큼 이 시장에서 지각한 측면을 부인하지 않겠습니다. 소명을 피우지 않았다는 말도 되겠지만, 그러나 이제는 한 걸음 더 나아감에 힘을 싣겠습니다. 그동안 보내주신 신뢰와 사랑에 빛나는 결실로 보답할 수 있도록 더욱 노력하겠습니다. 감사합니다.

2018.2.15

소명출판 대표 박성모

차례

제2부 동아시아를 바라보다

제3부 근대문학(화)의 지평을 넓히다

제4부 한국문학 연구의 새로움을 품다

제5부 초심의 소명으로 기틀을 세우다

제1부

문학사 연구의 틀을 바꾸다

한국문학의 지형도地形圖

민찬 | 대전대학교 국어국문학과 교수

민족문학사연구소 고전문학분과, 『한국 고전문학 작가론』, 1998

1.

민족문학사연구소 고전문학분과에서 간행한 『한국고전문학작가론』을 집어든 심회는 남다른 바가 있다. 평자는 연구소 설립을 위한 물밑작업의 단계에서 거기에 직접 관여하고 있던 몇몇 분들로부터 참여를 권유받았었고, 또 그 진지한 제안에 공감하여 그렇게 할 것을 약속했었다. 연구소 출범 초기에는 몇 번인가 모임에 참석하여 관심의 폭을 넓히기도 했고, 또 앞으로 해나가야 할 공부의 방향과 같은 문제에 대해서도 서로 이야기를 나누었던 기억이 있다. 그러나 그 후 이런 저런 이유로 연구소 출입은 이어지지 못했고, 더욱이 지방으로 거처를 옮기는 바람에 희미해지니까 가지고 있었던 유대감은 스스로 내세울 처지가 못 되었다. 대신에, 해야 할 소임을 제쳐 놓았다는 아쉬움과 연구소를 향한 어쩔 수 없는 미안함으로 인해 한동안 마음이 편치 않았던 기억이 새삼스럽게 떠오른다.

고전문학분야의 대표적인 인물을 선정하여 작가론의 형식으로 논의하고 정리해 놓은 저술은 수차례 간행된 적이 있다. 그 중에는 출판사의 기획으로 간행된 책도 있고 학계 일각에서 몇몇 분들의 발의로 기획되어 나온 것도 있으며, 개인의 연구성과를 간추려 갖추어 놓은 연구서들도 여러 편이 나와 있다. 모두가 다 고전문학분야 문인·작가들의 면모를 탐구하면서 그로써 작품의 실체에 더욱 다가설 수 있게끔 하고 있어 고전문학 연구의 수준을 올려 놓는데 크게 이바지한 소중한 업적들이다. 이번에 간행된 『한국고전문학작가론』도 기왕의 연구성과와 마찬가지로 고전문학계에 크게 공헌하게 되리라는 점은 다시 말할 필요가 없을 것이다. 그러나 기존의 연구서들에 비해 이 책은 몇 가지 점에서 특별한 관심을 기울이게 해 놓는다. 이제, 한정된 지면에 상세한 내용을 담을 수도 없으려니와 그럴 만한 역량도 평자는 지니고 있지 못하다. 뿐만 아니라 성격상 이 책이 특별한 쟁점을 다루고 있는 것도 아니어서 이 자리에서는 다만 책을 접하고 난 다음에 떠오르는 몇 가지 사항들을 거칠게 짚어보는 것으로 서평을 대신하고자 한다.

2.

이 책은 뚜렷한 기획 아래 다루고자 하는 인물을 선정하고 각기 다른 논자들에 의해 각 편이 만들어진 공동작업의 결과물이다. 따라서 대상 인물을 바라보는 시각이나 문학에 대한 입장에 있어서는 글마다 어느 정도 공유하는 부분들이 있고, 수록된 글을 읽어나가는 과정에서도 그러한 사실들을 넉넉하게 포착할 수 있었다. 특히, 역사적 배경이나 당대의 문학적 전개에 대한 거시적 조망이 이루어진 바탕 위에서 대상 인물의 삶과 그의 문학에 대한 미시적 탐색이 진행되어 있다는 점이 이 책의 성격이자 기본 구도이고 강점이자 탁월함이다. 때문에 사려깊은 독자라면 이 책만 가지고도 한국문학의 흐름을 보다 심층적으로 파악해낼 수 있게 되며, 나아가 그들의 삶의 모습과 의식의 방향을 엿보아 가면서 문학 혹은 문학행위의 의의와 문학유산의 실체에 대해서 한층 더 진전된 인식을 수행할 수 있을 것이다.

이 책에 수록된 모든 글에서 그러하듯이 대상 인물의 생애를 정리하는 과정에서 그의 경험과 사유, 그리고 문학적 토대 및 창작의 동기 등이 상호 긴밀한 관련 속에서 추출됨으로써 그들이 남겨 놓은 작품의 주제나 형식, 나아가서는 장르 선택의 근거까지도 정확하게 이해할 수 있는 길을 열어주고 있다. 김시습을 다룬 글에서는 구체적인 자료를 적시하여 대상 인물의 문학적 입장을 면밀히 파악해 놓고 있고, 정철의 경우 그에 대한 거의 완벽한 이해를 바탕으로 작품이 풍겨주는 미묘한 뉘앙스의 흐름마저 놓치지 않고 포착해내고 있다. 치밀한 논의를 거치는 가운데 가사문학에서 차지하는 박인로의 위치 및 그의 독자성에 대한 정리가 일목요연하게 이루어졌다는 점도 지적할 사항이다. 특히 김시습·정철·박인로 등에 대해서 필자들이 보여주는 이해의 수준은 특별한 것이었다.

시기적으로 오래된 인물인 경우에는 흩어져 있는 단편적인 자료나 근거를 성심성의껏 찾아내어 논의에 올려놓고 있어 학문적 엄밀성과 진지함을 동시에 확인하게 된다. 최치원·정지상·일연을 다룬 글에서 그러한 노력이 두드러지는 바 대상 인물의 생애를 재구하는 데에서 머무르지 않고 의식의 면모를 확보하면서도 나름대로 객관성을 유지하기 위해 애를 쓴 흔적이 역력하다. 하지만 최치원의 경우 현실세계로 향하던 그의 끝없는 미련과 거기서 비롯하는 것으로 짐작되는 분열된 자의식 등에 대해서는 좀 더 짚어볼 수 있지 않나 판단된다. 정지상의 생애와 문학활동도 당시의 시대적 상황이나 역사적 동향, 혹은 정치권력구조에 대한 확장된 시각이 병행했더라면 더욱 객관적인 조명이 가능했을 것으로 생각된다. 일연에서는 그 기본 전제라고 할 수 있는 불교적 외피를 다소간 소홀히 지나치는 것은 아닌가 하는 생각을 해보았다.

생애를 재구함에 있어 비문학적 언술들도 다양하게 활용함으로써 대상 인물의 앞모습뿐만 아니라 옆모습까지 그려볼 수 있을 만큼 모든 글들이 그들의 생애에 대해 다각적인 조명을 수행하고 있다는 것도 돋보이는 점이다. 필자들이 지니고 있는 농축된 지식과 포괄적 시야 덕택에 박지원은 당대 지성의 정점이자 문호이기에 앞서 우리 가까이에 있는 것 같은 친숙한 인물로 되살아날 수 있었고, 정약용 또한 이번의 작가론을 통해서 그 생애가 문학 쪽으로 보다 성큼 다가설 수 있게 되었다. 이규보의 경우 그가 지녔을 고민의 흔적을 읽을 수 있었던 것도 다각적인 조명을 수행했기 때문에 가능한 일이었다. 이 같은 성과들은 대상 인물에 대한 연구자의 축적된 이해와 절제된 애정이 없이는 결코 이루어질 수 없는 것들로 생각된다. 과도한 찬사로 일관하기 쉬운, 자칫 작가론이 빠져 버릴 수 있는 병폐를 차분하게 피해 나간 그러한 글들이었다.

그런 점에서 윤선도·김만중 등을 다룬 글들은 한 번쯤 짚고 넘어갈 필요가 있다고 생각된다. 그들 모두가 뛰어난 작품을 남긴 한국문학의 대표적인 인물들이고 그동안 그 방면 연구자들의 시선이 줄곧 이어지고 있었다는 점에 비추어 볼 때 그들이 이룩해 놓은 문학적 성취에 대해서는 논란의 여지가 있을 수 없는 것이 사실이다. 그러나, 그럼에도 불구하고 그 공功과 함께 과過를 그리고 성과와 함께 한계를 아울러 지적해 두는 것이 한 인물을 조명하는 보다 온당한 자세가 아닌가 여겨진다. 독자의 입장에서 빗어진 오독과 오해가 개재하고 있을 것이겠지만 정도가 지나치는 찬사는 오히려 대상 인물의 진면목을 가릴 수도 있다는 점을 덧붙이고 싶다.

논의를 하는 가운데 대상 인물에 대한 평가의 객관성을 마련하기 위해서 그를 둘러싼 당대의 시대적 상황에 대해 치밀하게 파고 들어간 자세는 돋보이는 것이었다. 다만 그러한 작업을 수행하면서 몇몇 글들의 경우에는 시대적 상황이라든지 당대의 보편적인 문학 현상에 상대적으로 많은 비중을 두고 있기 때문에 대상 인물이 그 안에 함몰되어 버린 듯한 느낌을 갖게 해주고 있다. 극히 예외적인 경우이기는 하지만 대상 인물 개인이나 그의 삶에 대한 탐구가 미진하게 처리되었거나 기존 연구의 수준을 벗어나지 못하고 있는 부분들도 없지 않아 있다. 그런 점에서 김시습과 신재효를 다룬 글에서 보여 준 새로운 문제의식은 값진 성과로 받아들여진다. 특히 신재효의 경우 필자가 새롭게 시도한 가설이나 주장이 아직은 뚜렷한 근거를 확보하지 못한 상태이기는 하지만, 작가론의 형식에 크게 얽매이지 말고 논의를 더욱 더 밀고 나갔으면 하는 아쉬움을 남겨 놓는다.

작자의 문제가 해결되지 않은 작품을 논의에 끌어들임으로써 모처럼의 연구성과 및 논의의 신빙성을 스스로 깎아놓고 있는 사례도 두어 군데에서 발견되고 있다. 허균과 「홍길동전」을 연결짓는 것도 그렇겠지만 거기서 더 나아가 「홍길동전」을 최초의 한글소설로 인정하고 그것을 허균이 지닌 우리말 문학에 대한 관심으로 바라보고 있는 것은 논란의 소지를 안고 있다. 임제를 다루면서 「서옥기」를 포함시킨 것도 필자의 의욕이 만들어 낸 결과로 받아들여지기는 하나 필자 자신이 본문과 각주에서 지적한 바와 마찬가지로 현재로서는 역시 문제가 될 수 있는 부분인 것이다.

3.

서로 다른 필자들에 의해 작성된 글을 읽어나가면서 각자 독특한 개성이 있는 문체를 서로 비교해 보는 것도 새로운 사실을 확인하고 이해하는 것 못지 않게 즐거운 일이었다. 그러한 즐거움은 마치 우뚝 우뚝 서 있는 문학의 고봉들을 각기 다른 안내자를 만나서 함께 이야기를 나누며 차례대로 올라가보는 산행의 즐거움 같은 것이었다. 어떤 봉우리는 안내자가 공들여 찾아낸 호젓한 오솔길로 접어들어 눈 앞에 전개되는 새로운 풍광을 구경하면서 등정할 수 있었고, 또 지금껏 미처 오르지 못하고 있었던 또 다른 봉우리는 편안한 길로 안내자가 이끄는 대로 힘들이지 않고 올라가 볼 수 있었다.

한차례 산행을 마친 지금, 우리 문학의 지형도에 나와 있는 산들이 모두가 다 수려한 모습을 갖추고 있다는 사실을 다시 한 번 느끼게 되었다. 이색과 김려를 다룬 글을 읽으면서 그들의 문학적 역량에 대해 새삼 깨달을 수 있었으며, 윤선도의 시세계를 다시 접하고는 우리말의 아름다움에 대해 더욱 신뢰감을 가질 수 있게 되었다. 가파른 산행이었지만 황현의 글을 통에서도 사士 의식의 나아간 바와 보여 준 바를 구분해서 확인할 수 있었다.

산에 올라서서 겹겹이 둘러싸고 있는 여러 산들을 두루 조망해볼 수 있었던 것도 이번 산행이 가져다 준 또 다른 즐거움이었다. 최치원과 이색을 비교할 수 있었고 허균과 임제를 비교해 볼 수 있었다. 정철과 박인로, 박지원과 정약용을 함께 조망할 수 있었던 것도 이 책이 지니고 있는 크나 큰 미덕이 아닐 수 없다. 『한국고전문학작가론』이라는 한국문학에 대한 새로운 지형도에는 다행히 산과 산을 연결하고 있는 큰 줄기까지도 제대로 그려져 있기 때문이다.

—『민족문학사연구』 14, 1999

조선시대 시가사詩歌史를 보는 새로운 시각

윤재민 | 고려대학교 한문학과 교수

강명관, 『조선시대 문학 예술의 생성공간』, 1999

1.

강명관 교수가 『조선시대 문학 예술의 생성 공간』을 펴냈다. 이 책은 강 교수가 기왕에 발표했던 논문 7편과 새로 쓴 논문 3편 등 모두 10편의 논문을 4부로 나누어 엮은 것이다. 제1부는 「조선 전기 고려가요의 전승과 시조사의 문제」, 「조선 전기 사대부의 음악향유의 제 양상」 등 두 편의 논문으로 구성되어 있다. 제2부는 「조선 후기 서울의 중간계층과 유흥의 발달」, 「사설시조의 창작 향유층에 대하여」, 「사설시조와 여항한시의 대비적 고찰」 등 세 편의 논문으로 구성되어 있다. 제3부는 「조선 후기 서적의 수입 · 유통과 장서가의 출현－18, 19세기 경화세족 문화의 한 단면」, 「조선 후기 경화세족과 고동서화 취미」, 「조선 후기 예술품 시장의 성립－서화를 중심으로」 등 세 편의 논문으로 구성되어 있다. 제4부는 「〈우부가愚夫歌〉 연구」, 「조선 후기 서울과 한시의 변화」 등 2편의 논문으로 구성되어 있다.

이 책의 서명書名과 이 책에 수록된 논문들의 제목에서도 알 수 있듯이, 이 책에서 강 교수가 주목하는 것은 조선 전기에서 조선 후기에 이르기까지 고려가요, 시조, 사설시조, 가사, 한시 등 제 문학적 장르들 및 문학 작품들과 그것들이 생성되는 역사적 사회적 컨텍스트의 문제이다. 특히 문학 작품이 생성되는 컨텍스트에 주목하다보니, 이 책에는 조선 전기 사대부 층의 음악향유의 실상, 조선 후기 서울의 중간계층과 이들이 주도했던 유흥 공간의 모습들, 조선 후기 경화세족의 고동서화 취미 등 지금까지 그다지 조명 받지 못했던 조선시대 문화의 여러 국면들이 다양한 각도에서 재조명 되고 있다. 이 중에는 이미 알려져 있는 사실들도 적지 않지만 강 교수에 의해서 새로이 발굴된 자료들 및 강 교수의 독특한 시각에 의해 재해석된 흥미로운 사실들이 적지 않다.

다방면의 주제를 다루고 있는 이상의 여러 논문들을 이 자리에서 다 검토할 여유는 없을 것 같다. 여기서는 강 교수의 저서 가운데 기발표되지 않았던 제1부의 두 논문과 사설시조의 창작 향유층 문제를 중심으로 서평자의 딴지걸기 소임을 새책塞責하고자 한다.

2.

이 책에서 제일 인상 깊은 주장은 제1부의 「조선 전기 고려가요의 전승과 시조사의 문제」, 「조선 전기 사대부의 음악향유의 제 양상」 등

두 편 논문에서 개진되고 있는 조선 전기 고려가요의 향유 및 시조의 형성 문제와 관련된 것이다.

강 교수는 조선 건국과 함께 성리학을 수용한 사대부 양반층에 의해 고려가요가 배제되고 시조가 형성되었다는 기존의 주장들에 대하여 의문을 제기한다. 강 교수에 의하면, 조선 전기 사대부들은 관념적 차원에서는 고려가요의 음란성을 비판했지만, 음악을 향유하는 실제 상황에 있어서는 애정을 주제로 하는 고려가요를 선호하였으며, 이것은 적어도 16세기 말까지 지속되었다고 한다. 이는 조선조에 들어와 고려가요를 대신하여 시조가 새로이 시가사詩歌史의 주류가 되었다는 주장에 대해 반론을 제기하는 것이다. 더욱이 시조의 형성 경로에 대해서도 강 교수는 시조가 사대부층에 의하여 창안되어 민중들에게 전파되었다는 기존의 주장을 비판하고, 오히려 시조가 민중들에게서 민요처럼 불리던 상황 속에서 사대부의 성악곡으로 채택되는 과정이 있었던 것으로 본다. 곧 강 교수는, 시조의 기원을 확정할 수는 없으나 16세기 말이면 이미 농민과 도강陶江 같은 민중들에게까지 광범위하게 전파되어 있었으며, 적어도 15세기 후반 무렵쯤에 민중들에 의하여 시조가 형성된 것으로 본다.

이러한 강 교수의 주장은 그가 제시하는 다양하고 상세한 실증적 자료들과 함께 상당히 설득력 있게 읽힌다. 특히 고려가요에 대해 한편으로는 비판하면서도 다른 한편으로는 향유하는 조선 전기 사대부들의 이중적인 면모를 이념과 생활의 분리로써 설명하는 논리는 매혹적(?)이기까지 하다. 그러나 바로 이 매혹적인 논리에 대해 서평자는 다음의 의문을 지울 수 없다. 곧 이념과 생활의 분리는 매개 역사 시기마다의 모든 지배계급에게 두루 통용되는 일반적 현상인가? 아니면 조선 전기의 특수적 현상인가? 만일 매개 역사 시기마다 두루 통용되는 일반적 현상이라면, 그것은 이념이 갖는 그 이데올로기성性의 의미를 너무 손쉽게 이념과 생활의 분리로써 해결해 버린 것은 아닌가? 더욱이 그 이념과 생활의 분리는 관념과 생활의 분리라는 이중적二重的 의식을 의미하는가? 아니면 정치권력과 생산수단을 독점하는 동일 지배계급 내에서 그 이념을 자신의 생활과 일치시키고자 하는 이데올로그 분파와 이러한 이념-이데올로기를 단지 이데올로기적 지배 수단으로서만 이용할 뿐인 여타 분파 사이의 차별을 보여주는 것인가? 만일 조선 전기의 특수적 현상과 관계가 있다면, 그것은 조선 전기 사대부층의 성리학적 이념의 수용의 불철저성을 반증하는 것인가? 아니면 고려시대 이래의 유제遺制와 관련하여 이해될 성격의 것인가?

이념과 생활의 분리라는 논리는 "고려가요 유학자들의 '사리부재詞俚不載', '남녀상열지사男女相悅之詞'란 가치판단으로 말미암아, 음악향유의 영역에서 소거되었다는"(15쪽) 기존의 시각을 비판하기 위해서 제기된 것이다. 그런데 이러한 기존의 시각을 비판하기 위해서 이념과 생활의 분리라는 논리가 꼭 필요했던 것인지는 의문이다. 사실 "조선 전기에 성리학적 도덕관에 의하여 고려가요가 퇴출되었다"라는 가설은 "실제로는 고려가요가 퇴출되지 않았다"라는 반증(이러한 반증 자료들은 강 교수의 글에 상세하게 제시되어 있다)에 의하여 간명하게 비판될 수 있다. 이 때 남는 문제는 "조선 전기 성리학적 도덕관의 존재"와 이와 어울릴 것 같지 않은 "실제로는 고려가요가 퇴출되지 않았다"라는 현상 사이의 관계를 어떻게 해결할 것인가 하는 것이다. 이념과 생활의 분리라는 논리는 바로 이 문제를 해결하기 위해 제시된 것이다. 곧 조선 전기 사대부들은 성리학에 바탕한 도덕적 음악관을 가지고 있었다. 그러나 동시에 이 도덕적 음악관에 반하는 고려가요를 향유하기도 하였다. 이러한 이중성은 어떻게 가능한가? 바로 "전자-도덕적 음악관이 관념이라면 후자—음악향유는 리얼리티의 문제이다. 관념과 리얼리티는 그 범주가 다르"(17쪽)기 때문이라는 것이다. 강 교수의 논리는 참으로 명쾌하다. 그러나 너무 명쾌해서 문제다(?). 서평자가 보기에 강 교수는 이념이 갖는 그 이데올로기성의 의미를 너무 손쉽게 이념과 생활의 분리로써 해결해 버리고 있다. 생활만이 리얼리티의 문제인 것이 아니라 관념이나 이념 또한 리얼리티의 문제가 아닌가? 다음 강 교수의 글을 보자.

> 사대부 = 성리학 = 금욕적 절제라는 등식적 관계는 필연적이지 않다. 새로운 이데올로기의 수용이 반드시 수용주체의 전면적 의식화를 보장하지는 않는다는 것이다. 이것은 시간의 문제가 아니라(사대부들이 성리학에 의해 의식화되기에는 일정한 시간이 소요되었을 것이라는 논법은 일면 타당하지만 문제의 본질을 놓친 것으로 보인다.—주 128의 내용을 서평자 부기함), 사대부의 성격을 파악하는 기본 시각의 문제다. 즉 이제까지 우리가 파악한 조선 전기 사대부의 성격은 정치적·경제적·사회적 리얼리티로부터 추출된 것이 아니라, 성리학이란 이데올로기에서 연역된 것이었다. 고려말 사대부들은 성리학을 이념으로 수용했다. 따라서 사대부들은 금욕적 도덕적이라는 이 간편한 판단은, 한 사회의 지배계급으로서의 사대부의 구체적 속성을 파악하는 데 심각한 장애로 작용한다. 요컨대 사대부가 이념으로 채택한 성리학이란 담론은 도덕적 내용으로 구성되지만, 사대부가 반드시 도덕적일 수는 없다는 것이다.(73~74쪽)

강 교수는, 조선 전기 사대부의 성격은 정치적·경제적·사회적 리얼리티로부터 추출해야 하지 성리학이란 이데올로기에서 연역해서는 안됨을 강조한다. 그러나 이념과 생활의 분리라는 논리야말로 정치적・경제적・사회적 리얼리티로부터 추출된 것이 아니라 성리학이란 추상적 이데올로기로부터 연역해 낸 것이 아닌가? 강 교수는 성리학적 도덕관을 자명한 것으로 전제하지만, 그 성리학적 도덕관이란 것 자체도 주자의 그것과 조선 초기 관료 문인들의 그것과 조선 중기 사림파 도학자의 그것들이 모두 서로 다른 역사적 구체성 속에서 규정받을 수밖에 없다는 것을 일부러 도외시하고 있는 것처럼 보인다. 강 교수도 말하듯이 "새로운 이데올로기의 수용이 반드시 수용주체의 전면적 의식화를 보장"하는 것은 아니다. 그러나 이것은 "시간의 문제"가 아닌 것만은 아니다. 같이 성리학을 수용하면서도 조선 초기 사대부 관료들과 사림파 도학자들이 각기 서로 다른 관심과 태도 아래에서 성리학을 수용하고 있다는 사실은 어떻게 볼 것인가? 곧 조선 초기 사대부 관료들이 성리학을 주로 정치적 이데올로기로서 수용하는 데 비해, 사림파 도학자들은 거기에서 더 나아가 일상의 모든 생활에서 체득해야 할 내면의 지도 원리로서 성리학을 더욱 적극적으로 수용 심화시켰다는 사실은 바로 "시간의 문제"이기도 하며 또한 서로 다른 역사적 구체성의 문제이기도 한 것이다. 강 교수는 "사대부 = 성리학 = 금욕적 절제라는 등식적 관계는 필연적이지 않"다고 하였지만, 이것은 성리학 이념이 조선초기에서 중기를 거쳐 후기에 이르기까지 점차 그 강도를 높여 가면서 발휘한 그 이데올로기적 힘을 너무 단면적 미시적으로 파악하고 과소평가한 것이 아닌가 한다. '사대부 = 성리학 = 금욕적 절제라는 등식적 관계는 필연적이지 않다'라는 명제는 '금욕적 절제를 하지 않는 사대부도 있다'라는 명제에 의해서 부정될 수 있는 성격의 명제가 아닌 것이다.

또 위의 인용문에서 강 교수는 "사대부가 이념으로 채택한 성리학이란 담론은 도덕적 내용으로 구성되지만, 사대부가 반드시 도덕적일 수는 없다"고 하였다. 이것이 예의 '사대부 = 성리학 = 금욕적 절제'라는 도식의 수학적 엄밀성에 대한 문제제기라면 이는 말할 나위 없이 당연한 것이다. 문제는 강 교수가 조선 전기 사대부를 동질적 지배집단으로 단일화하는 데에 있다. 앞에서 강 교수가 말하는 이념과 생활의 분리는 "관념과 생활의 분리라는 이중적 의식을 의미하는가? 정치권력과 생산수단을 독점하는 동일 지배계급 내에서 그 이념을 자신의 생활과 일치시키고자 하는 이데올로그 분파와 이러한 이념-이데올로기를 단지 이데올로기적 지배 수단으로서만 이용할 뿐인 여타 분파 사이의 차별을 보여주는 것인가?" 하는 물음을 제기한 바 있다. 강 교수는 전자의 측면을 주로 생각하고 후자의 측면은 별로 고려하지 않고 있는 것 같다. 그러나 서평자가 보기에는 강 교수의 주장을 보다 설득력 있게 하려면 바로 이 후자의 측면이 더욱 고려되어야 할 것이 아닌가 한다. 일반적으로 성리학은 중소지주층 사대부의 이데올로기로 이해되고 있다. 그런데 강 교수가 다음과 같이 주장했을 때, 강 교수는 조선 전기 사대부 내부의 제 분파, 곧 중소지주층과 대지주층의 차별성을 고려하지 않고 있는 것처럼 보인다.

> 조선 전기 사대부들은 사대부에 대한 우리의 상식—즉 사대부를 절제적 금욕적 인간으로 파악하는-과는 달리 오락, 혹은 쾌락의 추구에 적극적인 인간들이었다. 우리는 이들의 이념적 지주였던 성리학이 내장하고 있는 금욕적 절제적 생활규범과 사대부란 실제 사회의 지배계급을 동일시할 필요는 없다. 이들은 정치권력과 생산수단(토지)을 독점한 지배계급이었으니, 남은 일이란 피지배층의 생산능력이 지탱할 수 있는 한도까지 적극적으로 소비와 쾌락을 누리는 것이었다.(『조선 전기 사대부의 음악향유의 제 양상』, 154쪽)

강 교수의 위의 지적들은 대지주층 사대부에 주로 적용될 성질의 것이다. 이를 중소지주층까지 포함하는 조선 전기 사대부 일반에 적용하는 것은 재고할 필요가 있다고 생각한다.

조선 시대에 들어와 신흥사대부에 의하여 창출된 시조가 고려가요를 압도하며 주도적인 시가 양식으로 자리잡았다는 기존 시가사의 구도에 대해서는 강교수에 앞서 이미 정출헌 교수가 의문을 제기한 바 있다(정출헌, 「고려가요의 층위와 그 전승양상」, 『민족문학사연구』 13, 민족문학사연구소, 1998). 정출헌 교수는 조선 전기 고려가요에 대해 온갖 비판들에서 거꾸로 조선 전기 고려가요의 여전한 성행을 읽고, 고려시대 노래들에 대한 불만을 분명히 하면서 시조 양식으로 고려가요를 극복하고자 했던 16세기 사림파 문인들에 의해서 비로소 시조가 자신의 문학사적 위치를 공고히 했던 것이 아니었을까 하는 가설을 제기하였다. 이러한 정 교수의 가설에 따르면 조선 건국 이후 16세기 사림파가 주도적인 정치 세력으로 등장하기 이전의 조선 초기는 고려가요와 시조가 팽팽히 줄다리기하며 상호주도권을 다투던 과도기로 이해된다. 이러한 정교수의 시각은 조선 전기 고려가요의 여전한 성행을 고려시대 이래의 유제遺制(조선의 건국이라는 새로운 시대가 열렸음에도 불구하고, 고려사회가 물려준 사회적 토대나 문화적 토양으로부터 완전히 결별할 수 없었던 사정. 정출헌, 앞의 논문, 182쪽)로 파악하는 관점이라 할 수 있다. 조선 전기 사대부층의 성리학적 이념 수용의 불철저성과 관련해서도 이해될 수 있는 측면이다.

그런데 강 교수는 이를 유제로 보기보다 조선 전기 사대부 지배계급의 이중성, 곧 이념과 생활의 분리로서 설명하고자 애쓴다. 이에 따라 조선 전기 고려가요의 여전한 성행은 성리학적 도덕관으로 무장한 사대부들의 적극적 선택으로서 설명된다. 곧 "조선 전기 사대부들은 도덕적 음악관을 주장하면서 그 주장과는 정반대로 도덕적 음악관에 부합하는 음악을 탈락시키고 남녀의 애정을 주제로 한 작품을 선택"(52쪽)했는바, 이것은 이념과 생활의 분리로서 설명 가능하다는 것이다. 그러나 조선 전기 사대부들이 과연 도덕적 음악관을 주장하면서 동시에 이에 반하는 위와 같은 선택을 하였을까는, 이념과 생활의 분리라는 매혹적인 논리에도 불구하고, 여전히 의문이다. 탈락이나 선택이라는 말에다가 강 교수는 적극적인 의미를 부여하고 있지만, 이 문제를 유제라는 시각에서 보면 전혀 다른 해석이 가능해진다. 곧 도덕적 음악관에도 불구하고 고려의 노래들이 일부는 탈락하고 일부는 여전히 선택되게 된 것은 그들 노래들이 갖는 도덕성의 여부보다도 그 고유의 음악성 내지 작품성과 이에 대한 미적 감수성의 여전한 영향력과 관련하여 이해되는 사항이지, 말로만 금욕을 부르짖고 실제로는 욕망과 쾌락에 맹종하는 조선 전기 사대부들의 이중적 생활 태도를 반증하는 것은 아니라는 것이다. 더욱이 욕망과 쾌락을 좇는 그 사람들이 바로 성리학적인 도덕적 음악관을 가지고 있는 동일한 그 사람들이라는 것 또한 그렇게 분명한 것도 아니다. 앞서도 지적한 것처럼 조선 전기 사대부 지배계급 내에는 서로 입장을 달리하는 여러 분파가 있었으며, 또 동일 분파 내에서도 구성원 개개인의 개성과 취향에 따라 그 도덕적 관점의 관철 정도는 다양했을 것이기 때문이다.

이념과 생활의 분리라는 강 교수의 논리는 "조선 전기에 성리학적 도덕관에 의하여 고려가요가 퇴출하였다"라는 기존의 가설에서 특히 그 "성리학적 도덕관에 의하여"라는 측면을 비판하기 위하여 제기된 것으로 여겨진다. 그러나 강 교수는 그 "성리학적 도덕관에 의하여"라는 측면에 너무 집착하고 있는 것 같다. "성리학적 도덕관에도 불구하고 고려가요가 향유되었다"라는 것이 조선 전기의 현상적 사실이라면,

그 "성리학적 도덕관"에 모종의 문제가 있는 것이 아닌가 하는 것과 고려가요가 향유되게 된 데에는 모종의 원인이 있었던 것이 아닌가 하는 것 등이 먼저 구명되어야 할 것으로—본 서평자에게는—생각된다. 그런데 강 교수는 그가 비판하고자 하는 기존의 가설과 마찬가지로 그 성리학적 도덕관을 그대로 두고서—손상시킴이 없이(?)—이 문제를 해결하고자 하였던 셈이다. 여기서 우리는 강 교수가 기존 가설에 대한 비판에 너무 집착한 나머지 이러한 이념과 생활의 분리라는 가설을 세우게 된 것이 아닌가 느끼게 된다. 주제넘은 말인지 모르겠지만, 서평자는 강 교수가 이념과 생활의 분리라는 논리를 버리거나 아니면 보다 정치하게 다듬어야 자신의 가설을 더욱 설득력 있게 할 것이 아닌가 생각한다. 이것은 이념과 생활의 분리라는 논리가 갖는 치명적인(? 서평자가 볼 때라는 단서 아래에서 이해하기 바란다) 약점에도 불구하고 강 교수의 전반적인 논리 전개는 강점이 더욱 많기 때문에 더욱 그렇다는 그런 의미에서이다.

3.

강 교수의 책에서 또 흥미 있는 주제는 조선 후기 사설시조의 창작 향유층 문제가 아닌가 싶다. 강 교수는 양반 사대부가 조선 후기 사설시조의 주된 창작 향유층이었다는 기존의 가설에 문제를 제기한다. 비판의 초점은 이른바 '낙시조樂時調'와 『진본청구영언』「만횡청류」 이전의 이른바 '14수의 사설시조'에 대한 해석의 문제이다. 강 교수는 '낮은 조'를 뜻하는 음역어音譯語 "'낙시조'를 '즐거운 시조'로 해석하여 거기서 사설시조의 발생과, 양반사대부들의 사설시조의 향유를 도출하는 것"은 이미 출발선상에서 오류를 범한 것으로 본다. 또 "진본 『청구영언』「만횡청류」 이전의 이른바 '14수의 사설시조'는 모두 음보량이 평시조에 비해 늘어났다는 단순한 이유로 사설시조로 귀속시킬 수 없으며, 이를 근거로 양반사대부들의 '잔치마당'에서 양반사대부들이 파격적 내용(예컨대 음란성)의 사설시조를 향유했다는 주장"(216쪽)은 납득하기 어렵다고 본다. 이렇게 양반사대부 창작 향유설을 비판하면서 강 교수는 "사설시조 형식의 형성기는 확정할 수 없으나, 현재 진본 『청구영언』에 수록된 사설시조의 대부분은 중간계층에 의해 창작・향유되었으며, 특히 17세기 이후 중간계층이 성립하면서 본격적으로 성행하게 된 것"(216쪽)으로 본다. 이렇게 볼 때 "진본 『청구영언』에 수록된 사설시조의 평시조와는 매우 이질적인 작품성격—하층민의 비속한 삶과 경험・의식 따위의 형상화"(217쪽)를 어떻게 볼 것인가가 문제로 제기된다. 이에 대하여 강 교수는 "중간계층이 형성되면서 그들의 원래 출신지였던 사회저층의 생활경험을 흡수・유입한 데서 기인된 것"(217쪽)으로 설명한다.

이상과 같은 강 교수의 주장은 상당히 설득력이 있다. 다만 "현재 진본 『청구영언』에 수록된 사설시조의 대부분은 중간계층에 의해 창작・향유되었다"는 사실은, 강교수의 주장에도 불구하고, 여전히 그 증거가 좀 더 보완되어야 할 사항으로 여겨진다. "하층민의 비속한 삶과 경험・의식" 따위를 형상화한 작품들에 대해 중간계층이 자신들의 원래 출신지였던 사회저층의 생활경험을 흡수・유입한 것으로 설명하는 논리도, 설득력 있는 주장이긴 하지만, 보완의 여지가 있는 것 같다. 곧 중간계층의 미의식이 '사회저층의 생활경험'마저 '흡수・유입'하게 한 것인가? 아니면 사회저층의 미의식이 중간계층에 의하여 '흡수·유입'된 것인가? 어느 경우이든 사회저층의 미의식이 여기에 일정하게 작동하고 있음을 부인할 수는 없을 것이다. 그렇다면 이들 작품의 사회저층에서의 창작·향유 문제는 상정될 수 없을 것인가? 앞서 제1부의 글들에서 강 교수는 시조의 기원을 민중 속에서 찾으면서, 시조가 민중들에게서 민요처럼 불리던 상황 속에서 사대부의 성악곡으로 채택되는 과정이 있었던 것으로 추측한 바 있다. 사설시조에 대해서도 똑같은 논리를 적용할 수는 없을 것인가? 더욱이 강 교수는 "경아전, 겸인, 군교, 액예, 기술직 중인 등 중간계층의 성립시기는 17세기 중반 이후인데, 이들은 대개 양인 이하 층에서 상승한 부류들이다. 이들은 자신들의 애초의 존재조건이던 사회의 저층에서 자신들의 생활 경험과 의식, 그리고 언어를 사설시조로 대량 흡수"(215쪽)하였다고 하였는데, 이럴 경우 그 '자신들의 생활 경험과 의식, 그리고 언어'를 과연 중간계층의 그것으로 보아야 할 것인가 아니면 사회저층의 그것으로 보아야 할 것인가는 문제가 될 수 있다.

4.

강 교수의 논문은 재미가 있다. 학술논문 하면, 으레 딱딱하다는 인상을 주기 쉬운데, 강 교수의 논문은 학술논문도 이렇게 재미있게 읽을 수 있구나 하는 것을 새삼 느끼게 해 준다. 강 교수 논문의 재미는 물론 그의 글의 개성과 스타일에서 오는 것이겠지만, 무엇보다도 그의 글이 가진 논쟁적 성격에서 오는 것이 아닌가 한다. 강 교수의 논쟁적 논문들은 새삼 학문적 담론이란 어떤 것이며, 또 어떠해야 하는가를 생각게 한다. 논쟁이 없는 학문적 담론은 더 이상 담론이라 하기 곤란할 것이다. 학문적 담론은 논쟁을 먹고 살며 논쟁을 통해서 살찌우게 마련인 것이다. 학문적 담론이란 본디 주장들 간의 부딪힘이다. 낡은 주장들과 새로운 주장들이 서로 갈등하고 화해하며 연합하고 분열하며, 새로운 것이 낡은 것으로 낡은 것이 새로운 것으로 끊임없이 재해석되고 재조정되며 재정립되는 마당이 바로 학문의 대화의 장인 것이다. 바로 이 학문적 대화의 장의 묘미를 느끼게 해 주는 데서 강 교수 논문의 재미가 나오는 것이 아닌가 하는 것이다. 사실, 강 교수의 논문들에 보이는 그 논리와 주장들은 참으로 거침이 없다. 강 교수의 글을 읽는 재미가 바로 이 거침없음에서 나오는 것이기도 하지만, 그러나 그 거침없음은 때로는 매개媒介 고리에 대한 보다 섬세한 고려를 희생해서 얻어진 것이 될 위험성이 상존하는 것이기도 하다. 물론 강 교수의 이 책은 그 위험성보다는 그 거침없음이 보다 장점이 되고 있는 책이다. 그리고 이러한 장점이 계속 살아 있는 한 강 교수의 글은 언제나 재미있을 것이다.

—『고전문학연구』 17, 2000

현실주의적 연구방법의 성과와 과제

신재홍 | 가천대학교 인문대학 한국어문학과 교수

정출헌, 『고전소설사의 구도와 시각』, 1999 외 1권

1.

고전문학 연구가 문학 유산에 대한 정리와 복고 취향의 설명에서 벗어나 연구자 당대의 문제의식을 투영하여 민족문학으로서 고전문학의 실상을 드러내는 데 주도적인 역할을 한 것은 고전소설 연구 분야이다. 70년대에 민족 민중문학에 대한 관심이 크게 높아지는 것과 때를 같이 하여 치열한 문제의식을 갖춘 고전소설 연구자들이 고전문학 연구의 수준을 한 단계 끌어올렸고, 그 성과는 80년대에 고전문학 연구의 길로 들어선 후학들에게 큰 영향을 끼쳤다. 70~80년대에 고전소설 연구가 그처럼 각광을 받은 것은 역사 연구에서의 민족주의적 경향 및 그에 상응하여 문학 연구에서 고조된 현실주의적 연구 경향 때문이 아니었던가 싶다. 현실주의는 문학 갈래 가운데 소설을 논의의 중심에

두고 있었던 것이다.

여기서 살펴보려는 정출헌 교수의 두 권의 책은 문학은 현실의 반영이라는 관점을 견지하고 있다는 점에서 70~80년대 문제의식을 계승, 심화시킨 저작이라 할 수 있다. 첫 번째 책은 1992년도에 제출한 저자의 박사논문을 약간 다듬어 발간한 것이다. 저자의 학위논문이 그 해에 나손학술상羅孫學術賞 수상 논문으로 선정됨으로써 저자의 학문적 역량과 논문의 질적 수준에 대한 학계의 평가는 일찌감치 내려진 상태이다. 두 번째 책은 학위를 받은 이후 6년간 고전소설사에 대한 저자의 문제의식이 확장되어 나간 자취를 보여주고 있다. 우화소설 연구에서 출발하여 판소리계 소설이나 야담으로 연구 범위를 확대시켜 나간 한 축과 「구운몽」 연구에서 출발하여 17세기까지 전개된 고전소설사를 역추적해 나간 다른 한 축으로 이루어져 있다.

90년대 들어 인문학의 환경이 크게 변화한 관계로 현실주의나 근대성에 입각한 문학 연구도 예전만큼 위세를 떨치지 못하고 있는 듯하다. 어찌 보면 문학 연구의 문제의식이 가벼워졌다고 할 수도 있을 것 같은데, 고전문학 연구도 이러한 추세에서 벗어나 있지 않다. 고전문학이 향유되었던 당대의 사회환경이나 시대정신에 대한 탐구를 바탕으로 고전문학이 지닌 문제의식과 미학적 수준의 폭과 깊이를 드러내어 오늘날 우리의 삶을 추스르고 앞날을 전망해 보려는 진지한 노력이 점차 둔해지는 듯도 하다. 이런 상황에서 정출헌 교수의 두 권의 책은 동학들로 하여금 공부하는 자세를 반성하고 문제의식을 새롭게 가다듬는 계기를 마련해 주었다.

2.

『조선 후기 우화소설 연구』는 우화소설의 역사적 현실성에 대한 탐구이다. 조선 후기 향촌사회의 모습이 우화소설에 담겨 있다는 것이 이 책의 전제인 동시에 결론이다. 그 사회는 봉건해체기이자 근대이행기인 조선 후기의 시대적 추세를 고스란히 담고 있다. 돈을 많이 번 요호부민饒戶富民과 더욱더 가난해진 빈농 또는 토지로부터 유리되어 여기저기 떠돌아다니는 유랑민, 그리고 몰락한 양반과 착취를 일삼는 지방수령 등의 인간군상이 그 속에서 살아가고 있다. 그들의 동향 및 그들간의 갈등 양상을 동물들을 이끌어 요호부민의 시각에서 작품화한 것이 우화소설인 것이다. 이러한 결론에 이르기 위해 저자는 우화소설의 각 이본들을 폭넓게 섭렵하는 한편, 각 작품을 매우 꼼꼼하게 읽어내고 있다. 문제의식의 진지함과 근거 제시의 성실성이 돋보인다고 할 수 있다.

이러한 개관으로도 이 책의 연구사적 의의를 짐작할 수 있겠지만, 각 유형 및 작품에 대한 구체적인 해석에서 평가할 만한 부분이 많다. 이 책은 조선 후기 우화소설을 쟁년형과 송사형 및 판소리계로 나누어 앞의 두 유형을 제2장에서, 뒤의 유형을 제3장에서 논하고 있다. 각 유형의 대표작으로 「두껍전」, 「서대주전」, 「장끼전」과 「토끼전」을 들어 작품에 반영된 당대 사회의 여러 양상을 살펴보고 있다. 「두껍전」에서는 축적된 경제력을 바탕으로 향촌사회에서 행세하려는 요호부민의 동향이 쟁년모티프로 형상화되었으며, 두꺼비의 구변은 일상생활에 대한 관심의 확대를 반영한다고 보았다. 「서대주전」에서 다람쥐와 서대쥐와의 갈등 양상을 통해 요호부민과 빈민의 갈등관계를, 뇌물을 받고 서대쥐 편을 드는 수령에게서 봉건체제의 부패상을 읽어내고 있다.

「장끼전」에서는 장끼와 까투리가 유랑민의 형상을 띠고 있으며, 작품 후반부 까투리의 개가改嫁 대목은 하층 여성의 건강한 생명력을 보여주는 것으로 해석하였다. 「토끼전」에서 토끼의 형상은 하층민이 지닌 현실극복의 염원을 담고 있고, 별주부 역시 동정과 연민의 시각이 투영되어 있음을 논하였다.

우화소설이 조선 후기 향촌사회의 반영물이라는 점을 구체적인 작품 분석을 통해 드러낸 이 책의 성과는 곧 고전소설에 대한 현실주의적 연구 시각이 지닌 유효성을 입증했다는 면에서도 가치 있다. 작품의 창작연대나 작가 혹은 작가군에 대한 실증적 연구가 많이 축적되었다면 더욱 의미 있는 성과를 거두지 않았을까 싶지만, 현실주의에 입각한 저자의 작품 해석력이 실증적인 면에서 연구 대상이 갖는 모호함을 상당히 극복해 내었다고 할 수 있다. 이 책이 이룬 성과를 긍정적으로 평가하면서, 함께 생각해 볼 문제 몇 가지를 지적해 본다.

저자는 우화소설의 등장인물을 조선 후기 향촌사회의 인물군상에 대응시켜, 가령, 노루는 요호부민, 두꺼비는 몰락양반, 장끼는 유랑민 등으로 파악하고 있다. 그런데 이미 논의 가운데서도 드러나 있지만, 논자에 따라서 두꺼비를 유랑민으로, 장끼를 몰락양반으로 보기도 한다. 이는 우화소설이 단일한 잣대로써 현실에 환원시킬 수 없는 복합적인 의미망을 형성하고 있음을 말해준다. 이러한 복합적 의미망은 우화소설 향유층의 복합적 시점이 투영된 결과가 아닐까 하는데, 이를 파악하기 위해서는 서술시점의 복합적 양상, 나아가 모순과 상충의 양상까지 살펴야 하지 않을까 싶다. 우화소설은 동물의 외모, 생태, 행동 등에 대한 인간의 선입관이나 평가를 바탕으로 인간사회에 대한 내부적(인간적) 시점과 외부적(동물적) 시점 사이에서 다양한 편폭을 가지고 형상화된 양식이다. 따라서 작품에 그려진 사회를 당대 현실에 대응시키는 데는 작품을 이루는 다양한 서술층위 및 그에 대응하는 당대 현실의 다층성이 함께 고려되어야 할 것이다. 저자의 논문이 나오고 얼마 안 있어 똑같은 주제로 민찬 교수의 논문이 나온 것도 이러한 미비점에 대한 학계의 인식을 보여주는 것이라 생각한다.

우화소설을 지배층 대 피지배층의 구도에서 파악한 기존의 논의에서 조선 후기 향촌사회의 분화 속에 형성된 요호부민을 상정하여 당대 현실과의 대응 양상을 살핀 것이 연구사적으로 진전된 논의인 점은 인정할 수 있다. 그런데 역사적으로 존재했던 어떤 계층의 인물상이 작품 속에 전형적으로 반영된다는 것이 곧 작품의 가치를 담보하는 것인지는 생각해 보아야 한다. 동물이야기가 갖는 성격상 우화소설에서 현실의 인물이 전형화될 수 있을지 의문일뿐더러 역사가가 아닌 문학연구자로서는 부농, 빈농, 몰락양반, 지방수령 등에 대한 고정된 인식의 틀에서 벗어나 계층성이 지닌 모순, 갈등, 교차, 일탈 등의 양상에 관심을 돌려야 하지 않을까 한다. 부농은 돈으로써 행세하려 한다, 빈농은 삶의 건강성을 지키고 있다, 몰락양반은 시대에 뒤떨어졌다, 지방수령은 착취를 일삼는다 등 고정된 관념은 인간의 역사적 삶이 지닌 기복과 부피를 드러내는 데 오히려 장애가 되지 않을까 싶다.

저자는 우화소설에서 인간 보편의 도덕이나 심성心性과 관련된 교훈성을 찾아내는 기존의 논의를 초역사적인 연구 태도라고 비판하고 있다. 물론 조선 후기라는 특정 시대에 산출된 우화소설을 역사적 산물로서 접근하는 것은 마땅한 태도일 터이나, 그렇다고 우화소설에서 다루고 있는 도덕이나 심성의 문제를 초역사적, 보편적 문제로만 처리해서는 안 되리라 본다. 우화 또는 우화소설에 대한 도덕적, 심성적 해석은 시대에 따라 다를 수 있다. 인간의 도덕이나 심성 자체가 역사를 넘어서 있는 것이 아니기 때문이다. 도덕의 역사, 심성의 역사는 경제력

발전의 역사, 계층 분화의 역사만큼이나 대단히 중요한 연구 과제이며, 그것이 문학이나 예술 작품에 훨씬 심대하게 반영되어 있다는 점에서 문학연구의 관심 영역으로서 충분한 의의가 있다. 이에 대한 탐구를 통해 우화소설이 지닌 역사성의 면모가 좀 더 풍성하게 드러날 수 있으리라 본다.

앞서 잠시 언급한 것처럼, 민찬 교수가 1994년에 같은 주제로 학위를 받았고 1995년에 이 저서와 똑같은 제목의 책을 낸 바 있는데, 그에 대한 저자의 반응이 이 책의 각주란 곳곳에 나타나 있다. 독자의 입장에서 같은 주제에 대한 서로 상이한 시각의 연구물을 접하는 것은 연구대상을 다각도로 이해하고, 논쟁점을 통해 문제의 소재를 분명히 파악할 수 있다는 점에서 매우 유용한 공부거리가 된다. 그런데 기대에 어긋나게도, 저자는 토론 상대자에 대해 과민반응을 보인 것이 아닌가 싶다. 내 주장을 받아들이지 않으면 그만이다, 내게 했던 질문을 되돌려 주겠다, 나는 그렇게 말하지 않았는데 말꼬투리를 잡고 비판하였다는 식의 토론 자세는 읽는 이로 하여금 당혹감을 금치 못하게 한다. 제3자의 판단에 맡겨두어도 무방한 것까지 자기 주장을 관철시키려 애쓰는 것은 학문 발전을 위한 연구자간 열린 대화의 자세와는 다소 거리가 먼 태도라고 본다.

3.

『고전소설사의 구도와 시각』은 1편의 논문을 제외하고는 모두 박사논문 이후 저자의 고전소설사에 대한 문제의식이 어떻게 확대되었는지를 보여주는 글들로 구성되어 있다.

제2부에 실린 논문들은 대개 저자의 박사논문과 관련된 문제들을 다루고 있다. 쟁년모티프를 다룬 논문은 우화소설 연구의 일환이었고, 「토끼전」의 결말구조나 애국계몽기의 우화소설을 다룬 논문은 우화소설 연구에서 미처 다루지 못했던 부분을 보충하는 성격의 글이다. 야담에 대한 개설적 설명이나 판소리계 소설에 나타난 여성형상에 대한 논문은 우화소설의 주변을 탐색한 결과물로 보인다. 풍수담을 다룬 논문이 다소 이채를 띠지만 이 역시 야담 및 판소리계 소설을 연구 대상으로 하고 있다는 점에서 애초의 관심에서 멀어진 글은 아니다. 판소리계 소설에 대한 저자의 논문이 몇 편 더 있으나 이 책에 수록하지 않은 것은 아마도 판소리계 소설만을 대상으로 한 연구 저서를 따로 내려는 계획이 있기 때문일 것이다.

이에 비해 제1부는, 저자 자신이 서문에서 밝히고 있는 것처럼, 「구운몽」 연구를 출발점으로 하여 연구 영역을 확대한 글들로 묶여 있다. 「구운몽」이 창작된 17세기 말에 이르기까지 소설사의 전개와 관련된 학계의 주요 논쟁들에 참여하여 저자의 견해를 밝히고 있는 것이다. 이에 따라 전기소설傳奇小說을 대상으로 한 현실주의 논쟁을 정리하고 논의의 방향을 모색한 논문이나 「수이전」을 필두로 한 나말여초 전기소설의 형성배경과 향방에 대한 논문, 그리고 최근 이루어진 고전소설 연구 성과를 바탕으로 17세기 소설사를 인식하는 방법을 모색한 논문

등이 다소 논쟁적인 성격의 글들이다. 한편, 「구운몽」과 「운영전」을 다룬 두 편의 논문은 작품에 대한 정치한 분석과 일관된 해석 방법의 적용을 통해 두 작품이 지닌 현실적 성격과 그 한계를 드러내었다.

작품 해석의 도처에 저자의 진지한 문제의식에서 우러나온 꼼꼼한 작품 읽기, 탄탄하면서 도도하게 흐르는 문장력, 작품을 통해 인간과 세계를 바라보는 저자의 맑은 시선 등을 접할 수 있는 것은 이 책의 미덕이다. 이와 함께 이 책이 얻은 소설사 연구의 몇 가지 성과를 지적해 두어야겠다. 소설의 발생과 관련한 논쟁은 학계의 중요한 관심거리 중 하나인데, 저자는 「수이전」에 수록된 작품 가운데 특히 지괴류志怪類가 많은 비중을 차지하였다는 점을 강조하고 지괴류에서 전기소설로 전환하기 위한 문학내외적 조건을 살폈다. 그 전환을 시대변화와 연결지어 설명하는 데에 다소 문제가 있고, 더욱 진전된 실증적 작업이 요구되기는 하지만, 나말여초의 소설사에서 당대唐代의 전기소설뿐 아니라 그 이전 시기의 지괴류까지 고려해야 한다는 문제제기는 의미있는 성과로 보인다. 「운영전」 연구에서 이른바 '안평성시지사安平盛時之事'를 정치적 우의로 해석한 점은 흥미있는 착상이긴 하나, 저자도 인정한 바처럼, 시론의 단계를 넘어서 있지 않다. 그에 비해 배후의 억압자로 그려진 안평대군을 운영에 대해 연정을 품고 인간적인 고뇌를 하였던 인물로 이해한 것이 작품 해석의 새로운 면이라 할 만하다. 「토끼전」의 줄거리가 어떤 방향으로 결말이 나는가를 기준으로 이본들을 세 유형으로 나누고, 각각의 유형이 갖는 의미의 층위를 살펴본 것은 저자의 우화소설 연구를 보완하는 의의와 함께 이본이 많은 고전소설에 대한 유효한 해석 방법의 하나를 제시하였다는 점에서 평가할 만하다. 이 밖에도 이 책 도처에서 소설사 연구의 지평을 넓히고 있는 크고 작은 논의들을 지적할 수 있겠으나, 그렇게 칭찬만 하기에는 우리가 함께 생각해 보아야 할 문제가 더욱 심각한 것 같아서 아래에 그 점에 대해 말하고자 한다.

이 책 제목 중 '고전소설사'라는 이름으로는 연구 대상의 편폭이 그리 넓지 않고 소설사에 대한 체계적인 저술이라 보기 어려운 만큼, 저자 자신도 감당하기 어려운 제목이라 실토하였겠다. 오히려 '구도와 시각'이란 이름에 초점을 맞추어 이 책을 읽으면 저자의 의도가 보다 잘 이해되리라 생각한다. 크게 두 축으로 구성되었고, 그 안에서도 고전소설의 여러 하위 장르를 포섭하고 있는 이 책에 일관성을 부여하는 것은 저자의 현실주의적 연구 시각이다. 우화소설, 야담, 판소리계 소설을 다룰 때에는 말할 것도 없거니와 「구운몽」, 「운영전」, 전기소설을 다루면서도 저자의 연구 시각에는 흔들림이 없다.

야담이나 고전소설에서 흔히 낭만적 문제해결 방식의 하나로 작용하는 풍수담에 대해 급격한 사회변동에 대한 당대인의 설명 방식 내지 힘겨운 현실을 이겨내고자 하는 염원의 투영으로 해석한 것은 이러한 연구 시각에서 길어낸 결과라고 할 만하다. 그렇지만 진경환 교수가 제기하였고, 저자가 적극 수용하고 있는 '현실적인 문제제기와 낭만적인 해결방식'이라는 설명틀이 다분히 이분법적 구도하에 마련된 것임으로 해서 안게 된 문제점에 대해 숙고한 흔적이 보이지 않는 듯하다. 고전소설이 당대 현실의 문제를 포착하였으면서도 그 문제를 일거에, 비현실적인 방법으로 해결하고 마는 식으로 결구되어 있다는 설명에 대해, 그렇다면 그러한 문제제기 방식이 어떻게 현실적일 수 있을지 반문하게 된다. 문제제기 자체가 이미 문제의 소재, 그 유래 및 해결방향을 내포하고 있는 것일 터, 낭만적인 해결에 이르는 작품이 어떻게 현실적인 문제제기를 할 수 있겠는가.

이러한 의문은 접어둔 채 저자는 둘 사이의 관련성에 세심한 주의를 기울이고 있다. 「홍길동전」에서 서얼차별의 문제의식이 일관된다고 지적하거나, 판소리계 소설에 수용된 풍수담에 하층민이 지닌 현실극복의 염원이 담겨 있다고 본 것이 현실적 문제제기와 낭만적 해결방식의 관련성을 주로 전자의 측면을 관철시키는 방향에서 살펴본 결과이겠다. 그러나 「창선감의록」이나 「홍길동전」에 반영된 현실적 문제는 이른바 '현실의 발전 법칙'에 따라 '구체적이고 전형적으로' 그려져 있지 않다. 또한 작품에 반영되었다고 하는 현실적 문제는 현대의 연구자들이 작품과 당대 현실을 대강 연결하여 얻은 결과일 뿐, 그렇게 열악한 상황에 있었던 고전소설이 과연 얼마만큼 당대 현실에 대해 발언하였을지는 의문이다. 대부분의 고전소설을 이렇게 당대 현실에 대한 알레고리로 읽고 말 것인지, 낭만적 관념적 작품들을 굳이 현실주의적 잣대로 재단하는 이유가 무엇인지 잘 모르겠다. 한편, 판소리계 소설에 편만해 있는 낭만적 해결방식을 향유층의 염원이 투영된 것으로 설명한 데서 좀 더 나아가 염원의 성격에 대해 생각해 볼 필요가 있다. 대개 염원의 내용물은 현실적일 수 있겠지만 염원하는 자체는 낭만적이라 할 수 있겠다. 그러나 현실의 인간은 언제나 염원을 갖고 살기 때문에 염원 자체가 현실이기도, 낭만이기도, 현실이자 낭만이기도 할 것이다. 그렇다면 현실성과 낭만성을 대립시키는 것이 얼마나 유효한 설명 방식이 될지 의문스럽다. 현실이라는 이름이 가진 그 어마어마한 용량 안에 낭만이나 관념, 더 나아가 반현실, 비현실까지도 포섭되는 것은 아닐까. 거꾸로 말해 우리는 혹시 현실이라는 말을 너무 협소하게 이해하고 있지는 않은지 생각해 보아야 한다.

「구운몽」을 고찰한 논문을 들어 좀 더 생각해 보자. 저자의 설명에 따르면, 양소유는 애초부터 영락한 가문을 일으켜 세워야 할 현실적 처지에 놓인 인물이다. 그가 계섬월을 만나 애정을 나누는 것도 출세를 위해 가문 좋은 규수감을 추천 받기 위한 작가의 배려이다. 애정 추구와 가문 창달은 양립할 수 없는 주제임에도 작품 속에 통합되어 있는 것은 관념의 조작에 의한 것이다. 이러한 설명 속에 저자가 「구운몽」에 대해 취하는 거리감(나아가 적대감)을 읽을 수 있다. 관념의 조작 또는 현실의 은폐나 왜곡을 통해 이루어진 「구운몽」이 그럼에도 불구하고 왜 재미있을까, 왜 한국문학의 명작일까. 관념이 정교하게 조작되었거나 현실이 재미있게 은폐되어서일까? 아마도 그렇지 않을 것이다. 「구운몽」이 가진 미덕은 저자가 들이댄 현실주의적 잣대로는 잘 포착되기 어려운 다른 측면이 있지 않을까 싶다.

물론 저자는 선기소설을 둘러싼 현실주의 논쟁을 정리하는 자리에서 현실성과 낭만성을 대립적으로만 파악해서는 안 된다는 점을 역설하고 있다. 그런데 그러한 인식에서 나온 실제 결과는 「구운몽」의 화사한 애정추구, 도저한 허무주의 등에 대해 관념의 조작 내지 분식으로 이해한다거나, 판소리계 소설에 공통되는 비현실적 계기에 의한 국면의 전환을 현실극복의 염원이 투영되었다는 정도로만 해석한다면, 앞서의 주장에 담긴 실질적인 내용이 무엇인지 궁금해진다. 현실주의적 연구 시각이 오히려 현실이 지닌 탄력이나 부피를 재단해 버리고는 현실의 형해形骸만을 드러낼 뿐이라면 그러한 방법론에 대해 반성해 볼 필요가 있다. 저자의 생각과는 반대로, 고전소설에서 낭만성이 현실성보다 본질적일 수 있다는 점, 환상과 비현실이 난무하는 상상력의 풍요로운 세계가 현실을 훨씬 더 의미있는 것으로 만들어 준다는 점, 고전소설사에서 현실주의의 발전을 논하는 것이 대단한 것처럼 낭만이나 환상의 역사를 논하는 것이 대단히 중요하다는 점에 대해 공감을 할지 모르겠다.

4.

이 두 책의 저자 정출헌 교수는 고전소설 연구를 이끌어갈 차세대 선두주자 중 한 사람인 것은 틀림없다. 위에서 몇 가지 문제점을 제기한 것은 고전소설 연구 방법론이 좀 더 정교화, 다양화할 필요가 있고, 그에 대해 함께 생각해 보자는 뜻에서 한 것이지, 저자의 공부하는 방향이 잘못되었다는 식의 비난을 하려는 의도는 전혀 없었다. 저자의 학문 방향과 서평자의 그것이 다를 수 있을지라도, 고전소설, 고전문학, 한국문학에 대한 공통 관심과 공부를 통한 자아의 성찰과 성숙이라는 기본 자세에서 크게 다르지 않으리라 본다. 저자의 투철한 문제의식과 성실한 노력을 바탕으로 '구도와 시각'이라는 첨언을 빼고 번듯한 '고전소설사'를 내게 되기를 기대한다.

—『민족문학사연구』 15, 1999

‘미완의 근대’ 그 너머에는……

박애경 | 연세대학교 국어국문학과 교수

고미숙, 『18세기에서 20세기 초 한국시가사의 구도』, 1998

문학계의 오랜 화두였던 ‘근대성’은 새로운 세기의 시작을 앞둔 지금에도 유효한 질문인가? 오랫동안 문학사의 주변에 머물러왔던 우리 시가의 유산에서 민족문학의 전망을 찾는다는 것이 타당한 경로일까? 길게는 200년 이상의 시차가 엄연히 존재하는 고전문학 연구가 지금 이곳의 삶으로부터 자유로울 수 있을까?

고미숙 선생의 근간은 이처럼 난감한 질문에 대한 응답이라고 할 수 있을 것이다. 저자의 의도는 『18세기에서 20세기 초 한국시가사의 구도』라는 시기 설정에서부터 드러난다고 할 수 있다. 이 시기라면 근대적인 것과 전근대적인 것이 뒤엉켜 새로운 시대를 향한 행보를 힘겹게 내디디던 시기가 아닌가? 바로 이 시기 시조를 중심으로 인접관계에 놓인 시가 갈래가 서있던 자리를 조망한 저자의 문제의식은 당대적 현실과 현재적 관점을 통합하려는 필자의 거시적 전략과 닿아있다고 할 수 있다.

이 책은 세 부분으로 구성되어 있다. 제1부는 이 저서를 관류하는 시각과 방향을 예고하는 글들로 이루어져 있다. 스스로 치기어린 열정과 변증법적 도식(?)이 적나라하게 투사되어 있다고 고백한 「고전시가 연구방법론의 비판적 검토」에는 연구의 대전제라 할 수 있는 역사주의 방법론에 대한 신뢰가 선명하게 담겨져 있다. 이것은 내재적 발전론, 소박한 민중의식 등으로 대표되는 초기 역사주의의 추상성을 극복하려는 노력인 동시에 문학을 역사적 맥락으로부터 분리시키는 형식주의 연구경향에 대한 전면적 비판이라고 할 수 있다. 방법으로서의 실증과 실증주의의 혼돈, 이론과 실상의 괴리, 관념적 편향성은 우리 문학 연구에서 반드시 넘어서야 할 거대한 벽이라고 할 수 있다. 저자는 개별 작품이 담지하고 있는 미적 자질을 객관적 현실의 구체성과 결합시킬 수 있는 진전된 역사주의야말로 방법론의 혼재를 극복할 수 있는 대안이라는 점을 제기하고 있다.

저자가 역사주의에 천착하는 이유는 분명하다. 문학의 입지조건을 과학적으로 해명한다는 것은 현실과의 긴장관계를 폐기하지 않는 의식적 노력을 동반하였을 때 비로소 가능한 것이다. 여기에는 고전문학 연구를 과학과 이데올로기의 영역으로 편입시키려는 저자의 열정이 당연히 자리하고 있다. 물론 문학 연구를 이데올로기의 한 영역으로 설정하려는 시도에 대해 반론(혹은 뿌리깊은 거부감)을 제기하는 이들도 분명 있을 줄 안다. 그러나 고전문학 연구 풍토에서 먼저 비판의 대상이 되어야 할 것은 도식적인 연구 방법조차 개입할 여지를 주지 않은 이론적 허약함과 가치의 부재라고 할 수 있을 것이다.

김만중에서 박효관에 이르기까지 노래에 대한 인식의 변화를 추적한 「조선 후기 민족어문학론의 전개양상」은 당대의 시각을 읽어내는 시선이 현재적 실천으로 점화될 수 있다는 사실을 확인시켜 준 글이라

할 수 있다. 이 글에서 저자는 중화주의와 결별하고 우리 노래의 독자성을 확인해가는 과정이 참다운 민족문학 정립을 위한 지난한 과정이었다는 진단을 내리고 있다. 또한 우리 노래의 가치를 발견하는 과정이 필연적으로 리얼리즘적 지향을 분명히 취하고 있다는 점 역시 주목하고 있다. 민족어의 가치 확인, 리얼리즘적 지향이라는 것은 근대문학에서 요구하는 덕목임에 틀림없다. 다가올 시대와의 연계를 다분히 염두에 둔 이 글이 궁극적으로 겨냥하는 지점은 바로 민족문학을 둘러싼 논쟁이 치열하게 벌어지고 있던 80년대 후반, 90년대 초반의 논단이라고 할 수 있다. 민족문학 논쟁이 우리 문학에서 근대성을 해명하려는 험난한 과정과 필연적으로 조우한다는 점을 상기하면, 저자의 시선이 어디에 머무를지 어렵지 않게 짐작할 수 있을 것이다.

시가사의 흐름을 예술사의 전반적 구도 속에서 조망한 일련의 글이 뒤를 잇는 것은 이러한 사실을 고려할 때 지극히 자연스러운 수순이라 할 수 있다. 연행을 위한 가창물로 존재했던 시조, 가사, 잡가의 성과와 한계를 되짚은 「조선 후기 서민시가의 융성과 다기한 분화」와 「19세기 시가사의 시각」은 저자가 오랫동안 수행해 온 지적 노동이 합류하는 지점이라고 할 수 있다. 두 글에서 우선 감지되는 것은 대상에 대해 본능에 가까운 애정을 가진 자만이 도달할 수 있는 치열함과 엄격함일 것이다. 이것은 중세 내에서 중세를 극복하려했던 시가 장르의 운명을 응시하고 이들 장르의 진로를 끊임없이 추적하는 연구로 가시화되고 있다.

제2부는 예술사·시가사의 진행이 어떠한 지점에서 나아가고 멈추었는지를 조선 후기 시조의 몇 가지 주목할 만한 흐름을 통해 보여주고 있다. 제2부를 여는 「사설시조의 역사적 성격과 그 계급적 기반 분석」은 사설시조의 담당층을 둘러싼 논쟁에 불을 지핀, 여러 면에서 '문

제적'인 저작이었다. 이 글을 기점으로 조선 후기, 평민, 서민 등 모호하게 범주화된 용어에 대한 전면적 검토의 필요성이 제기된 것 하나만으로도 그 의의는 간단치 않다 할 수 있다. 사설시조에서 두드러지게 나타나는 물적 세계에 대한 관심, 역동적인 애정 형상, 유흥적·찰나적 속성, 19세기 이후의 굴절 양상이 중간계급의 인식 기반과 일치한다는 분석은 후속 연구에서도 지속적으로 제기되고 있다.

「안민영의 작품세계와 그 예술사적 의미」, 「19세기 시조의 '대중화 양상'에 대한 연구」에서는 중간계급을 기반으로 한 연행적 가창물이 나아간 진로를 보여주고 있다. 이 글에서 저자는 안민영의 시조는 중간계층이 예술적으로 도달할 수 있는 최고의 경지를 구현한 반면 사설시조에서 보였던 변화의 기운을 정련된 형식과 다듬어진 언어 속에 가두는 결과를 낳았다고 평가하고 있다. 또한 안민영의 시조에 두드러지게 나타나는 심미주의적 지향이 중세를 탈피하는 한 방식이라고 보아, '사대부의 미의식에 편승하는 작가'라는 안민영에 대한 종래의 평가를 상당 부분 수정하였다.

「19세기 시조의 '대중화 양상'에 대한 연구」는 안민영 시조의 대척점에 놓이는 『남훈태평가』류 시조의 의의와 한계를 조명한 글이다. 이 글에서는 『남훈태평가류』 가집의 특징적 면모로 다양한 삶과 정서의 반영, 정서의 과잉노출을 들고, 이는 사설시조가 개척한 미적 관습이 평시조의 틀 안에 수용된 것으로 보고 있다. 나아가 『남훈태평가』에서 보이는 이러한 면모가 다분히 19세기적인 현상이라는 점 역시 주목하고 있다.

두 글에서 안민영의 시조를 위시한 『가곡원류』 계열 시조와 남훈태평가 계열의 시조는 고급예술과 통속적 대중예술로 분화된 19세기 여항시조의 구도를 대표적으로 보여주는 작품군으로 설정되어 있다. 가곡창을 기반으로 하는 가곡원류 계열 시조가 고도의 기량과 감식안을 요구하는 반면, 상대적으로 소략한 시조창 대본인 남훈태평가 계열의 시조는 아마추어적인 수용자까지 겨냥한 가집이라는 것이다.

여기까지 살피다 보면, 중간계층, 고급예술과 대중예술로의 분화, 19세기라는 시기는 바로 이 저서의 저변을 이루는 핵심 화두라는 점이 자연스럽게 드러난다. 사설시조를 '중간계층의 세계관과 사회적 존재양태가 반영된 중간계층의 예술'이라는 논의를 전개한 이후, 조선 후기 시가사에서 중간계층의 역할은 저자의 지속적인 탐색의 대상이 되어 왔다. 그 결과 중간계층의 분화와 당대의 역할이 개별 장르의 추이, 개별 장르들의 집적체인 시가사의 구도와 조응하는 것이라는 결론을 끌어내고 있다. 변화의 주체로 중간계층을 설정한 것은 모호하게 '서민' 혹은 '평민'으로 지칭되었던 집단의 실체를 선명하게 드러내었다는 점에서 진일보한 논의임에 틀림없다. 그러나 동시에 의문부호를 남기고 있다는 것 또한 부인할 수 없는 사실이다.

여기서 부농, 상인, 역관, 하급관리 등으로 범주화된 중간계층 설정의 타당성 여부는 일단 접어두고 싶다. 그렇지만 이들이 약간의 경제력을 지니고 있으며, 사대부도 아니고, 민중에도 속하기도 어렵다는 공통점 외에 다른 연결고리가 있는지는 생각해보지 않을 수 없다. 이들이 중세 말에서 근대화의 초입까지 전일하게 시가사의 주도권을 행사했다고 보기에는 물적 토대의 독자성과 차별성이 충분히 해명되지는 않은 듯 보이기 때문이다. 예컨대 중간계층으로 분류된 집단 중에서도 하급관리와 역관이 봉건적 수취제도에 기생한 측면이 강한 반면, 부농이나 상인은 봉건제의 해체에 편승하여 부를 축적하였다는 점에서 전자와는 분명 다른 경로를 보여주고 있다. 물론 저자는 이러한 이중성이야말로 중간계층의 속성이고 이것이 사설시조의 미적 특질과 조응하는 것이라고 밝히고 있다.

그러나 이후 시가사의 구도를 따라잡다 보면 이러한 설정에 대한 의문이 계속 남는다. 민중과의 소통가능성을 차단하고 자기 계급의 독자적 이익에 복무하는 경향이 농후해졌다는 19세기 이후 하층민의 정서와 어법을 수용한 시조가 가사와 뚜렷하게 부상한 것은 단순히 중간계층의 분화라는 계급적 구도만으로는 설명하기 곤란할 듯하다. 이것은 '조선 후기 다기하게 분출된 시가사의 구도를 모두 중간계층의 속성으로 온전히 환원시킬 수 있는가?', '시조의 대중화를 주도한 '대중'의 실체란 무엇이며, 그들이 소위 고급예술을 향유했다고 하는 이들과 존재기반에서 근본적으로 달라지는 지점은 무엇인가?'라는 의문과 중첩된다고 할 수 있다.

대중적인 예술이 기본적으로 중간계층의 감수성을 반영한다는 일반론을 부정할 이는 없을 것이다. 따라서 조선 후기 시가의 변화를 주도한 이들로 중간계층을 주목한 것에 대해서 이의를 제기할 필요를 느끼지는 않는다. 그러나 다양한 편폭으로 전개되는 시가사의 추이에 중간계층의 존재양상과 세계관이 한결 같이, 지속적으로 개입했다고 보기는 어려울 듯하다. 조선 후기 시가의 변화가 궁극적으로 근대적 대중예술의 모태가 되었다는 점을 상기하면 회의의 정도는 더 커진다. 왜냐하면 대중예술이라는 것이 기본적으로 신분적인 경계를 무력화시키려는 시도, 이질적인 요소를 끊임없이 용해시켜 자기 확대를 꾀하려는 모색을 거치며 존재의의를 확인해 나가기 때문이다.

이 저서에서 또 눈에 띄는 부분은 19세기 들어 중간계층을 기반으로 한 여항예술이 고급예술과 대중예술로 분화되었다는 대목일 것이다. 저자는 미적 지향과 수용층에 따른 분화라는 19세기 예술사의 구도가 신분에 따른 예술의 분화라는 중세의 공식에서 벗어난 것으로 평가하고 있다. 그런데 고급예술과 통속적 대중예술의 분화에는 수용층과 예술적인 질, 전문성의 문제 외에도 다양한 변수들이 개입하고 있다. 즉 고급예술과 통속적인 대중예술이라는 구분 속에는 질적 차원의 논의 이전에 가치의식이 작용하고 있으며 그 이전에 이것이 유통되고 놓이는 방식의 문제 즉 구조형성의 문제가 자리하고 있다. 이것은 고급예술과 통속적 대중예술의 분화라는 설정 속에 만만찮은 선결과제를 포함하고 있다는 의미로도 읽힐 수 있다.

먼저 전통적으로 고급예술의 계보를 형성해 왔던 사대부예술, 궁중예술과의 관계 설정 문제이다. 19세기에도 사대부의식을 구현한 예술과 국가기관에 소속된 예인들은 여전히 고급예술·고급예술인으로 존재하고 있었다. 이것은 신분의 문제, 장르의 관습이 여전히 고급예술이라는 개념을 규정하는 변수로 작용하고 있다는 의미일 것이다. 또 하나는 고급예술과 대중예술을 대표하는 『가곡원류』계 가집과 『남훈태평가』 계열의 가집이 풍류방이라는 동일한 공간에서 유흥을 목적으로 유통되었다는 점을 짚고 넘어가지 않을 수 없다. 양자의 분화가 중간계층의 분화와 조응한다고 하기에는 수용층의 변별점이 부각되지 않으며 수용층을 가르는 경계선도 그다지 뚜렷이 보이지 않는 듯하다. 즉 장르의 실현이라는 점을 놓고 보면 양자의 거리가 그리 멀지 않다는 것이다. 이것과 관련하여 고급예술과 대중예술의 분화가 예술의 질과 전문성의 차이라는 점을 선변에 내세우면서 수용에 있어 중간계층 내의 분화라는 점을 명시하고 있다는 부분을 거론하고 싶다. 그렇다면 이 시기에도 여전히 예술적 감식안, 숙련도와 지위 계층의 고·하 사이에 대응관계가 성립하고 있다는 의미일 것이다. 따라서 예술의 질에 따른 분화라는 구도가 결국은 신분에 따른 분화로 회귀하고 있다는 느낌을 지울 수 없다.

어전에서 연주하는 명창과 또랑광대의 존재를 두고 판소리가 고급예술과 대중예술로 분화되었다고 이야기하는 사람은 없을 것이다. 최고의 권력자였던 대원군이 고급예술(이라고 분류된) 가곡창과 대중예술인 판소리를 동시에 애호했다고 해서, 아무도 그를 다중적 인격의 소유자라고 이야기하지 않는다. 이것은 고급예술과 대중예술의 분화와 관련하여 생각해볼 가치가 있는 대목이라 할 수 있다.

이 저서에서는 역사학계에서 흔히 '반동의 시기'로 불리는 19세기에 대한 저자의 각별한 관심을 확인할 수 있다. 지난 시기의 문학유산에서 근대적 징후를 찾아내려는 의욕은 넘쳤던 반면, 근대와 시기적으로 가까운 19세기 문학사는 공백으로 남았던 그동안의 기형적 구도는 이 연구로 상당 부분 회복되었다고 할 수 있다. 이 저서에서 가장 빛나는 부분은 아마도 문학사의 틈새를 복원하려는 저자의 이러한 열정일 것이다.

제1부, 제2부에서 설정한 문제는 '미완의 근대에 대한 구애'로 흘러들어 가고 있다. 제3부는 20세기 초 시가사를 다루고 있다. 잡가와 애국계몽기 시조, 개화가사를 대상으로 계몽과 통속이 혼재된 전환기 시가사 구도를 살핀 일련의 저작은 시기 설정으로 보나 문제의식의 추이로 보나 저자의 학위논문의 후속작이라 할 수 있다. 저자는 20세기 시가사의 구도를 전통적인 것과 외래적인 것의 대립과 교섭, 시와 노래의 분화, 전통 양식의 변용과 다양한 모색으로 요약하고 있다. 시와 노래의 분화는 인쇄매체를 기반으로 하는 애국계몽기 시조와 개화가사 등 노래에서 시로 상승한 시가장르와 유흥의 장에서 불린 시조, 잡가와의 거리를 염두에 둔 것이다. 여기에는 물론 계몽적인 것과 통속적인 것과의 분화라는 대립구도가 중첩되어 있다.

전통적인 양식이 자기 변신을 겪으며 새로운 세기에 대응해가는 과정을 살핀 연구는 근대시를 향한 지난한 여정의 탐구라는 문제의식과 잇닿아 있다. 여기서 연구의 초점은 전자 즉 노래에서 시로 상승한 전통적 장르에 주로 모아져 있다. 물론 전통시가의 변이과정에서 드러난 파격의 에너지와 주정적 경향이 전통적 시가의 변용에 일조했으리라는 부분도 놓치지 않고 지적하고 있기는 하다. 그러나 교조적인 운율 속에 근대적 지향, 민족적 자각을 담으려 했던 창가와 근대민요 등 노래양식의 추이 역시 근대시의 형성과정을 논의할 때 고려해야 할 부분임에 틀림없다. 이것은 창가와 신체시를 곧 근대적 자유시의 선구로 이해해 왔던 오랜 관행에 효율적인 비판을 가하기 위하여 혹은 '율격이 근대시 형성에 어느 부분 작용하는가?'라는 근본적 의문에 단초를 제기하기 위하여 어떠한 방식으로든 짚고 넘어가야 할 문제인 듯하다.

시에서 근대성을 논의할 때 빠뜨릴 수 없는 것이 '개체적 정감의 확보'일 것이다. 애국계몽기를 다룬 일련의 글에서 특기할 만한 것은 흔히 개체적 정서에서 이탈한 것으로 취급되었던 계몽성을 근대적 서정으로 나아가기 위한 도정으로 평가하고 있다는 점이다. 나아가 저자는 근대지향적 의식과 민족적 자각이 결합된 집단적 계몽이야말로 세계에 대한 치열한 대결의식과 자각을 여지없이 보여주며 이것이 곧 근대성의 유력한 징후라고 평가하고 있다. 이러한 평가는 근대시 형성의 일반 법칙과 외세에 의한 질곡이라는 우리 역사의 특수성을 동시에 고려한 결과로 볼 수 있다.

가장 공적인 정서를 통하여 개체적 정감을 구현하려 한 애국계몽기 시인들의 시도는 전통적인 장르, 외래의 양식에 근대적인 것, 민족적인 것을 담으려 했던 딜레마와 조응하는 것은 아닌가? 그리고 이것은 시로 자기 부상한 장르 외에 여전히 노래로 존재하고 있던 양식들에게도 동일하게 적용되는 것은 아닌가라는 부질없는 질문을 던지며 글을 맺으려 한다.

―『민족문학사연구』 13, 1998

18세기 혁신革新의 한시사漢詩史

남은경 | 고려사이버대학교 한국어학과 전임교수

안대회, 『18세기 한국한시사 연구』, 1999

1.

본 『18세기 한국한시사 연구』는 안대회 선생님의 그간의 노력이 결집된 역작으로 그의 박사학위 논문 『조선 후기 시화사 연구』(국학자료원, 1995)와 한 짝을 이루는 것이다. 『조선 후기 시화사 연구』가 시화를 통해 17세기부터 19세기까지의 시학과 시론의 변화상, 갈등상을 조명한 것이라면, 본 저작은 우리나라 문화의 절정기라 할 18세기의 한시의 역사적 전개를 조명한 것이다.

학회에서 본 평자에게 서평을 요구한 것에는 18세기 시단의 변화 속에서, 특히 그 이전 17세기 동명東溟 정두경鄭斗卿의 시가 집중공격의 대상이 되었기에, 바로 그 정두경의 문학을 박사학위논문으로 쓴 본인과 '한판의 보기좋은 싸움'이 있을 수 있으리라 기대한 것 같다. 서평을 의뢰 받았을 때 평자는 '신랄한 비판'을 요구받았다. 그러나 평자가 살펴본 바에 의하면 신랄한 비판을 하기에는 이 책은 분명한 목표를 향해 너무도 탄탄하게 논리를 전개시키고 있다. 또 광범위한 자료의 수집과 치밀한 분석은 그 성실성에 감동하게 한다. 그럼에도 불구하고 평자는 학회의 요구(?)에 대한 '책임감'을 가지고, 이 책이 가지고 있는 미덕과 또 이 책에 대한 본인의 다른 견해 및 의문점을 몇 가지로 지적하여 볼까 한다.

2.

저자는 우리 한시사에서 18세기를 매우 중요한 시대로 놓고, 이 시기 '조선시 쇄신운동'(13쪽)이 있었다고 보았다. 이 책의 미덕은 18세기의 '변화의 궤적'을 찾아내려는데 노력을 경주한 점이다. 각 시기의 변화를 주도한 문제적 시인의 작품과 주장을 통하여 한 세기의 시가 기성의 시단과 대립하여 어떠한 성과를 일구어냈고, 그 성과가 그 다음 세대의 시인들에게 또 어떻게 계승되고 부정되며 이어져 갔는지를 찾아보고자 했다. 그 흐름을 관통하는 사조와 특징을 파악하여 18세기 시의 '시대정신'을 규명하려고 하였다(14쪽). 저자는 17세기 말 18세기 초엽의 삼연三淵 김창흡金昌翕을 기준으로 삼아, 그를 추종한 시인들과 그 뒤 시화에서 높이 평가받는 중요 시인 및 문제적 시인들을 연관시켜 설명했는데, 18세기 전기의 이병연李秉淵과 최성대崔成大, 18세기 중기의 이용휴李用休, 18세기 후기의 백탑시파白塔詩派가 그 논의의 대상이다. 이들 18세기 시인들의 지향점으로 다음 세 가지를 설정했다. '첫째, 격식과 규범으로부터의 탈피, 둘째, 개성의 추구와 변화의 시도, 셋째, 진실한 표현과 사실적 묘사'이다. 이러한 몇 가지 특성을 중심으로 각 시인간의 관계를 사슬처럼 이어서 설명하였다. 그 결과 본 저작을 읽는 독자들로 하여금 18세기 시단의 중요 특징을 뚜렷하게 이해하게 하는 효과를 가져왔다. 또한 이들 각 시인의 작품을 분석하며, 저자는 이들 시가 보여주는 장점뿐 아니라 단점까지 동시에 서술해 놓아 이들 작품에 대한 평가 태도가 상당히 객관적이라는 것을 보여 주었다.

3.

그러나 위에서 언급한 미덕이 바로 곧 이 책이 가지고 있는 단점이 될 수도 있다. 즉 이 책의 서명은 『18세기 한국한시사 연구』이다. 그런데 이 책은 전반적인 시단의 양상을 보였다기보다는 '변화의 양상' 한쪽에만 주목하고 있다는 것이다. 그러므로 이 책은 『18세기 혁신의 한시사』라고 이름 붙이는 것이 더 적합할 듯하다. 18세기에는 과거 문학에 대한 비판과 변화도 있었지만, 분명 이전 문학에 대한 지속적인 계승이 있었다. 이는 본 저서의 중심인물인 김창흡과 그 문도들에 의해 '복고'적이라고 지목되며 비판되고 있지만 이는 엄연히 강력하게 문단의 한 편에서 자리하고 있었다. 18세기 전기의 소론의 남극관南克寬과 18세기 중기의 노론의 이사질李思質은 시비평에서 17세기 동명 정두경의 시를 최고로 높이 평가하고 있어, 18세기 시단에서 여전히 정두경

문학에 대한 찬사가 지속되고 있음을 알 수 있다. 19세기 유명시인 자하紫霞 신위申緯, 1769~1847는 젊은 날의 문학수업에 대한 회상에서 "어릴 적에 집에 동명선생 정두경의 시집이 있어, 생각이 크게 진전되었다"는 언급을 하였다. 그는 이후 젊은 날의 원고를 불태우지만, 여기서 주목할 것은 18세기 후반기까지 분명 정두경의 시는 중요한 전범적 시로 인정되며 지속적으로 애호되고 있었다는 사실이다. 이러한 사실을 분명히 지적하고 그 시학의 존재와 그들의 주장에 대해서도 언급해야 한다. "한시사는 지성사의 또 다른 얼굴이고, 시대정신의 감성적 표현이다. 그러므로 문예미의 분석을 기초로 하고 이를 넘어서 작가와 시대의 정신을 찾아내야 한다"(5쪽)고 저자 자신이 분명히 말하고 있다. 18세기라는 사회가 오로지 변화의 급물결 속에서 혁신만이 이루어진 것이 아니라면, 전체를 조망할 필요가 있고, 그래야만 보다 정직한 당대 시단의 양상을 파악할 수 있을 듯하다. 물론 혁신과 보수의 것을 같은 비중으로 다룰 필요는 없다. 혁신적 시풍을 중심으로 삼되, 보수적 시풍의 실제 양상과 그들의 투쟁 양상이 실질적으로 밝혀질 때 보다 정확한 당대 시단의 양상을 알 수 있을 것이다.

한 가지 흥미로운 사실은 당파적으로 '노론'과 대척관계에 있었던 '소론'의 문학이 소위 말하는 '복고적 형식의 시와 문'과 매우 가까웠다는 것이다. 소론의 경우 그들은 당대 정계의 중심이 되지 못했던 소수당이었다. 숙종조 소론의 중심인물이던 남구만南九萬과 최석정崔錫鼎은 노·소 분당이 이루어진 얼마 뒤, 서로 간의 편지(1687년)를 통해 노론의 김창협, 김창흡 문파가 공격한 동명 정두경의 문집 편찬을 독려하고, 결국 숙종37년(1711년, 정두경 사후 38년)에 그의 시·산문 합집의 『동명선생집東溟先生集』의 완간을 보게 되었다. 그리고 정두경 사후 남구만은 정두경의 「시풍詩諷」이라는 시와 산문으로 된 역사문학을 자신이 직접 보완하여 편찬하기도 하였다. 특히 이 책은 중국의 역대 왕을 '법法'과 '징懲'의 부류로 나누어 평가하고, 『시경詩經』의 시로서 마무리 한 책이다. 이 책은 특히 효종 임금께 바쳐져서 높이 평가받았고, 남인인 미수眉叟 허목許穆은 이 작품에 나타난 '우세강개憂世慷慨'한 정신을 높이 평가했다. 이처럼 당대인과 후대인, 특히 노론이 아닌, 소론과 남인쪽 인사들은 특히 정두경 문학에서 복고성보다는 그 속에 담겨진 풍자성, 대사회적 관심에 주목하고 이를 높이 평가하고 있음을 알 수 있다. 조선 중기 '문필진한文必秦漢, 시필성당詩必盛唐'을 주장했던 복고주의 문풍에서 형식적 모의성만이 강조된다면, 그들 작품의 역사적 필연성을 이해하지 못하는 것이며 또한 너무 인색한 가치평가인 것이다. 특히 진한秦漢시대의 다양한 사상서(원시유교, 제자백가서)와 역사서史記에 대한 관심, 그리고 성당시盛唐詩에 보이는 유儒·불佛·도道에 대한 개방적인 사고의 범위는 이들 소위 복고주의 문인들의 작품 속에 다양한 사상적 양상을 표출되게 한다. 정두경은 중국과 우리나라의 역사 속 인물과 지명, 사건 등을 시 속에 이용하여, 성리학 중심의 조선 사회에서 언급하기 어려운 많은 내용을 격정적으로 표출해 내었다(俠客, 刺客, 將軍, 神仙 등). 이로 인해 '진경眞景'이 아닌 '허경虛景'을 추구한 것으로 비판받게 한다. 18세기 노론층이 정통 성리학性理學을 바탕으로 하며 문학에서 그 내용보다는 '진경'이라는 표현의 문제에 더 관심을 둔 것과 대조가 된다. 당파의 차이가 그들이 주장하는 문학의 차이와도 연결되고, 또 상대적으로 다른 당파쪽의 문학적 주장을 강하게 비판하게 되는 경향도 있는 것 같다.

4.

저자는 17~18세기 전환기의 김창흡(노론), 홍세태(여항인), 18세기 전기의 이병연(노론), 최성대(소북), 중기의 이용휴(남인), 후기의 백탑시파(서얼)로 18세기 시단을 나누어 고찰하였다. 이 때 노론과 남인, 소북, 서얼, 여항인 각 계층의 시인을 고루 다룸으로써 각 계층의 독특한 정서를 드러내고자 한다고 하였다.

분석에 앞서, 저자는 학맥에 대한 설명 중 "소론의 학통은 정제두와 이광려, 서명응, 홍량호 등 서울의 몇몇 문벌 집안으로 이어졌고, 남인도 허목, 이익, 정약용 등을 아우르며 학파의 주도권을 쥐고 정계에 참여하고 있었다"(24쪽)라고 분명히 명시하였다. 그런데 막상 이들 문학의 전개에 대한 서술 부분이 없다. 물론 노론의 김창흡, 김창협의 문도를 기본 축으로 하여 본 저작이 서술되었기에 생략되었다고 할 수 있으나, 특히 남인의 중심 이익李瀷과 소론의 강화학파江華學派의 문학에 대한 설명은 있어야 할 듯하다. 영조조 몰락한 소론은 강화학파로 거듭나게 되는데, 18세기 중반 이광사, 신대우와 같은 몇몇 문인들이 등장하게 된다. 이들은 조선 역사에 흥미를 갖고 『해동악부海東樂府』를 썼고, 또 시문보다는 산문에 더 힘을 썼다. 그리고 신대우의 경우 복고적인 시에 몰두했다고 한다. 이들은 정권을 장악한 노론과는 다른 길을 갔기에 주목된다.

18세기 시화에 등장하는 당대 중요 시인들을 본 저자에서 하나의 연결고리로 묶어 설명하려는 시도가 때론 무리수를 가져올 수 있다는 생각을 하게 된다. '홍세태'가 '김창흡'과 시사활동을 함께 했다는 이유로, 그의 문학과 김창흡의 문학적 경향을 연결시키면서, '감정의 진솔한 표현'으로 '진실한 시'를 이루어냈다고 하였다. 그에 비해 김창협과 이병연의 경우 '생활의 진실한 묘사' 쪽으로 '진실한 시'를 썼다고 연결된다. 하나는 시인의 감정의 문제이고, 하나는 시인의 시적 표현방법 문제이다. 평자가 아는한 복고주의 시인들도 진솔한 감정을 표현하였는데, 다만 그 방법이 달랐다. 그러므로 홍세태의 경우는 김창흡과의 공통점을 연결시키기 보다는 천기론天機論과 연결시켜 설명하고, 여항인 나름대로의 시사활동을 강조하는 것이 더 무난할 듯하다.

5.

이제 몇 가지 의문점을 제시하도록 하겠다.

① 저자는 "『일득록』은 정조가 18세기 후기 시단의 새로운 흐름을 비판하는 보수적 입장의 강력한 대변자로 전통적 견해로 회귀하려고 노력함을 보여 준다. (…중략…) 정조는 조선 전기 문학에 대한 재평가를 하였으니, 이는 김창협의 관점을 수용한 것이라 아니할 수 없다. (…중략…) 그의 시론은 당시 북학파 문학으로 대변되는 패관소품체나 고증학 같은 새로운 사조를 비판하였다"(『조선 후기 시화사 연구』, 173쪽)라고 하였다. 한편 본서에서는 "이용휴와 이덕무가 조선 중후기 한국한시의 쇄신을 이론적으로 뒷받침하면서 창작을 통해 새로운 시를 제시하였다"고 하였다. 그렇다면 정조의 입장은 김창협, 김창흡은 애호하나, 그 뒤에 등장하는 백탑시파(북학파)의 시에 대해서는 어떻게 이해했다고 할까? 그리고 본 저서에서 김창흡으로부터 이용휴, 백탑시파

로 이어지는 관계는 어떻게 정리되어 이해될 수 있을까?

② 18세기 한시의 전개에 미친 중국문학에 관한 설명이 조금 소략한 듯하다. 필자의 의도적인 생략일 수 있으나, 중국과의 연관 관계가 매우 미미한 것이 아닌 이상, 그들 시와의 상관관계를 보다 구체적으로 언급하는 것이 보다 정당한 분석이라 하겠다. 저자는 명말청초의 공안파公安派와 경릉파竟陵派의 창신론의 영향을 강하게 받은 인물로 이용휴와 백탑시파의 구성원을 들었다. 특히 이덕무는 원굉도袁宏道와 종성鍾惺의 시체를 닮았다(35쪽)고 했고, 백탑시파의 기궤첨신奇詭尖新한 시풍이 여기에서 적극적으로 개척되었다고 했다. 그와 동시에 청나라의 시경향도 새로운 경향을 발흥하는데 일정한 영향을 끼쳤다고 하며, 전겸익錢謙益의 시가 18세기 시단에 광범위한 영향을 미친 점과 왕사정王士禎의 신운설神韻說이 수용되어 백탑시파 동인들에게 깊은 영향을 준 점 역시 주목해야 할 부분이다(37쪽, 327쪽)라고 하였다. 그런데 공안파, 경릉파와 관련된 설명 부분은 상세히 있으나, 청대 문학에 대한 관련성은 '이경수 교수의 『한시사가漢詩四家의 청대시淸代詩 수용연구』(태학사, 1995)에서 상세히 다루어지고 있다'고 주註로만 달고 넘어갔다. 이경수 교수의 책에서는 한시사가의 시에 '신운 계열의 시, 성령파 시인, 고증학자의 시'가 수용되었다고 하였다. 그런데 청대의 전겸익은 바로 전후칠자와 더불어 경릉파를 비판하였던 인물이다(이경수, 107쪽). 이렇게 되면 백탑시인의 시에는 서로 상충하는 경릉파와 전겸익의 문학이 동시에 영향을 끼쳤는가? 이에 대한 보충설명이 필요하다고 생각한다.

③ 사실주의와 낭만주의, 조선적 한시라는 것의 용어 서술의 적절성에 대해 묻고 싶다.

저자는 백탑시파의 시적 특질의 하나로 파악하는 '사실주의'라는 개념이 주로 표현방법, 묘사방법과 관련된 개념인데, 관념적, 공상적, 낭만적 묘사와 대척적인 사실적 묘사를 지향하는 경향이라 일단 정의했다(368쪽). 18세기의 시가 표현상으로는 사실주의적이면서, 그 내용이나 주제에 있어서 어떠한 주의, 주장이 결여된 것이라고 할 때, 그것의 원인이 어디에 있는가? 백탑시파의 경우는 '자신들의 신분적 한계로 일종의 예술적 순수성을 획득하고, 모순된 현실에 눈감음으로써 그 현실을 극복하려 했다'(384쪽)고 했다. 그러면 그 이전의 김창흡 같은 시인은 당대 노론 계층이나 집권층의 입장에 서있었기에 당대 기득권 계층에 대한 풍자적 미의식은 필요하지 않았기 때문이 아닐까? 이에 비해 이 책에서 거듭 비판의 대상으로 삼고 있는 '17세기 시의 특성—특히 정두경을 중심으로'는 '감동, 격정, 비장과 같은 낭만적이고 농후한 색채의 주정성'과 '복고주의적인 성격'(19~20쪽)이다. 여기서 이들 시가 보이는 '강한 기상', 그리고 '복고적인 시어를 이용한 당대 현실에 대한 의견 개진과 비판' 등은 단순한 낭만주의라 하기 어렵다. 복고적이고 낭만적인 시가 가지는 형식에서의 모의성과 그 속에 담긴 주제의식은 크게 둘로 나뉘었던 것 같다. 한편으로는 진부한 모의적인 시로서 지속되는가 하면, 이상적인 현실을 그리는 현실참여로서의 문학의 기능이다. 그렇다면 단순한 낭만주의로 가볍게 평가할 것은 아니지 않는가?

저자는 이용휴의 시의 격식파괴에 대해 우리 한시의 제 모습 찾기를 위한 사적 운동에 큰 이정표를 세운 것이라 했다(249쪽). 저자가 생각하는 '우리 한시의 제 모습'이란 과연 구체적으로 어떤 것인지 궁금하다.

마지막으로 덧붙이자면, 그 이전부터 지속되던 '시경론'이나 '천기론'에 대한 이들의 인식양상을 비교하여, 이들 시인들의 창작과 관련지어 설명된다면, 기존 연구성과물에 한 계단 올라서는 연구가 될 수 있을 것이다.

이상 몇 가지를 통해 이 책에 대한 평자의 생각을 말하였다. 평자는 개인적으로 안대회 선생님의 학자로서의 근면함과 성실함, 그리고 날카로운 분석력에 감탄해마지 않고 있다. 그러므로 이러한 평자의 말은 저자의 앞으로의 또 다른 연구물에 더욱 박차를 가하리라는 기대 속에 이루어졌고, 이에 따라 몇 가지 요구도 한 셈이다. 그러나 이미 본 저서의 넓은 스케일과 정밀한 분석방법을 통한 분명한 연구 성과는 우리 학계에 중요한 기여를 하였고, 같은 연구자들에게 큰 자극과 선망을 갖게 한 것이 틀림없다.

—『고전문학연구』 18, 2000

새로운 시정신과 미의식으로 그려본 18세기 한국한시사의 지형도

박영민 | 고려대학교 민족문화연구원 연구교수

안대회, 『18세기 한국한시사 연구』, 1999

1.

목릉성세를 넘어선 뒤 17세기 후반의 한시는 개성적 생기가 상실된 채 기교적 세련미만 닦아져 천편일률이 된 시사적 한계를 노정하였다. 이 복고적인 시단의 한계가 조선시・조선풍에의 자각, 개성과 진정의 추구, 일상에 대한 관심 등으로 극복된 18세기는 우리 한시사에서 가장 생기 있고 정채 나는 역동적인 시기의 하나일 터이다. 더불어 18세기는 주자학의 지리멸렬로 침체에 빠진 사대부문화가 실학을 탄생시켜 새로운 활력으로 전개되어 간 시기이기도 하다. 이 사상사적 전환은 임병양난壬丙兩難을 거치면서 나타난 동아시아의 보편주의의 균열과 기층사회의 역량의 증대 등의 흐름을 타고 한시의 풍기를 일변시킨다. 이러한 연유로 그동안 학계에서는 다른 어느 시기보다 18세기 한시에 관심과 애정을 기울여 왔다.

『18세기 한국한시사 연구』는 바로 이 시기에 관심을 갖고 역량을 축적해온 저자의 오랜 노력의 결실이다. 변혁의 시기, 두터운 작가층의 형성, 다양한 사조의 분출로 많은 작가들의 작품들이 개성을 발하던 100여 년간의 한시사를 한 눈에 펼쳐 보이려는 의도는 자칫 시간이 안고 있는 무게에 눌려 추상적이고 거친 조망으로 흐르기 쉽다. 그러나 저자는 거시적 안목으로 이 시기를 단계별로 나누고 각 단계별 특성을 미시적 안목으로 다시 직주하여 각 단계를 대표하는 개별 작가의 구체적인 작가론과 작품론을 구성하며 전체적인 조망과 연계 짓는다. 여기에 기왕의 연구성과를 수용하고 폭넓은 자료의 섭렵을 바탕으로 당대 문단의 동향을 생생하게 전달하여 18세기 한시사를 조망해 가는 저자의 논지에 실린 힘을 느끼게 한다. 특히 18세기 한시사를 폭넓게 아우르려는 저자의 시선은 시인의 신분과 당파가 작가의 존재와 작품의 실상을 파악하는 중요한 잣대가 되는 사대부문학의 특색을 고려하여 노론과 남인, 소북, 서얼, 여항인 등 각 계층의 독특한 정서와 미의식을 포착하고 17세기나 19세기와는 다른 이 시기의 시대사조, 시대정신을 찾아내려는 데 모아진다.

18세기 한시사를 조망하는 저자의 기본적 시각은 한 시대의 부정적인 모습과 그 극복으로 이어지는 내재적 발전론에 기반한다. 16세기 전반 노수신, 황정욱의 송시풍宋詩風을 위주로 시의 형식미와 기골氣骨을 중시하던 창작이 16세기 후반 당시풍의 낭만적 감정을 서정적으로 표현한 최경창, 백광훈에 의해 부정되었으나 삼당파 역시 음악성을 위주로 한 연약한 정서, 상투적인 제재로 시의 내밀도가 떨어지는 만낭시풍의 한계를 벗어나지 못했다. 16세기 말엽부터 17세기 전반 이안눌, 권필이 성당의 격조와 운치로 이들의 한계를 극복하여 시적 긴밀도를 성취하고 시체의 규모를 확대하여 시의 수준을 높였으나 그들 역시 당풍의 한계를 벗어나지는 못했다. 17세기 전기부터 중엽의 정두경, 김득신 등은 명대의 복고적 시론을 수용하여 한위성당시漢魏盛唐詩를 모범으로 삼고 한위고시와 악부시를 창작하여 17세기 시학의 핵심을 극명하게 표현한다. 그러나 그들은 중국 악부에 대한 의고적 실험에 그쳐서 실상 한국인의 실제 삶이나 정감의 표출에 적합한 형식을 창안하지 못했고 내용도 대중적 공감을 불러일으키기에 부족했다.

그래서 먼저 저자는 17세기의 병폐가 극명하게 노정된 바로 그 자리에서부터 시작하여 18세기까지의 시인들의 노력에 주목한다. 저자는 18세기의 변화를 주도한 문제적 시인의 작품과 주장을 통하여 한 세대의 시가 기성의 시단과 대립하며 어떠한 성과를 일구어냈고 그 성과가 다시 다음 세대의 시인들에게 어떻게 부정되며 이어져 갔는지를 계기적으로 찾아보고자 한다. 이 과정을 통하여 저자는 전통부정의 정신이 매우 강하게 표명되어 역동적인 변화양상을 보이는 18세기 한시를 오늘날에도 살아있는 존재로 되살리고자 한다.

2.

격정적 낭만성과 시어의 호방함 등 낭만주의와 복고주의로 정의되는 17세기가 전통 준수의 시대라면 18세기는 전통을 벗어나 새로움을 추구하는 시대라 할 수 있다. 17세기 말엽 새로운 문학의 주창자들은 17세기에 대한 비판을 창작에 반영하며 격앙된 비장미의 정서에서 차분한 관조의 정서로, 비현실적인 소재에서 현실적인 소재로, 의고적인 창작 태도에서 개성적인 태도로 나아갔다. 그 선도적인 자리에 17세기에서 18세기 전기에 걸쳐 조선시 쇄신운동을 일으킨 삼연 김창흡이 있다.

저자의 18세기 한시사의 구도에서 삼연 김창흡의 시사적 위상은 구태를 벗어 던지고 새로운 시세계를 선도한 데 있다. 삼연 이후 18세기의 새로운 시운동에 동참한 핵심인물은 대부분 삼연과 그의 영향을 받은 서울과 근기近畿지방의 시인들인 것이다. 이들의 움직임을 당론과 계층에 구애없이 조선시 쇄신운동이라 하고 한 데 묶을 수 있었던 것도 삼연을 중심으로 한 문인들의 존재가 있었기에 가능했던 것이다.

저자는 18세기 한시사를 다음 네 단계로 나누고, 각 단계를 대표하여 새로운 경향을 주도한 시인들의 시세계를 구체적으로 살핀다.

첫 단계는 노론의 삼연 김창흡이 주축이 되어 활약한 17세기 말엽에서 18세기로의 전환기이다. 삼연은 17세기적 분위기를 일신하고 새로운 시대의 시가 나아가야 할 방향을 제시했고 그의 주장은 홍세태 등 삼연을 추종한 시인들에 의해 널리 퍼졌다. 두 번째 단계는 18세기 전기 이병연, 이천보, 오원, 남유용 등 삼연의 후배들에 의해 개성적인 시세계가 제시된 시기이다. 세 번째 단계는 이용휴가 주축이 된 남인, 소북 계열의 시인들이 활약한 18세기 중기이다. 이언진, 유경종 등 서울과 안산을 중심으로 활동한 시인들은 파격적이고 참신한 시풍을 개척했다. 네 번째 단계는 서울의 백탑을 중심으로 서얼 계층 지식인들과 노론계열 지식인이 주축이 되어 활약한 백탑시파 시인군이 활동한 18세기 후기이다. 서울에 거주한 서얼문사가 중심이 되어 이용휴의 참신한 시풍에 영향을 받고 그 개성을 발휘하여 독자적인 시풍을 수립했다.

삼연은 서울의 낙송루에서 이규명, 홍세태 등 노론 내의 친분관계를 바탕으로 시사활동을 벌이면서 이전 시대의 낭만적이고 이상주의적 사조를 지양하고 일상의 작고 구체적인 사건에 내재한 진실에 주목했다. 특히 삼연은 당대 당론 형성의 중추적인 역할을 행한 노론의 일원이라는 가문배경에도 불구하고 세속적 가치를 버리고 문인으로 사상가로 은사로 살아가며 대자연의 무위와 그에 몰입된 삶을 무기교의 기법으로 제시했다. 저자는 특히 이러한 그의 삶의 궤적이 사족지성인의 전형으로 당대에 끼친 영향에 주목하고 있다.

홍세태는 여항문학을 본궤도에 올려놓는데 매우 중요한 구실을 한 작가이다. 이 시기 송시풍으로 선회한 김창흡 등에 비해 사회적 신분과 그에 따른 정서에서 차이를 갖고 있던 홍세태는 조선 중기 이래의 당시풍을 선호했다. 여기서 저자는 그가 창작법에서 주류적 흐름과 갈등을 내포했으리라 추론한다. 하지만 저자는 홍세태의 당시풍이 가국家國의 고통을 비판적으로 형용하기보다는 비애, 시름, 고통, 괴로움과 같은 종류의 시적 정서를 표현하여 우환의식에 바탕한 우국충정의 두보가 아니라 두보의 외양을 배운 혐의를 받게 된다고 본다. 또한 '병도 없이 신음하는 자'라고 한 사대부의 비판을 소개하며 그동안의 학계가 여항문인으로서의 현실과 신분갈등문제를 시화했다는 측면과 천기론에 입각한 시론을 견지했다고 하여 홍세태에 대해 지나친 평가를 한 것이 아닌가 의문을 제기하고 그의 시적 성취에 대해 더 엄정할 것을 요구한다.

사천 이병연은 김창흡 이후의 시단을 이끌어 간 시인이다. 노론 경화京華사족의 맥을 이은 사천은 일상생활의 호쾌하고 깔끔한 정서, 산수나 인생을 감상하고 관조적인 자세, 평담하고 절제된 미를 보여 주었다. 삼연의 시가 이취理趣를 드러내어 선험적이고 사변적인 힘이 있는 반면, 사천의 시는 구체적 생활의 감정이 현저하게 느껴진다는 점에서 독자성이 보인다. 이러한 경향은 영조조 사대가로 칭해지는 이천보, 남유용, 황경원, 오원 등의 시에서도 나타난다.

두기 최성대는 삼연 이후 사천과 함께 시단의 제일인자로 각광을 받았다. 저자는 이규상이 '두기는 시의 여향餘響'이라고 평한 것을 근거로 두기 역시 삼연의 영향을 받았지만 만당시풍의 독특한 음조의 작가, 주류에서 벗어난 외곽을 형성한 흐름으로 이해한다. 삼연이 송시의 이지적이고 관조적 작품세계를 시학의 근저로 삼았다면 두기는 당시의 낭만적 성향을 기저로 삼아 한국적 악부시를 창작하고 복고적 시풍을 실현했다는 것이다. 또한 앞 시기 정두경풍의 웅혼하고 호방한 악부시가 기존의 주류적 경향이었다면 한국적 민가풍에다 서정성을 강화시킨 점으로 두기시의 새로운 면을 들고 있다.

18세기 중・후반 삼연과 그 후배들의 시를 계승한 시인으로는 이용휴와 이덕무를 대표적으로 들고 있다. 저자는 주로 서울과 안산에 거주하면서 성호의 경세학을 학문의 바탕으로 삼고 양명학과 불교・도교에도 비상한 관심을 가진 이용휴는 과거에 응시하지 않고 평생을 포의布衣로 보냈으면서도 30여 년 동안 문단에 영향력을 행사한 점에 주목한다. 18세기 중엽 시단은 관각시인이나 엘리트사대부보다도 권력에서 소외된 시인들에 의해 전개되었다는 것이다. 이러한 주목할 만한 변화는 이용휴, 이봉환이 주도한 사조나 후기의 이덕무, 박제가가 주도한 사조의 존재와 작품에 대해 남공철이나 심낙수, 유만주 같은 노론계 학자들의 우려섞인 목소리에서도 확인된다. 이들의 공통점은 대부분 포의의 문사로 중서인中庶人이 많다는 점, 기존 한시와 시단에 대해 공격적이며, 공안파와 경릉파 등 명말청초의 새로운 사조를 적극적으로 수용하여 새로운 시를 창작했다는 점을 들 수 있다. 물론 이들 사이에도 차이점이 존재한다. 전자가 절구와 연작시 중심이라면 후자의 시는 율시가 큰 비중을 차지한다. 시의 소재나 내용면에서도 이용휴 그룹이 이념적이고 실용적인 면을 보인다면, 백탑시파는 한국적 자연을 묘사하고 순수한 서정을 표현한 측면이 강하다. 이용휴 그룹이 간결미와 소박미를 강조한다면 백탑시파는 치밀한 조직미와 수사미를 강조했던 것이다.

3.

이 책을 통해 평자는 18세기 한시사를 선명하게 파악할 수 있었다. 그러나 이 책을 읽으면서 몇 가지 궁금증도 일어났다.

저자는 18세기 한시사 전개의 배경으로 사회의 안정과 경화사족의 대두를 든다. 숙종 말엽 사회적, 경제적 회복이 이루어지고 유통경제와 국제무역의 중심지로 발달한 서울과 다른 지방간의 격차가 심각하게 벌어지면서 경화사족층이 대두되었고 이들이 18세기 한시사를 주도했다는 것이다. 그렇다면 이전 시대의 영호남문단의 향방과 향촌에서 활약하던 문인지식인들의 행방은 어디에서 찾을 것인가? 또한 한시사가 부정과 극복일변도로 전개되어 문체반정과 함께 진행된 당대의 복고적 움직임에 대해서도 포착하기가 어려웠다. 이후 19세기의 한시사를 염두에 둔다면 이 점에 대해서도 함께 생각해보아야 할 듯하다.

또한 저자는 18세기의 시인의 위상은 사士이면서 대부大夫이던 이전 시기와는 현저하게 달라져서 시인의 사회적 위상이 격하되었다고 지적한다. 지배권력층으로부터 소외된 시인군이 대거 등장하고 서울 경기지역에 거주한 서얼 계층 지식인들과 경아전을 중심으로 한 여항인층들이 시사를 결성하여 창작활동에 적극 가담하여 시단의 주요한 세력으로 대두했다는 것이다. 그런데 이러한 시인의 사회적 기반의 변동이 시의 내용과 형식에 드러나면서 한시의 정서적 기반이 흔들리고 상실감과 소외감이 기본적인 주제로 나타나는 데 우려를 품는 듯하다. 이는 사대부의 안온한 일상적 삶을 진솔하게 읊은 이병연의 시를 긍정하면서도 여항문인의 신분갈등에서 오는 격한 삶을 토로한 홍세태의 시를 비판하는 작가의 시선에도 드러난다. 물론 저자 역시 시론에서 미의식을 바라보는 근거를 표명하고 있다. 하지만 작가의 개인적 삶의 지평에 근거를 두고 형성된 서로 다른 미의식에 대해 다른 평가가 내려지는 데는 당대 경화사족에 비해 여항문인의 처지에 대해서는 인색하게 본 것이 작용하지는 않았는가 하는 생각이 들기도 한다. 또한 여항인에 대한 당대의 평가가 특정 계열의 관점을 대표하는 것이라면 오늘날의 우리는 좀 더 다른 판단을 할 수도 있지 않을까 생각해 본다.

—『정신문화연구』 22-4, 1999

한시사의 새로운 조명

윤채근 | 단국대학교 한문교육과 교수

안대회, 『18세기 한국한시사 연구』, 1999

1.

안대회의 저서는 그동안 답답하기만 했던 한시사 연구에 새로운 활력을 넣어 준 근래 보기 드문 역작이다. 물론 이전에도 한국문학사를 통관하며 특정 세기의 문학을 다룬 저서가 있기는 했지만 한 세기의 특정 장르를 조리정연하게 재구성해 낸 사례는 거의 없다고 할 수 있었다. 그런 견지에서만 봐도 이 책의 등장은 그야말로 연구사적 사건이 되기에 충분하다. 그런데 이 책은 100년이라는 긴 시간대를 훑어 내리면서도 저자 나름의 연구 시각을 일관성 있게 견지하는 지구력도 갖추고 있다. 이는 이 책이 혹 가질 수 있는 단점, 즉 각기 단일 논문으로 작성된 글들을 집성했다는 데에서 올 수 있는 주제의 파편화를 하나의 문제의식으로 긴밀하게 압축했다는 뜻이다.

안대회의 주된 관심은 18세기의 역동적 역사 현상들이 한시 작가의 정신에 어떤 자취를 남겼는가에 맞춰져 있다. 물론 이러한 역사적 접근 방식은 문학 연구에 전혀 새로운 시도로 느껴지지는 않는다. 하지만 동일한 역사 체험이 다양한 시적 분파로 표현되고 그런 분파들이 채택한 시적 전략에 영향을 미쳤다는 사실은 저자의 꼼꼼한 자료 섭취, 정밀한 텍스트 독해와 분석을 통해 빛나는 성취로 녹아들어 있다. 그리고 역사성에 대한 강렬한 집착은 다양한 시인 그룹들을 하나의 의미망 안으로 수렴하는 유효한 촉매로 작용하고 있다. 때문에 독자들은 꽤 두꺼운 이 책을 다 읽고도 하나의 통일된 인상을 얻을 수 있다. 그것이 18세기라는 시대의 진정한 본질인가는 차치해 두고라도 이것이 18세기를 바라보는 많은 연구자들에게 하나의 등대 역할을 하리라는 판단은 주저 없이 내리도록 해 준다.

2.

『18세기 한국한시사 연구』는 총 7개의 작은 논문들로 구성되어 있다. 이들에 대해 자세한 설명은 할 수 없겠지만 간략히 개관하는 것은 서평자에겐 회피할 수 없는 중요한 임무 가운데 하나일 것이다.

첫 논문 「18세기 한국한시사의 구도」는 이 책의 총론으로서 17세기 한시사와 견주어 나타나는 18세기 한시사의 풍성을 일목요연하게 정리하고 있다. 저자에 따르면 18세기 한시사는 이전 세기의 지나친 격식주의와 의고적 엄숙주의를 벗어나 시적 자유가 실험되고 주제에 있어서는 일상성의 가치가 회복된 전환의 세기였다. 당풍 일변도의 시풍이 다양한 형식적 창조로 변모되고 비로소 진정한 개성의 발현이 성취되기 시작했다고 보고 있다. 그러한 토대로서 당시 대두한 경화세족과 이들을 둘러싸고 결집된 많은 문인군들, 그리고 도시 주변부에 포진해 있던 소외된 문사 그룹들이 제기되었다. 이들에 의해 시는 현실에 대한 새로운 각성과 더불어 생활의 의미를 발견해 갔다는 것이 저자의 큰 구도다. 또 저자는 명말청초의 중국 문단 경향이 왕성하게 소화되면서 이상의 변화가 급류를 타게 되었다는 언급도 빼놓지 않았다. 18세기를 다른 세기와 구별하기 위해 특정 경향을 지나치게 배타적으로 강조했다는 혐의는 있으나 그것은 어떤 문학사 연구도 쉽게 벗어나기 어려운 논리적 딜레마라는 점에서 충분히 이해가 가는 측면이다.

두 번째 논문인 「17~8세기 한시의 모색」은 김창흡金昌翕의 잡영시雜詠詩를 분석하여 이를 당시 시단의 큰 흐름을 상징하는 현상으로 간주하고 있다. 아울러 김수증金壽增의 잡영을 분석하여 그러한 경향이 단순히 한 개인의 시적 특성이 아니라 이 시기 발생한 특이한 시 현상임을 증명하고자 했다. 그 논의의 골자는 일상 경험의 구체적 장면들을 형식적 기교 없이 자연스럽게 표현하는 체험시의 대두라고 할 수 있다. 일상성에 대한 관조라는 이 새로운 시 창작 방법론이 전대의 과도한 형식주의나 의고적 전고주의를 돌파하여 한시 문단에 참신한 새 바람을 불어 넣었다는 것이 저자의 최종 결론이다. 김창흡이 우리 문학사에서 차지하는 위상의 중요성을 고려할 때 이상의 논지는 충분히 받아들일 수 있는 온당한 것이다. 하지만 잡영이라는 한시 형식 자체가 일상적 체험의 반영을 강요한다고 볼 때, 김창흡의 다른 한시나 다른 작가들의 더 많은 사례들이 집적된다면 이 통찰이 더 빛나는 의의를 갖추게 될 것으로 생각한다. 아울러 이 시기에 김창흡과는 정반대의 길을 추구한, 즉 의고주의적 형식미를 더욱 세련화시키고자 하는 시인들도 존재했다는 점에서 논의의 수위를 약간 하향조정할 필요가 있지 않을까 한다.

세 번째 논문인 「여항閭巷시인의 대두와 그 방향」은 홍세태洪世泰를 중심으로 중인층의 한시 창작 활동에 대해 다룬 것이다. 사실 17세기에서 18세기에 이르는 기간은 중인 문학이 활발하게 대두하여 한시문학사에 빛나는 업적을 남긴 시기이기도 하다. 특히 홍세태는 천기론天機論을 주장하여 시 창작에 있어 가장 중요한 것은 기교가 아니라 창작 주체의 내면적 진실성이라는 사실을 강조하였다. 그것은 단지 이론적으로만 주장된 것이 아니라 창작 과정에도 적용되었다. 이에 따라 소외된 처지에 대한 비장한 감상의 표출, 그리고 내면 심리를 여과 없이 쏟아내는 감상적 시상을 드러내게 되었다. 홍세태로 상징되는 여항문학은 이처럼 울분과 자조에 휩싸인 특이한 창작 경향으로 문학사에 특별한 지점을 형성시키게 된다. 하지만, 저자도 언급한 바처럼, 이들은 일상의 기쁨과 슬픔을 지나치게 노골화시킴으로써 시인이 갖춰야 할 절제의 미덕을 잃고 있었다. 이상에서 개진된 안대회의 주장은 전반적으로 타당하다. 그러나 기존의 연구 성과에서 얼마나 더 멀리 나아갔는가 하는 관점에서 질문해 본다면 이에 선뜻 긍정하기 어렵다.

다음 논문 「경화사족京華士族의 여유와 담박淡泊」은 이병연李秉淵의 시문학에 대한 연구다. 저자는 이 글을 통해 이병연의 시적 특성이 김창흡과 관련되어 있음을 계속 암시하고 있다. 즉, 일상적인 시의 소재, 산수경물에 대한 자연스러운 묘사 등을 강조하여 이병연의 시세계가 결국 일상적 사실 세계에 대한 남남한 관심의 반영임을 증명하고 있다. 그리고 그 배경으로 이병연의 신분적 처지, 다시 말해 노론 벌열층으로서의 정신적 여유와 한가함의 추구를 제시하고 있다. 이는 모두 옳다. 그러나 이른바 경화사족으로 불린 이 엘리트 그룹은 바로 그러한 타고난 특권적 신분 및 처지로 인해 세계와 특별한 갈등 상황에 부딪치지 않을 수 있었던 것이다. 그렇다면 김창흡과 이병연 한시에 나타나는 자족적 안정감이나 일상 세부에 대한 여유로운 관심은 경제적 부유함이 연출한 무갈등적 삶의 자연스러운 결과일 것이다. 과연 그것이 한 세기를 대표할 특징으로까지 평가될 수 있을지 의문이다.

다음 논문인 「18세기 전기 한시의 변주」는 최성대崔成大의 한시에 대한 연구다. 악부시 형식을 통해 민요 정서를 노래한 특이한 시인으로 일찍부터 주목받아 온 인물이 최성대다. 최성대는 특히 여성 정감의 한시, 즉 여성 화자를 등장시켜 하층 민중 여성의 애환을 노래한 시인으로도 유명하다. 그 속에 감상적 인생관과 삶에 대한 비애의 정서가 녹아 있다는 것이 저자의 최종적 평가다. 이처럼 폭력적 현실에 좌절당한 이름없는 인물군상들을 민요의 가락으로 표현한 최성대 한시는 한시문학사에서 매우 이채로운 지위를 점한다. 안대회는 거기에다 최성대가 실세한 소북小北계열 문인이라는 역사적 배경을 중첩시킴으로써 더 강한 설득력을 이끌어내고 있다. 그런데 서평자는 이 글에서도 일종의 논리적 공허감을 느끼게 된다. 이상의 결론들은 이미 선행 연구를 통해 충분히 밝혀진 사실들이기 때문이다. 최성대의 여성 취향이나 감상성 속에서 우리는 무언가 더 내밀하고 본질적인 문학적 의미들을 도출해 내어야 하지 않을까 생각한다. 예컨대 타자의 문제를 거론하지 않으면서 여성 정감을 충실하게 다룰 수는 없는 것이다.

다음 논문 「18세기 중기 시의 혁신적 면모」는 이용휴李用休의 한시 문학을 다루고 있다. 사실 이 저서에서 가장 돋보이는 논문을 고르라면 서평자는 이 논문을 선택하는데 주저하지 않을 것이다. 그만큼 이 논문은 깊이 있는 통찰과 문학사적으로 다양한 상상력을 제공하는 논리적 암시들이 풍부하게 배치되어 있다. 무엇보다 이 글에서 만큼은 저자의 역사주의적 시각이 매우 탄력적인 문학적 감수성을 떠받쳐 주는데 긴밀하게 상응하고 있다. 저자는 이용휴의 육언시六言詩가 지닌 형식 실험적 특질을 부각시키고 아울러 그 주제적 신기성을 강조하였다. 그리고 그에 따라 발현되는 희작성과 산문성을 검토함으로써 이용휴 한시가 기존 서정시와의 결별을 추구하고 있다고 결론내렸다. 불교 게송偈頌과 비견될 직관적 감성과 설리적 기괴함은 이용휴만이 지닌 독자적인 문학 세계로서 주목해야 마땅한 측면들이다. 이런 측면들이 서정성의 약화로 귀결된다는 현상은 근내성의 문세와 연결된다면 임청난 문제 제기로 작용할 화약고와 같은 것이다. 물론 저자는 이 문제를 충분히 다루고 있지는 않다. 저자의 용의주도함과 치밀한 논리 전개 때문에 당연히 결과한 이론적 조심성이 아닐까 한다. 그럼에도 우리는 이 논문을 통해 한시 연구의 무한한 가능성을 엿볼 수 있다.

마지막 논문 「18세기 후기 첨신풍尖新風의 확산」은 연암 박지원과 연관되어 있었던 서얼 시인들, 이른바 백탑시파白塔詩派의 시인들의 시세계를 다룬 것이다. 이 책 전체가 그러하지만, 특히 이 논문은 동인 그룹으로서의 백탑시파 시인군의 역사적 생성, 발전, 쇠퇴의 과정을 거시적 시각에서 조망하고 있다. 그러한 역사 실증적 솜씨는 타의 추종을 불허한다. 그러나 여기서 논의된 대부분의 내용은 이미 상식으로 통할 만큼 널리 알려진 사실들이다. 그만큼 백탑시파에 대한 관심이 일찍부터 학계에 의해 초미의 관심사로 부상해 있었음을 증명한다. 따라서 이 논문이 제작된 시점을 충분히 고려한다 하더라도 평자는 저자에게 무언가 새로운 모색을 기대할 수밖에 없는 법인데, 그에 상응한 독창적인 창신創新이 보이지 않는 점이 내내 서운하다. 하지만 이 논문이 다른 논문들과 묶여 재배치됨으로써 얻게 된 새로움까지 부정할 수는 없을 것이다. 그러한 지적은 이 책이 여러 논문을 집성하는 데에서 오는 불가피한 결과라고 앞에서 이미 했던 바 있다.

3.

안대회의 책은 넘치는 논리적 생기와 치밀한 고증으로 누구도 넘보기 어려운 학술적 격조를 갖추게 된 훌륭한 연구 업적이다. 그 점을 부인할 사람은 아무도 없을 것이다. 더군다나 지엽적인 개인적 관심사에 몰두하여 문학사 전체에 대한 큰 틀에는 무심한 현재의 학문 풍토에서 그의 성과는 더욱 값지다. 평자가 단 몇몇 불만 사항은 따라서 너무나 만족한 관람객의 부담 없는 객기 정도로 이해해 줬으면 한다. 앞으로 더욱 놀라운 논문으로 학계를 자극하고 새로운 연구 지평으로 후학들을 선도할 저자의 모습을 기대해 본다.

—『Journal of Korean Culture』 1, 2000

18세기 한시사 이해의 시각과 구도

정우봉 | 고려대학교 국문학과 교수

안대회, 『18세기 한국한시사 연구』, 1999
외 1권

1.

이번에 나란히 나온 두 권의 책은 조선 후기 한문학사, 특히 18세기 한시사의 이해의 폭을 확대해 준 연구서로서 의미가 깊다. 안대회의 『18세기 한국한시사 연구』는 책 제목에서도 알 수 있듯이, 가장 풍성한 예술적 성취를 거두었던 18세기 한시사의 대표적 시인을 중심으로 하여 이 시기 한시사의 역사적 전개 양상 및 주요 특징적 면모를 다각도로 조명하고 있다. 그리고 진재교의 『이계 홍양호 문학연구』는 18세기 후반의 진보적 문인 지식인의 한 사람이었던 이계 홍양호의 시세계를 집중적으로 조명하고 있는 바, 이 시기 현실주의 문학의 진전된 면모를 확인케 한다.

이들 연구서는, 하나는 18세기 한시사의 역사적 위상과 그 특징을 전체적인 구도 속에서 집중적으로 다루고 있으며 다른 하나는 특정 작가의 시세계를 현실주의적 문학 성취의 시각에서 일관되게 해명하고 있다는 점에서 접근 방식과 연구 방법에 차이가 있지만, 18세기 한시사 이해의 '시각'과 '구도'를 새로운 지평으로 확대하고 있다는 점에서 공히 연구사적 의의가 크다고 하겠다.

2.

안대회의 『18세기 한국한시사 연구』는, 저자가 스스로 밝히고 있듯이, 18세기의 시사적 변화를 주도한 주요 시인의 작품을 통해 '18세기 한시의 정신사적 변화'를 추적하고 있다. 이 점을 서문에서 이렇게 밝히고 있다.

> 17세기나 19세기의 한시와는 분명 다르게 표출된 18세기 한시의 특징—그것을 이 세기의 시대사조, 시대정신이라고 해야 하겠는데 그것을 찾아내려는 노력이 부족한 듯하였다. 그러므로 18세기 한시의 정신사적 변화를 파악하는 꼼꼼한 분석이 요구되고 그것이 가능하다면 조선시대 한시사의 흐름을 짚어내는 중요한 첫걸음이 될 것이다.

기존 한문학 연구가 특정 작가를 중심으로 작가론 위주의 연구 방법에 치중하였던 점을 반성하면서 보다 거시적인 안목과 시야에서 18세기 한시사의 전체적 구도를 조망하면서 주요 시인의 작품을 분석해 내고 있다. 이 점은 이 책에 수록된 논문을 관통하는 저자의 일관된 서술 태도인 바, 책의 맨 처음에 수록된 논문인 「18세기 한시사의 구도」에 압축적으로 정리되어 있다.

저자가 18세기 한시사의 역사적 전개 과정을 추적함에 있어 한 시대를 대표할 수 있는 작가 혹은 작가군을 선별하여 이들을 전체적 조망 속에서 연계하려고 하는 점은 이 책의 전체 구성 속에 잘 반영되어 있다. 17세기 후반으로부터 18세기 후반에 이르는 기간 동안 산출된 조선 후기 한시사의 주요 시인과 작품을 대상으로 하여 18세기 한시가 전시대의 시적 성과를 계승, 발전, 변화시키면서 어떠한 새로운 역사적 위상을 지니는가를 체계적으로 분석하고자 하였다. 이에 따라 김창흡, 홍세태, 이병연, 최성대, 이용휴, 백탑시파白塔詩派 등 이 시기를 대표할 수 있는 주요 시인의 작품을 집중적으로 조명하면서 그들의 작품적 성과를 18세기 한시의 특징으로 수렴하고자 하였다.

안대회의 『18세기 한국한시사 연구』는 다음 몇 가지 측면에서 그 특징을 지적할 수 있다.

첫째, 18세기 한시사의 전체적 조망 속에서 일관된 시사적 흐름을 추적하고 있다는 점이다. 조선 후기에 들어와 수많은 시인들이 배출되고 다양하고 개성적인 목소리로 시단을 풍성하게 하였던 18세기의 한시사를 관통하는 시대 정신과 시대 사조를 규명하는 데 초점을 맞추고 있다. 이를 위해 저자는 17세기 한시사와의 대비를 통해 이 작업을 진행하고 있다. 저자가 파악한 17세기 한시와 18세기 한시는 다음과 같이 정리된다. 학당學唐의 테두리 안에서 낭만적으로 표현하였으며, 시대적으로 만당晩唐이나 성당盛唐, 혹은 한위고시를, 작가로는 두보나 조식을 학시學詩의 대상으로 설정하였고, 시의 정서가 감동, 격정, 비장과 같은 낭만적이고 감성적 색채가 농후한 주정적 면을 보이며, 호방한 격조와 기상의 풍격을 중시하였다는 점이다. 이 같은 17세기 한시사의 대체적인 경향과 비교하여 18세기 한시사의 대체적인 경향은 격식과 규범으로부터의 탈피, 개성의 추구와 변화의 시도, 진실한 표현과 사실적 묘사 등으로 요약된다. 저자는 이 같은 전체적인 구도 속에서 17세기와 18세기의 변별되는 한시사적 특징과 경향을 대별하고 있다.

둘째, 각 세대를 대표하는 주요 시인(시인군)을 중심으로 시대적으로 접근하면서, 동시에 이 시기의 주요 문학담당층을 포괄하고 있다. 이를 위해 저자는 18세기 한시사를 크게 보아 네 단계로 세분하여 각 단계별 대표적 시인을 선별하여 시사적 흐름을 조망하였다. 18세기에 배출된 수많은 시인군 가운데 저자가 시사적 의의를 지니고 있다고 판단되는 대표적 시인들을 선별하여 시대순으로 18세기 한시사의 역사적 전개 과정을 밝히었다. 다시 말해 저자는 각 단계의 시단을 대표하며 새로운 시세계를 개척한 시인들의 시세계를 18세기 한시사의 특징적 국면으로 수렴하면서 논의를 전개해 나가고 있다.

첫 번째 단계는 17세기 말에서 18세기 초에 활약한 김창흡과 홍세태를 주축으로 한 시인군이다. 삼연 김창흡을 17세기 한시사의 누습을 타파하고 18세기 한시사의 새로운 경향을 개척한 시인으로 부각시키고 있다. 두 번째 단계는 김창흡의 후배 세대에 해당하는 시인군으로, 사천 이병연을 주요 대상으로 하여 17세기 시인군과 구별되는 이 시기 경화사족의 미의식과 창작 경향을 대표하는 시적 특징을 밝히고 있다. 셋째 단계로 저자는 이용휴를 중심으로 활약한 남인·소북 계열의 시인군을 주목하였다. 서울과 안산을 중심으로 활동한 이들 시인군은 매우 파격적이며 참신한 시풍을 열었던 바, 그 대표적 인물로 이용휴의 시세계를 집중적으로 조명하였다. 마지막 단계로 이덕무를 중심으로 한 백탑시파의 시인군이다. 서울에 거주한 서울 출신의 문인 지식인이었던 이들 백탑시파의 동인들은 전시기 이용휴의 참신한 시풍을 계승 발전시키면서 18세기 후반기의 독자적 시풍을 개척한 것으로 평가하였다.

아울러 이들 대표적 시인들은 사대부, 여항인, 서얼 등으로 18세기 한시 창작을 담당한 주요 계층을 망라하였다는 점에서, 이 책의 전체 구성과 서술 체계에 있어 저자는 가능한 한 18세기 한시사 전체를 포괄하여 서술하고자 하는 야심찬 기획을 보여 주고 있다.

셋째, 관련 자료를 풍부하게 섭렵한 바탕 위에서 특정 시인의 시세계의 특징적인 주요 국면을 부각시켜 각 시인의 시사적 위상을 집중적으로 검토하고 있다. 이를 위해 저자는 다른 작가, 다른 시대와의 상호 대비와 대조에 힘을 쓰면서 시작품을 분석하고 있는데, 이덕무, 박제가, 유득공 등의 시인군에 대해 서얼 계층 지식인 및 예술가 집단에 바탕을 둔 문학 유파로 해석하는 것도 이러한 저자의 접근 방식에 연유하는 것이다.

이 책에는 18세기 한시사를 대표하는 5명의 시인과 백탑시파(이덕무, 박제가, 유득공을 중심으로 하는)를 다루고 있는데, 각 단계별로 각 시인(시인군)의 시세계의 특징적 면모를 이 시기의 한시사적 위상과 구도 속에서 조명하고 있다.

일률적으로 재단할 수는 없지만, 저자가 이 시기 한시사의 특징적 면모를 지적한 것을 간추리면, 먼저 개성과 다양화의 추구 및 진실한 자기 표현과 사실적 묘사의 지향을 지적할 수 있다. 한시 창작의 규범과 격식을 존숭하였던 17세기적 한시 전통과 달리, 이 시기에 이르면 기존의 문학관념에 대한 혁신과 개성화를 추구하고 있다는 점을 공통된 창작 경향으로 지적할 수 있다. 이 같은 18세기의 새로운 시학의 논리에 근거하여 시의 내용과 주제, 시체의 선택, 작풍 등에서 이전 시기와는 구별되는 새로운 면모로서, 개인서정과 자연경관의 음영에서 벗어나 주변 현실 세계의 다양한 국면을 적극적으로 포섭하는 한편, 조선의 역사와 인정세태 및 풍속을 읊거나 여항의 비속한 삶을 다루거나 특정 작가의 독특한 의식 세계를 다루는 일련의 연작 형태의 작품들이 크게 부각되고 있는 점에 주목하였다. 또한 18세기 이전에는 시인의 낭만적 상상력에 의해 현실의 경물 묘사가 과장되었던 것과 달리 조선인의 인정과 감각에 부합되는 방향으로 일상적 경물과 인정물태, 사회현상을 소재로 하여 보다 사실적이며 진실한 묘사에 주력하는 경향을 보이었음을 주목하였다.

앞서 언급했듯이, 이 책은 18세기 한시사의 거시적·전체적 조망 속에서 대표적 시인(시인군)의 시세계의 특징적 면모를 17세기와의 대비를 통해 밝히고 있다. 그동안 한문학 연구가 조선 후기에 주목하여 많은 성과를 이룩하였지만 연암과 다산을 중심으로 연구가 집중되면서 다른 여타의 작가에 대한 연구가 아직 활발하게 이루어지지 않은 현재의 연구사적 상황을 고려할 때, 수많은 시인군들이 배출되고 다양한 시사적 흐름이 공존하고 있던 18세기 한시사를 일관된 틀 속에서 해명하고자 하는 저자의 의욕적인 시도는 그 자체로 값진 의미를 지니고 있다. 18세기 한시사를 전체적으로 조망하고자 하는 저자의 이러한 의욕적인 시도는 풍부한 자료 섭렵, 세심한 작품 분석, 작품, 작가, 시대를 통합적으로 해석하고자 한 서술의 일관성 등에 뒷받침되어 이 시기 한시사의 변화상을 설득력 있게 논증하고 있으며, 나아가 조선 후기 한시사의 이해의 폭을 확장하는데 기여하였다.

여기서 한 가지 지적할 점은 17세기 한시사와 18세기 한시사의 대비적 이해에 대한 문제이다. 저자가 이 책에서 밝혀놓은 18세기 한시사의 특징적 면모가 보다 설득력 있게 논의되기 위해서는 17세기 한시사의 특징적 경향으로 지적한 사실들 — 복고적 경향, 감동, 격정, 비장

등의 낭만적 · 감성적 색채가 농후한 주정적 면모, 호방한 격조와 기상의 풍격을 중시한 측면 — 이 보다 정치하게 검증될 필요가 있다. 저자는 17세기 시단의 뚜렷한 시대적 특징으로 복고주의와 낭만주의를 들고 있다. 17세기 한시사의 특징적 경향을 복고주의와 낭만주의로 개괄한 것은 18세기의 그것과 차별화하기 위한 것일 터인데, 17세기 한시사에 대한 다각적인 조명이 불충분한 현재의 연구 상황에서 앞으로 더 따져져야 할 과제이다. 그리고 저자가 밝혀 놓은 18세기 한시사의 전체적인 구도와 주요한 특징적 면모는 특정 시인 및 시인군에 대한 보다 활발한 논의를 통해 재검증되고 보완되어야 할 것이다.

3.

진재교의 『이계 홍양호 문학연구』는 특정 작가의 삶과 문학 세계를 매우 정치하게 분석함으로써 18세기 후반기의 한문학사의 구도를 보다 풍부하게 구성해 놓고 있다. 저자가 서문에서 밝히고 있듯이, 18세기 후반기의 민족과 국토와 민중의 삶을 형상화한 홍양호의 시세계는 18세기 후반기 한시사에 있어 현실주의적 문학 성취를 극명하게 보여주는 예이다.

저자가 밝히고 있는 이계耳溪 홍양호洪良浩의 문학 세계의 중심은 '민족 정서의 수용과 그 형상화'이다. 특정 작가의 삶과 문학에 대한 연구가 자칫 빠지기 쉬운 오류를 경계하면서 저자는 홍양호 시문학의 핵심적 국면에 초점을 맞추어 그의 삶과 사유와 문학을 긴밀하게 상호 연계시켜 가장 본질적이며 특징적인 국면을 부각시키고자 하였다. 이를 통해 저자는 홍양호의 시문학이 지니고 있는 18세기 후반기의 문학사적 위상과 성과를 충실하게 밝혀 놓았으며, 이 같은 성과는 이 시기의 문학사의 지형을 해명하는 데 의의를 지니고 있다.

저자가 홍양호의 문학 세계에 접근함에 있어 기본적인 관점은 현실주의적 창작 방법과 세계관으로 요약된다. 현실주의의 개념과 그 의미에 대해서는 논자에 따라 서로 다른 입장 차이를 보이지만, 저자는 일단 문예사조나 기법의 개념으로서가 아니라 작가의 세계관과 창작 방법의 유기적 결합 형태로서 특정 시기의 역사적 개념으로 이해하면서 홍양호 문학에 접근하였다. 그 결과 현실주의와 한문학의 민족적 지향이 통합된 양상의 대표적 인물의 하나로 홍양호의 시문학이 지닌 의의를 부각하였다. 저자가 홍양호의 시세계를 설명하면서 가장 중요한 개념어로 구사하고 있는 것이 바로 민족, 국토 산하, 민중이라고 할 수 있다. 18세기 후반기의 조선의 역사와 민중에 대한 홍양호의 현실 인식 및 그것에 상응하는 형상화 방법을 통해 저자는 홍양호 시세계의 진보적인 국면을 부각시키고 있다. 요컨대 저자는 사회 현실과 문학 작품의 단순 반영론에 떨어지는 오류를 경계하면서 홍양호 시문학이 이룩한 현실주의적 성취를 다각도로 살피고 있는 것이다.

이를 위해 먼저 저자는 평생을 관인으로 일관하였던 이계 홍양호의 사회적 입장과 개명적 사유를 통해 그의 문학 세계의 저변에 흐르는 정신적 토대를 밝히었다. 저자는 18세기 후반기의 진보적 문인이었던 이계 홍양호의 삶과 문학을 규명하기 위해 민족정서의 수용과 형상화라는 문제의식을 가지고 접근하였던 바, 이 같은 홍양호 시문학의 특징적 국면을 드러내기 위해 그의 현실주의적 형상화 방식과 현실 인식에 주목하였던 것이다. 저자는 홍양호가 당대의 현실문제와 민족 정감을 사실적으로 포착하여 생동감 있게 그려내기 위한 현실주의적 형상화 방법을 채용하였으며, 이 같은 그의 창작 방법은 그의 개명적 세계관과 긴밀하게 연계되어 있다고 파악하였다.

저자는 이계 홍양호의 사유 방식의 특징을 '개명성'으로 요약하면서, 객관적인 사물 인식에 토대를 합리적인 현실 인식으로 나타나는 바, 중화 중심의 세계관으로부터 벗어나 민족 주체적 자각으로 이어지며, 현실적으로 부국강병에 대한 현실적 대안 제시와 고증학적 학문 태도 등으로 나타난다고 하였다. 이 같은 홍양호의 사유 방식에 바탕하여 구축된 그의 시세계를 '전통가요의 수용과 그 시적 표현', '민중 생활의 시적 표현', '국토산하의 인식과 그 시적 표현'의 세 부분으로 대별하여 고찰하였다.

앞서 지적했듯이 이 책은 이계 홍양호의 문학 세계를 '민족 정서의 수용과 그 형상화'를 핵심으로 삼고 있는 바, 이를 구체적으로 분석하기 위해 크게 세 부분으로 나누어 접근하고 있다. 하나는 「청구단곡靑丘短曲」에 수록된 한시 작품을 중심으로 하여 전통적 민족 가요의 수용과 그 시적 표현을 다룬 부분이고, 둘째는 「북새잡요北塞雜謠」를 중심으로 하여 '민중생활의 시적 표현'을 다룬 부분이며, 마지막으로 '국토산하의 인식과 그 시적 표현'을 다룬 부분이다.

제3장에서 다루고 있는 문제는 시조의 한역화 문제이다. 시조의 한역화 문제는 조선 후기에 들어와 '조선풍朝鮮風'의 문제와 관련해 그동안 많은 연구가 축적되어 있는데, 저자는 「청구단곡」에 수록된 시작품을 중심으로 작가가 당시 유행하던 시조를 한시로 어떻게 수용하고 있으며, 그 의미가 무엇인지를 분석하면서 여타의 시조 한역화 작업과 구별되는 특징적 면모를 밝히고자 하였다. 저자는 시조의 정감과 분위기를 한시라고 하는 상호 이질적인 양식으로 수용함에 있어 장단구와 성어의 적절한 구사, 문답법의 활용 등 다양한 형상화 방식을 통해 원

시조의 특징과 정감을 가능한 한 살려내고 있음을 지적하였으며, 아울러 고답적이며 진부한 주제를 다룬 시조 작품을 보다 현실적 문맥으로 재해석하고 국경 문제를 끌어들이기도 한 점에 주목하였다. 이 같은 시조 수용의 방식과 특징은 신위를 중심으로 한 소악부의 창작 전통과 구별되는 독특한 면모로써, 홍양호 시문학이 이룩한 현실주의적 성취의 연장선상에서 이해될 수 있다.

제4장에서 다루고 있는 문제는 북관민의 생활 현장을 대상으로 한 민중생활의 시적 표현이다. 여기서 저자는 이들 작품에서 북관민의 생활 모습과 정서를 매우 생생하면서도 극명하게 드러내었다고 평가하면서 그것의 형상화 방식에 주목하여 논의를 전개하고 있다. 「북새잡요」의 경우 사실적이며 현실적인 소재의 채택, 전・후반으로 나뉘어진 작품의 구성 방식, 시점의 착종과 대화, 독백의 서술 방식 활용, 천근하고 평이한 시어 사용, 생활어, 방언의 도입, 작가의 객관화된 시선 등을 들고 있다. 이러한 점은 작품의 구체적인 분석 과정에 적절하게 연계되어 서술되고 있는데, 특히 그 가운데에서도 생활어, 방언의 도입에 주목하고 있다. 저자가 파악하기에 생활어, 방언의 도입은 민족자아에 대한 인식의 구체적인 표현 형태로서, 북관민의 생활 정서를 보다 효과적으로 표현하기 위한 창작 의도에서 비롯된 것이다. 이것은 한시라고 하는 중세의 규범적 문학 양식 내에서 표현 형식상 민족적 한시의 창조적인 추구로 해석될 수 있다고 보았다.

그리고 저자는 「북새잡요」 이외에 당시 조선 후기 민民의 생활 현실을 반영하고 있는 일련의 작품들을 함께 다루면서 민의 생활정서를 선명하게 제시하고 그들의 삶의 모습을 긍정적이며 가치 있게 포착하는 한편, 그들이 겪는 삶의 갈등과 질고를 예리한 필치로 그려내고 있다고 하였다. 특히 이 점은 서사 한시에 두드러지게 나타나는 바, 홍양호의 대표작으로 알려진 「유민원流民怨」을 세심하게 분석해 내고 있다.

끝으로 저자는 홍양호 시문학의 특징적 국면으로서 '국토산하의 인식과 그 시적 표현'을 다루고 있다. 홍양호가 바라본 국토 자연은 추상적 공간이나 관념적 대상이 아니라 작가의 실제 체험과 결부되어 있는, 사람들이 먹고 마시며 숨을 쉬는 구체적인 삶의 공간이요 터전이다. 홍양호는 섬세한 묘사, 비유적 수법, 입체적이며 시각적인 표현 등을 적절하게 구사하여 국토 산하의 장관을 예술적으로 형상화하고 있는바, 눈앞의 대상을 살아 숨쉬는 실경으로 박진감 있게 묘사하는 국토 산하의 미에 대한 형상화는 회화사에 있어 진경산수화에 대응되는 시적 표현인 동시에 국토미에 대한 민족적 자부심으로 해석하였다. 아울러 자연경관의 사실적 진경 묘사에 머물지 않고, 그곳에서 살아왔고 또 살아가고 있는 역사와 현실의 생생한 공간으로 비쳐지고 있음을 강조하였다. 홍양호는 과거 역사의 현장을 회고함에 있어 민간전설을 수용하여 이를 민족적인 측면으로 승화하는 한편, 이민족의 침략에 맞서 활약했던 역사적 인물에 대해 깊은 관심을 지니고 있음을 부각하였다. 또한 백두산 정계비 사건을 둘러싼 국경 문제를 한시화한 작업은 홍양호의 시문학에 있어 매우 독특한 의미로 주목하였다. 이를 통해 저자는 민족적인 소재를 현실주의의 형상화 방식으로 구현한 홍양호 시세계의 특징을 적출하였다.

저자는 그동안 홍양호의 시문학에 대해 남북한의 상이한 시각의 차이 및 편향된 연구 방법의 문제점을 극복하기 위해 사유양식의 기저와 현실 인식 태도를 홍양호의 문학 작품과 긴밀하게 상호 연계하여 논의를 전개하였다. 그 논의의 중심에 있는 것이 '현실주의적 창작 방법과 세계관'인 바, 18세기 후반기의 민족 현실과 구체적 삶의 현장을 바라다본 홍양호의 사유와 형상화 방식을 통해 홍양호 시문학의 현실주의적 발전과 민족문학적 성취를 적극적으로 해명하였다. 조선 후기 한문학이 이룩한 풍부한 성과를 해명하는 데 있어 현실주의의 잣대가 여전히 유효하고도 의미 있음을 홍양호의 시문학을 통해 검증하였다고 할 수 있다. 더욱이 연암과 다산에 편중되었던 기왕의 논의를 보다 발전적이며 확대된 장으로 끌어올리고 있다는 점에서 큰 의의를 지니고 있다. 다만 아쉬운 것은 그러한 논의가 18세기 후반기의 문학사적 위상 및 구도 속에서 보다 폭넓게 이루어지지 못하고 있다는 점이다. 물론 이것은 특정한 작가에 초점을 맞추어 논의를 전개하였기 때문에 피할 수 없는 한계이기도 하겠지만, 기왕의 연구 성과를 적극적으로 포섭하면서 18세기 한시사가 이룩한 현실주의적 문학 성취의 전체적 구도 속에서 홍양호 시문학이 지니고 있는 문학사적 위상을 다루는 장을 별도로 마련하는 것이 필요하다고 생각한다. 아울러 저자도 지적하고 있지만, 이 책에서 다루지 않고 있는 여타의 시작품 및 산문 작품들에 대한 해명도 앞으로의 연구에서 기대되는 부분이다.

4.

위에서 검토한 두 권의 책은 18세기 한시사를 어떠한 시각과 구도에서 접근할 필요가 있는 것인가에 대한 문제의식을 잘 보여 주고 있다. 사실 그동안 조선 후기 한문학 연구에 있어 18세기는 가장 풍부하고도 정채로운 성과를 낳았던 시대였는 바, 이 시기의 한시사적 변화와 특징들을 전체적으로 개괄하고 정리하는 작업이 절실히 요청된다고 하겠다. 물론 수많은 작가가 배출되었고 제각기 다른 작품 성향을 보이고 있는 만큼, 그 작업이 쉽게 이루어질 수는 없을 것이다.

그러나 조선 후기로 범칭되어 서술되었던 것에서 한 걸음 더 나아가, 특정한 한 세기의 시사적 흐름을 통괄적으로 파악하는 작업이 앞으로 더욱 힘을 기울어야 할 연구 과제라고 한다면, 이 두 권의 연구서는 18세기 한시사를 이해함에 있어 기본적 시각과 구도를 마련하는 데 매우 소중한 가치를 지니고 있다고 할 수 있다. 특정 작가와 작가군 그리고 이들이 모여 이룩된 한 시대의 문학사적 성과를 어떠한 관점에서, 그리고 어떠한 구도에서 접근해야 하는가 하는 문제는 비단 이 시기만에 국한된 것이 아니라는 점에서 이번에 제출된 두 권의 연구서는 더욱 값지다고 하겠다.

—『민족문학사연구』 15, 1999

사회사의 시각으로 해석한 서사한시의 면모

안대회 | 성균관대학교 한문학과 교수

진재교, 『이조 후기 한시의 사회사』, 2001

1.

지금으로부터 10년 전인 1990년대 초에 임형택 교수에 의하여 『이조시대李朝時代 서사시敍事詩』가 출간되었다. 서사성이 담긴 한시작품을 뽑아 번역한 이 책의 출간은 학계에 신선한 자극을 제공하여 많은 관심을 불러 일으켰다. 특히 학계에는 생소하였던 서사한시라는 개념이 출현하였기 때문에 이를 두고 박혜숙, 진재교, 이성호 등 몇몇 학자들에 의해 후속 논의가 진행되었다. 이 선집의 출간으로 조선시대 한시를 바라보는 시각이 서정시 중심에서 벗어나 서사적 측면으로까지 확대되었다. 하지만 그 이후 논의가 기대한 것만큼 확산되지는 않은 것으로 보인다. 그 이유가 조선시대 한시의 실상이 서정시 위주이기에 연구가 여기에 집중된 상황에도 있겠으나, 오히려 1990년대의 문단과

학계에서 문학을 보는 시각이 1970년대 후반 이후 1980년에 크게 성행한 사조와는 크게 달라진 데서 그 요인을 찾을 수 있을 것이다. 사실, 임형택 교수의 선집은 현실주의의 시각으로 문학을 해석하고자 하는 1970~80년대 문학 연구자의 시각이 그 결과를 맺은 것으로 볼 수가 있다. 장기간에 걸쳐 진행된 결과물이 등장한 시기가 바로 그것을 배태한 사조의 쇠락기였다는 것은 아이러니다.

1980년대의 문단과 학계에서는 현실주의 시각으로 문학을 해석하는 조류가 큰 세력을 갖고 있었는데, 한문학 분야에도 그러한 조류는 일정한 영향을 끼치고 있었다. 1980년대 후반에 사회주의권 특히, 북한의 문예이론이 학계에 소개되어 널리 읽힌 것도 이러한 분위기에 일조하였음은 물론이다(이 논의에 기여한 논문들이 윤여탁, 이은봉에 의하여 『시와 리얼리즘논쟁』이란 책자로 엮어졌다. 소명출판 간행). 한편으로, 한문학 영역에서 본격적인 연구가 진행된 시기는 1980년대부터라고 할 수 있다. 연구의 방향은 연구주제의 개발, 자료의 발굴과 소개, 저명 작가의 작가론적 연구, 번역과 사실고증 등이었지만, 전반적으로는 역사주의적 태도를 맴돌고 있었다. 한문학 연구의 학문적 기초 작업을 마련한다는 점에서 그 같은 작업이 지닌 긍정적인 측면이 분명 적지 않았음에도 불구하고, 학계가 구심점을 확보하지 못한 채 지향점과 이념의 부재로 허덕이는 측면이 없지 않았다. 이러한 시기에 사회와 문단, 학계에 편만한 리얼리즘 논쟁이 한문학 연구에도 적지 않은 영향을 미쳐, 한문학 연구는 자연스럽게 리얼리즘이론의 세례를 받게 되었다. 이 무렵에 현실주의의 시각으로 한국 한시를 다룬 연구성과에 대하여 필자는 「한국한시에서의 현실주의의 문제」(『민족문학사연구』 2, 1992)에서 정리한 바도 있다.

여기에 선두에 선 연구자가 임형택, 송재소, 김시업 교수인데, 그 가운데 임형택 교수의 논문 「실학사상과 현실주의문학」(제4회 「동양학 국제

학술회의 논문집』, 1990), 「고전문학에서 현실주의의 발전과 민족문학적 성취」(『한국한문학연구』 17, 1994)가 고전문학 연구에서 현실주의의 의미를 천명한 글이었다. 문제는 그러한 시각을 구체적으로 적용하는 작업이었고, 그 공과는 후배 세대의 연구자에게 맡겨질 일이었다. 그 역할을 충실하게 진행한 대표적인 연구자가 바로 진재교 교수였다. 진재교 교수는 「실학파와 한시」(한국고전문학회 편, 『문학과 사회집단』, 1995)를 비롯한 논문에서 현실주의적 시각을 적용하여, 주로 실학파 작가와 서사한시를 고구의 대상으로 삼아 민족주의와 민民의 주제를 파헤쳤다. 이번에 출간한 저서는 그러한 작업을 결산하는 의미를 지닌 것이다.

2.

진재교 교수의 방법과 연구 대상은 그의 박사논문이기도 한 『이계耳溪 홍양호洪良浩 문학연구』(성균관대 대동문화연구원, 1999)에서 이미 분명하게 드러난 바 있고, 『이조 후기 한시의 사회사』에서는 한층 첨예하게 드러난다. 저자가 그동안 진행한 시각과 노력을 충실하게 보여 주는 이 2종의 저서는 현실주의에 관한 관심을 고전문학에 적용한 대표적인 연구성과로 평가할 수 있다. 이를 구체적으로 살펴보자.

『이조 후기 한시의 사회사』의 저술방법과 시각은 다른 누구의 설명을 기다릴 것 없이, 저서의 제목에 분명하게 드러나 있다. 서명은 이 책의 성격을 두 가지로 압축하여 표현하고 있는데, 다루는 대상이 조선조 후기의 한시요, 다루는 시각이 사회사적 관점이라는 것이다. 저자 역시 서문에서 한시에 대해서 "시인과 작품이 놓여진 사회를 연계시켜 보자"고 하였고, 또 "나는 한시에서 시대의 애환을 읽는다. 한시는 시인의 영혼과 정서를 표현하는 틀이지만, 사회와 민족을 떠난 시인은 존재하지 않는다"고 덧붙였다. 저자의 연구 태도를 이 저서에서 가장 주목해야 한다는 점을 스스로 천명하고 있다고 하겠는데, 작품 자체의 미학을 따지는 태도나, 문학사의 맥락을 찾아내는 태도, 실증주의적 태도를 지양하고, 사회사의 시각으로 문학을 해석하겠다는 방법을 선언하고 있는 것이다. 저서의 소주제를 일견하면, 저자의 신념이 오랜 연구과정에서 추출되어 나온 것임을 분명하게 발견할 수 있다.

저자가 대략 10년간에 개별적으로 발표했던 12편의 논문을 모은 것이 바로 이 저서다. 전체를 4부로 구성하였는데, 제1부 제3장의 「'역대세년가' 연구」와 제4부의 경학經學에 관한 논문을 제외하면, 모두 조선조 후기의 한시를 다룬 논문들이다. 조선조 후기의 한시 가운데서도 서사성을 가진 한시, 즉 서사한시敍事漢詩에 관심을 집중하고 있다. 간략하게 논문의 내용을 소개하면, 제1부에 수록한 두 편의 논문은 서사한시의 전반적인 특성을 규명하고 있고, 제2부에 수록한 두 편의 논문은 서사한시에 반영된 유민流民과 열烈의 주제를, 한편의 논문은 현실주의문학의 다양한 발전상을 서사한시를 통해 살피고 있다. 제3부는 작가론의 범주에 드는 논문인데 그럼에도 불구하고 사회사적 시각으로 작가와 작품을 분석한다는 일관된 입장을 보이고 있다. 실학파의 한시를 현실주의와 민족문학의 입장에서 분석한 논문과 홍양호洪良浩, 신광하申光河, 정약용丁若鏞의 작품세계를 분석한 논문을 수록하고 있다. 단독논문으로 각 학술지에 발표되었음에도 불구하고 12편의 논문이 앞에서 말한 시각이 일관되게 관통하고 있어 논지가 흐트러지지 않는다. 그것은 대상을 고구하는 저자의 시각이 '중심'을 잃지 않고 전 논문에 관통하고 있다는 증거다.

이제는 저서를 관류하고 있는 저자의 관심사와 주장을 검토하고, 그것이 가지는 학술사적 가치를 평가할 단계다. 무엇보다도, 저자가 서문에서도 밝혔다시피, 한시에서 사회를 읽고자 한 점이 주목을 요한다. 진재교 교수가 한시에서 사회를 읽기 위하여 선택한 장르는 서사한시였다. 그는 의도적이라고 할 만큼, 한국한시의 주류라고 할 수 있는 서정시에 관심을 돌리지 않고, 서사성을 담지한 이른바 서사한시에 주목하였다. 전통적으로 한시의 주류로 취급되지도 않았을 뿐만 아니라, 최근에 이르기까지 이에 관하여 논의가 되지 않았기 때문에 생소한 서사한시에 대한 개념규정이나 작품세계가 본격적으로 조명된 것은, 앞서 언급한 임형택 교수의 「이조시대의 서사시」에 와서다. 임형택 교수가 자료를 제시함으로써 촉발된 서사시에 대한 관심을 조선조 후기 한시의 주요한 영역으로 간주하여 본격적으로 고찰한 연구자가 바로 진재교 교수라고 한다면 지나친 것이 아닐 것이다. 임 교수가 현실주의라는 큰 전제를 바탕으로 서사시의 중요성을 제시하였다면, 그 구체적 실상을 밝힌 연구자가 바로 진재교 교수라는 말이다.

그렇듯이 이 저서에 수록된 몇 편의 논문은 서사한시를 위요圍繞한 문제를 몇 가지 측면에서 논의하고 있다. 그 가운데 「이조 후기 서사한시 연구」와 「구비전통과 이조 후기 한시의 변모」는 서사한시가 형성되는 과정을 고구하고 있거니와, 여기서 저자가 도달한 결론이 주목된다. "시인이 직접 견문한 것은 물론이고 당대에 널리 회자된 사건, 설화, 민담뿐만 아니라, 국문소설까지 그 소재로 활용하고 있다. 특히 구연과정을 거쳐 성립한다는 사실은 문학사나 서사학 발전과정에서 보면 주목할 만하다"고 하였고, 또 "한시와 구비문학의 만남은 문학사에서 간헐적으로 보이다가, 이조 후기에 집중적으로 나타난다. 이 시기에 한시가 구비물을 수용하여 영향을 받고, 심지어 구비 원리를 통해 자기 모습을 새로이 갱신하기도 한다. 이 점, 한시의 새로운 지형도를 구축한다는 점에서 신선한 충격을 제공하였다"고 하였다. 서사한시에서 구비성이라는 특성을 추출해 내고 있는 것이다.

서사한시와 구비문학의 관련성은 이미 임형택 교수에 의하여 제기된 바가 있기는 하다(「현실주의의 발전과 서사한시」). 다만, 두 장르가 견문의 작품화라는 점에서 근친성이 있다고 한 임형택 교수는 그 차이점에 주목하여 서사한시가 구연의 단계를 필수로 하지 않는다고 한 반면, 저자는 서사한시가 바로 구연과정을 거쳐 성립한다는 점을 부각시켜 이를 입증한 사실을 눈여겨볼 필요가 있다. 저자는 구비물이 다양한 경로를 통해 확산 내지 적층화되면서 한시까지 영향을 미치고 있다는 점을 구체적으로 입증하였다. 사대부의 양식인 한시가 민중의 세계를 담아 내고, 사회의 동태를 담아 낼 수 있는 양식으로 전환될 수 있는 기제를 바로 이러한 구비성에서 찾아낸 것이다. 한시에서 사회를 읽어 낼 수 있는 근거를 바로 여기에 찾아볼 수가 있다.

이렇게 서사한시가 구비물의 구연과정을 수용함으로써 우리 한시의 새로운 창작경로를 밝힌 점은 이 논문의 소중한 성과라고 할 수 있다. 그러한 해명은 한시뿐만 아니라 야담 창작경로의 해명이라는 호증互證의 방법을 구사함으로써 야담 연구에도 기여할 것이 분명하다.

3.

이렇게 볼 때, 진재교 교수는 상이한 장르를 결합하려는 지난한 과제를 수행하고자 노력하고 있다. 사대부의 전형적 문학 양식인 한시와 민의 문학인 구비문학 양자간에서 접점을 찾으려고 노력하였다는 점에서 그렇다. 서사 양식인 서사한시에서는 접점이 가능하다는 신념으로 노력을 기울였고, 일정한 부분 성공함으로써 조선조 후기 문학사를 해명하는 데 기여하였다.

이러한 노력은 진재교 교수가 그동안 진행해 온 연구방향을 조망해 보면, 그다지 낯설지 않다. 진재교 교수의 연구주제는 조선 후기의 서사한시, 조선 후기의 야담, 조선 후기의 경학 이렇게 3가지 영역에 걸쳐 있다. 그 가운데 주도적 관심영역은 조선조 후기 한시와 서사한시로서, 이미 두 권의 저서로 결과물을 내었다. 다음에는 야담으로 『천예록天倪錄』과 『잡기고담雜記古談』 등에 관한 논문을 써서 그에 관한 새로운 견해를 보여 주었다. 또한 조선조 후기의 경학가에 관한 관심이다. 이 저서에도 실린 윤정기尹廷琦와 심대윤沈大允에 관한 연구가 대표적이다. 한시와 야담, 경학의 세 학문영역은 서로 낯선 영역으로 보이지만, 문학에서 사회를 읽으려는 태도를 견지하는 그에게는 깊은 관련을 맺는 주제로 보인다. 조선조 후기 서사한시에서 구비성을 읽어 내고, 구비성을 대표하는 야담을 분석하며, 그 구비성의 철학을 극명하게 대변하는 국풍에 관한 경학론을 따지는 그의 연구 대상은 결코 동떨어진 것이 아니다.

그렇다면 진재교 교수가 서사한시에서 찾아낸 문학의 함의는 무엇인가? 구비문학과의 관련성을 입증하는 한편, 서사한시의 형상화방식을 추출해 내고, 서사한시에서 유민과 여성의 형상이 표출된 양상을 분석함으로써, 저자는 조선조 후기 한시가 현실주의적 창작방법을 취하고, 민족정서를 강화하고 있다는 결론에 도달하였다. 여기서 저자는 조선조 후기 한문학을 독해하는 두 가지 시점 즉, 현실주의와 민족문학적 준거를 분명하게 드러내고 있다. 그럼으로써 조선조 후기의 한시에서 '민民'과 '민족'을 찾아내고 있는 것이다. 서사한시 장르에서도, 홍양호洪良浩, 신광하申光河, 정약용丁若鏞의 세 작가에게서도, 나아가 제4부의 시경론詩經論을 다룬 논문에서도 저자는 일관되게 '민民'과 '민족'의 수제가 어떠한 형상을 획득하고 있는가를 밝혀 보고자 노력하였다. 민에 대한 애정과 민의 동향을 다룬 서사한시에서 조선시대 사대부의 보편적 정서를 표현하는 수단인 한시가 특수하게 민족정서를 구현한 양상을 추출함으로써, 한시가 결코 중국적 세계만을 보여 주는 것이 아니라 조선민족의 정서를 표현하는 수단으로도 이용되었음을 밝혀 내고자 하였다. 여기서 저자는 특히, 유민流民의 문제가 한시에 등장한 점을 주목하고 있다.

이렇게 현실주의적 시각으로 조선조 후기 한시의 특징을 분명하게 짚어낸 점은 새로운 성과로 평가할 수 있다. '민民'과 '민족'에 대한 강렬한 애정과 표현욕구가 존재함을 근거로 하여 문학사의 진보를 가늠한다는 점에서 진재교 교수의 논지는 설득력을 갖고 있다.

그러나 진재교 교수의 방법에 난점 역시 보인다. "현실주의는 고전문학을 새롭게 인식하고 문학사의 진경眞景을 읽는 데도 유효한 면이 있음"을 필자도 수긍하는 바이지만, 그것을 조선조 사대부문학의 선변적 현상으로 확대 해석하는 데에는 많은 고려와 주저거림이 있어야 할 것이다. 현실주의의 기준에 부합하는 작가와 작품만을 대상으로 현실주의가 적용된 사례를 제시함으로써, 이러한 결론에 도달하는 것은 다소 무리가 있지 않을까? 분명 서정시 위주로 발달하고, 사대부의 강고

한 특수의식을 반영하는 정형화된 한시의 세계에서 현실주의의 시각을 적용하기에는 그 중심이 너무 강고하므로, 진재교 교수가 밝혀 낸 많은 사실은 문학사의 현실에서는 오히려 국부적인 현상이라고 보는 것이 옳을 것이다. 현실주의가 고전문학을 새롭게 인식하는 하나의 방법임은 수긍할 수 있으나, 조선조 후기 문학사의 제반현상을 규명하는 데는 오히려 자승자박의 논리가 될 수도 있다는 염려를 하지 않을 수 없다.

그러므로 저서에서 논한 서사한시나 몇몇 작가의 성과는 참으로 높이 평가받아 마땅하나, 그 성과를 문학사의 일반적 현상으로 간주하기는 쉽지 않을 듯하다. 그리고 조선조 후기라고 범칭하지만 그 기간에는 장구한 시간의 격차가 있고, 작가의 편차가 존재한다. 이러한 점에 대한 고려가 전제되어야 할 것으로 생각한다.

진재교 교수는 서문에서 한시에서 사회를 읽는 방법이 스스로의 삶과 연결된 것이라고 말하였다. 다산의 시문학을 해명하면서 "다산이 '민'과 '사회'에 대해 고뇌했던 것과, 그 문학적 지향은 많은 부분이 현재로 이월되어 있다"라고 한 언급도 조선 후기의 문학을 바라보는 시각이 개입되어 있다. 박제화된 문학에 머물지 않고 현재와 호흡할 수 있는 문제를 조선 후기의 시문학과 작가에게서 확인하고자 하는 열정을 느끼게 한다. 그것은 진정 연구자로서 미덕이기도 하지만, 다른 한편으로는, 현재적 시각이 과거의 문학현상에 개입함으로써 하나의 현상이 여타의 현상에 비하여 과도하게 부각되도록 만들 위험성도 내포한다.

이러한 것 이외에 필자의 눈에 한두 가지 어색한 점이 뜨인다. 조선 초의 『역대세년가』를 다룬 논문을 저서에 포함시킨 것은 조선조 후기를 전제로 모아 놓은 이 책의 통일성에는 아무래도 결함인 듯하다. 또한 그 논문의 주제 역시 다른 논문들에 견주어 볼 때 관심의 유사점은 있지만 성격이 동떨어진다고 판단된다. 다음으로 각각의 주제가 개별 논문으로 발표되었던 탓도 있겠으나 자료와 논의내용도 중첩되는 경우가 군데군데 눈에 뜨이는데, 이 역시 하나의 체계를 위해서는 결함이라고 하지 않을 수가 없다. 또 유민流民을 다룬 논문에서는, 서사한시를 과도하게 유민의 문제로 몰고 간 느낌이 있다. 예를 들어, 홍신유의 「우거행牛車行」은 유민 자체보다 소를 함부로 다룬 현상에 대한 고발로 봄이 옳다고 생각한다.

4.

1990년대 초엽 현실주의적 시각이 대두하자마자 바로 그것을 대체하여 서정주의가 시단에 강하게 영향을 미치면서 조선시대의 한시를 바라보는 시각에 커다란 영향을 파급시켰고, 많은 연구자들은 또 그 영향을 짙게 받았다. 경향이 바뀐 이후에 현실주의적 시각을 한시작품의 해석에 일관되게 견지한 연구자를 찾아보기가 쉽지 않았다. 이러한 상황에서 진재교 교수는 현실주의적 시각을 일관되게 견지하여 한국한시를 해석하는 연구자로서의 위상을 분명하게 각인시켰다. 진재교 교수의 저서는 그의 말대로 고전문학을 새롭게 볼 수 있는 시각을 마련해 주었다는 점에서 소중한 결과물로 받아들여야 할 것이다.

앞에서도 말한 바처럼 1990년대 이후 현재에 이르는 동안 한문학계에서는 서정시를 중심으로 연구가 진행된다고 할 수 있다. 연구자의 시각도 대체로 여기에 모아지고 있다. 우리 한문학의 실상을 놓고 볼 때 그것은 당연하나, 서사한시에 대한 관심도 여전히 유의미하다고 할 수 있다. 연구자의 치우친 관심은 기형을 낳으므로 균형을 갖춘 연구가 이루어져야 할 것이다. 현실주의적 시각을 견지하며, 구체적 작업을 해온 연구자가 두드러지지 않고 있다. 학계에서 자기의 연구주제를 '중심'을 갖고 치열하게 연구하는 풍토가 갈수록 약화되고 있는 현상을 목도하면서 진재교 교수의 노력에 박수를 보낸다.

—『민족문학사연구』 19, 2001

새로운 민족문학론 모색의 성과와 가능성

한수영 | 연세대학교 국어국문학과 교수

신승엽, 『민족문학을 넘어서』, 1999

신승엽의 『민족문학을 넘어서』는 저자가 십여 년 동안 일관된 화두로 붙들고 있던 '민족문학론'을 한 차례 정리・결산한 것이다. 그가 본격적으로 '민족문학론'에 대해 발언하기 시작한 것이, 역설적으로 민족문학과 민족문학론에 대한 관심이 급격히 퇴조하던 1990년대 초반부터라는 사실이 이 비평집에 우리가 주목해야 할 첫 번째 사항이다. 현실사회주의권의 붕괴와 해체담론의 물밀 듯한 공세가 양수겹장으로 밀어닥쳤던 1990년대는, 80년대와 달리 많은 사람들이 민족문학에 대해 더 이상 볼일이 없다고 손 털고 떠나가던 때였고 작품으로서도 뚜렷한 흡인력을 발휘할 수 없는 상황이 전개되던 때라, 저자의 민족문학에 대한 지속적인 작업은 한창 때와는 달리 안팎의 여러 가지 난감한 조건 안에서 이루어진 것이며, 따라서 그 이론적 결실이 각별하지 않을 수 없다. 혁명사를 통해 우리가 종종 목도하듯이, 상황이 좋을 때 급진적인 극좌 모험주의를 선택하거나 위기 국면에서 청산주의로 돌변하기란 손바닥 뒤집듯 쉬운 노릇이지만, 현실의 조건과 상황을 냉철히 주시하면서 이념의 정당성과 실천의 합목적성을 일관성 있게 견지해 나가기란 얼마나 어려운 일이던가.

또 하나, 『민족문학을 넘어서』는 그 제목을 통해서도 암시되듯이, 민족문학론의 자기 갱신에 바쳐지고 있다는 점을 주목할 필요가 있다. 다시 말하면, 70~80년대의 민족문학론이 대체로 민족문학 진영 바깥의, 이를테면 '반反민족문학' 내지는 '비非민족문학'쪽과의 투쟁을 통해 성숙해지고 이론의 자기완결성을 다져나갔던 점에 비추어 볼 때, 『민족문학을 넘어서』가 지향하고 있는 이론적 전략은, 민족문학의 위상과 가치를 위협하는 것은 민족문학 바깥의 어떤 힘이 아니라 민족문학 스스로의 허약함과 결여라는 인식에서 출발하고 있다는 점이다. 그의 글에서 '민족문학의 부진', '민족문학의 갱신', '민족문학론의 현실적합성'이란 말들을 자주 만나게 되는 것도 이런 까닭에서 비롯된다.

전체가 세 부분으로 구성되어 있는 이 책은, 제1부가 총론에 해당하는 민족문학론에 대한 자기 비판과 전망의 모색이며, 제3부는 제1부에 대한 일종의 각론적 성격을 띠는 글들로서, 구체적인 작가와 작품을 통해 새로운 민족문학의 가능성을 검토하고 타진하는 글들이다. 제2부는 민족문학 이념의 정당성을 우리 근현대 문학사를 통해 역사적으로 확인하는 글들로, 특히 임화에 대한 저자의 각별한 애정과 믿음이 부각되는 글들이다.

민족문학론에 대해 한 번도 책임있는 이론을 내놓은 적이 없는 서평자로서는, 저자의 민족문학론에 대한 구상을 '평評'한다는 것이 격에 맞지 않는 일이라고 생각한다. 더욱이, 저자의 대부분의 글이 이러저러한 논쟁을 통해 내실이 다져진 글들이거나, 논쟁을 염두에 두고 쓴 글들이어서 건드리는 것마다 논쟁의 부담을 의식하지 않을 수 없는 것임에랴. '평評'이라는 한자 자체가 '말言'로써 어떤 것의 가치를 '저울질平'한다는 뜻이므로, 저울질하기 위한 '저울'이 아직 준비되지 않는 나로서는 그 일이 더욱 어려운 노릇이다. 그러나 한편으로는 그런 입장이 저자의 '민족문학론'을 좀 더 객관적으로 볼 수 있도록 만드는 조건이 되기도 한다. 만약 내가 논쟁의 한 쪽 당사자였다면 불가능했을 검토의 공정한 시각 같은 것 말이다. 책을 전체적으로 읽어 가면서 내가 가장 궁금했던 것은 '과연 민족문학론은 어떤 자기 갱신의 전망을 확보할 수 있다는 것일까?'하는 물음이었다. 사실상 이 질문 앞에는 두 개의 질문이 전제되어 있다. '민족문학론의 유효성을 어디에서 확보하는가?'라는 질문 하나와 '민족문학은 왜 침체했는가?' 하는 질문이 그것이다.

민족문학론의 시효에 관한 물음에 대해 저자의 입장은 단호하다. "도대체 민족문학이라는 이념을 창출하게 했던 당대 현실의 모순이 얼마간이라도 극복되기라도 했단 말인가? 아직도 우리 민족은 세계에서 유일하게 분단이 지속되는 상태에 놓여 있으며 그 분단과 관련하여 제국주의가 지배하는 세계자본주의의 가장 첨예한 모순이 발현되는 상태에 있다"(14쪽)는 것이 그 대답이다. 그렇다면 왜 민족문학론은 위기의 국면을 맞이한 것일까? 한마디로 줄이자면 민족문학론이 "현실대응력을 잃었기 때문"(18~20쪽)이다. 이 책에는 '현실대응력'이나 '현실성'이란 말이 종종 등장하는데, 이 말을 저자의 논리에 따라 좀 더 부연하면 이런 뜻이 된다. 민족문학론이 80년대 이후 침체 일로에 빠지게 된 가장 큰 이유 중의 하나는 현실 사회주의권이 붕괴 때문인데, 자본주의에 대한 극복을 분명한 자기 전망으로 가지고 있던 민족문학의 이념적 성격에 비추어 사회주의적 지향을 가지는 것은 일정 정도 의미 있는 일이었으나, 80년대 후반에는 사회주의적 전망을 한국적(혹은 우리 민족의) 특수성에 대한 깊은 천착 없이 곧바로 민족문학론에 대입함으로써 일종의 보편성의 미망에 빠지고 말았다는 것이다. 요컨대, 사회주의적 전망의 보편성에 고스란히 자신의 특수한 조건을 내맡김으로써 일종의 동반몰락을 스스로 자초한 셈이 되었다는 말이다. 이 맥락에서 '민족문학론의 현실대응력'이란 말은 일종의 '특수성에 대한 천착'으로 읽힌다.

그러나 한편으로는, 80년대 후반에 이른바 '사회주의적 문학론'으로부터 집요한 공격을 받으며 시종 '소시민적 민족문학론'으로까지 폄하되었던 백낙청의 '민족문학론'은 90년대 들어와 '분단체제론'이라는 좀 더 정교한 이론체계로 변하는데, 이에 대해서 저자는 분단 상황이라는 민족적 특수성을 지나치게 일반화시킴으로써 현실성을 상실한 것이라고 비판한다. 그런 점에서 저자의 비판에는, 백낙청의 '분단체제론'은 민족문학론 침체의 근본 원인이라기보다는 위기 타개를 위한 민족문학론의 새로운 이론적 구상으로서는 부적절하다는 뜻이 담겨 있다. "현재의 자본주의 세계체제에 대응하기 위해서는 민족 단위의 실천을 넘어서야 하는데, 민족 분단이라는 조건에 입각하고 있는 분단체제론의 실천논리로써(나아가 민족문학론의 실천논리로써) 그것이 얼마나 가능할 것인지는 손쉽게 논증되기 어렵다"(40쪽)는 것이다.

요컨대, 저자는 한쪽으로는 '보편성의 미망'을 경계하면서, 다른 한쪽으로는 '특수성으로의 함몰'을 넘어설 때야 민족문학론의 갱신이 가능하다고 보는 것이다. 지나치게 단순한 정리일는지는 모르나, 여기까지가 내가 독자로서 저자의 민족문학론에 대한 구상을 줄곧 따라 읽으며 자아낸 논리적 맥락이다.

몇 가지 아쉬운 점을 이야기해 보자. 우선, 저자의 민족문학론에 대한 구상에서 가장 크게 느끼는 아쉬움은 갱신의 의지에 부합하는 자기

완결적인 이론 체계가 뚜렷이 보이지 않는다는 점이다. 예컨대, 저자가 줄곧 애정 어린 비판을 쉬지 않는 백낙청의 '분단체제론'은, 그것의 현실정합성 여부를 떠나서 일단 하나의 자기완결적인 이론 체계로서 옳든 그르든 현실을 분석하고 향후를 전망하는 자족적 기능을 지니고 있다. 그에 비하면, 부분적인 비판과 오류에 대한 지적은 매우 날카로운바 적지 않으나, 저자의 논리의 최종 지점에는 어떤 구체적인 이론적 대안이 자리 잡고 있는지를 확인하기 어렵다. 길에 비유하자면, 저자의 논리 전개는 이리로 가거나 저리로 가면 샛길로 빠지므로 제대로 갈 길을 가기 어렵다는 조언과 충고는 풍부한데, 정작 어느 길이 대간大幹인지는 말하고 있지 않는 셈이다. 저자의 '현실대응력'이란 말이 무척 공소空疎하고 추상적으로 느껴지는 것도 아마 그런 것에 말미암는 것이 아닐는지.

책 전체를 통 털어 가장 중요한 이론적 아킬레스건이라고 생각되는 부분은, 김병익과 이광호의 민족문학론에 대해 저자가 정면으로 대응하지 않고 단지 민족문학론의 체질강화를 위한 '입에 쓴 약' 정도로 취급하는 대목이다. 특히, 민족문학론이 "주체의 자기 확신의 요구와 자기 정당화의 요청에 충실함으로써 일정한 자기동일성을 성취한 반면, 자기 자신으로부터 자신을 비판할 가능성을 봉쇄함으로써 근대성 내부의 여러 모순들과 대결하지 않는다"(35쪽)는 이광호의 지적은, 내가 보기에 '민족문학론'의 갱신을 위해 수용해야 할 '입에 쓴 약' 정도가 아니라 사실은 민족문학론의 존폐 여부와 관련된 발본적 문제 제기인 것이다. 다시 말하면, 움직일 수 없이 근대성의 태내胎內에서 탄생한 것이 명백한 '민족문학론'이 탈근대적 사유를 보충하는 것으로 여전히 변화된 현실에서도 유효성을 확보할 것인가, 아니면 이미 탈근대적 사유로 넘어감으로써 일종의 '인식론적 단절'을 경험한 '민족문학론'을 더 이상 '민족문학론'이라는 이념적 표상으로 묶어 세워두기 어려운 것인가 하는 문제와 관련되는 것이다. '민족문학'이란 어디까지나 역사적 개념임을 전제하고서도, 다른 쪽의 패러다임을 보완함으로써 담론으로서의 권력의지를 끝까지 포기하지 않으려 한다는 비판을 잠재우기 위해서는 이 질문에 정면으로 대응하지 않으면 안 된다고 생각한다.

이러한 이론적 딜레마를 저자가 모르고 있다고 생각되지 않는다. 배수아나 신경숙의 최근 창작을 통해 민족문학의 새로운 가능성과 돌파구를 확인하려는 노력은, 실상 민족문학 외부의 그러한 문제 제기를 뼈아프게 자각하고 있다는 반증이다. 그러나, 저자의 각고면려에도 불구하고, 이른바 '개인의 단자화'가 "오늘의 현실을 사는 민중의 가장 직접적인 고통이며 이것을 형상화하는 것이 현금 민족문학의 과제"(43쪽)라는 저자의 주문은 끝내 내게는 요령부득이었다. '개인의 단자화 현상'이 민족문학의 새로운 예술적 돌파구를 마련할 만큼 큰 비중을 차지하는 현상인지는 더 따져봐야 할 문제라고 하더라도, '단자화된 개인'에 대한 이론적 착목은, 민족문학론의 발본적 갱신이 아니라 신세대 문학의 일정한 특징을 새로운 자양분으로 흡수함으로써 민족문학의 외연만을 연장하고자 하는 의도의 결과로 읽힐 수 있다는 점이 문제다. 더욱이 '개인의 단자화'를 강제하는 것은 '편만한 자본주의'라고 규정하는 대목(319쪽)에 이르면, 그 안이한 인과관계의 설정이 과연 누구를 설득할 수 있을지 염려되면서, 종내는 저자가 시종 경계해마지 않았던 '보편성의 미망'에 저자 스스로 사로잡혀 있는 것은 아닌지 의심스러웠다. 저자의 논리대로라면 개인의 단자화 현상을 낳은 것은 결국 자본주의의 성숙에 따른 가족의 해체를 포함한 공동체의 붕괴 때문이라는 것인데, 중세적인 농경사회의 농촌공동체를 복원하는 것이 그 대안이라는 뜻이 아니라면, 근대적 '개인'의 발견이 지니는 역사적 의의는 그것대로 껴안으면서, 산업사회의 물질 문명적 수준은 또 그것대로 유지하는, 그와 동시에 개인의 단자화를 끝장내는 공동체의 복원이란 어떤 것인지, 또는 어떻게 가능하다는 것인지 좀체 그림이 그려지지 않는 것이다.

민족문학론에 관한 신승엽 형의 십년 적공積功에 경하의 말은 적고 못마땅한 얘기만 길어진 것은, 민족문학론 갱신의 가능성과 민족문학의 새로운 희망을 그의 글을 통해 확인하고 싶었던 바램이 그만큼 절실했던 까닭이다. 새로운 글들을 통해 일신한 면모를 확인할 수 있기를 기대하며 글을 마친다.

—『실천문학』 58, 2000

'구체적 총체성'으로의 문학사를 위하여

양문규 | 강릉원주대학교 국어국문학과 교수

김복순, 『1910년대 한국문학과 근대성』, 1999

1.

『1910년대 한국문학과 근대성』 제1부에서 연구 대상으로 설정된 1910년대 한국소설은 서평자 역시 박사논문의 연구 대상으로 삼은 바 있다. 서평자로서는 한국 근대소설 공부를 시작하면서 그 출발점부터 차근하게 다져 나가야 되지 않을까 하는 소박한 생각에서 시작한 것이 개화기 소설에 대한 공부였고, 그리하여 박사논문은 개화기 소설과 인접 혹은 중첩되어 있는 1910년대 소설에 대해 쓰게 되었다. 서평자와 동문수학했던 저자 역시 모르긴 몰라도 이러한 동기에서 이 시기의 소설에 관심을 갖게 되었으리라는 생각을 한다. 이는 이 책의 제2부에 게재된, 저자의 석사학위논문이기도 한 「한국 근대 초기 서발비평 연구」가 개화기 시대의 비평물을 연구 대상으로 한 것이며, 제2부의 그 밖의 논문들이 주로 개화기의 소설들을 대상으로 하고 있다는 사실에서 익히 짐작해볼 수 있다.

그러나 저자가, 1910년대가 단순히 개화기와 인접해 있는 시대라서 소박하게 시기상의 편의에 따라 1910년대의 소설을 연구했으리라는 생각을 할 수만은 없다. 저자는 "과학적 문학연구로서의 소설사 연구를 지향한다"는 기본 입장을 전제로 우리 초기 소설사에서 '민족문학적 전망'과 '리얼리즘'이 어떻게 확립되어 나가는가를 살펴보겠다는 점을 주요한 문제의식으로 내세우고 있다. 그렇다면 문제는 그러한 의도가 논의에서 얼마만큼 설득력 있게 관철, 성취되고 있느냐 하는 점일 것이다.

2.

저자는 1910년대 소설을 이 시기에 새롭게 등장하기 시작한 신지식층의 소설을 중심으로 검토하고자 했다. 이들 신지식층의 소설은 우리 근대단편소설을 정착시켰고 1920년대의 다양한 소설 경향의 선구적 역할을 담당하고 있는 것으로 본다. 그러면 당시의 소설사를 주도한 신지식층이란 어떠한 자들을 지칭하는가? 신지식층은 합방 이후 1910년대 중반 너머 식민지 현실에 대한 여러 대응방식을 모색하는 가운데 등장했던 것으로 본다. 예컨대 당시 새롭게 등장한 지식인들은 그들의 현실 대응 방식에 따라 크게 두 종류로 대분되는데, 그 하나는 '자주적 실력양성론'을 내세운 '비판적 신지식층'이며, 다른 하나는 '동화주의적 실력양성론'을 내세운 '친일적 신지식층'이다. 양자는 모두 민족주의 우파라는 계급 기반을 갖고 부르주아의 이념을 지향한다는 점에서 동일하지만, 비판적 신지식층은 '자기비판의식'을, 친일적 신지식층은 '허위의식'을 드러낸다는 점에서 대조적이다. 작가를 통해 구체적으로 얘기해 보자면 전자는 '자기비판의식'을 가지고 현실을 객관적으로 냉정하게 응시하고 비판적으로 바라본 결과, 1910년대에 비판적 리얼리즘 경향의 소설을 성취하는데 반해, 후자는 근대추수주의에 매몰돼 문명개화지상론을 내세우며 친일적 허위의식을 드러내, 저자가 주장하는 이른바 민족문학적 성취를 이뤄내지 못하는 것으로 본다. 전자의 대표적 작가로 양건식, 현상윤을 들고 있는데, 특히 양건식의 경우 1910년대 비판적 신지식층의 작가 중 가장 최고의 수준을 보여 준다고 평가한다. 그리고 후자의 대표적 작가로는 이광수와 백대진을 들고 있다.

저자는 1910년대에 등장한 신지식층 작가들의 사회・역사적 성격을 규명하기 위하여 이른바 철저하게 역사・전기적 방법을 구사하고 있다. 한 시대의 문학을 바로 알기 위해서는 그 시대의 문학적 환경을 바로 아는 것이 전제가 된다고 역사주의자는 믿는다. 따라서 저자는 1910년대 신지식층이 구한말의 자강운동자들의 실력양성론을 계승한 측면이 강한 것으로 보고, 이는 1920년대의 본격적인 실력양성론으로 계승된다고 본다. 그리하여 이러한 실력양성론이 1910년대에 비판적 신지식층과 친일적 신지식층 양자 각각에게 어떻게 달리 수용되고 있는가를 밝히고 있다. 저자는 이러한 고찰을 위해서 역사학계의 연구 성과들에 많은 점을 기대면서도, 단순히 그것을 기계적으로 수용하는 것이 아니고 당시 작가들의 비허구적인 문장들을 대상으로 이른바 '실력양성론'의 이념적 성향이 어떻게 표출되고 있는가를 상세히 설명하고 있다. 그리고 각 작가의 전기적 사실을 충실히 규명하여 그들이 실력양성론을 주 이념으로 내세우면서도 각기 세부적으로는 어떻게 다른 이념적 입지에 서게 되는가를 규명하고 있다. 예컨대 현상윤의 경우 이광수와 동일한 일본 유학생이었지만, 그의 생애와 문학 외적인 글들을 통해 그가 어떻게 이광수와는 다른 사상적 입지에 서게 될 수 있는가를 세밀하게 지적하고 있다. 이는 당시 이광수를 비롯한 일본의 유학생 계층을 동일집단으로 파악하고 그들의 세계관의 한계를 일률적으로 논한 기존의 연구를 넘어서는 부분이다. 그리고 양건식의 경우, 현상윤과 달리 유학생이 아닌 국내에 기반을 둔 지식인으로서, 그를 당대에 전개된 거사불교운동과 연결시켜, 그가 나름대로 어떻게 대사회적인 자각을 획득해내는가를 규명하고 있다. 한편 백대진의 경우, 그가 우리 문학사에서 거의 연구가 되어 있지 않은 점을 감안해, 작가의 전기적 사실 및 작품 연보를 정성 들여 재구성 해낸다. 특히 백대진의 다양한 필명들을 밝혀내, 그가 1910년대에 행한 문필 활동의 전모를 밝히고, 이러한 작업의 성과는 이 책의 부록에 옹골지게 정리되어 있다. 저자는 이렇게 철저하게 조사된 백대진의 문필활동과 관련된 기본 자료들과 행적 등을 통해 그의 적극적인 친일 행각을 추적해낸다.

저자는 이와 같이 신지식층 작가의 이념적 기반을 역사전기적 방식을 통해 고찰한 이후 이러한 이념적 기반의 상이성들이 그들 작품에 각기 어떻게 반영되고 있는가를 살핀다. 첫째, 현상윤은 그의 대표작 「핍박」(1917)을 통해 내면세계의 표출을 매실에 대한 팽팽한 대결의식을 보여 준다고 본다. 그리고 「재봉춘」(1914)은 일제의 폭성에 의해 파멸되는 한 개인사를 보여 주고 있다고 보고, 역시 이 소설의 반제적 의미를 읽어 낸다. 그 밖에 「한의 일생」(1914), 「청류벽」(1914) 등은 자본주의 사회 모순에 희생되는 인간의 모습을 그리고 있다고 본다.

둘째, 양건식은 「석사자상」(1915) 같은 작품을 통해 당시 실력양성론과 연관된 사회진화론의 논리를 극복하고 있다고 본다. 그리고 「미의몽」(1915)은 현상윤의 「한의일생」 등과 같이 사회비판적 발언을 전개하며, 「엷고 힘없고 간절한 동정」(1916)은 가난한 자들의 동정을 통해 민중연대성을 지향하고 있다고 평가한다. 이어 「슬픈모순」(1918)은 일종의 지식인 소설로서 모순에 찬 불합리한 사회현실을 체험하는 좌절한 식민지 지식인의 고뇌와 방황, 그리고 자신을 제약하고 있는 환경을 극복하고자 하는 적극적 주인공의 모습을 형상화 한 작품으로 평가하며, 이 작품이 1910년대의 비판적 사실주의 소설을 대표한다고 본다.

이러한 비판적 신지식층의 작가에 반해 친일적 신지식층 작가 중 첫째, 이광수는 그의 1910년대 단편들이 대부분 허위의식과 닫힌 전망의 세계를 드러내거나 혹은 사회와 차단된 개인의 내면에 몰두한다고 본다. 그리하여 이들 작품 모두는 진정한 의미에서의 '자기비판', '현실비판'이 아닌 '허위의식'에 기초하는데, 이는 물론 이광수의 동화주의적 실력양성론에서 비롯된 것으로 본다.

둘째, 백대진은 소설에 앞서 우리 비평문학에서 최초로 문예사조로서의 사실주의나 자연주의를 인식하기 시작했다고 본다. 그런데 그는 가난한 자의 계급적 시각에서 사실주의 문학을 일관되게 제창하고 있음에도 불구하고, 당대의 경제적 모순을 일제의 문명개화 노선에 동참함으로써 타파될 수 있다고 생각하는 모순을 드러낸다고 본다. 따라서 그의 소설들은 두 계열로 나눠지는데, 그 하나는 문명개화를 예찬하는 계몽적 성격을 띤 소설, 다른 하나는 자본주의 사회의 부정적인 면을 비판, 폭로한 소설이다.

3.

이상의 살펴본 바를 토대로 저자의 논의 전개에 어떠한 문제점들이 있는가를 살펴 보도록 하겠다.

첫째, 저자가 서론에서 밝힌 1910년대 소설을 규명하기 위해 대전제로 내세운 민족문학적 전망의 문제다. 저자는 작품 내에서 민족문학적 전망의 실현은, 민족문학의 과제인 '반제와 반봉건'이 내용적으로 반영되어야 한다는 점을 지적하고 있다. 그러나 근대이래 현재에 이르기까지 우리 민족의 주요한 역사적 과제는 자주적이고 민주적인 민족국가의 건설이라 할 수 있고, 이에 부응할 수 있는 민족문학의 이념은 반제와 반봉건의 근대적 과제 뿐만 아니라, 근대로부터 파생되는 제반의 부정적인 문제들을 넘어설 수 있는 가능성 역시 추구해야 한다. 이러한 관점에 서야만, 양건식 또는 현상윤의 소설 등이 이광수 등과 같이 단순한 근대추수에 머물면서, 근대문명에 들뜨지 않고, 오히려 근대문명 속의 인간 개인을 비판적, 객관적으로 대상화시킨 성과를 올바르게 지적해낼 수 있다. 가령 저자는 「핍박」이 '일제에 대한 정신적 항거', 즉 '반제'의 측면을 드러내고 있음을 은근히 강조한다. 그러나 이보다는 일제와 함께 유입된 근대와 긴장하여 대면하고 있는 한 지식인의 자기 성찰적 시각에 주목해야 할 필요가 있을 듯싶다.

둘째, 리얼리즘과 관련된 문제로, 이는 서평자도 범했을 법한 오류인데, 1910년대 일부 소설들을 비판적 리얼리즘 또는 리얼리즘 등으로 규정하는 것의 문제보다는, 이러한 리얼리즘의 경향을 지향하는 작품이 갖는 소설사적 의미를 밝혀내는 것이 좀 더 중요한 문제라는 새삼스러운 사실이다. 즉 이들 경향의 소설이 당시의 계몽주의 소설과 현실인식 틀을 공유하면서도 그와는 분명 무엇이 다른가 하는 점을 부각시킬 수 있을 때, 이들 작품이 갖는 소설사적 의미를 찾아낼 수 있을 것이다. 덧붙여 저자가 「슬픈모순」에서 "자신을 제약하는 환경을 극복하고자 하는 적극적 주인공의 모습"이 그려져 있다고 하는데, 물론 이에 동의할 수도 없거니와, 이러한 '적극적 주인공'은 비판적 리얼리즘의 인물 유형과는 거리가 먼 것이 아닌가?

셋째, 이 논의가 1910년대의 단편 작품들을 대상으로 하고 있다는 기본적인 제약에서도 비롯된 것이기는 하지만, 논의 대상으로 설정한 네 명의 작가가 문학적 비교 대상이 되기에는 상호 심한 편차를 드러낸다는 점이다. 단적인 예로 양적인 측면에서 『무정』 등의 장편을 산출해낸 이광수를 고작 그의 몇몇 단편을 통해, 여타의 작가들과 수평적으로 비교 논의하는 것은 문제가 있다. 단편을 주 대상으로 하면서도 이와 관련된 이광수의 장편의 모습을 논의 안에서 구성해낼 수 있어야 하지 않았을까 하는 아쉬움이 남는다. 그리고 이 논의는 네 명의 작가들의 전 작품들을 거의 망라하여 논의의 대상으로 삼고 있는데, 1910년대 문학의 근대성을 밝혀내기 위해서는 좀 더 이들 작품들에 대한 비평적 취사선택이 이뤄져 논의에 포함 시켜야 하지 않았을까 하는 생각도 든다.

넷째, 1910년대 문학의 근대성을 밝히기 위해서 네 명의 작가 및 작품을 연구 대상으로 설정하여 논의에 들어간 연구의 기본 발상이 정태적인 느낌을 준다는 문제다. 물론 이 시대의 주요 사상적 경향을 '실력양성론'으로 간주하고 이의 전개 양상에 따라 유형별로 작가들을 나눠 분석한 틀은 기존 연구에서 찾아볼 수 없는 참신한 과학적 태도이기는 하다. 그러나 정작 작품 해석은 그러한 유형화에서 빚어지는 평면성으로 부터 그다지 자유롭지 못하다. 가령 양건식과 현상윤, 그리고 백대진과 이광수 등 두 부류 작가의 전기적 사실들을 전제로 하여, 이에 의거 작품들의 가치 평가가 재단적으로 이뤄지고 있다는 느낌을 준다.

끝으로 서평자는 1910년대 작가들의 경우, 그 작품들이 기본적으로 공통된 성향을 더 많이 갖고 있음을 강조하고 싶다. 이는 저자가 밝힌 대로 이들 모두가 부르주아 계몽주의의 실력양성론에 기반을 두고 있기 때문이다. 따라서 이들 작품의 정태적 차별화보다는 이들 각자가 당대의 제반 사회의 변화 과정 안에서 어떠한 성향을 지향하는가를 동태적으로 살펴보는 것이 중요한 문제라고 생각한다. 요컨대 특정 시대의 문학을 연구코자 할 경우, '구체적 총체성'으로서의 현실 개념을 방법론적 태도로 삼을 필요가 있다. 구체적 총체성이란 '구조화되고 발전하며 형성과정에 있는 진체'로서의 현실 개념이다. 즉 한 시대의 사회현실과 문학을 고찰하면서, 다양한 형태로 존재하는 것을 유형화 하는 관점을 넘어서 그와 같은 제 현상 속에 관철되는 전체적 발전 경향을 포착하는 것이 구체적 총체성의 관점이다. 즉 1910년대의 현실과 문학이 어떻게 구성되어 있느냐는 것이 아니고, 어떠한 형성, 발전 과정 속에 놓여 있는 전체인가 하는 변증법적 방법을 고려할 때 1910년대 소설들의 유형 분류와 분석들이 평면적 기술의 틀에서 벗어날 수 있을 것이다.

—『민족문학사연구』 14, 1999

여전히 문제적인 30년대 소설들

김종욱 | 서울대학교 국어국문학과 부교수

박헌호, 『이태준과 한국 근대소설의 성격』, 1999
채호석, 『한국 근대문학과 계몽의 서사』, 1999
문학과사상연구회, 『채만식 문학의 재인식』, 1999

1.

우리 소설사의 황금기는 언제일까. 이런 물음을 받는다면 나는 서슴지 않고 1930년대와 1970년대라고 대답할 것이다. 1930년대와 1970년대의 소설계는 다른 시기에서 찾아보기 어려운 역동성을 지니고 있다. 지배적인 문학적 경향들이 사라진 상태에서 새롭게 성장하던 여러 소설적 경향들이 공존하면서 경쟁하고, 헤게모니 쟁탈전을 벌이면서 또한 상호보완적이었던 그런 시기였던 것이다. 대중문학과 순수문학과 같은 문학적 태도의 차원에서건, 리얼리즘이나 모더니즘과 같은 문학적 방법의 차원에서건, 아니면 더 나아가 민족주의와 사회주의와 같은 문학적 이념의 차원에서건 복잡다기한 경향들이 살아 숨쉬는 이 시기는 다른 시기에서 찾아보기 어려운 폭과 가능성을 내포하고 있다는 점에서 우리 소설사의 황금기를 형성하고 있는 셈이다.

우리 소설사의 황금기를 이루는 1930년대에 이르면서 많은 작가들이 등장하여 자신만의 독자적인 영역을 구축하거니와, 이러한 현상은 근대문학이 성립된 이후 최초의 현상이기도 하다. 이러한 현상이 나타나게 된 직접적인 원인은 한국 소설사의 역사적 축적이라는 측면에서 찾아질 수 있다. 1920년대를 거치면서 근대 이전과 근대를 비교하는 근대화 담론은 지배적 담론으로서 자리잡게 되고, 이에 반내해서 식민지의 지식인들은 대부분 근대와 근대 이후를 비교하는 담론에 관심을 기울이기 시작하였다. 이러한 변화는 직접적으로 근대 이후를 상정했던 러시아 사회주의 혁명의 성공에 기대고 있다. 자본주의적 근대에 의해 왜곡되고 억압된 상황 속에 놓여 있던 식민지 지식인들은 근대 이후를 상정하는 사회주의 담론에 의해 제국주의에 대한 저항의 정당성과 이후의 사회에 대한 역사적 비전을 획득할 수 있었다. 이러한 비전은 초기 신경향파 문학에서는 무매개적인 방식으로 소설화되었던 것이지만, 현실에 대한 깊이 있는 천착과 함께 높은 문학적 성과로 나타나게 된다. 이것이 1930년대 소설이 황금기를 구사할 수 있었던 일차적인 원인이라고 할 수 있다.

그럼에도 불구하고 1930년대라는 시기는 소설사 연구의 중심에서 조금씩 벗어나고 있다. 물론 1980년대 동안 이 시기가 소설사 연구의 핵심에 서 있었다는 사실을 감안한다면, 연구사의 균형적인 발전을 위해서라도 다른 시기에 대한 관심이 증가하는 것이 오히려 긍정적인 의미를 지닐지도 모른다. 한 시기에 대한 집중적인 조명만으로는 한국문학사 전체의 올바른 구도를 찾아내는 일이 어려워질 터이기 때문이다. 하지만, 1930년대 소설사가 우리의 관심에서 조금씩 멀어져 간 것은 문학외적인 환경의 변화 탓이었다고 보는 것이 적절할 것이다. 1980년대를 지배하던 이념이 처참하게 스러져가면서 연구자를 강박하던 리얼리즘의 규율이 붕괴되었고, 연구자들의 관심 역시 개화기와 1950년대로 자연스럽게 옮겨갔던 셈이다.

세 권의 책을 받아들면서 새삼스럽게 이런 잡스러운 생각에 빠져드는 것은 1999년과 2000년이라는 묘한 시간감각 때문이다. 공교롭게도 서평을 맡은 세 권의 책, 『한국 근대문학과 계몽의 서사』, 『이태준과 한국 근대소설의 성격』, 『채만식 문학의 재인식』은 20세기의 마지막에 발간된 책들이다. 그것도 같은 출판사에 의해 발간되었다. 새로운 밀레니엄이 온다고 모두들 장밋빛 꿈에 부풀어 호들갑스럽게 흥분하고 소란을 피우던 그 시절의 한 갈피쯤에서 한 권의 책을 만들기 위해, 한 작가의 문학적 삶을 올바르게 재구성하기 위해 사람들은 과거의 시간 속으로 침잠해 들어가야만 했던 것이다. 끊임없이 자신들의 행위가 어떤 의미를 지니는지를 되물으면서 버텨야만 했던 시간의 기록들이 세 권의 책 속에 고스란히 담겨 있는 셈이다. 지나간 유행처럼 너무나 촌스러워지고 사람들의 관심 밖으로 밀려나버린 세 명의 인물, 김남천과 이태준과 채만식을 앞에 두고 벌여야만 했던 지난했던 정신적 싸움의 흔적들은 자신에게 충실하기 위해 1990년대의 지배적인 패러다임과 대결하는 것이자 과거의 인물과 정신적인 대화를 나누기 위해 자신을 소멸시키는 과정이었을 것이다.

2.

『이태준과 한국 근대소설의 성격』은 제목에 걸맞게 이태준이라는 인물을 통해서 본 한국 근대소설사라고 할 만하다. 그것은 이태준이라는 한 소설가를 대상으로 삼았으되, 그를 통해서 한국 근대소설사의 한 계보를 검토하기 위한 목적으로 씌어졌다. 그런 점에서 "이태준은 나에게 한국 근대문학사를 바라보는 창窓"이었다는 고백이 유효할 것이다. 한국 근대소설사에서 특징적으로 나타나는 단편소설의 융성을 미학적이고 사회적인 기반 위에서 해명함으로써 한국문학의 특수성을 구명하고자 시도한 저서인 것이다.

박헌호에 따르면 이태준의 문학은 세 시기로 구분된다. 첫 번째 시기는 구인회의 결성과 단편 「달밤」이 발표되기 이전의 시기이다. 초기작들은 대체로 미적 인식과 현실 인식의 혼효 현상을 보여 준다. 두 번째 시기는 불우한 인물의 등장, 표현 기법의 세련화, 그리고 소설의 서정화 현상이 두드러지는 시기로 이태준의 작가적 활동이 가장 왕성했던 시기이다. 이 시기에 이태준은 단편양식을 통해 미적 근대성을 구현하고자 한다. 세 번째 시기는 「패강냉」이 발표되던 1937년을 전후한 시기로 초기 작품에서 보여졌던 현실에 대한 인식이 다시 나타나기 시작한다. 중일전쟁 발발을 전후한 이 시기에 작가 이태준은 자신에게 부과되는 시대적 압력에 적극적으로 대응하려는 자세를 보여 주는 것이다. 마지막 시기는 해방 이후의 시기로 사회주의 이념으로의 전환을 보여 주었던 시기라고 할 수 있다.

이러한 시기구분을 바탕으로 저자는 이태준을 한국 근대 단편소설의 완성자로서 규정한다. 이태준은 단편소설의 예술성에 주목하여 문자성文字性에 대한 자각, 소설 구성의 분리와 독립, 한국인의 전통적 정서에 기반한 심미적 경향을 발전시킴으로써 한국 근대 단편소설의 모범적 규범을 확립시킨 작가인 것이다. 하지만, 이러한 형식의 세련화에도 불구하고 이태준의 문학은 소설의 장르적 요건으로서의 시간성의 소멸이라는 역설적인 결과에 도달한다. 전통적 대상에 대한 미적 지각을 연장, 심화시키려는 이태준의 심미주의적 경향은 현실과 역사로부터 스스로를 소외시킴으로써 의고주의 내지는 반근대주의적 편향으로 나아가는 것이다. 그런데, 단편소설에 나타난 심미적 경향은 미적 근대성의 표현으로 이해될 수도 있다. 역사적인 관점에서 이태준의 문학은 김동인 이래 지속되어 온 형식의 세련화를 통한 근대성의 수위 증명이라는 경향의 연장선상에 놓여 있는 것이다. 이와 달리 장편소설에서 당대 사회 현실에 대한 작가의 계몽의지를 담아냄으로써 의고주의가 사라지고 사회적 근대성에 대한 지향이 나타나는 현상을 무시하기 어렵다.

그런 맥락에서 박헌호는 이태준의 문학을 이해하는 키워드로써 사회적인 근대성과 미적인 근대성을 제시한다. 사회적 근대성에 대한 지향과 미적 근대성에 대한 지향은 이태준의 작품세계를 길항하는 두 개의 힘으로써 작동한다. 당대의 역사적 과제라고 할 수 있는 반제 반봉건의 과제에 걸맞게 민족의 근대화와 해방에 대한 지향이 전자라면 경제적 근대화의 결과로 파생된 속물적인 사회에 맞서 예술에 대한 심미안을 계발 확대하는 정신주의에 대한 지향이 후자라고 할 수 있는 것이다. 그리고 상이한 두 가지 정신적 지향은 단편소설과 장편소설이라는 양식적 분화로써 구체화되는 것이다. 해방 이후에 보여 준 이태준의 이념적 변모 역시 두 가지 지향의 변주 속에서 일관성 있게 이해될 수 있을 것이다. 식민지 시대 장편소설에서 보여 주었던 민족지향 내지 사회적 근대성에의 지향이 조선문학가동맹 참여를 불러오는 것이다.

이처럼 박헌호는 미적 근대성과 사회적 근대성의 분열이라는 관점 아래에서 이태준의 문학과 작가의식을 해명하고자 시도한다. 이 저작에서 빛나는 부분은 바로 이러한 이태준의 정신적 갈등과 분열, 민족주의와 문화주의의 상호모순적 공존은 이태준 개인의 특징이 아니라 당대의 역사적 현실에서 파생된 식민지 지식인 특유의 정신적 분열의 한 양상이라고 파악하고 있다는 점이다.

이태준의 의고주의는 그에게 있어 미적 근대성의 영역에서만 문제시되고 있는 것이다. 이것은 한국의 근대화 과정이 사회나 제도의 차원에 머물러 있었다는 사실의 표현으로 보아야 할 것이다. 다시 말해서, 사회나 제도의 차원에서의 근대화는 열렬히 주창되었음에 반해, 이성 혹은 합리성과 주체성으로서의 근대는 상대적으로 전면화되지 못했던 역사의 반영으로 읽히는 것이다. 따라서 사회와의 변증법적 교호작용을 겪으며 근대화에 이르지 못한 정신은, 자신의 삶을 규정했던 전통적 세계 속에서 미의식의 원천을 찾아냈던 것이 아닌가 생각된다.

이처럼 박헌호는 조선적 특수성으로서의 이태준의 의고주의를 근대성과의 관련 속에서 이해된다. 그런 입장에서 박헌호의 논의는 이태준을 통해서 한국문학을 구성하고 있는 근대성의 역사적 기원과 양상을 구명함으로써 근대성에 대한 성찰의 문제에 대한 보다 심도 있는 논의로 나아가고 있다고 할 수 있을 것이다. "조선적 정서의 소설"을 내세웠다는 점에서 가장 특수한 성격을 지닐 수밖에 없는 작가 이태준을 근대성이라는 보다 넓은 의미맥락 속에서 고찰함으로써 보편적인 논리로 승화시킬 가능성을 마련한 셈이다.

3.

박헌호의 『이태준과 한국 근대소설의 성격』이 한 심미주의자 내지는 반근대주의자로서의 이태준의 문학적 생애와 작품을 통해서 한국 근대소설의 성격을 밝히고자 하는 작업이었다면, 채호석의 『한국 근대문학과 계몽의 서사』는 어찌보면 이태준과는 정반대의 지점에 서있던 근대주의자로서의 김남천을 통해 한국 근대소설의 성격을 밝히고자 한 작업이라고 할 수 있다. 이 책은 사실 저자의 박사논문인 「김남천 문학연구」와 허준, 최명익 등을 중심으로 한 일군의 작가들에 대한 작가론 내지 작품론으로 엮여 있다. 그 중에서 필자의 관심을 끌었던 것은 단연 제1부 '김남천 연구'였다.

채호석의 '김남천 연구'는 몇 가지 면에서 도전적이다. 이 글은 작가론의 일반적 관념을 정면으로 부정하는 것에서 출발한다. 한 작가의 문학적 생애를 검토하는 작가론의 경우 대개 연구자가 상정하는 하나의 일관된 논리 아래 작품들을 배치하는 것이 일반적이다. 하지만, 이 연구는 처음부터 일관된 논리를 상정하지 않는다. 오히려 김남천의 문학, 구체적으로 말해 비평과 작품 행위 사이에 상당한 비약과 틈이 존재한다고 인정해 버린다. '한 인간으로서의 김남천이 지니고 있는 비약과 모순을 연구의 일관성이라는 명목 아래 강제로 통합시키는 것이 해석자의 월권에 지나지 않는가'라는 의문을 제기하면서 역사적 사실로서의 김남천의 내적 모순을 있는 그대로 드러내는 것을 목적으로 삼는 것이다. 그 결과 해방 이후의 김남천의 비약적 변모는 연구 대상에서 자연스럽게 비껴난다. 물론 이러한 입장은 상당한 위험 부담을 지니는 것이기도 하다. 달리 말하면 연구자의 당연한 해석학적 권리를 포기하는 것이자 연구방법론의 부재로 오해될 여지조차 안고 있기 때문이다.

그렇다고 해서 이 연구가 순전히 작품 자체에 대한 개인적이고 주관적인 잣대에 의지하지 않고 있다는 것을 의미하지는 않는다. 이 연구가 기대고 있는 방법적인 틀은 바로 알뛰세의 이데올로기론과 타자성 개념이다. 저자에게 있어서 이데올로기란 한 개인을 주체로서 호명함으로써 자기정체성을 부여하는 것이다. 이 경우, 호명과 정체성 부여는 무의식적인 것에 가깝다. 이 무의식으로서의 이데올로기가 개인을 주체화시키는 동시에 지배적인 이데올로기에 종속시키기도 하다. 하나의 기호로서의 '김남천'은 이러한 무의식으로서의 이데올로기와 현실 사이의 간극을 메꾸기 위해서 최선을 다한 인물이다. 김남천의 문제성은 바로 끊임없이 자기동일성의 분열을 예각적으로 보여 준다는 점이다. 저자는 이러한 자기동일성의 분열을 주체의 해체라든가 근대 이후의 비전과 연관시키는 것을 경계한다. 오히려 자기동일성의 분열을 극복하고 주체의 정립을 위해 노력하고 있다는 사실이 김남천의 문학사적 의미인 것이다. 이런 맥락에서 김남천에게 있어서 타자성은 자기동일성으로 환원되는 타자성이라고 할 수 있다. 그리고 '계몽'은 이러한 주체의 이데올로기와 타자성을 포괄하는 매개적 개념이다.

이렇게 근대 자체를 문제삼을 때, 핵심이 되는 것은 '계몽'이다. 역사적으로 존재했던 특수한 한 사상적 형태로서의 계몽주의가 아니라, 근대 전반을 꿰뚫고 있는 사유의 특징으로서의 '계몽'을 생각한다면, 이러한 계몽이 어떠한 방식으로 우리 문학사에서 관철되고 있는가를 살피는 일은 우리 문학의 근대성을 규정하는 데서 매우 중요한 것임을 이해하게 된다.

채호석의 『한국 근대문학과 계몽의 서사』는 이데올로기와 타자성이라는 두 잣대를 자유롭게 김남천의 작품활동과 비평활동에 적용하면서 풍부한 해석의 여지를 제공한다. 그야말로 "작품의 새로운 읽기"라는 다분히 통속적인 언사가 실제 작품과 비평의 꼼꼼한 분석을 통해서 빛을 발하는 것이다. 김남천의 작품 속에 나타난 다양한 변모를 해석자의 월권행위에 의해 왜곡하거나 단순화하지 않고 풍부화시키고 있는 셈이다.

개인적으로는 제5장 「김남천 문학과 근대적 주체의 정립」에서 보여준 「경영」과 「낭비」와 「맥」 연작에 대한 매력적인 분석을 특별히 기억하고 싶다. 그동안 많은 논의가 진행되어 왔던 이 연작을 분석하면서 저자는 김남천이 최무경이라는 주인공을 통해 "근대적 주체"의 형성을 그리고 있다고 주장한다. 자본주의적 근대의 극복을 위해 사회주의를 선택하였다가 전향한 지식인 오시형, 서구적 근대의 보편성에 대한 환상과 식민지 조선의 주변부적 특수성에 사이에서 정체성의 분열 내지는 허무주의에 빠져버린 지식인 이관형 사이에 놓여 있는 최무경은 스스로의 경험을 바탕으로 자율적인 존재로 발전해 간다는 것이다. 이처럼 자율적인 근대적 주체로서의 최무경의 형상은 실질적인 내용을 갖추지 못했다는 점에서 형식적인 자립성만을 지닌 주체에 지나지 않는다는 평가를 받기에 이른다.

탈식민주의론에 관심을 지니고 있는 필자로서는 이러한 근대적 주체의 정립 가능성이야말로 오히려 한국 근대소설의 한계이지 않을까라는 생각을 한다. 근대적 주체의 정립이란 달리 말해 제국주의를 낳은 자본주의적 근대를 닮아간다는 의미는 아닐까. 여전히 자본주의적 근대의 한계틀 내에서 사유하고 행동한다는 것은 진정한 의미에서 식민지 해방을 가져오지 못하는 것은 아닐까. 근대적 주체의 성립을 통해서 자본주의적 근대를 넘어설 수 있는 비전은 쟁취될 수 없는 것이 아닐까. 뒤집어서 말하면 근대적 주체의 해체를 통해서 제국주의와 식민지라는 근대적 질서는 붕괴될 수 있을지도 모른다는 생각을 떠올리게 하는 대목이다.

4.

앞의 두 책이 한 개인의 저작물이었던 것과는 달리 『채만식 문학의 재인식』은 문학과사상연구회에서 이루어진 집단적인 노력의 결과물이다. 이러한 노력은 현단계를 지배하는 인문학의 위기 상황에 대한 인식을 바탕에 두고 있다. 이현식의 「채만식은 학문적으로 어떻게 인식되어 왔는가」라는 글에서 엿볼 수 있듯이 1990년에 접어들면서 인문학의 위기와 함께 채만식 연구 내지는 한국 근대문학에 대한 연구가 양적인 확대와 질적인 정체라는 아이러니컬한 상황에 빠져버린 것이다. 연구의 주류적 방향이 해소되고 새로운 주류는 형성되지 않은 상황 아래에서 대학이라는 제도와 논문이라는 글쓰기의 형식에 유폐되어 버린 것이 지금의 연구 현실이다.

그런데, 새로운 주류는 어떻게 형성되는가. 채만식이라는 한 작가를 통해서 모색되는 새로운 주류는 어찌보면 매우 낯익은 것이다. 물론, 이 책에는 다양한 목소리가 녹아들어 있다. 채만식의 문학은 사회주의 이념과의 관련(하정일, 『채만식과 사회주의』) 속에서 검토되기도 하고, 리얼리즘의 관점(양문규, 『1930년대 후반 채만식 소설의 리얼리즘 문제』; 한수영, 『비판적 리얼리즘의 성과와 1930년대 후반』)에서 접근되기도 한다. 또한 주체성

(이경훈, 『근대 주체의 좌절과 초극』; 김재용, 『세계질서의 위력과 주체 부재의 저항』)이라든가 일상성(최현식, 『문학가의 이상과 생활인의 비애』)의 관점에서 재구성되기 한다. 그럼에도 불구하고 채만식이라는 작가를 바라보는 눈은 통일적이다. 채만식의 문학세계를 점검하고 이해하는데 꼭 필요한 항목들을 기획하고, 공동토론과 검토의 과정을 거쳤기 때문이다. 그 과정에서 부각되는 것은 바로 연구회의 명칭처럼 문학과 "사상"의 문제이다. 달리 말하면 문학과 현실, 이념과 방법이라는 전통적인 방법의 복권을 추진하고 있는 셈이다. 이러한 방법론은 사실 1980년대를 지배해 왔던 것이며, 여전히 대부분의 연구자들에게 암묵적으로 받아들여지고 있는 전제이기도 하다. 다만 1990년대를 거치면서 근대성이라든가, 주체의 소멸 혹은 해체라는 논리에 밀려 일시적으로 영향력으로 거세당했던 것에 불과하다. 새롭고 낯선 방법론의 도입과 적용에도 불구하고 여전히 권위를 유지하고 있는, 달리 말해 수많은 이론적 도전에도 불구하고 소설을 보는 가장 권위 있고 설득력 있는 견해를 이루는 이러한 방법론에 따라 새롭게 바라본 채만식의 모습은 투명하다.

채만식은 작가로서 한국의 현실사회와 겨레의 운명에 대해서 거의 일관하여 진지한 대결의식을 보여 주었을 뿐만 아니라, 그런 의식과 이념에 가장 적절히 상응할 예술적 방법을 끊임없이 모색하기도 하였다. 그의 작품은 항상 자기 시대의 정치상황, 사회제도, 경제구조, 그리고 윤리적 관행이나 관례 등이 안고 있는 모순과 비리, 부패와 타락을 신랄하게 비판하고, 그런 의식을 자신의 역사의식으로 해석하고 되새기는 동시에 그런 비판과 해석을 그 자신의 독특한 미학으로 형상화하였던 것이다. 그 결과 채만식의 문학은 우리 민족문학으로서 독특한 개성과 보편적 호소력으로 값진 문학적 성취를 이루게 된 것이다.

이러한 공통된 인식에 바탕을 두고 개별 연구자들은 독자적인 방식으로 채만식의 문학에 접근해 들어간다. 하지만, 채만식에 대한 긍정적인 평가의 이면에는 항상 아쉬움이 남아 있다. 1930년대 후반의 소설들이 역사적 전망과 민중연대성의 결여로 말미암아 객관적 총체성의 구현에 도달할 수 없었다는 양문규의 결론이나, 디테일의 충실성이라는 측면을 확대 발전시키고 있다는 평가의 이면에 감추어진 전형적 상황 아래에서의 전형적 인물의 구현에 미달한 것 아니냐는 한수영의 결론, 그리고 역사 주체에 대한 확신의 결여에서 비롯된 허무주의적 인식을 문제삼는 김재용의 결론 등이 이에 해당한다.

채만식을 통해서 확인된 이러한 찬사와 비판의 양면성은 기실 연구자들이 서있는 자리에 대한 자의식에서 비롯된다. 그 대표적인 예가 바로 하정일의 논문이다. 하정일은 이념과 문학의 올바른 관계를 "이용하면서 거부하는" 것으로 설정하고 30년대 중・후반의 채만식의 풍자소설이 이러한 변증법적 관계에 대한 통찰을 보여 주고 있음을 논증한다. 이러한 파악은 한편으로는 이념의 이용에 주목했던 80년대적 방식에 대한 반성의 의미를 함축하는 것이며, 다른 한편으로는 이념의 거부에만 몰두하는 90년대적 방식에 대한 비판의 의미를 내포하는 것이다. 그리고 그 속에서 새로운 밀레니엄을 지배할 연구 방법과 태도, 이른바 연구의 주류적 방향은 기획되고 있다

5.

오래 전에, 벌써 10여 년 전부터 김남천, 이태준 그리고 채만식의 연

구에 있어서 뚜렷한 업적을 남기었던 저자들이 이제 확대 재구성한 세 권의 연구서적을 보면서 새삼스럽게 이런 생각을 해 본다. 십 년 전의 연구와 십 년 후의 연구를 비교해 보고 싶은 짓궂은 호기심 말이다. 왜냐하면 지난 10년 동안 우리 사회와 우리의 삶은 지나치게 많이 변해 버렸고, 이제 되돌아보기조차 어려운 지점으로까지 밀려왔기 때문이다. 하지만 그런 못된 호기심은 억제하기로 하자. 나 자신도 그렇게 휩쓸려서 현재의 지점에 가까스로 서있다. 더구나 박헌호와 채호석의 저서는 박사학위논문에 바탕을 둔 것이다. 적어도 10년 이상 한 작가와 함께 호흡하고 함께 공감하면서 만들어진 최선의 결과물인 셈이다. 비전공자가 내리는 섣부른 비판이나 평가가 얼마나 무책임한 것임을 잘 알고 있기 때문에 간단한 리뷰 정도로 마치기로 하자. 세 권의 저서가 간직하고 있는 문제의식을 공유하고 함께 고민하는 자리를 만드는 것 이상의 의미는 없는 것이다.

하지만, 한 가지 떠오르는 것은 한국문학의 특수성과 보편성에 관련된 문제이다. 그것은 달리 말해 근대성과 식민지성의 문제이다. 사실 해방 이후 50여 년 동안 진행되어 온 한국 근대문학에 대한 연구는 근대성 문제와 깊은 관련을 맺고 있다. 한국의 근대화가 안고 있는 파행적인 성격으로 말미암아 한국 사회의 근대성은 크게 왜곡되었고, 이로 말미암아 한국문학 역시 서구문학의 근대성과는 다른 양상으로 펼쳐진 것이 사실이다. 따라서 서구라는 규범적 잣대로 한국 사회와 한국문학에 접근하는 것은 위험천만한 일이다. 민족적 혹은 인종적 동질성을 바탕으로 자신의 정체성을 확인하고 더 나아가 비서구사회를 타자화한 서구사회와, 타자로서의 서구사회를 대면함으로써 비로소 정체성을 확인해야 할 필요성에 직면한 비서구사회는 엄연히 다른 역사적 경로를 밟았던 것이다.

그러나 식민지적 근대의 경험이라는 역사적 특수성만을 고려한 채 한국 사회와 한국문학에 접근하는 것 역시 온당치 못한 일이다. 식민지는 전근대적인 현상이 아니라, 자본주의적 근대의 전지구적 확장 과정에서 나타난 역사적이고 지리적인 현상이기 때문이다. 즉 식민지는 서구 자본주의의 타자로서 강제적으로 억압되고 통제되고 변화된 공간을 지칭하는 지리적 개념이며, 서구 자본주의의 여러 모순을 외부로 전가하는 과정에서 나타난 역사적 개념인 것이다. 그런 의미에서 식민지는 '근대성의 실험실'이라고 할 수 있다. 강제적으로 근대성이 이식된 상황, 곧 식민지 아래에서 한국의 근대문학은 어떤 방식으로 대응하였을까. 그 해답의 몇 가지 방식이 바로 1930년대 문학 내지는 소설의 역사라고 할 수 있을 것이다. 한설야, 이기영, 염상섭 등의 작가들이 근대성의 현실 앞에 한편으로는 절망하고 한편으로는 매혹당하면서 끊임없이 정체성의 분열을 경험하는 과정 내지는 그것을 극복하는 과정인 것이다. 채만식이나 김남천, 이태준도 예외일 수 없다. 그리고 그들이 서있던 자리와 지금 현재의 우리가 서있는 자리는 너무나도 비슷하기만 하다.

—『민족문학사연구』 16, 2000

근대성의 실현을 위한 문학이념으로서의 민족문학

전승주 | 서울과학기술대학교 기초교육학부 초빙교수

하정일, 『20세기 한국문학과 근대성의 변증법』, 2000

1.

문학 연구자, 그것도 봉건적 제국이 몰락한 20세기 이후 오늘에 이르기까지의 한국문학 전체를 연구하려는 현대문학 연구자에게 있어 무엇보다 중요한 것은 문학사적 시각의 확립이 아닌가 싶다. 특히 일국주의적 발전사관에 의거하여 70년대 이후 한국문학의 핵심적 연구 방법론으로 성장했던 내재적 발전론이 한계에 이른 지금, 세계적 혹은 국제주의적 시각으로 한국문학의 성격을 분석하고 평가할 수 있는 연구자세의 재확립이 무엇보다 절실하다. 게다가 1990년을 전후하여 발생한 전지구적 차원에서의 변화 역시 새로운 시각과 연구자세의 재확립을 요구하고 있는 것이 사실이다. 그러나 새로운 시각이라고 해서 무조건적인 과거와의 단절을 의미하는 것은 아니다. 오히려 지난 것들에 대한 진지한 평가와 반성 그리고 현재에 대한 분명하고도 정확한 인식이 요구된다. 이러한 의미에서 하정일의 『20세기 한국문학과 근대성의 변증법』이라는 다소 거창한 제목의 연구서를 보는 것은 실로 반가운 일이 아닐 수 없다.

이 책은 모두 3부로 구성되어 있다. 제1부는 민족문학 나아가 20세기 한국문학을 근대성의 관점에서 이론적으로 조명한 글들로서, 특히 민족문학이 '탈근대적 담론들의 도전을 넘어 진정한 자기갱신을 이룰 올바른 길'이 과연 어디에 있는지를 모색하고 있다. 저자의 이러한 이론적 관심은 90년대 중반 이후 최근에 이르기까지 거의 변화 없이 일관된 모습으로 드러나고 있는데, 연구서의 제목에서도 드러나듯이 논의의 핵심을 이루는 근대성과 민족문학이라는 주제는 각각 「근대성과 민족문학」, 「탈식민주의시대의 민족 문제와 20세기 한국문학」에서 집중적으로 논의되고 있다. 따라서 본 서평은 이 두 편의 글을 중심적으로 살펴보게 될 것이다. 제2부와 제3부는 각각 식민지시대의 작가론 및 해방 이후 90년대까지의 작가 / 작품론으로 그러한 이론의 검증을 시도하고 있다.

이론적 모색은 무엇보다도 한국문학의 위기, 민족문학의 위기라는 인식에서 비롯된다. 이러한 위기는 90년대 이후 민족 담론이 급격히 그 힘을 잃어버린 것에 기인하는 것으로 파악된다. 민족 담론이 그 힘을 급격히 잃어버린 까닭은 우선 자본주의의 전지구화가 낳은 신자유주의의 이데올로기적 효과에서 찾아볼 수 있다고 한다. 즉 이 신자유주의 이데올로기는 자본과 노동이 국가의 울타리를 떠남으로써 민족국가의 역할이나 의미가 축소될 수밖에 없다는 민족국가 쇠퇴론을 만들어 내었고, 민족 담론에 대한 90년대 한국 지식인들의 무관심은 이에 영향받은 바 크다는 것이다. 결국 민족 담론의 위기는 세계경제를 중심부 자본에 유리하게 재편하기 위한 서구 선진자본주의 국가들의 이해관계로부터 비롯된 것이고, 그 재편과정에서 신자유주의 이데올로기가 결정적 역할을 담당한 것이라 할 수 있다. 민족 담론을 약화시키는 데 결정적으로 기여한 또 다른 원인으로는 모든 문제의 근원을 민족 관계로 돌리는 민족 환원론과 맹목적인 통일 지상주의와 같은 80년대의 민족 문제에 대한 극단적 논리가 꼽힌다. 즉 이들 극단적 민족주의의 표현이 민족주의 전반에 불신을 가져왔다는 것이다. 물론 민족주의 이념 자체가 갖고 있는 역사적 한계, 즉 민족국가의 건설이라는 전망에 갇혀 자본주의를 대체할 대안이 될 수 없는 한계를 지닌 민족주의의 쇠퇴는 시대의 대세이지만, 이러한 민족주의에 대한 불신이 곧 민족 문제 자체에 대한 무관심으로 이어졌다는 것이다. 이와 함께 80년대 민족주의의 일부가 자신들의 전범으로 삼았던 북한 체제의 구조적 위기와 한국 자본주의의 급속한 성장과 함께 대두하기 시작한 인종차별주의 역시 민족 담론에 대한 혐오감을 불러일으킨 요인으로 지적되고 있다. 결국 자본주의의 전지구화라는 외적 조건과 한국 민족주의의 위기라는 내적 조건의 상호작용에 의해 민족 문제에 대한 무관심이 증폭된 것이 90년대의 우리 현실로 규정된다.

하지만 그가 보기에 자본주의의 전지구화는 민족 문제를 없앤 것이 아니라 다른 방식으로 심화시킨다. 즉 자본주의 세계경제는 결국 국가 간 체제를 매개로 작동하는 바 이러한 국가 간 체제가 유지되는 한, 민족 문제(민족국가들 사이의 문제)는 사라질 수 없다는 것이다. 여기서 민족 문제에 대한 새로운 인식의 필요성이 제기되는데, 먼저 한국의 민족주의에 대해 정확하게 이해할 것을 강조한다. 즉 서구 민족주의가 내적으로는 자본의 이익에 봉사하면서 대외적으로는 제국주의 이데올로기로 기능한 반면 제3세계의 민족주의는 제국주의에 대항한 저항적 민족주의로 출발한 점에 대한 인식이 무엇보다 필요하다는 것이다. 특히 우리의 경우 민족주의 이전부터 민족이 존재해 온 특수성을 바탕으로 광범위한 호소력과 끈질긴 지속력을 지닌 저항적 민족주의를 발휘해 온 것으로 평가하고 있다. 하지만 이러한 한국 민족주의의 역사성과 특수성에도 불구하고 민족주의 자체가 갖는 근본적 한계 즉 민족주의 특유의 자민족 중심주의와 민족주의에 '부족'한 자본주의 극복의 전망을 지적하는 것을 잊지 않는다. 즉 이러한 한계는 3세계 국가들이 일단 민족국가를 건설한 다음에는 폐쇄적 민족주의로 빠지거나 국가주의적 자본주의로 나아가는 경향으로 나타난다는 것이다. 이 때문에 '민족국가의 위상'에 대한 논의가 필수적인데, 그것은 민족국가가 필요한가 아닌가 하는 문제가 아니라 '어떤' 민족국가가 전지구적 자본주의시대의 국가 간 체제 속에서 보다 유효한 형태인가 하는 문제라는 것이다. 이는 곧 분단체제의 극복이라는 민족사적 과제와도 직결되는데, 분단체제의 복잡한 내용을 이루는 것은 내적으로는 분단된 민족 공동체이자 두 개의 국가라는 점, 외적으로는 자본주의 세계경제와 국가 간 체제의 한 부분이라는 점이다. 그리고 여기서 분단체제의 극복이 당위가 아니라 현실이라는 점을 바탕으로 민족 문제와 계급 문제의 결합 필요성을 제기하고 있다. 이를 민족 문제의 계급 연관성으로 표현하고 있다.

민족 문제에 대한 이러한 시각을 저자는 '비민족주의적 민족 인식'의 방법이라 부르고 있는데, 이러한 민족 인식이 절실한 까닭을 우리 시대가 민족주의의 단계에서 탈식민주의의 단계로 접어들었다는 데에서 찾고 있다. 여기서 탈식민주의는 자민족 중심주의의 시각에서 벗어나 세계적 연관 속에서 민족 문제를 이해할 뿐 아니라 그 전망에 있어서도 민족국가의 건설이라는 전망을 넘어 자본주의 극복의 전망에 닿아 있는 것으로 파악되는데, 이러한 자본주의 극복의 전망이 내부에까지 이어져 일국 단위에서 근본 변혁을 위한 기획으로 작동한다는 것이다.

2.

이러한 민족 문제에 대한 인식과 짝을 이루고 있는 것이 '복수複數의 근대' 개념이다. 즉 유럽 중심주의에 기반한 보편주의적 근대관으로 서구 헤게모니 하의 자본주의세계 질서를 온존시키려는 의도를 드러낸 '단수單數의 근대'에 맞서, 근대화의 특수성과 다양성을 강조하는 이념인 것이다. 이는 곧 탈식민주의적 실천의 구체화로 이해되는데, 이는 다시 한 마디로 '비자본주의적' 근대 기획들의 총칭으로 표현된다.

저자의 근대(성)에 대한 문제제기는 90년대 이후 그 목소리를 높였던 '탈근대론'을 비판하는 가운데 더욱 본격화된다. 즉 탈근대라는 문제설정을 받아들이는 것은 민족문학의 원칙과 대의에서 벗어나는 것이며, 근대(성)에 대한 문제제기는 그간의 민족문학운동에서 나타났던 여러 편향과 한계에 대한 반성의 의미를 지니는 것으로서 제기될 때 비로소 의미를 지닐 수 있다는 것이다. 그가 보기에 탈근대의 주장은 근대성에 대한 전면적인 부정이다. 근대가 종언을 고하고 후기 자본주의 혹은 탈산업 사회라는 질적으로 새로운 역사 단계로 접어들었다거나 근대 기획 자체가 원천적으로 잘못된 기획이라는 주장이 바로 그것인데, 모든 근대 기획의 유효성의 소멸을 주장하거나 역사발전의 동력으로서의 인간 주체의 설정과 인식원리로서의 총체성의 구상이 일종의 목적론적이고 형이상학적인 발상에 불과하다는 논리의 핵심은 근대성의 원인무효를 논증함으로써 탈근대의 정당성을 입증하고자 하는 것이다. 따라서 저자는 탈근대가 아니라 바로 근대가 논의의 핵심이 될 수밖에 없음을 강조한다.

「후기 자본주의와 근대소설의 운명」 및 「90년대 한국문학의 지형과 민족문학의 새로운 가능성」, 이 두 편의 글은 90년대의 전반적인 문학적 경향 특히 탈근대적 논리에 대한 진지한 검토와 비판에 바쳐지고 있다. 먼저 전자에서 저자는 현실 사회주의의 붕괴와 냉전체제의 붕괴로 시작된 90년대의 세기적 대전환 속에서 '냉전 이후의 세계는 무엇인가' 하는 질문을 던진다. 이에 대한 대답은 '자본주의의 전지구화'이고 이는 곧 합리성 대신에 욕망이 지배하는 세계를 의미하는 것이지만, 바로 그렇기 때문에 현재는 탈근대의 시대가 아니라 오히려 근대성이 가장 철저하게 구현된 시대, 곧 후기 근대라고 규정한다. 이런 시대적 규정 위에서 포스트모더니즘소설들의 시대착오성에 대한 비판이 이루어진다. 즉 후기 근대를 탈근대로 규정하는 가운데 무한한 욕망을 지향해야 할 가치로 긍정하는 포스트모더니즘소설들의 탈근대성은 부정적 의미에서의 '급진적 근대성'에 불과한 것이고 이는 곧 '현재 진행형'인 근대에 대한 무지의 소산이라는 것이다. 이러한 검토와 비판을 거친 후 결론적으로 90년대 문학에서 문제가 되는 것은 포스트모더니즘의 등장이 아니라 '문학의 상품화'임을 강조한다. 특히 자본주의적 사물화에 대항할 수 있는 유력한 영역으로서의 문학마저 하나의 상품으로 전락하는 모습에 대한 강력한 경고인 셈이다. 한편 후자에서는 90년대적 상황을 중심도 없고 지배적 주세도 결정되지 않은 무정형의 과도기적 국면으로 파악한 뒤, 이러한 국면 속에서의 민족문학의 의미에 대해 중점적으로 논하고 있다.

한편 근대(성)의 문제에 접근하는 데 있어 또 하나 신중히 생각해야 할 문제로 근대와 자본주의의 관계를 들고 있다. 여기서 핵심적인 문제는 근대와 자본주의가 동일한 범주인가 하는 문제, 그리고 사회주의와 같은 비자본주의 체제를 근대로 볼 것인가 비非근대 사회로 볼 것인가 하는 문제이다. 여기서 저자는 윌러스틴의 견해를 바탕으로 근대는 자본주의 세계경제에 의해 규정되는 시대이지만 근대와 자본주의를 동일한 범주로 파악해서는 안 된다는 것을 강조한다. 그리고 사회주의 역시 자본주의 체제의 한 하위체제라는 점에서 근대 사회에 속하는 것으로 파악한다. 이를 바탕으로 식민지시대의 민족해방운동이라든가 80년대의 변혁운동을 비자본주의적 근대를 지향한 변혁운동으로 규정하는 것이 가능하다고 설명한다. 저자가 이러한 역사적 경험들을 비자본주의적 근대를 지향한 변혁운동으로 규정할 수 있는 것은 근대의 역사적 성격과 본질을 '다양한 근대 기획들의 헤게모니 경쟁의 장'으로 규정하고 있기 때문이다. 이처럼 근대를 '다양한 근대 기획들의 헤게모니 경쟁의 장'으로 규정하는 것은 근대를 고정된 시대 개념이나 주어진 실체로 간주하는 것이 아니라는 점에서 기존의 일면적 규정에서 벗어났다고 평가할 수 있겠다.

그런데 저자의 이러한 근대 혹은 근대성에 관한 단순한 일면적 인식의 틀을 극복하려는 노력 특히 '탈근대론'의 위험성을 경고하는 점에 대해서는 충분히 인정할 수 있지만, 이러한 노력이 과연 현재의 위기와 동요를 극복하는 구체적인 대안으로 나아갈 수 있을 것인가 하는 확신을 갖기엔 미흡한 것도 사실이다. 그러한 사실은 무엇보다 '비자본주의적 근대를 지향한 변혁운동'이라고 했을 때의 '비자본주의적'이라는 개념이 의미하는 바가 불분명하다는 점에서 잘 드러난다. 그것은 저자 자신의 표현처럼 '자본주의의 내적 모순이 초래한 비자본주의적 저항들이라는 변수' 정도에 지나지 않는 것이라는 비판이 가능한 것도 바로 이 개념의 불명확함 때문이다. 하지만 이는 꼭 저자만의 문제나 한계라기보다는 민족문학연구자, 더 나아가 진보진영 전체의 과제이기도 하다. 즉 자본주의적 근대와는 구별되는 또 다른 근대의 길을 어떻게 마련할 것인가 하는 구체적 대안이 현재로서는 제대로 설정되어 있지 못한 것이다. 또 '한때 지구의 절반을 점한 비자본주의 체제'란 곧 현실 사회주의를 가리키는 것일 터인데, 이러한 명백히 반反자본주의의 성격을 띠는 사회주의와 함께 여성주의, 생태주의 등도 다양한 비자본주의적 기획들로 규정하고 있는 것을 볼 수 있다. 저자 역시 언급하고 있듯이 하버마스의 '확장된 이성'의 개념처럼 이성 범주 속에 이성과 욕망이 서로 소통할 수 있는 것이라면, '자본주의의 내적 모순이 초래한 비자본주의적 저항들이라는 변수' 정도는 근대라는 포괄적인 범주 속에서 자본주의적 기획과 공존할 수밖에 없게 되고 이로써 자본주의 모순의 극복을 위한 변혁운동의 의미가 약화되지는 않을까 하는 염려가 앞서기도 한다. 이러한 각각의 기획들이 모두 근대라는 역사적 장에서 헤게모니 경쟁을 벌이는 근대 기획의 일환이라면 이들 모두를 '비자본주의적'이라는 개념 속에 포괄하는 것으로 충분한가 하는 의문을 가지게 되는 것은 이런 까닭에서인 것이다.

3.

한국문학사에서의 민족 문제에 있어 우선적인 검토를 필요로 하는 것은 민족문학과 민족주의 문학과의 관계이다. 이에 따라 저자는 민족문학과 민족주의문학이 첫째, 민족개념에 대한 이해의 문제, 즉 민족주의문학이 민족을 시간성을 뛰어넘은 비역사적 존재로 추상화시킨다면 민족문학은 민족을 근대와의 역사적 연관 속에서 이해한다는 점. 둘째, 민족 내부의 계급성에 대한 시각, 즉 민족주의문학이 민족 내부의 차별성을 무시하는 데 비해 민족문학은 민중의 삶에 주목하여 민중연대성을 이념적 원리로 삼는다는 점. 셋째, 전망의 문제로서 민족문학이 민족국가의 건설이라는 전망에 갇혀 결국은 자본주의에 봉사하는 이데올로기라면, 민족문학은 자본주의의 극복이라는 변혁적 관점을 견지한다는 점. 넷째, 자민족 중심주의 경향으로 인한 민족주의의 제국주의 이데올로기로의 경향성 등의 차별성을 지니는 것으로 파악한다. 그리고 이러한 한계를 드러내는 민족주의문학과 민족문학을 동일시하는 논리는 결국 민족문학을 계급환원론으로 매도하는 것으로서 민족문학에 대한 불신을 일으켜 민족문학의 중심주제인 계급과 민족문제에 대한 관심의 약화를 의도하는 것임을 비판하고 있다. 민족주의문학은 이러한 자신의 한계를 극복할 때 비로소 민족문학이 될 수 있는 것이다.

근대성과 민족문학 각각에 대한 이상과 같은 이론적 전제 아래, 민족문학은 근대성의 실현을 위한 문학 이념으로 규정된다. 그리고 한국문학사는 개화기부터 식민지시대를 거쳐 1970~80년대에 이르기까지 민주주의변혁과 '인민주권'의 성취를 위한 실천의 과정으로 파악된다. 한국의 민족문학운동이야말로 탈식민주의운동의 전범으로 불릴 만한 것으로서 민족문학론—제3세계론—민중문학론—분단체제론으로 전개되어 온 민족문학론의 발전과정은 곧 민족 문제와 계급 문제의 통일적 인식과 실천의 선구적 사례라는 것이다. 그리고 구체적 작품으로 식민지성의 규명을 통해 조선적 근대화의 길을 고민한 『만세전』, 농촌공동체에 바탕한 대안적 근대의 가능성을 실천적으로 탐구한 『고향』, 한국전쟁의 시공간성을 복원함으로써 한국적 근대의 특수성을 그리려 한 하근찬의 여러 단편들, 민족 문제와의 대결을 통해 비자본주의적 근대의 민족적 경로를 모색한 신동엽과 김남주의 시, 계급모순의 극복을 통해 자본주의적 근대를 넘어선 새로운 근대의 가능성을 묻고 있는 황석영, 조세희, 방현석의 소설들, 민중적 민족주의의 관점에서 한국현대사를 재구성함으로써 유럽 중심주의적인 근대화 이데올로기를 전복시킨 조정래의 『태백산맥』 등을 서구 중심의 '단수의 근대'를 넘어 '복수의 근대'의 지평까지 나아가고자 한 산물들로 평가하고 있다. 하지만 이처럼 끈질기게 이어지는 생명력에도 불구하고 민족문학이 90년대 이후 침체 혹은 위기 상황을 맞이한 것은 분명한 현상인데, 이를 극복하기 위한 핵심적인 과제로서 저자는 무엇보다도 '총체성' 개념을 강조하고 있다. 이처럼 총체성의 개념에 대한 분석과 그 실현방법에 대한 모색에 중점을 두고 있는 것은 민족문학의 구부적 원리가 바로 이 총체성의 구현에 달려 있다고 믿기 때문이다. 여기서 총체성은 문학을 포함한 모든 근대적 사유의 핵심으로, 구체적으로는 근대적 사유를 가능하게 해 주는 중심적인 인식원리로서 모든 사물들과 현상들의 연관관계를 인과적으로 맺어나가는 인식의 방법 혹은 전략을 의미한다. 이러한 총체성의 원리에 기반한 근대문학의 대표적 유형으로서의 리얼리즘이 '구체적 총체성'을 지향하면서도 그것의 온전한 구현에 실패했던 것은, 현상과 본질의 풍부한 매개를 간과한 채 그 직접적 연관만을 강조함으로써 현실의 단순화와 도식화에 빠져버린 계급 및 토대 환원론이나, '설정된 목적으로의 필연적인 이행'을 강조하는 목적론적 역사관을 근거로 삼는 속류 계몽주의나 속류 마르크스주의에 빠졌기 때문으로 분석되고 있다. 앞서 언급했던 '비자본주의적'이라는 개념의 추상성과 함께 지적되어야 할 것은 바로 이 지점에서 '민족문학'의 개념이 지나치게 확장되어 있다는 점이다. 여기서 민족문학은 '근대성의 실현을 위한 문학 이념'으로 제시된다. 그리고 근대적 사유를 가능하게 해 주는 중심적인 인식원리로서 총체성이 강조되고 있다. 하지만 저자의 말처럼 총체성은 민족문학의 근본적 원리이긴 하나 인식의 방법 혹은 전략일 뿐 구현해야 할 이념의 결정체일 수는 없을 것이다. 물론 매 시대마다 그 시대의 한계를 극복하기 위한 구체적 실천의 문학적 표현을 민족문학이 수용해야 하는 것은 당연한 일이겠지만, 저자가 강조하고 있는 '총체성'이 그러한 시대적 성과들과 함께 현재의 위기까지도 극복할 수 있는 이념적 대안으로서의 역할을 할 수 있을 것인가 하는 질문 앞에서는 쉽게 수긍하기 어렵다. '총체성의 실현이라는 목표를 보면서도 그 목표에 이르는 길을 찾지 못하고 있는 딜레마'에 처해 있다는 저자의 생각 역시 민족문학이나 총체성에 대한 '고전적인' 강조만으로는 부족하다는 것을 보여 주는 것이 아닐지 모르겠다.

일관된 문제의식을 드러내는 저자의 이론적 작업을 지탱시키고 있는 것은 앞에서도 보았듯이 '비자본주의적 근대를 향한 민족적 길'을 꿈꾸는 민족문학의 탈식민주의적 기획이 유효하다는 확신이다. 이러한 믿음이 단지 믿음으로 그치지 않고 구체적 성과를 거두게 되고, 또한 저자가 목표를 삼고 있는 것처럼 성, 일상, 욕망, 환경 등 한국 사회가 후기 자본주의 국면으로 들어서면서 새로이 제기되고 있는 사회적 쟁점들까지 민족문학(론)이 포괄하는 것은 우리 모두의 몫이 되어야 할 것이다. 그리고 이 때 민족문학(론)은 어떤 고정된 실체를 가리키기보다는 특정한 역사적 상황에서 자본주의적 모순의 극복을 지향하는 가장 생산적인 개념의 문학개념으로 설정되어야 할 것이다.

—『민족문학사연구』 17, 2000

확인된 문제, 문제의 확인

김석봉 | 서울대학교 강사

한기형, 『한국 근대소설사의 시각』, 1999

1.

전체 3부로 이루어진 한기형의 저서 『한국 근대소설사의 시각』은 실상 새로운 주장을 펼치거나 사실을 입증하는 내용으로 구성된 책은 아니다. 이 책에 수록된 10편의 논문들은 단행본 출판 이전에 이미 발표되었던 논문들이며 한국의 개화기 문학에 관심이 있고 이를 연구하는 사람이라면 어떤 방식으로든지 구해 읽었을 논문들이기에 단행본 저서가 주는 새로움은 없다고 말할 수 있다. 하지만 이러한 발언이 이 책에 실린 논문의 가치를 폄하하는 것이 아님은 물론이다. 단지, 저자 한기형의 새로 나온 책을 보고 그 속에 뭔가 새로운 견해가 숨어 있을 것이라 생각했던 한 독자의 기대가 충족되지 못했던 사실에 대한 아쉬움일 따름이다.

그러나, 수록된 논문을 다시 한 번 꼼꼼히 검토하는 과정에서 이전에는 미처 발견하지 못했던 저자의 문제의식을 새롭게 볼 수 있었고, 그 문제의식에 대해서 독자 나름의 평가와 판단이 필요하다는 점을 인식할 수 있게 되었다. 그리고 그러한 문제제기가 단지 독백의 차원이 아니라 개화기 서사문학 연구를 위한 생산적인 토양으로 기능할 수 있어야 할 것이라는 바람도 함께 지니게 되었다.

논의의 진행을 위한 전제에서부터 저자와 필자 사이에 미묘한 차이가 존재함을 먼저 지적하는 것이 순서일 듯하다. 즉, 구체적이고 개별적인 작품이 생산·유통되던 해당 시기를 지칭하는 용어 사용에서의 차이이다. 저자는 이 책을 통하여 1876년 조선 사회의 개항부터 1910년 이전까지를 통칭 '근대 초기'라는 용어로 지칭하고 있다. 사실, 국문학계에서 이 시기를 지칭하는 용어가 단일한 것으로 통일된 적은 없는 것으로 판단된다. 임화가 '과도기'라는 용어를 사용한 이래[1] 연구자에 따라서 각기 다른 방식으로 이 시기를 지칭함을 선행 연구를 통해 확인할 수 있다. 최원식은 1904년부터 1910년까지를 '애국 계몽 시대'로 규정하고 있으며,[2] 권영민은 같은 용어를 한기형의 '근대 초기'를 대신하여 사용하고 있다.[3]

사실, 한기형은 자신이 사용하고 있는 '근대 초기'라는 시기 지칭 용어에 대해 명확하게 설명하고 있지 않아 그 함의를 파악하기 힘든 면이 없지 않다. 다만 첫 번째로 수록된 논문인 「신소설 형성의 양식적 기반」의 각주 6)을 통해 이 용어가 1910년까지 포괄함을 드러내고 있을 뿐이다. '애국 계몽 시기'라는 용어에 비해 가치 평가적 객관성을 담지하고

1 임화, 『개설 신문학사』, 임규찬·한진일 편, 한길사, 1993, 128~129쪽.
2 최원식, 「이해조 문학 연구」, 『한국 근대 소설사론』, 창작과비평사, 1986.
3 권영민, 『한국 민족문학론 연구』, 민음사, 1988.

있는 듯한 이러한 시기 구분은 그 내포의 불분명함으로 인해 일반적으로 통용되기에는 무리가 따를 가능성이 있는 것처럼 보인다. 일반적으로 이 시기를 지칭하는 개념・용어의 포괄 범위에 및 함의에 대한 논의는 문학 연구나 문학사 서술에 국한된 문제만이 아니라 일반사 서술의 문제와도 연동되는 것으로서 일면적인 판단을 내리기에는 무리가 있어 이 글에서는 한기형이 사용하는 '근대 초기'나 권영민, 최원식 등에 의해 제기된 '애국 계몽기'라는 용어 대신 연구자들 사이에서 일반적으로 통용되는 용어인 '개화기'를 사용하기로 한다.[4] 다만 저자가 사용하고 있는 '근대 초기'라는 용어가 구체적으로 어떠한 이유에서 1910년까지를 포괄하고 있는지, 그 문학 내적인 이유가 무엇인지에 대해서는 보다 선명하게 해명할 필요가 있다는 느낌을 받게 된다.

2.

책의 제1부에는 「신소설 형성의 양식적 기반」, 「신소설의 양식적 특징」, 「신소설 작가의 현실 인식과 그 의미」 등 세 편의 논문이 수록되어 있다. 먼저 첫 번째 논문인 「신소설 형성의 양식적 기반」은 1906년 이인직의 『혈의누』가 발표되기 이전 다양한 형식을 빌어 독자에게 선을 보였던 서사물의 양식적 특징과 신소설의 상관 관계를 논하고 있는 글이다. 그는 신문을 비롯한 근대적 출판물이 등장한 1890년대 후반

4 이 글은 한기형의 저서에 대한 서평을 목적으로 서술되기에 시기 구분 및 명명과 관련된 문제는 다른 기회를 통해 상론함이 옳을 것이다.

부터 1906년까지 발표된 이러한 글쓰기 양식을 '단편 서사물'(18쪽)로 규정하고 있다.[5] 그는 이 단편 서사물의 하위에 '시사 토론체', '우의체寓意體 단편', '기사체 단편', '풍자 단편' 등 네 가지 범주를 설정하고 각각의 '성격'을 논의하고 있다.

이러한 논의 방식은, 신소설을 개화기에 등장한 서사문학 양식 중 하나로 바라보는 관점의 전환을 요구하는 것이다. 다시 말해, 이제까지 개화기 문학 연구라고 할 때 그것은 곧 신소설 연구를 의미할 만큼 개화기 서사문학에서 신소설이 절대적 위치를 차지하는 것으로 받아들여져 왔다. 하지만, 신소설이 어느 날 갑자기 돌연변이와 같이 나타난 괴물이 아니라고 할 때 그 출현을 전후하여 존재하던 다양한 형식의 서사문학에 대한 논의는, 신소설의 양식적 특성을 정밀히 논의하기 위해서는 물론이려니와 그 자체로서도 충분한 의의를 지니는 것이라고 할 수 있다.

사실, 근대적 출판물 가운데 신문에 연재된 단편 서사물을 이 저서에서 처음으로 논의하고 있는 것은 아니다. 이재선의 선구적인 논의를 필두로 하여[6] 송민호(『한국 개화기 소설의 사적 연구』, 일지사, 1975), 한원영(『한국 개화기 신문 연재 소설 연구』, 일지사, 1990) 등의 연구를 통해 신문에 연재된 서사물에 대한 실증적인 차원에서의 연구가 축적되어 있음을 알 수 있다. 문제는 이러한 신문 연재 서사물과 신소설의 양식적 관련 양상을 논의하는 것이라고 할 수 있는데, 이를 위해서는 신문에 연재된 서사물들을 어떤 위계에 따라 분류 할 것인가라는 문제, 다시 말해 개화기 서사문학 전반을 일정한 규칙에 의거해서 양식화할 수 있을 것인가 하는 문제가 선결되어야 할 것으로 판단된다.

5 저서의 쪽수이다. 이하, 저서에서의 인용은 모두 내주로 처리한다.
6 이재선, 『한국 개화기 소설 연구』, 일지사, 1972.

그런데, 저자가 제기하고 있는 단편 서사물의 네 가지 분류 방식은 기준에 있어 일관성을 상실한 것이 아닌가라는 의문을 품게 만든다. 먼저, '시사 토론체 단편'과 '기사체 단편'은 서사물이 취하고 있는 형식적 특질에 주목하여 분류한 것이다. 물론, 그 특성을 논하는 과정에서 '시사 토론체 단편'이 지닌 내용・작가 의식 수준의 분석이 중심을 이루고 있으나 '시사 토론체'라는 단편 양식의 규정은 명백히 서사물의 구성적 특징에 주목한 것이라고 할 수 있다. 또한, '기사체' 단편 역시 "누가 무엇을 어찌하였다더라"처럼 개별 서사물이 지닌 형식적 특징을 그 "형태"(21쪽)의 명칭으로 제시하고 있음을 확인할 수 있다. 한편으로 '풍자 단편'은 서사물의 내용에 주목하여 명명한 양식 명칭이며 '우의체 단편'은 내용과 형식 양자 모두를 고려한 형태 구분이라고 볼 수 있다. 즉, '단편 서사'라고 하는 하나의 양식 아래 구분되는 네 가지 형태의 '단편'들이 내용과 형식이라는 두 가지 기준의 조합에 의해서 분류되고 있다는 점을 지적하지 않을 수 없다. 이러한 분류의 방식은 '단편 서사물'이라는 하나의 '양식'을 분류하는 데에는 적절할 수도 있을지 모르나 개화기 서사문학 전반을 아우르기 위한 분류의 틀로는 부적절할 수밖에 없으며 다른 '양식'을 하위 구분하기 위해서는 또 다른 기준을 만들어 낼 수밖에 없지 않은가라는 문제를 덧붙여 제기할 수 있을 것이다.

내용과 형식에 근거한 단편 서사 양식의 하위 구분 방식은 신소설의 양식적 특징을 논하는 두 번째 논문에서도 그대로 적용되고 있음이 확인된다. 저자는 첫 번째 논문의 결론에서 개별 형태의 단편 서사물이 시사 토론체 단편은 작가의 위치와 역할을 새롭게 하는데, 우의체 단편은 근대의 정신 속에 새로운 육체를 얻을 가능성을, 기사체 단편은 사실성과 묘사를, 풍자 단편은 구심력을 지닌 명료한 문학 형식으로 전환될 가능성을 각각 제시한 것으로 정리하고 있다(49쪽).

한편으로 저자는 대중이 소설에 대해 갖는 기대와 상업적 출판・유통 구조의 요구로 인해 이러한 단편 서사물의 가능성을 수용한 채로 기존의 단편 양식과는 현격한 차이를 갖는 신소설이 출현하게 되었다고 말한다(58쪽). 그리고 이렇게 출현한 신소설은 '분량과 구성의 부조화'와 '계몽성과 리얼리티의 충돌'을 그 양식 특질로 갖는다. 이 때 '분량과 구성의 부조화'는 중・장편 분량을 감당하기 어려웠던 작가 역량의 미성숙이 가장 큰 원인으로 제시되며 두 번째의 특징으로 시적된 '계몽성과 리얼리티의 충돌' 역시 이러한 부조화를 유발하는 무시할 수 없는 요소로 기능하고 있음이 지적되고 있다(63쪽). 이렇게 볼 때 작가 역량의 미숙함이라는 변수를 소거한다면 '계몽성과 리얼리티의 충돌'이라는 서사 내용의 문제가 '분량과 구성의 부조화'라는 서사 형식적 측면의 문제를 내부에서 규정하고 있다는 판단이 가능할 것이다. 결국, 저자가 제시하는 두 가지 양식적 특징은 그 근저에서는 하나의 원인에 의해 규정되고 있는 것이다. 이 문제를 보다 적극적으로 해결하기 위해서는 미숙한 역량을 지닌 작가들에게 요구되고 있었던 당대 출판・유통의 상업적인 측면이 보다 강조되고, 논의되었어야 할 것이 아닌가하는 아쉬움이 남는다.

이러한 논의의 미진함은 제3부의 첫 번째 논문으로 실린 「1910년대 신소설에 미친 출판・유통 환경의 영향」을 통해 어느 정도 보완된다. 이 글은 1910년 일제 강점 이후 전개된 서적・출판업계의 위축 양상과 신소설 출간 사이의 문제를 실증적으로 해명하고 있다. 이를 통해 신소설이 독자 대중 사이에서 유통되던 방식과 더불어 신소설의 판권 문제가 지니고 있는 미해결의 지점들을 비교적 소상히 확인할 수 있게 된다.

그런데, 이 논문에서는 사실에 대한 설명과 저자의 기본 입장 사이에 미묘한 불일치가 발생하고 있다. 저자는 각종 자료를 통하여 1907년부터 1919년에 이르는 기간 동안 출간된 신소설의 목록을 작성하고 그 특징을 다음과 같이 제시하고 있다. "둘째, 1907년부터 1910년 사이에 출간된 신소설의 수에 비해 1911년 이후 출간된 작품의 양이 압도적으로 많다는 점이다. (…중략…) 1910년까지 발간된 작품의 수가 19편임에 반하여 그 이후 작품이 111편에 이르고 있다. **특히 1912년에서 1914년까지 83편이 나왔으니 신소설 간행의 전성기는 바로 이 3년간이라 할 수 있겠다.**"(224쪽. 강조는 인용자) 『혈의누』가 출간된 1907년부터 1910년까지의 4년과 이후의 9년을 비교 대상으로 설정하여 작품 수의 다소多少를 따지는 것이 약간은 어색하고 과도한 비교 방식이라고 점을 제외한다면 1912년부터 3년간 발표된 작품의 수가 83편으로 조사 기간 전체의 약 64%를 점유한다는 사실을, 그리고 저자 스스로 이 기간을 신소설의 전성기로 규정하고 있음을 확인할 수 있다.

이후 이 논문은 일제가 취한 각종의 정책들이 서적 업계에 미친 영향을 분석하고 1910년대 업계의 위축 양상을 설명하고 있다. 그리고 '예술의 형식'으로서가 아니라 '경영의 도구'로 소설을 바라본(241쪽) 당시 서적상들에 의해 소설의 질적 하락이 외적으로 준비되고 있었다는 지적이 이어진다. 이러한 양상은 신소설의 저작권 문제를 논의하는 지점에서 더욱 분명하게 확인된다. 자신들의 정신적인 노동이 값싸게 매매 되는 상황에서 작가들의 정신적인 고통을 따져볼 수 있는 이 문제가 결과적으로 작가의 문학적 창조성을 위축시키고 자기 작품에 대한 예술적 책임으로부터 멀어지도록 하는 요인이 되었다는 지적(250쪽)이 바로 그 대목이다.

그런데 저자는 "그렇다면 1910년대 신소설의 위축된 모습은 어쩌면 근대 초기 소설사가 필연적으로 거칠 수밖에 없는 하나의 현상”(251쪽)이라고 결론 짓고 있다. 이 지점에 오면 독자는 혼란스러워진다. 1914년까지, 다시 말해 1910년대 중반까지 신소설은 왕성하게 출간된다. 그리고 1914년 현상윤의 「슬픈모순」이 발표되는 등 신소설 작가들과는 다른 성장·지적 배경을 지닌 이른바 ‘신지식층’ 작가들이 출현하는 모습을 또한 확인할 수 있다.[7] 즉, 1910년대 후반에 접어들면서 신소설은 자신의 임무를 다하고 이후의 근대문학을 예비하기 위한 새로운 작가·독자군과 임무를 맞교대 하는 상황에 놓여 있는 것이다. 고쳐 말하자면 1910년대, 그 중 특히 전반기는 신소설이 식민지 조선의 문단을 주도하는 상황에 놓여 있었다고 볼 수 있는 것이다. 저자 역시 이 부분을 스스로 강조하고 있었다.

우회하지 말자. 지금 필자는 소설사를 바라보는 저자의 관점에 대해서 문제를 제기하고 있는 것이다. 스스로 시도한 실증적인 작업의 결과마저 부정하면서 1910년대를 ‘신소설 위축 시기’로 결론 짓고 있는 저자는, 1910년을 계기로 신소설이 타락의 길로 접어들었다는 문학사의 통념을 그대로 승인하고 있는 것은 아닐까? 앞서 살펴본 「신소설 형성의 양식적 기반」의 결론 부분, 반봉건성을 이인직 현실 인식의 기본 준거틀로 설정하고 이해조의 그것을 현실에 대한 주체적인 이해 즉 주체규정의 철학(101쪽)에서 찾으려고 한 「신소설 작가의 현실 인식과 그 의미」, 1910년대 발표된 신소설 가운데 예외적인 것으로 상정하고 논의를 전개하는 「황금탑 연구」(2부 첫 번째 논문) 등에서 저자는 암시적 혹은 명시적으로 1910년 국권 상실을 계기로 신소설이 타락의 길로 접어들었음을 지적하고 있는 것으로도 읽힌다. 따라서 1910년대 출판·유통

7 김복순, 「1910년대 단편 소설 연구—신지식층의 소설을 중심으로」, 연세대 박사논문, 1990.

의 문제 역시 일제의 강압에 의해 서적계의 질서가 왜곡되면서 신소설의 타락을 더욱 부채질했다는 선험적 전제 아래 서술되고 있는 것은 아닐까?

사실, 1910년을 계기로 신소설이 이른바 '타락'의 길로 접어들어 병리적인 상황에 처하게 되었다는 주장은 이제는 너무나 당연한 문학사적 사실로 승인되고 있다. 즉, '일제에 의해 폭력적으로 진행된 조선의 식민지화'라는 역사적 사실이 최종 심급에서 모든 것을 규정하고 있는 셈이다. 이러한 입장은 저자만의 것이 아니다. 근래 발간된 한 연구서 역시 이와 동일한 입장을 드러내고 있다.

> 이 같은 검열 제도는 일본에 대해 비판적인 서사 담론의 정치성을 원천적으로 봉쇄하는 것으로서 식민지 시대에 들어서면서부터는 철저하게 시행되었던 것이다. 그러므로 한국문학사에서 전기 양식의 서사적 전통이 식민지 시대부터 더 이상 유지되지 못한다. 그리고 서사 담론의 질서 자체가 통속적인 신소설 중심으로 재편되는 왜곡 상태를 드러내게 된다.[8]

1910년을 계기로 신소설이 타락하여 병리적인 상태에 처했음을 인정하는 이들 논의에서 그렇다면 1910년 이전의 신소설이 지니는 나름의 건강성은 무엇으로 제시되어 있는가? 한 마디로 그것은 '계몽성'이라고 말할 수 있다. 「신소설 작가의 현실 인식」에서 저자가 논하고 있는 것처럼 그 계몽성은 작가에 따라 '반(反)봉건성'으로 드러날 수도 있으며 이른바 '시정성(市井性)'으로 드러날 수도 있다.

하지만 문제는 그러한 계몽성이 과연 서사 내적인 것인가라는 점이

8 권영민, 『서사 양식과 담론의 근대성』, 서울대출판부, 1999, 184쪽.

다. 저자 스스로 신소설의 특징으로 지적하는 것처럼 그러한 계몽성이 과도하게 서사에 개입함으로써 서사 형식의 측면에서 신소설은 발생 초기부터 무엇인가 불안정한 양상을 보여 주고 있다. 한편으로, 그 '계몽성' 조차도 실상은 외부의 시선에 자신을 과도하게 일치시킴으로써만 획득될 수 있는 것이었다는 점을 고려한다면[9] 과연 '계몽성'이라는 잣대가 1910년 이전 신소설의 '정상성'을 보장해주는 지표로 기능할 수 있는가는 논의의 여지로 남는다고 하겠다. 또한 이러한 이념 중심의 문학사 서술은 개별 작품의 전개 양상과 미적 자질을 은폐할 가능성이 농후하며[10] 이는 개화기 서사문학 연구가 이인직과 이해조를 중심으로 한 몇몇 작가의 소수 작품 위주로 전개되는 상황과도 무관치 않은 것으로 판단된다.

이러한 입장에 서게 된다면 '근대 초기' 한국의 문학사는 '『혈의누』→『무정』→경향 문학'으로 이어지는 단선적인 계보를 상정할 수밖에 없으며 1910년대(초반)에 왕성하게 창작·향유되었던 신소설은 제대로 된 자리매김 없이, '타락한 것'으로 치부될 수밖에 없고 결과적으로 1910년대의 문학사는 몇몇의 작품을 제외한다면 진공과도 같은 상태로 1917년의 『무정』을 기다리는 상황이 벌어지는 것이다. 1900년대에 등장한 단편 서사물을 통해 신소설이 출현하게되는 예비적 과정을 고구하려했던 저자의 노력은 1910년을 일종의 분기점으로 사고하는 학계의 통념을 암묵적으로 승인함으로써 오히려 1910년대를 진공 상태로 만들고 있는 것은 아닐까?

9 졸고, 「『혈의누』에 나타난 근대화 담론의 발현 양상 연구」, 『한국학보』 94, 1999년 봄호.

10 손정수, 「1910년대 문학에 나타난 계몽성의 변모 양상 고찰」, 『한국문학과 계몽 담론』, 문학사와비평연구회편, 새미, 1999.

3.

개인적으로 저자의 미덕이 빛을 발하는 부분은 제2부의 두 번째 논문인 「한문 단편의 서사 전통과 신소설」이라고 생각한다. 앞서 언급한 대로 저자는 신소설의 양식적 기반으로서 '단편 서사물'의 존재에 주목했고 그 특징들을 정리한 바 있다. 저자는 한 걸음 더 나아가 조선조 후기부터 계승되어 온 한문 단편의 전통이 신소설의 창작과 어떤 관련을 지니고 있는가를 구체적인 작품을 통하여 논의하고 있다. 물론 논의의 대상이 되는 두 한문 단편이 1910년에 『황성신문』에 연재되었다는 사실을 감안하여 조선조 한문 단편의 전통과 신소설 사이의 영향 관계를 곧 바로 등치시킬 수는 없다손 치더라도 저자의 표현대로 신소설이 보여 주고 있는 '전통의 창조적 계승'(158쪽)이라는 측면에 주목한다면 이와 같은 논의는 충분한 의의를 획득할 수 있을 것이라고 생각한다.

신소설은 그것이 지닌 '새로움'과 함께 고전 소설적인 요소를 함께 지니고 있다는 사실은 선행 연구자들에 의해서 일반적으로 승인되고 있는 사실이다. 하지만, 신소설에 포함되어 있는 고전 서사문학의 전통이 무엇인지, 그것은 신소설이 표나게 내세우는 '새로움'이라는 것과 어떤 관련이 있는지에 대해서 심도 있는 논의가 이루어진 적은 없는 것 같다. 다만, 연구자의 시각에 따라 문학사의 연속성이라는 관점에서 신소설이 지닌 전대 소설의 일부 요소를 과도하게 일반화시키거나,[11] 개화기 당대 일본과의 영향 관계에 주목하여 신소설이 지닌 새로

11 이러한 입장을 확인할 수 있는 대표적인 논저로 조동일의 『신소설의 문학사적 성격』(서울대 출판부, 1973)을 들 수 있다. 그리고 이러한 조동일의 입장이 지닌 문제에 대해서는 이재환, 「신소설의 서사 구조와 장르적 특성 연구」, 서울대 석사논문, 1988, 6~10쪽 참조.

움을 지적하고 그것이 이미 존재하는 어떤 모델에 합치되는가의 여부에 천착하는 입장이 있다.[12]

이제까지의 신소설 연구는 대체로 이 두 태도의 자장 안에서 이루어진 것이라고 볼 수 있는데, 때문에 신소설에 구소설·전대 소설적인 요소가 있다는 사실을 승인하더라도 그 요소가 과연 어느 정도까지 신소설의 서사 구성에 영향을 미치고 있는지가 미세한 부분에 이르기까지 분석된 성과를 쉽게 찾기 어려운 상황이다. 반면에 신소설이 지닌 새로운(근대적) 요소에 주목한 연구의 경우 『무정』으로부터 비롯한다고 승인된 근대 소설적 요소를 기준으로 신소설에 나타난 섬소한 징후와 연구자의 고정된 입장에 근거하여 텍스트를 선규정하는 태도를 종종 발견할 수 있다.

한기형이 「한문 단편의 서사 전통과 신소설」에서 보여 주는 작품 접근 방식은 이러한 기존 논의 방식을 지양할 수 있는 가능성을 제공한다. 저자는 비교의 대상인 「소시종투신향」과 「박정화」 두 작품을 어떤 선험적 전제도 없이 냉정하게 대조 분석하고 있으며 특히 각각의 작품에 나타난 화소話素가 개별 작품에서 어떻게 변주되고 있으며 어떤 유사성과 상이점이 존재하는지를 따져 묻고 있는 것으로 보인다. 그 결과 독자의 입장에서는 저자가 주장하는 바 "우리 소설사가 여러 우여곡절 속에서도 전시대 서사문학 속에 내재한 긍정적 계기들을 지반으로 부단히 새 지평을 열어"(190쪽) 왔다는 점을 승인하지 않을 수 없도록 강제하는 긍정적인 성과를 거두고 있다. 앞서 살펴 본 「신소설 형성의 양식적 기반」에서도 저자의 이러한 태도를 뚜렷이 찾아 볼 수 있는 바, 선험적 명제에 근거하지 않고 각각의 작품에서 확인할 수 있는 요

12 문학사를 서술하는 논의에 빠짐없이 등장하는 「정치 소설 결여 형태로서의 신소설」이라는 김윤식의 소론이 이의 가장 적절한 예일 것이다.

소간의 유사성과 영향 관계에 주목하여 논의를 전개하는 저자의 이러한 연구 방법은 이후의 신소설 연구가 지향 할 수 있는 하나의 가능성을 시사한다고 할 수 있다.

4.

개화기 서사문학에 대한 연구사를 검토할 때 실증적 연구, 비교 문학적 연구, 문예 사회학적 연구, 서사 미학적 연구, 개별 작가·작품론 등 몇 가지 연구의 경향을 발견할 수 있다. 그런데, 이러한 제 경향의 연구 태도는 개화기를 '과도기'로 간주하고 있다는 판단을 부정할 수 없다. 즉 개화기의 서사문학은 이전 시기의 문학적 전통에서 단절되었음은 물론, 1920년대 이후 본격화하기 시작한 근대문학적인 기준에 미달하는 그리하여 끊임없이 그것을 지향하려하는, 하기에 무엇인가 완성된 형식을 향해 나아가야만 하는 어떤 것으로서 연구자들에게 인식되고 있다.

하지만 개화기가 '과도기'로서만 인식될 수 있는 시기일까? 개화기 역시 그 시기만의 특징적인 역사 철학적인 당면 과제가 존재했고 그 시기에 존재했던 정치 사회 문예적인 활동 역시 당대가 요구하고 있었던 이러한 과제들을 나름의 방식으로 해결하기 위한 개별적인 활동 양상으로 파악할 수는 없는 것일까?

필자는 이 저서를 접하기 전에 저자 한기형의 학위논문 「신소설의 근대문학적 위상」(성균관대 박사논문, 1997)을 정독할 기회가 있었다. 이 논문의 여러 지점에서 저자는 개화기가 지닌, 신소설이 담보하고 있는 개별 자질이 전후 맥락 가운데서 어떤 위상을 지니고 있는지를 지속적으로 논의하고 있다. 그리고 그러한 요소들이 어떤 방식으로 신소설이라고 하는 하나의 서사 양식이 지닌 특징을 규정하고 있는지를 논의했다. 필자는 그러한 한기형의 논의 방식이 답보 상태에 머물러 있던 개화기 서사문학 연구의 어느 지점을 돌파할 가능성을 보여 주는 것이라고 판단했다. 그리고 이 저서를 통해 저자가 그러한 자신의 문제의식을 어떻게 확대하고 있는지 검토하고 위에서 제기한 극히 상식적인 문제를 해결하기 위한 단초를 찾고 싶었다. 그런 면에서 이 저서는, 저자 스스로 서문에서 밝힌 것처럼, 한국 소설사를 하나의 체계로 파악하고자 하는 연구자들에게 회피할 수 없는 문제를 다시 한 번 확인 시켜주고 있다는 독서가 가능할 것이다.

—『민족문학사연구』 15, 1999

섬세한 실증과 올곧은 해석

한수영 | 연세대학교 국어국문학과 교수

김영민, 『한국현대문학비평사』, 2000

김영민 교수의 『한국현대문학비평사』(이하 『현대비평사』로 줄임)는 그의 또 하나의 노작인 『한국 근대문학비평사』(소명출판, 1999)와 더불어 우리 근대비평의 역사적 전개 과정을 총체적으로 정리・평가한 학문적 성과이다. 개별 장르사인 시사詩史와 소설사小說史에 해당하는 문학사 작업은 여러 편이 있었고, 또 일정한 시기의 비평을 역사적으로 정리한 작업은 더러 있어 왔지만 근현대 비평 전체의 역사적 전개 과정을 단독으로 정리한 비평사는 이것이 처음이 아닌가 한다. 학문 활동의 의미와 가치를 평가할 때, 그 학문적 성과의 '새로움'이 다른 어떤 것보다 중요한 기준임을 생각하면, 김영민 교수의 근현대 문학을 다룬 비평사 작업은 우선 그런 측면에서의 의미와 가치를 인정하지 않을 수 없다.

앞서 펴낸 『근대비평사』가 비평의 역사적 전개라는 '시간성'을 염두에 두면서도, 주로 '논쟁'을 중심으로 하여 정리해 나간 것에 비해,

『현대비평사』는 해방 이후부터 1980년대까지 4, 50년 동안의 비평 문학을 '주제' 중심으로 정리해 나간 점이 눈에 띈다. 물론 『현대비평사』에서도 논쟁이 전혀 다루어지지 않는 것은 아니다. 예컨대 해방 직후의 좌우익 문학논쟁이라든지, 1960년대의 순수·참여문학 논쟁, 그리고 70~80년대의 민족문학과 리얼리즘을 둘러싼 일련의 논쟁이 거의 빠짐없이 정리되고 있다. 그러나, 역시 각 시기의 비평문학에서 가장 핵심적이고 중요하다고 저자가 판단한 주제 내지는 비평사적 범주를 중심으로 하여 서술이 이루어지고 있다.

서술과 편제에서 가장 특징적인 점은 저자가 『현대비평사』의 서술 원칙을 가치판단이니 '선택 또는 배세의 원칙'을 강고하게 관철시키려는 쪽에 두고 있는 것이 아니라, 비평문학의 역사적 전개 과정 자체를 객관적이고 온당하게 재구성하려는 쪽에 두고 있다는 점이다. 그래서, 저자가 서문에서도 밝히고 있는 것처럼, 따로 비평문을 읽지 않더라도 이 책의 내용을 읽어 나가노라면 각 해당 시기의 중요한 비평문과 논쟁 등의 전체적인 내용과 줄거리를 파악할 수 있도록 구성되어 있다. 이것은 저자가 평소에 견지하고 있는 바, 자료 자체의 가치에 대한 존중과 '섣부른 가치판단보다는 꼼꼼한 실증주의가 오히려 낫다'는 믿음에 근거하고 있다.

또 하나 이 책의 내용에서 주목할 점은, 목차를 일별하는 것만으로도 일차 확인할 수 있듯이, 저자가 가장 비중을 두고 재구성해 나가고 있는 비평사적 주제는 바로 '민족문학론'이라는 사실이다. 저자는 해방직후부터 1980년대에 이르기까지 궁극적으로 우리 현대비평사의 궤적이 '민족문학론'을 어떻게 이론적으로 형성하고 체계를 세울 것인가에 초점을 맞추어 전개되어 나간 것으로 인식하고 있는 것처럼 보인다. 따라서 비평사의 여러 주변적인 논의들이 모두 여기에 흡수되거나, 여기에서 파생되어 나간 것이라는 입장을 유지하고 있다. 실제로, 해방직후부터 줄곧 우리 비평계는 한시도 '민족문학'이라는 이념과 '민족문학론'이라는 이론체계를 떠나서는 존재근거를 확인하기가 어려워 보일 정도로 이 문제에 대해 커다란 비중을 두어 왔었던 점을 생각하면 저자의 이러한 접근 시각은 기존의 비평사적 시각이 지닌 파편적이고 지엽말단적인 한계를 획기적으로 일신하는 의의를 지니는 것이다. 가까이는 1970~80년대가 곧 '민족문학론'의 시대였던 점에서 그러하거니와, 1950~60년대도 '민족문학론'의 위상은 만만치가 않았던 것이 사실이다. 그러나 7, 80년대는 모르되, 5, 60년대를 이러한 시각에서 재구성한다는 것은 실상 기존 비평사의 관점과 적잖이 배치되는 것이다. 이를테면 서평자가 논문을 쓰던 당시만 해도 '50년대에도 '민족문학론'이란 것이 있었는가?'라는 반응이 대부분이었고, 60년대 비평을 '민족문학론'적 시각으로 접근하는 것은 더더구나 용이한 일이 아니다.

그 점에서, 기존의 비평사적 시각과 안목은 그것대로 수용하면서, 다른 한편으로는 기존 논의에서 조명을 받지 못했던 자료와 접근법을 동원해 저자 나름의 새로운 비평사를 재구성하고 있음은 눈여겨 보아야 할 중요한 특징이다. 그런 예 가운데 하나가 50년대 항목일 것이다. 저자는 '최일수'를 50년대 비평사에서 매우 중요한 비평가로 자리매김하고 있는데, 이것은 당시의 자료를 실제로 검토하지 않고서는 불가능한 실증적 결과이며, 동시에 저자가 견지하고자 하는 접근법과 비평사적 시각이 아니고서는 확보하기 어려운 결과라고 생각된다.

『근대비평사』를 통해 해방 전 비평을 한 차례 정리한 저자의 경험이 유감없이 발휘되는 부분은, 각 시기의 비평 주제나 논쟁들을 다룰 때, 그러한 주제의 비평사적 연원과 맥락을 명쾌하게 제시하는 대목이다.

특히 분단 이후 우리 비평계에는, 해방 전부터 활동했던 대부분의 비평가들이 월북해 버렸고, 남한에는 기껏 백철을 포함해 소수의 비평가들이 있었을 뿐, 대다수가 전후에 등장한 새로운 세대들이 비평활동의 중심을 이루고 있었다. 따라서 해방 이전의 문학사(혹은 비평사)적 전통과 유산에 대해 모르거나 스스로 단절의식을 지니고 있었던 탓에 이론적인 오류와 역사적인 몰이해를 드러내는 부분이 적잖이 나타나게 되었다. 바로 그러한 지점에서 저자는 해당 주제나 쟁점의 비평사적 연원을 해방 이전과 이후, 또는 분단 이전과 이후를 넘나들면서 친절하게 설명하고 보완해 준다. 예컨대 전통논의가 그러하고, 순수문학의 비평사적 연원을 설명하는 대목이 그러하고, 사회주의 리얼리즘에 대한 6, 70년대 평단의 편견과 오해를 수정하는 부분이 그러하다.

전체적으로 이 책은 매우 친절하고 꼼꼼하며 겸손하다. 처음부터 끝까지 일관하여 자료를 거의 원형에 가깝도록 재구성하는 번거로운 작업을 마다하지 않는다는 점에서 그러하며, 날짜 하나, 판본 하나에도 잘못을 저지르지 않으려는 신중함이 그러하며, 저자 자신의 목소리를 크게 내세우는 대신 자료가 스스로 말하도록 유도한다는 점에서 그러하다.

그러나, 한편으로는 이 책의 그러한 특장特長이 경우에 따라서는 이 책의 부족함의 원인이 되기도 한다. 그 중의 하나가 비평을 둘러싼 역사적 조건이나 환경에 대한 풍부한 서술이 부족하다는 사실이다. 나는 비평사가 종국에는 하나의 '지성사知性史'로서의 역할을 감당해야 한다고 믿는다. 예컨대, '비평사'는 다른 장르사와는 달리(즉, 그것은 형상을 기초로 한 예술과는 또 다른 것이며, 실상 곧바로 과학과 연결되는 것이기에), 한 시대의 인문학적 지성의 최고수준을 보여 주는 것이며, 따라서 특정한 주제나 쟁점이 부각될 때에는, 그러한 비평사적 현상이 나타날 수밖에 없는 역사적 맥락과 징후를 일반 지성사와 연결지어 가능한 한 풍부하게 제시해 줄 수 있어야 한다고 생각한다. 예를 들면, 4·19 이후의 '순수참여논쟁'과 같은 경우, 이러한 논쟁이 비평사의 중요한 주제로 등장할 수밖에 없었던 전후의 역사적 맥락을 문학이나 비평의 영역 안에서만 구하지 말고, 좀 더 넓은 지성사적 안목으로 접근해 들어갈 수 있었으면 좋았을 것이라는 말이다. 사회사적 흐름과 사상사의 흐름이 비평사의 전개 과정과 어떤 영향 관계 및 인과 관계를 형성하는가를 보여 줄 수 있었다면 이 책의 내용은 한결 풍부해질 수 있었을 것이다. 그런 의미에서 『현대비평사』는 시기 구분이나 비평 주제의 변화를 낳게 만든 역사적 계기를 지나치게 문학의 자가생식적 기반 위에서 서술하고 있다는 아쉬움을 남긴다.

다른 아쉬움의 하나는, 자료의 재구성과 논의 맥락에 쏟는 노력에 비하면 자료의 가치판단에 기울이는 노력은 너무 적다는 사실이다. 물론, 이것은 섣부른 가치판단보다 자료 자체의 배열과 해석에 치중하려는 서술 원칙으로 이해할 수도 있는 문제이지만, 논쟁이나 민감한 주제를 다루는 부분에서도 저자는 개입하기를 주저하고 가치판단을 계속 보류하면서 논의의 맥락을 추적하고 재구성하는 일에만 집중하고 있는 까닭에, 비평사를 구성하고 있는 저자의 '사관史觀'을 명료하게 읽어내기가 어렵다. '역사'와 '사실史實의 집합'은 엄연히 다른 것이 아니겠는가? 어떤 면에서는 『현대비평사』가 '사실史實'에 대한 가치판단보다는 '사실史實' 자체를 보여 주는 것에 작업의 궁극적 목표를 두고 있는 것이 아닌가 하는 생각이 들 만큼, 논쟁을 평가하고 그 성과와 한계를 금긋는 데 소극적인 점이 아쉽다.

최근 저자는 『한국 근대소설사』를 비롯하여 수 년 사이에 굵직굵직한 학문적 성과를 엮어내기에 여념이 없다. 『근대소설사』를 비롯하여

『근대비평사』와 『현대비평사』가 모두 4, 5년 사이에 나온 결실들이다. 그러나, 이런 업적들은 잘 찾아지지도 않는 자료를 찾아서 무던히도 발품을 팔고, 잘 뵈지도 않는 활자더미 속에 묻혀 세속의 즐거움들을 반납해야 하는 고충을 감내하지 않으면 어림없는 일들이다. 위에서 나는 '사실에 대한 가치판단'을 문제삼았지만, 실상 '사실史實'로서의 자료와 씨름하는 일은 그 자체로 이미 고단한 작업이 아닐 수 없다. 그런 의미에서 가치판단 운운은 일종의 '군말'이 될 수밖에 없다. 저자의 『근대소설사』를 읽을 때의 일인데, 많은 시간과 발품을 들여서 밝혀냈으리라고 짐작되는 사실 하나를 단 한 줄의 각주로 처리한 대목을 여러 군데서 발견할 수 있었다. 단 한 줄의 각주였지만, 실상은 수십 쪽의 본문을 쓰고도 남을 만큼의 시간과 노력을 기울여야만 확인할 수 있는 사실들이었다. 그러한 실증주의의 견고함이 여전히 『현대비평사』를 떠받치고 있다. 『현대비평사』를 통해 비로소 우리는 한국 현대비평의 역사적 전개 과정을 일목요연하게 조감할 수 있는 기회를 얻게 되었다.

—『현대문학의 연구』 14, 2000

제2부

동 아 시 아 를 바 라 보 다

일본근대사 100년에 관한 성찰 『조용한 혁명 - 메이지유신과 일본의 건국』

김태현 | 『한국경제신문』 기자

성희엽, 『조용한 혁명－메이지유신과 일본의 건국』, 2016

국내 저자가 메이지유신과 근대 일본의 건국 과정을 중심으로 일본 근대사를 체계적으로 분석한 책이 처음 나왔다.

소명출판에서 나온 『조용한 혁명－메이지유신과 일본의 건국』이 그것이다. 저자는 국제지역학 박사인 성희엽 씨. 서울대 화학과를 졸업하고 동북아국제대학원을 거쳐 부경대 대학원에서 일본 근대사 연구로 박사학위를 받았다. 부산시청 기획재정부에서 근무하고, 동서대 대학원 일본지역 연구과에서 초빙교수로 강의하기도 했다.

일본뿐만 아니라 중국, 미국, 러시아 등 한반도를 둘러싼 4개 강대국의 근대사에 관해 국내 학자가 저술한 체계적인 역사책이 거의 없는 역설적인 상황에서 이 책의 출간은 매우 의미 있는 시도라고 볼만 하다.

이 책을 펼쳐보면 우선 방대한 분량의 사진자료가 눈에 띈다. 저자는 한 국가의 근대 역사를 이해하기 위해서는 그 나라의 역사지리에 관한 이해가 필수적이라고 생각했다. 메이지유신을 주도한 주요 지역(번)의 역사와 지리를 이해하기 위해 가고시마에서 센다이까지 25개

도시를 직접 탐방하고, 독자들의 이해를 돕기 위해 방대한 분량의 사진을 촬영해 실어 놓았다.

부록으로 일본근대사의 주요 연표와 도쿠가와 막부가 서양 국가들의 동향과 아편전쟁의 상황에 관한 일종의 정보보고서인 풍설서風說書, 이 책이 대상으로 하고 있는 시기의 일본역사영화, 역사드라마에 자료도 수록했다.

이 책은 1700년대 후반부터 근대국가체제가 성립되고 서양 국가들과 체결했던 불평등조약이 완전히 개정되는 1900년대 초까지의 시기를 대상으로 했다. 제1부 유신과 건국의 기원, 제2부 유신혁명, 제3부 건국으로 구성되어 있으며, 모두 800쪽에 이르는 방대한 분량이다.

제1부에서는 사상적인 측면에서 메이지유신으로 이어지는 3가지의 정신적 기원에 관해 설명하고 있다. 뒷날 황국사관의 정신적 토대가 되는 국학, 서구문명을 도입 발전시키는 양학, 오늘날 일본적 공공질서의 토대가 되는 고학 등이다. 국학國學은 1700년대 말 모토오리 노리나가가 체계화하고 그의 제자 히라타 아쓰타네에 의해 종교(신도)로 발전한다. 난학蘭學 혹은 양학洋學은 1774년 한의사였던 스기타 겐파쿠가 1734년 네덜란드에서 발간된 해부학 책을 번역한 『해체신서』의 간행을 계기로 본격적으로 발전한다. 일본의 독특한 유학儒學으로 발전하는 고학은 1700년대에 이토 진사이, 오규 소라이에 의해 체계적으로 발전한다.

저자는 이 시기에 일본에서 이처럼 다양하게 꽃피기 시작한 사상적 발전이 메이지유신에 어떻게 영향을 미쳤는지를 분석하고 있다. 국학과 유학을 설명하고 있는 제2장, 제4장은 처음 접하는 독자들에게는 좀 어려울 수 있는 내용이지만, 제3장 근대성은 일본의 서양문명 도입 과정을 쉽게 설명하고 있다.

이어 제2부는 1840년 중국에서 일어난 아편전쟁 이후 1868년 초 메이지유신까지 시기를, 주요 주제별로 서술하고 있다. 제5장 혁명전야, 제6장 유신, 제7장 유신혁명 등 세 장으로 구성됐다. 〈료마전〉, 〈언덕 위의 구름〉, 〈진仁〉, 〈아츠히메〉, 『료마가 간다』, 『대망』 등 우리나라에서도 유행했던 메이지유신과 관련된 일본 역사드라마나 역사소설을 한 번쯤 본 적이 있는 독자들에게는 매우 익숙한 내용이다. 역사책인 만큼 이 시기 혁명적 사무라이들이 펼쳐가는 드라마틱하고 다양한 사건들의 인과관계와 역사적 교훈을 체계적으로 서술하고 있다. 이 때문에 영화나 드라마에서 이해할 수 없었던 의문들을 설명해 주고 있다.

제3부에서는 군사 쿠데타를 통해 메이지정부를 수립한 뒤, 정부의 주요 인물들이 22개월간 미국과 유럽 12개국을 공식 순방하는 이와쿠라사절단에서부터 1889년 메이지 근대국가의 수립, 유신정부가 40여 년에 걸쳐 서양 5개국과 1858년 체결한 불평등조약(관세자 주권 상실, 치외법권 인정)을 완전하게 개정해 가는 과정을 설명하고 있다. 8장에서 12장까지 구성돼 있다. 건국의 구상에서 경제혁명, 군사혁명, 입헌혁명이 진행되는 과정을 체계적으로 설명하고 있다. 각 장의 1절에는 이를 주도해 나간 이와쿠라 도모미, 오쿠보 도시미치, 야마가타 아리토모, 이토 히로부미 등 주요 인물의 생애가 설명돼 있다, 기도 다카요시에 관해서는 제2부 제7장에 설명된다.

마지막 장인 제12장에는 이 책의 결론에 해당하는 부분으로 유신과 건국에 관한 성찰이다. 이 책의 분량이 방대한 만큼 독자들은 문제의식에 해당하는 시작하면서의 제1절과 결론에 해당하는 제12장을 먼저 읽어본 다음, 관심 있는 분야별로 읽는 것이 좋을 듯하다.

이 장에서는 유신과 건국을 주도해 나간 주체세력인 사무라이 혁명가(덴포(天保)기의 사무라이들 : 일본 연호 중 하나인 덴포기(1830~1844)에 태어나고 자란 청년 사무라이 혁명가)가 어떻게 형성되고, 정신적 각성을 하게 되며, 국가지도자로서 어떤 자질을 갖추게 되었는가를 설명하고 있다. 봉건체제에서 특권 계급으로 태어난 이들이 자신의 신분적 특권과 봉건질서를 해체하고 새로운 근대국가를 형성해가도록 한 정신적 원동력은 무엇이었던가를 분석하고 있다.

저자는 이를 시대정신(자주독립과 체제변혁)의 자각, 민족적 정체성(민족의식, 애국심)의 체감, 공적 사명감의 체득(천황제 중앙집권 국가의 건설) 등에서 찾고 있다. 시대정신의 자각은 1700년대 사상의 다양한 발전과 에도시대의 교육혁명이라고 불리는 교육의 보급에서, 민족의식의 각성은 대외적 위기 아래 국토순례와 에도, 나가사키, 오사카, 교토 등에서의 유학을 통해 찾고 있다. 공적 사명감의 체득은, 외세의 위협을 극복하기 위해서 다이묘와 가신이라고 하는 봉건적 주종관계에서 탈피해 천황을 중심으로 하는 중앙집권적인 국가의 건설을 새로운 사명감, 큰 충忠으로 받아들이는 것에서 형성된다.

이처럼 이 책의 제1부, 제2부, 제3부는 근대 일본의 발전과정을 사상사, 변혁운동사, 제도사 측면에서 각각 분석하고 있다. 하지만 세 측면이 각각 연결되면서도 독립적인 내용으로 구성됐기 때문에 전체를 순서대로 읽지 않고 관심분야에 따라 각각 따로 읽어도 무방하다.

저자는 이 책에서 무엇을 말하고 싶은 것일까? 이것은 이 책의 '시작하면서—동아시아근대사의 거울, 일본근대사'에 잘 나타나 있다. 저자는 1800년대 중반 서구열강이 동남아시아를 식민지화하고 난 뒤 동아시아로 진출할 때, 이들의 군사적·경제적 침탈에 맞서 일본만이 유일하게 국가의 독립을 유지하고, '사무라이의 사회적 자살'이라고 불릴 정도로 봉건사회체제에서 근대사회체제로의 근본적인 국가개혁에도 성공한 요인이 무엇인가라는 의문을 오랫동안 가지고 있었다. 일본근대사를 동아시아 근대사의 거울이라고 말하고 있는 것에서 알 수 있듯이, 이 책은 일본근대사 연구를 통해 이 의문에 대한 해답을 스스로 찾아보려는 과정에서 탄생한 산물이라고 할 수 있다.

1800년대 중반 동아시아 국가들이 직면했던 '자주독립과 국가개혁'이라는 두 개의 시대적 과제에 당시 세계 최고의 강대국이었던 중국도 제대로 대처하지 못했던 반면 일본은 어떻게 가능했던 것일까?

해답을 찾기 전에 저자는 우선, 일본의 근대 계몽사상가로 불리는 후쿠자와 유키치의 말을 빌려, '믿음의 세계에 거짓이 많고, 의심의 세계에 진리가 많다'는 화두를 던진다. 우리가 상식이라고 받아들이고 있고, 진리라고 믿고 있는 일본근대사와 한일관계사에도 오류가 많이 있을 수 있다는 점을 우회적으로 말하고 있는 것이다. 이러한 현상은 식민지강점에 대한 비판과 과거사문제를 중심으로만 일본근대사를 보는 좁은 시각 때문에 생기는 현상이다. 따라서 저자는 일본근대사를 이제는 서양의 침탈에 맞서 시대적 과제를 해결하면서 자립적으로 발전해가는 과정에서 볼 필요가 있다고 주장한다.

결론적으로 저자가 일본 근대사 100년을 비극적인 동아시아의 근대사를 비춰볼 수 있는 거울로 삼아 성찰함으로써 얻은 결론은 지극히 상식적인 내용이다. 제12장 마지막 문장에 나타나 있듯이, 그것은 "나라를 살리는 것도, 나라를 죽이는 것도 그 시대, 그 세대 국가지도자의 몫이다"라는 것이다. 국가지도자의 자질과 능력에 따라 국가의 운명이 바뀐다는 것이다.

우리나라는 중국, 미국, 러시아, 일본이라는 4대 강국과의 협력과 갈등 속에서 국가의 운명을 개척해가야 한다. 100년 전이나 100년 뒤나 이러한 지정학적 정치현실에서 벗어날 수 없다. 오늘 우리 정치 현실을 돌아볼 때 이러한 저자의 결론은 국가적 과제와 국민의 열망을 해결하기 위해 노력하기는커녕 자기 당파의 문제도 해결하지 못하고 이합집산을 거듭하고 있는 정치 지도자들과 우리나라의 정치현실에 많은 시사점을 줄 수 있을 것이다.

—『한국경제신문』, 2016.2.2

루쉰과 소세키를 통해 본 동양적 근대창출의 방법론

유세종 | (전) 한신대학교 중국학과 교수

히야마 히사오, 정선태 역, 『동양적 근대의 창출』, 2000

이 책은 "맑스의 표현대로라면 누군가에 의해 대변되어야만 하는, 그래서 '동양' 그 자체라기보다 '동양적인 것'이라고" 부를 수밖에 없는 동양의 현실과 그것에서 오는 '비애'감에서 논의를 출발하고 있다. 전근대를 어떻게 볼 것이며 서구 근대문화에 어떻게 대처할 것인가를 놓고 고민하였던 중국의 루쉰과 일본의 나쓰메 소세키에게는 후진국에 있어서의 근대화라는 공통의 난제가 앞에 놓여 있었고, '동양의 비애'란 바로 이 난제와 불가분의 관계에 있었던 것이다. 저자는, 소세키가 서구 근대의 홍수 속에서 동양인으로서 곤혹과 갈등을 겪은 뒤 발견하게 되는 '자기본위自己本位'는 자신의 내부에 있는 동양을 재확인한 것으로서 동양적 근대 주체 형성의 근거가 되었으며, 서구적 근대를 향해 자국의 전통을 미련 없이 버리고 의사擬似 근대, 모방 근대로 나간 일본을 비판하면서 다른 길을 갈 것을 결심한 준거이기도 하다라는 것, 이로부터 소세키는 평등이라는 기초 위에 이룩된 독립적이고 자유로운 인격의 연합이라는 이상을 꿈꾸기 시작하였다고 하였다.

반면, 루쉰은 중국의 근대화를 막는 가장 중요한 요인으로, 수천년래의 전통의 수갑과 족쇄를 보았는데, 아Q식의 기형적인 자존심(정신승리법)과, 약자의 현실을 눈감아버리는 식인食人문화의 전통, 그러한 전통에 안주하는 중국인의 마비된 정신이 그것이다. 소세키는 깨끗하게 던져버린 것(전통, 일본적인 것)에 대한 '미련'이 있었던 데 비해 루쉰은 언제까지라도 버티고 앉아 있을 것 같은 전통에 대한 증오가 있었다는 것, 그러나 양자 모두 동양과 서양에 대한 내면의 갈등과 동요, 모순, 긴장을 가지고 있었으며 이러한 긴장의 구조가 동양의 입장에서 서양을 비판하고, 서양의 입장에서 동양을 반성하는 복안적複眼的 문명비평을 가능하게 하였다는 것이다.

요지는 루쉰과 소세키가 모두 동양인으로서 서구 근대에 직면하여 나름의 '자기 근거'를 가지고 동양적 근대를 창출하고자 하였던 인물이라는 점에서, 나아가 루쉰을 거울로 하여 소세키의 근대 창출의 족적을 분석하고자 한다는 취지 하에 이 양자를 나란히 비교 설명하고자 한 것이다. 저자는 "루쉰에게 있어 근대의 실현은 혁명을 빼고는 생각하기 어려운 데 비해, 소세키에게서 볼 수 있는 근대의 지향은 혁명"의 문제보다는 근대적 삶의 일상성에 대해 천착하였고, 개인과 자아의 문제로 귀추하게 된 것을 논하였는데, 그 과정에서 '일종의 제국주의'적 낙관에 갇혀 일본의 근대 비판에 느슨해지는 소세키의 한계를 곳곳에서 논하는 엄밀성을 보이고 있다. 새 문화 창조의 거점으로서, 주어지지 않은 역사 창조의 거점으로서 '현재'와 문화 창조의 자율원리로서의 '자기 자신'이 양자에게 공통으로 동양적 근대 창출의 방법론적 의의를 지니고 있음을 정리하는 대목에서는 이 논저가 지닌 연구의 깊이를 보여 주고 있다.

그런데, 본연의 자기로 돌아가고자 하는 강한 희망과, 현재 속에서 구체적으로 작동되는 자기 본연으로의 회귀가 소세키 문학의 기재이면서 동시에 자연의 명령이라고 하면서, 인간에게 본래 구비되어 있는 내면적 자율의 원리로서의 이 '자연'에는 동양적 사유가 어려 있다고 날카롭게 분석하면서도, 초기 루쉰의 글에서 보이고 있고 그 이후에도 집요하게 요구하였던, 근대를 살아갈 수 있는 '사람을 세우는立人' 일의 시작으로서의 자기 본연의 모습을 살피는 일, 진실의 소리를 따르는 일, 자기의 소리를 발하는 일 — 내요內曜, 심성心聲, 백심白心 등 — 에 대한 언급이 결락되어 있는 부분은, 바로 이 지점이 루쉰식의 혁명이 나로부터 말미암을 것과 자기를 살피고 자기를 바꾸어내는 일이 가장 어려운 혁명이라는 것임을 그 스스로 언명하고 있다는 점에서, 개인적 각성이 없이는 루쉰이 생각한 진정한 혁명을 기대할 수 없으며, 그의 구체적인 현실운동이었던 국민성 개조 역시 그 토대를 잃게 된다는 점에서 다소 아쉬움을 갖게한다.

저자는 혁명과 관련하여, 문학가 루쉰이 신해혁명의 좌절로부터 국민의 자기개혁이라는 중임을 자임한 것과 죽은 이들에 대한(민중에 대한 것이기도 하다) 부채의식 및 속죄의식이 마음속 깊은 곳에 융합되어 루쉰 특유의 '상상력으로서의 혁명'으로 작동하고 있다고 하였다. 그런데 여기에서 저자의 논지에 수긍하면서도 무언가 미진함을 느끼게 되는 것은 거기에서 좀 더 나아가야 하지 않았는가 하는 생각에서다. 이를테면, 루쉰에게서 자유와 평화는 꿈꾸어야 할 그 무엇이지 온전한 평화와 자유는 현실에서는 언제나 부재태不存態라는 것, 세계의 근거로서 '결여'를 본 루쉰에게 있어서 혁명은 일회적이고 일의적인, 혹은 '사회과학적인 혁명'만은 아니었다라는 것, 그래서 그의 혁명은 거짓 평화를 통찰하여 해체하는 작동의 원리이면서 동시에 성급한 정견定見

과 미래상을 부정하는 논리이며 과거로부터 현재까지의 모든 것을 반성하는 원리였다는 것이 홀시되어서는 안 된다는 점이다. 루쉰의 현실적 동력은 모두 이러한 통찰에서 나온 것이기 때문이다. 그러므로 그가 구가한 구체적인 혁명은 근본과 기초의 중요성을 알아 토대를 튼실히 해야한다든가, 사실에 뿌리를 두어 상상하고 꿈을 꾸어야 한다든가, 혁명의 영향력은 느리고 더디 오는 것이어서 인내하면서 지구전으로 싸워나가야 한다든가 하는, 일상성 속에서의 지속적인 혁명이면서, 시詩의 힘과 인문학의 힘을 현실화시키는 혁명임이 이야기되어야 마땅하지 않은가 하는 것이다.

루쉰의 혁명은 자유와 진리를 위해 '하늘에 반항하고 속됨과 투쟁하는抗天爭俗' 인간의 실존적 문제다. 아무것도 해결되지 않는 세상에서 속시원히 정리되지 않는 자기를 힘겹게 끌고 가면서 '침식'과 '암흑'과 '절망'에 저항하는 것이며, 세계가 주는 고통과 "슬픔의 힘을 옮겨 새 희망의 정수박이에 들어붓는" 님을 향한 쉼 없는 한용운의 혁명이면서, 반항이 곧 창조임을 믿는 시지푸스의 혁명임을 되새김할 필요가 있는 것이다. 그것에서 아무리 서구적 근대 주체의 혐의가 짙게 보인다 하여도 루쉰에게서 온전히 무엇인가를 빌려오고자 하는 것이 있다면 그것은 생산수단과 소유, 소득과 분배 상에서의 혁명이 아닌, 새로운 혁명의 불씨를 가져오는 것이 될 것이다. 그것은 이 책의 저자가 후기에서 말한, 1970년대 혁명의 시대에 있었던 당시 일본인이 루쉰에게서 차감해 보고자 하였던 가치의 문제와 겹치면서도 달라야 하는 것이기도 하다. 아쉽게도 소세키에 대해서는 과문하여 그 세세함을 논할 힘이 없다.

몇 가지의 아쉬움에도 불구하고 이 책은, 루쉰 문학과 사상의 내밀한 정화장치로 작동하는 통절한 자기 점검과 속죄의식을 『들풀』 이면에 흐르는 죽음의 강으로 포착해 들어가고, 아Q가 혁명하지 않는 한 참된 혁명은 없다는 루쉰의 속내를 간파해내고, 루쉰 자신이 전통의 내부에 자리하여 전통을 안으로부터 무너뜨리는 일을 자임함으로써 전통의 밖을 꿈꾸었으며 그리하여 복수와 싸움으로 일생을 일관하였다고 논하고, 그것에서 루쉰의 동양적 근대 창출의 기저가 마련되었지 않겠는가고 논하는 부분에 이르면 번역 문장의 유려함과 더불어 독서하는 즐거움을 느끼게 해 준다.

—『실천문학』 64, 2001

루쉰과 소세키

동양적 근대의 두 가지 코스

이경근 | 서울대학교 시간강사

히야마 히사오, 정선태 역, 『동양적 근대의 창출』, 2000

다들 알고 있는 것처럼, 1990년대 한국에서의 근대성 논의는 '포스트모던' 논쟁에 의해 추동되었다. 매스컴과 상업주의의 위력까지 가세해서 위세를 떨치던 '포스트모던'이라는 용어가 점차 그 신선함을 잃어가고, 사람들이 기대한 만큼의 호기심을 충족시키지 못했을 무렵, '포스트post모던'의 앞에 있었을—아니, '포스트post'를 다루기 이전에, 일단은 있었다고 해명되어야 할—'모던/근대'의 실체에 대한 지적인 모색이 전개된 것이다. 그리고 그것은 자연스럽게 서구적 근대와는 다른 방식으로 근대화의 코스를 밟은 동아시아에 대한 관심으로 이어졌다.

히야마 히사오의 『동양적 근대의 창출』은 원래 『루쉰과 소세키』라는 제목으로 1976년에 처음 출판되었다. 그런데 이제야 비로소 국내에 소개되었으니, 그 25년간의 세월의 간극만을 두고 본다면, '때늦은' 감이 없지 않다고 할 것이다. 그러나 각각 중국과 일본 근대문학을 대표하는 루쉰1881~1936과 나쓰메 소세키1867~1916에 대한 작품들조차 국내에 아직 제대로 번역되지 않은 실정(놀랍지 않은가? 이 둘의 전집은 말할 것도 없고, 히야마 히사오가 이 책에서 인용하는 글 가운데서 아직 번역되지 않은 것도 부지기수다!)과 이 둘에 대한 일본, 중국 자국 내에서의 전문적 연구서의 번역이 거의 드문 정황을 고려한다면 이 책의 출간이 반드시 늦었다고 할 수만은 없다. 방법론적으로 한계에 봉착하고 있는 한국문학 연구의 새로운 전환을 위해서는 '동아시아로 시야를 확장해야 한다'는 주장들이 공허한 구호가 되지 않도록 이 분야 전공자들의 전문적인 연구가 계속 이루어져야 함은 물론이려니와, 이에 보조를 맞추어 실증적인 번역 작업이 병행되어야 한다. 따라서 『동양적 근대의 창출』의 출판은 수준 높은 연구서가 이제 하나 더 국내에 소개되었다는 점에서, 그리고 최근 동아시아 근대성론의 성과를 반영한다는 점에서 의미심장하다.

그렇다면, 히야마 히사오가 말하는 '동양적 근대'란 과연 무엇인가? 그는 서장에서 자신이 말하는 동양적 근대화란 동양이라는 독자적인 공간에서의 근대의 창출이고, 그것은 결코 동양의 서양화와 같은 것이 아니라고 주장한다. 특히, 중국사회에서 수천 년래의 수갑과 족쇄 같은 전통, 예컨대 법에 대한 경멸의식, 연고자 편들기, 공사무 차별, 체면 중시 등을 극복한 것은 '인간해방'의 과정(그리고 바로 이런 상황의 숨구을 저 유명한 '투창'과 '비수'로 뚫고 간 대표적인 인물이 루쉰이다)이라는 '니이다 무쓰'의 말을 인용하면서, 근대화의 개념을 소박하게 '인간해방의 실현'이라고 정의한다면, 중국에서의 이런 인간해방의 과정은 동양이라는 독자적 공간에서 창출된 근대의 유력한 모델이라고 가정한다. 왜냐하면 인간해방의 실현이라는 보편적 목표는 같지만, 거기에 이르는 과정은 각각의 조건에 따라 다를 것이고, 운명이나 환경에 있어 선천적으로 서양과는 아득히 다른 동양에서는 동양 나름의 과정과 해결의 방법이 있기 때문이다. 그리고 저자는 이러한 '동양적 근대'라는 가설 하에서 일본에 있어서의 '동양적 근대'를 창출하려는 노력을 나쓰메 소세키에게서 찾아내고자 한다. 중국과는 달리, 일본에서 동양적인 근대를 창출하는 데에 있어서의 걸림돌은 일본인들의 지나치게 기민한 '서구 모방 습속'이었다. 그들은 너무 쉽게 민족의 전통을 송두리째 부정했다. 이 책의 저자가 소세키를 '동양적 근대'와 연관해서 주목하는 이유는 '그가 압도적인 모방문화에 눈멀지 않았던 극소수 문학자 중의 하나이고, 일본에서 자신의 문학을 빌어 독자적인 근대를 창출하려 애쓴 거의 유일한 작가'였기 때문이다.

히야마 히사오는 이 책에서 소세키가 어떤 지점에서 근대를 넘어서고자 했는지를 짚어내고 있다. 어찌 보면, 소세키의 문학이 당시 근대문학으로 알려진 자연주의자들의 문학과 유사하게, '시대에 대한 소외감'을 그려냈다고 볼 수 있는 부분이 있지만, 그럼에도 소세키가 자연주의자들을 넘어설 수 있던 것은 바로 그의 소설이 그러한 상황 속에서 '자기극복의 길'을 보여 주기 때문이라고 생각한다. 특히 흥미로운 부분은 소세키가 생각한 근대의 모습이 어떤 식으로 변모해 가는지를 『그후』와 『문』의 주인공의 성격 대비를 통해 분석하는 대목이다. 히야마 히사오에 따르면, 『그후』에서의 다이스케의 사랑이, 아직 '진실한 사랑만이 모든 것을 해결한다'라는 근대적 논리가 유효한 영역이라면, 『문』에서의 소스케 부부의 '유기체'와도 같은 사랑은, 근대의 밝은 빛이 있다는 '반면反面의 진실'에 해당된다. 이처럼 히야마 히사오는 근대의 빛만을 좇으려 한 동시대의 작가들과는 확실히 다른 소세키의 탁월한 안목을 정확하게 짚어내고 있다.

한편, 일본인들의 '미련 없음'과 대조적으로 중국에서는 '4천 년 전통'에 대한 미련이 근대화를 완강히 거부하고 있었다. 「광인일기」에서 '예교는 사람을 잡아먹는다'고 한 것과 그 유명한 아Q의 '정신승리법' 등은 이러한 전근대적인 습속에 대한 통렬한 야유일 것이다. 그러나, 히야마 히사오는 루쉰이 절대로 '그저 남의 일로서 저 아Q를 그렸던 것'이 아니라고 분석한다. 왜냐하면, 진정한 혁명은 자기 내부에 있는 '아Q'와 결별하고, 자기도 헤어날 수 없을 정도로 절어 있는 저 식인의 습속에서 벗어날 때야 비로소 가능한 것이기 때문이다. 한편 루쉰은 소세키가 '자기본위'를 강조한 것과 마찬가지로, 중국인들이 '결국은 중국인'이라는 현실을 잊어서는 안 된다는 사실을 강조했다. 즉, 이는 자신이 발을 딛고 있는 현실을 무시하지 말라는 것이며, 문학도 또한 예외가 될 수 없었다. 히야마 히사오가 서구에서 빌려온 '자아개념'의 잣대로 루쉰 문학을 판단하려 한 청팡우의 이해는 잘못되었다고 강조하는 것(59~66쪽)은 바로 이런 맥락에서이다.

이 책 『동양적 근대의 창출』의 표지에는 루쉰과 소세키의 사진이 나란히 붙어 있다. 사실, 이 두 사진이야 다른 책에서도 늘 보던 것이었으니까 새삼스러울 것은 전혀 없다. 그런데, 그 다음으로 눈이 간 곳은 바로 그 윗부분이다. 거기에는 루쉰과 소세키의 사진 크기만한 빈 공간이 마련되어 있다. 이 빈 공간에 우리나라의 작가를 채워넣고 싶은 것은 비단 나만의 생각은 아닐 것이다. 이 네모진 빈 공간은 우리를 다시 되돌아보게 한다. 우리가 동아시아 근대를 공부하는 궁극적 목표도 바로 이런 것이 아닐까? 즉, 서양에 의해 발견된 동양이 서양에 의해 어떻게 규정되었는지, 또 그와 동시에 스스로를 어떻게 규정해갔는지를 파헤침으로써 바로 '지금, 여기'에서 우리 현실의 심층을 파악하는 것. 루쉰과 소세키에 대한 글을 읽으면서도 같은 생각을 할 수 있다. 서양문물이 밀려올 때, 과연 조선의 지식인들은 어떤 식으로 거기에 대처했던가를 되묻지 않을 수 없는 것이다. 과연 루쉰과 소세키처럼, 자신의 전통에 대한 묵수도, 근대 문물에 대한 몰주체적 열광도 없이, 균형감각을 견지한 채 치열하게, 근대의 문턱에서 끊임없이 고뇌했던 문인이나 사상가가 우리 근대사에 있었는지……. 이 글의 역자 역시 한・중・일 삼국의 근대를 공부하는 이로서의 아쉬움을 다음과 같이 토로하고 있다.

> 비슷한 질문에 나는 이렇게 되묻곤 한다. 한국의 근대문학사에서 중국의 루쉰이나 일본의 소세키에 버금가는 이른바 '국민 작가'를 말하라면 뭐라 대답하겠느냐, 라고. 물론 역사적 상황이나 정신사적 환경을 고려하지 않은 이러한 물음이 어리석다는 사실을 모르는 바 아니다. 그래서 더욱 착잡하다.(「역자 머리말」)

—『문학과 경계』 1-1, 2001

신화와 저항

이욱연 | 서강대학교 중국문화학과 교수, 중국연구소 소장

히야마 히사오, 정선태 역, 『동양적 근대의 창출』, 2000

중국과 일본에서 루쉰魯迅과 나쓰메 소세키夏目漱石는 하나의 신화이다. 그들이 치열하게 근대와 '악전고투'를 치렀고, 그로 인해 분명한 문학적 개성을 확보한 점을 감안하면, 그런 신화가 전혀 터무니없는 것은 아니다. 문제는 그러한 신화가 두 작가에 대한 폭넓은 이해를 가로막고 하나의 해석과 평가만을 강요하고, 그러한 신화의 창제과정이 중국과 일본의 국가주의와 밀접한 연관을 지니고 있다는 점이다. 물론 루신 신화, 나쓰메 신화를 해체하기 위한 작업도 있어왔다. 중국에서는 80년대 이후 '인간 루쉰'이란 구호로 '혁명가 루쉰' 신화를 해체하려 하였고, 올해 들어 젊은 네티즌들이 루쉰이 갖는 의미를 근본적으로 다시 물으면서 루쉰 토론방을 몇 달째 뜨겁게 달구고 있다. 사정은 나쓰메 쪽도 비슷하여, 가령 윤상인 교수의 작업(「일본 '국민' 작가 나쓰메 소세키와 제국주의」, 『역사비평』 48, 역사문제연구소, 1999)에서 보이듯이, 나쓰메와 제국주의 간의 연관성을 통해 일본 지식인사회를 지배해 오고

있는 강고한 나쓰메 옹호기제에 균열을 내기도 한다. 루쉰과 나쓰메에 대한 탈脫신화작업은 그들에 대한 새로운 평가를 시도하는 문학적 작업인 동시에 중국과 일본 근현대사의 국가주의에 대한 비판과 해체작업이기도 하다는 점에서 중요한 의미를 지닌다.

두 작가에 대한 신화해체 작업에서 비교연구는 퍽 유용한 방법일 수 있다. 둘을 교차해 서로 비추어봄으로써 각자의 문학적 개성이 입체적으로 드러날 수 있기 때문이다. 더욱이 일본과 중국의 근대가 서로 더없이 좋은 차감借鑑의 대상이라는 점에 상도想到할 때, 두 작가에 대한 비교연구는 동아시아 근대문학사와 동아시아 근대지성사의 수맥을 건드리는 일이 아닐 수 없다. 이런 점에서 히야마 히사오檜山久雄의 루쉰과 나쓰메에 대한 비교연구인 『동양적 근대의 창출』(히야마 히사오, 정선태 역, 소명출판, 2000)은 시도 자체만으로도 중요한 의미를 지니며, 크게 보면 동아시아 근대지성의 지형학을 탐사하는 데 중요한 방법론을 제공한다.

히야마 히사오는 루쉰과 나쓰메를 "두 사람 모두 '뒤처진 동양'에서 출발하여 안이한 서양 모방을 거부하고 독자적인 근대의 창출을 목표로 삼았"(107쪽)던 인물로 규정하고 있다. "압도적으로 우세한 서양문명에 의해 짓눌린 억압감"(28쪽) 속에서 어쩔 수 없이 느껴야 했던 '동양의 비애'를 바탕으로 동양적 근대창출을 위해 감행한 두 사람의 '악전고투'에서 '동양적 연대'를 확인하고 있는 것이다. 히야마의 기본 출발점은 나쓰메 신화다. 히야마는 서구 근대에 대한 모방에서 벗어난 동양의 '자기본위' 확립이라는 나쓰메식 문명비평론에 기대어 동양의 근대와 루쉰을 해석한다.

1976년에 출간된 이 책에 대해 토오꾜오대의 중문학자 후지이 쇼오조오藤井省三는 기본적으로 루쉰과 나쓰메 신화에 근거하여 씌어졌으

며, 그런만큼 "신화가 파산을 고하는 지금(80년대 중반—인용자)의 입장에서 볼 때 시효를 상실한 감이 든다"고 지적한 바 있다. 후지이에 따르면 히야마는 두 작가에 대한 안드레예프L. Andreev의 영향을 무시하고 있고, 루쉰이 나쓰메를 비롯한 일본문학에 지속적인 관심을 보인 것은 사실이지만 일본문학보다는 러시아와 동구의 문학에서 주로 영향을 받았으며, 나쓰메의 작품이 루쉰에게 직접적 영향이나 충격을 주지 못한 사실을 회피하고 있다는 것이다(藤井省三, 「夏目漱石と魯迅」, 『ロシアの影』, 平凡社, 1985 참고).

루쉰은 『현대일본소설집』이란 번역서를 내면서 부록에 나쓰메에 관한 짧은 소개글을 쓴 적이 있다. 거기서 루쉰은, 나쓰메 소설은 기본적으로 긴박함이나 '비상非常'이라는 것과는 관계없는 여유로움의 산물이긴 하지만, 드넓은 세상에서는 그것도 필요하다고 평한 바 있다. 루쉰의 이 언급은 긴박한 비상상황이 일상이 된 중국과 나쓰메 소설 사이의 거리, 그리고 비상적 상태를 벗어난 이후의 근대적 일상에서 문학은 무엇을 다룰 것인지까지를 염두에 둔 발언인데, 히야마는 이 책에서 그러한 거리를 기초로 두 작가를 되비추고 두 작가에 대한 신화를 해체하여 새로운 해석을 이끌어내는 데까지는 나아가지 못하고 있다.

—『창작과비평』 29-2, 2001

일본에서의 한국문학 연구

정선태 | 국민대학교 한국어문학부 교수

오무라 마스오, 『윤동주와 한국문학』, 2016 외 1권

1.

1980년대 후반부터 약 10년이라는 짧지 않은 기간 동안 일본에서 유학 온 한국문학 연구자와 함께 공부한 적이 있다. 외국인과 더불어 공부한다는 게 새삼스러울 것도 없는 요즘이지만, 적어도 나에게는 대단히 의미 있는 시간들이었으며 지금도 그렇다. 아직까지도 한국과 연변延邊 그리고 미국 등지를 돌아다니며 한국문학 관련 자료들을 모으고 정리하는 데 여념이 없는 그를 대할 때마다 놀라움을 금치 못하곤 한다. 그의 연구과정과 쓴 글들을 볼 때마다 한국문학에 대한 애정의 강도를 어렵지 않게 헤아릴 수 있거니와, 그렇다면 무엇이 그로 하여금 이처럼 한국문학에 매달리게 하였을까라는 질문은 지극히 자연스럽다 할 수 있을 터이다. 그렇지만 나는 지금껏 그에게 그 이유를 물어본 적이 없다.

하기야 자신이 좋아서 하는 공부일 터인데 그것을 두고 왜 하필이면 한국문학이냐, 다른 나라 문학도 얼마든지 있지 않느냐고 묻는다면 오히려 질문을 받는 쪽에서 당혹스러워할 것임에 틀림이 없다. 그럼에도 불구하고 왜 한국문학을 그렇게 애써가면서 공부할까라는 궁금증을 떨쳐버릴 수 없는 이유는 그가 일본인이기 때문이다. 한국과 일본의 특수한 역사를 염두에 둘 때 여느 외국인 학자가 한국문학을 연구하는 것과는 뭔가 다른 의도랄까 저의가 있지 않겠느냐는 의혹을 떨쳐버리지 못하는 것도 사실이다.

이와 관련하여 『사에구사 교수의 한국문학 연구』를 쓴 사에구사 도시카쓰 교수의 다음과 같은 진단은 시사하는 바가 적지 않다.

> 과거 일본이 무엇을 했는가를 반성한다는 건 일본 사람이 잘못했다고 생각하니까 말하는 거지? 그리고 그런 걸 한국문학을 통해서 안다는 것은 자기들의 희생자한테 어떤 상처를 남겼는가를 알려는 것이고, 그 일을 통해서 자기들이 현재 얼마나 그것을 반성하고 있는가를 알리는 일이 되지 않는가? 요컨대 그 작업을 통해서 구제받는 것은 일본 사람 쪽이라는 것이기. 살인범이 자기가 죽인 자나 상처 입힌 피해자의 상태를 보고 싶어하는 것과 똑같은 심리가 아니냔 말이야.
>
> —「한국문학, 읽지 않아도 되는 까닭—좀비들 세계에서의 대화」, 11~12쪽

"한국문학을 외국문학으로서 연구하라고 했지, 일본을 구제하기 위해서라고 말한 적은 한 번도 없"다는 사에구사 교수의 발언은, 일본의 한국문학 연구자들을 향한 우리들의 의심스런 시선이 부질없는 것임을 분명하게 말해 주는 것이라 아니할 수 없다. 그들에게 한국문학이

란 단지 "좋고 싫고를 초월한" 하나의 연구 대상 그 이상도 이하도 아니기 때문이다.

그러나 그럼에도 불구하고 피해의식에서 아직 자유롭지 못한 한국인들은 한국문학을 연구하는 일본 학자들의 양심을 들먹이며 은연중 그들의 반성을 촉구하는 경우가 적지 않은 듯하다. 그러니까 근대문학이라는 매개를 빌어 가해자의 입장에서 피해자들의 정신적 추이를 추적하고자 하는 일본 학자들이야말로 "살인범이 자기가 죽인 자나 상처 입힌 피해자의 상태를 보고 싶어하는 것과 똑같은 심리"로부터 벗어나지 못할 것이라 예단豫斷해 버리기 쉽다. 그런데 모든 인문학 연구가 역사적 맥락을 벗어나기 어려우며 일본의 한국문학 연구자들 역시 그럴 것이지만, 그렇다고 해서 일본에서의 한국문학 연구를 색안경을 끼고 바라보는 것은 대단히 비생산적인 시각이랄 수밖에 없다.

2.

한국 근대문학이 그 출발에서부터 일본에 크게 빚지고 있다는 점은 굳이 숨길 필요도 없는 명백한 사실이다. 근대문학이 일본으로부터 정신적 자양분을 공급받았다는 점을 인정한다면, 일본에서 한국문학에 대한 연구가 비교적 활발하게 진행된다는 것은 한국 근대문학 연구의 지평을 확대할 수 있다는 점에서 바람직한 현상이라 할 수 있을 터이다. 먼저, 근대문학의 선구자들이라 할 수 있는 작가나 시인들의 1차 텍스트가 일본에 산재해 있다는 점과 그 텍스트들에 접근할 수 있는 가능성 또한 한국인 학자들보다 일본인 학자들이 훨씬 높다는 점, 그런 까닭에 한국 근대문학과 일본 근대문학의 관련 양상을 폭넓게 조망할 수 있을 것이라는 점 등은 한국 근대문학을 연구하는 데 있어 중요한 자산으로 기능할 것이다. 즉 학문의 실증적 기초 또는 인프라가 우리보다 탄탄한 지점에서 연구를 수행하는 까닭에 우리의 연구 수준을 비추어볼 수 있는 훌륭한 거울이 될 수 있을 것이라는 점을 적극적으로 평가해야 한다.

이와 더불어, 지금은 비교적 자유로워진 편이긴 하나, 일본의 연구자들은 분단이라는 특수한 역사적 사정에서 비롯한 연구 환경상의 제약을 덜 받음으로써 한국문학 연구의 외연을 넓히는 데 기여했다는 사실을 짚고 넘어가야 한다. 즉 한국 근대문학의 또 다른 한 축을 이루고 있는 북한문학이나 연변 조선족 동포와 재일동포의 문학을 다양한 시각에서 접근할 수 있었으며, 이러한 사정은 현재도 여전히 유효하다. 우리 학계에서도 북한문학이나 연변문학에 대한 접근이 다각도로 이루어지고 있는 상황이긴 하지만, 남북 간의 정치적 환경이 근본적으로 변화하지 않는 한 어떤 식으로든 연구에 있어서의 제약은 불가피할 것이다. 이렇게 볼 때, 한국 근대문학에 깊은 관심을 지닌 일본학자들의 연구는 자료수집 차원을 넘어 제3의 시각에서 근대문학을 조망하는 데 적잖이 기여하리라 생각한다.

또 하나 친일문학을 어떻게 볼 것인가와 관련하여 언급하지 않을 수 없다. 소위 일제 암흑기라고 일컬어지는 시기 대부분의 문인들에 의해 대대적으로 행해진 친일문학을 보다 합리적으로 바라볼 수 있는 단서를 일본의 '양심적인' 연구자들로부터 구할 수 있을는지 모른다. 친일파 청산문제가 아직껏 터부시되는 상황에서 친일문학의 역사적 맥락과 의미를 객관적이고 합리적인 차원에서 연구하기란 쉽지 않다. 친일적 성향을 지닌 문학과 그 작자들을 한국 근대문학에서 제외해 버리지 못할 것이라면, 친일의 길로 나아갔던 수많은 작가들의 다양한 정신적 스펙트럼을 면밀하게 재검토하여 한국 근대문학사 또는 정신사를 재구성할 필요가 있다. 물론 친일문학에 면죄부를 주어야 한다는 발상에는 동의할 수 없다. 하지만 한국 근대문학의 태생적胎生的 한계를 인정하고 친일문학 역시 근대문학의 일부분이라는 것을 인정한다면, 친일문학의 의미를 보다 심도 있는 학문적 방법론에 입각해 접근함으로써 그 정신적 위상을 명백하게 할 필요가 있다. 언제까지 유예한다고 해서 문제가 해소되지는 않을 것이기 때문이다. 이때 일본의 학자들에 의한 친일문학 연구는 중요한 시금석이 될 수 있을 것이다.

이렇게 볼 때, 일본의 한국문학 특히 근대문학 연구자들에 의한 성과는 우리 학계의 연구 성향을 살피고 그 방향을 설정하는 데 있어 하나의 의미 있는 문제 제기라 할 수 있다. 작년과 올해 각각 간행된 사에구사 도시카쓰 교수의 『한국문학 연구』와 오무라 마스오 교수의 『윤동주와 한국문학』은 일본에서의 한국문학 연구 수준을 가늠해 볼 수 있는 중요한 지표이다.

3.

잘 알려져 있는 바와 같이 사에구사 도시카스三枝寿勝 교수와 오무라 마스오大村益夫 교수는 일본의 한국 근대문학 연구자 가운데 단연 두드러진 성과를 보이고 있는 학자들이다. 먼저, 중국 근대사와 문학을 공부하다 한국(조선)문학으로 관심을 돌린 오무라 교수는 「나와 조선」이라는 글에서 한국 근대문학에 발을 들여놓게 된 사연을 이렇게 말한다.

> 중국 근대사와 문학을 공부하던 중, 나는 항상 인도와 조선이 마음에 걸렸다. 아시아 문화와 역사가 새로운 관점에서 연구되어야 한다고 생각하면서도, 보잘것없는 내가 손을 뻗으면 신세만 망치고 마는 것이 아닌가 주저하고 있었다. 허나 인도는 제쳐놓는다 하더라도 중국과 비슷한 듯한, 혹은 그 이상으로 가혹한 운명 속에 놓여 있었던 조선의 역사는, 일본과 너무나도 생생한 관계를 맺고 있는 만큼 눈을 돌릴 수는 없었다. 일본 · 조선 · 중국이 서로 뒤얽혀 있는 관계를 해명하고, 일본의 왜곡을 자그맣게나마 정상으로 돌려놓아야 한다. 또 조선을 연구하기 위해서는 우선 조선어를 배워야 한다고 생각했다.(532~533쪽)

그리하여 그는 어렵사리 한국어(조선어)를 배우면서 박지원의 『열하일기』에 심취하기도 한다.

1960년대 초부터 그는 거의 40년 가까이 한국 근대문학을 연구하는 데 몰두하는 바 이는 그가 암묵리에 밝힌 대로 한국과 한국문학에 대한 애정 없이는 불가능했을 터이다(『윤동주와 한국문학』의 말미에 실려 있는 「오무라 마스오 저작 연보」를 일별하는 것만으로도 충분하다). 번역, 논문, 평론, 서평, 목록 작성 등 다양한 분야에 걸치는 그의 연구 특징은 크게 세 가지로 나누어 볼 수 있다.

우선 그가 심혈을 기울인 윤동주 연구에서 볼 수 있듯이 집요하고도 철저한 실증적 방법론에 입각하여 연구를 진행하고 있다는 점이다. 그런 까닭에 연변을 쉴새없이 넘나들면서 윤동주와 관련된 '거의 모든' 자료를 꼼꼼하게 모아서 제시하고 있는 이 책의 제1부 윤동주 문학 연구는 단연 독보적이다. 윤동주의 사적事跡, 독서력讀書歷을 중심으로 한

윤동주의 일본 체험, 『사진판 윤동주 자필 시고 전집』(민음사) 편찬과 관련한 치밀한 실증적 검토과정, 북한에서 윤동주가 어떻게 평가되고 있는가에 대한 언급과 「서시」의 일본어 역에 대한 비판, 그리고 『하늘과 바람과 별과 시』 판본 비교 등 윤동주 문학에 관한 그의 실증적인 연구는 문학공부의 토대가 무엇인가를 여실히 보여 준다. 이와 함께 「량치차오와 『가인지기우佳人之奇遇』」 「코프조선협회와 『우리동무』」 등도 실증적인 방법론에 의한 연구 수준을 보여 주는 논문들이다.

두 번째 특징으로 지적할 수 있는 것은 이른바 '변두리 문학'에 대한 관심이다. 특히 제주도 문학에 대한 그의 관심은 적지 않은데, 그가 어떤 이유에서 제주 문학에 관심을 갖게 되었는지는 뚜렷하지 않지만, 한국 근대문학사에서 거의 다루어지지 않은 영역을 파고들었다는 점에서 충분히 주목할 만하다. '변방문학' 연구는 '중심문학'을 살찌울 수 있는 역할을 담당할 수 있을 것이기 때문이다. 이와 함께 「90년대 북한의 프로문학 연구」와 「북한의 문학선집 출판현황」 등 북한의 연구 동향을 언급하고 있는 글들과 구만주舊滿洲의 한인문학에 관한 연구 등도 한국문학의 외연을 확장하고 내실을 기하기 위해서 우리가 거쳐야 할 길이라는 것을 암시해 준다. 아울러 일본에서의 남북한문학의 연구 및 번역 상황을 소개하고 있는 글도 한국 현대사의 특수성을 감안할 때 의미 있는 작업이라 할 수 있다. 그리고 또 하나 김종한 김용제 김조규 등 우리에게 약간은 생소한 시인들에 대한 실증적인 연구까지 눈길을 끈다.

이와 더불어 오무라 마스오 교수의 한국 근대문학 연구와 관련하여 주목해야 할 것은 1970년 12월에 창간된 『朝鮮文學—紹介と研究』라는 잡지를 통하여 지속적으로 한국문학을 일본에 소개하는 데 열정을 바치고 있다는 점이다. 그가 번역한 소설들 면면을 보면 알 수 있듯이

그는 한국 근대문학의 미개척 영역을 발굴하고 해석하는 작업과 나란히 한국 근대문학을 일본에 소개함에 있어 남다른 열의를 보이고 있는 바, 지금까지도 젊은 한국문학 연구자들과 지속적인 교류를 가지면서 자신의 시각을 확대함으로써 일본에서의 한국문학 연구의 중요한 한 축을 구성하고 있다.

이처럼 실증성과 주변문학에 대한 관심 그리고 한국문학의 지속적인 소개 등은 우리가 안에서 보지 못하는 사실들을 재발견하고 나아가 우리의 시각을 교정하는 데 적지 않은 기여를 할 수 있을 것이다. 물론 이 책에 실린 글들 가운데 10년이 넘은 것들이 있어서 그 시의성을 문제삼을 수도 있겠으나 연구방법이나 자세를 들여다보는 데 있어서는 훌륭한 안내 역할을 할 수 있으리라 생각한다.

4.

한편 오무라 교수와 더불어 일본에서의 한국문학 연구의 다른 한 축을 구성하고 있는 사에구사 도시카쓰 교수의 연구 성향은 상당히 다르다. 사에구사 교수 역시 실증적인 방법론에 입각해 있긴 하지만, 오무라 교수와는 달리 곳곳에서 가치판단을 내리고 있다. "이론이란 구체적인 문학작품에서 나와야 하는 것이지 애초에 외부에서 가져올 수는 없는 것"이라고 생각하고 있는 그의 글들을 읽다보면 외국문학 텍스트를 읽는 학자적 성실함과 날카로운 에세이스트의 감각을 동시에 느낄 수 있다.

『한국문학 연구』는 크게 세 부분으로 구성되어 있다. 제1부는 에세이 또는 평론 형식의 글로서 간접적이기 하지만 시니컬하면서도 치밀한 그의 문체와 연구태도를 엿볼 수 있는 세 편의 글로 이루어져 있다. 김인숙, 윤후명, 신경숙, 윤대녕 등의 작품을 다루고 있는 「오늘의 소설과 소설의 오늘」은 그의 한국문학에 대한 관심의 정도를 가늠해 볼 수 있는 글이다. 그리고 「질서 일탈자와 의식상실 모티프」는 김인숙의 「당신」과 채만식의 「민족의 죄인」 및 일본 근대의 대표적인 작가인 모리 오가이森鷗外의 「무희」와 이광수의 「젊은 꿈―어린 벗에게」 이상의 「날개」 등을 한 자리에 놓고 비교하면서 한국소설에서 빈번히 볼 수 있는 의식상실 모티프의 함의含意가 무엇인지를 날카롭게 제시하고 있다.

한편 이 책의 핵심이라 할 수 있는 제2부에서는 이광수, 김동인, 정지용, 이상, 이태준의 작품과 사상을 다루고 있다. 「『무정』의 유형적 요소에 대하여」, 「'재생'의 뜻은 무엇인가」, 「이광수와 불교」 등은 한국 근대문학의 대표적인 작가이자 동시에 상처이기도 한 이광수의 문학을 깊이 있게 탐색하고 있다는 점에서 주목을 받기에 모자람이 없다. 『무정』의 유형적 요소를 등장인물간의 삼각관계, 미분화적 애정 양상, 애정 부재의 부부관계, 자살 등의 파괴적 경향, 오해받는 주인공의 등장 등으로 파악하면서 이 요소들이 다른 작품들에서 어떻게 변주되는가를 보여 주고 있는 제2부의 첫 번째 논문과 이광수와 불교의 관련을 꼼꼼하게 논구論究한 세 번째 논문은 그것이 씌어진 지 많은 시간이 지났음에도 불구하고(각각 1985년과 1989년) 대단히 흥미롭게 읽힌다(김윤식 교수의 『이광수와 그의 시대』를 나란히 놓고 읽는다면 둘 사이의 공통점과 차이점을 발견할 수 있을 것이다). 이와 함께 「김동인과 근대문학―아이러니의 좌절」, 『두시언해杜詩諺解』와의 비교연구를 통해 '회돌아' '해설피' '그립어' '석근' 등 정지용의 「향수」에 나타난 시어의 의미를 치밀하게 고증하고 있는 「정지용의 시 '향수'에 나타난 낱말에 대한 고찰」, 이상이 일본어로 쓴 시와 「오감도」 및 단편 「지도의 암실」 그리고 장편 『12월 12일』을 가로지르면서 이상문학의 특징을 고구考究하고 있는 「이상의 모더니즘」 등은 그의 한국문학을 보는 시각이 어떠한가를 암시해 주는 중요한 연구논문이라 할 수 있다.

마지막 제3부는 일제 말기 및 해방 후의 문학 그리고 만주의 한국문학에 관한 연구와 재일한국인 문학에 관한 글들로 구성되어 있다. 특히 「8·15 이후의 친일파 문제」라는 논문의 결론 부분의 다음과 같은 언급은 친일문학 또는 친일파 문제를 어떻게 볼 것인가와 관련하여 시사하는 바가 적지 않다.

> 해방 후의 친일파 문제는 외적으로만 거론되었으며, 내적으로 추구되는 경우가 적었다. 모든 문제의 근원에 일본 및 일본인을 앉히는 것으로, 자신이 갖고있는 문제를 빗나가게 만드는 역할을 하고 있다. 바로 이것이 일본에 의한 식민지 지배의 가장 뿌리깊은 영향일 것이다.(509쪽)

친일파 문제를 '내적으로 추구하지' 못했다는 그의 지적이 의미하는 바가 무엇인지 새삼 되새길 필요가 있지 않을까. 그리고 각각 1977년과 1979년에 씌어진 「굴복과 극복의 밑」, 「1940년대 전반기 소설에 대하여」 등도 친일파의 내적 논리를 탐색하는 작업의 일환으로 읽을 수 있다.

이와 같이 사에구사 교수의 연구는 실증적이라기보다는 텍스트를 정독하고 그 역사적·사상적 관계성을 재구성하는 방향을 택하고 있다. 그리고 그의 연구방법이나 가치판단에는 일본학계의 연구성향이나 특징이 깃들어 있을 것임에 틀림이 없다. 결국 그들의 시각 혹은 '조용한' 비판을 우리가 어떻게 수용하느냐가 문제로 남는다.

5.

지금까지 일본에서의 한국문학 연구를 어떻게 읽은 것인가란 질문에 나름대로 대답을 한 셈이다.

"본문에 오식이 많아 신뢰하기는 어려우나 원전에 해당하는 자료집이 아직 마련되어 있지 않은 현재 사정 때문에 임시로 이 자료를 사용하기로 타협했다"(173쪽, 각주2)라는 사에구사 교수의 말을 들을 때 우리는 현재 우리의 학계의 현실을 되돌아보지 않을 수 없다. 한국 근대문학의 핵심멤버라 할 수 있는 이광수, 김동인, 염상섭, 이상, 임화, 박태원, 이기영 등의 '제대로 된' 전집도 없는 상황에서 생경한 이론으로 무장하고 잘못된 텍스트를 '마음대로' 해석하는 연구풍토를 방조해서는 곤란하다는 메시지를 그들은 전달하고 싶었는지 모른다. 그렇기에 그들의 연구는 소중하게 다가온다.

오무라 교수가 그의 저서에서 정리하고 있듯이(495~507쪽) 일본에는 이들을 비롯한 연구자와 번역자들, 예컨대 조 쇼키치長璋吉, 가지이 노보루梶井陟, 다나카 아키라田中明, 시라카와 유타카白川豊, 고노 에이지鴻農映二, 세리카와 데쓰세이芹川哲世 등과 젊은 학자들이 한국문학에 대한 관심의 끈을 놓지 않고 있다. 이들의 연구경향이나 성향이 어떠한지는 정확하게 알 수 없으나, 오무라 교수와 사에구사 교수의 연구로부터 일정한 영향을 받았을 것이라 추측할 수 있다. 그만큼 두 교수의 저서가 함께 출간된 것은 일본에서의 한국문학 연구 수준을 판별할 수 있는 중요한 기준이 된다 할 수 있을 것이다.

물론 그들의 한국문학 연구가 국내연구의 향도嚮導 역할을 해야 한다고 말하는 것도 아니며, 그럴 수도 없는 노릇이다. 그들의 한국문학에 대한 애정이 어디에서 비롯되었든 간에 일본의 연구 환경과 긴밀한 관련 하에 진행되고 있는 일본 연구자들의 시각은 한국 근대문학 연구의 중요한 자양분임에 분명하다. 따라서 일본 연구자들의 연구서 출간은 한일 간 학술교류의 물꼬를 열었다는 점에서 그 의미를 찾을 수 있으며, 한국문학 연구가 외국인 연구자들의 다양한 시각과 비판을 수용할 수 있는 계기를 마련했다고 할 수 있다.

—『실천문학』 62, 2001

비'국민화'의 회로는 어떻게 가능한가

이득재 | 대구가톨릭대학교 러시아어학과 교수

니시카와 나가오, 윤대석 역, 『국민이라는 괴물』, 2002

국민은 인조인간이자 괴물이다. 니시카와 나가오는 국민에 대해 단도직입적으로 이렇게 말한다. 니시카와 나가오의 이러한 주장은 국민국가론을 선도하는 사람으로서 이론적으로 나오는 것일 뿐만 아니라 개인의 어린시절 경험에도 바탕을 두고 나온 것이다. 1934년생으로서 열렬한 애국소년이었던 니시카와 나가오는 초등학교 5학년 때 일본의 패전을 맞이하게 된다. 전후 1947년 일본 신헌법이 시행되었을 때 니시카와 나가오는 마을 초등학교 동급생 몇 명과 수레를 끌고 다니면서 '신헌법을 지킵시다!'라고 외치며 돌아다녔던 기억을 회상하고 있다. 이승복으로 하여금 '나는 공산당이 싫어요'라고 외치게 하거나 어린 시절 필자의 기억으로도 한국 전쟁 시기만 되면 학교에서 웅변대회를 열었던 기억이 새롭다. 니시카와 나가오가 말하듯이 국민국가의 인공성과 허구성은커녕 아무런 영문도 모른 채 국민체조를 하고 웅변대회에 나가 장려상을 받았던 기억을 떠올리면 국가가 그동안 나에게도 괴물이었다는 생각이 불현듯 떠오른다. 그래서 니시카와 나가오가 반 농담을 섞어 '국민국가 요괴설'을 이야기하거나 '벌거숭이 임금님' 얘기를 꺼내도 필자에게는 그러한 농담이 단순한 농으로 들리지 않는다. 우리의 경우만 하더라도 예전처럼 국민체조까지는 하지 않지만 국경일이면 여지없이 국기를 걸고 앞으로 나란히 줄을 맞춘 후 애국가를 부르는 광경은 여전하니까 말이다.

니시카와 나가오가 『국민이라는 괴물』에서 주장하는 바는 명확하다. 1983년에 나온 이 책의 원래 제목은 『국민국가론의 사정』이다. 국민국가'론'이란 국민국가를 비판적으로 본다는 뜻일 테지만 니시카와 나가오는 이 책에서 대중의 국민화, 민족의 국민화가 이루어지는 과정, 사람이 국가로 회수되는 과정을 살핀다. 니시카와 나가오가 염두에 두고 있는 국민국가론의 사정거리는 1789년 프랑스 혁명에서 1989년 동구권의 붕괴까지이다. 이 사정거리 안에서 국민국가는 사람을 국민국가라는 신화에 길들임으로써 국민화의 회로를 만들었고 이를 통해 사람을 국민이라는 괴물로 둔갑시켰다는 것이다. 여기서 '국민국가의 회로'라는 말은 니시카와 나가오의 고유한 용어가 아니라 1995년 저자가 재직하는 일본의 리츠메이칸 대학에서 강연을 했던 마키하라 노리오牧原憲夫가 처음 사용한 말이다. 당시 마키하라 노리오는 '국민국가의 발견'이라는 제목의 강연을 했지만 강연에서 마키하라 노리오는 '국민화의 회로'에 대해 말하면서 국민화의 회로에는 다양한 회로가 있고 그것을 구체적으로 보아야 한다는 다양성을 강조했는데(165쪽), 니시카와 나가오의 『국민이라는 괴물』은 1789년에서 1989년에 이르는—월러스틴의 입장처럼—사정거리 안에서 고안된 국민국가에 대한 비판적인 독해를 통해 '국민 / 국가'라는 것을 통째로 문제삼고 있다. 또한 국민화의 다양한 회로를 탐색하는 저서이자, 그와 동시에 이 사정거리 안에서 국민통합이 강화되었을 뿐만 아니라 국민국가의 틀이 흔들리기 시작했다는 판단(311쪽) 하에—"1989년은 세계 국민국가와 국가 간 시스템의 재편성에서 결정적인 해가 되었습니다"(314쪽)—사람의 골수까지 파고들었던 국민화의 회로를 벗어나 국민국가를 상대화시키고 탈국민화 / 비국민화하는 지점에서 발견되는 다양한 착취와 차별에 이의를 제기하며 그런 차원에서 '새로운 사회운동'을 모색하려고 하기도 한다. 물론 니시카와 나가오에게 지금 당장 그러한 새로운 사회운동의 프로그램이 있는 것은 아니지만 말이다.

이러한 니시카와 나가오의 입장은 이 책의 마지막 부분인 「국민국가론에서 바라본 '전후'—국민국가의 장래」에 핵심적으로 잘 정리되어 있다. 이 글은 일본 지식인계의 화두였던 '전후의 종언'을 두고 열린 심포지움에서 니시카와 나가오가 발제한 글로서 일본에서의 전후담론이 국민국가의 재건이나 부흥만을 지향할 뿐 국민국가 그 자체에 대한 비판을 결여하고 있다는 판단 아래 도쿄대 총장을 지낸 두 사람(야나이하라 다다오, 남바라 시게루)과 남바라 시게루의 제자인 마루야마 마사오의 입장을 비판하고 야마노우치 야스시, 강상중, 오구마 에이지의 입장을 긍정적으로 소개하고 나서 사람이 국가로 회수되는 과정, 즉 국민화의 다양한 회로들—역사, 문화, 문명화, 가족, 학교, 교육, 학문, 종교, 텔레비전과 신문, 스포츠, 박람회나 축제, 이벤트, 생활과 노동의 장, 질병과 범죄, 반체제운동, 여성해방운동과 페미니즘, 전쟁의 기억, 파시즘 등—을 정리한다.

니시카와 나가오는 사람들 내부와 외부를 감고 있는 이러한 무수한 회로를 살피면서 이러한 국민화의 회로를 제작하는 국민국가로의 회로를 거슬러 국민국가 바깥으로 나갈 수 있는 가능성을 찾고자 하지만 그저 그러한 가능성의 탐색을 환기시킬 뿐이다. 영토화된 국민을 탈영토화 킨다는 것이 그리 쉽게 달성될 것처럼 보이지는 않기 때문이다. 폴라니의 '거대한 변환'처럼 근대국가의 역사가 긴 인류사 가운데 아주 짧은 특이한 한 시기에 지나지 않지만(310쪽) 실로 교묘하게 만들어진 인공적인 기계가 국민국가라는 기계이고 그 짧은 시기에 자본주의와 국민국가가 사람들을 자본, 소비, 국민, 국가에 철저하게 길들인 이데올로기를 만들어낸 탓이다. 또한 니시카와 나가오는 탈국가적인, 혹은 국민국가와 조화되지 않는 사고와 감성의 형성(313쪽)에 주목하고 탈국민화 / 비국민화의 가능성을 조심스럽게 타진하지만 국민국가가 동요할지언정 그것이 국민국가의 종언으로 이어질지는 더 두고 볼 문제이다. 다시 말해 근대의 역사가 국민국가의 종언으로 이어져 탈근대가 가능할 것인지 아니면 근대 자체가 재구축될 필요성이 있는지 더 살펴볼 문제라는 말이다. 아예 니시카와 나가오 스스로 언급하듯이 '비국민'으로서의 '나쁜' 국민, '반사회적인' 국민을 더 주장해나가고 여기서 국민국가와 조화되지 않는 사고와 감성의 형성 과정을 추적하는 것이 더 낫지 않을까.

프랑스혁명에서 국민국가론으로

니시카와 나가오의 지적인 스펙트럼은 문학, 역사학, 사회과학, 문화연구, 페미니즘, 일본사상사 등에 두루 걸쳐 있다. 그중에서도 특히 프랑스혁명에 대한 니시카와 나가오의 견해는 독특한 데가 있다. 무엇보다도 니시카와 나가오는 『국민이라는 괴물』, 「일본에서의 프랑스혁명」, 「프랑스혁명과 국민통합」, 「전후 사회사상의 전환」, 「국가와 내셔널리즘을 둘러싼 세개의 단장」에서 보듯이 프랑스혁명에 많은 장을 할애하고 있다.[1] 니시카와 나가오의 프랑스혁명에 대한 해석의 독특함은 프랑스혁명을 부르주아혁명이 아니라 근대적인 국가구조의 재편성을 지향하는 운동으로 봄으로써 부르주아혁명이라는 개념 자체의 해체를 주장하고 있다는 사실이다. 물론 이것은 가와노 겐지의 『근대를 묻는다』를 해석하는 가운데 일본 강좌파 역사학을 비판하는 그의 입장을 수용한 결과이지만—「전후 사회사상의 전환」이 『근대를 묻는다』의 서평격 글이듯이—말이다. 또한 니시카와 나가오는 「국가와 내셔널리즘을 둘러싼 세개의 단장」에서 프랑스혁명의 소멸에 대해 이야기한다. 그러나 니시카와 나가오가 말하는 프랑스혁명의 소멸이란 프랑스혁명의 패배를 뜻하는 것이 아니라 "근대국가라는 거대한 괴물과 그것의 이데올로기를 발생시켰던"(182쪽) 프랑스 혁명에 대한 해석이자 국민국가를 탄생시켰던 시대가 종언을 고하고 있다는 것일 뿐이다. 다시 말해 니시카와 나가오의 프랑스혁명론은 그의 국민국가론과 멀리 떨어져있지 않은 셈이거니와, 여기서 니시카와 나가오는 윌러스틴의 입장과 만나게 된다. 니시카와 나가오는 자신의 저서에서 가와노 겐지를 통해 알게 된 월러스틴의 논리를 자주 인용하는데, "근대적 국가는 개별 국가의 내적인 성숙으로 형성된 것이 아니라, '세계체제 = 국가 간 시스템'의 필요에 따라 반강제적으로 만들어졌다는"(61쪽) 월러스틴(그리고 홉스봄)의 논리를 프랑스혁명의 해석을 위한 지침으로 사용한다. 국가 간 시스템의 필요에 따라 만들어진 국민국가가 프랑스

1 니시카와 나가오는 책 저자후기에서 "1989년 전후로 쓴 프랑스 혁명론을 세 편 수록한 것은, 나의 국민국가론의 직접적인 출발점이 거기에 있음을 다시 확인하고 싶었기 때문이다"라고 말하고 있다.

혁명 후 200년이 지난 지금 "네이션nation(국민)의 개념을 근본적으로 변화시켜야 할 시점"(211쪽)에 다다른 것은 프랑스혁명에서 발원한 국민국가의 이데올로기—통합이데올로기—가 끝나가는 시점에 다다랐다는 말과도 통하는 것이다. 니시카와 나가오는 국민국가와 그 이데올로기의 탄생과 소멸을 200년으로 보지만 월러스틴은 "500년 이래 국가구조가 처음으로 쇠퇴하고 있다"(145쪽)고 판단한다. 어쨌든 이 기간은 약 250개의 국민국가가 지구를 뒤덮고 있고 국가적 이해관계가 지구를 집어삼키려 하고 있으며 국가 또한 융성하는 시기이다. 그러나 니시카와 나가오나 월러스틴의 입장은 이러한 국민국가의 시대, 사람을 국가장치와 이데올로기로 철저하게 국민화시켰던 시대가 끝나가고 있다는 것이다. 니시카와 나가오는 국민국가가 쇠퇴하고 국가가 위기에 빠진 원인으로 핵전쟁, 다국적기업, 국가의 강권이 가진 해악에 눈을 뜬 시민들의 반항 등을 들고 있는데, 월러스틴의 입장(144~145쪽)을 그대로 따라 "1989년은 세계 국민국가와 국가 간 시스템의 재편성에서 결정적인 해가 되었다"(314쪽)고 말한다. 니시카와 나가오는 세계체제를 구조화된 차별의 네트워크로 파악하는 월러스틴의 입장을 받아들이는데 이것은 내셔널리즘과 인종주의를 그러한 차별의 존재로 설명할 수 있는 장점을 가질 수도 있겠지만(62쪽), 월러스틴의 '국가 간 시스템'론이 니시카와 나가오의 국민국가론에 과연 어떤 시사점을 줄 수 있을까? 니시카와 나가오는 국가 간 시스템을 "세계 여러 국가는 국가 세계 체제 속에서 보다 좋은 위치를 추구하면서 구조화된 네트워크 속으로 위치 지워지고, 서로 독자성과 차이를 강조하면서도 구조적으로는 아주 닮은 형태로 되어가는 것"(124쪽)으로 이해하는데 "'구조화된 네트워크'가 바로 '제국'의 그것은 아닐까? 그런데 더욱 의심스러운 것은 니시카와 나가오가 국민국가는 일종의 모듈module이고 어디에라도 이식가능하다"(122쪽)는 베네딕트 앤더슨의 논리를 받아들여 구조화된 차별의 네트워크보다 구조화된 네트워크와 그 내부의 동질성을 더 중요시하는 것은 아닐까? 그리고 월러스틴의 국가 간 시스템론과 앤더슨의 모듈성은 결국 같은 것이고, 그렇다면 여기에 의지하는 니시카와 나가오에게 있어서 네이션 개념을 근본적으로 변화시켜야 할 탈국민국가의 시대에, "세계 여러 국가가 구조적으로는 아주 닮은 형태로 되어가는 것"이라면, 어떻게 해서 네이션개념이 근본적으로 변화될 수 있다는 것일까? 탈국민국가시대에 네이션 개념이 변화된다면, 그렇게 변화된 네이션 개념이 월러스틴이나 앤더슨의 논의대로 말하자면, 다시 구조화된 네트워크를 이루는 것뿐이 아닐까?

니시카와 나가오의 장점처럼 보이는 프랑스혁명론에 대한 해석을 하다가 잠시 옆길로 샌 듯한 기분이다. 이 점은 뒤에서 더 보론하기로 하고 니시카와 나가오의 프랑스혁명 해석에서 주목할 부분을 두 가지 더 살펴보자. 하나는 프랑스혁명과 천황제의 관련 문제이다. 니시카와 나가오는 천황제를 국가종교로 파악한다. 니시카와 나가오는 "직접 민주주의의 제창자인 루소의 이론 속에서 천황제의 필연성을 읽어내는 것이 너무나 기발해서 큰 반발을 일으킬 것 같"다고 하면서도(225쪽) 자신의 견해가 왜 타당한지 국민국가론의 관점에서 이야기한다. 프랑스혁명은 후발혁명으로서 국민국가를 급속하게 형성하기 위해서 통합이데올로기가 필요했는바, 이것이 프랑스에서는 실패했지만 일본에서는 전후의 상징천황제에서 보듯이 성공했다는 것이고 이러한 "천황제를 근저에서 충분히 비판하는 것은 국민국가를 충분히 비판하는 것"(226쪽)과 동일한 연장선 위에 있다는 것이다. 니시카와 나가오의 이러한 천황제 비판은 사카이 나오키의 『사산되는 일본어, 일본인』(문화과학사, 2002)에서 '자기도취로서의 천황제'론으로 이어진다. 사카이 나오키는 80년대 이후 천황제를 문화시스템으로 파악하는 견해를 비판하면서 천황제의 국제화가 나르시시즘에 사로잡힌 내셔널리즘의 모습을 보여 준다고 생각한다. 사카이 나오키를 언급한 마당에 좀 더 부연하자면 니시카와 나가오가 말하는 '일본 회귀' 현상도 나르시시즘과 무관하지 않을 듯하며 니시카와 나오키의 다음과 같은 주장은 사카이 나오키의 '일본어라는 통일체의 제작'론을 연상시킨다. "'일본'은 처음부터 국가 이데올로기가 만들어낸 환상에 지나지 않는다는 것에서 논의를 시작해야 한다. 일본이라는 '국가'가 존립할 수 있는 것은 '일본'이라는 환상으로 지탱되고 있기 때문이다."(194쪽) 물론 사카이 나오키는 충실한 데리다주의자로서 일본 외에 일본인, 일본어, 일본문화의 사산死産된 운명을 검토하고 있지만 말이다. 사카이 나오키의 일본어라는 통일체의 제작론은 니시카와 나가오의 논의를 더 깊숙히 파고 들어가는 것으로서 두 사람의 논의를 비교하면서 독해할만한 것이다. 사카이 나오키의 '천황제와 근대'나 니시카와 나가오의 '천황제와 국민국가'는 서로 멀리 떨어져있는 것이 아니기 때문이다. 두 번째는, 해방의 가능성을 모두 내포하고 있었을 프랑스혁명이 사실은 많은 억압과 배제의 역사를 갖고 있었다는 지적이다. 이와 유사한 견해는 프로이트의 '가족 로망스' 개념을 차용한 린 헌트의 『프랑스혁명과 가족로망스』 같은 작업도 있지만, 니시카와와 나가오는 프랑스혁명이 여성과 외국인을 배제한 대표적인 예로서 올랭프 드 구주, 아나카르시스 클로츠 두 사람을 거론한다. 스스로 자코뱅그룹의 최초 멤버였던 클로츠가 자코뱅독재시기에 로베스피에르에 의해 처형된 역사적 사실을 상기시키면서 혁명의 배제와 억압의 역사를 지적한다. 어쨌든 니시카와 나가오의 프랑스혁명을 둘러싼 이상의 해석은 국민국가의 위기가 프랑스혁명 안에 어떻게 배태되어 있었는가를 살피고 네이션 개념의 궁극적인 변화가 요청되는 시점에서 프랑스혁명의 공과를 살피기 위한 것이다. "프랑스혁명이 가지고 있던 다양한 가능성, 혹은 'Nation'이라는 말에 담겨 있던 다양한 내용은 이 시기(나폴레옹시기)에 국가Etat 개념, 혹은 국가라는 용기 속으로 정리 회수되어 갑니다."(221쪽) 프랑스 혁명기의 다양성이 국가로 회수되어 갔듯이 그리고 억압과 배제의 메커니즘을 작동시켰듯이, 국민국가 또한 사람을 국가로 회수해가고 국민이라는 동일성으로 제작 통일해 왔으며 외국인, 노동자, 장애자, 여성 등을 비국민, 혹은 나쁜 국민으로 배제해 왔던 역사를 갖고 있는 것이다.

국가 간 시스템론에서 제국론으로

『제국』의 입장에서는 니시카와 나가오의 국민국가론의 미래가 어떻게 설명될 수 있을까? 이 점에서 니시카와 나가오가 이론적으로 의지하고 있는 월러스틴의 입장이 문제가 된다. 니시카와 나가오는 월러스틴의 입장을 여러 군데에서 반복 인용하면서 충실하게 따르는데, 그 내용은 국가 간 시스템과 세계체제의 연관문제(124, 136~145쪽), 반체제운동의 체제화 문제(124, 162, 172쪽), 사회과학의 문제(91쪽)로서 이 세 가지 내용은 62쪽에 모두 취합되어 있다. 물론 니시카와 나가오도 월러스틴에게 있어서 세계체제와 국가 간 시스템의 연관이 분명하지 않다고 말한 후(62쪽), "세계체제론은 아직 실증적 작업에 의해 증명되어야 할 부분이 많이 남아있고, 특히 국가 간 시스템과 국민국가의 구조와 문명 문화 개념에 관해서는 충분히 전개되었다고는 생각되지 않습니다"(137쪽)라고 더 구체적으로 설명하고 비판한다. 월러스틴의 세계체제론에 시간이라는 문제설정이 결여되어 있다는 비판도 마찬가지이다. 그러나 니시카와 나가오는 월러스틴의 '구조적 차별의 네트워크'라는 말을 받아들여 이문화異文化 교류의 차별적인 모순을 지적하는데 원용한다. 국민국가를 지탱했던 사회주의와 자유주의라는 두 개의 이데올로기가 1968년에 소멸했다거나 1989년이 세계 국민국가와 국가 간 시스템의 재편성에 결정적인 해였다는 이야기도 월러스틴의 냄새가 나는 말이다.

니시카와 나가오는 국민국가가 서구에 특유한 것으로서 아시아나 아프리카에는 이식될 수 없다고 주장하는 프랑스의 사회학자 P. 비른봄의 논의보다 국민국가의 모듈성을 강조함으로써 국민국가의 이식가능성을 주장하는 베네딕트 앤더슨의 논의를 받아들이기 때문에, 각 국민국가가 구조화된 네트워크 속으로 위치지워질 때 서로의 독자성과 차이가 강조되고 구조적으로는 아주 닮은 형태가 된다고 말한다. 이 점은 앞에서도 인용한 것이지만, 니시카와 나가오는 자신의 저서 다른 부분에서 세계체제를 "중심—주변이라는 지구규모의 착취—피착취관계"(136쪽)로 이해하고 있다. 그러나 이러한 세계체제에 대한 이해는, 니시카와 나가오가 '구조화된 차별의 네크워크 안에서 국민국가들의 상동성'을 말하는 순간, 무의미해진다. 니시카와 나가오는 개별 국가들이 '발전'을 추구하면 세계체제 강화에 기여한다는 월러스틴의 말을 인용하는데(162, 172쪽), 이 대목에서 그가 대만을 준'제국'으로 보는 진광흥陳光興의 말을 인용하는 것을 보면, 가령 한국, 중국 등이 자본주의의 유혹과 덫(91쪽)에도 불구하고 개별 국가의 발전을 꾀하여 주변에서 중심으로 이동하게 되면, 그것이 과거 선진국가들의 모습과 닮은 꼴이 되고, 가령 말레이시아가 20년 후에 한국, 중국과 닮은꼴을 하게 되고, 한국, 중국, 말레이시아 등 국민국가들이 자본주의 유혹에 넘어가고 그 덫에 걸려들어 세계체제의 강화에 이바지한다는 얘기를 하는 것으로 들린다. 그러나 각 국민국가들이 자본주의의 유혹에 넘어가 개별적인 발전을 꾀하더라도 구조적인 차별은 여전히 존재하고 중심-주변, 착취-피착취 관계, 즉 국가 간 시스템은 여전한 것 아닐까? 니시카와 나가오나 월러스틴의 얘기는 이런 것이다. 그렇다면 월러스틴의 말처럼 시스템 전체의 변혁(162쪽)은 어떻게 가능할까? 세계체제에 대응하는 형태로 국가 간 시스템이 성립된다면 자본주의의 덫에 아직 걸려들지 않은 나라가 어디 있을 것이며, 상동적인 형태로, 그리고 순차적으로 문명화정도에 따라 개별 국가들이 자본주의의 유혹에 걸려들 때 "패권국의 이동은 있어도 국가 간 불평등이라는 세계체제의 구조 차제는 변하지 않는데"(136쪽), 시스템 전체의 변혁이 어떻게 가능하다는 말일까? 이러한 논리대로 나간다면 니시카와 나가오의 국민국가론에서 제기되는 국민화의 회로나 사람이 국가로 회수되는 과정이나 회로 자체도 구조화된 네트워크 안에 위치지워진 관계로 해서 서로 아주 닮은꼴이 된다는 말처럼 들린다.

니시카와 나가오나 월러스틴의 관점에는 국민 / 국가라는 문제설정이 두드러지게 나타난다. 그 대신 그들의 논의에는 '자본'의 문제설정이 결여되어 있는 것으로 보인다. 물론 니시카와 나가오가 이제껏 의문시되지 않았던 국가 자체를 문제삼으려고 하는 것은 이해되지만, 1989년을 기점으로 하는 세계 국민국가와 국가 간 시스템의 재편성이란 결국 자본에 의한 재편성, 자본의 재편성이 아니었을까? 들뢰즈와 가타리는 『천 개의 고원』에서 이렇게 말한다.

> 자본은 국가보다 더 탈코드적이고 탈영토적이다. 국가는 기본적으로 영토적이다. (…중략…) 우리는 자본주의가 국가를 필요로 하지 않는 경제적 질서를 발전시킨다고 말할 수 있다. (…중략…) 자본주의에서 국가는 취소

되는 것이 아니라 형태를 바꾸고 새로운 의미를 띤다. (…중략…) 민족국가라고 불리는 것이 바로 실현모델로서의 국가이다. (…중략…) 국토와 그 산업적 기반을 만드는 것이 자본이듯이 국민을 만드는 것은 벌거숭이 노동의 흐름이다. 국가가 자본주의적인 공리체계의 실현모델이 되는 것은 민족국가의 형태에서이다. 민족이 본질이 아닌 현상이라거나 이데올로기적 현상이라고 말하고 있는 것이 아니다. 그 반대로 국가는 추상적인 자본의 질적인 동질성과 양적 경쟁이 처음 실현되는 열정적이고 살아있는 형태이다.[2]

물론 니시카와 나가오 스스로 말하듯이 자신의 국민국가론이 기존 사회과학의 국가론과 다르나고 하지만 중심—주변의 관계가 여전히 작동하는 시점에서 "독점과 주변으로부터의 착취는 국가의 보호 없이 실현될 수 없"(136쪽)다면, 국민국가의 상대화가 어느 정도 가능한 것인지 묻지 않을 수 없다. 은폐된 국민국가의 본질을 파헤치고 국가가 사람들에게 강제했던 폐해를 국민화의 회로에서 찾고 그러한 회로들을 밝히는 것은 중대한 문제이다. 그러나 들뢰즈나 가타리의 말처럼 사람을 국민으로 만드는 것은 국가, 국가장치와 국민국가의 이데올로기만이 아니라 노동의 흐름이기도 한 것이다. 그리고 국가가 민족국가 = 국민국가[3]의 형태로 있을 때 자본주의공리계가 실현된다면 세계 국민국가의 재편성이 이루어진 경우에도 국민국가가 존재해야 세계체제에 여전히 유리한 것이 아닐까? 니시카와 나가오는 국민국가의 종언을 1989년 이후에 보고 싶어 하지만 그 후에도 국민국가는 종언을 고한 것이 아니라 형태를 바꾸고 새로운 의미를 띤 채 '제국'[4]으로 나타난 것이 아닐까? 니시카와 나가오는

2 http://noolbyun.net. '책읽기'에서 재인용.
3 민족은 민(民)과 족(族)의 합성어로서 한자에는 없고 일본에서 만들어진 글자로서 중국과 한국에 역수입되어 사용되는 말이므로(114, 116~119쪽) 민족국가 보다는 국민국가로 표기한다.

국민국가가 동요하게 된 원인으로 다국적 기업을 들고 있으면서도 자본의 탈코드화하고, 탈영토화하는 흐름을 더 깊게 보지 않음으로써 자본의 이러한 흐름에 의한 국민국가의 동요를, 국민국가의 종언이라는 식으로 절대화하고 있는 것은 아닐까? 국민국가는 종언을 고했어도 자본의 흐름은 여전하며 국민국가의 종언에 의한 국민국가의 상대화는 자본의 탈영토화 혹은 자본에 의한 국민국가 재편성의 결과일 뿐일 터이다. 니시카와 나가오나 월러스틴이 말하듯이 구조적인 차별의 네트워크 속으로 세계 국민국가가 위치 지워지고 아주 닮은꼴로 돼간다면, 순차적으로 자본주의의 유혹에 넘어간 개별 국민국가들이 세계체제의 강화에 이바지하는 것이 아니라 그것들이 합성하여 제국을 형성하는 것은 아닐까?

요컨대 니시카와 나가오나 월러스틴은 자신의 세계체제론의 결점을 보완하기 위해 제3세계 종속론을 끌어들여 세계체제론을 중심—주변의 관계로 설정함으로써 자본 / 노동의 적대성을 제대로 파악하지 못한 것으로 보인다. 노동보다는 국가, 국가장치나 이데올로기가 사람을 국민으로 제작한다고 보는 것도 이러한 맥락에서이다. 국민국가론이 기존 사회과학의 국가론과 다르다 하더라도 자본 / 노동의 대립을 국민국가론이 받아들이지 못할 이유는 없어 보인다. 자본에 의한 주권 재합성의 산물인 제국 하에서도 개별 국민국가마다 국민을 국가에 회수하고 국민화하는 형태나 방식은 다르겠지만 니시카와 나가오가 말하는 그 국민화의 회로들 중 어느 부분에서는, 국민화 또한 전지구적인 의미에서 동질적인 형태로 진행하는 측면도 있어 보인다고 말할 수 있지 않을까. 제국론 하에서 국민국가는 자본의 극심한 탈영토화에 따라 재편되고 있는 중이다. 그러나 어느 한 편으로는 국민국가가 종언을 고했다기보다는 9·11사태 이

4 진광흥이 말한 의미에서의 제국이 아니다.

후의 미국에서 보듯이 편집증적인 내셔널리즘이 더욱 기세등등해지는 측면도 있다. 따라서 비국민화의 회로를 찾는 것도 중요하지만 제국에 대항하는 비제국민의 모습을 회복하는 것도 중요하지 않을까 싶다. 이 이상의 논의를 하는 것은 『국민이라는 괴물』에 대한 서평의 성격을 넘어서는 것일지도 모른다. 다만 제국이 생성과정 속에 있고 자본의 급격한 재편이 이루어지는 상황을 염두에 두고—니시카와 나가오가 탈국민국가의 시대라고 말하는 것이 이러한 상황이라면—이러한 상황이 개별 국민국가와 그 구조에 미칠 영향은 앞으로의 진망으로 삼아야 할 것이다. 니시카와 나가오가 자신의 저서에서 제시한 국민통합의 전제와 요소, 국민화라는 표에 나타난 것들이 국경 없이 사람과 자본이 오고가는 시대에는 새롭게 변할 것이고 이미 변하고 있기 때문이다.

나가며

니시카와 나가오의 저서는 시간적으로 프랑스혁명에서 1989년에 이르는 사정거리 안에서, 공간적으로는 일본으로부터 서유럽에 이르는 사정거리 안에서, 그리고 사상적으로는 프루동에서 월러스틴, 후쿠자와 유키치에서 현재의 일본사상사에 이르는 사정거리 안에서, 국가 혹은 국민이라는 괴물을 발생시킨 근대적인 국민국가를 포착하고 국가의 상권이 불리운 국민화의 이데올로기를 상기시켜준 책이다. 프랑스혁명사에 문외한인 필자에게는 힘에 부치는 저서였다. 그러나 송두율 교수 사건처럼 레드 컴플렉스가 아직까지도 불식되지 않은 데에서 볼 수 있듯이 국민화의 회로가 강하게 작동하고 있는 우리 현실에서는 니시카와 나가오가 제기하는 국가라는 괴물의 흔적이 우리에게 깊이 박혀 있다는 것을 새삼 느끼게 되었다. 기관 없는 신체가 강렬도들의 장이라면, 국가라는 괴물은 일종의 기관 없는 신체와도 같은 것이어서 대단한 강렬도를 가진 회로들을 자신의 신체 위에 배치해 놓고 내재적이고 분자적인 수준에서 사람들을 국민이라는 괴물로 둔갑시킨다. 그 몰적인 국민 안에서 우리들은 비국민화의 회로를, 국가 바깥으로 나갈 수 있는 회로를 어떻게 찾을 수 있을까? 국민이라는 몰적 존재 안에서 다양하고 역동적으로 움직이는 나-개인은 국가라는 괴물과 어떻게 마주하고 있을까.

—『진보평론』 18, 2003

괴물은 어떻게 자유로워지는가

이명원 | 경희대학교 후마니타스칼리지 교수

니시카와 나가오, 윤대석 역, 『국민이라는 괴물』, 2002

니시카와 나가오四川長夫의 『국민이라는 괴물』을 읽다보면, 최근 국문학계와 역사학계 일각에서 논의되고 있는 민족문학 해체론 및 파시즘론과 상당한 유사성을 갖고 있음을 확인할 수 있다. 그럴 수밖에 없는 것이, 이것은 1980년대 이후 일본 인문학계의 지배적인 문제틀을 형성하고 있었고, 이것이 90년대를 거치면서 하나의 이론적 대안으로 한국에 유입 또는 흡수되고 있기 때문이다. 물론 여기서 내가 그 말썽 많은 '현해탄 콤플렉스'를 운위하고자 하는 것은 아니다. 어떤 쪽이냐 하면, 나는 이론의 지구적 소통이 상당히 긍정적인 측면을 내포하고 있으며, 가치론적인 차원을 떠나서도 오늘날의 현실이 일국적인 차원에서의 이론의 고유성과 특수성을 상대적으로 축소시키는 상황에 처해있다고 생각하는 편에 속한다.

그렇기는 하지만, 우리는 특정한 이론의 전유 혹은 수용맥락에 대한 반성을 잊었을 때, 그것이 초래할 수 있는 뜻밖의 '반동성'에 대한 예리한 인식을 견지할 필요가 있다. 니시카와 나가오의 『국민이라는 괴물』을 읽으면서, 우리가 이른바 '양가감정'을 느낄 수밖에 없는 것은 이런 까닭이다. 유쾌하고 활달한 문체로 쓰인 이 책의 에세이들이 궁극적으로 주장하는 것은 국민국가란 본질적으로 파시즘적인 요소를 내포하고 있으며, 민족주의란 그것의 발생론적 토대이며, 국민이란 언제든 국가에 의해 '동원'되기를 기다리는 '괴물'과도 같은 존재인데, 이는 근대에 이르러 창안된 허구적 내러티브에 기반하고 있다는 것으로 요약된다. 국민(또는 민족)nation이란 '상상의 공동체'라는 베네딕트 앤더슨의 주장이 국민국가론의 인식론적 씨방으로 기능하고 있는 셈이다.

우리 학계에서도 이러한 관점에 입각한 저작들이 활발하게 제출되고 있다. 역사학계에서는 임지현의 『민족주의는 반역이다』라는 저작이, 국문학계에서는 김철 등의 『문학 속의 파시즘』, 권보드래의 『한국 근대소설의 기원』, 고미숙의 『한국의 근대성, 그 기원을 찾아서』 등에서 이러한 시각이 엿보인다. 이들 저작에서는 민족주의, 민족문학, 민족어(더 정확하게는 국어)와 같은 상상적 관념형성의 계보학에 대한 탐구와 함께 이러한 관념의 해체 가능성을 피력하는 다채로운 논의들이 개진되고 있다. 네그리와 하트의 영향이 뚜렷하게 드러나 있는 조정환의 『지구제국』 역시 앞에서 언급한 저작들과는 많은 차이가 있지만, 이러한 문제의식의 연장선상에서 읽을 수 있는 책이다. 여기에 월러스틴의 '세계체제론'까지 가세하고 보면, 국민국가론을 포함한 근대성의 해체와 재구성을 둘러싼 담론은 한국과 일본뿐만이 아니라 지구적인 차원에서 대단히 활발하게 논의되고 있는 의제임을 알 수 있다. 그것은 우리가 살아가고 있는 '근대'라고 하는 시공간이 특정한 방식의 질적 변환 또는 탈근대로의 비등점을 지나고 있다는 판단에 기인한 현상이라고 볼 수 있겠다.

그런데 위에서 언급한 일련의 저작들을 통독하고, 다시 니시카와 나가오의 저작을 두 차례에 걸쳐 숙독하면서, 나는 다음과 같은 의문을 떠올리게 되었다. 『국민이라는 괴물』에서 그가 펼치고 있는 주장은 많은 부분이 논리적인 설득력을 갖고 있다. 하지만 적어도 파시즘과 관련하여 그가 펼치고 있는 일련의 주장들은 '역사의식'을 근본적으로 무효화시킬 수 있는 위험성을 내포하고 있는 것으로 판단된다. 가령 그는 독일의 대통령 비이츠제키가 2차대진의 종전 50주년을 기념하여 일본에서 행한 강의에 상당한 불신을 표명하면서, 나치즘을 포함한 파시즘과 국민국가의 관련성에 대해 다음과 같은 진단을 내리고 있다. "국민국가의 일원인 한, 우리들은 어느 정도 나치적이고, 그렇게 인식할 때에 비로소 나치즘으로부터 탈각할 수 있는 가능성이 열리는 것은 아닐까." 이것은 바이츠제커의 다음과 같은 주장, 즉 "독일에서 나치즘의 지배는 예외적이고 비정상적인 역사적 국면이었다"에 대한 반론으로 제출된 저자의 발언이다.

분명 바이츠제커의 역사관이 독일 파시즘을 역사상 특수한 체제로 규정하는 과정을 통해 과거에 대한 청산주의적 태도를 보여 주고 있다는 저자의 지적은 예리하다. 하지만, 그렇다고 해서, 모든 국민국가가 나치즘적인 요소를 가지고 있다는 주장을 일반화한다면, 이 또한 역사를 본질론으로 환원시키는 논리의 곡예가 아닐 수 없다. 세계사를 검토해 보건대, 모든 국민국가가 파시즘의 주체로 등장한 것은 물론 아니다. 비록 발달된 구미의 국민국가들이 식민(제국)주의적 야심을 지속적으로 관철시킨 것은 진실이겠으나, 그것이 파시즘과 같은 극단적인 형태로 발현된 것은 독일과 이탈리아, 일본과 같은 특정 국가에서만 가능했다는 사실을 기억할 필요가 있다. 때문에 저자의 바이츠제커

비판이 일정한 타당성을 지니고 있는 것과는 별도로, 경우에 따라 이러한 주장이 일본적 파시즘에 대한 방어논리로 활용될 수 있다는 점 역시 환기될 필요가 있다. 모든 국민국가는 필연적으로 파시즘적 요소를 내포할 수밖에 없다는 저자의 주장이 단순화되면, 바로 그렇기 때문에, 일본이라는 특정 국민국가가 역사 속에서 자행했던 파시즘적 행태 역시 자연스럽게 긍정될 소지가 있다. 바꿔 말해, 역사를 본질주의로 환원시켜 책임의 주체가 '휘발되는' 기회주의 담론이 생성될 가능성 또한 배제하기 힘들다는 것이다(실제로, 일본의 극우지식인들은 이런 논리를 자주 활용한다).

이러한 위험성을 사전에 예방하면서도 국민국가의 문제성을 철저히 비판하기 위해서는 우선 '국가주의'와 '민족주의'에 대한 섬세한 개념의 구획이 필요하고, 민족주의 역시 '제국주의적 민족주의'와 '저항적 민족주의'에 대한 섬세한 검토가 요청된다. 가령 멀리 갈 것 없이 한국에서의 '민족주의'의 성격을 검토해보는 것은 어떨까. 일제 강점기의 한국 민족주의는 민족해방의 기치 아래 '저항적 민족주의'를 견지하였다. 식민체제 아래의 민족주의는 대개 이러한 성격을 띠게 마련인데, 그것은 가령 오늘날의 팔레스타인이나 최근 신생국가로 출범한 동티모르의 예에서도 확인되는 바이다. 남한에 국민국가가 건설되었을 때, 민족주의는 이원화되기 시작한다. 군사파시즘 세력의 '관변－민족주의'와 이에 반대하는 재야 민주화세력의 '저항적－민족주의'가 그것이다. 문학의 영역에서 관변 민족주의는 이른바 순수문학 지향의 '민족주의 문학'과 일정하게 내통하였고, 저항적 민족주의는 '민족문학론'이라는 형태로 구조화되었다. 그런데, 최근 들어 문학계와 비평계에서 제기되고 있는 민족문학 해체론(또는 무용론)은 민족주의 문학을 민족문학과 무리하게 등치시킴으로써, 그 해소논리의 정당성을 확보하려 하고 있다. 그러나 이것은 범주의 오류가 아닐 수 없다. 오히려 한국사회의 지배적인 모순은 민족주의라기보다는 국가주의였다는 것이 나의 생각이다. 적어도 분단체제가 해소되기 전까지는 한국에서의 '저항적 민족주의'가 일정한 진보성을 견지할 수밖에 없다는 것이 나의 판단이다.

여기까지 이야기하다 보니, 마치 『국민이라는 괴물』을 대단히 문제가 많은 책으로 오해할 독자들도 있을까 걱정스럽지만, 사실은 그와 정반대라는 것이 나의 생각이다. 오히려 이 책은 국민국가의 어두운 뒷면, 그 억압과 착취와 차별을 구조화하는 이데올로기에 대한 날카로운 비판을 담고 있는 매우 흥미로운 저작임에 분명하다. 내가 이 글에서 저자의 주장 가운데 일부를 비판한 것은 다른 부분에서의 저자의 주장은 많은 부분 동의할 수 있을 것 같은데 유독 현실 역사와 관련된 부분, 특히 일본의 역사인식과 관련된 부분만은 동의하기 힘들었기 때문이다. 이것은 '나'라고 하는 존재 역시 저자가 비판했던 민족 혹은 국가의 회로 속에 빠져 있기 때문일까. 그럴 수도 있고 아닐 수도 있다. 중요한 것은 국민 또는 민족이 근대의 필요에 따라 창안된 '상상의 공동체'라고 할지라도, 그것이 현실적인 실체로서 작동하고 있는 현실역사의 '복잡성'과 '구체성'을 우리가 정밀하게 고려할 필요가 있다는 사실이다. 이러한 인식의 연장선상에서, 국가가 갖고 있는 억압성의 문제에 대해서 우리가 근원적인 성찰의 시간을 갖는 것은 소중한 일이겠지만, 적어도 이를 대체할 대안적 제도와 기구가 형성되지 못하고 있는 사정을 고려한다면, 우리는 억압의 '전면적 해소'라는 희망을 견지하면서도, 동시에 실현 가능한 '과잉억압의 제거'를 위해 힘써야 할 것이다.

이와 함께, 국가적 경계 안에 우리가 소속되어 있다는 사실이 즉각적으로 그것의 정당성을 용인하는 것은 아니라는 사실, 오히려 국가의 경계선을 넘어 지구적으로 소통·연대·실천하기 위한 노력들이 다양한 방식으로 전개되고 있다는 사실 또한 고려에 넣어야 할 것이다. 더불어 국민국가의 해체가 즉각적으로 현실의 모순을 높은 수준에서 지양한 낙원과도 같은 세계체제(제국)를 창출하리라는 막연한 유토피아주의가 오히려 더욱 위험할 수 있다는 점 또한 심각하게 음미될 필요가 있다(최근의 '세계화' 담론에서 그 위험성의 일단을 우리는 발견할 수 있지 않을까?). 아쉬운 점은, 이 책의 저자 역시 이러한 문제점을 충분히 인식하고 있지만, 가장 중요한 문제일 국민국가 '이후'에 대해서는 선명한 청사진을 제시하지 못하고 있다는 사실이다. 그 때문일까? 그는 자신의 국민국가론을 '몽상'이라고 고백한다. "국민국가론은 일찍이 감옥에 갇힌 국사범이 독방의 높은 창문으로 비치는 희미한 빛에 의지하여 그려내는 몽상과 관련되어있다." 그러나 역사가 특정한 시점에 이르러, 그 실현불가능해 보이는 몽상의 설계도를 불완전하나마 구현하기도 했다는 것을 상기하는 순간, 우리의 내면은 다시 서늘한 전율감에 휩싸이곤 하는 것이다.

—『오늘의 문예비평』 45, 2002

국어, 시험에 들다

이혜령 | 서강대학교 동아시아학술원 HK교수

코모리 요이치, 정선태 역, 『일본어의 근대』, 2003 외 1권

1.

‘국어’를 둘러싼 소음들은 갈수록 무성해지고 있다. 세계화의 물결 속에 제기된 영어공용론, 문자가 없어 그 언어가 소멸될 운명에 처한 인디언이나 에스키모에게 ‘훈민정음’을 발음기호로 사용해 문자를 만들어준다는 세종프로젝트와 같은 진지하고 거창한 화두나 기획에서부터, 연변 사투리가 등장하는 드라마와 개그, 사투리로 재현한 삼국시대의 황산벌전투, 그리고 재일교포 출신 가수의 한국어 실력을 테스트하는 연예프로에 이르기까지 ‘국어’ 자체가 크고 작은 시험무대를 연출하고 있다. 이 모든 사안들을 둘러싼 국어의 표상이 성聖과 속俗, 보존과 소멸, 확산과 위축, 순수와 혼종이라는 이분법을 오가고 있다는 건 쉽게 감지할 수 있다. 이 이분법을 오가는 기획 내지 유희는 광복 직후 1인당 GNP 35달러, 문맹률 70%의 후진국에서 거의 100%에 육박하는 초·중등학교 입학률과 최저의 문맹률, 그리고 GNP 1만 달러의 부국富國으로 성장했기 때문에 가능한 것인지도 모른다. 대조적인 예로, 9·11테러 이후 미국의 보복전쟁 덕분에 세계의 시선에 포착된 아프카니스탄은 종종 가난·비참·폐허의 나라일 뿐만 아니라 문맹률 93%의 나라로 설명된다. 갈수록 정글법칙의 강도가 심해지고 있는 세계체제에서 견뎌낼 수 있는가를 가늠하는 유력한 지표 중 하나로 해당 국가 국민의 문맹률을 꼽고 있는 시대에, 최근 '국어'를 둘러싼 소음들은 한국이 더 이상 국민들의 문자해득력을 국가발전의 장애물로 간주하지 않아도 좋을 정도로 발전했다는 자신감을 은밀히 시사하고 있다. 한국에 돈 벌러 온 교포들의 사투리 내지 서투른 한국어를 웃음의 재료로 받아들일 아량까지 생겼으니 말이다.

거친 개괄로도 알 수 있듯이, 학교, 군대, 법률, 언론 그리고 이러한 제도의 끊임없는 확충과 강화를 담당하는 국민어로 등록해야만 존속될 수 있는 근대 언어들의 운명은 국민국가와 자본주의라는 근대의 목적론의 문제이다. 탄생→수난→웅비라는 영웅서사를 방불할 만한 한국의 국어사인식이나 근래 영어공용어론에 대한 디스토피아적 시나리오는 피식민 경험을 '민족어말살기'로 공동기억화한 데서 생겨났다는 점에서 닮은꼴이다. 또한 이러한 공동기억이 창출한 내러티브는 언어내셔널리즘에 대한 비판을 도리어 국민국가의 목적론을 강화하는 기제로 전유하게 만드는 힘을 발휘하고 있다는 것만은 분명하다. 물론 세계체제 내의 국민국가 간의 권력관계가 곧바로 언어의 위계질서에 대응하는 현실 속에서 이것의 시시비비를 가리는 일은 실로 난감하지만, 최근 번역출간된 사카이 나오키酒井直樹의 『사산되는 일본어·일본인: '일본'의 역사—지정적 배치』, 코모리 요이치小森陽一의 『일본어의 근대』는 한국사회의 '국어'를 둘러싼 소음들을 보다 낯설게 만들고 그 낯설음을 성찰의 기회로 삼아볼 것을 제안한다.

2.

『일본어의 근대』의 들어가는 말에서 코모리 요이치는 자신의 저작을 이미 여러 학계의 이론적 배치에 결정적인 전환을 요구할 정도로 일본어내셔널리즘 비판을 철저하게 수행한 몇몇 학자의 저서의 인용이자 그 주제에 관한 자신의 학습보고서라고 밝히고 있다. 그 이론적 틀의 상당 부분은 사카이 나오키의 『사산된 일본어 · 일본인』에 빚지고 있다고 말한다. 사카이 나오키가 일본어의 탄생에 관해 보다 이론적인 차원의 탐문을 시도하고 있다면, 코모리 요이치는 '놀라운 사건의 연쇄'로서 '국어'의 발견을 국민국가와 근대의 여러 제도의 배치와 작동, 역사적 사건의 국면 속에서 예각화한다.[1]

코모리 요이치의 『일본어의 근대』 첫장 「'일본어'의 발견」이 국학자 모토오리 노리나가에 주목한 이유는, 그의 작업이 언어가 한 공동체의 표상으로 작동하는 근대 국민국가의 배타적인 통합 메커니즘을 내포하고 있기 때문이다. 즉, 『고사기』에서 '중국의 말', '한자문화' 등을 이질적인 외부로 설정 · 배제함으로써 고유일본어 — 고대 천황의

1 이 서평은 두 저자가 공명을 이루고 있는 부분에 중점을 두었다. 따라서 두 책의 글들을 모두 다루지 못하고 언어내셔널리즘과 그와 관련된 인종주의 비판을 중심으로 서술하게 되었음을 밝혀둔다.

소리 = 순수일본어공동체라는 내부를 탄생시킨 노리나가의 방법에서 뚜렷하게 드러난 이항대립은 근대 국민국가 형성 후에도 반복 · 재생산될 위험이 있다는 것이다. 이를 사카이 나오키의 말로 바꾸자면, 18세기 일본 국학자들의 순수일본어공동체는 중국을 자기참조의 배타적 근거로 설정함으로써 제작된 것이다. 이를 사카이 나오키는 번역의 실천계라는 용어를 통해 설명한다. 번역의 실천계란 하나의 언어에서 다른 언어로의 대칭적 변화를 유지하는 이데올로기로서, 이에 따르면 번역은 두 개의 독립적인 전체간의 등가교환의 다리를 건너는 것이다. 따라서 한쪽의 언어는 다른 쪽의 언어로부터 분명히 구별되지 않으면 안 되며, 샴 쌍생아와 같이 언어와 언어가 중첩되어 혼혈되어서는 안 된다는 것이다. 놀라울 정도의 잡종 혼혈적인 언어를 사용하는 다언어 사회 속에서, 18세기에 순수일본어라는 이념이 가능해진 것은 이 기제에 의해서다.[2]

네이션의 표상으로서의 민족어 내지 국어가 우리의 일상 내부에 깊숙이 들어와 있다는 건 영한, 일한, 독한, 불한 사전 등 대쌍으로 구성된 사전을 통해서도 알 수 있다. 사카이 나오키는 이를 대-형상화 도식이라는 용어로 설명했는데, 분할불가능한 통일체로서 민족어의 형상은 이렇게 창출된다. 한국의 경우로 따져보더라도, 언문諺文의 국문으로의 지위격상은 특정한 민족공동체의 경계로 국한되지 않았던 보편어로서의 한문을 중국이라는 내셔널리티에 귀속시켜 외래적인 것 이질적인 것으로 격하시키는 것과 동시적인 사건이었다.[3] 가령, 언문일치의 선구자의 위치에 있는 이광수가 중국과 한문도 아닌 지나, 지

2 酒井直樹, 『日本思想という問題－飜譯と主體』, 岩波書店, 1997, 52~53쪽.

3 한국에서 네이션의 표상으로서 '국문'이 대두하게 된 담론의 형성과 전변에 관해서는 황호덕, 「한국 근대 형성기의 문장 배치와 국문 담론」, 성균관대 박사논문, 2002. 참조.

나문이라는 더욱 경멸적인 어휘를 사용하면서, 지나와 지나문에 의해 조선정신과 조선어가 오염되었으며 지나어를 적출함으로써 조선의 신문학을 건설할 것을 논파한 것은 잘 알려져 있다. 민족어의 탄생이라는 사건이나 일련의 국어순화운동이 이렇듯 순수 / 혼종, 부활 / 소멸, 순화 / 오염 등 마니교적 수사의 운위 속에서 이루어지는 까닭은 "일본어의 탄생은 일본어의 사산으로서만 가능했다"(사카이, 200쪽)는 간명한 명제 속에 요약되고 있다. 즉 원래 있었던 순수일본어가 현재에는 부재한다는 가정 속에서 일본어가 단일한 통일체로서 상상되고, 이것이 통제적인 이념으로 작용할 때만이 무엇이 외래적이고 잡종적인가, 아닌가의 분별이 가능하게 되기 때문이다. 일본어의 탄생이 담론에서의 사건이라는 건 이러한 의미에서다.

무엇보다 두 저자가 가장 철저한 비판의 무대에 올린 것은 음성중심주의라고 해도 과언이 아닐 것이다. 고유일본어 = 고대 천황의 '소리'라는 노리나가의 도식이 시사하듯이, 순수일본어공동체는 무엇보다 구어口語의 공동체로 설정된다는 것에 주목해야 한다. 코모리 요이치는 이러한 도식이 성립하기 위해 필요한 것은 "문자에 선행하여 소리가 존재하고 이 소리의 기원에 권력의 정통성이 있다는 인과관계의 설정이"(코모리, 23쪽)라고 지적한다. 음성중심주의의 출현을 예시한 대목이라 하겠다. 기존까지 음성중심주의에 대한 이해는 오래 '시구'라는 지정적이고 문화적인 맥락 속에 국한되어, 한자의 표의성에 대해 과잉된 의미를 부여하면서 역으로 오리엔탈리즘을 강화해온 감이 없지 않다. 그러나 음성중심주의는 언어공동체로서의 민족의 산출에 필연적으로 요청된다. 즉 구어의 특권화야말로 언어공동체, 그리고 그것에의 소속을 자연화한 결정적인 기제이기 때문이다.

사카이 나오키에 따르면, '구어'는 문장에서 '인용된' 회화로서, 발화행위의 주체를 피발화태인 문장의 주어로 바꾸는 것에 의해 출현한다. 이러한 전환은 사실상 발화행위의 여타의 문맥의 거세와 주체의 소외(외화)를 불가피하게 야기함에도 불구하고, 발화행위 전에 발화주체가 존재한다는 전도를 통해 그 균열을 봉합함으로써 주체를 조정한다. 또한 이는 단지 음성을 내는 것만이 아닌 시청각적으로 때로는 촉각적으로 작용하는 여러 의미가 공존하는 발화행위의 잡종적 성격이 오로지 '구어'로 단일하게 표상됨으로써 균질화되는 것과도 같은 맥락이다. 18세기 직접화법의 형태로 드러내는 인용부의 발명, 게사꾸戱作나 대중연극에서의 회화의 폭발 현상에서 보이는 구어의 가시화 방법 등에 의해 구어는 제도로서 기능하였고, 그러하기에 연기가능한, 습득가능한 것이 되었다고 한다.

구어의 배타적 특권화는 언문일치라는 상상적 욕망에 이르러 전면화된다. 코모리 요이치의 「'표준어'의 제패」는 쓰여진 소리로서의 구어의 제도화가 어떻게 하여 언어의 위계질서를 만들어내었으며, 어떻게 이언어異言語 타자에 대한 폭력을 야기했는지에 대한 흥미롭고도 진지한 논의를 전개한다. 알아 들을 수 없는 바람의 소리와 사슴의 소리를 말로 알아 듣는 인간 켄쥬의 이야기를 담은 미야자와 켄지의 동화 「사슴춤의 유래」에 대한 분석은 참으로 시사적이다. 그는 바람의 소리, 사슴의 소리를 인간의 말로 전환시키는, '소리를 쓰다'란 행위는 비인간 / 인간이라는 비대칭성에 기초한 번역임을 지적한다.

'소리를 쓴다'는 행위는 식민주의적 무의식의 차원에서 이야기해도 무방할 것이다. 말 못하는 야만인, 즉 언어의 결손과 결여는 식민주의자가 피식민인을 규정하는 일관된 방식이기 때문이다. 제국의 식민지 경영의 전개와 함께 심화된 인류학이나 민족지학은 언어의 결여와 결손 때문에 스스로를 표현하지 못하는 원주민에게 언어를 부여하여 그들을 대리표상하는 작업에 다름 아니었다. 코모리 요이치의 논의도 식민주의의 심상지리imaginative geography가 그 '소리를 쓴다'는 사태 속에서 각인되어 있다는 데까지 나아간다. 세계자본주의가 제국주의화하는 중심적인 요인이 되었던 면제품인 손수건을 앞에 두고 이것이 무엇일까 두려워하고 망설이는 사슴의 소리는 '표준어'가 아닌 '토호쿠말東北語'의 특징을 띤 말로 옮겨져 있다는 것이다.

이때 표준어의 이념은 실상 모든 소리를 모사模寫할 수 있는 투명하고 균질적인 번역어를 지향한다. 언문일치의 환상이 정시법과 표준어의 제정 등으로 나아갈 수밖에 없는 이유는 그 목적이 이러한 균질적인 매체의 창출에 있기 때문이다. "보편적인 언어를 가지고 있는 보편적인 제국의 비전에서 '이동'은 모든 언어를 하나의 언어로 번역하는 것을 상상한다. 즉 번역은 차이를 말소하거나 완전히 주변화시킴으로써 번역의 종말을 상상한다"[4]는 체이피츠의 말에 빗대자면, 모든 소리의 번역어로서의 표준어 또한 제국의 언어 = 보편언어에의 욕망이다. 허나, 그 욕망은 차이의 끊임없는 위계화에 의해서만 정당화될 수 있다.

코모리 요이치가 1926년 카이조사改造社의 『현대일본문학전집』을 필두로 한 전집발간 붐, 그리고 엇비슷한 시기에 국어학자 토죠 미사오東條操, 민속학자 야나기타 쿠니오柳田國男 등에 의해 본격화된 방언붐에 주목한 이유는, 바로 '표준어의 제패'가 어떻게 언어의 세습화를 수반할 수밖에 없는지, 그리고 그것이 제국으로서 자기정립을 해가던 국민국가 일본의 행보와 어떤 공모의 관계를 형성하고 있는지를 보여 주기 때문이다.

4 Eric Cheyfitz, *The Poetics of Imperialism : Translation and Colonization from the Tempest to Tarzan*, New York : Oxford University Press, 1991, p.122. 더글라스 로빈슨, 정혜욱 역, 『번역과 제국』, 동문선, 2002, 108쪽에서 재인용.

3.

이상에서 짐작할 수 있듯이, 저자들의 언어내셔널리즘 비판이 인종주의 비판으로 나아간다. 이는 언어내셔널리즘이 쉽사리 인종주의와 결탁하고 공모하기 때문이다. 관동대지진 때 표준어의 사용여부로 조선인을 판명하여 학살한 사건을 "스스로 '경찰'화함으로써 '국가권력'과 합체하고자 한 '민중'이 '표준어'로서의 '일본어'를 자기동일성을 확보하고 '우리'와 '그들'을 준별하는 지표로 사용했다는 것은 '표준어의 제패'를 둘러싼 피로 물든 하나의 사건임에 틀림없다"(코모리, 291쪽)고 코모리 요이치는 말한다. 표준어가 아닌 사투리, 그것은 인종적 타자의 표상이었던 것이다. 소설에서 사투리는 현장감과 생동성을 높인다고 흔히 받아들여지고 있지만, 그건 사투리의 의미와는 아무런 관련이 없다. 왜냐하면 그 사투리의 의미는 표준어로 번역될 때만이 온전히 전달되기 때문이다. 현장감과 생동성이란 사투리로 표상된 불결하고 무식하고 분별력이 모자라고, 때로는 교활하기까지 한 원주민 내지 피식민자의 스펙타클에서 온 것이다. 『검은 피부, 하얀 가면』의 프란츠 파농은 자신의 신체만큼이나 혼란스럽고 자학적인 소리를 듣는다. "마신는 바나냐 잇서요."(알제리 흑인의 서툰 프랑스어)

"인종주의를 제시하지 않는 근대론은 기껏해야 일종의 농담에 지나지 않는다."(사카이, 225쪽) 이것은 「'서양으로의 회귀'와 인종주의」(7장)를 시작하는 도전적인 명제이다. 이 논문은 구소련이 몰락하고, 그리고 비서양 세계로부터 이민이 급증하는 현실 속에서 대두되고 있는 서양 지식인들의 '서양으로의 회귀' 담론이 왜 인종주의를 수반하는지에 대해 논의하고 있다. '서양', '유럽', '구미' 등이 어떤 공통된 지시대상을 구하기 힘들면서도 서로 교환 가능한 것은 인종으로서의 '백인'이란 자연화된 범주가 설정되어 있기 때문이다. 기술적 물리적 수준에서 괄목할 만할 성장을 보인 몇몇 비서양 세계의 존재는 이전보다 '서양'의 자기 동일성 확보를 곤혹스럽게 만들었다. 이런 현실에서 서양의 자기인지는 '본래'의 서양문화라든가 정신, 정통 영어, 프랑스어란 형태로 제시되고 있는데, 바로 그때 '본래'는 '백인'이라는 범주로 귀결되기 마련이란 것이다.

한편으로 서양의 편재는 여전히 지속되고 있다 지적한다. 그 예가 서양어의 편재이다. 세계의 정보와 지식은 서양어(영어, 프랑스어, 스페인어 등)에 의해 교환되고 있으며, 따라서 세계언어의 위계질서를 강화하고 있다. 사카이 나오키는 세계언어의 위계질서는 모든 국민들 사이의 위계질서와 중복되고 인종 사이의 위계질서와도 연대하는 경우가 많다고 지적한다. 인종주의 분류법은 언어들의 배치도에도 침투되어 있으며, 이것은 단순히 '서양'이 '비서양'에 강제한 것이라고 볼 수 없다는 것이다. 근대화가 곧 서구화로 표상되듯이, 비서양의 상승지향이 이러한 언어의 인종주의적 질서를 강화하고 있다. 최근 한국사회에서도 화제로 떠오르고 있는 영어공용론은 명백히 이러한 '상승지향'의 욕망 속에서 구성된 것임을 부인할 수 없다. 굳이 영어공용론까지가 아니더라도 영어를 배우고자 하는 동기 안에는 인종주의 분류법이 침투된 언어들의 배치도가 내면화되어 있다는 것이다. 스와힐리어는 아프리카의 최대 언어이고 사용하는 인구로 치자면 세계 10대언어에 들지만 누구나 배워야 할 외국어 목록에 결코 스와힐리어를 올리지 않을 것이며, 그건 고사하고 나 또한 스와힐리어의 존재를 안 지 얼마 되지 않았다. 그렇다고 해서 사카이 나오키의 서양어의 편재에 대한 비판이 귀속되어야 할 각자의 언어는 따로 있다는 식의 내셔널리즘으로 회귀되는 건 아니다. 이것을 「편재하는 국가」(4장)는 보여 준다.

이 글에서 사카이 나오키가 읽어낸 『노 노 보이No No Boy』[5]는 국민적 동일성을 승인받기 위해서는 죽음을 담보로 해야 하는 소수자의 아이덴티티 정치학, 그리고 그것을 거부하는 행위의 진정한 사회성에 대해 많은 것을 시사한다. 미국 사회에서 잽Jap이라 불리며 인종적인 냉대 속에서 이류의 시민으로 살아가야 했던 일본계 미국인에게 징병과 참전은 '안'으로서의 미국에 귀속되려는 혹은 귀속되어 있음을 증명하기 위한 죽음을 건 행위다. 따라서 이치로의 징병거부는 미국이라는 국가에 대한 귀속을 거부한 것이다. 그렇다고 그것이 어머니의 나라, 즉 모국어의 나라인 일본에 대한 긍정이 아닌 즉, 이중의 부정이라고 평가한다. 사카이 나오키는 이 이중의 부정과 부정의 부정을 통한 긍정을 다음과 같이 요약한다. "그것은 '아메리카'에 대한 '부(정)'을 통하면, 뭔가에 회귀할 수 있을 거라는 생각에 대한 '부(정)'이고, '안'으로서 '아메리카'에서 추방된 자들 사이에 성립하는 사회에 대한 강한 긍정이다."(사카이, 135쪽)

이는 이 소설의 언어와도 맞닿아 있다. 이 작품에서 이치로의 양친은 영어를 잘할 줄 모르며 가정에서는 일본어를 쓴다고 설정되어 있다. 소설은 물론 영어로 쓰여져 있다. 이러한 이유에서 이 작품은 '원작 없는' 번역소설이라 할 수 있지만, 소설의 언어가 영어와 일본어라는 두 개의 문화—언어적인 동일성 사이의 대립을 구성하는 건 아니라고 한다. 오로지 "귀속할 수 있는 고향을 가지고 있다고 몽상할 수 있는 자의 언어와, 그러한 몽상을 하지 못하게 된 자의 언어 사이의

5 이 작품은 일본계 미국인 존 오카타(John Okata)가 1957년에 발표한 중편소설로, 제2차 세계대전중에 미국에서 강제수용소에 수용된 일본인 가족과 그 장남 이치로라는 주인공에 관한 픽션으로, 미국군내 지원을 거부해 형무소에 수감된 이치로가 복역기간을 마치고 사회로 복귀하는 상황을 묘사한 작품이라고 한다.

기묘한 대화가 있을 뿐이다."(사카이, 124쪽)

4.

그간 한국의 학계가 일본의 비판적인 지성으로 접해 왔던 마루야마 마사오나 가라타니 고진의 일본 내셔널리즘 비판은 탈역사화된 일본주의로 경사됨으로써 그 비판의 진의가 다소 퇴색되었다. 이에 반해, 사카이 나오키와 코모리 요이치는 나르시시즘적 일본인론이나 일본론으로 귀결되어버리는 특수주의를 경계하고 있다. 두 저자가 결정론이나 본질론의 위험을 피할 수 있었던 건 국민국가로의 소속을 통한 민족적 동일성의 획득이 삶의 근본적인 조건을 형성하는 전지구적인 동시대와 그것에 대한 저항적 실천에 끊임없이 접속하고자 했기 때문인 것 같다. 그들이 내셔널리즘 비판 중에서도 가장 급진적인 성격을 띠는 언어 내셔널리즘 비판을 수행하고 있는 것도 이러한 맥락에서 바라보고 싶다.

언어내셔널리즘 비판이 급진적인 성격을 띠는 것은, 언어는 인종과 함께 네이션으로의 소속을 자연화시키는 기제이기 때문이다. 발리바르에 따르면, 언어와 인종은 민족의 속성(또 그 영혼 또는 정신이라 부를 수 있는 것)이 국민에 내재한다는 관념을 표출하며, 둘 모두 현실의 개인들과 정치적 관계들을 초월하는 수단을 제공한다는 점에서 인민을 '자연'에 뿌리박게 하는 두 가지 길이다.[6] 민족어 내지 국어, 그리고 인종의 의제적擬制的, fictive 성격을 드러내는 작업이 때로는 공격적인 이유는 서로 본 적도 이야기한 적도 없음에도 불구하고 서로를 동포라고 '느끼는' 공감의 근거를 뒤흔들기 때문이다. 우리 사회에서 언어내셔널리즘 비판이 진지한 검토와 토론의 장에 오르기도 전에 묵살되거나 원색적인 비난의 화살로 되돌아오는 사정도 여기에 있다. 물론 그 공감이란 모국어를 선택할 수 있는 사람은 없다는 자명한 사실에서 오는 게 아니냐는 반문도 가능하겠지만, 모국어를 민족의 배타적 표상으로, 그리고 국민어의 숙련정도를 소속됨의 열도로 당연하게 여기는 사태는 그리 유서 깊거나 자연스런 현상이 아니다.

사카이 나오키와 코모리 요이치는 그 공감의 균열을 봉합하지 말 것을, 한걸음 나아가 그 균열을 통해 언어내셔널리즘과 인종주의에 내재된 폭력성을 응시할 것을 요청한다. 여기에 이르면, 밭은 숨을 내쉬는 듯한 저자들의 내셔널리즘 비판은 상처 입은 자의 성찰과 같은 깊은 울림으로 다가온다. 나는, 그리고 나와 같은 모국어의 화자인 당신은 국어 안에서 안녕하신가. 국어가 시험에 든다면, 우리는 국어시험을 어떻게 치러야 하는가.

—『민족문학사연구』 24, 2004

6 에티엔 발리바르, 서관모 역, 「민족형태－그 역사와 이데올로기」, 『이론』 6, 1993년 가을, 122~127쪽 참조.

비평의 '표어주의'에 대한 성찰

이명원 | 경희대학교 후마니타스칼리지 교수

가라타니 코오진 외, 송태욱 역, 『근대 일본의 비평―1868~1989』, 2002

아주 오랫동안 한국 근대문학 연구는 일본 근대문학과의 비교문학적 연구에 많은 힘을 기울여왔다(그런데 정작 일본문학과 관련된 번역은 경시되거나 회피되곤 했다). 이것은 오늘날 우리가 익숙하게 받아들이고 있는 '문학'이라는 개념이 역사 속에서 특정한 방식으로 형성된 것, 바꿔 말해 일본을 경유하여 서구의 '문학' 개념을 수용해온 까닭일 것이다. 최초의 근대적 문학론으로 높은 평가를 받고 있는 이광수의 「문학이란 何오」1916에 대한 관심이 여전히 지속되고 있음은 이런 까닭이다. 문학 = literature의 역어라는 것, 그리하여 종래의 전통적인 문학 개념의 청산과 동시에 새로운 관념이 강림하듯 식민지 조선에 수용된 예를 우리는 잘 알고 있다. 그런데 지금에 와서는 일반화된 정의를 이루고 있는 그 문학관념이 과연 한국사회에서 무비판적으로 수용되었는가 하면 그렇지는 않은 것 같다.

우리는 그 한 예를 「님의 침묵」의 시인 한용운의 문학론에서 발견하게 된다. 발표연대 미상인 「문예소언文藝小言」이라는 글에서, 한용운은 중국과 일본, 그리고 서양의 문학 개념의 계보학을 성실하게 검토하면서도, 이광수 식의 근대적 문학론에의 무비판적 탐닉을 다음과 같은 발언을 통해 경계하고 있다.

> 그러면 모든 것에 있어서 후진적인 조선인지라 다른 것도 다른 것이거니와, 학술 방면에 있어서 더욱 선진국의 그것에 추수追隨하게 되는 것도 부득이한 일이요, 또는 독창적 주견이라 할지라도 선진학설의 영향을 받기가 쉬운 것이거니와 그렇다고 체계적 입론立論이 아니오 구체적 저술이 아닌 단언적 산견의 문자를 표준하여서 조선 문예가文藝家 전부의 의견이라고 볼 수도 없는 일이요, 또는 그것이 조선적으로 확정된 정의도 아닌 것이다.

위의 인용문이 포함된 글에서 한용운이 힘주어 강조하고 있는 것은 이른바 수입된 관념으로서의 '문학' 개념에 맹종하기보다는 그것을 주체화할 필요성이 있다는 주장이다. 그가 '문학'과 '문예'를 이분한 후, 조선의 문학은 넓은 차원에서의 학적인 실천 일반까지를 포괄해야 한다는 주장을 펼치는 것은 이런 까닭이다. 한용운의 이러한 주장은 최근에 와서 비평가 최원식에 의해 제창되고 있는 '문文'과 '학學'의 회통론과도 유사한 발상이라고 판단되는데, 지금부터 간략하게 논의하고자 하는 『근대 일본의 비평』에서의 가라타니 고진을 포함한 비평가들의 문제제기 역시 유사한 차원에서 이해될 수 있을 듯하다.

『근대 일본의 비평』에 참여하고 있는 논자들(이 책은 일관된 기술체계에 입각한 저서라기보다는 논쟁을 통해 사안의 입체성을 두루 검토하게 만드는 특이한 형식의 책이다. 그래서 '저자'라는 용어 대신 '논자'라는 표현을 쓰기로 한다)

은 무장된 탈현대 철학의 관점을 통해 메이지(1868~1912)와 다이쇼 시기(1912~1926)의 일본 비평을 논쟁적으로 거론해 나간다. 이 책의 기획자인 가라타니 고진의 비평에 대한 관점이야말로 이러한 논쟁을 자가 발전시키는 방법론적 전제인데 그 내용이란 이런 것이다. "내가 말하는 '비평'이란 협의의 문예비평 이상의 것, 즉 근대 일본 지성의 정수를 의미한다." 이러한 관점에 따르자면, 근대에 이르러 일본에 수용된 비평의 문예학적 이상이라는 것은 발전이기보다는 퇴보이며, 사상의 확대이기보다는 축소일 수밖에 없다는 의문이 가능해진다. 물론 이러한 의문은 정당하다는 것이 이 논자들의 공통된 생각이다. 메이지기 일본에서의 근대의식의 성장이 청일전쟁과 러일전쟁의 승리를 통해 형성된 나르시시즘적 자기동일성의 산물이라는 주장이나, 일본의 자연주의가 쓸 데 없이 이름만 높고 실체는 불분명한 조악한 주장들에 불과했다는 과감한 비판은 그래서 가능해진다. 이 지점에서 가라타니 고진은 "관념상의 과격성이 실제로 실현할 수 있는 것은 아무 것도 없다"는 진술을 통해 일본의 근대비평을 둘러싸고 있는 그 활기찬 '표어주의'의 허구성에 대해 일침을 가하고 있는데, 그것이 가장 과격한 형태로 드러난 것이 다이쇼기의 비평에서였다는 지적은 매우 흥미로운 부분이다.

표어주의란 무엇인가? 문학의 보편성에 대한 지극히 추상적인 신앙에 근거한 거대담론 정도로 요약할 수 있겠다. 이 표어주의는 앞에서 우리가 지적한 나르시시즘적 자기동일성의 산물이다. 러일전쟁 이후의 비평적 담론은 일본 사회의 역사적 특수성, 즉 국내적으로는 대역사건大逆事件1910 이래의 시사담론의 실종, 국외적으로는 일본의 제국주의적 침략이라는 사회・역사적 모순의 은폐 아래, 문예나 사상의 '추상성'만이 강화되는 상황에 처하게 된다. 표면적으로는 보편적인 형식의 근대적 담론, 이를테면 '생의 긍정'이니 '인간의 창조성'이니 '민중주의'니 하는 표어들이 난무했지만, 그 담론의 보편성과 추상성이 강화되면 될수록 그것은 현실과는 전혀 무관한 장식적 담론으로 전락해 갔다는 것이 이들의 진단이다. 만일 이 시대의 비평이 제대로 된 성찰성을 확보했다면, 일본의 식민주의적 침략성과 국내적인 모순의 악화에서 오는 "구체적인 갈등"을 논의의 대상으로 삼을 수 있었을 것이다. 때문에 이러한 예민한 문제들이 모두 거세된 상황에서 작동되었던 다이쇼기 담론의 낙천성은 결국 '문제'의 구성을 피하려는 '요설', 즉 '표어'의 수준으로 전락할 수밖에 없었다는 것이 이들의 주장이다. 그러니까, 이때 이들이 말하고 있는 '요설' 또는 '표어주의'란 '관념론적 보편주의'의 다른 이름인 셈이다.

그런데 이들의 토론을 읽어나가면서, 내가 생각한 것은 그렇다면 식민지 당대의 우리 비평은 이러한 '표어주의'의 유혹으로부터 얼마나 자유로웠는가하는 의문이었다. 일본이야 그래도 역사적 국면에서의 헤게모니 장악을 통해 서구와의 '상상적 동일시'가 가능케 했겠지만, 식민화된 상황에서의 당대 조선 지식인들의 일본과의 상상적 동일시 또는 보편주의적 경향이 매서운 비판에 직면할 수밖에 없었던 것은 조선적 '표어주의' 때문이 아니었을까. 그렇다면 이러한 현상이 오늘날 완전히 극복되었다고 볼 수 있을까. 그것은 물론 회의적이다. 문학과 비평 영역에서의 추상화된 보편주의, 이론에 대한 물신적인 숭배, 구체적 갈등현장일 현실의 전면적인 소거와 같은 문제점들은 한국사회에서도 여전히 반복되는 현상이 아닐까. 비평의 현장에서조차 이러한 현상은 손쉽게 발견될 수 있다고 판단된다. 푸코와 부르디외의 담론을 방법론으로는 원용하지만, 이를 통해 현실의 모순에 적극적으로 개입하지는 않고, 들뢰즈를 논의하지만 현실 속에서의 삶의 태도는 지극히 보수적인 사람들을 우리는 얼마든지 발견할 수 있다. 이론적으로는 파시즘 해체에 대해서 떠들지만, 일상적인 삶의 면모는 미시 파시스트인 사람을 우리는 종종 발견할 수 있다. 이것은 또 다른 '표어주의'의 산물이 아닐 수 없다.

여기서 번역과 관련된 나의 문제의식 한 가지. 최근에 번역된 일본의 저작들을 읽어나가면서 들었던 생각은 번역을 통해 한국적 '표어주의'의 이론적 기원들이 속속 밝혀질 확률이 높다는 것이다. 모르긴 몰라도 지금과 같은 속도로 일본의 주요한 지적 저작들이 활발하게 번역된다면, 우리 국문학계와 비평계는 의외로 심각한 자기반성의 국면을 통과해야 될 지도 모른다. 영화평론가 이상용이 「번역, 반역, 오역 그리고 구역질」이라는 글에서 지적한 바처럼, 번역의 문제는 분명 우리 인문학계 전반의 문제점과 맞닿아 있다. 때때로 현장에서 제출되는 비평들과 학계에서 발표되는 논문들을 읽으면서 느꼈던 신선함과 새로움이 일본 지식인들의 저작 속에서 이미 낡은 형태로 드러날 때, 그것을 읽는 자의 마음은 씁쓸하기 그지없다. 그러므로 번역에 대한 사회적 관심이 확대되고 번역자에 대한 학문적 존중이 높아질 때, 우리는 '이론 따라잡기 게임'을 멈출 수 있을지 모른다. 이러한 생각은 이 책의 제2부 격인 『현대 일본의 비평』을 읽으면서 더욱 강렬해졌는데, 이것은 학계와 비평계에서 한번쯤 심각하게 음미될 필요가 있는 문제라고 판단된다.

『오늘의 문예비평』 45, 2002

일본과 아시아 그리고 한국과 아시아

김예림 | 연세대학교 학부대학 전임교수

다케우치 요시미, 서광덕 · 백지운 역, 『일본과 아시아』, 2004

지금 '아시아'는 뜨거운 이슈다. 국제질서의 재편과 경제환경의 변화 그리고 문화적 변전 과정이 서로 맞물리면서, 새로운 세기의 새로운 블록으로 다각적인 아시아상이 제출되고 있다. 우리 내부에서 모색 중인 혹은 아시아 제국가들 간의 상호 소통을 통해 생산되는 다양한 사회 · 정치적 · 경제적 · 문화적 아시아 전망론은 현실적 · 담론적 층위에서 그야말로 스펙터클하게 진열되어 있다. 여기에는 대부분 지난한 피식민화의 길을 걸어야 했던 아시아 여러 국가들의 자기 성찰에 대한 의지가 흐르고 있을 것이다. 더불어 미래지향적 자기구성과 개방적 연대의 열망 역시 강하게 작용할 터이다. 지정학적이고 역사적인 이유로 우리는 종종 '동아시아'라는 단위를 설정하여 경계넘기를 시도하고 있는데, 배제와 선택이 암암리에 작용한다고는 해도 어쨌든 일국적 차원을 벗어나 권역적 차원에서 과거–현재–미래를 조망하고 재구축하는 작업은 중요한 의미를 가진다. "동아시아론의 각 갈래에 따라 다소간 편차는 있지만 대부분의 동아시아론이 기본적으로 지난 세기의 역사적 경험, 특히 동아시아의 한 세기 동안의 역사적 경험에 대한 반성적 인식에 기반을 둔 까닭에 근대 및 근대 극복 혹은 탈근대의 문제가 내장된 '밀레니엄 담론'인 것"이라는 이욱연의 언급에서도 제시되듯이, 세계지형의 변화와 연동하며 등장한 오늘날의 아시아 전망은 여러 가지 이유에서 단기에 끝나 버릴 성질의 것은 아니다. 아시아를 '사유'하고 질문하는 일이 진정으로 전향적인 시공간 인식을 필요로 하는 것은 이 때문이다. 단순히 지리적인 대륙 개념으로 환원될 뿐인 아시아 혹은 시장으로 동질화되는 아시아를 그리는 게 최종의 목적이 아니라면, 부정되기나 상상되거나 재상상되어야 할 아시아란 과연 어떤 것인가.

아시아는 목적인가 방법인가. 혹은 실체인가 환상인가. 아시아에 대해 말한다는 것은 정말 그것에 대해 말하는 것인가, 아니면 그것 아닌 다른 어떤 것에 대해 말하는 것인가. 이 반성적이고 나아가 해체적인 질문들은 한국의 아시아 전망론이 끝까지 안고 나아가야 할 것들이라 생각한다. 그런데 지금 여기 펼쳐져 있는 '한국산' 아시아 전망론 스펙터클에서, 이런 '수상한' 질문들이 모여 웅성거리는 어두운 장소는 잘 보이지 않는 듯하다. 특히 현실정치 측면에서 한국이 아시아라는 확장된 경계지표를 활용하게 되고, 게다가 대중문화자본이 팔 걷고 나서서 대륙의 동서남북으로 진출할 것을 자화자찬하며 도모하고 있는 이때, 오히려 이런 '깨는' 물음들은 절박하게 되물어져야 한다. 시장개척과 개발기획, 관제 아시아주의의 현실주의에 한편으로 제동을 걸면서 대안적인 아시아 전망을 제시할 수 있는 쪽은 지식계일 것이다. 지식계의 아시아 구상 또한 하나로 모아질 수 없을 만큼 서로 다르다. 그러나 범박함을 무릅쓰고 말한다면, 지식계의 다채로운 아시아 구상 가운데는 의외로 이러한 질문을 던지는 데 무감한 경우도 있는 듯하다. 아시아 본질주의 또는 아이사에서의 한국 중심주의라 할 수 있을 '금의환향'식, '승승장구'식 논리가 언뜻언뜻 비치는 것은 그래서 우려스럽다. 식민화 경험과 그 깊은 모순에서 결코 자유롭지 못한 한국 사회는 피해자 의식의 전도된 발현물인 자기환상에도 그만큼 빠지기 쉽다. 자기환상에는 그것이 형성될 수밖에 없는 참담한 조건이란 게 물론 각인되어 있지만, 이와 동시에 스스로에 대한 냉엄한 비판적 천착을 불가능하게 하는 구조 역시 내장되어 있다. 그래서 아시아란 무엇인가, 우리는 어떤 식으로 아시아를 인식해 왔는가 / 인식하는가, 아시아를 다시—상상함으로써 무엇을 도모하고자 하는가와 같은 심층적 의문들은 종종 부주의하게 다루어지는 것이다.

제국주의시대와 냉전기를 거치면서 근현대 아시아는 유럽, 일본, 미국 등에 의해 폭력적으로 규정되어 왔다. 긴 시간 동안 제국의 탐닉과 착취의 대상으로 신음하던 국가들은 그러나 신음 속에서도 지배자의 시선을 내면화했다. 우리의 경우도 크게 다르지 않다. 일본 지배기를 거치면서 대동아와 동양이라는 판타지에 푹 빠졌던 한국은 얼마 안 가 미국이 그려놓은 적색 금지선에 맞춰 세계를, 아시아를, 자기를 인지하게 된다. 해방과 전쟁을 거치면서 한국은 아시아를 국민국가들의 영토적 합으로 인식하기 시작했으나 상호연대의 상대는 철저하게 '진영적'으로 선별되었다. 진영론적 틀과 식민화라는 공통 체험의 틀이 맞물리면서 아시아 내부 지도가 다시 그려진다. 중국, 일본, 동남아시아 지역 국가들을 둘러싸고 분할, 배치가 이루어지는데 이 지도 밑바닥에 이념적·경제적·정치적 기준을 따라 아시아 자체와 해당 국가들을 계서화하려는 욕망이 적색 공포의 열선과 함께 깔려 있었음은 말할 것도 없겠다. 주변국과의 관계 속에서 한국은 특유의 열등감과 우월감에

쭉 빠져 지냈는데, 탈냉전적 경계넘기와 우호적 상호교류가 공명共鳴하는 지금도 이런 상태에서 완쾌된 것은 아니다.

한국의 아시아 인식의 지도가 이처럼 복잡하므로, 아시아를 탐문해 들어가는 현시점에서 무엇보다도 중요한 것은 우리의 과거와 미래를 주파해 들어가는 냉철한 비판적 전망이지 결국 우리가 중심이 되어 타자를 소환해들이는 허구적 월경의 충동은 아닐 것이다. 전자의 요구와 관련하여 다케우치 요시미의 『일본과 아시아』는 적지 않은 의미를 가진다. 물론 구제국이었던 일본의 아시아주의는 바로 이것에 의해 침해당했던 한국의 아시아 인식과는 다르다. 둘을 같다고 보는 것은 역사적으로 증명된 자명한 권력관계를 무화시키는 것이나 마찬가지다. 그러나 구제국의 비판적 지성이 제출하고 있는 문제들은—그 구체적인 맥락이 지니는 차이에도 불구하고—새 길을 모색하기 위해서라면 우리 역시 진지하게 응전해야 할 그러한 성질의 것이다. 일본과 마찬가지로 한국 역시 전근대 / 근대 / 탈근대의 미망 속에서 선망과 좌절과 자위를 거듭했고, 이 위태로운 곡예 과정에서 위기와 맹목의 순간은 번번히 발생했다. 일본의 아시아주의를 해부하고 있는 다케우치 요시미는 서구 제국주의를 향한 대항의식으로 시작되었던 초기 아시아주의가 강박적인 근대화 욕망에 의해 초기의 진정성을 잃고 바깥을 향한 억압적 폭력으로 변질되는 경로를 파헤친다. 아시아의 '후진' 국가들과는 다르다는 자의식과 그럼에도 불구하고 영원히 서양 그 자체는 '될 수 없다(이것은 때로는 넘어설 수 없는 절망적 현실로, 때로는 내세워야 할 당위로 나타난다)'는 인식 틈새에서 배양된 일본의 정체성은 분열적이고 균열적이다. 이는 국면에 따라 흥아와 탈아를 왕복하면서 아시아와 유럽—아메리카를 향해 총을 들고 자기선언을 하는 지속 착종의 상태를 의미할 것이다. 다케우치 요시미는 일본이 아시아를 "연대의 대상에서 점차 지배의 대상으로" 격하시켜가는 과정을 곧 일본의 타락사로 읽어낸다. 왜 타락사인가. "거기에는 저항이 없기 때문이고 결국 자신을 보존하고자 하는 욕구가 없기(자기 그 자체가 없다) 때문이다. 저항이 없는 것은 일본이 동양적이지 않다는 뜻이고, 동시에 자기보존의 욕구가 없는(자기는 없다) 것은 일본이 유럽적이지 않다는 의미다. 결국 일본은 어떤 것도 아니다(그가 강조하는 중국과 일본의 차이 역시 '저항' 에너지의 발생 여부에 있다)." 아시아주의의 발생단계를 훑으면서 다케우치가 확인하고 있듯이 내셔널리즘과 팽창주의가 "불가분의 관계라는 점에 대해서만을 시비를 논할 필요가 없"을 것이다. 일본의 자기전개 과정에는 내셔널리즘과 울트라 내셔널리즘 그리고 제국주의가 서로 깊이 공모하고 있다. 따라서 일본의 국가 / 제국으로의 '성장'사나 아시아주의의 발아과정을, 타락의 이전 / 이후를 상정하는 일직선적 분절 모델을 통해 구조적으로 파악할 수 있겠는가 하는 점은 여전히 의문으로 남는다.

동양과 아시아라는 상상체계, 이념소를 심층적으로 되묻는 작업을 지속해온 사카이 나오키는 타케우치의 사상에 관해 "다케우치는 근대화론에 대해서는 분명히 비판적이지만 근대화론이 항상 의거하는 지도제작적 상상력에서 벗어나지는 못했다"고 언급했다. 그리고 이어서 "아시아인의 고유성이나 본래성을 고집하는 것"에 내재된 식민주의를 비판하면서 "아시아인이라고 하는 범주를 자연화하지 않고, 또 있지도 않은 개인이나 집단의 변함없는 특성에다 아시아인이라는 정체성의 기초를 두지 않으면서, 끊임없이 변화해가는 사회경제적 조건의 한 결과로 생각해야 하지 않을까? (…중략…) 우리는 사회적 역경에 처해 있다고 인정되는 사람, 또는 이른바 이념적인 서양인의 이미지에서는 소외된 어떤 '야만성'의 특징을 몸에 지닌 사람 (…중략…) 을 어떤 문화나 습관을 가지고 있든지 아시아인이라 부"를 것을 제안한다. 사카이 나오키는 동양이나 아시아라는 상상체계가 지닌 폐쇄적이고 식민주의적인 모순 구조를 노출시키고자 했다. 그는 전적으로 다른 인식하에서 전적으로 다른 세계를 그리기 위해서는 좌표축 자체를 옮기는 급진적인 방향 전환이 있어야 함을 역설한다.

—『황해문화』 46, 2005

만시지탄의 동아시아 지성사

임성모 | 연세대학교 사학과 교수

다케우치 요시미, 서광덕 · 백지운 역, 『일본과 아시아』, 2004

1932년 8월, 22세의 한 일본 청년이 '조선 · 만주 견학여행단'의 일원으로 부산항을 밟았다. 울산, 경주를 거쳐 경성에 도착한 그는 단체 일정을 벗어나 혼자 강릉으로 향했다. 오사까大阪 고등학교 시절 기숙사 생활을 함께 했던 조선인 친구 A를 만나기 위해서였다. 기차역에 마중을 나온 벗과 얼싸안은 청년은 사복형사의 미행 속에서 조선 요리와 풍속을 맛보면서 이틀을 보낸 뒤 다시 여행단에 합류했다. 처음이자 마지막이 된 이 조선 체험을, 40년 뒤의 그는 '일상성'에 기초한 귀중한 교유로 아스라이 회상하며 '조선어' 공부를 다짐한다(「おもかげの消えぬ人」, 『竹内好全集 』5, 筑摩書房, 1982, pp.245~247). 그에게 조선어란 그것을 말살함으로써 "일본어가 타락한 사정을 확인하고 타락의 정도를 측정하기 위한" 바로미터였다. 그 짧은 여정은 일평생 스스로 갈구해 마지않던 "차별자가 차별의 자각에 도달하기 위한 원原체험", "마음과 마음의 접촉"이었던 셈이다(「朝鮮語のすすめ」/「時勢の要求を満たすもの」, 위

의 책, pp.236~237, p.244).

다케우치 요시미1910~1977는 중국현대문학자, 혹은 루쉰魯迅 전문가로만 알려진 감이 있지만, 이 일화는 그가 식민지 조선과 '조선 문제'에 결코 무관심하지 않았음을 일러준다. 그는 조선을 피차별부락, 피폭자被爆者, 오키나와, 중국처럼 일본사회에 만연된 차별의식의 근원 중 하나로서 일관되게 중시했다. 그는 전공의 울타리에 안주한 전문가가 아니라 실로 전방위적인 사상가였던 것이다.

사상가로서 다케우치의 중요성은, 먼저 패전 이후 일본사회에 똬리를 튼 식민주의의 망각, 그리고 차별의식의 내면화를 끊임없이 각성시켰다는 데 있다. 그에게 루쉰, 중국, 아시아는 차별적 식민주의의 온상인 유럽 근대, 그 변형인 일본 근대와의 대립물을 상징하는 은유다. 아프리카까지 시야에 넣은 세계사적 개념으로서 아시아는 또 일본의 자기쇄신을 통한 주체 형성의 방법이기도 했다.

너희가 아시아를 아느냐? 다케우치는 패전후의 일본사회를 향해 일갈一喝한다. 그는 일본의 근대를 '전향轉向문화'이자 '노예의 근대'로 규정하고, '회심回心, 즉 혁명문화'이자 '저항의 근대'인 중국과 대비시킨다. 노예는 자신이 노예임을 주관적으로 거부하고 주인이 되려 할 때 그 노예성을 온전히 드러낸다. 또 '회심'이 자기를 유지할 때 비롯되는 반면, 전향은 자신을 포기할 때 일어난다. 결국 그의 도식은 내적 갈등을 수반하지 않은 외적 변화, 자기의식이 없고 따라서 저항도 없는 몰주체적 변화가 일본 근대의 특징이라는 점을 강조하기 위한 무대장치다. 여기서 일본은 저항이 없기에 '동양적'이지 않고 자기보존의 욕구도 없어 '유럽적'이지도 않은 정체불명의 배우다. 그가 보기에 개항 이래 서양 '추월'을 구호로 내걸어 온 '우등생문화'의 근대 일본은 유럽과 아시아의 틈새에서 이윤추구에만 연연해 온 매판買辦 배우에 불과하다. 중국을 너무 이상화했음에도 그의 일본 비판은 적확하고 통렬하다.

일본의 활로는 결국 상실된 '아시아성'의 회복에 있다. 다케우치는 이를 통해 일본이 진정한 주체를 형성하기 위한 유산으로서 '아시아주의'의 전통에 주목한다. 전통의 핵심은 "문명의 부정을 통한 문명의 재건"이다. 즉 서양의 침략에 의해 자기정체성을 자각하게 된 오욕汚辱의 아시아가 힘의 신앙에 찌든 서양문명을 구원할 새로운 문명을 주체적으로 재건하는 것이다. 그는 20세기 초까지만 해도 일본의 아시아주의에 그런 가능성이 존재했다고 보았다. 미야자키 도텐宮崎滔天, 오카쿠라 덴신岡倉天心 등의 언설에는 아시아와의 연대를 통한 저항의 계기가 깃들어 있고, 이는 아시아태평양전쟁을 전후해 전개된 '근대의 초극超克' 논의에까지 그림자를 드리웠다는 것이다.

다케우치의 염원과는 달리 패전후의 일본은 다시 '미국화'에 매진하며 아시아주의를 포함한 '제국의 기억'을 말끔히 소거시켰다. 그는 '근대주의'로 대표되는 패전후의 일본 지성계가 민족주의와의 정면대결을 회피한 것을 최대의 문제점으로 비판한다. 다케우치 사상의 또 다른 중요성이 바로 이 대목에서 드러나는데, 그것은 그의 근대 비판이 궁극적으로 민족주의에 기반을 두고 있다는 점이다. 요컨대 서양근대를 비판하면서 '올바른 민족주의'와 아시아주의를 양립시키는 전략을 취하는 것이다. 사실 그는 역사주의에 입각해 사고하고 있고 국민국가를 부동의 전제로 삼는다. 때문에 그가 지향한 새로운 문명도 결국 서양문명의 복제에 불과해질 것이라는 예측도 가능하다. 하지만 작금의 동아시아 현실에서 민족주의와의 고투를 강조한 그의 주장은 여전히 유효해 보인다. 아시아의 근대에 대한 그의 직관이 '동아시아' 논의의 시금석이 될 수 있는 것도 이 때문이다.

'만시지탄晩時之嘆'은 바로 이 책을 두고 하는 말이다. 이미 1980년대에 그가 편집한 루쉰 저작집이 번역되었고 최근에는 그의 루쉰 전기도 소개되긴 했지만, 관심의 초점은 다케우치가 아니라 루쉰이었다. 사상 '수입'의 이 기묘한 공백이 드디어 메워지게 된 셈이다. 더 중요한 것은, 하버마스의 '미완의 근대'와 공명하듯 마루야마 마사오丸山眞男의 근대주의가 과잉 소개됨으로써 빚어진 지적 '편식' 상태가 개선될 수 있게 된 점이다. 마루야마에게서 식민주의 비판의 메시지는 희박했다. 하시카와 분조橋川文三도 소개되어 마땅하지만, 이번에 다케우치의 육성이 전해지는 것은 그래서 소중하다. 그의 발언은 아시아를 둘러싼 근대 일본의 주요구상들을 망라적으로 조감하고 있어 동아시아 논의에도 큰 자극이 될 것이다.

반둥회의 50주년을 맞는 올해, 저 5원칙에 천명되었던 아시아의 평화는 도리어 요원해졌다. 다케우치가 강조한 세 가지 미덕—자각, 양심, 용기가 지금처럼 절실히 요청되는 시점도 없을 것이다. 하지만 생각해보면, 그의 평생지기인 루쉰은 반혁명에서 혁명의 계기를 이끌어내고 절망 속에 희망을 싹틔우지 않았던가. 어둠이 짙을수록 빛은 그 진가를 발하는 법. 직관적 문체가 글의 무게를 더하는 이 책은 동아시아를 뒤덮은 어둠의 심연에서 한 줄기 빛을 찾아낼 나침반 역할을 하기에 충분하다.

—『창작과비평』 33-1, 2005

친일문학, '굴종과 저항'에서 '협력과 저항'으로

『협력과 저항』이라는 책을 쓴 김재용 씨와의 인터뷰

홍기돈 | 가톨릭대학교 국어국문학과 교수

김재용, 『협력과 저항—일제 말 사회와 문학』, 2004

친일 논리구조의 발견, 그것이 청산이다

임종국의 『친일문학론』(평화출판사, 1966)을 넘어서지 못한다면, 친일 청산은 제대로 이루어질 수 없다. 내 생각은 그러하다. 예컨대 나는 '친일진상규명특별법' 개정을 추진하고 있는 열린우리당 위에 물음표를 하나 얹어두고 접근한다. 그들의 파병 주장은 친일행각에 나섰던 이들의 논리를 반복하면서 가능해졌기 때문이다. 자, 일제에 동조했던 소설가 이석훈의 항변을 보라. "나는 진실을 살아가는 평범한 인간으로 충분해. 자네야말로 위선자잖아. 동포의 운명에 눈을 가리는 교활한 위선자잖아."(「고요한 폭풍」, 『매일신보』, 1940.12) 친일 행위가 작가 양심의 추락이라는 비판에 대한 작가의 대응이다. 그가 보기에 친일을 거부하는 행위는, '동포의 운명'을 몰각한, '일신의 만족'에 머무는 유아적인 이기주의 발현에 불과하다. 개인적인 소신과는 무관하게 '민족의 안위'를 위해 파병에 찬성하는 열린우리당 일부 국회의원들의 모습이 이 위에 그대로 겹쳐진다. 파병 반대에 나선 민주노동당의 입장에 대해 '무책임한 주의·주장'으로 덧씌우는 태도 또한 마찬가지다. 이러한 열린우리당이 '친일진상규명특별법' 개정을 추진한다니 의문부호가 자연스럽게 떠오르지 않겠는가.

오해를 피하기 위해 덧붙여야겠다. '친일진상규명특별법'은 당연히 개정되어야 한다. 동시에 우리 군대의 이라크 파병을 옹호하는 논리 또한 마땅히 비판하여야 한다. 그리고 파병한 군대는 가급적 빠른 시일 내에 철군해야 한다. 문제는 사안에 접근하는 방식이다. '친일분자, 파병 찬성론자 = 악'이라는 등식을 전제하고 나면 더 이상의 논리는 필요가 없을 것이다. 남은 것은 오로지 '단죄'뿐이기 때문이다. 하지만, 과연 그럴까. 친일 청산에 관한 문학계 최고의 업적으로 손꼽히는 임종국의 『친일문학론』을 굳이 문제 삼는 까닭은 여기에 있다. 친일의 논리 구조를 발견할 수 있을 때라야 청산이 제대로 이루어질 수 있으며, 친일 행각의 문제점을 과거에 한정시키지 않고 현재화시켜 전유할 수 있으리라는 판단. 때마침 『협력과 저항』(소명출판, 2004)이 출판되었다. 내용을 살펴보면 친일문학(인)의 논리를 이해하는 밑그림으로서 오랫동안 기억될 저작이라고 할 수 있겠다. 그래서 『협력과 저항』의 저자 김재용을 찾아갔다. 그는 『친일문학론』을 다음과 같이 평한다.

친일, 강요에 의한 굴종이 아니라 협력이다

임종국 선생은 친일을 강요에 의한 굴종으로 파악했습니다. 맷집의 문제라고 할까요? 맷집이 되는 사람은 강요에 견디었습니다만, 그렇지 못한 경우에는 강요에 굴종하고 말았다는 것이지요. 굴종이라면 다른 논리가 필요없게 됩니다. 강요에 대항하여 꿋꿋하게 견디어야 하는데 그렇지 못한 게 되어버리거든요. 이는 또한 선과 악의 문제로 이어집니다. 굴종은 곧 상대편으로 넘어간 것이니까요. 그렇지만 저는 '선악의 문제'를 '시비의 문제'로 바꾸어서 봐야 한다는 입장입니다. 친일을 할 때에는 나름의 논리가 정교하게 구사됩니다. 당시 자료들을 꼼꼼하게 읽다보니 몇 가지 논리가 파악되더군요. 그래서 저는 '굴종'에서 '협력'으로 패러다임을 바꾸었습니다. 임종국 선생이 '굴종과 저항'으로 접근한다면 저는 '협력과 저항'으로 다가가는 것입니다. 『협력과 저항』의 의미는 여기에 있을 겁니다.

결국 친일 문제를 바라보는 임종국과 김재용의 차이는 '굴종인가, 협력인가'의 차이가 되겠다. 그렇다면, 시비를 가려야 할 친일의 논리는 과연 어떤 것인가. '굴종이 아니라 협력'이라는 김재용의 주장이 설득력을 갖기 위해서는 이를 따져 보아야 하겠다. 김재용은 친일의 논리를 두 가지 유형으로 나누어서 설명하였다.

친일의 첫 번째 유형은 근대화론입니다. 이 때 주목해야 할 사건이 '무한 삼진의 함락'이지요. 무한 삼진은 '동방의 마드리드'라고 불리고 있었는데, 1938년 10월 일본군에 의해 함락됩니다. 중일전쟁에서 중국이 이길 수 있을지 모른다는 막연한 기대감은 이로써 완전히 사라지게 되죠. 이를 계기로 친일의 논리가 발흥하기 시작합니다. 중국은 봉건, 즉 전근대에 머물러 있고 일본은 근대로 나아갔는데, 전근대와 근대의 대결에서 근대가 이겼다는 겁니다. 근대적인 국가 일본이 봉건에 발목 잡힌 국가 중국을 해방시켰다는 논리입니다. 백철의 '사실수리론'은 이런 논리의 가장 앞자리에 놓입니다. "기왕 허물어질 성문이라면 하루라도 속히 허물어져 버리는 것이 역사적으로 진보"라고까지 주장을 펼치니까요. 백철의 이런 논리를 체득하여 활발한 활동을 보였던 사람으로는 이광수를 꼽을 수 있습니다. 이광수가 왜 내선일체의 신민화를 맹렬히 주장하지 않았습니까. 조선인은 일본인이 되어야만 차별을 넘어설 수 있다는 나름의 '차별 극복론'이었던 셈입니다. 여기에는 물론 '근대의 완성'이라는 태도가 내재되어 있습니다.

두 번째 유형은 근대초극론입니다. 여기에는 두 가지 사건의 영향이 강하게 작용합니다. 첫째는 1940년 3월 왕정위 정부가 수립되어 일제에 협력하는 사건입니다. 중국인이 자발적으로 일본 중심의 동양사회에 편입되는 것을 보고 조선인들은 일본 중심의 동양 건설을 인정해 나가기 시작합니다. 둘째는 1940년 6월에 일어난 독일에 의한 파리의 함락입니다. 프랑스 파리는 근대정신의 상징으로 남아 있었습니다. 인류는 프랑스대혁명으로 획득한 자유·평등·박애의 이념을 바탕으로 '근대'라는 새로운 체제를 구축하지 않았습니까. 그런데, 바로 그런 파리가 함락되었던 것이지요. 근대초극론자들은 여기에서 하나의 의미를 읽어냅니다. '파리'로 대표되는 근대는 이제 한계에 봉착하였다. 그러니 새로운 가치 체제로 가자, 는 것입니다. 그러니까 근대는 낡은 체제이고, 새로운 가치 체제는 '신체제'가 되는 것이지요.

물론 신체제라고 했을 때 유럽은 나찌의 독일이 중심이 되고, 아시아에서는 일본이 가운데 자리합니다. 하지만, 일본에서 내세우는 것은 서구의 근대를 극복하는 동양 이미지였습니다. '근대 = 유럽', '근대초극 = 일본'

이었으니까요. '대동아공영권'은 이런 논리 위에서 유포되었고, 그런 대결 구도를 통해 일제가 벌이는 전쟁은 성전(聖戰)으로 격상됩니다. 대표적인 이론가라면 최재서를 꼽을 수 있고, 작가로는 서정주·채만식이 여기에 속합니다.

첫 번째 유형과 두 번째 유형은 친일의 논리가 다릅니다. 그러니까 친일의 시기도 다를 수밖에 없습니다. 즉 1938년 10월이 지나면서 친일을 시작하느냐, 1940년에 친일로 접어드느냐는 우연이 아니라는 말입니다. 제가 그들의 친일 행위에서 자발성을 읽어내는 것도 이와 관련이 있습니다. 그들은 그런 논리를 통해 스스로를 해방시킬 수 있었습니다. 친일을 독려하면서 벅찬 해방감을 토로할 수 있었던 근거도 여기서 이해해야 합니다.

일제에 저항한 문학(인) 연구가 필요하다

사실, 백철의 「시대적 우연의 수리」(『조선일보』, 1938.12.2~7)라든가 「이상주의의 신문학」(『동아일보』, 1939.1.15~21) 등은 나 또한 이미 읽은 바 있다. 그런데, 나는 이런 흐름과 논리를 파악하지 못했고, 김재용은 분석해 내었다. 아마 여기 '나'의 자리에 다른 사람의 이름을 집어넣어도 무방할 것이다. 그 차이는 어디서 발생하였을까. 생각해 보건대, 자료를 둘러싼 시대 환경을 얼마만큼 면밀하게 이해하고 있는가와 관련이 있을 성싶다. 『협력과 저항』의 여기저기에 삽입되어 있는 사진들은 이를 드러낸다. 그는 농담처럼 "책 내용은 볼 게 없지만, 사진만은 그래도 볼 만하지요. 사진 구하는 데 애 좀 썼습니다"라고 말하는데,

그저 흘려듣지 못하였던 까닭이다. 유인물도 마찬가지다. 예컨대 무한 삼진을 함락한 직후 조선총독부에서 찍어낸 유인물의 내용을 그는 이렇게 인용하고 있다. 읽고, 읽지 않고에 따라 당대의 분위기를 이해하는 데 실감이 크게 달라지지 않는가.

> 한구나 광동이 함락하여도 지나사변은 아직 끝나지 않는다. 뿐만 아니라 저 편도 저 편을 도와주는 외국도 일본 국민이 이쯤에서 마음을 놓고 전쟁에 활기를 잃고 마음을 늦추기를 속으로 기다렸다가 그 틈을 타서 덤비려고 하고 있다. '이기고 투구끈을 졸라맨다'는 말은 참으로 이런 때에 할 말이다. 어떤 점으로 보든지 지금 여기서 우리의 마음을 늦추어서 이때까지의 전승의 결과를 헛되이 하는 실패에 빠져서는 안 된다.
>
> —『협력과 저항』, 83~84쪽

김재용이 친일문학에 관심을 갖게 된 계기는 무엇일까. 문득 떠오른 궁금증이다. 사실 식민지 말기의 문학계는 그동안 암흑기로 폄하되었기 때문에 관심이 비교적 덜 가는 영역이었다. 실증적인 사실의 복원을 통해 단죄를 행하는 것도 의미는 있을 테지만, 문학적 논리를 재구성하기에는 어려움이 있을 거라는 선입견 때문이다. 그런데도 그는 흥미로운 문학사의 한 대목으로 끌어올리고 있는 것이다.

> 먼저 개인적인 수준에서 연구사를 말씀드리겠습니다. 저는 우리 문학사에서 공백으로 남아있는 부분을 채워 넣고자 연구의 방향을 잡아왔습니다. 박사논문 대상을 카프로 설정한 까닭은 그 때문입니다. 우리 선배 세대에서는 카프를 제대로 연구하지 않고 있었거든요. 다음에는 북한문학 연구로 뛰어들었습니다. 그리고 나서 친일문학에까지 이르게 된 것이지요.

'어쩔 수 없이 친일을 했다'는 입장이 수용되는 상황이었는데, 저는 여기에 쉽게 동의할 수 없었습니다. 작품을 읽어보면 자발성이 분명하게 느껴지는데 내적인 논리가 없을 리 만무하거든요. 그런 입장을 수용하고 나니 친일은 그저 에피소드처럼 다루어지고 있었고요. 저는 친일문학이 우리 근대문학의 중간결산인 동시에 해방 이후 새로운 시작의 길을 여는 의미가 있다고 생각합니다. 그래서 친일문학을 연구하게 되었습니다.

문학사를 조망하는 틀에서 말씀드리자면 포스트콜로니얼의 도입 풍토와 연관이 있습니다. 포스트콜로니얼 이론을 비판하는 데는 두 가지 방식이 있을 겁니다. 첫 번째는 이론에 뛰어들어 문제점을 비판하는 방식입니다. 이 방식은 잘해 봐야 본전입니다. 그 틀 안에서만 논의가 진행될 테니까요. 두 번째는 식민주의와 문학의 관계를 복원하여 드러내는 방식입니다. 포스트콜로니얼과 직접 마주치지는 않지만, 그런 이론으로 결코 미치지 못하는 장면을 복원해 놓으면 비판의 한 방식이 되는 것이지요. 저는 두 번째 방식을 선택했습니다. 이런 입장으로 연구를 계속 이어나가다가 아까 말씀드린 새로운 패러다임, 그러니까 '굴종에서 협력으로'라는 다른 문제들을 발견하면서 『협력과 저항』을 써 내려갔던 겁니다.

저는 친일문학을 연구할 때, 일제에 저항했던 문학(인)을 의식적으로 많이 연구해야 한다고 생각합니다. 그래야 '누구나 다 친일하지 않았는가' 하는 소리가 수그러지지요. 보세요, 누가 민족의식으로 무장해서 저항하였나, 라고 물으면 이육사・윤동주를 넘어서지 못하는 게 현실입니다. 월북작가가 많아서 그러했을 테지만, 이제 이 부분을 살려내어야 합니다. 저는 저항의 방식을 세 가지 유형으로 나누어서 파악합니다. 침묵과 우회적 글쓰기와 망명이지요.

사실 저항의 방식으로 침묵을 선택했는가는 판단이 어렵습니다. 경제생활을 영위하느라 글을 안 썼는지, 저항의 성격으로 글을 안 썼는지 쉽게 드러나지 않으니까요. 저는 김기림을 이쪽으로 묶는데, 근거는 이렇습니다. 침묵하기 바로 직전까지 그는 활발하게 활동을 벌였습니다. 그러니까 갑작스런 침묵은 다분히 의도적이었다는 말이 되지요. 그리고 마지막으로 발표한 「동양에 대한 단상」에 주목합니다. 『문장』 1941년 4월호에 실린 이 글에서 그는 근대에 대한 차분한 결산을 주장합니다. 1940년 이후 불어닥친 '대동아공영론'이라든가 '신체제'의 분위기를 경계했던 겁니다. 그러고 나서 침묵이에요.

우회적 글쓰기의 대표주자는 한설야입니다. 「피」라는 작품을 보면, 표면적으로는 조선인 남성과 일본인 여성의 로맨스이지만, 기실 작가정신은 내선통혼 비판에 가 닿아 있습니다. 당시 한설야의 「피」가 로맨스인가 내선통혼 비판인가에 대한 논란을 불러일으켰다는 사실을 염두에 둔다면, 한설야는 그만큼 훌륭하게 우회적 글쓰기를 수행해 내었던 것입니다. 내선통혼 비판은 「그림자」에서도 이어집니다.

망명길에 오른 문인으로는 김사량을 꼽을 수 있습니다. 염상섭요? 글쎄요, 염상섭은 좀 신중하게 접근해야 하리라고 생각합니다. 그것은 만주국과 조선의 차이에서 기인합니다. 조선에서는 '내선일체'가 이야기되었습니다만, 만주에서는 '오족협화五族協和'라는 표어가 나부끼었습니다. 형식적이기는 합니다만 일본인, 만주인, 조선인, 러시아인, 몽골인이 화목하게 지내자는 말은 각 민족의 차이를 완전히 무시하는 것이 아닙니다. 즉 조선에서는 '나는 조선인이지만'이라는 말이 성립될 수 없었던 반면, 만주에서는 그러한 식의 어법이 가능했다는 것이지요. 그 차이 위에서 만주행을 선택한 염상섭의 판단을 살필 수 있을 터인데, 이는 섬세한 접근을 요구한다고 생각합니다.

포스트콜로니얼, 위험한 너무도 위험한

여기서 두 가지 사실을 적시하고 넘어가야 하겠다. 카프에서 북한문학, 친일문학으로 넘어가는 과정을 그는 소략하게 정리하였지만, 그가 내놓은 성과는 그리 만만한 것이 아니다. 예컨대 북한문학에 대한 그의 저서 『북한문학의 역사적 이해』(문학과지성사, 1994), 『분단구조와 북한문학』(소명출판, 2000)은 북한문학 연구의 디딤돌 역할을 한다. 자료조차 취합하기 힘든 상황에서 그는 나름의 방식으로 자료를 모아서 역사적인 안목을 바탕으로 흐름의 변천과 개별 작가의 특성을 포착해서 선보이는 것이다. 그래서 일각에서는 우스갯소리로 '이중 간첩'운운하기도 한다. 벌써 평양에만 네 번 다녀왔고, 중국의 여러 곳에서 북한 연구자들과의 만남을 이어왔다고 하니 그의 성실성이 놀라울 따름이다. 아마도 그의 자료 취합은 이러한 넓은 활동 반경과 이어져 있으리라.

다음으로 포스트콜로니얼의 문제. 요새 유행하는 이론인데, 나 또한 이러한 논리는 상당히 위험하다고 생각한다. 과연 비서구 주변부 식민지의 저항을 서구 제국주의의 야만적 폭력과 동일한 선상에서 이해해도 무방한 것일까. 다시 말해서, 식민지민의 저항이 표면적으로는 제국주의에 대한 비판이지만, 그 밑바닥을 들여다보면 제국주의의 기초가 되었던 내셔널리즘과 동일한 것일까. '민족 담론'의 해체는 '동일하다'는 판단 위에서 속도감 있게 진행되고 있는 실정이다. 뿐만 아니라, '우리 안의 파시즘' 논리가 결합해 있는 양상이기도 하다. 물론 근대 서양의 역사가 보여 준 바는 그런 대립 틀 속에 갇혀 있는 것이 사실이지만, 다른 길이 전혀 없으라는 법은 없다. '하나의 근대'가 아니라 '다양한 근대'를 내실 있게 이야기하려면 먼저 다른 길의 가능성부터 모색하여야 할 것이다. 그런 점에서 흥미를 끄는 것은 국민주의, 국제주의, 세계주의라는 김재용의 접근 태도이다. 인터뷰에서 진행시키지는 못했지만, 흥미 있는 내용이므로 잠깐 인용해 두기로 한다.

> 한국 근대문학을 그 정치적 사상적 지향 특히 국가 간 관계에 대한 견해에 따라 나누어보면 국민주의, 국제주의 그리고 세계주의로 나누어볼 수 있다. 국민주의는 1920년대 국민문학론에서 가장 극명하게 드러나고 있는 것처럼 국민국가를 역사의 종점으로 간주하고 그 속에서 모든 것을 사고하는 경향이다. 국제주의와 세계주의는 국민주의가 전제로 하는 국민국가 자체를 부정한다. 국민국가라는 감옥에 갇혀 있는 한 자국에 대한 충성과 타국에 대한 배제로 인하여 지구상의 진정한 평화와 인류의 결합이란 불가능하다고 보는 것이다. 그런데 이 둘은 이를 넘어서는 방식에 있어서 상이한 태도를 보여 준다. 국제주의는 국민국가가 부르주아의 이익을 확보하기 위해 만들어진 것에 불과한 것으로 이는 반드시 넘어서야 하며 진정 인류를 하나로 묶어주는 것은 계급이라고 본다. 세계주의 역시 국민국가를 넘어서야 한다고 주장하지만 그것이 프롤레타리아 계급의 당에 의해서 이루어지는 것이 아니라 근대 자체에 대한 반성과 전복에서 이루어진다고 보는 것이다.
>
> —『협력과 저항』, 77~78쪽

지식인의 친일에는 반드시 논리가 있다

덧붙이자면, 김재용은 「피」를 쓴 한설야가 국제주의자이면서도 민족 문제에 대해 남다른 관심을 가졌기 때문에 친일 파시즘으로 기울지 않았다고 지적한다. 어디 한설야뿐이겠는가. 이육사의 조서를 보면 그는 '민족공산주의자'로 분류되어 있다. 이육사 또한 국제주의자이면서 동시에 민족 문제에 각별한 관심을 기울였던 것이다. '제3휴머니즘'을 주장하며 근대 비판에 나섰던 김동리는 분명한 세계주의자였다. 그렇지만, 그 또한 '화랑'을 정점으로 하여 민족문제에 관심을 가졌기에 친일을 거부할 수 있었다. 반면, 김동리의 평생 절친했던 벗 서정주는 그저 세계주의자에만 머무를 따름이었다. 그래서 그는 친일의 길로 쉽사리 접어들 수 있었던 것이다. 이렇게 나열하는 이유는 다음과 같다. 김재용이 제시하는 세 가지 틀을 유연하게 접합시키며 사고한다면 누군가가 그려나갔던 '다른 길'이 풍성해질 수 있다는 것. 이를 쉽게 포스트콜로니얼의 이론으로 묶을 수는 없으리라는 주장이다. 이러한 가능성은 이후 작업에서 기대해 볼 수 있으리라 판단한다.

김재용의 역사의식 혹은 역사 감각을 보건대, 그저 친일문학 연구가 재미있어서 하는 것만은 아닐 터이다. 그렇다면 그는 친일문학 연구의 현재적 의의를 어떻게 생각하고 있을까. 파병의 논리와 친일의 논리에 대한 나의 판단을 곁들여서 그에게 물었다.

듣고 보니 그럴 수 있는 이야기네요. 분명한 사실은 논리가 없는 행위는 없다는 것입니다. 지식인의 경우에는 더할 말이 없지요. 그 점이 무서운 겁니다. 국가주의자들은 국가가 없는 삶을 생각할 수 없지요. 국가가 나약한 상태에서의 삶을 생각할 수가 없어요. 그래서 '나'를 이야기하기에 앞서 서 '우리'(국가)를 이야기하고, 그 뒤에 숨어 버립니다. 그러면서 자신들의 논리를 이어나가게 되지요.

저는 친일만을 두고 이야기해서는 안 된다고 봅니다. '친일'이 아니라 '식민주의와 문화(문학)'가 논의의 중심에 놓여야 한다는 것입니다. 그래야 논의를 바로잡을 수 있습니다. 식민주의가 과연 끝났습니까. 이라크를 예로 들면, 이라크는 지금 식민주의 상태에 빠져들지 않기 위하여 싸우고 있습니다. 식민지가 되는 것은 아니지만, 식민주의의 나락에 빠지지 않기 위해 싸우고 있다는 것이지요. 식민지 없는 식민주의가 문제 아닙니까. 신식민지라고 이야기할 수도 있겠습니다. 이렇게 보면, 친일문학을 둘러싼 논의는 과거에만 한정시킬 수 있는 것이 분명 아닙니다. 21세기에도 여전히 중요한 문제이고, 지금 현재진행형으로 벌어지고 있는 사건입니다.

우리는 여지껏 '식민주의'와 정면에서 대면했던 적이 없습니다. 대결했던 적이 없습니다. 그러니 우리 마음속에 있는 식민주의를 대상화할 수 있어야만 합니다. 그러기 위해서는 인적 청산만을 문제 삼아서는 곤란합니다. 식민주의 자체를 문제 삼고, 그와 관련된 제도 전반까지도 문제 삼을 수 있어야 합니다. 그래야 우리가 범할 수 있는 오류들까지도 돌아볼 수 있으리라고 생각합니다.

식민지 지식인들의 콤플렉스는 현재진행형

언제나 인터뷰의 마지막 질문은 동일한 법이다. '앞으로의 계획' 혹은 '마지막으로 덧붙이고 싶은 말'. 의례적이라고 생각하면서도 나 역시 이런 물음을 빼 놓지는 못한다. 마지막으로 연구 풍토에 대하여 하고 싶은 말과 후학들에게 당부하고 싶은 바를 의례적으로 물었다. 이런 경우에도 우문현답이라고 하는 걸까. 김재용은 마지막까지 자신의 색깔을 보여 주었다.

식민지를 겪었어도 우리는 가장 악독하게 겪었습니다. 그런데 왜 자신들이 받은 상처에서부터 이야기를 풀어나가지 못하고 다른 나라의 이론을 그렇게 쉽게 받아들이는 건가요? 왜 그 이론에다가 우리의 상처를 끼워 맞추려고 하는 걸까요? 서양의 동양 지배 방식과 동양의 동양 지배 방식은 다르지 않았습니까? 서구의 이론을 참고할 수는 있습니다만, 그것을 연구의 중심에 두어서는 곤란합니다. 저는 이것을 식민지 지식인들의 콤플렉스에서 벗어나지 못한 소치라고 생각합니다. 이러한 불만은 인문학 전반에 대해 가지고 있습니다.

후배 연구자들에게는 진취적 태도가 아쉽습니다. 선행 연구자가 하지 않은 영역을 개척해 나가고자 하는 시도를 좀처럼 볼 수 없으니까요. 과감하게 새로운 영역을 열고 나아가는 태도를 기대해 봅니다. 홍 선생께서 활동하고 있는 『비평과전망』에 대해서도 그런 생각을 가지고 있었습니다. 기존 연구에 대한 비판만 승한 것이 아닌가. 펼쳐진 문학판에 새로운 문학적 태도를 가지고 개입하는 방식은 두 가지가 있을 수 있을 겁니다. 첫째, 기존 연구 방식과 성과의 허점을 지적하는 방식. 둘째, 기존 연구들이 간과하고 있는 사실을 지적하며 새로운 장을 펼쳐나가는 방식. 제가 『비평과전망』에 기대했던 것은 새로운 장을 스스로 만들면서 문학적 입장을 개진하는 것이었거든요. 그런데 기존의 연구 틀 내에서 허점을 지적하는 방향으로 나가 버리더군요. 모쪼록 잘되시길 빕니다.

아마 이 정도로 인터뷰 내용을 정리한다면, 임종국의 『친일문학론』 바로 옆에 김재용의 『협력과 저항』을 연이어 놓아도 별다른 이의가 없으리라고 판단한다. 현재의 사회 분위기를 보건대 『협력과 저항』은 당분간 제대로 평가받을 수 없을 것이다. 7월 23일자 『조선일보』와 『동아일보』를 떠올리면 그런 생각이 강하게 든다. '친일진상규명특별법'을 주도하고 있는 김희선 의원에 대한 노골적인 공격이 그들 매체에 기사화되어 실렸던 것이다. '독립군 친척 사칭 논란', 독립군 김학규 장군의 아들이 나타나서 사실을 증명하여도 논란이 가라앉지 않으니 그저 놀라울 따름이다. 대체 우리 사회는 어떻게 생겨먹은 것일까. 그래도 누군가는 묵묵히 자신의 길을 만들며 나아가고 있어야 한다. 그 길에 『협력과 저항』이 놓여 있다.

—『피플』, 2004.10

'친일문학'을 해소하기 위해

윤대석 | 서울대학교 국어교육과 부교수

한수영, 『친일문학의 재인식』, 2005

1940년대 전반기에 조선인에 의해 생산된 문학을 '친일문학'이라 불러왔다. 현재에도 통용되는 이 명칭은 임종국의 『친일문학론』(평화출판사, 1966)에 의해 정착된 듯하다. 그 전에는 백철도, 조연현도 모두 '암흑기 문학'이라는 명칭을 사용했다. '암흑기 문학'이라는 명칭은 타자를 공백으로 설정한다는 점에서 다소 소극적이다. 그것은 한국 근대문학사의 중심에 민족문학을 두지만, 그것의 타자를 동일자와 적극적으로 대립시키지 않는다. 이 시기와 이 시기 문학에 대한 기억은 민족이라는 동일자의 역사로서의 근대문학사를 위협하는 것인 동시에, 자신 스스로 1940년대 문학의 한 담당자였던 백철, 조연현의 자기 정체성을 위협하는 것이기도 했기 때문이다.

개인적 정체성과 민족적 정체성을 동일시하는 것은 임종국도 마찬가지였다. 그가 『친일문학론』에서 「서문」 대신 「자화상」을 써야 했던 것도 그 때문이다. 「자화상」은 자기 정체성의 역사에 대한 서술로 읽을 수 있는데, 그는 '천치'로부터 벗어나는 순간에 가졌던 분노를 자기 정체성의 기초로 삼는다. 자기 내부에 있던 타자를 외화하여 동일자와 대립시켜야 자기 정체성이 유지되는 것이다. '친일문학'이라는 명칭은 그러한 적극적 대립을 드러낸다. 그러나 그러한 타자 / 동일자의 이분법, 친일문학 / 민족문학 · 협력 / 저항의 이분법은 두 대립항을 의존적 관계로 만든다. '친일문학'을 비판하는 임종국이 '국민문학'을 장려하는 모순은 이렇게 해서 생긴다. 이미 과거의 유령이 되어버려 아무런 힘도 가지지 못한 '친일문학'을 끊임없이 환기시켜온 것은 현재적 의미를 지니고 있었던 것이다. 과거의 친일문학자는 여전히 힘을 가지고 있었지만, 그들도 1940년대 전반기를 살고 있지는 않았다. 그러나 자기 동일성 문학의 타자로서 '친일문학'은 끊임없이 환기되어야 했다. 이러한 이분법은 독재와의 대립항으로서 '민족문학'을 설정함으로써 더욱 증폭되었다.

『친일문학론』을 처음 읽었을 때 느꼈던 분노와 전율을 나는 아직도 잊을 수가 없다. 그 당시에도 그리 흔치 않은 세로쓰기로 된 『친일문학론』이 보여 주는 그 긴 작가의 목록과 그들의 작품이 가지고 있는 자극적인 언어는 고등학교 때까지 품어왔던 한국 근대사와 한국 근대문학사에 대한 생각을 뒤흔들어 놓기에 충분하였다. 그 목록이 중 · 고등학교 교과서의 작가 목록과 그리 다르지 않다는 사실 때문에, 그리고 그 내용의 노골성 때문에 교과서적 지식에 대한 반감은 더욱 높아지게 되었고, 아마 그것이 문학회 신입생 세미나 교재로 『친일문학론』을 선택한 선배들의 의도였을 터이다. 최소한 나에게 그 책은 광주항쟁 비디오를 보았을 때와 비슷한 충격으로 나가왔다. 구국의 영도자 전두환, 보통사람 노태우가 살인마였다는 사실에 대한 자각과, 위대한 시인, 소설가들이 친일파였다는 사실에 대한 자각은 동격이었고, 그것은 사고의 전도를 가져오기에 충분했다. 「자화상」을 서문에 붙인 임종국과 마찬가지로 나는 "나를 그토록 천치로 만들어 준 그 무렵의 일체를 증오하지 않을 수 없었"던 것이다. '친일문학'에 대한 인식의 역사는 이러한 증오를 바탕으로 형성되어 왔다. 최소한 7, 80년대를 살아온 세대에게 '친일'과 '친일문학'은 질문이 허용되지 않는 측면을 가지고 있었다. 그것은 당위였고 또한 맹목이기도 했다. 천치였음에 대한 분노로 인해 또 다른 천치가 되었던 것이다. 맹목은 통찰력이기도 했지만, 또한 통찰력은 맹목에 바탕을 둔 것이기도 했다.

'친일문학' 연구의 새로운 장을 연 것으로 평가받는 『문학속의 파시즘』(삼인, 2001)도 이러한 맹목에서 자유롭지 못했다. 이 책은 다른 여러 가지 의미를 가지고 있지만, '친일문학' 연구에 관한 한, 기존에 존재해 왔던 '친일문학'에 대한 증오를 등에 업고 자기 사고의 정당성을 입증할 수 있었다. '친일'의 범위를 무한히 확장한다는 비판은 이 책으로 대표되는 파시즘 문학론에 대한 오해이지만, 또한 그에 대한 정당한 이해이기도 했다. 이 책은 '친일' 개념과는 다른 층위를 문제 삼고 있음에도 불구하고, 그렇기 때문에 이분법의 해체를 통해 '친일' 개념을 부정하는 것임에도 불구하고, '친일'이라는 기표의 자장 하에서 이해되었던 것이다. 작가의 의식・지향으로서의 '친일'과, 작가의 무의식 속에 각인된 사회와 담론의 구조로서의 '파시즘'은 다른 층위에 놓여 있다. 김재용과 김철, 홍기돈과 김예림의 논쟁이 그런 점에서 각자가 섬기는 신들 사이의 논쟁에 불과했음에도 논쟁이 이루어진 것은 그러한 오해 때문이다.

거칠게 말하면 의식과 무의식의 협력과 동화는 다른 차원의 것임에도 불구하고, 제국주의 담론과의 연속성의 측면에서 보면 동일하게 보인다. 한수영, 그리고 최근의 권명아, 차승기의 논리는 이러한 연속성에 대한 반기로 보인다. 그들은 일본 제국주의의 논리로의 동화로서 '친일' 혹은 '협력'을 보기를 거부한다. 제국주의 담론에 대한 단속斷續적 대응을 통해 조선의 담론장을 구성했음을 증명함으로써 다자 / 동일자, 친일 / 민족, 저항 / 협력의 이분법을, 파시즘 문학론과는 다른 방식으로 해체하고자 한다. 그 가운데 한수영이 주목하는 것은 문학의 사상적인 측면이다.

이 글을 쓰고 있는 나도 그들의 논리에 기대어 겨우 한마디 하는 처지이기에, 한수영의 『친일문학의 재인식』(소명출판, 2005)에 대한 서평을 쓰기에는 적당하지 않은 듯하다. 그럼에도 불구하고 내가 이 글을 쓰는 것은 편집자의 독촉에 의한 것이기도 하지만, 그에 대한 학문적 존경을 드러내기 위한 것이기도 하다. 그런 이유로 이 글은 서평이 되지 못 하고 단순한 요약에 그칠 것이다. 그러나 어찌 알랴. 내 부족한 이해로 빚어진 오해가 새로운 이야기를 가능하게 할지.

『친일문학의 재인식』은 모두 세 개의 부로 구성되어 있다. 제1부는 '근대소설과 신체제'라는 제목으로 이태준, 채만식, 박태원의 신체제론을 살펴보고 있고, 제2부는 '안수길 소설과 재만조선인 문학의 특수성'이라는 제목으로 안수길의 소설을 중심으로 재만 조선인 문학을 살펴보고 있으며, 제3부는 '식민주의와 식민지 주체의 균열'이라는 제목으로 김동인, 김동리, 채만식, 한설야의 소설을 다루고 있다. 제3부가 식민주의를 다루고 있긴 하고 또한 흥미로운 논문들로 이루어져 있긴 하지만, '친일문학'과는 다소 동떨어져 있다고 판단하여, 제1부와 제2부만 문제 삼기로 한다.

제1부를 잘 드러내는 말은 '친일은 사상이다'라는 주장일 것이고, 제2부를 가장 잘 드러내는 말은 '내부자의 시선으로 보아야 한다'라는 것일 터이다. 대상이 각각 조선 내부의 담론과 만주의 담론이라는 점

에서 그 대상에 차이가 있으나, 그 둘을 바라보는 공통적인 시선은 내부자 시선이다. 필자는 제2부에서만 내부자 시선을 강조하고 있으나, 실제로는 제1부의 작가에게도 내부자 시선을 적용시키고 있다. '과정'에 대한 주목이 바로 그러한 내부자 시선을 보여 주는 것이다.

> '친일(문학)'은 언제나 '역사'의 '법정'에서 움직일 수 없는 '피고'였으며, '피고'를 변호하려는 쪽이나, 그를 단호히 단죄하려는 쪽이나 똑같이, '피고'의 '행위'의 결과만을 중시할 뿐, 그 '과정'에 주의를 기울일 생각은 하지 못하고 있는 것이다. 한국 근대문학과 작가들을 사랑한다면 그들의 행위의 '결과' 못지 않게 거기에 이르는 '과정'을 살피는 일이 중요하지 않을까.(5쪽)

이러한 과정에 대한 주목은 한국 근대문학과 작가들에 대한 사랑 때문이기도 하지만, 그보다 더 크게 필자가 "'민족주의'가 독점해 왔던 '친일(문학)' 논의의 협애함을 인식"(4쪽)한 것에서 온다. 외부적 시선에서 볼 때 사상의 변화라는 결과만 보이지만, 해당 작가의 시선, 당대의 시선에서 볼 때에는 사상의 미묘한 균열 지점이 보이는 것이다. 이것은 만주 거주 조선인의 담론을 내부적 시선에서 보아야 한다는 말과 겹친다. 결국 그것은 각각 내부자 시선을 시간적・공간적으로 변형시킨 것이다. 제1부가 지금의 시선에서 1940년대 전반기의 담론을 보아서는 안 된다는 시간적 내부자의 시선이라면 제2부는 조선의 시선으로 만주라는 공간을 보아서는 안 된다는 공간적 내부자의 시선이라 할 수 있다. 이것은 또한 각각 1940년대 전반기 조선에서는 일본과도 다르고 지금과도 다른 독특한 담론장이 있었음을, 마찬가지로 이 시기 만주에서는 조선과는 다른 독특한 담론장이 있었음을 말하는 것이다.

어느 곳으로도 환원되지 않는 고유의 담론장을 탐색한다는 점에서 나는 그것을 '고고학적 탐색'이라고 부르고자 한다. 물론 그것은 푸코의 작업과 같이 (탈)구조주의적인 것은 아니다.

내부자의 시선에서 보면 만주 거주 조선인은 "피식민인이면서도 식민주의의 영향력의 그늘 아래에서 생존을 도모해야 하는, 대단히 모순적인 위치에 놓여 있었"(150쪽)음을 알 수 있다. 그와 마찬가지로 조선 거주 조선인은 "식민지배담론의 자장 안에서 그것을 넘어서"려는 "이중적인 노력", 그러니까 "'강요'와 '헤게모니' 사이를 헤쳐 나가는 힘겨운 고투의 과정"(51쪽) 속에 있었다. 각각의 담론장을 고고학적으로 발굴하는 것이 필자의 작업인 것이다.

필자가 보기에는 만주 거주 조선인의 내부적 시선을 가장 잘 드러낸 작가는 안수길이다. 안수길의 『북간도』는 만주 체험의 고유의 맥락 위에 사후의 민족주의적 시선이 덧씌워진 소설이다. 그렇다면 『북간도』에서 민족주의적 시선을 걷어내면 바라보이는 만주 체험의 고유한 맥락이란 무엇인가.

> 그가 경험했던 만주 체험의 실상은, 민족적民族籍과 국적國籍의 혼란, 개척지와 고향에 대한 모순적인 지향, 민족적 아이덴티티와 법적 지위 사이에 생겨나는 균열과 갈등이며, 이러한 균열과 착종을 가로지르는 삶의 안정과 뿌리내리기를 절대적인 소망으로 설정하고 있었다.(133쪽)

그동안 만주문학을 바라보는 시각은 '저항 / 협력'의 이분법이 아니면, '식민주의적 무이시'이라고 하는 구조주의적인 분석틀이었다. 전자가 '친일문학론'의 분석틀이라면 후자는 '파시즘 문학론'의 연장선상에 있다. 「벼」에서 농민들이 일본 영사관에 도움을 요청한 것을 두고 전자는 친일 행위로 규정함으로써 민족주의적 시각을 드러낸다. 또한 후자는 이 장면을 만주 거주 조선인이 식민주체를 꿈꾸어 일본 제국주의의 시각에 자신의 시각을 일치시키는 것으로 파악한다. 이 '친일문학론'과 '파시즘 문학론'은, 방향은 다르지만 만주 거주 조선인의 담론을 일본 제국주의 담론에 흡수・동화시킨다. 그러나 위의 인용문에서 보듯 필자는 일본 영사관에의 도움 요청이라는 결과만을 보아서는 안 되고 거기에 이르는 과정 속에 내포된 균열과 갈등을 보아야 한다고 주장한다. 그러한 균열과 갈등은 「농군」을 쓴 이태준 같은 조선 내의 조선인에게는 포착되지 않는다. 오로지 안수길 같은 내부자의 시선에서 보아야 포착될 수 있는 것이다.

외부적 시선에서 결과만을 보아서는 안 되고 내부적 시선에서 과정에 주목해야 된다는 주장은 같은 시기의 조선의 신체제론자에게도 해당한다.

> 당시의 '국민문학'에 대한 '동의'를 전부 일본의 논리에 흡수동화된 것이라고 판단하는 것은 단순한 논리이다. 이태준의 '동양론'이나 '조선문학의 특수성'에 대한 인식 또한 이 미묘한 경계 위에 존재하는 것이다.(45쪽)

이태준, 채만식, 박태원은 신체제를 경계로 하여 신체제론과 접속하며 자신의 생각을 바꾸어 가는데 그것은 결과적으로 보면 신체제 옹호, 혹은 신체제론에의 함몰로 보이지만, 그 과정은 그리 간단하지 않다. 겉으로 신체제론으로의 동화로 보이는 것 내부에 상당한 갈등과 균열이 내포되어 있다. 예를 들어 이태준은 "'서구'라는 보편의 '미망'으로부터 벗어나야 한다는"(41쪽) 일관된 인식을 가지고 있었고, 그러한 인식이 신체제론과 어느 지점에서 공명했다. 그러나 그러한 공명은 매끈한 일치가 아니었다.

> '신체제론'의 '대동아공영주의'가 표방하는 '동양주의'는 '서구'라는 보편을 벗겨내고, 그 자리에 '일본의 동양', 즉 일본이 또 다른 '보편자'로서 기능하는 모순율로 구성되어 있다. '동양론'을 매개로 한 이태준의 '신체제론' 수용에 미묘한 균열이 생기는 것은 바로 이 지점에서이다. 그가 신체제론의 '동양론'을 부분적으로 수용한 것은 '서구'에 의해 타자화된 '동양'을 인식했던 때문이었다. 그러나 그 '동양'이 '일본주의'라는 '전체성'에 의해 또 다른 '보편신화'로 탈비꿈하는 것에는 결코 동의할 수 없었다.(41~42쪽)

그러한 매끈하지 않은 일치는 '전유'라는 말로 표현된다.

> 신체제가 등장하는 1940년대 전후의 이태준은 그가 이해하고 인식하는 범위 안에서 식민지배담론인 신체제론을 주관적으로 '전유'하며(따라서 식민지배담론의 헤게모니에 동의하며), 그 '전유'의 과정에서 식민지배담론이 지닌 논리적 체계의 공백과 비일관성의 틈새를 통해 '저항'한다는 것이다.(22쪽)

신체제론에 대한 동의가 매끈한 일치가 아니라, 자기 욕망을 실현하기 위한 전유 행위였다는 분석은 채만식과 박태원 소설의 분석에도 고스란히 이어진다. 신체제론과 어느 지점에서 공명했으며, 그것의 어떤 부분을 전유하여 자기 욕망을 실현하려고 했는지가 다를 뿐이다. 채만식에게 그것은 '자본주의적 현실의 부정'이며, 박태원에게는 '근대 세계의 도구적 합리성에 대한 부정'이었다. 이를 일본 제국주의 담론에의 전적 동의로 보는 '친일문학론'이나 그것에의 구조적 포섭이라고 보는 '파시즘 문학론'과는 구분되는 견해라 하지 않을 수 없다.

제국주의 담론의 바깥이 존재할 수 있고 그것이 민족주의와 접목된다는 '친일문학론'의 시선에서 보면 그러한 불일치는 사소한 것이라 할 수 있거나 "이화의 규정성은 언제나 동화의 지배를 받을 수밖에 없는 것"(박수연, 「포스트식민주의론과 실재의 지평」, 『민족문학사연구』 33, 2007.4, 55쪽)으로서 '실재의 지평'은 여전히 동의를 지칭하고 있다. 또한 제국주의 담론의 바깥은 존재할 수 없고 그것의 전일적 지배만이 존재한다는 '파시즘 문학론'의 시각에서 보면 그러한 균열마저 평탄화의 운명이 예비된, 그러니까 "정반대의 성향이나 이념을 자신 안에 끌어들여 종합하는"(『문학속의 파시즘』, 19쪽) 야누스적 파시즘으로 흡수될 운명에 처해 있다. 이 두 담론은 제국주의 속에서 제국주의를 파괴하는 균열과 갈등을 인정하지 않거나 그것의 존재의의를 무시한다는 점에서는 똑같다고 할 수 있다. 그것이 '파시즘 문학론'에 대한 이해와 오해의 기반이다.

현재 이 글을 쓰고 있는 나라면, 경박하게도 '내파'라는 개념을 써가며 이러한 균열과 갈등을 당장 저항으로 위치 짓겠지만, 필자는 그렇게 하지 않는다. 필자는 강요와 헤게모니 사이를 헤쳐 나가는 작가들의 힘겨운 고투의 과정을 섬세하게 읽을 따름이다. 그러나 필자도 전유가 저항으로 통할 수 있는 통로를 막아 두지는 않고 있다. 이태준에 대한 논의의 끝막음을 다음과 같이 하고 있는 것에서도 이 점을 볼 수 있고, 또한 결국 그러한 갈등과 균열이 저항과 통할 수 있는 길을 모색하려는 생각이 없었다면 아예 그것을 논제화하지도 않았을 터이다.

식민주의와 근대문학에 관한 논의가 '저항'을 매개로 하지 않는 한 아무런 의미가 없다는 주장은 대단히 중요하며, 그러한 '탈식민 주체의 형성'에 관한 문제가 식민주의와 우리 근대문학을 논의하는 데 있어 가장 중요한 의제임은 재론의 여지가 없다. 다만, 그런 '저항 주체'의 형성과정은 전일적이거나 순연하지 않다는 점이 전제되지 않으면, 이러한 '저항 주체'의 논리는 의제의 정당성만큼 큰 설득력을 얻기 힘들다.(51쪽)

그러나 필자는 균열과 갈등이 저항으로 이어지는 통로를 모색하는 작업에는 관심이 적은 듯하다. 오히려 필자의 관심은 사상의 연속성 쪽으로 향하는 듯하다. 즉 당대 작가들의 욕망이 무엇이었으며 그것이 어느 점에서 충족되었고 어느 점에서 충족되지 못한 채 이월되었는가에 관심을 두고 있는 듯하다.

그들이 식민 지배담론에 투사시켜 실현코자 했던 역사적 지향은, '일본 제국주의'가 패망한다고 해서 없어지거나 원인 무효가 되는 그러한 성질의 것이 아니었기 때문이다. 그들은 '근대'와 '자본주의' 그리고 '서구중심주의'를 극복할 대안을 지향했던 것이며, 그러한 역사적 지향은 거대 식민 지배담론(예컨대 신체제론)이 등장하기 훨씬 이전부터 창작의 추동력이자 철학적 바탕을 이루고 있었던 것이다. 그와 더불어 이러한 역사적 지향은 '일본 제국주의'의 패망 여부와 상관없이, 고스란히 이후의 역사에 미해결의 과제이자 미완의 기획으로 이월·계승된다.(6쪽)

'친일'을 돌발적이고 예외적인 현상으로 보아서는 안 되고 '역사적 합목적'으로 보아야 하는 이유는 여기에 있는데, 그것은 해방 이후의 사상과 문학을 이해하는 준거들을 '친일문학'에서 새롭게 읽는다는 현학적 태도를 넘어서고 있다. 필자의 작업이 실천적인 의의를 띠고 있음은 가라타니 고진의 말에서도 눈치 챌 수 있을 것이다.

종교는 환상이다. 그러나 이 환상 가운데 현실에 대한 항의와 요구가 포함되어 있다. 그렇다면 이른바 종교를 실현하지 않고 종교를 폐기할 수 없다. 거기서 시작하여 마르크스는 다음과 같이 말한다. 철학을 폐기하기 위해서는 그것을 실현해야 한다라고. 이 경우 '철학'이란 헤겔의 『법철학』이고 사실상 네이션 = 스테이트를 의미한다. 그런데 마르크스는 다음과 같이 덧붙이고 있다. 철학을 실현하기 위해서는 철학을 폐기해야 한다 라고. 이 경우 철학을 네이션 = 스테이트로 바꾸면 네이션 = 스테이트를 실현하기 위해서는 그것을 폐기해야 한다. 또한 종교로 바꾸면 종교를 실현하기 위해서는 종교를 폐기해야 한다.(가라타니, 「제국과 네이션」 마지막 부분)

—『사이間SAI』 3, 2007

『무정』과 세 종류의 심리학

김현주 | 연세대학교 국어국문학과 교수

하타노 세츠코, 최주한 역, 『『무정』을 읽는다—무정의 빛과 그림자』, 2008

1. 이광수와 『무정』의 새로운 삶

한국에서 이광수와 그의 작품은 매우 기복이 심한 삶을 살아왔다. 이광수의 작품들은 식민지 시기 내내 일반 대중에게 큰 환영을 받았지만 전문적인 문학인과 비평가들로부터는 제한적인 의미에서만 긍정적 평가를 받았다. 해방이 되자 이광수는 '기소'되었으며 그의 작품은 '사제' 되는 수모를 당했다.[1] 1950년대 중·후반에 이르러 조연현의 『한국현대문학사』와 박영희, 김기진, 주요한들에 의해 이광수는 최남선과 함께 한국 근대문학의 개창자 혹은 '아버지'로 지위가 격상되었다. 하지만 1960년대 이후 정명환, 김붕구, 송욱들의 비판을 종합한 김윤

1 예컨대 이태준은 해방 이후에 『문장강화』의 개정판(박문출판사, 1947)을 내면서 묘사를 설명하는 인용문에서 이광수의 「무명」을 빼고 안회남의 「노인」을 넣었다. 이에 대해서는 김현주, 『한국 근대산문의 계보학』, 소명출판, 2004, 204쪽 참조 바람.

식 · 김현의 『한국문학사』(1973)에 와서 이광수는 '결함이 많은' 아버지로 판명되었다.

평가의 스펙트럼은 다양했지만 이광수와 그의 작품을 해석해 온 키워드는 크게 보면 '민족'과 '근대'였다. 해석자들은 대체로 '민족'과 '근대'를 가치 평가적인 개념으로 사용했으며, 따라서 평가는 이 두 가지 항과 긍정/부정 항의 조합으로 나타났다. 이때 긍정/부정의 판단은 해석자가 '진정한' 근대와 민족을 어떻게 규정하는가에 의해 결정되었다. 긍정적인 모델로서든 부정적인 모델로서든 이광수는 1980년대 중반 김윤식의 『이광수와 그의 시대』에 이르기까지 한국 '근대민족문학'이 도달해야할 목표를 제시하고 수행해야 할 과제를 환기하는 역할을 해 왔다.[2]

1990년대 후반 이후에 이광수와 그의 작품들은 이전보다 훨씬 풍부하고 더 충만한 삶을 살고 있는 것 같다. 근대주의와 민족주의에 대한 성찰에서, 그리고 한국의 근대성에 대한 해명에서 이광수와 그의 문학은 '다시 읽어야 할' 첫 번째 텍스트로 부상했다. 최근에는 이광수와 그의 작품들에 대한 연구자들의 질문이 더욱 다채로워졌다. 나는 이것이 비단 연구자들의 노력 때문만이 아니라 이광수의 작품 안에 실제로 존재하는 다양한 잠재력, 그 자체의 성장의 능력 때문에 가능했다고 생각한다. 이 글에서 살펴볼 하타노 세츠코波田野節子의 『『무정』을 읽는다』도 그러한 잠재력을 드러내고 성장시킨 중요한 저작들 가운데 하나이다.[3]

더욱이 하타노 세츠코가 이광수와 『무정』에 부여한 삶에는 매우 특

2 이광수 연구사에 대해서는 최영석, 「이광수 해석의 역사」, 『작가세계』 2003 여름, 40~64쪽 참조.

3 하타노 세츠코, 최주한 역, 『『무정』을 읽는다—『무정』의 빛과 그림자』, 소명출판, 2008.

별한 점이 있다. 사에구사 도시카츠 교수가 그러했던 것처럼, 이광수는 한국 근대문학을 연구하려는 여러 일본 학자들이 주목한 작가이다. 하지만 이광수에 대해 가장 지속적이고 집중적으로 연구한 이는 하타노일 것이다. 하타노는 1980년대 후반부터 이광수를 연구해 왔고 지금도 그녀의 연구열은 왕성하다.[4] 또 하타노는 최초로 『무정』을 일본어로 번역한 이이기도 하다. 하타노의 일본어판 『무정』은 오무라 마스오大村益夫·호테이 도시히로布袋敏博 등이 기획한 '조선근대문학선집'의 제1권으로 출간되었으며 한국 근대문학의 번역사에서 특별하고 중요한 의미를 가진다.[5] 한편 『『무정』을 읽는다』는 이광수와 『무정』에 대한 그간의 연구를 총괄한 책으로서 일본어판 『무정』을 읽게 될 현대 일본인 독자를 위해 기획된 것이다. 하타노에 의해 이광수와 『무정』은 현대 일본에서 새 삶을 살 수 있게 된 셈이다.

『『무정』을 읽는다』는 전체 10장으로 구성되어 있다. 열 개의 장은 내용상 크게 세 부분으로 묶인다. 가장 중요한 부분은 역시 제5장에서 제7장까지 (상)·(중)·(하)로 연결된 '『무정』을 읽는다'일 것이다. 제8장 '『무정』의 이데올로기'는 『무정』의 한 연구 결론에 해당하므로 여기에 포함시킬 수 있다. 그 다음으로는 제1장에서 제4장까지로 하타노 자신이 "『무정』을 독해하기 위한 준비작업"으로 썼다고 말한 글들이 있다. 「이광수의 민족주의사상과 진화론」, 「이광수의 자아」, 「「문

4 하타노 세츠코는 2007년 12월 8일 국제한국문학회 학술대회(한국 근대작가 집중 탐구)에서 「『무정』을 쓸 무렵의 이광수」를, 2008년 8월 22일 '한국현대문학회' 학술대회("한국현대문학과 일본")에서 「이광수의 제2유학시절에 대하여」를 발표했다.

5 '조선근대문학선집'은 전체 16권으로 2009년 완간을 목표로 기획되었다. 이 선집에는 『삼대』, 『태평천하』, 『인간문제』, 『대하』, 『탑』 등이 포함된다. 하타노 세츠코의 일본어판 『無情』(平凡社, 2005)의 번역, 주석, 해설에 대해서는 이경훈이 검토한 바 있다. 이에 대해서는 이경훈, 「번역문학으로서의 『무정』, 번역된 『무정』」, 『사이間SAI』 창간호, 국제한국문학문화학회, 2006, 305~333쪽 참조.

학의 가치」에 대하여」, 그리고 「옥중호걸에 대하여」가 여기에 속한다. 마지막 부분인 제9장 「상하이 보고報告」와 제10장 「이광수와 메이지학원」은 일종의 부록이다.

이 글에서는 하타노 세츠코에 의해 이광수와 『무정』이 살게 된 새로운 삶에 대해 살펴보고자 한다. 『『무정』을 읽는다』에는 흥미로운 소재와 주제가 풍부하지만, 특히 하타노는 이광수에게서 진화론자이자 낭만주의자로서의 성장능력을, 『무정』에서 심리드라마로서의 성장능력을 발견하고 발현시켰다. 그리고 이광수와 『무정』의 이러한 복합적인 성장능력이 그 안에 실제로 존재하는 다양한 심리학을 원천으로 삼고 있음을 보여 주었다. 이 글에서는 하타노 세츠코가 이광수와 『무정』에게 살게 한 새로운 삶을 심리학의 문제를 중심으로 논의하고자 한다.[6]

2. 진화론자이자 낭만주의자로서의 이광수

이광수의 민족담론과 문학담론에서 (사회)진화론, 낭만주의적 자아관, 심미적 문학 개념 같은 주제를 다루는 것은 지금 한국 연구자들에게는 매우 친숙하다. 따라서 독자들은 이 책의 제1장에서 제4장까지의 주장에 별반 새로운 것이 없다고 느낄 수 있다. 그러나 일의 선후를 제대로 따진다면, 독자들이 그러한 주제들에 친숙해지기까지 하타노 세츠코의

6 제9장과 제10장의 내용은 여기서 다루지 못한다. 제10장은 1998년 메이지학원대학 공개강좌의 강연과 토론을 기록한 것인데, 다양한 분야의 일본인 연구자들이 이광수의 문학에 대해 토론한 내용은 그 자체로도 매우 흥미롭다.

기여가 컸다고 말하는 편이 더 공평할 것이다. 하타노가 서문 말미에 밝혀놓았듯이 제8장과 제10장을 제외한 8개의 논문은 1990년에서 1995년 사이에 일본에서 발표된 것이다. 이 가운데 「李光洙の自我」는 바로 한국어로 번역되었으며,[7] 한국의 여러 연구자들은 「李光洙の民族主義思想と進化論」, 「「文學の價値」について」, 「ヨンチエソニヨン三浪津」[8] 같은 일본어 논문들도 찾아 읽었고 그로부터 많은 시사를 받았다.

이 책의 1~4장에서 하타노가 집중적으로 조명한 것은 이광수의 첫 번째 유학기간이다. 하타노는 특히 1907년 9월에서 1910년 3월까지 메이지학원明治學院 중학 시절의 이광수에 주목한다. 메이지학원에서 이광수는 16세에서 19세까지 지적으로 왕성하고 감정적으로도 예민한 소년기를 보냈다. 독서와 글쓰기가 본격화된 것이 바로 이때였다. 하타노는 이 시기 이광수의 독서 체험과 글쓰기를 메이지 30~40년대 일본 지성계·문학계의 동향과 관련하여 읽는다. 1~4장에는 중학시절 이광수가 일본 작가, 예를 들면 기노시타 나오에木下尙江, 키무라 타타로木村鷹太郎 등의 작품과 일본의 해석·번역을 통해 접하게 된 서양문학 작품(톨스토이, 바이런 등)에서 받은 영향이 자세하게 검토되고 있다.

이를 통해 부각된 것들 가운데 하나가 진화론자의 면모이다. 하타노는 메이지 말기 일본 지성계를 석권한 진화론이 이광수의 계몽사상과 민족주의에 지속적으로 큰 영향을 끼치고 있었음을 보여 준다. '애국계몽기', 즉 1900년대 후반으로 제한하지 않고 식민지 시기 전체에 걸쳐 진화론의 영향을 추적한 학위논문이 한국에서 제출된 것이 1999년이었던 것을 고려하면,[9] 이광수의 진화론에 대한 하타노의 논의는 시

7 「李光洙の自我―作品わ通して見た李光洙の第1次留學時代の世界觀」은 신두원의 번역으로 『민족문학사연구』 5, 1994에 실렸다.

8 「ヨンチエー・ソニヨン・三浪津」은 이 책의 제7장 「『무정』을 읽는다 (하)」에 수록되었다.

기적으로도 앞선 것이다. 그렇지만 하타노의 논의에서 가장 흥미로운 부분은 이광수를 중심으로 한・중・일 지식인들이 "진화론과 관계 맺는 방식의 차이"를 분석한 대목일 것이다. 이광수의 독서이력을 해석하는 제4장에서 바이런 수용에 대해 논의하면서 하타노는, 메이지 말기 일본에 왔던 루쉰, 홍명희, 이광수가 같은 시기, 같은 장소에서 같은 책, 곧 키무라 타타로의 바이런 평전 『바이런 문학계의 대마왕大魔王』을 읽으면서 일본인과는 다른 방식으로 이를 받아들였다는 점에 주목했다.

키무라 타타로는 청일전쟁에서 러일전쟁에 이르는 시기 약소국의 비애를 맛보고 있던 일본국민에게 강대한 기개와 의지를 갖게 하기 위해 바이런을 번역하고 『바이런 문학계의 대마왕』을 썼다. 러일전쟁에서 승리함으로써 강자의 자신감을 획득한 일본에서는 '저항을 위한 의지'가 더 이상 매력적인 것이 아니었기 때문에 바이런이 빠르게 망각되었던 데 반해, 중국과 조선에서 온 유학생들에게는 그렇지 않았다. 루쉰과 이광수는 모두 바이런에 공명했는데, 두 사람은 각자 다른 맥락에서 그렇게 했다. 루쉰은 키무라의 바이런 해석을 만나기 전에 진화론에 대해 문제의식을 느끼고 있었다. 따라서 루쉰은 바이런을 진화론을 극복하는 한 방법으로, 즉 생존경쟁의 악순환을 끊기 위해 강자에 맞서는 반항정신으로 이해했다. 반면 이광수는 키무라의 바이런을 접하고 난 후 진화론을 수용하게 된다. 바이런의 '강대한 의지'를 강자육성의 방법으로 해석한 키무라에 심취한 이광수는 생존경쟁과 힘의 논리를 자연스럽게 받아들이게 된다. 요약하면, 키무라의 바이런 해석에서 루쉰이 진화론을 극복할 자원을 얻었다면 이광수는 진화론을 받

9 박성진, 「한말-일제하 사회진화론 연구」, 한국정신문화연구원 박사논문, 1999.

아들일 토대를 마련한 것이다. 이는 바이런을 매개로 하여 한·중·일 지식인들 사이에 형성된 진화론 수용의 동시대성과 차이에 대한 매우 심도 있는 해석이라고 생각된다.

한편 이광수 연구사에서 하타노의 가장 큰 공적은 그의 낭만주의적 면모를 부각시킨 점일 것이다. 하타노는 중학시절 이광수의 소설과 논설에 계몽사상의 요소들이 산재되어 있긴 해도 진실로 계몽주의적인 사유 형식을 찾아보긴 어렵다는 것을 발견했다. 이광수의 계몽주의란 '정'을 계발하여 자주적인 인식을 갖게 하는 것이지 합리적인 인식을 갖게 하는 것이 아니었다. 하타노는 '정육론으로 집약되는 1910년대 이광수의 사상은 계몽주의적이라기보다는 낭만주의에 훨씬 가까운 것'이라고 했는데, '낭만주의'는 1910년대의 이광수를 해명하는 중요한 키워드임에 틀림없다.

하타노의 주장은 황종연을 비롯한 여러 한국 연구자에게 수용됨으로써 그 의미가 더욱 심화되었다. 황종연은 한국 근대문학의 출발에 대한 매우 탁월한 해석인 「문학이라는 역어譯語」에서 이광수의 낭만주의에 대해서도 논의했다. 그는 「문학이란 하오」에서 이광수가 정립한 근대적 문학 개념을 하나의 '통언어적 실천'으로 보면서 다카야마 초큐高山樗牛의 심미적 생활론 및 문학론과의 유사성에 주목했고 이로부터 이광수의 낭만주의를 이끌어냈다. 다카야마 초규를 '소개'한 것을 비롯하여 황종연의 논의에 하타노의 기여가 적지 않았던 것으로 보인다.[10] 이어서 이철호, 구인모 등도 1910년대의 문학담론과 이광수를 연구하는 데 하타노의 연구를 참조했다. 거꾸로 하타노의 논의를 한국에 소개한 것이 이들 연구자였다고도 할 수 있을 터이다.[11]

10 황종연, 「문학이라는 譯語」, 문학사와비평연구회, 『한국문학과 계몽담론』, 새미, 1999.

낭만주의자로서의 이광수가 큰 공감을 받는 이유로는, 다른 여러 가지가 고려되어야 하지만, 우선 그 논의가 '근대문학의 형성'이라는 주제에 관심을 집중하던 한국의 연구자들에게 새로운 입론을 가능하게 했다는 점을 들 수 있을 것이다. 한국의 연구자들은 하타노 연구의 낭만주의 관련 논의를 비단 이광수의 문학관뿐만 아니라 1910년대의 문학담론 전체의 동향을 이해하는데 유의미한 시각으로 받아들였다. 하타노의 이광수 연구는 한국에서 근대적인 문학 개념의 등장과 그 지적 배경을 논의하는 데도 도움을 준 셈이다.

하타노와 한국의 연구자들은 이광수의 사상 안에 있는 특정한 심리학을 드러냄으로써 그의 낭만주의자적 면모를 부각시킬 수 있었는데, 그것은 '지 · 정 · 의'론이었다. 인간의 심리에 대한 합리적 이해틀로서 '지 · 정 · 의'라는 "심리학적 삼분법"과 이에 의거한 (감)정의 독립성에 대한 이해가 근대적 개인 개념과 문학 개념을 정초하는 데 있어 매우 중요한 것이었음은 이미 여러 연구자에 의해 지적되었다. 그것은 이광수의 문학론의 바탕이 되었고 『무정』에서는 그 누구와도 일치하지 않는 유일한 '나' 혹은 '자기'라는 개념의 토대가 된 것이었다.[12] 1910년대에 문학과 인간을 새롭게 이해하기 위한 틀로서 일반화되고 있었던 심리학이 바로 '지 · 정 · 의'론이었다. 그런데 하타노 세츠코가 『무정』을 해석하면서 발견한 심리학은 이와는 또 다른 것이었다. 하타

11 한국 학자들의 논문에 하타노 세츠코의 논문이 직접 언급된 것은 2000년을 전후해서이다. 황종연의 논문에 이어 이철호, 「『무정』과 낭만적 자아」, 동국대 석사논문, 1999; 구인모, 「『학지광』의 미학주의」, 『한국 근대문학연구』 창간호, 2000; 구인모, 「『무정』과 우생학적 연애론」, 『비교문학』 28, 비교문학회, 2002 등 참조.

12 근대문학의 형성과 '지 · 정 · 의'론의 관계에 대해서는 권보드래, 『한국 근대소설의 기원』, 소명출판, 2000, 27~38쪽 참조. 황종연에 따르면, '지 · 정 · 의'론은 18세기 독일의 심리학의 합리주의적 전환을 이룩한 볼프(Christian Wolff)와 그의 학설을 수정한 칸트 등에 의해 정립되었고 일본에서는 니시 아마네[西周]를 위시한 계몽사상가들에 의해 유포되기 시작했다. 황종연, 앞의 글, 23~24쪽 참조.

노는 『무정』 안에 있는 '프로이트 심리학'을 드러내 보여 주었다.

3. 무의식의 드라마로서의 『무정』

프로이트의 심리학 혹은 정신분석학은 하타노가 『무정』을 해석하는 가장 중요한 틀이다. 하타노의 무정 해석에는 문학에 대한 심리학적 연구의 세 분야, 즉 개인으로서 작가에 대한 심리학적 연구, 문학 작품 안에 내재해 있는 심리학적 유형들과 법칙들에 대한 연구, 그리고 독자의 심리에 대한 연구가 모두 포함되어있다. 하지만 '『무정』을 읽는다'의 (상)편과 (하)편을 일관하는 관심은 역시 인물의 심리분석을 통한 작가의 심리분석이라고 할 수 있다. 하타노는 프로이트의 정신분석이론을 이용하여 이형식의 의식과 행동에 내재한 정합성을 찾아내고 이를 통해 이광수의 심리를 설명하고자 한다.

『무정』의 주인공인 이형식의 의식과 행동에는 "이해하기 어렵고 부자연스러운" 점이 많다. 형식은 영채가 자신의 내력에 대해 말하다가 훌쩍 일어서서 나갈 때 왜 바로 따라가 붙잡지 않는가? 형식은 왜 별 근거도 없이 영채가 쾌락을 탐닉하는 장면을 상상하거나 자신에게 악의를 가지고 있는 것은 아닌지 의심하는가? 형식은 왜 그렇게 영채의 순결에 집착하는가? 강간을 당한 뒤 자살할 우려가 있는 영채를 왜 기생집에 그대로 두고 오는가? 평양의 경찰서에 전보를 치면서 왜 영채의 용모나 차림새에 대해 자세히 적지 않는가? 경찰서에 영채가 보호되어 있지 않다는 것을 알고는 왜 안도감을 느끼는가? 기생집에서의 평온함과 은사의 무덤에서의 환희는 어떻게 설명될 수 있는가? 하타노의 일차적 목표는 형식의 이러한 의식과 행위의 배후에 있는 기본적인 동기체계를 설명하는 것이다.

이형식은 심층의식의 차원에서는 박영채에게서 도망쳐 김선형을 선택하고 싶어한다. 그러나 형식은 자신의 그러한 원망을 도덕적으로 용인하기가 어렵다. 따라서 표층의식의 차원에서 그는 이러한 반도덕적인 원망을 인정하지 않고 거꾸로 자신이 영채와의 결혼을 바라고 있다고 생각한다. 영채에게서 도망치고 싶다는 원망은 표출되지 못하고 억압되어 마음 깊은 곳에 갇히게 되고 그렇게 억압된 욕구가 꿈(각성몽)과 실책, 예컨대 망각, 잘못된 기억, 실수, 그 밖의 왜곡된 형태로 되돌아오는 것이다. 하타노는 형식의 '이해하기 어려운' 의식과 행동을 억압, 무의식, 반동형성reaction-formation, 투사projection 등 다양한 정신분석 이론을 적용하여 설명해준다.

하타노의 이차적 목표는 "작품을 넘어선 곳에 숨겨져 있는 작가의 요청"을 파악하는 일이다. 하타노는 「『무정』을 읽는다 (상)」에서, 이광수는 자기 자신을 희화화한 형식이라는 인물에게 영채의 죽음을 바라고 그러한 죽음에서 해방감을 느끼는 '무정'의 극치를 달리게 함으로써 아내 백혜순에게 잔혹한 행동(이혼 요구)을 하는 자신을 단죄하며 동시에 자신이 아내를 버릴 수밖에 없도록 만든 것의 정체를 밝히고 싶었던 것 같다고 한다.「'『무정』을 읽는다 (중)」에서는 이광수가 경성학교에서 이형식을 움직이고 있는 심층의 욕망을 그려냄으로써 오산학교에서 자신을 움직였던 욕망을 분석하고자 했다고 보았다. 하타노는 『무정』에서 작가의 자기 형성을 그린 교양소설의 서사를 발견한다.

하타노에 따르면, 영채에게서 도망치고 학교를 떠나고 싶다는, 마음 깊은 곳의 소원이 성취된 75절에서 형식은 비로소 진짜 자기 자신과 만나게 된다. 형식이 그때까지 자각하지 못했고 그런 까닭에 형식의 표층 의식의 흐름만을 좇았던 독자도 깨닫지 못했던 형식의 심층의 원망은 여기서 분명하게 의식의 표면으로 떠오른다. "선형이가 있는데 왜 영채가 뛰어나왔나, 영채가 기생이거나 뉘 첩이 되었으면 좋겠다." 이 과정은, 정신분석학의 용어를 빌린다면 '전이transference'로 설명될 수 있을 것이다. 전이는 분석 상황에서 무의식적인 소원이 발현되는 과정을 말하는 데 쓰이는 정신분석의 용어다. 전이 관계에서 분석자(이광수)의 역할은 환자(이형식)가 자신의 심적 갈등(문제)이나 무의식적 소원을 의식에 떠올려 완전히 표현할 수 있도록 유도하는 것이다. 그러니까 75절은 분석자가 전이 관계를 해소시킴으로써 문제로부터 환자를 해방시키는 순간이며 이형식의 시간과 작가의 시간이 합류하는 지점이다.

『무정』의 전반부를 통해 자신의 삶을 총괄하고 자신의 진짜 모습을 직시하게 된 이광수 = 이형식은 후반부에서는 이를 바탕으로 새로운 세계를 구축하게 된다. 자신을 억압해 온 삶의 편린들을 재규합하고 자신에게 고통을 가해온 혼란을 해석하게 된 이광수 = 이형식은 자신에 관해 새롭고 좀 더 완전한 이야기를 할 수 있게 되는 것이다. 그것은, 미래로 나아가기 위한 과거 회복의 장치로서의 영채의 구제, 선형이라는 신여성과의 근대적 연애 실험, 그리고 자기 발전과 민족 발전의 통합이다. 하타노는 「『무정』을 읽는다 (하)」에서 이 세 가지 이야기를 '영채', '선형', '삼랑진'으로 나누어 서술하였다.

형식의 성격의 모순성에 대해 기왕의 연구자들이 전연 무관심했던 것은 아니다. 예컨대 송하춘은 이형식이 보여 주는 감성과 이성의 불일치나 관념과 삶 사이의 괴리라는 불안정한 성격적 특성이 '과도기적 인간상'이라는 인물의 시대적 한계에서 비롯된 것이며, 그와 관련해서

"이형식의 정신적 양면성은 의식이 불투명한 작가의 실수가 아니라 서로 상반되는 가치가 공존하는 정신적 이중구조의 산물이요, 그것은 작가의 확고한 의도에 의해서 이루어졌다"고 했다.[13] 이와 비교할 때 하타노의 논의의 특징은 해석의 틀을 감성 / 이성, 관념 / 실행에서 의식 / 무의식이라는 심리학의 틀로 대체한 데 있다. 이에 따라 '정신적 이중구조(양면성)'는 표층의식 / 심층의식으로 분석되고 '서로 상반되는 가치들'은 동일한 차원에 공존하는 것이 아니라 심층과 표층에 따로 배치된다. 하타노는 이광수가 "형식의 의식 구조를 표층과 심층의 중층 구조로 설정하고 있는 것은 명확하"(225쪽)다고 본다.

나아가 하타노는 "이광수가 『무정』을 쓰면서 프로이트의 정신분석을 의식하고 있었던 것은 거의 틀림없는 것 같다"(220쪽)고도 썼다. 이광수가 『무정』을 쓰면서 프로이트의 이론을 의식적으로 견지하고 있었는가 아닌가는 별로 중요하지 않을 수 있다. 하타노도 인정했던 것처럼, '프로이트를 모르더라도 인간의 마음의 움직임을 통찰한다면 이형식에게 그러한 행동을 취하게 하는 것은 가능하다.' 더욱이 하타노는 이광수가 프로이트 이론을 직접적으로 혹은 상세하게 접했다는 결정적인 증거를 제시하지는 못했다. 그렇다고 하더라도 이광수가 심리학 수업이나 학술저널 등을 통해 프로이트 이론에 대해 어느 정도 알았고 이를 『무정』에서 응용했다고 볼 여지는 충분하다고 생각된다. 하타노는 『무정』에서 프로이트 심리학의 영향뿐만 아니라 베르그송의 심리학적 철학의 흔적[14]도 '발견'했는데, 이로써 독자들은 『무정』의 지적(심리학적) 기반이 지금까지 알고 있었던 것보다 훨씬 두텁고 풍부

13 송하춘, 「『무정』의 현대소설사적 의의」, 『인문논집』 28, 고려대 문리과대학, 1983, 6~7쪽.

14 「『무정』을 읽는다」(상)에는 베르그송을 매개로 형성된 이광수와 일본 작가들 사이의 동시대성에 대한 흥미로운 논의가 있다.

하다는 것을 확인할 수 있다.

4. 『무정』과 심리학적 사회학

하타노가 『무정』에서 발견한 또 하나의 심리학은 사회심리학이다. 하타노는 『무정』에서 이형식을 조롱하는 학생들의 심리와 행동을 집단심리학, 특히 르봉의 사회심리학과 연관하여 해설한다. 그러나 이광수가 르봉의 사회심리학을 진지하게 받아들이고 또 사회현상을 해석하는 데 적용, 응용한 것은 3·1운동 이후라고 생각된다. 르봉의 사회심리학이 프랑스혁명의 공포에 대한 반응이었듯이, 이광수의 르봉 수용은 3·1운동 이후 대중들의 정치적 진출에 대한 공포와 관련이 있다.[15] 1910년대에 이광수가 르봉의 책에서 몇 구절을 빌려와 쓰고 있다고 하더라도 그의 문제의식은 사회심리학보다는 심리학적 사회학에 더 가깝다.

1910년대 이광수의 사회 이해에 영향을 끼친 학문은 생물학과 심리학, 즉 생물학적 사회학과 심리학적 사회학이다. 하타노가 보여 준 것처럼 이광수에게 생물학적 사회학(사회진화론)이 끼친 영향은 무시할 수 없다. 하지만 이광수는 사회를 이해하는 데 심리학이라는 또 다른 자원도 활용했다. 「성욕론」 같은 1900년대 텍스트에 단초가 나타나고 「동정」, 「문학이란 하오」, 「자녀중심론」, 『무정』, 「농촌계발」, 「신생

15 이에 대해서는 김현주, 「논쟁의 정치와 『민족개조론』의 글쓰기」, 『역사와 현실』 57, 한국역사연구회, 2005 참조 바람.

활론」 등에도 계속 등장하는 '도덕 감정', '동정', '공통감정' 등은 사회 형성의 심리적 기초로 제시된 것이었다. 앞서 살폈던 것처럼, 하타노 세츠코가 이광수를 낭만주의자로 읽었을 때 '감정'은 그 누구와도 일치하지 않는 유일한 '나' 혹은 '자기'라는 개념을 형성한 토대였다. 그렇지만 이광수는 '사회'의 형성이라는 측면에서도 감정의 능력을 검토했다. 이광수의 문제의식이 사회심리학과 다른 점은, 사회를 형성하고 유지하고 또 발전시키는 원동력을 개인의 정신에서 찾았다는 것이다.

사회의 기초를 개인의 심리에 두는 사고방식은 일본에서 유행하던 심리학적 사회학과 관련이 큰 것 같다. 일본에서는 1890년경부터 스펜서 사회학이 퇴조하고 미국의 심리학적 사회학, 특히 기딩스F. H. Giddinngs 사회학의 영향을 받게 되었고, 1900년대에는 심리학적 사회학이 본격적으로 전개되어 갔다고 한다. 심리학적 사회학은 사회현상을 심적 현상으로 파악하고 사회를 인간의 심리 내지 의식이라는 요소에 의해 설명하고자 하는 입장을 취하는 것이다. 이때 심리, 의식은 명백히 개인의 그것을 의미했다.[16] 1910년대 조선에는 일본에서 전개되고 있던 심리학적 사회학의 논의를 수용, 적용하여 사회라는 주체와 개인이라는 주체 사이에 바람직한 관계를 설명하고자 하는 시도가 적지 않았다.[17]

심리학적 사회학의 문제틀은 하타노가 이광수가 외부세계와 관계

16 일본의 심리학적 사회학을 대표하는 세 사람은 모토요시 유지[元良勇次郎], 다까기 세이기[高木正義], 엔도 류기찌[遠藤隆吉]이다. 이 가운데 엔도 류기찌는 이광수의 「동경잡신」에 등장한다. 일본 사회학의 전개과정과 특징에 대해서는 한영혜, 「일본 사회학의 형성과 전개－성립에서 제2차 세계대전기까지」, 『사회와 역사』 32, 한국사회사학회, 1991, 86~131쪽 참조.

17 심리학적 사회학을 가장 정제된 형태로 수용하고 있는 글은 설산(雪山)의 「사회와 개인」(『학지광』 13, 1917. 7)로 보인다. '개인과 사회의 바람직한 관계'는 1910년대 조선의 지식인들 사이에서 매우 중요한 이슈였다.

를 맺는 방식의 특징으로 설명한 "문학적인 사회인식"과 일맥상통한다. 하타노는 이광수와 그의 소설의 주인공들이 눈앞에 있는 사실을 그대로 보는 것이 아니라 항상 자기의 '정'을 매개로 보는 듯한 "주관적인 접촉 방식"을 취한다고 지적한다. 이러한 방식은 유교 비판에도 드러나는데, 그의 유교 비판은 조선사회에 대한 객관적인 분석이 아니라 오로지 자기를 구속하는 것에 대한 반항이라는 주관적이고 추상적인 내적 욕구에서 온 것이다. 하타노는 이러한 사고방식이 "일본에서 탐독하고 심취했던 문학에서 촉발"되었다고 보았고 그래서 이광수의 사회인식을 '문학적'이라고 정의한 것 같다. 그러나 이광수의 사회 이해의 특징은 '문학적'이라기보다 '심리학적'이라고 표현하는 것이 더 정확하다고 생각한다.

『무정』 안에는 심리학적 사회학의 잠재력이 풍부하다. 하타노는 '『무정』의 이데올로기'에서 『무정』에서 묘사된 시대의 이데올로기는 '욕망'이라고 했다. 자기라는 존재, '자아'를 중심으로 읽을 때 『무정』은 "욕망의 계몽서"로 읽힌다. 그러나 『무정』에는 '자기'에 대한 강조와 더불어 '모두 다 같은 사람'에 대한 강조도 지속적으로 나타난다. 어떤 원칙에 의거하여 개인들의 욕망을 조절하여 공동체의 조화를 이룰 수 있는가라는 문제의식은 비단 '삼랑진'에서만이 아니라 처음부터 지속적으로 표현되고 있다. 조절 원칙은 효나 정절 같은 구시대의, 유교적 의무나 도덕이 아니라 욕망의 시대인 근대세계에 적절한 새로운 원칙이어야 했으며, 그것을 근대적 개인의 정신능력과 심리 안에서 찾아내어야 했다. 『무정』은 그러한 새 원칙을 탐구, 적용한 서사로도 읽힌다.[18]

18 이에 대해서는 김현주, 『이광수와 문화의 기획』, 태학사, 2005 참조 바람.

5. 이광수와 『무정』의 또 다른 삶을 기대하며

지금까지 1910년대 이광수와 『무정』에 존재하는 세 가지 심리학, '지·정·의'의 심리학, 프로이트의 심리학, 그리고 사회심리학(또는 심리학적 사회학)을 살펴보았다. 만약 『무정』에 이러한 다양한 심리학이 존재하는 것이 사실이라면, 인물들의 심리와 행동이 특정한 심리학 이론과 불완전하게 그리고 간헐적으로만 맞아 떨어진다고 해도 그다지 이상하지 않다. 심리학'들'은 『무정』 안에서 각각 제한적인 영향력을 발휘하면서 어떤 때는 서로 결합해서 복합적인 영향력을 발휘할 것이기 때문이다.

이런 시각에서 본다면 프로이트의 심리학에 기반한 하타노의 『무정』 해설은 다소 '평면적'일 수밖에 없다. 하타노가 문학 현상을 심리학(정신분석)으로만 설명하려 한다고 비판하는 것은 아니다. 하타노의 연구가, 심리학 이론을 참조하여 문학작품의 애매성을 설명하려 하는, 흔히 말하는 환원적 작업과는 거리가 있다는 것은 3절에서 충분히 전달했다고 생각한다. 오히려 나는 『무정』에서 심리학과 관련하여 할 수 있는 얘기가 더 많다는 얘기를 하고 싶다. 가능성들 가운데 하나는 이미 앞 절에서 제기한 심리학적 사회학이다. 하타노의 논의는 개인 심리를 대상으로 하는 프로이트이론에 이끌리고 있지만 『무정』과 이광수의 문제의식 안에는 심리학적 사회학의 요소도 풍부하다.

개인 심리학의 시각에서 보자면, 사실 하타노의 『무정』 해설에는 작가 심리학과 관련하여 두 가지 아쉬운 점이 있다. 하나는 이광수의 창작 의도를 '개인사적' 차원에 한정하여 논의하고 있다는 점이다. 오산학교 탈출이 당시 이광수가 당면한 과제의 전체는 아니었다. 당시 이광수와 『무정』은 매우 복잡한 정치적·사회적 맥락 안에 놓여 있었기 때문이다.[19] 다른 하나는 작가의 심리 연구를 창작의 '의도', 즉 표층의식의 차원을 드러내주는 데서 멈추었다는 점이다. 이형식의 심리가 중층구조로 이루어져있다는 점을 파악한 하타노이므로 작가 심리의 중층구조에도 눈을 돌렸을 만한데, 하타노는 그 구조를 분석하는 데까지는 가지 않았다.

여기서 '전이 관계'에 대응하는 '역-전이counter-transference 관계'를 좀 더 고려해볼 수 있지 않을까? '역-전이'는 분석자 자신의 전이를 가리키는데, 분석상황에서 분석자의 무의식이나 성격, 경험이 환자에 대해 반응하거나 끼어드는 현상이다. 정신분석학에서는 분석자가 역전이의 징조를 최소화시키거나 환자의 무의식의 발현을 도와주는 길잡이로 이용해야 한다고 말한다. 소설쓰기가 당시 지식계급 조선 청년의 정신분석—치료 과정이면서 동시에 작가의 정신분석—치료 과정이었다고 했을 때 역—전이의 문제를 검토하는 것은 불가피한 일로 보인다. 이광수의 창작 의도는 언제나 성공적으로 관철되었을까? 이광수의 무의식이 창작 의도를 교란시키거나 이형식에 대해 반응한 경우는 없었을까? 분석자(이광수)와 환자(이형식) 사이의 역-전이 관계를 깊이 들여다본다면 이광수의 정치적 무의식political unconsciousness과 『무정』의 서브텍스트subtext를 드러낼 수 있지 않을까?

—『사이間SAI』 5, 2008

19 제1~4장은 『무정』을 읽기 위한 준비 작업으로서는 다소 미흡한 듯하나, 하타노는, 「진화론과 민족주의사상」은 계몽소설이라는 측면에서 『무정』에 접하기 위한 준비이고 「이광수의 자아」는 『무정』을 근대적 자아라는 관점에서 해독하기 위한 준비라고 말하고 있다. 『무정』이 자아의 각성과 민족의식의 각성을 교직하는 서사라는 점에서 이러한 준비는 의미가 있다. 그런데 이 주제들이 중학시절을 중심으로 조명되고 있다는 점은 좀 문제이다. 제1장에서 오산학교 시기와 제2차 유학시기의 논설들을 다루고 있기는 하지만, 문제의식은 중학시절의 연장선상에 있다. 결국 이 책에서는 『무정』을 쓰고 있던 제2차 유학시기 이광수의 의식이나 사상은 부분적으로만 조명되고 있는 셈이다. 각주 4)에서 소개했듯이, 최근 하타노는 이 시기 이광수의 행적을 추적하는 후속 연구를 진행 중이다.

『근대 일본 형성기의 국가체제』 서평

이승희 | 동덕여자대학교 일본어학과 조교수

박삼헌, 『근대 일본 형성기의 국가체제—지방관회의 · 태정관 · 천황』, 2012

올해는 청일전쟁 120주년, 러일전쟁 110주년, 그리고 제1차 세계대전 100주년으로 근대 일본이 '승전국'의 지위를 차지했던 일련의 전쟁과 관련이 깊은 해였다. 한국인으로서 이들 전쟁의 성격에 대해서는 비판적으로 볼 수밖에 없지만, 개항 이후에도 서구열강에 의한 식민화의 위협에 노출되었던 일본이 적극적으로 서구문물을 받아들여 단기간에 '근대적' 국가체제를 마련했기에 승리가 가능했다는 점에 대해서는 이견이 없을 것이다. 즉 이들 전쟁에 대한 재고찰과 함께 근대 일본의 국가체제의 형성 과정과 그 의의에 대해 되돌아 볼 시점이라고도 할 수 있다.[1]

일본에서는 이에 대한 연구물이 끊임없이 축적되어 왔고 현재까지도 그 관심이 지속되고 있는 것과는 대조적으로 한국에서는 메이지유

1 일본은 물론이고 한국에서도 이들 전쟁과 관련한 학술대회가 전쟁기념관 주최로 오는 6월 27일에 열릴 예정이다(「청일 · 러일전쟁과 위기에 선 대한제국 청일전쟁 120주년/러일전쟁 110주년의 유산」).

신明治維新 이후 일본이 어떻게 근대국가를 만들어 나갔는가에 대해서는 거의 연구가 진행되지 않았다. 2008년에 방광석이 이토 히로부미伊藤博文에 초점을 맞춰 근대 일본의 국가체제 확립과정에 대해 실증적으로 분석한 연구를 내놓은 이래 관련 연구는 답보상태에 머물러 있었다고 해도 과언이 아니다.[2] 2012년도에 출간된 본서는 방광석이 주된 연구대상으로 삼았던 시기의 전단계, 즉 왕정복고부터 자유민권 운동이 본격화되는 이전 시기까지를 대상으로 근대 일본 태정관제의 변천과정에 관해 실증적으로 분석한 국내최초의 본격적인 학술서로서, 연구사상의 공백을 메워주는 중요한 역할을 담당하는 연구라고 할 수 있다. 나아가 그 성과를 바탕으로 일본의 근대국가 형성과정 및 서구 근대제도의 수용과정 등 한국에서 정체되어 있던 관련 연구를 촉진시켜 가뭄을 해소시켜줄 수 있는 단비와도 같은 연구라고도 할 수 있다. 실제로 본서는 2013년도 대한민국학술원의 우수학술도서에 선정되기까지 하였다.

본서의 문제의식은 "사족 출신 정부요인들이 정한론 정변으로 중앙정부를 떠난 직후에 제출한 '민선의원설립건백서'"를 그 시작으로 했다는 점에서 "태생적 한계"를 지니는 "자유민권운동 이전에 어떠한 국가체제 구상이 논의되었는지 파악"함으로써, "그토록 전국적으로 자유'민권'운동이 벌져졌음에도 불구하고, 왜 근대 일본의 국가체제가 '국민'의 권리를 천황이 부여하는 '신민'의 권리로 규정하는 '대일본제국헌법'으로 귀결될 수밖에 없었는지에 대한 원초적 실마리를 제공"하려는 것이다. 이를 통해 "막부와 각 번주藩主가 각각의 영지를 개별적으로 지배하던 막번체제幕藩體制를 대신하여 단일한 중앙정부가 동일석으

2 방광석, 『근대 일본의 국가체제 확립과정 – 이토 이로부미와 '제국헌법체제'』, 혜안, 2008.

로 전국을 지배하는 국가체제의 형성과정을 해명"하고자 하였다. "이 국가체제를 편의상 태정관제太政官制라 부른다"고 하듯 본서는 태정관제의 변천과정을 중심으로 근대 일본의 국가체제를 분석하는 것을 연구목적으로 하고 있다.

본서의 구성은 다음과 같이 총 3부 8장 및 보론으로 이루어져 있다.

본서의 내용을 소개하면, 제1부에서는 1867년 왕정복고에서부터 1871년 폐번치현에 이르기까지 일본의 국가체제라 할 수 있는 부현번 공존체제의 실태를 분석하였다.

제1장에서는 1869년에 교토부가 주최한 지방관회의에 이르는 준비 과정에 초점을 맞추어 신설된 직할부현과 기존의 각 번이 여전히 일정 지역을 함께 지배하는 '착종'상태로 인해 야기된 '민정' 곤란의 문제를 다뤘다. 이 문제를 해결하기 위해 지역 내의 직할부현과 각 번은 자발적으로 지방관회를 제안하고 이를 개최했다는 것을 지적했다. 또한 이러한 지방관회의가 각 번의 영주권을 전면적으로 부정하는 폐번치현적인 사고까지는 이르지 못했다는 한계를 지적하면서도, 최종적으로는 폐번치현으로 이어지는 중앙집권적 조치의 맹아 역시 내포하고 있었음을 도출해 내었다.

제1부 제2장에서는 1869년 설치 당시 직할부현의 '민정을 총괄하는 곳'으로 규정되었던 민부관(성)의 기구 및 조직의 발전과정 등 그 실태를 분석하였다. 이를 통해 민부관(성)은 유신정부의 강화책과 관련된 대장성과의 합병 및 분리과정을 거치면서 부번현 공존체제로 인해 발생하는 '민정'의 곤란 상황을 관할하기 위한 중앙기구로 정비되어갔다는 새로운 관점을 제시하였다.

제1부 제3장에서는 부번현 공존체제 시기라고 하는 과도기에 임명된 직할부현 지방관 101명 중 다수를 차지하는 공가公家 출신자와 번사藩士 출신자를 중심으로 그 인사변천의 과정을 다뤘다. 이 시기 관료에 관한 종래의 연구가 그 주된 분석대상을 민부성과 대장성이라고 하는 중앙의 관료집단에게 집중되어 있는 상황에서 탈피하여 직할부현으로 파견된 지방 관료집단에게도 초점을 맞춰 넓은 의미의 '유신관료' 전체에 대한 분석을 시도했다는 점은 주목할 만하다. 특히 번사 출신 지

방관이 폐번치현 이후에도 지방관으로 임용되는 경우가 55%에 달하고 중앙의 실무담당자로 진출한 경우가 23%나 된다는 수치 분석을 근거로 부현번 공존체제 시기의 지방관들이야말로 메이지초기 관료제 형성에서 주요한 루트였다고 주장했다.

제2부에서는 1871년 폐번치현부터 1874년 '민선의원설립건백서' 제출에 이르는 시기라고 하는 아직 자유민권운동이 본격화하지 않은 단계의 국가체제 구상에 대해 분석하였다.

제1장에서는 폐번치현 이후 명실상부한 중앙정부로 규정된 태정관이 1872년에 메이지천황의 지방순행을 실시한 정치적 의도에 대해 순행의 준비 및 실시 과정에 대한 검토를 통해 분석하였다. 구체적으로는 1872년의 순행이 종래의 연구에서 주장해온 바와 같이 단순히 유신정부의 문명개화 정책에 불만을 품은 시마즈 히사미츠島津久光를 위무慰撫하여 상경시키기 위해 준비 및 실시되었던 것이 아니라, 중앙정부 태정관의 전국 통치라는 관점 속에서 재규정하여 천황을 정점으로 하는 '천황, 태정관, 각 부현'이라는 수직관계를 만들기 위해서였음을 지적하였다. 나아가 1872년 순행의 '성공' 경험은 이후 "태정관으로 하여금 '참의(= 태정관)가 수행'하는 순행을 계속해서 기획하게 되는 근거를 부여"했다는 역사적 의의가 있다고 주장하였다.

제2부 제2장에서는 1872년 좌원이 구상하던 지방관회의와 1873년 대장성이 구상했던 지방관회동의 성격을 재검토하여, 폐번치현 이후 좌원이 구상했던 지방관회의는 '국회'의 대체기관이 아니라 '국회'를 준비하는 회의의 성격이 강하고, 오히려 대장성이 준비한 지방관회동이 '국회'의 대체기관적 성격을 지녔음을 지적하였다. 대장성은 지조개정을 원활히 추진하려는 의도 속에서 지방관 회의에 참가하는 지방관에게 '인민'의 대변자 역할을 기대했기 때문이라는 것이며, 이러한

대장성이 주재한 지방관회동의 성격은 이후에도 계획되는 지방관 회의의 성격에 큰 영향을 끼쳤다고 주장하였다.

제2부 제3장에서는 1874년에 개최될 예정이었던 지방관회의의 준비과정에서 좌원이 수행한 역할을 분석하였다. 이를 통해 삼권분리라는 근대적 국가체제를 도입함에 있어서 의회의 필요성은 인정하지만 그 입법권은 가능한 한 제한하려고 했던 메이지 초년의 국가체제 구상 즉 '점진주의 입헌정치론'에서는 행정부에 소속된 좌원과 같은 입법기관을 반드시 필요로 했다고 결론짓고 있다.

제3부에서는 시스템적으로 구체화되어가는 근대 일본의 국가체제를 유신정부는 어떻게 정당화하려고 했는지에 관해 이데올로기적 측면에서 분석하였다.

제1장에서는 메이지 초년에 교부성敎部省이 인민을 교화하기 위해 신도와 불교 양쪽에서 임명한 교도직敎導職과 이들에게 교화원칙으로 제시된 3조교칙三條敎則에 주목하여, 먼저 3조교칙이 막부말기의 미토학水戶學적 국체론을 그대로 계승하면서도 메이지유신 이후 정부가 추진하던 문명개화 정책을 정당화하는 새로운 논리를 포함하는 것임을 지적하였다. 또한 교도직은 이와 같은 정부 공인의 국체론을 인민에게 설교함으로써 인민이 당시의 문명개화정책에 협조하도록 만드는 존재였음을 지적하였다. 특히 교도직 설치로 인해 3조교칙은 교파신도의 신앙규율로 전환되면서 '가족국가론'을 핵심내용으로 하는 교육칙어로 재생산되어 '신민'에게 수용될 수 있는 기반을 제공했다고 평가했다.

제3부 제2장은 '관료적 이데올로그', '어용학자'의 대표격이라 평가받는 카토 히로유키의 사상을 근대 일본의 국가체제 형성과정에 등장한 대표적인 '국가사상'이라는 관점에서 그 역사적 추이에 따라 분석하였다. 이를 통해 카토의 사상이 "일본이라는 국가가 없으면 국민(네

이션)도 없다"는 입장 속에서 국민 '국가'의 성립을 무엇보다 우선시하였던 '국가사상'이라고 결론지었다.

마지막으로 보론에서는 도쿄부가 1937년에 설립한 양정관養正館의 '국사회화國史繪畵'가 눈으로 보고 느낄 수 있도록 고안된 이데올로기적 장치였다는 점에 주목하고, '국사회화'가 근대 이후 언설화되었던 '국체'관념에 구체적인 이미지를 부여하여 '신민'들로 하여금 현실감이 떨어지는 사실事實을 명확한 사실史實로 인식시키는 시각적인 지배 장치였다는 것을 지적하였다.

이러한 주장들은 면밀한 선행연구의 분석과 다양하고 방대한 1차 사료의 활용에 근거한 구체적인 실증을 통해 논리적으로 제시되었다. 한일 양국 학계에 남긴 본서의 뛰어난 연구사적 공헌은 주목할 만하지만 몇 가지 의문이 남거나 보완이 필요하다고 여겨지는 부분도 눈에 띈다.

먼저 제1부 제3장에서 부번현 공존체제 시기의 번사 출신 지방관들의 출신번을 〈표8〉 등을 근거로 분석하면서 종래의 연구에서는 "그들 대부분은 사츠마薩摩・쵸슈長州・토사土佐・히젠肥前 등 전공이 있는 대번 출신자"라고 지적했지만, 본서는 "실제로는 다른 번에서도 폭넓게 임용되고 있다"고 반박하였다. 흥미로운 지적이긴 하지만 〈표8〉에 의거하더라도 조사 대상 35개 번의 60%에 해당하는 21개 번의 지방관 출신자는 각각 단 1명에 불과하지만, 주요 4개 번 출신 지방관들이 각각 5~6명으로 월등히 그 비율이 높다. 이들 4개 번 출신자의 총수는 22명으로 전체 번사 출신 지방관 73명 중 30%에 달한다. 관점의 차이라고도 할 수 있겠지만 왕정복고에 공로를 세운 주요 번에 대한 '논공행상적 요소'는 부정하기 힘들며, 다른 대부분의 번들은 구색 맞추기에 지나지 않는다는 평가 또한 가능할 것이다. 종래 연구의 지적을 뒤

집기 위해서는 수치 분석을 보완할 수 있는 다른 구체적인 사료가 뒷받침되어야 한다고 생각한다.

1872년 순행의 역사적 의의를 다룬 제2부 제1장에서는 필자 본인의 연구관심과 관련해 많은 시사점을 얻을 수 있었다. '인심의 진압과 교화의 병행'을 내세운 야마가타 아리토모山縣有朋의 건언과 '인심교화'책으로서의 순행의 실시는 이후 한국 식민화과정 속에서 이토 히로부미 등에 의해 충실히 재현되었기 때문이다. 이러한 관심과는 별도로 의문점을 제시하자면, 본서는 순행 중 이동할 때의 행렬 순서로 '순행의 의도'를 도출해내고자 했지만, 1872년에 '지방관－각성(태정관)－천황'의 순서가 왜 4년 뒤인 1876년에는 '지방관－천황－내각(태정관)'의 순서로 변경되었는지 그 배경과 이유에 대해서는 설명이 누락되어 있다. 단순한 경호나 실무상의 편의 문제 등 다른 가능성도 있지만 본서에서는 1872년의 정치적 '의도'만이 부각되어있을 뿐이다. 확대해석이라는 비판을 피하기 위해서라도 1876년의 순행만이 아니라 1878년, 1880년, 1881년의 순행을 비롯해 그 이후의 다른 순행들의 경우와도 면밀히 비교 검토해야 할 필요가 있을 것이다.

본서의 각 장은 각각의 주제에 따라 선행연구를 치밀하게 검토한 후 사료에 대한 실증을 통해 논지를 전개함으로써 종래의 견해나 통설에 대한 새로운 결론을 도출한 독창성과 전문성이 돋보이는 논문이다. 본서의 각 장이 기 발표된 저자의 논문 9편(박사논문의 내용 포함)을 바탕으로 하기 때문일 것이다. 그렇다보니 저자의 동일한 문제의식 하에서 집필되었다 하더라도 각 장의 내용이 매끄럽게 연결되지 않고 내용의 통일성이 결여되었다는 느낌 또한 받는다. 각 장의 독립성이 강해 특히 제1~2부와 제3부의 내용에서 차이가 보인다.

물론 이러한 지적은 부분적인 문제에 그치는 것으로 결코 본서의 전체적 의의와 가치를 떨어뜨리는 것은 아니라고 거듭 강조해 두고 싶다. 본서는 무엇보다 한국학계에서 최초로 메이지초년 태정관제의 변천과정을 중심으로 근대 일본 형성기의 국가체제에 대해 실증적으로 분석한 전문연구서라는 점에서 커다란 의의가 있다. 본서의 발간은 나날이 성숙해져가고 있는 한국의 일본사학계의 모습을 상징적으로 보여 주고 있다고 평가할 수 있을 것이다.

—『일본역사연구』 39, 2014

우리 근대사의 이해와 통합적인 학문연구

김명환 | 서울대학교 영어영문학과 교수

윤수안, 윤수안 · 고영진 역, 『'제국일본'과 영어 · 영문학』, 2014

윤수안 박사의 『'제국일본'과 영어 · 영문학』(소명출판, 2014)은 2011년 일본 교토대학교의 학위논문을 고영진 교수가 우리말로 번역한 저서다. 이 책을 흥미롭게 읽으며 우리 학계가 더 분발해야겠다는 생각이 앞선다. 아쉬운 대목들이 여기저기 눈에 띄긴 하지만, 이 연구서는 우리 학계가 등한히 하고 있는 중요한 주제와 씨름한다는 미덕과 장점을 지니고 있다.

일본과 한국은 모두 19세기 중 · 후반에 외부적 충격을 계기로 근대화의 길로 들어섰다. 일본은 개항과 메이지 유신이라는 근대화 과정에서 당대 세계의 패권국이었던 영국의 선진문물과 그 언어에 막대한 영향을 받았고, 이에 대한 깊이 있는 이해는 중요한 학문적 과제다. 주로 일본을 통해 서구문물을 받아들인 우리의 경우, 근대 일본에 대한 이해를 겸해야 하기 때문에 영어와 영문학의 수용과정에 대한 연구는 한층 복잡한 어려움을 떠안게 된다.

솔직히 말해 한국 영문학계는 위의 과제와 관련하여 기성의 발상법과 연구모델, 달리 말해 서구 영문학계가 설정한 아젠다에 안주하고 있다고 해도 지나치지 않다. 예를 들어, 최근 국제 학술행사에서 동아시아 각국의 영문학자를 불러 이들 나라가 서구 문학과 문화를 받아들인 다양한 양상에 대해 논의하는 경우가 잦다. 그러나 논의의 전체적인 구도는 서구적인 이론틀에 갇혀 있거나, 영미에서 활약하는 학자들의 연구방향에 기대는 경향이 크다. 올해가 한국영어영문학회 창립 60주년이기도 하지만, 우리 영문학계가 한국의 학문으로서 자신의 역사와 현실에 근거한, 자신만이 내놓을 수 있는 담론을 구체화할 때라고 본다.

이 책의 1~3장은 문호개방 이후 일본의 근대화 과정에서 영어와 영문학이 수행한 역할을 개척자적인 인물의 행적, 당대의 영어 잡지나 교과서, 영문학 총서 등을 통해 다각도로 검토한다. 제4장에서는 식민지 조선에 세워진 경성제국대학에서 영문학의 비중과 역할을 검토하며, 마지막 제5장에서는 경성제대가 배출한 가장 중요한 영문학자인 최재서의 학문세계를 탐구한다. 각 장의 내용적 연결이 매끄럽지 않은 면은 있지만, 이처럼 광범위한 주제에 대한 도전 자체는 의미가 크다. 아마도 한국에서 영어교육을 배운 후 도일하여 교육학을 전공한 저자의 학문적 이력이 이런 연구주제의 선택을 가능하게 했을 것이다.

이 연구서의 주제를 제대로 다루기 위해서는 영문학, 일본문학, 한국문학뿐만 아니라 인접한 역사학과 교육학, 종교학 등에 걸치는 학제적이고 통합적인 연구가 필요하다. 우리가 일본 근대사와 문학의 흐름에 밝은 신진 영문학자를 많이 배출한다면 윤수안의 연구를 넘어서는 성과를 기대할 수 있다. 하지만 안타깝게도 이런 방향으로 움직이는 우리 학계의 노력은 아직 찾아보기 힘들지 않나 생각한다.

평자도 이 방면에 관심을 가진 지는 꽤 오래지만 성과는 내놓지 못했다. 개인적인 나태와 역량부족을 반성하면서 향후의 활발한 연구를 위해 이 연구서를 비판적으로 살펴보고자 한다.

저자는 일본과 한국의 영어교육사가 공히 "영어를 둘러싼 사회적·정치적 관점이 결여"(18쪽)되어 있음을 꼬집으면서, 기성의 한국 영어교육사 연구가 식민지 시대를 그저 영어교육의 '수난기'로 파악하는 시각이 잘못임을 짚고 있다. "조선인이 영문학을 배우는 것은 일본의 공식 이데올로기를 상대화할 가능성을 갖고 있었던 것일지도 모른다는 것이다. 식민지 지배하에 일본어가 강제되는 상황에서 조선인이 영문학을 배우는 의미, 이것은 여전히 미해결의 과제로 남아 있다"(36쪽)는 발언은 책 전체를 관통하는 문제의식이다.

그런데 식민지 시대를 영어교육의 수난기로 보는 관점이 오류임은 이미 강내희가 「식민지시대 영어교육과 영어의 사회적 위상」(『안과밖』 19, 2005년 상반기)에서 지적하면서 이후의 연구방향에 대해 풍부한 시사점을 던져준 바 있다. 저자가 미처 강내희의 연구를 참고하지 못한 것은 아쉽게 느껴진다. 더불어 『안과밖』이 '한국 영문학의 어제와 오늘'이라는 제하에 2호부터 10호까지 실은 권중휘1905~2003, 피천득1910~2007 등의 영문학계 원로 대담에서 나온 내용들도 충분하지는 않지만 참소했어야 할 중요한 자료다.

어쨌든 저자의 문제의식은 우리 학계에서 일제강점기를 영어교육의 암흑기로 규정하는 통념이 여전히 지배적임을 고려할 때 큰 의미를 지닌다. 하지만 식민지 조선에서 영어와 영문학이 수행한 역할을 입체적으로 규명하는 작업에는 미흡한 점이 많다. 그 주된 이유는 당시 식민지 조선에서 기독교를 전파한 영미의 선교사들이 끼친 문화적 영향력에 대한 분석이 부족하다는 것, 달리 말해 경성제대 외의 다양한 교육기관(다수가 기독교계 학교였다)의 영어와 영문학 교육실태에 대한 조사가 이루어지지 못한 탓이라고 생각된다. 가령 영국의 인도통치 과정에서 영어와 영문학을 활용하여 문화적 지배력을 뿌리내리려는 시도는 당연히 있었지만, 이때 막강한 정신적 헤게모니를 지닌 힌두교 문화의 존재는 변수가 되지 않을 수 없었다. 영국 지배하의 인도와 우리의 일제강점기는 공통점보다 차이점이 더 많지만, 향후의 연구는 종교까지 감안하여 식민지배의 유형을 비교하는 거시적인 안목과 더불어 실제 개인의 일상생활 차원에 이르는 세심한 탐구가 모두 갖춰져야 할 것이다.

물론 저자는 제4장 「경성제국대학에 있어서의 영문학의 위치」에서 기독교의 역할을 중요하게 언급한다. 저자는 경성제대의 학제에 영문학이 도입된 배경으로 기독교계 학교와 조선총독부 사이의 갈등, 즉 "조선의 기독교계 고등교육기관, 예컨대 서울의 연희전문, 이화여전, 평양의 숭실전문학교 등에서 영어가 중시되었다. 이는 제1차 조선교육령에 의해 고등보통학교에서 일본어가 중요시되고, 영어는 상대적으로 경시된 것과 극명한 대조를 이뤘다"(166쪽)는 점을 든다. 다시 말해, 당시 식민지 조선에서 영어와 영문학의 위상은 조선총독부의 교육정책이 당시 존재하던 다양한 교육기관들의 역할과 부딪히면서 빚어낸 문화적 상황을 온전히 그려낼 때 제대로 조명될 수 있는 것이다. 이 점에서 저자의 연구는 경성제대에 대한 국내의 최근 연구인 『식민지 권력과 근대지식—경성제국대학 연구』(정근식 외 5인, 서울대 출판문화원, 2011)에서 조선의 대학 설립이 "3·1운동을 수습하는 방안 중 하나"(39쪽)로서 일찍부터 구상되었으며, "경성제대가 대학설립을 둘러싸고 미국인 선교사들의 교육선교와 헤게모니 경쟁을 벌이는 상황 속에서 신속하게 설립"(325쪽)되었다는 주장과 일치한다. 앞으로 저자와 국내 학계와의 대화가 기대되는 대목이다.

경성제대 설립 동기와 관련하여, 저자가 훗날 경성제대 조선어·조선문학강좌 교수가 되는 타까하시 토오루高橋亨가 1920년에 조선 지배의 안정을 위해 조선인 인재에게 좋은 고등교육을 제공한 후 졸업자를 등용하는 것이 첩경이라고 쓴 글(171~172쪽)을 거론한 대목은 인상적이다. 나아가 저자는 경성제대의 "영어학·영문학 강좌는 일본인 51%, 조선인 49%로 국어학·국문학 강좌나 조선어·조선문학 강좌와 달리 양쪽 비율이 엇비슷하다"(173쪽)는 사실을 부각하면서, 영문학 과정이 "엘리트이면서 총독부 관료로서의 '출세'는 원하지 않는 문학 지향 청년의 진로"(198쪽)가 되었다고 평가한다. 더불어 조선인 졸업생이 대부분 교직에 진출하고 있음을 실증자료로 보여줌으로써 이러한 평가를 뒷받침하고 있다. 그렇다면 같은 경성제대에서 영문학을 전공한 집단과 조선어·조선문학을 전공한 조선인학생 집단의 비교, 또는 경성제대 영문학 전공자와 기독교계 학교의 영문학 전공자, 그리고 일본 본토에 유학한 영문학 전공 조선인과의 비교연구는 당대 식민지 지식인들의 총체적인 상을 그려내는 작업의 일환이 될 수 있을 것이다.

이 점과 관련하여 경성제대 영문학 주임교수였던 사또오 키요시佐藤清, 1885~1960가 1945년 1월 경성제대 정년퇴임 인사말을 훗날 자신의 전집에 수록하면서 보충해 넣은 대목에서 조선인 학생들에 대해 "얼마나 그들이 민족의 해방과 자유를 외국문학 연구에서 찾아내려 했는지를 알고 충격을 받지 않을 수 없었다"(197쪽)고 한 술회를 언급하는 대목도 흥미롭다. 저자에 따를 때, 시인이기도 했던 사또오 키요시는 자신의 작품에서 드러나듯이 "조선에서 '정복자'로서의 자신의 위치를 자각하고" 있었으며, "자기 내부에서 끓어오르는 '정복자' 의식을 깊이 부끄러워하고, '정복자'의 한 사람으로서 조선에 있는 것을 거부”(192쪽)한 인물이었는데, 당대 최고의 조선인 인재였던 경성제대 학생 대부분은 그의 눈에 민족해방을 갈구하는 젊은이였던 것이다.

그렇다면 최재서崔載瑞, 1907~1964에 관한 저자의 연구에도 더 발전시킬 점이 많다. 저자는 최재서의 친일이 궁극적으로는 지주 출신의 계급적 한계에 갇혀 다수 민중의 현실을 몰랐던 탓이라고 서둘러 평가하는 인상이 든다. 물론 이러한 평가는 기본적으로 옳지만, 사또 기요시에게서 큰 영향을 받은 수제자로서 최재서의 영문학 연구의 방향과 내용에 친일로 넘어갈 수밖에 없는 어떤 필연적 구조가 존재했는지에 대해 좀 더 면밀한 내재적 분석을 시도할 필요가 있다. 우리 국문학계에서 최재서에 관해 많은 연구가 이미 축적되어 있지만, 해방을 전후한 그의 영문학 연구까지 아우르는 연구가 더 요구된다. 국문학과 영문학의 상호대화와 협업을 통해 최재서의 친일을 심층적으로 이해하는 동시에 한층 근본적으로 비판할 수 있는 길이 열리지 않을까 기대한다.

최재서가 남긴 『햄릿』, 『주홍글자』, 포우 단편집 등은 오랜 시간이 지난 지금도 추천할 만한 번역본으로 인정받고 있다. 평자는 영미문학연구회의 번역평가사업에 참여하여 해방 이후 포우 단편집의 번역실태를 전체적으로 점검하는 과정에서 최재서 이후에 출간된 번역본 중 다수가 최재서의 표절임을 확인한 경험이 있다. 당시로서는 흔한 관행이었다고 하지만, 해방 후 최재서가 겪은 어려움과 관련하여 씁쓸한 느낌을 지울 수 없었다.

최재서의 차녀인 최양희 선생—호주국립대학 한국학 교수를 역임한 번역가—에게 평자가 직접 들은 바에 따르면, 그는 친일파라는 딱지 때문에 해방 이후 대학과 학계에서 푸대접과 따돌림을 당했고 경제적 곤궁에 시달렸다. 가족의 증언을 막바로 흠없는 진실로 받아들여서는 곤란하겠지만, 분명한 사실은 해방 이후 친일파의 득세로 말미암아 최재서가 한 사람의 지식인으로서 제대로 된 반성과 참회를 할 기회를 잃었다는 것이다. 그럼으로써 탁월한 외국문학자이자 1930년대 우리 문단을 이끈 평론가의 역량은 우리 문단과 학계에 새롭게 공헌할 기회를 얻지 못하고 소외되고 말았다. 이러한 단절의 실상에 대해 후학으로서 우리가 깊이 생각해볼 일이다.

그밖에도 윤수안의 저서에는 흥미로운 내용이 많다. 제1장에서 일본 영어교육의 아버지라는 오까꾸라 요시자부로오岡倉由三郎, 1868~1936의 언어관과 영어교육관을 분석하면서 그의 활동 저변에 일본을 '아시아의 영국'으로 내세우려는 강한 의지가 배어 있었다는 평가라든가, 1927년 도쿄제국대학 국어국문학과 교수인 후지무라 츠꾸루藤村作가 「영어과 폐지의 급무」라는 글을 통해 영어교육의 철폐를 주장한 사회적 맥락을 조명하는 대목 등이 그러하다. 또 오까꾸라 요시자부로오 등이 감수하여 1921년부터 1932년까지 발간한 『영문학총서』 100권이 같은 시기 영국의 헨리 뉴볼트Henry Newbolt의 작품선집과 달리 19세기 후반 이후의 작가들을 많이 포함한다는 의미심장한 분석도 주목할 만하다. 뉴볼트의 선별기준이 과거의 빛나는 성과를 과시하는 데 기울어 있었다면, 『영문학총서』의 편집의도는 영국의 현재를 이해하는 데 분명하게 초점이 맞춰져 있었던 것이다. 또 이 총서의 주석을 단 일본 학자들이 대부분 대학에 자리잡고 있음을 볼 때 1920년대 본고장 영국보다 오히려 일본에서 영문학이 아카데미에서 먼저 확고한 지반을 구축했음을 밝히는 대목(131쪽)도 기억할 필요가 있다.

글머리에 이미 언급했지만, 윤수안의 저서는 국내 학계에 우리 현실에 뿌리박은 학문을 위한 연구방향의 설정을 촉구하는 의미가 있다. 과거에 대한 깊이 있는 인식은 우리의 현재와 미래를 더 풍요롭게 할 초석이다. 우리는 학문적 전환기에 놓여 있음을 깊이 인식하고, 그러한 전환의 적극적 주체가 되어야 한다.

—『안과밖』 37, 2014

『확장하는 모더니티』 서평

신영숙 | 이화여자대학교 이화사학연구소 연구원

요시미 슌야 외, 연구공간 수유+너머 '일본 근대와 젠더 세미나팀' 역, 『확장하는 모더니티-1920~30년대 근대 일본의 문화사』, 2007

이 책은 역자 서문에서 밝혔듯이 1920~30년대 근대 일본의 문화사 연구서이다. 서문에 따르면 1990년대 말 유행처럼 불기 시작한 한국 근대에 대한 연구가 진척된 지 10여 년이 지나고 있다. 이에 따라 보다 넓고 다층적인 시각으로 한국 근대에 접근해야 한다는 지적이 제기되고 있다고 하고, "식민지 조선을 총체적으로 이해하기 위해서는 같은 일본 세력 안에 배치되어 있었던 타이완이나 만주와의 비교적 관점이 필요하며, 식민국과 피식민국 내부에 존재했던 다층적 목소리를 경청해야 한다. 식민국 및 피식민국 관리와 개인들의 다양한 경험과 이견들뿐만 아니라, 이들이 서로 상충하면서 빚어지는 수많은 우연과 역학관계를 드러내는 작업을 통해 한국 근대에 대한 입체적 조망이 가능할 것이다"라며 이 책에 의미를 부여하고 번역을 한 것이다.

또한 본서는 "일본의 이와나미 문고가 기획한 '근대 일본의 문화사' 총 10권의 시리즈 중 1920~30년대에 해당하는 부분 중 하나이다. 요즘 관심을 받고 있는 '연구공간 수유'가 번역을 해서 내놓았다. 연구공간 수유가 가진 날카로움과 지향점을 생각해보면 이 책의 성격을 유추하기는 그리 어렵지 않다. 이 책이 말하는 일본의 1920년대와 30년대는 우리에게도 무척 중요한 시기이다. 그 시기는 메이지유신을 통해 근대화를 이루어가던 일본에 모던이 꽃피던 시기이기도 하며, 동시에 그 그늘과 유산이 식민지 조선에게 이식되던 시기이기도 하다. 더욱이 일본이 점점 더 전체(군국)주의적인 방향으로 달려가던 1930년대에 활짝 개화되던 모더니티와 점점 강해지던 전체주의 사이의 기묘한 만남과 충돌, 그리고 기이한 동거에 대해 예리한 시선을 돌리는 것 또한 '연구공간 수유'다운 성찰이 아닐 수 없다. 그것이 바로 친일과 반일이라는 고식적인 관찰의 틀을 벗어나서 우리들의 근대에 대한 성찰을 위한 기본을 다지는 작업이기 때문이다."(인터넷 알라딘 책소개)

저자들은 본서의 '편자 서문'에서 자신들의 지향점은 종래 의미의 '근대사'도 '문화사'도 아님을 분명히 하고, 자신들은 "각각의 학문 분야에서 탈영역적인 질문을 던지고, 경계를 초월하여 공유할 수 있는 새로운 서사의 지평을 창출하는 일"을 하기 위해 본서를 내놓았다고 한다. 그리고 "이런 의도에 걸맞게 이 책은 다양한 분야의 집필진, 관심사(주제)를 일본 근대 문화와 역사를 조명하고 동아시아의 시각으로 확장시키는데 기여하고자"하였으며, 보다 구체적으로는 일본의 1920~30년대에 대한 기존 연구의 함축된 한계를 명확히 하고, 이 한계가 어떤 전제조건에 의해 만들어졌는지를 추적하였다. 이를 통해 모더니즘과 파시즘이 함께한 시대로서 1920~30년대를 새롭게 조망하고 있는 것이 본서의 특징이다. 이런 점에서 본서는 매우 흥미롭고 시의 적절한 책이다.

이를 뒷받침하듯 요시미 슌야는 총설 「제국 수도 도쿄와 모더니티의 문화정치－1920~30년대에 대한 시각」에서 우선 일본의 1920~30년대를 1920년대의 '밝은' 문화의 시대와 1930년대의 '어두운' 파시즘 정치의 시대로 정형화한 종래 연구 경향을 비판하는 데서 출발하고 있다. 그와 같은 이항대립적 시각은 문화 연구에서도 커다란 한계를 낳는다는 지적이다. 예컨대 "모더니즘은 단순한 풍속 현상이 아니라 1920~30년대 문화의 중핵을 이룬 경향성이었다. 뿐만 아니라 모더니즘이 1930년대 전반에 '군국주의'에 눌려버렸다는 것은 결코 사실이 아니다. 모더니즘은 적어도 1930년대 말까지 계속해서 사람들의 일상생활에 강력하게 작용했기 때문이다."(25쪽)

이 같은 연구 시각의 전제 아래 1920년대 도시 소비문화가 1930년대 이후 아시아태평양전쟁 기간 중 일상생활 속에 일본인과 주변 식민지 사람들에게 어떤 영향을 주고받았는지, 모더니즘이 안고 있는 역기능과 순기능, 또는 인종, 민족, 성(젠더), 계급 등의 사회적 변수와의 연결 고리는 어떠했는지 등에 대한 분석이 실로 구체적이며 역동적으로 생생하니 그려져 있다. 결국 이 책은 일본의 근대 모더니즘 문화를 이해하는데 그치지 않고, 역사와 문화를 연구하는데 실로 좋은 방법상의 모델을 예시해주고 있다. 자본주의 또는 제국주의적 신도시 건설, 영화, 공연, 등의 매스 미디어의 발전과 대중의 소통, 심지어는 식민지 개발과 관광, 그를 둘러싼 황민화 군국주의의 고양 등 다양한 소재와 시각이 한편의 드라마처럼 전개되고 있다. 종래의 여성사 입장에서도 여성참정권 운동에 대한 재해석과 조선과 일본 여성의 표상을 회화 등을 통해 치밀하게 분석하여 젠더 문제의 특성을 잘 포착하고 있다. 그 중에서도 눈에 띄는 내용들을 몇 가지 들어본다.

제1장의 참정권운동을 하는 여성들이 과격한 여권운동을 지양하면서 당시 남성이나 일반 사회에 현숙한 여성으로 비치기 위해 노력하였다는 것, 또는 전쟁에 의도적으로 협력하고자 한 것 등에 대해 일방적

이고도 단선적인 해석으로는 그 사회의 복잡하게 얽혀 있는 맥락, 또는 관계를 놓치기 쉽다는 것이다. 이를테면 그들은 자신들의 요구 사항을 관철시키기 위해, 또는 당시 국민으로 국가에 편입돼가는 과정에서 불가피하게 직면할 수밖에 없었던 상황을 봐야 하며, 이로써 여성은 자연스레 국가의 동원 대상이 될 수밖에 없었다고 보는 점 등이다. 그렇게 여성이 갈 수밖에 없었던 길을 단지 군부와 정부의 지배적 입장에서만 볼 것이 아니라 여성 스스로 동원에 대해 선택적 참여를 했다고 본 것이다.

그 같은 복합적인 과정에 대해 필자는 아키타현의 운동 사례를 들어 여성의 가정적 역할을 사회 정치 참여('공민적 가정'으로)라는 쪽으로 확대시킴과 동시에 남성적 정치를 가정적인 것으로 변화시킬 수 있었다고 설명하고 있다. 이 같은 '공민적 관심'과 '가정적 관심'의 긴밀한 관계가 이를테면 여성참정권 운동을 통해 이뤄질 수 있었다는 것이다. 뿐만 아니라 이 같은 '성의 정치'야말로 '가정부인'이 '타락한' 자매들과 직접 접촉하도록 하기도 하였고, 동시에 두 여성집단 간의 모순적 관계로 긴장감을 초래하기도 하였다고 본다. 결국 여성참정권운동이 단순히 대남성 정치 투쟁만이 아닌 여성 내부의 문제, 또는 국민으로서의 남녀 통합 문제 등도 생각해보지 않으면 안 된다는 것으로, 종래의 일획을 긋는 듯한 경계로 단순히 분리될 수 없음을 강조하고 있다.

또한 국가 동원 식의 관제 여성조직을 통해서도 여성의 공민의식은 성장할 수 있었다는 것을 역설하기도 한다. 결국 당시 사회에 대항, 투쟁하는 것만으로 여성의 권리를 획득하거나 삶의 질을 높이는 것이 아닌, 복잡한 양상의 사회적 관계에 주목하고, 그걸 드러내 보일 필요가 있다는 것이 필자의 의도인 셈이다. 이는 30년대 전시 총동원체제로 접어들면서 더욱 국가, 국민, 남녀 서로 간의 협조, 통합 못지 않은 갈등, 모순, 배제 관계 등을 복합적으로 맺어나가지 않을 수 없음을 보여주기 위한 것이기도 하다. 즉 군인들은 참정권을 지지하는 모성(중산층)을 그리워하고, 모성은 전쟁을 반대하면서도 한편으로는 농번기 탁아소 설치 등을 요구하며 전쟁에 협력하게 되는 것이다. 그 결과 모성보호법이라는 성과를 낳았고, 이는 여성참정권운동의 연장선상에서 파악해야 한다는 것이 필자의 주장이다.

그러나 관제여성단체에 동참한 여성이 이후 정계 등에 진출하여 정치 사회적 활동을 한다 해도 무엇을 어떻게 하느냐, 즉 어떤 입장에 서 있느냐에 있어서는 또 다른 문제가 충분히 제기, 거론될 수 있을 것이다. 이 글에서 그런 문제는 일단 접어두고 보자는 전제를 달고 있는 것에 유의할 필요가 있다. 어쨌든 단순히 여성의 공적 분야 참여가 확대됐다는 것만으로 '성의 정치'를 둘러싼 젠더 문제가 해결됐다고 보기는 어렵다는 점, 또한 간과해서는 안 될 것이다.

제2장은 전근대적 소리와 근대적 소리로의 변화, 그리고 변사와 영화, 관객의 상호 관계를 통해 일본의 사회와 문화가 근대화(?), 문명화로 나가는 과정을 추적하고 있다. 이는 영화와 인간, 그리고 사회적 관계를 구체적으로 보여 준다. 그 드러내 보임이 세밀하게 묘사되어 이해하기 쉽고 현장감을 준다. 제3장도 비슷한 연구로 구체적 설명은 생략한다. 이 연구들이 역사학의 지평을 넓혀줄 수 있는 학제간 주제의 접근법을 제공해주는 데 일조하는 것이다.

제4장의 '식민주의와 이주'는 일본인의 이주 연구뿐만 아니라 피식민지인들의 일본 유입 등에 대한 새로운 시각을 일단 제시하고, 일본 본국인－재외 일본인－토착인, 피식민지인 등의 관계를 고찰하였다. 때문에 지역은 카라후토樺太 : 사할린를 중심으로 보고 있지만, 그곳의 토착주민은 물론 러시아인, 중국인, 식민지 조선인, 그리고 이주 일본인

등 동아시아의 광범위한 지역과 민족에 눈길을 돌릴 수 있게 한다. 그만큼 역사와 문화를 보는 시야를 넓힐 수 있게 해 준다는 데 의의가 있다. 이는 바로 제5장의 만주 관광으로 계속 이어진다. 여기서 구체적인 서술은 약하지만, 소재와 관점 면에서 역사학자들에게 시사하는 바가 적지 않다. 인접 학문과의 교류를 더욱 확대하지 않으면 안 된다는 당위성을 확실하게 일깨워 주는 것 같다.

끝으로 제6장에서 당시 조선과 일본의 여성들의 상황을 역시 회화와 여성잡지라는 문화 면을 통해 분석, 고찰하고 있다. 여성사의 시각을 지양, 젠더사라는 측면에서 사회와 여성, 남성과 여성, 여성과 문화 등을 분석한 좋은 예가 될 것이다. 이 논문을 통해 필자들은 "각각의 사회가 소망했던 여성상의 차이로부터 식민지 지배기에 일본과 한국을 나누었던 차별과 복잡하게 짜인 역학관계의 구조를 풀어내고자 했다. 동시에 남성 중심의 세계관을 기초로 한 근대 사회의 젠더 편성은 지배와 피지배의 측면에서 일정한 여성상을 필요로 했던 것이다. 여성은 남성 주체의 정체성 구축을 촉구하는 '타자'였다"고 결론을 대신하고 있다.

이상으로 본서의 내용을 소개하고, 주로 그 장점들을 서술하였다. 일본의 입장에서 1930년대 군국주의 전시체제의 타민족, 타국가에 대한 강압과 가해 등을 적절히 무마하겠다는 입장에 초점을 맞춰 문화사적으로 접근하겠다는 것은 결코 아닐 것으로 안다.

한국에서도 동아시아와 젠더에 관한 연구가 최근 증가하고 있는 건 사실이다. 그러나 심도 있게, 또 새로운 시각으로 접근한 논문이나 문헌 등이 그리 활발하게 발표되고 있는 것 같지는 않다. 평자의 과문함 탓이라고 생각한다. 아무튼 일본에서 계속 쏟아져 나오는 이 같은 연구서들이 시간을 다투어 번역돼 나온다면 나름대로 도움이 될 것이고, 또한 그에 대한 비판을 통해서도 한국사학계의 연구가 한층 더 성숙되기를 기대한다. 일단 본서에 대한 엄중한 비판은(?) 후일로 미루면서, 다만 형식면에서 조금 더 언급을 해 본다. 전문번역가로 번역을 어떻게 해야 하는지의 요령이나 특별한 소양과는 거리가 멀 것으로, 단지 독자의 수준으로 양해를 구하면서.

우선 연구공간 수유+너머 '일본 근대와 젠더 세미나 팀'이 우리에게 익숙지 않은 일본의 문화 용어는 물론, 인명, 지명 등에 친절한 역주를 달아 이해에 큰 도움을 주고 있어 감사하다. 이에 하나 더 욕심을 낸다면 제2장 '소리'에 나오는 용어들 진타, 친동야, 야시 등에는 일본어 표기를 곁들여 주면 훨씬 독자나 연구자들에게 도움이 되지 않았을까(영어 번역서에 영어 단어들을 병기하는 예는 쉽게 보인다). 또 우에노 치즈코 같은 인명이 우네노 치즈코로 오기된 것 등은 잘된 번역에 적지 않은 오점이 되지 않을까 하는 안타까움이 있었다. 315

이 책과 직접 관련 있는 것은 아니지만 개인적으로 수유+너머에 참가하면서 그 멤버들이 철학, 문학, 미디어, 문화 관련 전공자들로 구성돼 있는데 비해 역사학도들이 유난히 없는 것은 왜일까 하는 의문이 들었다. 역사학 관련 학회가 많은 탓인지 모르지만, 큰 아쉬움이 있는 것도 사실이다. 인문 사회 연구에 역사학이 적극 개입하고 인접 학문과 서로 유기적인 관계를 맺는 수유+너머가 도움이 되지 않을까 등. 이 같은 번역서가 많이 나와 한국사 또는 여성사 연구에 큰 자극과 도움이 되기를 진심으로 바란다. 아울러 위에 생략한 내용들은 아래 목차로 대신한다.

4. 네이티브를 대상으로 하는 관광 선전

5. '야외극장'의 증식

제6장 식민지 '조선'과 제국 '일본'의 여성표상

| 이케다 시노부(인문사회과학부), 김혜신(국제일본문화연구센터)

1. 들어가며

2. 제도로서의 '미술', 주제로서의 여성

3. 도시공간의 모가/신여성

4. 여성잡지에 나타난 모가/신여성

5. 제국과 식민지의 정체성과 표상—결론을 대신해서

—『여성과 역사』 8, 2008

근대·일본·젠더

정미숙 | 문학평론가, 부경대학교 국제대학원 외래교수

오고시 아이코, 전성곤 역, 『근대 일본의 젠더이데올로기』, 2009

1. 젠더 균형과 삶의 미래

젠더 관련 서적들이 쏟아지고 있다. 문학에서 문화로 연구가 확장되고 학제 간 교섭이 활발해지면서 젠더 연구가 급물살을 타고 한 시대를 읽는 지표로 부상한 것이다. 젠더의 어원, 라틴어 동사 게네라gen-erare가 배태하고 있듯이 젠더는 또 다른 젠더 의식을 낳고 더불어 삶의 지평을 넓혀나가고 있다. 나라마다 조금씩 차이가 있으나 이 용어는 '낳다, 만들다'라는 뜻에서 유래하여 의미와 범주, 그리고 관계를 만들어내는 것과 관련된다. 젠더는 그것이 얼마나 어떻게 구성되는 것인가 하는 물음을 던질 수 있는 문화적 역사적 틀의 기능을 담당한다.[1] 원래

1 영어로 젠더(gender)는 프랑스어의 장르나 스페인어인 헤네로와 마찬가지로 '낳다, 만들다'라는 뜻을 가진 라틴어 동사 '게네라'에서 왔다. 영어의 젠더(gender)나 독일어 성(Geschlecht)이 성적인 함의를 풍기는 데 반해, 프랑스어나 스페인의 경우는 상대적으로 덜 그렇다.(크리스티나 폰 브라운·잉에 슈테판, 탁선미·김륜옥·장춘익·장미

젠더 연구의 출발은 사회학과 정치학에서 시작되었으나 이제 이들 영역을 넘어 광범위하게 정착되었다. 젠더 연구의 전사前史를 페미니즘, 여성연구에서부터 찾을 수 있다고 할 때, 우리의 경우도 젠더에 대한 인식 토대의 저층을 오래 다져 놓았다 할 것이다.

오고시 아이코大越愛子의 『근대 일본의 젠더이데올로기』는 서구의 영향을 받았으나 그와 상이한, 근대 일본의 일본식 젠더형성 과정과 이데올로기를 서술하고 있다. 서구의 젠더이데올로기의 중핵을 이루는 것은 크리스트교의 이성애 환상이다. 서구 근대의 젠더 규범은 근대자본주의 체제와 일체화되어 남근중심주의 섹슈얼리티에 근거하여 형성된 것이다. 서구의 근대화 과정에서 서구 페미니즘은 '근대, 성별, 역할분업, 규범', '근대 가족주의'의 기능을 극명하게 분석해 왔다. 이러한 젠더 규범의 허상에 대한 신랄한 비판과 심오한 논리적 전개는 젠더 연구가이자 저명한 학자인 쥬디스 버틀러를 통해서 이루어진 바 있다. 버틀러의 이론이 국내에 소개되고 번역되면서, 의심 없이 받아들여진 '정체성에 기반한 주체'라는 개념 대신 '행위 주체agent라는 정치적 주체'에 대한 안목을 갖게 된다. 버틀러가 젠더규범을 교란하고 전복하기 위하여 전력한 것은 동성애 / 이성애의 구분과 위계를 해체하고 다시 세우는 작업이었다. 이러한 버틀러의 집요한 전복의 논리를 따라 우리는 젠더가 본질적인 것이 아니라 구성적인 것임을 어렵게 인식할 수 있었다.

최근에 이르러 동아시아 관련국간의 영향 관계에 따른 젠더연구가 생산되고 있어 주목된다. 오고시 아이코의 이 책이 먼저 논급되는 이유도 여기에 있다. 동아시아 관련국의 젠더구성은 무엇보다 '일본'의

영 역, 『젠더연구－성 평등을 위한 비판적 학문』, 나남출판, 2002, 20~21쪽).

심대한 영향을 받아 형성되었다. 일본은 또한 서구의 일부일처제 근대적 젠더관에 영향을 받아 자신들만의 독특한 젠더관을 형성했고 우리의 경우는 '신여성 열풍'을 타고 일본에 유학한 신여성, 지식인들을 통하여 근대적 젠더관을 수입하게 된다. 그야말로 서구에서 일본으로, 일본에서 조선으로 영향을 미치며 나라마다 상이한 '근대적' 젠더관을 갖게 된 것이다.

오고시 아이코는 '일본'이란 강력한 제국의 탄생 배경에 일본식의 젠더이데올로기가 작동했음을 이 책을 통해 명쾌하게 밝히고 있다. 그녀는 일본이 아시아에서 나와 세계의 제국이 되는 과정에서 젠더구성 원리의 적절한 이용과 변용 / 변질이 따랐음을 증언한다. 일본 제국을 뒷받침하고 있는 원리는 기만적 젠더 환영이다. 전쟁은 남성이 하나 전쟁을 지지한 것은 어머니, 총후銃後부인이라는 사실이다. 이는 젠더 보완체가 한 목적을 향해 동원될 때 얼마나 일사불란한 파괴적 힘을 발휘할 수 있는 이데올로기가 되는가를 여실히 알게 하는 아이러니이다. 이런 까닭에 이 책은 버틀러의 젠더론과 묘한 대척점에 놓인다 할 수 있다. 버틀러는 인간이 갖는 편견과 배제의 논리를 깨부수기 위해 젠더는 없다, 단지 수행될 뿐이라고 주장하였으나 이 책은 필자인 나로 하여금 "젠더, 혹은 젠더원리는 살아 있어야 한다. 그것은 젠더이데올로기를 견제하기 위해서이다"고 선언하게 한다. 젠더가 균형을 상실한다면 다시 말해 국가기구의 조정자 남성의 성에 모두 동원되어 남근일색男根一色으로 흐른다면 세상의 비판기능, 대응이론 역시 존재할 수 없기 때문이다. 젠더는 타협할 수 없는 두 축의 원리로서 서야 한다. 그것은 여성적 원리와 남성적 원리이고 만약에 하나를 선택하라면, '진정한' 여성원리이다.

2. 일본식 젠더이데올로기의 여정

일본의 젠더 구성 과정이 주목되는 것은 젠더이데올로기의 정착 과정 자체가 우리의 과거와 현재, 미래의 시간과 긴밀하게 연결되기 때문이다. 이는 비단 일본과 우리뿐만 아니라 동아시아 국가 관계와 그 질서에도 심대한 영향 관계를 끼쳤고 앞으로도 그러할 가능성을 안고 있는, 현재의 문제인 까닭이다.

오코시 아이코의 이 책은 모두 3장으로 되어 있다. 제1장 『젠더이데올로기의 형성』, 제2장 『젠더이데올로기와의 갈등과 내면화』, 제3장 『근대 일본의 젠더 정치학』이다. 제1장에선 일본식 젠더이데올로기, 여성차별을 통하여 전통적 평등 환상을 부추기고 재생산을 도모하는 남성이데올로기 창출자의 의도를 살펴본다. 제2장에선 새로운 젠더구성에 따른 반발과 내면화 과정을 제시한다. 표면적인 반발과는 달리 여성들의 심층에서는 그 구조를 내면화하고 더 나아가 일본적 젠더이데올로기의 증폭에 공헌한 사실과 과정을 보여 준다. 제3장에선 일본의 젠더이데올로기가 역사에 미친 역할을 검증한다. 일본 여성은 자국과 동아시아 질서 속에서 피해자이고 동시에 가해자의 역할을 담당했다는 사실을 발견하게 된다.

일본식 젠더이데올로기는 도쿠가와 막부의 붕괴를 가져온 서구열강의 외압에 직면하면서 탄생한다. 서양문화에 대한 쇼크는 곧 '젠더 쇼크'였다. 서양류의 남녀 동권적 젠더관과 그 도입이 일본 남성지도자들의 공포심을 자극한 것이다. 이에 그들이 취한 발 빠른 조처는 여성의 교육을 '자녀를 생산하기 위한 것'에 한정한다. 서양의 좋은 점인 일부일처제 가정의 저력과 여성의 가정에서의 성별분업은 취하나 여성의 능력이 공적 무대로 확장되는 것은 부정적이라 버리고자 한다. 메이로쿠사明六社[2] 설립의 주창자인 모리 아리노리森有札에 의해, 지배층이 민중에게 그러하듯이 시혜적 젠더관, 남녀관계의 근대화가 마련되며 부부동권론, 여성교육론, 성욕론, 폐창론 등 결혼 교육 섹슈얼리티 등의 개념들이 확장된다. 그러나 모리의 이야기는 남녀 / 부부의 동등은 결코 '동권'으로 이어지지 않는다. '탈아론脫亞論'을 주장한 후쿠자와 유키치福澤諭吉와 나카무라 마사나오中村正直에 의해 처음으로 '현모양처'라는 단어가 대두하면서 여성의 임무는 가정에서 아이 교육, 내조에 한정된다. 이 같은 '남성주도형 여성론'은 결국 여성을 수동적인 존재 혹은 도구적 존재로 만드는 것이다.

결국 기독교에 바탕한 서양의 젠더관은 시대의 유산아流産兒가 된다. 이러한 배경에는 서양의 젠더관이 일본의 유일신 신앙과 천황제 국가와 서로 맺어지지 않는다는 점에 있다. 가토 히로유키加藤弘之는 천부인권론을 능가하는 진화론을 활용하여 약자인 여성이 강자인 남성에게 정복당하는 것은 필연적인 것이라고 주장하며 남녀 동권론을 부정한다. 여기에 그치지 않는다. 일본식 젠더를 구성하기 위해 정부는 '황실규약'에서 인정하고 있었던 여성 천황의 규정을 폐지하고 1889에 제정된 '황실전범'에서 혈연숭시의 남계男系 상속을 결정한다. 또한 국가적 가부장제 확립 포석으로서 1871년 호적법을 제정하며 마침내 1898년 '이에家제도'[3]를 중핵으로 하는 메이지 민법을 시행하고 국민이 지켜야 할 도덕인 『교육칙어』를 제시하기에 이른다. 이로써 법과 교육 정책이 천황제 국가가족주의라는 일본 근대 최대의 이데올로기

2 메이로쿠사는 메이지 초기에 설립된 일본 최초의 근대학술단체이다.

3 이에제도란 메이지민법에 채용된 가족제도이다. 호주를 중심으로 가족을 하나의 가족 범위로 규정했는데, 호주에게 한 집안의 통솔권한을 부여했다.

가 확정되었던 것이다. 강력한 남성주도형 정책은 아무런 근거 없이 일본여성의 미덕을 칭송하는 레토릭을 구사하는 전략적 기교 또한 놓치지 않는다. 서구화 열기가 식고 국수주의가 강화되는 시기에 시모다 우타코를 비롯한 여성교육자를 활용하여 신공황후神功皇后처럼 국가 공적을 가진 여성을 일본 여성의 우월성의 상징이라고 주장한 것이다. 국가에 헌신하는 미니 천황제 가족의 형성을 위해 후쿠자와 유키치는 여성의 덕 중에서도 도덕성을 높게 평가한다. 그러나 이는 표면적인 도덕국가와 이면의 부도덕한 남성사회를 유지하기 위한 편의적 고안에 지나지 않는다.

메이지 정부는 또한 메이지 민법 제 788조에 처는 혼인에 의해 남편의 '이에'에 종속된다고 명기하며 처의 성씨를 바꾸기로 결정했고 여성들은 스스로를 부정하는 제도에 일치하는 길만이 돌파구를 찾을 수밖에 없다고 생각하여 헌신코자 한다. 근대적 젠더이데올로기의 함정이 여기에서 시작된다. 마침내 성에 관한 어머니 / 창녀의 이분법적 구도를 취하고 있던 일본은 자국의 제도권 여성을 보호한다는 미명하에 1916년에 조선반도에 창기 단속령을 공포하고 공창제도와 '종군위안부' 제도를 만들어낸다. '성욕봉공性慾奉公'이란 날조된 말로 우리 할머니들을 유린한 것이다.

국가주도형의 억압적이고 모순적인 젠더관은 남녀 모두에게 심각한 저항과 분열을 야기하기도 했다. 그 대표적인 예가 여성운동가들의 공창제도 폐지운동이다. 그러나 그들은 공창 폐지를 주장했을 뿐이지 여성을 분단시키는 젠더이데올로기나 남근 중심적, 욕망 중심적 성제도에 이의를 제기한 것은 아니다. 물론 후쿠다 히데코福田英子에 의해 여성 분단적 젠더이데올로기에 대한 날카로운 지적이 있다. 그녀는 근대 일본의 젠더이데올로기와 국수주의를 뛰어넘기 위하여 사회주의 사상을 도입하는 데 이러한 사상을 『세계부인』이란 잡지에 담아 펼치기도 한다. 또한 우리가 잘 알고 있는 『청탑靑鞜』의 활동이다. 『청탑』[4]은 '여성을 어떻게 활용하면 국가에 도움이 될까'라는 관점에서 형성된 메이지 젠더이데올로기 기획에 반발하고 여성 스스로의 삶과 성이라는 지극히 사적인 문제에 관심을 돌렸다. 『청탑』의 여인들은 정조논쟁, 낙태논쟁, 폐창 논쟁을 벌였으나 이는 결과적으로 잠재되어 있는 내적 모순을 다시 한 번 더 확인하게 할 뿐이었다. 방만한 남성의 성과 일부일처제 성도덕을 내면화한 여성들의 정조, 처녀성 강박이라는 자승자박을 드러낸 것이다. 이에 히라쓰카 라이초와 야스다 시쓰키는 '생식자기결정권'을 주장하기에 이른다. 히라쓰카로 대표되는 『청탑』의 여성들은 폐창운동과 더불어 형식적인 일부일처제를 비판하고 실질적인 일부일처제 연애 도덕의 열성적인 고취자였다. 하지만 그녀들이 삼은 연애논리로서의 근대적 일부일처제야말로 여성의 헌신을 착취하기 위한 가장 유효한 장치라는 사실을 깨닫는 데는 시간이 필요했다.

히라쓰카는 국가가 강요하는 이데올로기에 반대하지만 보다 '주체적'으로 국가에 공헌할 수 있는 방향을 모색한다. 처음 『청탑』이 여성의 자아해방을 피력했던 것에서 남성중심주의의 개인주의적 약육강식을 변화시키는 모성의 사회적 사명을 강하게 주장하는 쪽으로 입장이 선회한 것이다. 표면적인 의미로 이는 바람직하게 보이니 모성과 권력의 결탁은 불온하다. 일본 가족주의의 이데올로기를 세계 구제론으로 간주하는 다카무레는 모성원리를 일본의 정신적 우월성으로 치켜 올리고 마침내 식민지 지배를 받는 아시아를 해방한다는 명목으로 벌어진 침략전쟁의 정당화에 철저하게 이용한다. 다시 말하면 다카무레는

4 『청탑』은 1911년 9월부터 1916년 2월에 걸쳐 발행된 여성들만의 문학지이다. 당시 유럽에서 지적인 여성들이 신었던 양말이 파랑색이었던 것에서 잡지이름이 유래했다.

천황제 가족국가의 심층에서 움직이는 여성의 힘, 모성의 힘을 발견함으로써 강력한 천황제 가족국가 이데올로그ideologue로 변모한다.

천황제는 남성원리적 무가에 대해 문학적 여성원리의 종가宗家로 자리매김을 하면서 남성, 여성원리의 공생을 도모했다. 다시 말하면 국가적 남성원리는 표면에 내세우지 않고 배후에 놓고 표층의 '모성원리'를 조작해 쓰는 것이다. 남성원리에 의해 조작된 모성은 줄리아 크리스테바Julia Kristeva에 의해 '남근적 모성'이라 명명되며 비판받은 바 있다.

3. 젠더, 여성연대와 공감의 아고라

국민국가는 남성뿐만 아니라 여성들도 이해시킬 만한 이데올로기를 필요로 한다. '야스쿠니 신사'가 그것이다. 자식은 천황과 국가를 위해 전사함으로써 야스쿠니 신사에 안치되어 천황제 국가를 지키는 군신軍神으로 영원히 추앙받는다. 그 어머니는 죽음으로써 나라를 지키는 신으로 승화한 자식을 통해서 국가의 어머니로 칭송된다. '어머니의 영광'으로 환원되는 이 완벽한 스토리는 모성을 국가와 동일한 것으로 만드는 데 성공한다. 국가에 충성을 다하고 죽음도 마다하지 않는 것이 이에의 부모님과 조상에 대한 효행과도 일치한다는 일본의 독특한 충효일체론忠孝一體論은 일본의 가족국가 이데올로기의 핵심이다.

요사노 아키코, 다카무레 이쓰에, 히라쓰카 라이초를 비롯한 대표적인 여성 지식인들은 국가 전쟁의 여신으로서 스스로 적극적인 국가 전쟁 이데올로그가 되고 그럼으로써 여성들도 훌륭한 신민이 될 수 있다는 것을 제시하려고 했다. 참으로 끔찍한 역사의 아이러니가 아닐 수 없다. 여성원리 명목 아래에서 자행된 생명의 말살, 아마테라스 오미카미의 자비 아래에서 자행된 생활의 파탄, '여성의 나라'에 의한 포격의 범람은 인류의 역사에 있어서 가장 소름끼치는 도착적 사상을 낳고 말았다. 여성, 젠더 모독을 인식하지 못하고 전쟁에 가담했던 것이 일본의 여성들이다. 문제의 심각성은 전후인 지금도, 이를 깊이 자각하지 못하고 있다는 사실이다.

쇼와전쟁은 일본의 아시아에 대한 침략전쟁이다. 일본은 아시아에 침략을 정당화하기 위한 담론 지지를 여성을 통해 이끌어 낸다. 히라쓰카는 이 전쟁을 '아시아에 대한 중대사명'으로 보고 일본이 아시아에 대해 지도적 위치를 가진다는 강한 사명감을 가지고 있었다. 선진국가인 일본이 미개한 아시아를 지도하는 것은 당연한 일이라 생각하고 식민주의자로서의 역할을 감당한 것이다. 이런 과정에서 일본의 여성들은 여성 신들의 활약을 찬양하며 여성존중을 부르짖었고 식민지나 침략지의 여성들은 전쟁터의 일본군 병사의 성적 위안을 제공하는 '종군위안부'가 되기를 강요받았던 것이다. '종군위안부'는 근대 일본의 젠더이데올로기와 콜로니얼리즘의 결합에 의해 생겨난 엄청난 범죄이다. 일본 여신의 이름으로 타국 여성의 성 착취가 명분을 얻은 것이다.

오고시 아이코의 이 책은 일본의 근대화 과정이 젠더이데올로기를 어떻게 발생시켰는가 하는가를 선명하게 파헤친 역작이다. 일본 여성으로서 일본의 사상적 폐쇄성과 전쟁책임 문제를 이토록 정확하고 정직하게 드러낼 수 있다는 사실이 놀랍고, 감사하다. 오고시 아이코에게서 여성의 지성, 여성주의의 한 뜨거운 희망을 본다면 지나친 낙관일까. 후기에서 밝힌 저자의 고백, "일본의 사상적 무책임 상태는 '현재도 계속 진행 중'이다"는 말이 가슴을 서늘하게 한다. 분명한 것은 '가깝고도 먼 나라 일본'을 이해하고 예측할 수 있는 한 기준이 '젠더'에서 비롯된다는 것이다.

그렇다면 해법도 여기에서 찾을 수 있지 않을까. 전쟁과 국가 위기에 따라 언제든 쉽게 남성에 의해 동원되는 젠더가 아닌 진정한 원리로서의 젠더규범을, 여성 연대를 통해 확고히 구축할 수는 없는 것일까. 젠더는 살아있는, 현재 진행형의 생명 원리로 더욱 활발하게 작동되어야 한다. 그럴 때 동아시아 여성 연대와 공감의 차원을 넘어 전 세계 여성과의 교감 나아가 부당하게 배제되고 왜곡된 생명들의 역사적 체현을 당당하게 가능하게 한다. 젠더는 진정한 여성 연대와 공감의 치열한 아고라Agora로 드넓게 펼쳐져야 한다. 젠더 연구가 국가와 민족을 넘어 동아시아로 세계로 뻗어가며 그 경계를 넘어 치열하게 탐구되어야 하는 이유가 또한 여기에 있을 것이다.

—『여성학연구』 19-1, 2009

『일본문학 속의 사계』 서평

양동국 | 상명대학교 일본어권지역학 교수

최재철, 『일본문학 속의 사계—한국문학과의 비교를 통하여』, 2016

어느 공간 안에 시간과의 합일에서 인간의 주체적 행위로 우러나오는 흔적과 결정들이 문화일 것이다. 이러한 문화 행위의 기록이 문학이라는 범주의 큰 테두리를 이룬다고 볼 때, 시간과 공간의 의미는 자못 크다. 끊임없이 흐르는 유동체와 변하지 않는 고정 개체와의 합일과 결부로 미묘하게 전이해가는 다양함이 인간에게 무척 친근감을 안기게 하는지도 모른다. 동아시아라는 일정의 지역대에 위치한 한중일의 문학 속에 사계의 문학적 표출이 빈번했던 것은 시간과 공간의 앙상블이 가져오는 미묘한 변화라는 매력에 선인들의 삶과 사유가 투영되었기 때문일 것이다.

광역적이기는 하지만 상호 교섭 문화의 결정체라고 할 수 있는 한자문화권에 속한 동아시아 3국의 인문학적 비교연구의 축적은 상당하다. 하지만 시간과 공간 속의 미묘한 조화를 우리에게 안겨주는 사계에 대한 통사적 비교연구라는 거시적인 테마에 접근한 것은 관견에서 말하면 전혀 없었던 인문학적 연찬이다.

『일본문학 속의 사계―한국문학과의 비교를 통하여』(소명출판, 2016)는 너무 방대해 불가하다고 느껴지는 터부를 깬 거시적이고 광역대의 인문학적 시각을 우리에게 내던진다. 저자는 비교문학자로서 오랫동안 일본문학 및 관련 문화를 천착해 왔던 한국외국어대학교 최재철 교수이다. 이 저서는 퇴임을 앞두고 그간의 연구 생활을 엮은 역작이기도 하다.

본서는 머리말 「일본인의 자연―계절관에 대하여」와 본론으로 제1장 「일본 고전문학 속의 사계」, 제2장 「일본 근현대문학 속의 사계」, 제3장 「한국문학 속의 사계」, 제4장 「한·일문학의 사계 표현의 특징 비교」, 그리고 맺음말 「일본인과 한국인의 자연관의 차이」로 이루어져 있다. 구성에서 알 수 있듯이 양국의 사계를 중심으로 비교문학 연구의 궁극적 도달점이라고 할 수 있는 보편성과 상이성 혹은 일반성과 특수성이라는 점에 초점을 맞추고 있다. 저자는 본서에 대해 일본문학에는 사계의 표현이 많고 또한 무척 섬세하다는 물음에서 출발하게 되었고, 더불어 사계를 통시적으로 고찰한 연구나 나아가 한국과 일본을 아우른 비교문학적 조망도 전혀 없었다는 점이 저술 동기라고 밝히고 있다. 비교문학 연구자로서의 미시적 시점에서 거시적 조망으로 나아갔음을 엿볼 수 있는데 이러한 종합적 연구가 가능한 것은 저자의 끈질긴 연구 욕구 이외에는 별달리 사족을 붙일 수 없을 듯하다.

이 책의 주요 내용을 목차 순으로 간추려 보자. 먼저 「머리말」에서 중국문학으로부터 자연 계절 표현의 영향을 받지만 헤이안 시대를 전후로 시가집에서는 사계절 편집을 기본으로 하는 전통이 정착되어 운문과 산문에서 계절감의 서정이 일본문학을 관류한다고 개괄적으로 파악하고 있으며 이 저서의 목적이 사계 표현의 유래와 전개 과정 및 그 내용을 살피는 것에 있음을 명확히 드러낸다. 이어진 제1장 「일본

고전문학 속의 사계」에서는 상대의 『고사기』, 『만엽집』, 『풍토기』를 중심으로 계절표현의 유래를 살펴보았다. 특히 춘추우열의 소재를 다룬 『고사기』에는 아우인 봄 안개가, 그리고 『만엽집』에서는 가을인 단풍이 우위임을 밝혀 상이하다고 지적한다. 이어 중고시대에서는 우선 최초의 칙찬집인 『고금와카집』의 제1권부터 제6권에 실린 계절의 노래를 중심으로 분석하였다. 기존의 선행 연구를 참조하며 더불어 계절 관련어의 통계 계수를 적극적으로 활용해 봄과 가을노래가 다수를 차지하고 있으며, 상대의 매화에서 벚꽃으로 꽃의 주된 제제가 바뀌고, 단풍과 낙엽이 많이 불린다고 파악하였다. 전체적으로 감상적 서정성이 한층 뚜렷해졌으며 다양한 수사법에 의한 자연 관조의 특징이 엿보이고, 시간의 추이가 순환의 연속성을 지니며 관념적이라고 논한다. 다음으로 궁중문학의 최고봉이라고 할 수 있는 『겐지이야기』를 들어, 육조원 궁궐 전각의 사계절배치의 묘사와 춘추우열경쟁, 「소녀」 「환영」 등에 삽입되어 있는 와카를 고찰했다. 『겐지이야기』에서 사계와 관련된 문구는 봄 116건, 여름 22건, 가을 123건 겨울 17건이며 소재로서의 달이 155건, 눈은 85건이며 꽃은 헤아릴 수 없다고 한다. 전체적으로는 봄의 우위가 엿보인다는 지적은 흥미롭다. 동시대의 수필로 『마쿠라노소시』의 첫머리에 등장하는 사계미론을 세밀히 분석해 작은 것, 가녀린 것, 연약한 것에 대한 애착이라는 점도 일본문학 속에 흐르고 있는 섬세한 자연관의 표출을 실증적으로 들춰냈다는 측면에서 지적 자극을 안겨준다. 이어 중세의 대표가집인 『신고금와카집』에서도 계절의 노래가 가장 많다며 일본인의 사계에 대한 감각을 다시 한 번 환기시킨다.

중세부터 유행하기 시작하여 근세에 크게 빛을 본 시가문학이 하이카이이다. 그 첫 구를 근대 이후 하이쿠라고 불리게 되었는데 여기에는 계절어가 꼭 들어가야 한다. 본서에서는 계절어의 성립과 주요 가인이라고 할 수 있는 바쇼와 부송의 노래를 들어 구체적으로 감상하고 있다. 주요 하이쿠의 분석은 계절감과 더불어 노래를 읽는 평석의 즐거움을 더해 주는데 저자의 세련된 문학적 감수성의 깊이를 느낄 수 있다.

제2장 「일본 근현대문학의 사계」는 저자의 주요 연구 분야였기에 치밀한 분석은 이 책을 읽는 백미이다. 주요 내용은 다음과 같다. 번역을 통한 서구 문학에 자극을 받아 내면적 자연을 발견한 구니키다 돗포와 풍경화가 코로나 러스키니의 근대화가론 등의 수용을 통해 도쿠토미 로카의 시각적인 자연묘사 등으로 승화되었다. 자연 계절의 사생묘사와 근대 자연과학에 바탕을 둔 표현 등을 실증적인 방법으로 들어 시마자키 도손 문학의 특징임을 논했다. 한편 가와바타 야스나리의 『고도』를 중심으로 교토의 사계를 작품 속에 투영하며 서정성에 바탕을 둔 고독과 허무, 순환하는 삶, 전통 지향에 있다는 그의 문학적 특질을 밝힌 것에서 저자의 치밀한 연구 시각을 접할 수 있다. 시문학에서는 와카야마 보쿠스이의 단카를 들어 여행을 통한 사계를 분석하고 주요 근대시인의 작품 속의 사계를 들춰냈다. 전체적으로 비교문학의 전통적 연구 방법이라고 할 수 있는 수용과 영향 그리고 변이 등에 초점을 맞춘 세밀한 분석이 자극적이지만 현대시의 단순한 나열은 조금 아쉽기도 하다.

제3장 「한국문학 속의 사계」는 우리 문학의 자연과 계절 표현에 초점을 맞춰 고전과 근현대로 나눠 세밀히 살펴보고 있다. 신라 향가는 가을 묘사가 두드러지고 고려 가요의 월령체인 「동동」에서는 화조풍월 속의 계절감이 강하다. 조선시대의 시조에서는 다양한 계절감 속에 유교 경향이 진하게 나타나 임금의 은혜와 권농 등의 교훈성이 농후하다는 것

이다. 인용한 주요 노래들에 대한 감상과 곳곳에 감초처럼 중국과 일본과의 비교 관점도 유니크하다. 근현대소설 및 가사, 식민지 시대의 소설 및 시작품에 중점을 두고 있다. 이인직의 『귀의 성』과 『은세계』, 김동인의 「배따라기」, 이광수의 『무정』 등의 소설과 김소월, 정지용, 박목월, 조지훈, 윤동주, 서정주 등의 시인에 이르기까지 계절감에 대한 다양한 예와 감상은 저자의 한국 근현대 문학에 대한 깊은 조예와 이해의 폭을 알려준다.

한국문학 전공이 아니어서 미진하다고 조심스럽게 언급하는 저자이지만 겸손에 지나지 않을 정도로 인용한 작품 하나하나의 분석과 평석은 매우 진지하다. 예를 들어 저자가 한국문하 속에 사계표현의 특징으로 든 시가문학에서 계절어의 제약 등의 규범성이 강하지 않다거나 소재가 일본보다 자유롭고 개방적이라는 논지는 비교문학자만의 특권적 시각이라 할 수 있을 것이다. 더불어 계절별로 분류한 시가집이 없는데 반해 연시조 속의 「사계가」 등이 개인의 작품 안에 존재한다는 것과 사군자와 소나무 등이 많이 등장하는 것은 충절과 지조를 내세운 것이며 물고기와 낚시, 술 등의 제재가 많은 것은 안빈낙도와 풍류를 추구하는 우리문학의 특징이라는 것도 비교문학적 시점으로 무척 명증하다. 근대 이후에서는 개화기의 계절감 속에 계몽적 사고가 깃들이있고 일제 강점기의 여름과 겨울 등의 묘사 속에는 암울함과 그를 벗어나려는 소망이 담겨 있어 역사와 시대 그리고 사회의식과 밀접하게 관련을 맺고 있다고 파악한다.

이처럼 고전부터 현대문학에 이르기까지 일본과 한국의 계절을 다룬 작품을 고찰한 후 제4장에서는 이를 면밀히 상호 비교 고찰하고 있다. 제4장 「한・일문학의 사계표현의 특징 비교」에서는 우선 양국의 공통점으로 산수전원과 화조풍월을 서정적으로 읊은 점을 든다. 상이

점으로는 일본의 경우 칙찬집이 성립한 이후, 즉흥성과 시각적 감각, 미적 발흥 등의 섬세함에 더해 이를 바탕으로 지나치게 양식화되어 갔다는 점을 꼽았다. 시조와 『만엽집』을 비교하여 한국의 경우는 소나무, 버드나무, 대나무의 순위인데 비해 일본은 싸리, 매화, 단풍, 소나무 순으로 많고, 동물에서도 시조의 경우 기러기, 갈매기, 학의 순으로 높아 고절과 청렴, 충절을 상징한다고 보고 있다. 비록 시대의 차이는 있지만 소재의 비교에서 통사적 시점만이 아닌 공시적으로도 접근하고 있음을 알 수 있으며 이로써 논지의 신빙성을 더하고 있다. 근대문학의 경우에도 문학자의 감성이 시대와 역사 위에 성립하고 있는데 비해 일본의 경우 이시카와 다쿠보쿠 등 극히 일부를 제외하면 서정과 시대성을 같이 부른 경우는 찾아보기 어렵다. 전체적으로 자연 계절 묘사에 있어 유교 사상의 영향과 더불어 사계절에 대한 전체적인 포착과 논리적인 체계를 중시하는 것에 비해, 일본은 세부의 미세함에 집착하는 감각성과 즉흥성의 특징을 지니고 있어, 양국은 거시성과 미시성의 대비를 이룬다고 결론짓고 있다.

본 저서의 매듭이라고 할 수 있는 맺음말 「일본인과 한국인의 자연관의 차이」에서 저자는 각 장에서 다룬 주요 작품들에 대해 다시 언급하며 궁극적으로 양국의 상이점으로 자연 계절이 그저 인식의 대상이 되어 미적 표현으로 우러나오는 것인가, 아니면 교훈적이며 시대상과 결부되어 있는 의식적 측면이 강하게 개재되어 있는가를 들고 있다. 당연히 전자는 일본이며 후자가 한국이다. 맺음말에서 양국의 자연관의 차이를 들고 있는 것은 각각의 계절을 나타내는 사계가 결국 자연과는 때래야 땔 수 없는 관계이기에 이를 보완하는 측면도 있다.

본서는 통시적으로 일본의 사계 표현에 중점을 두고 이를 한국과 비교했다는 점에서 방대한 인문학적 작업임을 인정하지 않을 수 없다.

통시적 고찰과 자료 중심의 논고에서 흔히 볼 수 있는 단조로운 전개를 각 문학 작품의 구체적 감상과 평석의 산뜻함으로 극복하고 있는 것도 이 책을 읽는 신선함일 것이다. 곳곳에 등장하는 통계적 수치와 계수는 일반적으로 건조함을 안겨주지만 본서에서는 사계 표현의 실제를 전해주며, 읽는 이에게 비교의 깊이와 함께 이해의 폭을 더해주는 요소로 바뀐다.

전체적으로 통일성이 약간 결여되어 있는 부분도 있지만, 일본어 작품의 경우 원문의 병기를 더하고 있는데, 이는 전문 연구가를 위한 배려이며 후학 연구자에게 실체적 자료로서의 안내가 될 것으로 보인다. 이를 예증이라도 하듯이 세밀한 수는 본서의 학술적 의의를 더욱 돋보이게 한다.

문장의 부드러움에서 문체에 까다로운 저자의 일면을 엿볼 수 있는 부분으로 거침없이 읽혀지는 것도 이 책의 장점으로 꼽을 수 있다.

일본인의 사계 감각을 추려내기 위해 방대한 양의 자료와 이를 분석했다는 점에서 그 의의는 높이 평가할 수 있지만 거시적 관점이기에 이해의 부족에서 오는 것인지는 모르지만 몇 가지 아쉬운 점 또한 없지 않다. 먼저 문자 표기의 문제, 즉 일본어에서의 히라가나의 성립과 문학과의 관계에 대해서 전혀 언급이 없는 것이 우선 거슬린다.

저자는 본서에서 구체적으로 기술한 바와 같이 이 저서의 집필 동기로 "일본문학에는 자연계절, 특히 사계의 표현이 왜 그리 많고 섬세한가 하는 물음에서 출발"했는데 왜라고 하는 의문을 풀었을까라는 점에 대한 대답은 그렇게 긍정적이지 않은 것 같다. 일본문학에 표출된 섬세한 사계 표현이 그저 예민한 일본인의 심상이 자연스럽게 우러나와 문학으로 서술된 것일까? 여기에서 우리가 주목해야 할 것은 문학이라는 것은 단순한 심정 토로가 아니라 그것이 문자에 의해 기록되는 과정을 거친다는 점이다. 외면 혹은 내면에 대한 인식이 감정과 사유를 통해 문자로 기록되는 가운데 사고가 더해져 비로써 문학화된다는 점을 상기시킬 때 여기에서 가장 중요한 요소 중 하나는 표기 수단이라고 해도 지나치지 않다. 먼 옛날 동아시아 국제어라고 할 수 있는 한문을 사용해, 혹은 한자어의 음과 훈을 빌려 썼다고 해도 작자의 마음과 사유를 옮기는 데에는 적지 않은 어려움에 봉착했었을 것이다. 이것이 자국어의 표기수단이 성립되어 훨씬 자유롭게 서술이 가능하게 되었다고 한다면 그 섬세함과 양식성은 이전 시대와 비교가 되지 않았을 것이다. 혹시 일본문학의 섬세함의 이면에는 이 문자의 자국화라는 가나 문자의 성립이 크게 기여하지 않았을까? 예를 들면 저자도 상세하게 언급한 『고금와카집』의 가나 서문에 기술되어 있는 마음과 언어, 구체적으로 서술하면 "일본의 노래는 사람의 마음을 씨앗으로 하여 입을 통해 무수히 많은 말(언어)의 입새로 된 것이다"는 이 일문은 노래 부른 이의 감정을 글로 쉽게 표현할 수 있다는 자부심의 표출이기도 하였다. 이렇게 생각해 볼 때, 일본의 중고 문학 이후에 보이는 자연 사계 표현의 섬세함은 자유롭게 서술할 수 있다는 점에 기인하고 있는 것은 아니었을까? 그리고 이렇게 쌓인 다양한 표현 중에 문학성과 선호도, 혹은 기발한 착상 등이 굳어 양식화, 정형성으로 이어져 갔을 것이라는 점은 쉽게 추측할 수 있다.

문자의 성립과 결부지어 한국문학의 흐름에서도 간과해서는 안 되는 점이 있다. 저자도 다양하게 고찰하고 있는 시조에서 고려 말부터 조선시대 중·후기까지는 상당수가 한문으로 기록되어 있었다. 이들과 조선 후기의 한글 시조와의 차이점은 무엇이었을까를 살펴본다면 자연과 사계를 표출한 제재의 다양성도 쉽게 이해할 수 있었으리라고 믿는다. 물론 저자가 이를 주시하지 않았을리는 없었을 테이지만, 이 방대한 주제에 더해 표기수단의 문제까지 확대해 버린다면 이 저서의 명료성을 담보할 수 없었을 것이다. 더욱이 문자 성립과 문학, 그리고 주제와 특징까지를 연결해 파고든 선행 연구는 거의 없다.

또 하나 덧붙이자면 사계 자연의 표현과 표출의 시대적 흐름에서 일본 문화의 특성까지 연결했었다면 하는 아쉬움도 진하게 남는다. 즉 다양성과 정형성, 그리고 옛 것 위에 새로운 것이 더해진다는 중층성과 양식성 등, 일본문화 연구에서 적지 않게 지적되어 온 특성들을 사계 표출이라는 주제와 결부지어 곳곳에 집어넣었다고 한다면 '일본인론' '일본 문화론' 등 타자론의 영역까지도 포괄하는 역저이지 않았을까 라는 아쉬움이 그것이다.

이 저서 중 또 하나 논의에 붙여야 할 점은 일본어 시가의 번역 문제이다. 본서에 보이는 번역의 매끄러움과는 별도로 자수율이 중심인 일본 전통 시가를 자유롭게 번역하는 것은 역시 껄끄러운 부분 중 하나이다. 저자는 정형 음수율 시가 문학의 경우, 일본어는 개음절이고 한국어는 장단음이 있는 등, 그 언어적 성격이 달라, 자수율을 무리하게 적용해 일괄적으로 번역한다면 원시의 맛을 반감시켜 이를 피했다고 언급하고 있다. 평자도 이에 대해서는 대체적으로 동의하지만, 그러나 일본의 전통 시가가 5・7조와 7・5조에 바탕을 둔 자수율을 지닌 정형시가라는 점을 어떻게 극복하고 이를 번역해야 하는가라는 점은 여전히 큰 과제이다. 받침을 자수로 세는 등의 약간의 상이점으로 인해 회피했다고 하는 점은 정형 음수율에 바탕을 둔 일본 시가의 원시 맛을 오히려 감쇄시킨 것은 아닌가라는 의문이 있다. 물론 이는 연구자 개인만이 아니라 앞으로 학술 차원의 문제이기도 하다.

저자의 일본 시가의 번역은 무척 뛰어나다. 거기에 더해 분석과 감상, 그리고 곳곳에 담겨 있는 한중일 비교는 무척 유니크하다. 다만 저자의 세심한 감상이 더해진 하이쿠에서는 작품 속에 몰입한 나머지 기본적 바탕을 전제로 하지 않은 느낌이 있다. 예로 바쇼의 「오래된 연못 개구리 뛰어드네 물소리」의 하이쿠를 작품 세계 안에서 한정지어 한 마리의 개구리가 고적한 연못에 첨벙 뛰어드는 정경의 포착이라고 해설하고 있지만 사실 하이쿠는 구조적으로 '과장'과 '모순'의 범주에서 벗어나지 않는다거나 골계미 위에 성립한다는 전제하에 분석했어야만 했다. 즉 여기에서 어떤 해학을 자아내는 묘미가 뭔가를 유출했어야 했다. 하이쿠의 문학성은 '모순'과 '과장' 위에 성립한다는 주장은 저자와 가장 가까운 일본 연구자 중 한 사람이자 오랜 지기인 동경대 명예교수 가와모토 고지의 학설로, 이에 대해 일본의 어느 국문학자도 이의를 제기한 바가 없다. 물론 하이쿠의 그 첫 출발이라고 하는 하이카이의 명칭 그 자체에 이미 골계미라는 우스꽝스러움의 의미가 내재되어 있다. 평자의 생각이지만 이 우스꽝스러움을 전제하지 않고 작품에 몰입해 그 서정성과 논리에만 주목한다는 것은 작품을 지나치게 진지하게 평가해 본론에서 벗어난 감상이라는 생각마저 든다. 물론 이 경우는 저자가 너무나 당연한 것이기에 간과해 버린 즉 전문가로서의 깊이 있는 시각으로 인한 논지 도출이었을 것이다.

위와 같은 평자의 소박한 의문과 아쉬움은 있지만 저서의 전체적 조망에서 보면 이것은 아주 지엽적인 문제에 불과하다. 한국과 일본의 사계에 대한 미감과 문학적 표현을 지금까지 통시적 · 공시적 시각 위에 이렇게 실증적으로 비교한 적이 있었는가라는 학술적 의의에서 생각해 본다면 본서는 한마디로 거대한 인문학 작업이자 치밀한 고증이라는 것을 인정하지 않을 수 없다. 본서가 바탕이 되어 사계와 자연, 나아가 한중일의 문화론 및 타자론 등 외연을 향해 확대해나가는 원심력으로, 한편으로는 한일 문학을 들여다보는 구심력으로 많은 후학들에게 학문적 터전을 제공하게 될 것임을 믿어 의심치 않는 다. 더불어 저자가 본서를 주춧돌 삼아 또 어떠한 시각으로 금후의 연구를 장식해 나갈 것인가도 무척 기대되는 바이다.

—『비교문학』 71, 2017

타자의 기억과 고통을 어떻게 나눌 것인가

최윤정 | 또하나의문화 사무국장

오카마리, 김병구 역, 『기억 · 서사』, 2004 외 1권

노동운동이 진보운동의 주류였던 1980, 1990년대를 지나 사회적 관심은 전쟁과 평화에 대한 이슈로 모아지고 있다. 폭력의 세기를 살고 있는 현실을 반영하듯 한국의 반전, 평화운동은 양심적 병역거부운동, 파병반대를 외치는 군사주의 반대운동으로 나가고 있고, 기존 평화운동 진영의 가부장성과 폭력적인 관성에 대해 비판하는 여성주의자들의 목소리가 더해지고 있다. 비폭력을 외치고 평화를 이야기하는 '남성'들이 무심코 던지는 성차별적 발언이나 타인에게 가해지는 폭력에 민감하지 못한 모습을 볼 때마다 전쟁과 폭력을 문제 삼는다는 사실 그 자체보다 중요한 것은 이를 어떻게 문제 삼고 있는가라는 과정과 방법에 대한 논의라는 생각이 든다.

9 · 11사건 이후 미국의 이라크 전쟁에 대한 전 세계적인 관심은 국가와 민족 간의 수많은 분쟁과 집단학살, 개인에게 자행되는 무수히 많은 폭력들에 관심을 보이고 기록하기 시작했으며, 이를 소재로 한

다양한 재현들이 등장하고 있다. 최근 베트남 전쟁을 다룬 한 남성 작가의 소설[1]에서 나타나는 전쟁을 기억하며 살고 있는 사람들의 자기성찰적 목소리에 반가우면서도, 정작 그 성찰과 반성의 주체가 남성에 머물고 있음은 이러한 재현들이 갖는 또 다른 한계가 아닌가 싶다. 많은 서사들과 기록들이 전쟁을 하나의 단일한 서사로 기억하거나 그 서사의 주체가 대부분 남성 화자라는 현실은 전쟁을 남성들의 경험이자 산물로 기억하게 만드는 가부장제의 공통 기억 매커니즘이 지배적으로 작동하고 있음을 보여 준다.

그렇다면 폭력과 전쟁에 대한 남성들의 기억, 서사가 공식적인 목소리로 드러나는 데 비해 여성들의 목소리는 어디에서 만날 수 있을까. 오카마리의 『기억・서사』와 김현아의 『전쟁과 여성』은 바로 그 전쟁과 폭력의 공식 기억에서 소외되고 비가시화된 여성 주체들에 주목하고 있는 책들이다. 두 책은 여성의 기억을 꺼내 '어떻게 기억하고 연대할 것인가'라는 질문에 보다 구체적인 방식으로 대답하고 있다. 질문에 대해 완벽한 대답을 주려 하기보다 두 저자의 충실한 고민들이 이어지는 것은 단지 고통의 기억과 연대에 대한 강조 그 자체를 넘어 페미니스트 관점에서 고통의 기억과 연대의 방법론을 만들어가는 특별한 노력이라고 보인다.

1 방현석, 『랍스터를 먹는 시간』, 창작과 비평사, 2003.

1. 사건을 말하고 듣는다는 것
사건의 외부에 있는 자와 사건을 '공유'할 수 있는가

타인의 고통을 기억하고 그 기억을 나누는 것에 대해 말하기 위해서는 먼저 사건을 경험하지 못한 외부에 있는 자로서 우리가 타인의 기억과 고통을 나눌 수 있는가에 대한 자기성찰적 질문이 선행되어야 한다. 이에 대해 오카마리는 사건을 표상 불가능한 체험이라고 말한다. 그가 말하는 사건이란 "이 세계의 시·공간에 새겨 넣어진 상처이며, 레코드에 난 흠이 똑같은 음을 계속 되풀이하게 만들듯이 그것은 자신의 기억을 마치 유령처럼 반복하는 것"(오카마리, 2004, 205쪽)과 같다.

끝도 없이 회귀되는 사건은 동일하게 되풀이되는 것이 아니라 잉여성을 갖는다. "우리가 가진 언어의 윤곽 속에 완전히 담기지 않은 채 넘쳐 흐르는 사건의 조각이 많이 있다. (…중략…) 현재형으로 그리고 폭력적으로 사람에게 회귀하는 사건은 과거형으로 언어화될 수 없는 사건, 단지 '경험'이라고 말할 수만은 없는 사건의 잉여가 있다는 사실을 나타내고 있다."(오카마리, 2004, 54~55쪽) 사건 속에 살고 있는 여성이 사건을 언어로 재현할 때 언어로써 말할 수 있는 것 외에 누락된 '사건'과 공약불가능한 한계를 가질 수밖에 없다. 과거의 사건을 명명하는 언어가 있다 해도 그것은 마치 '레코드에 난 흠처럼 반복되는' 기억에 의해 여전히 사건의 수인囚人으로 살아가는 사람들과 그들의 몸에 끊임없이 사건이 반복되고 있다는 사실까지는 전달하지 못하는 한계가 있는 것이다.

그렇기 때문에 정확히 말하면 사건을 이야기하는 것은 공유共有하는 게 아니라 분유(分有)하는 과정이다.[2] 타자가 경험한 사건을 그 외부에 있는 자인 우리가 '함께 가진다共有'는 것은 애초부터 불가능한 것이기에 그럴 수 있다는 믿음은 우리가 가진 오만일지 모른다. 이렇게 본다면 사건을 듣는 이의 자세는 달라지게 된다. 고통의 기억이 몸에 체현되어 있는 사람들의 사건을 듣는 것만으로 공유할 수 있는 것이 아니기 때문에, 불완전성을 인정함으로써 완벽히 공유할 수 없는 사건에 대해 어떻게 나누어 가질 것인가를 끊임없이 고민하는 위치에 머물러야 한다.

2. 사건의 기록, 서사
완벽한 재현의 남성적 욕망에 부재하는 여성

사건을 공유할 수 있다는 믿음은 완벽한 재현이 가능하다는 믿음과 연결되어 왔다. 두 저자는 전쟁, 폭력에 대한 많은 기록, 서사 방식이 사건의 완벽한 리얼리즘에 치중하고 있다고 지적한다. 오카마리는 스필버그의 〈라이언 일병 구하기〉를 대표적인 예로 들며, 완벽할 정도로 리얼하게 묘사되는 영화 초반의 전투 장면을 통해 전쟁, 폭력 사건을 리얼하게 표상하려는 남성 감독의 욕망에 주목한다. 완벽한 전투 장면과 라이언 일병을 구하기 위해 죽어간 대원들의 이야기는 결국 '그들

2 오카마리는 「타자의 언어」(오카마리, 송태욱 역, 『흔적(Traces)』 2, 문화과학사, 2001)에서 "증언-타자의 기억을 분유하기 위해 소환되는 말"(오카마리, 2001, 390)이라고 하면서 분유를 '분할되어 있다는 것을 공유하고 있다'는 의미로 이미 분유와 공유라는 말을 명확하게 구별해서 사용한 바 있다. 나는 이 책에서도 "나누어 가진다"로 번역되어 있는 말을 이와 비슷한 맥락에서 사용한 것으로 보고 공유가 아닌 분유로 해석하였다.

은 대의를 위해 죽었다'는 식의 거짓된 의미를 들씌우는 기만적인 휴머니즘 서사로 둔갑하고 있다는 것이다(오카마리, 2004, 88~98쪽).

김현아 역시 한국전쟁을 배경으로 하는 영화 〈태극기 휘날리며〉, 〈아름다운 시절〉, 〈은마는 오지 않는다〉가 아무리 리얼리즘에 치중하고 있어도 전쟁에 관한 영화가 될 수 없는 이유는 전쟁을 남성의 시선으로 낭만화하고 있기 때문이라고 비판한다(김현아, 2004, 268~284쪽). 특히 이러한 리얼리즘은 전투 장면과 전후의 일상을 그리는 데 초점이 맞춰져 있을 뿐 여성의 현실을 아예 드러내지 않거나 왜곡하고 있다. 〈태극기 휘날리며〉에서 어머니는 아예 말을 할 수 없는 벙어리로 '설정'되어 있고, 남자 주인공의 약혼녀는 인민군에게 "아랫도리를 돌렸다"는 혐의를 받고 공동체에서 불순한 여자로 의심받아 결국은 총에 맞으면서도 "당신에게 부끄러운 짓을 하지 않았다"는 말을 하고서야 숨을 거둔다. 김현아는 이 장면에 대해 "한 여성으로 하여금 생을 마감하는 최후의 순간에까지 순결했음을 증명하게 만들어 놓고서야 다음 이야기를 전개해야 관객들이 순결한 영신의 죽음을 함께 애도하고 슬퍼할 수 있을 것이라는 남성 감독의 셈 빠른 계산이 들어가 있는 장면"(김현아, 2004, 282)이라고 지적하고 있다.

이와 같이 리얼한 표상, 여성의 몸에 가해진 폭력의 수난사를 '부정한 육체'로 만들고 징벌을 가하는 서사의 완결구조는 남성적 욕망을 그대로 드러내고 있다. 여기서 말하는 주체로서의 여성은 그 어디에도 존재하지 않는다. 전쟁의 주체는 남성이면서 동시에 가장 큰 피해자로서 동정 받아야 할 대상도 남성으로 설정된 서사 구조 속에서, 여성은 설령 전쟁의 피해자라 하더라도 그 피해가 아들, 남편의 죽음과 같이 가족(남성)을 통과하지 않으면 의미 있는 피해자로 드러나지 않게 되는 것이다.

『전쟁과 여성』은 위와 같은 기존의 완결된 남성중심적 서사 속에 절대로 등장하지 못했던 여성들을 말하는 주체로 불러내고자 한 시도이다. "전쟁과 관련한 조사, 기록이 진행되는 과정에서 증언자는 대부분 남성들이 선택되어 왔다. 제대로 교육받지 못해 공적인 언어를 사용하지 못하는 여성들의 언설은 남성의 논리정연하게 정리된 내용에 비해 경험과 느낌, 태도와 감정이 혼재된 개인의 신세타령이나 고생담으로밖에 들리지 않았으며, 조사자의 관점에서 여성들의 이런 증언은 정확한 통계나 수치로 측량되지 않은 슬픔으로 입증할 방도가 없는, 부실하고 쓸모없는 증언이 되고 만다."(김현아, 2004, 124~125쪽) 전쟁을 일으키든 반대하든 그 주체는 남성이고 그 경험과 기억, 기억의 재현까지 전쟁에 관한 한 그것은 온전히 남성의 몫인 듯한 현실을 지적하는 그녀는 여성들을 만나 이야기를 듣는다.

목격자이지만 공식적 증언자가 되지 못해 '공식적' 기록에 포함되지 않았던 여성들의 목소리는 가부장제와 군사주의의 동시대적 현실에 살고 있는 한국과 베트남의 여성들의 기억으로 재구성되었다. 그녀들은 전투에 참여하기도 하고 폭격에 의해 초토화된 상황에서도 아이를 기르고 옷을 만들고 농사를 짓고 죽은 사람을 수습했고, 베트콩의 아내라는 이유로 한국군에 의해 강간을 당한 뒤 전사가 되기도 했다. 이러한 피해자이면서 동시에 전쟁에 주체적으로 참여한 여성들의 다층적인 삶은 전쟁과 남성을 동일시하는 망각의 폭력에 의해 지워져 왔다. 전쟁의 한 가운데에 여성들이 있었음에도 불구하고 그들의 경험은 너무 일상적이고 '전쟁터'라는 특정한 공간에서 일어나는 것이 아니기 때문에 그 비극성에도 불구하고 관심을 가질만한 정도는 아니라는 것이다. 이러한 남성 경험 중심의 가치판단 체계가 여성의 기억에 관심을 돌리는 경우는 민족, 국가라는 내셔널리즘을 통과할 때 뿐이다. 故

윤금이씨의 처참한 주검 사진을 보여 주며 '민족의 딸'로, 故심미선, 故신효순의 죽음을 '우리 미선이, 효순이'로 부르는 것처럼 여성의 죽음이 비극적으로 처참히 몸을 관통하고 그것이 국가와 민족의 수난, 억압으로 연결되지 않으면 드러나지 않는 것처럼.

3. 기억과 증언의 정치학에 대한 페미니즘적 성찰

사건의 완결된 서사와 사건을 망각하는 것이 공통적으로 가지는 가부장제의 공모체계 속에는 여성의 침묵된 언어와 침묵된 기억이 있다. 오카마리와 김현아는 그들의 기억을 귀 기울여 듣고 말해야 함을 강조한다. 그러나 동시에 그 침묵된 기억을 듣는다는 것이 어디까지 가능한 것인지 고민하지 않을 수 없고, 침묵을 듣고 언어화하는 행위가 고통스러운 과정을 수반하는 행위임을 알려준다.

여성의 경험과 고통을 가부장제 사회의 남성 언어 체계 내에서 설명하는 것은 한계가 있을 수밖에 없다. 그래서 그들의 언어를 차용하여 자신의 고통을 설명해야 하는, 적의 언어로 새로운 언어를 발명해야 하는 이중의 부담이 존재한다. 그러한 부담과 어려움을 감내하고 타자로서의 여성의 침묵과 언어를 경청하고 그것을 말할 때는 그들의 못다 한 비언어적 몸짓에 대해 어떻게 귀기울여 듣고 의미화할 것인가를 고민하지 않을 수 없다. 이는 화자와 청자의 자기 성찰성을 동반하는 과정이기도 하다. 김현아는 말하는 중간 중간 한숨을 내뱉고 때로는 울분의 욕설을 참지 못하는 베트남 여성들의 이야기를 빠짐없이 기록하려는 노력으로, 오카마리는 내셔널리즘을 벗어나 난민적 삶의 지위에 서는 것이야말로 타자가 경험한 사건과 기억에 다가설 수 있는 길이라고 성찰적인 실천을 구체적으로 표현하고 있다.

두 책을 읽는 내내 머리 속에 남았던 점은, 드러나지 않은 여성의 기억을 이야기하고 역사화하기 위해 다른 여성들의 경험과 증언을 중요하게 활용하는 페미니즘 정치학에서 타인의 고통을 성찰적으로 듣기 위한 질문이 계속되어야 한다는 사실이었다. 때로는 페미니즘 정치학 내에서도 기억과 증언을 통해 어떤 완벽한 '진실'을 정형화하려는 무의식적 욕망이 드러나기도 한다. 군위안부 할머니들에게 증언을 요구할 때, 그때의 이야기를 현실감 있게 듣길 원하며 어떤 피해를 명확히게 받았는지 상세한 내용을 '피해자'로서의 정체성에 맞춰 증언해주기를 바라고 있는 것은 아닌지. 그러는 동안 할머니가 자기 내부를 도려내는 듯한 고통 속에서 증언하지 않으면 안될 것 같은 엄숙한 분위기를 암묵적으로 조성해가고 있으며, 할머니의 또 다른 이야기를 듣지 않고 있는지도 모른다. 피해자로서의 완벽한 재현의 욕망에 우리 자신도 빠져있는 동안 '진실'의 증거로서 증언이 정치적으로 활용되는 동안 우리가 망각하고 있던 것에 대해 다시 한 번 생각할 필요가 있다. 모르는 사이에 증언의 정형화된 매뉴얼이 만들어지고 있거나, 증언함과 동시에 망각되는 기억들과 아직까지 기억으로 귀환하지 않고 증언으로 말하여지지 못하는 현재적 고통에 대해 '자연스럽게' 침묵하고 있을지도 모르기 때문이다.

—『여성학논집』 22-1, 2005

일본 근대 여성 글쓰기가 폭로하는 통합과 배제의 이중성

김영옥 | 성균관대학교 일어일문학과 강사

히라타 유미, 임경화 역, 『여성 표현의 일본 근대사 — '여류 작가'의 탄생 전야』, 2008

1. 남성의 자료로 여성을 논하다

이 책의 원제목은 『여성 표현의 메이지사明治史 — 히구치 이치요樋口一葉 이전』인데, 일본의 문학사에 접할 기회가 적은 독자의 이해를 돕기 위해서 제목을 약간 바꾼 것이다. 막번幕藩 체제의 봉건사회를 종식하고 일본의 근대화를 추진한 메이지 시대는 우리에게 잘 알려져 있다. 그러나 히구치 이치요는 독자들에게 조금 생소하다. 메이지 문학에서 여성 표현자로서 상징적 존재인 히구치 이치요는 일본의 5000엔 지폐의 주인공이기도 하다. 이 책은 남성 중심적인 문학사 속에서 어깨를 견주는 히구치 이치요가 나오기 이전까지 일본 근대 초 여성의 문학 환경을 젠더론의 관점에서 분석하였다. 히라타 유미는 공식적인 일본의 근대문학사가 배제했던 여성의 표현사를 방대한 자료 분석을 통하여 우리에게 제시한다. 이 작업의 의미는 1880년대를 중심으로 하는 메이지 중엽의 표현사를 다루면서 국민국가와 국민・일본어의 관계를 젠다론으로 통찰하는 점에 있다.

일본의 문학연구담론에 익숙하지 않은 독자들은 이 책을 읽기 위해서 상당한 인내를 필요로 할 것이다. 책 속에 펼쳐진 방대한 자료들을 일일이 점검해 가야 하기 때문이다. 자료주의는 학문이라는 제도적 담론 세계를 관장하는 남성중심성이 노골화된 한 예다. 이런 점에서 히라타 유미가 「한국의 독자들에게」라는 역서 서문에서 일부러 도쿄대학 법학부 도서실 서고 안에서 작업하는 '여성' 연구자로서 자신의 아이덴티티를 밝힌 것은 상징적이다. 히라타 유미가 자료를 조사하던 곳이 "일본에서 처음으로 설립된 대학 안에 세워진 석조의 고풍스러운 건물"이었기에 19세기 말 메이지 시대의 고신문이나 고잡지가 소장될 수 있었다. 히라타는 "많은 정치가나 고급관료를 배출한 장소"에 여성이 발을 들여놓을 수 있게 된 1945년 겨울 무렵까지 무려 "70년 가까이 줄곧 그곳은 '여인금제'의 성역"이었고, "여성 교수가 탄생하는 데에는 그보다 25년의 시간이 더" 걸렸다고 쓰고 있다. 즉 백여 년 여성들의 소리를 통하여 남성 권력의 산물인 자료주의를 역으로 상대화한 작업이 이 책이라는 말일 것이다.

여기서 우리는 자료가 남성들의 전유물이었던 것처럼 근대 초 활자화된 미디어는 남성 지식인과 자본의 결탁으로 인하여 여성들은 수동적인 입장에 놓일 수밖에 없었다는 점을 깨닫게 된다. 관리되는 여성 독자, 여성 저자의 문제는 당시의 어떤 한 시점의 문제에 그치지 않는다. 그리고 이러한 현상은 일본에서만 일어난 일이 결코 아니었다는 점에서 이 책이 번역되어야 할 필연성이 있는 것이다.

2. 여성의 근대로 일본의 근대를 논하다

이 책이 우리에게 주는 가장 큰 선물은 남성들의 담론만 난무했던 일본의 근대를 여성의 '말'을 통해서 입체화하여 소생시킨 점이다. 일본의 근대는 다양한 분야에서 접근 가능하지만 히라타 유미는 배제된 여성의 '말'과 '글'을 통해서 근대문학 성립에서 은폐된 부분을 파헤친다. 즉 근대국가를 모색하던 일본은 여성을 배제함으로써 남성을 주체로 한 이른바 근대화 프로젝트를 성공적으로 수행할 수 있었다는 것이다. 메이지유신은 서구 모델을 따라서 신분제도를 철폐하고 봉건 영주에 속했던 사람들을 '국민'으로 통합하는데, 그 과정에서 여성이라는 존재를 유용하게 활용하였다. 근대국민국가는 동일한 언어를 사용하는 국민들의 존재를 필요로 한다. 국민국가의 국민들은 그들의 존재 이유를 증명해야 성원으로서 인정받을 수 있었는데, 봉건 세습제의 계층질서를 학문 즉 지적 능력으로 치환하는 과정에서 여성은 통합과 배제의 경계에 놓여 있었다. 히라타는 다음과 같이 지적한다.

> 그녀들은 '국민화'의 주체가 아니라 '국민'이라는 이름의 남성의 소유 대상, 부속물로서 국민공동체의 외부에 놓여 있다. 마치 '문명'이 성립하기 위하여 문명이 퍼지지 않은 장소를 만들어내고 거기에 '야만'이라는 낙인을 찍어 가두는 표상행위가 없어서는 안 되었던 것처럼, '국민'의 창출은 거기에서 배제되는 여성을 필요로 하고 있으며, 젠더는 통합과 배제의 시스템 그 자체로서 기능하고 있었던 것이다.(11쪽)

이것은 다음과 같이 이해할 수 있다. 근대 초기 담론은 여성을 '국민'

에 의해 양육되는 가장 "하등"한 '국민'으로 설정했다. 그리고 새 질서에 맞는 새로운 계층화는 입신출세주의라는 미명하에 지적 인프라가 열악한 대상을 차별화함으료써 근대의 당위성을 획득한다. 서구가 비서구 사람들을 '야만'으로 정의하면서 '근대'를 탄생시킨 것처럼 말이다. 이런 움직임은 전 분야에서 일어나지만, 히라타는 신문을 읽는 여성들의 글이 게재된 초기 소신문의 '투서란'을 통한 여성 표현의 형성에 주목한다. 소신문이란 정부 등의 공적인 담론올 고시하는 공공성이 강한 대신문과 대비하여 부녀동몽의 교화를 주목적으로 한 신문을 말하는데, 『요미우리신문』이 그 대표적인 예이다. 히라타는 여기에 모인 여성들의 투서를 통해서 그 표현들이 제한되고 압살되는 경과에 새로운 생명력을 불어넣는다.

3. 여성이 부국강병의 기초를 쌓다

이 책에는 메이지 유신 이후 일본의 여성이 말로서 통제하는 감금상태에 갇혀있었다는 전제가 깔려있다. 다음과 같은 지적은 100여 년 전 일본 상황만이 아니라 현재를 사는 지금 우리에게도 낯설지 않다.

> "학문"은 사농공상의 신분제를 대신해서 사람들을 선별하여 새로운 사회계층 속에 정위하는 표식이며, 학교는 그 내부의 계층적 상승을 보장하는 것으로 기능하고 있다. 사람들은 그들이 기여하는 대상—국가·지역공동체·가족—의 서열에 의하여 상중하로 동급화되는 '국민'이다. 그들과

> 같은 사회적 · 경제적 능력을 가지지 않는 자들은 "열외"에서 등급내로 이동하기 위하여, 즉 '국민'이 되기 위하여 '학문'을 익힐 것을 요구당한다. '국민화'는 서열을 동반한 통합과 배제를 의미하며, 거기에는 국가의 최소 단위로서의 가정을 경영하는 능력이 '국민'의 안과 밖을 가르는 징표이다.(10쪽)

사실 사민평등의 슬로건에 숨어있는 국민의 식별 원리는 성, 지역, 경제 능력 등 각종 차별화 논리 없이 성립이 불가능하다. 게다가 이와 같은 "학문"을 손에 넣기 위한 경쟁이 얼마나 불공정한 게임인가. 개개인의 능력만 있으면 "학문"을 획득하여 신분상승이 된다는 것은 허구이고 기만적이다. 21세기인 현재에도 여성들의 학문적 인프라는 남성의 그것과는 달리 통합과 배제를 왕복하면서 견고하게 그 틀을 유지하고 있다. 이와 같은 불공정은 메이지 유신 후 "여자의 학문은 자기실현이나 자립과 결부되는 것이 아니라, 혼인이나 가정이라는 제도의 유지를 위하여 그 범위 내에서 인정"히는 시스템에 의한 것이라고 이 책은 지적한다.

여기서 히라타 유미는 남녀동권론이나 여자의 면학 장려라는 이상적이고 정상적인 루트가 어떻게 '여성'이라는 카테고리 속에 용해되는지를 당시 신문의 투고란을 검토하여 우리에게 밝힌다. 방법적으로는 1874년에 창간된 『요미우리신문』과 이듬해 나온 『도쿄삽도신문』 등 초창기 신문들이 일본의 근대여성을 어떻게 형성했는지, 그에 대해 일본의 여성들은 어떻게 대응했는지, 왜 그렇게 반응할 수밖에 없었는지 읽어나간다.

히라타에 의하면 계몽을 목적으로 한 소신문은 여성들의 투서를 권유하다가 1880년대 후반 무렵부터 그녀들의 소리를 압살함으로써 근대의 자립된 자기실현을 추구하는 목소리들을 배제한다, 그리고 그것은 가정이나 결혼제의 규범화나 여성의 문체를 한정하는 식으로 해서 여성들의 글쓰기를 남성들과 다른 영역을 취급하도록 통제한다.

그 결과는 여자가 학문을 한다는 것은 "여성의 가정 밖의 입신출세를 보장하지 않는 것은 물론이거니와" 가부장적 가족제도를 현모양처주의로 뒷받침하는 전제가 있을 때 용인된다. 그리고 이것에서조차 "배제된 여성들은 국가의 기초의 암부를 온몸으로 뒷받침하는 운영"이 예정되어 있었다. 여성은 부국강병이라는 커다란 테제 속에서 가장을 뒷바라지 하고 2세를 똑똑하게, 건강하게 양육하여 '건강한 국가'를 만드는 데에 일조하는 존재로서 자신도 모르게 납득당해 버린다.

히라타 유미가 지적하는 1880년대 중반 상황과 그 이후에 국가권력의 질서 만들기를 함께 고려하면 사태는 더욱더 선명하게 보인다. 국가는 여성의 정치활동 금지(1890), 치안경찰법(1900), 문부성의 '반 현모양처주의적론'의 단속방침(1913) 등 제도적인 압살을 통해 더욱 더 완고한 시스템을 형성하기 때문이다. 이러한 상황 속에서 신지식 여성은 거의 다교육계, 의료계의 보조 인력의 형태로만 사회참여가 허용되었다. 여성들은 가정의 규수, 현모양처라는 틀 안에 소속되어 여성의 참정권이 주어지는 1945년까지 형식적인 '국민'에서도 제외된 것이다.

4. 통제되는 여성의 목소리로 일본어를 생각하다

근대 이후 여성 교육은 근대의 활자 미디어를 지탱할 독자들을 양산하였고, 개화 초기 신문·잡지 러시의 중요한 인자가 되었다. 문명개화, 문명개량 등의 구호 아래서 새로운 시대를 맞이하고자 하는, 지금식으로 말하면 정보 전쟁이 시작된 것이었다. 『여학잡지』(1885) 등 여성독자를 마케팅의 대상으로 삼는 잡지들이 잇달아 창간된다. 『여학총지』(1885), 『이라츠메』(1887), 당시 저널리즘의 영도적 출판사인 박문관 발행의 『부녀잡지』(1891) 등에서 그 면모를 볼 수 있듯이, 『요미우리신문』이 나온 지 10년 남짓하여 시장 분화가 이루어진다. 때는 바야흐로 새 시대의 진로를 놓고 민권 운동이 활발하게 전개되던 시기였다. 여기서 히라타는 이들 잡지들이 여성들의 독서를 현모양처주의의 틀로 "독서의 규범을 내면화"하고 있다고 지적한다. 그것은 읽어야 할 책과 원어서는 안 될 책을 지도함으로써 "여자의 본분론"을 만드는 것이었다.

여기서 이 책은 일본 근대소설의 모색기에 일어난 미디어와 여성독자, 여성 저자의 쌍방향 커뮤니케이션에 대한 흥미로운 연구 성과를 제시한다. 웹사이트의 게시판 기능과도 같은 신문·잡지의 투고란, 투고 소설에 대한 답글, 문장 첨삭 등의 방식이 만들어낸 여성의 독서와 글쓰기의 지침은 누가 예정한 것도 아니면서 오늘날 자명한 것처럼 여기는 부분들을 만들어내었다는 것이다. 천부인권론이나 자유인권이라는 절대적인 인격의 보장은 사라지고 여성의 본분을 다해야만 적당한 범위에서 인권이 주어지는 전제 조건이 그것이다.

여기서 독자들은 이러한 불공정한 룰을 만들어낸 범인이 누구인가 일단 궁금해진다. 그러나 언제나 그런 것처럼 진범은 '국가장치'라는 베일에 모습을 감추고 좀처럼 자신의 존재를 드러내지 않는다. 젠더의 명령어를 입력한 범인을 굳이 찾아야 한다면 근대의 권력질서일 것이다. 따라서 개개인의 차원이 아니라 젠더의 명령어를 바꾸려는 노력을 통해서 새로운 프로그램이 실행되지 않으면 안 된다. 히라타 유미는 그 단서를 여성독자들의 투고와 그 투고자들이 여성 저자가 되어가는 과정과, 그러한 움직임을 견제하고 여성의 말을 감금하는 근대 일본어 형성과정에서 찾으려고 한다. 언문일치의 일본어가 형성되는 과정에서 여성 독자들의 읽기와, 여성 저자들의 글쓰기에는 '젠더의 명령어'가 입력되어 있고 그 명령어들을 찾아내는 작업을 통해서 "젠더에 의한 규범의 재편 강화"가 진행되는 과정이 어떠한 것이었는가를 제시하는 것이다.

5. 여성의 글쓰기로 문학사를 재조명하다

이 책은 제3장에서 『덤불 속의 휘파람새』(1888), 『정혼의 굴레』(1888), 『깨진 반지』(1891) 등을 중심으로 여성의 텍스트를 분석한다. 이 텍스트들은 서양과 전통적 규범 사이에 대립, 결혼제도와 여성의 문제를 다루는 공통적인 특징이 있다고 말한다. 서구심취가 비판적으로 묘사되고 '여자의 본도 = 결혼'이라는 지배적 담론을 읽어내는 히라타는 "전통적 가치의 보수적 측면을 비전통적 = 서양적 가치의 마이너스 면과 함께 여자에게만 할당"하는 남권원리를 지적한다. 그 대신 여성들에게는 근대적 위생

사상에 기초한 가정의 관리자로서의 측면이 강조된다. 즉 근대의 부정적 가치를 여성에게 씌우고 남성은 면제부를 받게 되는 어긋난 구조가 장치된 것이다. 나아가 인습적 사고를 강요하는 부권만이 존재하거나, 부모를 상실하거나, 딸들의 역경에 무력한 어머니들만 그려지는 점에서 여성 저술가들의 가족관계에 대한 무의식적인 '동의거부'를 파악한다.

일본에서 근대소설의 기준이 마련된 것이 1886년 쓰보우치 쇼요의 『소설신수』에서 비롯된 것이라는 정설에 따르면, 동시대에 위 작품들이 여성의 표현을 획득하기 위해서 얼마나 고심했는지 느낄 수 있을 것이다. 근대 초 미디어의 발흥과 '소설의 시대'에 "이것에 능동적으로 관여하려 했던 무수한 독자 혹은 작가로서의 여성"이 존재했음에도 일본의 근대문학사에서는 거의 취급되지 않았다. 히라타 유미는 자신의 이와 같은 작업조차도 "빙산의 일각이 드러났을 뿐, 수면 아래의 작가와 그 작품을 포함하는 전체상은 거의 불분명한 상태로 남겨져 있다"고 덧붙인다. 다시 말해서 남성원리로 작성된 일본의 근대문학사는 그 규범에 맞는 히구치 이치요라는 걸출한 작가에서 여성문학의 출발을 보고, 여성들의 글쓰기가 근대문학 형성기에 어떻게 갈등하면서 전개되었는지 보려하지 않았다.

'언문일치'의 일본어가 형성되는 과정에서 예창기의 저술 행위가 억압되어 저술가의 자격에서 탈락되고 그나마 쓸 수 있었던 여성들은 남성들의 담론 체계 속에서 자신들의 목소리를 담기위해 악전고투할 수 밖에 없었다. 게다가 이런 여성저자들의 시도는 일본의 '정통' 문학사에서 배제되고 뿐만 아니라 그 소수의 여성 저지들의 글의 체적에는 표현해 내지 못한 당시 여성들의 다양한 목소리의 심층부가 만년설처럼 저층에 깔려있다는 것이다. 그 억눌림을 발견해내지는 것이다.

6. 여성의 글쓰기로 '국민화'에 대항하다

그런데 제4장의 '여성의 문체style를 가늠하다'는 이 책의 논리적 분석 중에서 가장 뛰어난 부분이면서, 독자들에게는 가장 난해한 곳이다. 역자의 고심한 흔적과 번역의 정성이 집약되면서도 전달력이 떨어지는 것은 역자의 역량 문제가 아니라 우리말과 대응하기 힘든 내용이 담겨있기 때문이다. 그도 그럴 것이 문법체계가 다른 여러 가지 문체들을 하나의 문법체계 속에서 번역하는 행위는 불가능에 가깝다. 일본어가 오늘날 일본어의 모습을 하기 전, 국민을 통합하는 근대적 문체 형성기에서는 다양한 문체들이 서로 교차하고 충돌하고 있었고, 여성의 문체도 그 갈등 속에서 위치하였던 것이다.

좀 더 부연하면 언문일치체는 국민국가의 언어로서 국민을 창출해내지만 여성들은 여기에 참여를 거부당하는 존재였다. 그런데 1인칭 서술이 시작되면서 서술자의 표식이 해제되고 무인칭 서술이 가능해지면서, 여성도 남성의 언어로서의 언문일치체를 획득하게 되었다. 그런데 여기에서 히라타는 여성의 글쓰기가 '당신'이라는 2인칭에게 발화된 1인칭 대화구조를 지니고 있는 점에 주목하여 여성의 공동체성을 읽어낸다. 다음은 이 책의 에너지를 가늠할 수 있는 부분이다.

> 이와 같이 여자의 텍스트에는 '국민'으로부터 배제된 잔여 속에서 다양한 타자와의 관계를 맺을 수 있는—물론 거기에 '국민'으로의 참가 희망이나 혹은 내셔널리티를 매개로 한 '동포'로서의 '우리들'을 창출하는 욕망이 감추어져 있었다고 해도—다양한 주체의 정립과 거기에 걸맞는 스타일이 있다. 특히 허구의 언어가 만들어내는 세계는 그러한 다양한 주체가 폭

> 주하는 장으로서 모든 스타일의 선택을 작가에게 허락한다. 여성에 의한 언문일치체소설은 예를 들면 『가슴속의 그리움』과 같이, 어떤 국면에서는 무취의 표현주체로서의 남성성을 띤 의장擬裝문체를 실현하는 것이며, 다른 국면에서는 『깨진 반지』와 같이 '일인칭·여성'의 서술로 반전됨으로써 주체와 객체 사이에서 전위轉位하는 인식의 다층구조의 획득을 가능케 하는 것이었다. 『깨진 반지』에서의 일인칭서술이 호소의 상대인 복수의 '너'와 함께 '저'와 '나' 사이의 긴장을 배태한 자기를 출현시키는 것이었듯이, 여자가 손에 넣은 쓰는 행위는 하나의 바위로 여겨졌던 것에 균열을 가해. 그것을 내부에서 붕괴해가는 힘, 배제와 통합에 의한 '국민화'에 대항하고 그 폭력을 파헤치는 주체의 영위이다.(228쪽)

이들 분석을 통해서 히라타는 "쓰여진 말은 말로 할 수 없는 것을 내포하면서 존재하며, 글쓰기는 항상 공백을 거기에 써넣으면서 계속 써 내려간다. '읽기'란, 이 공백을 읽어내는 것이 아닐까"라며 부재하는 여성의 소리를 드러내는 작업을 호소한다. 텍스트론의 기본적인 입장을 여성의 텍스트에 적용하고자 하는 것이다. 이 책이 나온 1999년 무렵 일본에서는 젠더론뿐만 아니라 근대의 표현시를 새롭게 조명하는 방법론들이 동시적으로 부각되었다. 이후 약 10년이 지난 지금 젠더론 연구는 그 폭과 깊이를 더하고 있다. 초기 여성 저술가들의 작품이 근대문학사의 서술대상에 진입하고 있는 것도 눈에 띈다.

그러나 성차별을 없애고 문호가 활짝 열린 것처럼 보이는 21세기인 지금도 파워엘리트는 여전히 남성이다. 물론 현대의 여성 작가들은 각종 문학 미디어에서 많은 독자들에게 환영받는 존재가 되었고 그들은 자신들이 쓰고 싶은 것을 쓸 수 있다. 히구치 이치요가 자신과 마찬가지 또래인 와타야 리사를 만난다변 자신이 살던 시대와의 차이에 놀랄 것이다. 그러나 원리는 크게 변하지 않은 듯하다. 여성의 교육 인프라의 열세는 매우 교묘한 합리성으로 포장되어 여성을 배제하거나 통합하는 수단으로 활용되는 것은 아닐까.

이 책의 원서는 서문과 본문, '여성문학 관련 연표', 후기, 색인으로 구성되어있다. 번역서에는 ' 역자 후기'를 달아 이 책의 의미와 번역 의도를 설명한다. 그리고 부록으로 연표 이외에 주요 분석 대상인 시미즈 시킨의 『깨진 반지』의 한국어 역을 달았고, 색인 대신에 인명, 서명, 사항 해설을 부록으로 달아 편람을 돕는다. 색인의 번잡함을 생략한다는 의도겠지만, 학술서로서의 기본에 충실했으면 하는 아쉬움이 남는다. 입경화의 번역도 충실하였는데 일본어 번역의 난점인 일본어 표기를 병기하는 부분이 읽기에 번잡한 느낌을 주었다. 그리고 이 출판사의 편집방침인 듯한데 한자 표기에서 일관되게 일본어 상용한자 표기를 하지 않고 있다. 학술서의 엄밀함에서 따지면 옥의 티라 할 수 있겠다.

—『여성문학연구』 20, 2008

근대 초기, 신문과 대중의 소통 방정식

강현조 | 연세대학교 글로벌인재학부 선임연구원

쓰치야 레이코, 권정희 역, 『일본 대중지의 원류—메이지기 소신문 연구』, 2013

오늘날 우리가 근대소설novel이라고 부르는 장르의 형성에 있어 신문이 미친 영향의 크기와 중요성은 아무리 강조해도 지나치지 않다. 물론 여러 가지 요인들이 복합적으로 작용함으로써 새로운 양식이 산출되는 것이겠지만, 그 중에서도 신문이라는 박래품舶來品이 흔히 '언문 이야기책'이라고 불렸던 기존의 고소설들과는 다른 형태의 서사물을 등장할 수 있게 만든 견인차라는 점은 분명해 보인다. 이는 『혈의루』와 『무정』 등의 작품이 모두 신문연재소설이었다는 사실을 지적하는 것만으로는 충분하지 않다. 비록 일인日人 발행 신문에 의해 선도된 측면이 없진 않지만 이미 『혈의루』가 등장하기 20여 년 전부터 신문에는 다양한 연재 서사물이 실리고 있었기 때문이다.

그 최초의 사례로는 1882년 4월 5일부터 5월 15일까지 4회에 걸쳐 『조선신보朝鮮新報』에 일문日文으로 연재되었던 『조선임경업전朝鮮林慶業傳』을 들 수 있으며, 1896년 5월 19일부터 7월 10일까지 27회에 걸쳐

『한성신보漢城新報』 잡보란에 연재된 『조부인전趙婦人傳』은 『혈의루』보다 10여 년이나 앞서서 발표된 최초의 순국문 서사물이기도 하다. 이후 『한성신보』에는 『신진사문답기申進士問答記』, 『곽어사전郭御史傳』, 『남준여걸男蠢女傑』 등 중편 분량의 서사물을 포함한 다양한 단형 서사물들이 연이어 잡보란에 연재되었고, 1897년 1월 12일부터는 국내 최초로 소설란이 개설되어 첫 작품인 『상부원사해정남孀婦寃死害貞男』이 연재된 바 있다. 이러한 추세에 발맞추어 한인韓人 발행 신문 중 『매일신문』이 1898년부터 잡보란에 서사물을 게재하기 시작했고, 다소 시일이 걸리기는 했지만 1906년에 이르러 『대한매일신보』(2월)를 필두로 하여 『황성신문』(5월), 『만세보』(7월), 『제국신문』(9월) 등 거의 대부분의 신문에 동시다발적으로 소설란이 마련되었던 것이다.

요컨대 『혈의루』의 등장 이전에도 신문은 다양한 서사물들이 게재되는 복합 매체로서의 성격을 분명히 드러내고 있었다. 물론 이 시기의 신문 게재 서사물이 근대적 의미의 소설novel에 육박하는 양식성을 지니고 있다고 말하기는 어렵지만, 그렇다고 해서 단지 전래 서사의 답습적 형태라고 치부할 수 없는 것 또한 사실이다. 적어도 신문은 19세기 말의 조선에 새롭게 등장한 근대적 매체이자, 필사와 세책 등의 방식으로 당대의 대중들에게 향유되던 전래의 서사물과는 다른 형태의 읽을거리를 제공하는, 거의 유일하면서도 가장 파급력이 큰 수단이었음에 틀림없다. 따라서 근대소설의 역사적 형성과정을 온전히 해명하기 위해서는 근대 초기 신문 전반에 대한 포괄적이면서도 엄밀한 검토가 수반되어야 할 필요가 있다.

그러나 이와 같은 신문의 중요성에도 불구하고 한국에서 신문이 근대소설의 등장을 가능하게 만든 제반 여건 및 요인에 대한 학적 고찰은 아직까지도 충분히 이루어졌다고 보기 어려운 게 사실이다. 한원영과 김영민 등의 선구적인 업적이 있긴 하지만 자료의 부전不全이라는 근본적인 제약은 이 분야의 연구를 어렵게 만드는 걸림돌로 작용하고 있기 때문이다. 결국 신문을 통한 근대적 서사의 등장 과정과 그 전개 양상은 분명 대단히 역동적이면서도 다양한 면모를 지니고 있었을 가능성이 농후하지만, 현재로선 이에 대한 고찰은 그나마 접근이 가능한 일부 현전하는 자료들에 한정하여 이루어질 수밖에 없는 상황이기 때문에 여전히 채워지지 않은 '퍼즐 조각'이 적지 않다.

이런 맥락에서 2013년에 한국에서 번역 출판된 쓰치야 레이코土屋禮子의 『일본 대중지의 원류』는 한국 근대소설사의 '퍼즐 맞추기'를 위한 길라잡이의 역할을 톡톡히 할 만한 유용한 도서라고 생각한다. 다시 말해 이 책은 한국 근대 초기의 신문과 서사 양식이 맺고 있는 상호 연관성을 이해하는 데 필요한 단서와 의미 있는 시사점들을 제공하고 있다는 점에서 이 분야의 연구자들에게 기여하는 바가 적지 않으리라고 본다.

먼저 저자는 소신문이라는 개념 혹은 용어가 역사적으로 변화되어 온 양상에 주목한다. "정론 위주의 대신문 대 오락 위주의 소신문"이라는 구도는 한국인 연구자들에게도 익숙한 것이지만 그러한 대립적 상태는 그리 오랫동안 유지되지 않았다고 한다. 보다 정확히 말해 대신문과 소신문의 차이는 이미 1886년 9월에 실시된 『우편호치신문郵便報知新聞』의 전면적인 지면 개혁과 함께 사실상 형해화되었고, 청일전쟁 이후에는 소신문이라는 용어 자체가 완전히 과거의 어휘로 퇴각했다고 한다. 말하자면 소신문은 초창기에는 부정적 평가를 받았지만 얼마 지나지 않아 대신문을 압도하는 성장세를 나타냈고, 그 결과 이후 모든 일본 신문의 표준적・보편적 체제로 자리잡음으로써 현재와 같은 대중지의 원류가 되었다는 것이다.

소신문은 형식면에서는 후리가나 표기와 속담평화체俗談平話体의 사용을 통해 부녀자, 동몽童蒙으로 대표되는 비식자층의 수준 및 취향에 적합한, 평이하면서도 구연성orality에 기반한 언어 공간을 창출하였고 내용면에서는 문명개화와 권선징악이라는 민중 교화의 기치를 내걸면서도 실질적으로는 주독자층의 기호에 영합하는 선정적이면서도 흥미 위주의 읽을거리를 주로 제공함으로써 상업주의적 경향을 강하게 드러내었다고 한다.

저자는 이와 같은 소신문의 특징이 형성된 배경으로 먼저 당대 일본 대중의 리터러시literacy에 계층별로 편차가 있었다는 사실을 들고 있는데, 보다 구체적으로 살펴보면 대신문의 논설을 읽을 수 있을 정도의 식자층은 소수 귀족 계층에 한정된 반면 다수의 평민들은 비식자층 혹은 준식자층(가나를 읽고 쓰지만 한자를 읽고 쓰는 것이 능숙하지 않은)으로 볼 수 있다는 것이다. 때문에 소신문의 후리가나 표기 및 속담평화체가 대신문에 비해 상대적으로 훨씬 더 많은 독자를 확보할 개연성이 높았다고 할 수 있다.

아울러 다색인쇄목판화를 배경으로 삼아 기사 본문을 결합시킨 니시키에錦繪신문 또한 이러한 비식자층 및 준식자층을 대상 독자로 삼은 초기 미디어로서 소신문 시장의 성립 터전을 마련하는 데 일조했다고 한다. 니시키에신문은 훗날 잡보에 그림을 곁들여 내보내는 삽화 소신문 형식의 원형이 되었을 뿐만 아니라 근대 이후 대중 저널리즘의 출발점으로서 일본 특유의 만화 문화의 성립에도 영향을 미친 시각 미디어라고 할 수 있다.

또한 소신문은 독자 참가의 장인 투서란을 마련함으로써 열렬한 환영을 받았을 뿐 아니라 이를 무대로 활약하는 투서가 집단을 출현시켰다고 한다. 이 난에는 오늘날과 같은 의견 중심의 투서만이 아니라 계몽적인 교훈담이나 노래가사 바꾸기 등의 풍자, 수필문 등 오락적인 면을 많이 포함한 다채로운 글들이 게재됨으로써 도시화한 당대 사회의 살롱 문예 발표장의 역할을 담당했다는 것이다.

한편 소신문은 메이지 초기 언론 통제에 의해 적지 않은 필화 사건을 겪으면서도 자유민권운동이 고조되었던 메이지 10년대 중반부터는 그때까지 대신문에만 있었던 논설란을 개설하고 정당의 입장을 적극 대변하는 등 정치 언론으로서의 역할을 자임하려는 경향을 보였다. 그러나 계속되는 정부의 언론 탄압과 관보의 창간은 소신문의 비정치성을 강화하는 계기로 작용하였고, 그 결과 상품으로서의 전환이 불가피해졌을 뿐만 아니라 소신문 스스로도 그러한 흐름을 가속화시켰다고 한다. 이 과정에서 악한이나 독부의 파란만장한 이야기를 전략상품화함으로써 독자 확보에 크게 기여함과 동시에 실질적으로 잡보란 내의 문예물적 기능을 담당하고 있었던 쓰즈키모노續き物가 점차 독립된 연재소설로 발전해나갔다는 것이 저자의 견해다.

일본 소신문의 역사를 다룬 이 책이 한국의 독자들에게 시사하는 바는 무엇일까? 이와 관련하여 필자는 다음과 같은 저자의 진술을 주목할 필요가 있다고 본다.

> 대중 미디어로서의 대중지에서 중요한 것은 대중이란 누구인가, 대중성이 발견되는 계기란 무엇인가라는 대중을 둘러싼 근본적인 질문을 공유하는 것이고 이러한 공통적인 기반에서 신문을 읽는 '대중' 독자란 과거에는 어떠한 존재였는가를 질문하는 것이다.
>
> 이러한 독자의 시점을 견지한다면 소신문의 흥미로운 또 다른 면면이 부각된다. 즉 소신문은 신문이 매스미디어로서 확립되기 이전, 미디어의 과도기에 세상에 첫 선을 보인 신문이 사람들에게 받아들여지기 시작할

무렵, "도대체 신문이 뭐야?"라고 호기심어린 사람들을 대상으로 여러 혼란과 다양한 기획이 이루어지는 최전선의 장場이었다.[1]

요컨대 근대 초기 한국의 신문에 대한 물음은 다음과 같이 세분화될 필요가 있다. 즉 신문을 처음 접한 당대의 독자로서 대중은 어떠한 성격을 지니고 있었는가, 그리고 이 대중들에게 신문은 과연 어떤 대상으로 인식되었는가, 나아가 대중과 소통하고 자신의 존재를 지속해나가기 위해 신문은 어떤 기획과 노력을 펼쳐보였는가 등의 의문이 그것이다.

한국 신문의 역사는 『한성순보漢城旬報』(1883.10~1884.12)와 『한성주보漢城週報』(1886.1~1888.7)로부터 시작된다고 할 수 있지만, 이 신문들은 정부 기관지의 성격을 띠고 있었고 사실상 한문에 기반한 문체로 집필되었다는 점에서 대중지로 보기에는 미흡한 측면이 적지 않다. 그럼에도 불구하고 적어도 이 두 신문의 발행으로 인해 당대 사회의 구성원들은 신문이라는 매체에 대한 최초의 인식을 형성하게 되었을 것이다. 그 인식의 내용은 아마도 '신문이란 세계 각국의 문물과 새로운 지식을 소개하는 글을 담은 정보지이며, 아울러 중앙정부와 각 지방에서 벌어지는 정치 · 경제 · 사회상의 동향과 소식을 접할 수 있는 새로운 문물' 정도가 아니었을까 싶다.

이러한 초기적 환경 속에서 1895년 2월 창간된 『한성신보』는 비록 일인 발행 신문일지라도 한국 최초의 대중지로 볼 만한 특징들을 상당부분 갖추고 있었다는 점에서 주목할 가치가 있다. 이 신문은 국문 지면(1~2면)과 일문 지면(3~4쪽)으로 분할되어 있었고, 국문 지면의 경

1 쓰치야 레이코, 권정희 역, 『일본 대중지의 원류』, 소명출판, 2013, 11~12쪽.

우 순국문체 기사의 비중이 압도적으로 높았다. 이러한 사실은 이 신문이 일본인은 물론 조선인을 대상 독자로 삼고 있었음을 반증할 뿐만 아니라, 그 중에서도 대체로 비식자층으로 볼 수 있는 언문 독해층을 주요 독자로 상정하고 있었음을 시사하고 있다. 또한 사설이 없는 것은 아니었지만 국문 지면의 대부분을 차지하는 것은 바로 잡보란이었으며, 여기에는 앞서 언급했듯이 다양한 연재물 즉 쓰즈키모노가 실렸다. 이는 일본 본토에서 유래된 소신문의 성격이 그대로 반영된 결과로 해석할 수 있다. 게다가 『한성신보』는 맹아적인 수준이긴 하지만 조선의 수도에서 발행되어 우편 시스템을 통해 각 지방으로 배포되는 전국지로서의 성격을 갖고 있었고, 1896년을 기준으로 구독자 수가 1,911명[2]에 달할 정도로 규모 또한 작지 않았다. 결국 이 당시에 이미 일본 신문의 보편적인 틀로 자리잡고 있었던 소신문 체제는 『한성신보』를 통해 당대의 조선인들에게 전파되었고, 이로 인해 『한성순보』와 『한성주보』를 접한 이후로 대중들 사이에 형성되어 있었던 신문이라는 매체에 대한 초창기적 인식은 '언문을 읽고 쓸 수 있는 사람들이 보는 정보・소식지인 동시에 다채로운 읽을거리가 실린 오락물'이라는 형태로 새롭게 재편되었을 가능성이 높다고 할 수 있다.

흥미로운 사실은 『한성신보』 이후에 창간된 초기의 한인 발행 신문들도 전반적으로 이 신문의 발행 체제를 수용하는 양상을 보여 주었다는 점이다. 주지하다시피 『황성신문』을 제외한 대부분의 신문, 예컨대 『독립신문』, 『매일신문』, 『제국신문』과 기독교 계열의 신문인 『죠션크리스도인회보』, 『그리스도신문』 등 1890년대 말에 창간된 신문들은 예외없이 모든 기사를 순국문으로 집필하였던 것이다. 이는 한인 발행 신문

2 참고로 『한성신보』의 조선인 독자 대 일본인 독자의 비율은 대략 2.5 : 1 정도였다(김영민, 『한국의 근대신문과 근대소설-『한성신보』』 2, 소명출판, 2008, 21쪽 참조).

의 대상 독자층 혹은 목표 독자층의 성격을 여실히 보여 준다고 할 수 있다.

이처럼 이 신문들은 형식면에 있어서는 『한성신보』의 대중 지향적 체제를 수용하였지만, 그럼에도 불구하도 내용면에 있어서는 공론 형성과 현실 비판에 주력하는 계몽 매체로서의 성격을 구현하고 있었다. 주지하다시피 근대 초기의 한인 발행 신문은 주로 논설을 통해 대중 독자의 계몽에 주력하는 한편 『한성신보』의 잡보란 자체는 수용하면서도 연재물 형식의 서사물보다는 인물 혹은 사건에 대한 보도 기사를 주로 게재함으로써 상대적으로 오락성보다는 시사성을 강화하는 양상을 보여 주었던 것이다. 이는 열강의 국권 침탈에 대한 위기의식이 고조되고 있음에도 불구하고 제대로 대응을 하지 못하고 있었던 정부를 대신하여 국리민복과 자강의 이념을 설파하는 기관으로서의 역할을 자임하고자 했던 당대의 신문 발행인들의 의식과 밀접하게 결부되어 있다고 해도 지나친 말은 아닐 것이다. 이런 맥락에서 한국 근대 초기 신문의 대중성은 일본 소신문의 그것과는 함의가 구별된다고 할 수 있다.

그러나 이후 러일전쟁의 승리 및 을사늑약의 체결로 일본이 조선에 대한 배타적 지배권을 장악하게 되자 한국 신문이 대중들과 정치적인 영역에서 소통할 수 있는 입지는 대폭 위축되었던 것으로 추정된다. 여기에 『대한매일신보』, 『만세보』, 『경향신문』은 물론 친일지인 『국민신보』, 『대한신문』 등의 창간이 이어지면서 상당수 존속하고 있었던 기존의 신문들과 후발 신문들 간의 독자 확보 경쟁 또한 대폭 심화되었을 가능성이 높다. 1906년에 집중되었던 소설란의 개설 및 이인직과 이해조에 의해 주도되었던 신문연재소설의 속출 현상은 이러한 언론 환경 및 신문 시장의 변화와 무관하지 않다고 본다. 외국인이 사주였기에 그나마 사정이 나았던 『대한매일신보』를 제외하면 논설을 통해 정치 현실을 비판하는 일은 점점 더 여의치 않게 되었고, 포화 상태의 경쟁 구도는 독자의 확대를 더 이상 기대하기 어려운 수준에 도달해 있었던 것으로 보인다. 따라서 신문은 이러한 난국을 타개하고 더 많은 대중들과 소통할 수 있게(더 정확하게는 더 많은 독자를 확보할 수 있게) 만들어 줄 만한 가장 강력한 수단이자 콘텐츠로서 소설에 주목하지 않을 수 없었을 것이다.

정리하자면 19세기 말에 창간된 초창기의 신문들은 대중지적 성격을 갖고 있었던 일본 소신문의 영향 속에서 그 기본적인 틀이 마련되었지만 시대적인 특수성으로 인해 정치 현실과의 역동적인 긴장 관계를 유지하고자 하는 경향을 보였다고 할 수 있다. 그러나 객관적인 정세와 신문 시장의 상황은 계속 열악해져갔고, 1905년을 넘어서면서 신문이 사회적 공기公器로서의 역할을 담당하기는 점점 더 어려워졌다. 소설란의 본격적인 등장과 신문연재소설의 속출 현상은 신문사가 이러한 난관의 극복을 모색하는 과정에서 나타난 일종의 징후적 현상일 수 있다. 근대 초기 한국의 신문연재소설들이 정치성을 표방하면서도 실상에 있어서는 훨씬 더 대중성에 경사되어 있는 이유를 여기서 찾을 수도 있지 않을까?

비록 오늘날과 같은 근대소설novel의 모습은 아니었을지라도 '소설'이라는 표제 하에 초기 신문이 시도하고 기획하였던 서사물의 연재는 근대적 의미의 대중과 대중문학을 형성해내는 계기로 작용했음에 틀림없다. 필자는 선철들의 업적을 상고詳考하며 이제서야 조금씩 근대 초기의 신문들을 읽어나가기 시작한 초보 수준의 연구자인 까닭에 단언하기는 어렵지만, 조심스럽게나마 이 시기의 신문이 지금까지 우리가 생각해오던 것 이상으로 '복합적인 대중 매체'로서의 성격을 지니고 있었다고 판단하고 있다. 근대 초기의 신문지면은 사실과 허구, 그리고 공론公論과 기문奇聞의 미분화 상태를 노정하고 있었고, 박래품의 성격상 불가피하게 외래의 담론 및 서사 양식이 틈입해 있었을 뿐만 아니라 전래적인 요소들 또한 새로운 형태로 재맥락화되고 있었다. 이러한 착종의 혼란 속에서도 제도화된 매체의 '관성'은 집단으로서의 대중을 점차 구체적으로 호명함과 동시에 구성해 나갔고, 그렇게 형성된 대중은 계몽 혹은 자각의 과정을 거쳐 자신들의 정체성을 강화해 나갔다. 대중서사로서 소설novel은 이러한 신문과 대중의 상호작용 속에서 어느 순간 현상한 '부산물'이기도 하지만, 동시에 신문과 대중의 소통이 더욱 원활하게 이루어지도록 만든 '촉매'이기도 하다.

이상과 같은 필자의 소견은 한 번 훑어볼 만한 내용을 조금이라도 담고 있다면 다행이겠지만 사실 근거가 박약하고 정연하지 못한 억견에 불과하다. 그럼에도 불구하고 『일본 대중지의 원류』에 대한 독서를 통해 근대 초기 한국의 신문이 주로 어떤 계층 혹은 집단을 독자로 확보하려고 했고, 그들과 어떻게 소통하려고 했으며, 이 모든 기획과 실천의 과정에서 서사는 어떻게 소설로 변화해 나갔는가 하는 문제의식을 가질 수 있었다는 점에서 개인적으로는 매우 유의미한 사유의 경험이었다고 생각한다. 이러한 문제의식을 토대로 한국의 근대 초기 대중과 서사의 역동적인 상호작용을 고찰하는 작업이 필요하다는 명제에 동의하는 사람이라면 이 책의 일독을 권하고 싶다.

두 가지 첨언할 말이 있다. 먼저 이 책의 지자는 '부족하다'는 겸양의 언사를 자주 쓰고 있지만, 그가 참조할 수 있었던 다양하면서도 풍부한 당대의 자료들에 대한 부러움, 더 정확히 말해 이러한 귀중 자료들을 비교적 용이하게 접할 수 있는 이 나라의 연구 환경에 대한 부러움을 감출 수가 없다. 인터넷 인프라의 확대에도 불구하고 우리나라에서는 근대 초기 문화·문학 관련 자료를 원하는 때에 제대로 보기가 여전히 쉽지 않다. 근대문학 연구자를 위한 진정한 의미의 아카이브archive 구축을 바라마지 않는다. 마지막으로 저자의 노고 못지않게 각고의 심혈을 기울였을, 필자로선 아쉽게도 한 번도 만나본 적이 없는 번역자 권정희 선생의 노고에 대해서도 심심한 감사의 뜻을 전하고자 한다. 번역서에 대해 좀처럼 정당한 가치 평가를 하지 않는 우리 사회의 불합리한 관행이 조만간 개선되기는 난망한 일이겠지만, 그러한 현실 속에서도 무려 3년에 걸쳐 이 책의 번역에 매달렸던 그의 노력이 없었다면 필자 같은 사람은 쓰치야의 노작勞作을 읽어볼 수조차 없었을 것이다. 비록 독자 중의 일개인에 불과하지만 지면을 얻은 이상 감사의 뜻을 표하는 것이 당연한 예의라고 생각한다.

—『대중서사연구』 20-1, 2014

구체적 실례와 자료의 종합적 해석

표정훈 | 출판평론가 / 칼럼니스트

오오키 야스시, 노경희 역, 『명말 강남의 출판문화』, 2007

이 책의 저자 오오키 야스시大木 康, 1959~는 도쿄대학에서 중국문학으로 박사학위를 받고 현재 도쿄대학 동양문화연구소 교수로 재직 중이다. 명청明清 시대 문학이 주요 연구 분야지만, 명나라 말기 강남 지방의 종합적인 문화 상황을 배경삼아 문화사적이거나 다분히 문학사회학적인 세부 주제들에도 학문적 관심을 기울이고 있다. 이 책은 바로 그런 관심의 소산이라고 할 수 있다.

이 책에서 명말明末, 즉 명나라 말기란 가정嘉靖, 1522~1566에서 융경隆慶, 만력萬曆, 천계天啓, 숭정崇禎, 1610~1644 연간에 이르는 시기를 뜻한다. 16세기 초부터 17세기 중반까지에 해당하는 셈이다. 일반적으로 만력1573~1620 이후를 명말이라 보는 학계의 관점과는 다르다. 또한 장강長江 이남 지역인 강남江南에 주목한 것은 저자의 연구 대상이 풍몽룡馮夢龍, 진계유陳繼儒처럼 강남 지방에서 활약했던 사람들을 중심으로 하고 있는데다가, 무엇보다도 그 지역이 당시 출판문화의 선진 지역이었기 때문이다.

책의 전체적인 구성을 보면 다음과 같다. 먼저 명말 강남 지역의 서적 출판 상황을 출판 수량, 출판 장소, 출판 형태의 변화를 통해 파악하고, 해당 시기와 지역의 출판업 융성의 배경을 기술 진보, 원재료 공급, 책의 수요와 가격 등을 통해 검토한다. 다음으로 명말 강남의 다양한 출판문화 양상을 구체적인 사례를 중심으로 살펴보는 데, 특히 이 시기를 '초기 대중전달사회의 성립'으로 규정하는 관점이 특기할 만하다. 그리고 명말 강남의 출판인으로 진계유와 풍몽룡에 관해 살펴보고, 『유림외사儒林外史』에 나타난 출판 활동을 검토한다.

책에서 가장 흥미로운 부분은 명말 강남의 출판문화 양상을 '책 (또는 인쇄물)을 매체로 한 초기적 형태의 대중전달사회가 성립되기에 이르렀다'고 지적하는 부분이다. 인쇄술의 본격적 보급 및 확산과 함께 책의 대중화 현상이 나타났고, 그 결과가 바로 대중전달사회의 초기 양상이라는 것. 이 부분에서 저자가 드는 몇 가지 구체적 실례들 가운데, 1616년 송강松江 화정華亭에 있는 동기창董其昌의 저택이 성난 군중들의 습격으로 불에 타버린 사건에 주목할 만하다.

사건의 전말인 즉 이렇다. 화정 지역의 선비 육소방陸紹芳이 거느린 한 노비에게 녹영綠英이라는 이름의 아름다운 딸이 있었다. 동기창은 부모의 권위를 등에 업고 악행을 일삼던 자신의 차남을 시켜 녹영을 억지로 취하려 했다. 화가 난 육소방은 이를 널리 하소연했고, 지역 유지들이 중재에 나서 사태가 일단락됐다. 무명 선비 육소방으로서는 전국적인 유명 인사이자 지역의 유력자 동기창과 맞서기 힘들었던 것이다.

그런데 문제는 그 다음부터였다. 누군가가 이 사건을 제재로 『흑백전黑白傳』이라는 제목의 소설을 지었고, 그 소설이 널리 전파되었던 것이다. 소설 내용은 동기창의 처사를 풍자하고 조롱함으로써 결과적으로는 비난하는 것이었다. 오오키 야스시는 몇 가지 단서를 바탕삼아 문제의 소설이 책의 형태로 유포되었음을 지적한다. 동기창은 관청을 동원해 작가를 찾아 벌주려 했지만, 그 과정에서 억울하게 잡혀 곤욕을 치른 범창范昶이라는 인물이 울분을 참지 못해 죽어버렸다.

범창의 어머니가 여종을 이끌고 동기창의 저택 문 앞에서 난동을 벌이자, 동기창의 차남은 그 여성들을 집 안에 가두고 옷까지 벗겨 모욕을 주었다. 마을 선비들이 이 일을 관청에 고소했지만 관청은 수수방관했다. 이에 성난 군중들이 동기창의 집안을 둘러싸고 시위하다가 마침내 동기창의 저택을 불태우고 말았던 것이다. 그 결과 동기창이 수집한 서화와 골동품도 잿더미가 되었고 동기창은 소주蘇州로 도망쳐야 했다.

오오키 야스시는 이 사건에서 여론의 형성과 정보 전달 방식에 주목한다. 문자를 읽을 수 없는 이들 사이에서는 '동기창을 죽여라'는 내용의 노래가 유포되었고, 글을 읽을 수 있는 사람들 사이에서는 동기창을 비난하는 내용의 벽서와 전단지가 널리 유포되었다. 요컨대 저택 습격 사건이 일어나기까지 벽보와 전단지와 같은 인쇄물이 중요한 구실을 했던 것이다. 동기창 자신도 이 사건을 사초士抄, 즉 사인士人들의 폭동으로 규정했다. 실제로 불을 지르고 습격한 이들이 누구인지와 상관없이, '인쇄물의 작정과 배포'라는 새로운 전달 수단을 통해 여론을 이끈 이들이 사건의 진원지임을 보여 주는 것이다.

한편 명말 강남의 출판업 융성의 배경 가운데에서는 출판물의 수요자, 즉 독자층의 변화가 눈길을 끈다. 상층 지식인과 하층서민 사이에 위치한 일종의 중간 계층이 이 시기에 상대적으로 증가했다는 것이다. 다시 말하면 '서로 원인이 되면서 결과가 되는' 명말의 신중간층(신식자층)의 증가와 서적출판의 성황이 서로 밀접하게 연관되어 있었다. 고

염무顧炎武, 1613~1682는 '생원론상生員論上'이라는 글에서 이렇게 말했다. '천하의 생원을 모두 합하면, 각 현 마다 삼백 명이라 하니 전국적으로는 오십만 명에 이르게 된다.' '강남 지방의 큰 현에는 어느 곳이건 생원의 수가 천 명 이상이다.' 이러한 과거 시험 수험생 숫자의 증가는 곧 경서經書와 그 참고서 수요자의 증가를 뜻한다.

이러한 과거 수험생 수요자들 외에도, 이 시기 강남 지역에서는 상인 계층도 중요한 출판물 수요자였다. 여기에서 상인은 문자 해독 능력이나 구매력에서 문제가 있는 중소 규모 점포를 운영하는 상인이 아니라, 대량의 상품을 취급하고 자본력도 큰 대상인을 뜻한다. 그들은 숫자는 상대적으로 소수였지만 대규모의 장서藏書를 갖추는 일이 드물지 않았다. 여기에 경제적 여력과 문화적 실력을 갖춘 대가大家의 여성들도 소설 출판물의 중요한 수요자였다.

이 책 전체를 통틀어, 오오키 야스시는 해당 시기의 광범위한 문헌을 섭렵하여 출판문화와 직접 혹은 간접적으로 연관 있는 사항들을 파악하고, 그것을 의미 있게 종합적으로 해석해내는 데 주력하고 있다. 그냥 보아 넘길 수도 있는 단서가 출판문화라는 주제 안에서 어떻게 의미 있는 증거가 되는지 감상하는 게 이 책을 읽는 즐거움이다. 명말 강남의 사회상을 이른바 '자본주의 맹아론'과 연관 짓는 논의가 분분했던 적이 있지만, 오오키 야스시는 그러한 일종의 거대 담론을 끌어들이는 일 없이, 구체적 실례와 자료에 집중하는 모습을 보여 준다.

그런 오오키 야스시가 일종의 학문적 과제로 남겨 놓은 것은, 명말 청초 시기 중국 출판문화와 같은 시기 조선 및 일본의 출판문화 사이의 관계 문제다. 일본의 경우 '명말 청초 출판이 일본의 에도 겐로쿠元祿 시대 출판의 융성과 직접 상관이 있다'고 지적하면서 한국, 중국, 일본의 각국 출판문화는 동아시아 출판문화라는 전체적 시야 안에서 생각하지 않을 수 없다는 견해를 밝힌다. 많은 학문적 주제들이 그렇지만, 출판문화라는 주제 역시 동아시아를 큰 해석의 틀로 하는 '전체와 부분의 순환'이 필요한 주제라는 뜻일 것이다.

일본의 경우 문부과학성 과학연구비 특정영역연구 과제의 하나로 '동아시아 출판문화의 연구'가 수 년 간 진행되어 왔다. 물론 우리나라 관련 학계에서도 넓은 의미의 출판문화와 상관있는 연구 성과들이 간헐적으로나마 나오고 있다. 그러나 동아시아라는 전체와 조선이라는 부분의 '해석학적 순환'을 넉넉히 수행할 수 있는 수준에는 아무래도 못 미친다는 느낌이다. 오오키 야스시의 이 책은 출판문화사 연구, 나아가 매체로서의 문학(사) 연구에서 하나의 유력한 단서가 되어줄 수 있을 것이다.

최근에 공간公刊된 것으로 다음과 같은 성과를 들 수 있다.

이민희, 『16~19세기 서적중개상과 소설, 서적 유통 관계 연구』, 역락, 2007.

홍선표 외, 『17, 18세기 조선의 외국서적 수용과 독서실태』, 혜안, 2006.

—『문학과사회』 20-3, 2007

중국근대를 이해하는 새로운 시각

김종현 | 동아대학교 중국어학과 교수

미조구치 유조, 서광덕 · 차태근 · 김수연 역, 『중국의 충격』, 2009

1. 서론과 결론을 함께 보면서

일본 학자들의 글을 접할 기회가 많지 않았던 필자로서는 미조구치 유조의 『중국의 충격』은 중국을 바라보는, 특히 중국의 근대를 어떻게 이해해야 할 것인가에 관한 많은 시사점을 던져 주었다. 예를 들자면, 이 책 속에서 미조구치 유조는 여러 차례에 걸쳐서 1840년 아편전쟁을 기점으로 중국의 근대를 삼고 있는 시각이란 소위 '서양의 충격'을 통해서 중국을 이해하려는 태도에 불과하다고 지적하고 있다. 그런데 솔직히 말하자면 나 또한 이러한 기존의 시각을 아무런 거부감 없이 받아들였고, 지금도 미조구치 유조처럼 '중국의 16~17세기 이래의 역사적 전개과정 속에서' 중국의 근대를 바라보고 있지 못하고 있다. 그런 점에서 유럽을 중심으로 삼고 그것을 기계적으로 중국의 역사에 대입하는 것이 아니라, 중국이란 본래 유럽과는 축을 달리하는 세계로 바라보아야 한다는 미조구치 유조의 관점은 이제까지 내가 가지고 있었던 편향적 역사관을 새롭게 환기시켜 주었다.

일반적으로 저자가 자기의 저술을 통해서 얻어질 수 있는 결과를 예측하기란 참 어려운 일이지만, 그렇다고 해서 자기 저술의 독자층을 규정하거나 예정하기도 쉽지 않을 것이다. 그렇지만 재미있게도 미조구치 유조는 책의 후기를 통해서 이러이러한 사람들이 읽어주기를 희망하고 있다. ① 90년대 이후의 중국의 변화에 관심을 갖고 있는 사람, ② 최근 중국의 경제적 변화의 심층적 흐름을 어떤 역사적인 시좌에서 보면 좋을까를 모색하고 있는 사람, ③ 사회주의 중국의 과거와 미래에 관심이 있는 사람, ④ 향후 중일관계에 관심이 있는 사람, ⑤ 메이지 유신 이래 형성된 서구중심주의적 근대관에 입각한 일본의 좌표축이 유효한가에 대한 의문을 가지면서 현재 발생하고 있는 중국과 아시아 국가들의 변화를 위한 새로운 좌표축을 모색하고 있는 사람들이 그들이다.

이런 독자들에게 미조구치 유조는 결국 유럽의 근대과정과는 다른 유형의 "또 하나의 근대"를 상정해서 중국을 바라보라고 말한다. 그리고 현재의 중국을 제대로 읽기 위해서는 '탈아입구'의 구호로 설정된 서구중심주의적 근대관과 서구마르크스주의의 기계적 적용이라고 의심되는 중국 혁명의 '반봉건' 기치를 다시 읽어야 한다고 말하고 있다.

그런 점에서 볼 때 서구화에 앞서 성공했다고 자부하는 '탈아입구'론의 일본이 그 기준에 의해 일본 = 우월, 중국 = 열등이라는 구도에서 벗어나고 있지 못하다는 미조구치 유조의 지적은 당연하다. '탈아입구'가 서구식 자본주의화에 다름아니었음을 인정한다면, 나날이 상호 의존도가 높아지고 있는 중국과 일본의 경제관계 속에서 이제는 반전의 조짐까지 보이고 있는 중국의 현실을 과거의 좌표축을 가지고는 제대로 설명이 불가능할 것이기 때문이다.

경제적 상황에 대한 조심스런 분석에서 한 걸음 나아가 미조구치 유조는 소위 중국의 '민주'와 '인권'에 대한 지적 역시 사실은 서구식, 좀 더 직설적으로 말하면 미국식 민주와 인권을 기준으로 중국의 현실에 들이대고 있다고 말하고 있다. 그러면서 이처럼 무리한 적용이 사실은 베를린 장벽의 붕괴 이후 사회주의권에 대한 전반적인 '환멸'에 근거하고 있지만, 그 환멸은 잘못된 환상에 의한 것임에 다름아니다고 말한다. 즉, 문화대혁명과 천안문 사태로 이어지는 중국의 굴곡의 역사를 반성하면서 이는 사회주의 혁명에 의해 보류되었던 5・4운동 시기의 과학과 민주, 그리고 개인의 민주와 자유가 전체의 이익에 의해 억압되었기 때문이라고 분석하는 중국의 지식인들의 잘못된 환상과 환멸에 의한 것이라고 말한다.

미조구치 유조가 말하고 있는 중국 지식인의 최근 자기 역사에 대한 반성과 원인 규명은 사실에 근거하고 있다. 문화대혁명이 끝나고 진행되었던 중국 지식계의 전면적인 '반사反思' 운동은 분명 중국식 사회주의 혁명에 내재되어 있는 후진성이고, 이 후진성은 사회주의 혁명의 이름으로도 극복하지 못한 봉건성에 있다고 보았다. 그러기에 '반사'는 곧 '반봉건'의 성격을 띠었고, 반세기가 훨씬 넘게 지나와서도 여전히 5・4시기의 구호였던 '과학'과 '민주'가 여전히 유효했고, 새로운 중국의 건설은 어쩌면 이 5・4시기로부터 다시 시작해야 한다고 생각하기도 했다.

과연 그러한가? 중국의 굴곡된 역사와 민주와 인권의 부재가 5・4운동시 외쳤던 과학과 민주가 실현되지 못했기 때문이며, 나아가서 그것을 보류시켰던 중국의 사회주의 혁명 때문인가? 미조구치 유조는 중국, 일본, 아니 어쩌면 한국의 지식계에서도 당연시 받아들여지고 있는 이러한 견해를 부정하면서 그가 말하는 '새로운 좌표축'을 제시해야 할 필요성을 말하고 있다.

미조구치 유조의 말을 빌리자면, "사회주의에 대한 환상도 서구 자본주의와의 우열 속에서 발생했고, 환멸도 서구 자본주의와의 우열 속에서 생겨났다. 즉 그것들은 모두 유럽을 기축으로 하여 구성된 세계였다. '환상'에서 '환멸'로의 180도 전환도 같은 축 위에 나열된 우월자와 열등자의 딱지를 위치만 바꾸어 놓으면 되는 것이었다. (…중략…) 환상이든 환멸이든 그들의 대상으로 삼아왔던 '사회주의'가 서양의 역사이론에 근거한 관념적 지식에 불과했으며, 실제 현실 중국에 있어서 '사회주의'란 무엇인가, 더 나아가 중국에 있어 '근대란 어떤 것인가', 중국에 있어 '중국이란 무엇인가'의 검증이 이루어지지 않았음을 의미한다. 사회주의는 마르크스레닌주의의 연장선상에서 이해될 뿐, 중국의 16~17세기 이래의 역사적 맥락에서 이해되지 않았다. '근대'도 아편전쟁의 '서양의 충격'을 통해서 이해되었을 뿐, 중국의 16~17세기 이래의 역사적 전개과정 속에서 이해된 적은 없었다"고 말한다.

미조구치 유조의 이 발언은 누구를 대상으로 무엇을 말하려는 것일까? 혹여 천안문사태를 거친 후 중국의 내외에서 중국의 정치적 민주화를 지적하고, 인권 신장을 요구하고, 티벳과 신강 지역 소수민족 탄압의 중단을 요구하는 사람들에게 당신들이 말하는 민주와 인권이란 중국에 대한 깊은 이해 없이 서구적 기준에 입각한 편향된 주장이라고 말하려는 것은 아닌가 하는 의구심이 든다. 나의 이런 의구심은 미조구치 유조가 서문에서 밝히고 있지만, 망명지식인이 반정부활동, 티벳족과 위구르족 또는 타이완의 독립운동에 대해 보여 주고 있는 태도에서 확인되고 있다. 미조구치 유조는 이들을 포함한 중국 연구자들에게

"현재의 중국을 체제 대 반체제라는 이분법으로 처리할 수 없는 복잡한 관계가 있다"고 말하고, 더 나아가서는 중국의 인권문제를 언급하는 이들에게 "그들은 정부의 이른바 '중국 특유의 인권'이 체제억압적인 점을 비판하지만, 한편으로는 미국이 미국형 인권을 중국에 강요하는 것을 반대하고, 법제, 법철학, 사회학, 문화인류학 등의 새로운 학문 분야에서 공동으로 자신들의 관점에 서서 중국 특유의 인권을 모색하려고 한다"고 주장한다.

민주, 자유, 인권 등과 같은 인류가 추구하는 보편적 가치가 소위 '중국적 특수성'에 의해 새롭게 해석되어질 수 있다는 말로 들릴 수 있지만, 이러한 새로운 해석은 중국의 사회주의를 국제공산주의운동 차원에서만 파악하지 말고, 중국의 역사에 따라 형성된 중국의 역사적 산물로서 파악함으로써 가능하다고 말한다. 이러한 미조구치 유조의 '새로운 해석', '새로운 좌표'는 여러 차례에 걸쳐 언급되었던 '서양의 충격' 논리에 의한 중국의 근대 읽기를 벗어나서 16~17세기에 형성되었던 역사적 산물로서의 근대를 읽어야 하며, 중국의 사회주의 혁명 역시 마르크스레닌주의 혁명이 아니라 16~17세기 민간에 이미 확대되고 있었던 균분均分 상속과 같이 "사유와 공유가 서로 연계된, 혹은 공동적 사유"와 같은 중국적 사회주의 사상의 기저로부터 출발해야 한다고 주장한다.

2. 혁명시기(1911~1949) 군벌이 갖는 의미

미조구치 유조의 『중국의 충격』 제2부에서는 아편전쟁이라는 서양의 충격을 기점으로 중국의 근대를 설정하는데 반대하면서 이미 중국의 근대는 16세기 경부터 시작된 민간 주도의 향촌 질서와 전제적 중앙집권 체제의 붕괴 과정 속에서 진행되었고 그 속에서 근대를 읽어야 한다고 말한다. 신해혁명의 다시 읽기 역시 이러한 관점에서 이루어지고 있으며, 특히 '반제, 반식민지, 반봉건'의 타도 대상이었던 군벌의 성격에 대한 해석에 이르러서는 중국의 근대사에 관한 두 가지 역사관 중에서 '반제, 반식민지, 반봉건'의 역사관이 아닌 '근대화, 신 국가건설' 역사관을 주장하고 있다.

사실 '반제, 반식민지, 반봉건'의 역사관에 입각한 '신민주주의 혁명론'에 의하면 중화인민공화국의 건국이 "아편전쟁 이래 100여 년에 걸친 열강지배로부터의 해방", "수천 년에 이르는 봉건적 억압으로부터의 해방", "반제 반봉건 투쟁의 승리"의 결과라는데 의심의 여지가 없었다. 이 의심할 여지가 없는 역사적 사실 때문에 중화민국이라는 새로운 국가를 탄생시켰던 신해혁명은 "불철저한 혁명"이었으며, 신해혁명부터 중화인민공화국의 건립 시기까지는 반식민주의, 반봉건적 상태에 놓여 있었다. 그러기에 정치혁명이든 의식혁명이든 간에 '반제반봉건'의 구호는 이 시기 중국을 설명하고 분석하는 가장 분명한 가늠자 역할을 해 왔으며, 중국 현대문학 연구자들 역시 이 역사관에 입각한 문예이론, 작품비평, 작가비평을 진행해 왔다.

그러나 미조구치 유조는 이 동란시기 혁명의 대상이었던 '봉건 군벌'의 성격에 대한 기존 역사관에 문제를 제기한다. 간단히 말하자면,

16~17세기 확대된 민간역량의 확대와 그로 인한 분권적 군사역량의 집결이 군벌이라고 한다면, 이 군벌은 왕조형 중앙집권체제를 붕괴시키는 역사적 동력으로 봐야 하지 않느냐는 것이다. 굳이 '집권-분권-집권'으로 이어지는 순환론을 들지 않더라도 집권으로서의 청왕조의 몰락과 또 다른 집권으로서의 중화인민공화국의 건립 사이에 존재했던 분권 형태가 곧 군벌이며, 이들은 구체제로서의 왕조 체제를 무너뜨리는 역사적 임무를 위해서 등장했던 것으로 보아야 한다는 것이다. 물론 미조구치 유조는 군벌의 한계성, 다시 말해서 청 왕조를 무너뜨리는 역사적 동력으로서의 역할을 하였으나, 새로운 집권을 위해서는 탄생 자체가 구체제의 산물이면서 신체제의 장애물이 될 수 밖에 없었다는 점을 인정하고 있다. 단지, 미조구치 유조는 군벌의 성격을 그저 역사의 역행 혹은 반동으로만 규정짓는 것에 문제를 제기하고 있을 뿐이다. 그의 의도를 조금 더 부가해서 설명하자면, 아편전쟁이라는 서구의 충격을 기점으로 하여 중국의 근대를 서술하는 것에 반대하면서, 이는 "어느새 중국 근대사를 중화인민공화국을 종점으로 하거나 혹은 목적으로 하는 시좌, 즉 '반제, 반식민지, 반봉건' 시좌에 익숙해져 그것을 이상하게 생각하지 않게 되어 버린" 중국, 일본, 한국 지식계의 역사관을 지적하고 있다.

3. 예교禮敎와 반봉건反封建

『중국의 충격』 제3부의 제목은 "예교와 중국혁명"으로 되어 있다.

미조구치 유조는 제1장과 제2장에서 중국 근대를 설명하는 "반제, 반봉건" 역사관이 갖는 문제점을 제시하고 또한 그런 역사관에 입각하여 최근의 중국을 해석하고자 하는 것을 경계한다. 미조구치 유조는 무엇 때문에 이 반제반봉건의 역사관을 반대하고, 아편전쟁을 근대의 시작으로 보는 것에 반대하는 것일까. 나는 '중국위협론'과 함께 세계 정치 경제의 무대에서 새로운 위치를 점해가고 있는 중국에 대한 과도한 견제, 그리고 그 견제의 무기로 사용되어지고 있는 '자유'와 '민주'의 기준이 서구적 기준이고 그들만의 자의적 기준이라는 것을 입증해보이기 위함이라고 본다.

그 자의적 기준을 간단히 간추려 보면 이렇다. 중국은 영국의 대포로 상징되는 아편전쟁 이후 겨우 근대화에 대한 자각을 하기 시작했으며, 여전히 봉건왕조의 질곡에서 헤매이다 5·4시기에 이르러서야 근대적 개념인 '민주'와 '과학'을 외쳤으나 이 외침마저 사회주의 혁명의 완성을 위해 유보할 수밖에 없었고, 그 때문에 사회주의 혁명과정 속에서 결국은 문화대혁명과 천안문사태라는 대재난을 빚어내고 말았다. 이는 결국 5·4시기에 '반봉건 의식혁명'을 철저하게 이행하지 못했던 결과이다.

그렇다면 5·4시기 중국의 모든 혁명적 지식인들이 외쳤던 '반봉건'이라는 구호의 주요 내용은 무엇이었던가. 그것은 '사람을 잡아먹는'으로 대표되는 '봉건적 예교'가 아니었던가. 이 '봉건 예교'는 종법사회를 유지하는 핵심이며, 이러한 종법사회야말로 근대사회에 도달하기 이전의 '반개화' 단계이고, 존비귀천의 상하 신분사회이며, 가부장제 사회였던 것이다. 그러기에 왕조 집권체제를 무너뜨리고 근대국가의 건설을 위해서는 무엇보다도 이러한 종법사회를 유지시키고 있는 '예교'의 철폐야말로 중국혁명을 이룩하기 위한 또 하나의 혁명이었음에 분명했다.

그러나 미조구치 유조는 5·4시기에 철저한 투쟁의 대상이었던 이 사람 잡아먹는 '예교'는 특정한 역사단계론에 의한 것이며, 유럽 시민사회를 기준으로 한 것일 뿐 중국 역사상 실제로 존재했었던 예교의 실상을 정확히 반영한 것이라고 할 수 없다고 말한다. 다시 말하자면, 중국의 역사상 실제로 존재했던 예교는 지연유대로서의 향약과 함께 종족사회의 안정을 유지하기 위한 지혜로운 선택으로 작용되었다는 것이다. 즉 민국시기의 예교와 달리 중국의 전통적 예교는 종족이 목적으로 삼고 있는 상호부조, 상호보험의 성격이 강했다고 주장하고 있다.

그러면서 그는 우리가 예교를 평가하면서 다음 두 가지 시좌를 필수 전제로 해야 한다고 주장한다. 첫째는 중국의 전통적 예교를 모종의 역사적 가치로 채색된 렌즈로 보지 말 것, 둘째는 중국의 예교를 명, 청, 민국, 혁명중국시기 전체를 통해, 서로 다른 시기에 각각의 다채로운 측면을 각각의 시기의 눈으로 바라보려고 노력할 것 등이다. 이러한 대전제 아래 미조구치 유조는 민국시기에 있었던 여러 가지 형태의 예교관 중에서 량수밍梁漱溟의 동방윤리관, 전통윤리관을 진정한 예교관이라고 말하고 있다.

량수밍의 예교관을 설명하기 위해서 미조구치 유조는 당시 가장 혁명적이고 반봉건의 기치를 누구보다 앞세웠던 천두슈陳獨秀의 예교관과 비교하면서 설명하고 있다. 특히 량수밍과 천두슈의 대립적인 관점을 계급론을 중심으로 설명하면서 천두슈는 정치적이고 운동론적인 방식으로 접근하고 있고, 량수밍은 학술적인 방식으로 접근하고 있다고 말한다.

이렇듯 량수밍의 예교관을 설명하면서 미조구치 유조는 종법사회에 대한 우리의 인식이 5·4시기라는 특수한 역사시기에 천두슈, 루쉰 등에 의해 종법사회를 공격하기 위해 사용된 것을 사실 그대로 간주해 무비판적으로 받아들인 것일 뿐, 실제로 청대에 존재했던 종법사회의 제 양상을 그 시대의 시각으로 검증해 얻어진 관점은 아니라고 지적한다.

그러나 예교관에 있어서의 미조구치 유조의 논점은 실증적, 학술적 태도를 견지하고 있다고 할지라도 량수밍이 진행한 몇몇 지역의 농촌 실태조사를 근거로 한다거나, 서양 중세 농노제와 비교하여 당시 서양의 영주가 중국의 지주보다 경제외적인 강제권을 더 많이 가지고 있었음을 입증하여 중국의 당시 계급론을 단지 운동적 차원에서 제기된 구호로 여겨지게 하는 데는 선뜻 동의하기가 어렵다.

미조구치 유조는 더 나아가 리쩌허우李澤厚의 '계몽啓蒙'과 구망救亡의 논리를 인용하면서 '구망—혁명'의 집단주의 속에 예치 관념이 스며들어버렸고, 개인의 권리와 존엄 등 '계몽'의 주제를 압도해 버렸다는 것에 동의하면서도 리쩌허우는 '종법, 예치시스템'이 '혁명'에 의해 본래 극복되어야 할 봉건적 잔재에 지나지 않는데 반하여, 자신이 보기에 '종법, 예치시스템'은 좋든 싫든 '중국식' 사회주의의 성격을 내적으로 구성하는 요소이며, 그 '혁명'과의 친근한 조화라는 측면에서 보자면 '혁명'의 달성 요인으로까지 간주될 수 있다고 한다.

이상 『중국의 충격』에서 미조구치 유조가 우리에게 던지고 있는 몇 가지 가설들은 중국의 근대를 이해하는데 반드시 해결되어야 하고 또 그러기 위해서 역사학 뿐만이 아닌 다른 학문분야의 연구자들이 다양한 작업을 진행해야 할 모두의 숙제이다. 미조구치 유조 자신도 많은 부분을 가설이라고 언급하고 있고, 또 량수밍의 주장을 자신의 관점으로 대신하고 있다는 점에서 아직까지도 숙제로 남아 있으리라고 보기 때문이다.

그중에서 미조구치 유조의 유교와 예치, 그리고 종법 및 종족제에 관한 논점은 중국문학, 중국 철학 등 인접 학문 연구자들과 좀 더 많은 토론이 있어야 할 부분으로 여겨진다. 『중국의 충격』 속에 담긴 한 편의 논문으로는 충분한 설득력을 확보하지 못하고 있기 때문이다. 충분한 예증이 없는 종족제에 대한 미조구치 유조의 단언이 그 대표라고 할 수 있다.

그의 입론은 이렇다. 민국시기의 신문화 운동은 반反 종법을 내세웠는데, 이러한 반종법 = 반봉건의 언설이 민국시기의 사상적 조류를 이루었다는 사실을 바탕으로 그 이후의 사상사연구는 그러한 관점을 지속적으로 이어갔다는 것이다. 그리고 '가부장적 지배'라는 부분상만을 종족제의 '상호부조'를 주축으로 한 전체 연관으로부터 분리시켜 장기간 동안 '가부장 지배'라는 키워드로 종족제를 이해해 왔다. 그러나 실제로는 종족제를 실리적으로 지탱해 왔던 상호부조의 통념이나 시스템은 마오쩌둥 혁명에 의해 종족제가 타도된 후에도 중국사회주의의 사회윤리시스템으로 모습을 바꾸어 계속되었다는 것이다.

물론 중국의 종족제가 사회주의 혁명 이후에도 여러 형태의 모습으로 바꾸어 이어져 왔다고 할지라도 5・4시기와 그 이후 천두슈와 루쉰이 대표적으로 공격했던 종족제는 분명 아닐 것이며, 종법제의 성격상 상호부조 상호보험의 성격이 있다 할지라도 그와 동시에 종족 내의 억압과 피억압, 착취와 피착취의 관계가 실제로 존재했었음은 어떻게 설명해야 하는지도 문제라고 본다.

미조구치 유조의 『중국의 충격』은 '반제, 반식민지, 반봉건'의 역사관에 익숙해진 우리에게 중국을 바라보는 또 다른 시각을 제시하고 있음이 분명하다. 그러나 그것이 비록 미조구치 유조의 말처럼 '유럽인인 마르크스레닌'의 입론에 근거했다고 할지라도 중국의 혁명을 성공적으로 이끈 역사적 동력이었음은 부정할 수 없을 것이다. 단지 우리의 내공이 미조구치 유조의 입론에 대화를 신청할 수 없는 수준이라는 점에서 이후 우리의 과제로 삼아야 할 것이다.

—『중국현대문학』 49, 2009

'숨은 신'과의 실존적 대화

이종민 | 우석대학교 실크로드영상연구원 상임연구원

심혜영, 『인간, 삶, 진리—중국 현당대 문학의 깊이』, 2009

책을 읽는 내내 인문학 저서를 넘어 구도자의 수행일기를 읽는 듯한 느낌에 압도되었다. 평소 저자의 글을 즐겨 읽는 독자의 한 사람으로서 서평의 형식으로나마 그 고마움을 표하겠다는 가벼운 마음으로 책을 집어든 것인데, 단편 논문을 산발적으로 읽을 때 발견할 수 없었던 저자의 묵묵하고 끈기 있는 구도의 역정이 추수의 풍요로움 같은 경건한 독서체험을 안겨 주었다. 무엇이 이토록 저자로 하여금 인간의 실존과 휴머니즘에 대해 끊임없이 질문을 던지며, '숨은 신'의 비극적 세계관과 근대인의 고뇌에 대해 지속적으로 사유하게 만든 것일까?

이러한 의문을 되새기다보니 문득 저자와의 만남이 시작되었던 80년대 말 중국현대문학학회의 시절이 떠올랐다. 아마도 89년 일산에서 개최되었던 수련회였던 것으로 기억되는데 일정 중간에 빠져나와 서울로 돌아오는 버스를 함께 타고 올 기회가 있었다. 그 당시 학회 성원들의 주된 관심은 중국혁명문학 논쟁을 통해 한국사회의 변혁을 위한 문학적 실천의 길을 모색하는 것이었다. 지금은 이미 망각 속에 묻혀 버린 문제가 되었지만 당시는 중국현대문학을 연구하는 정체성 가운데 하나가 되었을 정도로 소위 담론권력을 지니고 있던 주제였다. 저자 역시 이러한 시대적 분위기에서 자유로울 수 없었지만, 버스 안에서 당시 순진한 학부생이었던 나에게 들려주던 이야기는 실천의 당위성에 관한 것이 아니라 인간의 부조리한 삶과 평등 그리고 지식인의 사회적 역할 등에 대해 스스로 생각해보게 만드는 화두들이었다. 아직도 당시의 저자의 목소리가 잊혀지지 않는 것은 흔히 들을 수 있었던 원론적인 어투와는 다른, 오히려 그러한 실천을 온전한 자신의 삶으로 받아들이기 어려운 실존적 간극에서 흘러나오는 고민이 무언의 공감으로 다가왔기 때문이었으리라. 아무튼 그후 나는 저자의 팬이 되어 앞서 문제를 풀어나가는 저자의 글을 통해 고민이 한층 수월해지는 즐거움을 누릴 수 있었다.

실존적 간극에 대한 자각과 그러한 간극을 조성하는 원인에 대한 존재론적 사유는 저자가 중국 현당대문학을 바라보는 시각으로 확장되었으며, 그러한 고민이 결실로 나타난 부분이 바로 제1장 '루쉰과 근대정신의 자리'에 실린 글들이다. 주지하듯이 루쉰은 한국의 대표적 연구 영역이라고 외국 학계에 알려질 정도로 관련 논문들이 가장 많이 발표된 대상이다. 하지만 루쉰에 대한 연구관심의 측면에서 볼 때 한국 학계는 '반항절망', '역사적 중간물'로 상징되는 루쉰의 사회비판과 전투정신에 집중된 경향성에서 자유롭지 못하다고 할 수 있다. 이러한 현상은 한국의 중국현대문학 연구가 현실비판의 관심에서 출발한 점과 맞물려 있으며, 나아가 한국사회에 대한 변혁적 관심이 퇴조한 90년대 말 이후 루쉰에 대한 관심도 점차 하락하기 시작한 점이 이러한 경향성을 반증한다고 할 것이다.

저자의 루쉰에 대한 관심은 이러한 경향성에 대한 반성에서 출발하여, 루쉰을 철저한 현실주의자로 인식하기에 앞서 신을 잃어버린 근대 정신의 자장 안에 위치하는, 허무와 불안의 실존적 고뇌를 지닌 근대인으로 이해하고 있다. 이러한 시각 위에서 저자는 「조리돌림을 통해 본 『방황』의 세계」를 통해, 『방황』이 『외침』의 세계와 달리 현실을 감당해내는 힘을 외부가 아닌 자기 자신의 내부에서 형성해야 한다는 새로운 각성 속에서, 방황하는 자신의 영혼을 붙들어 고독하고 냉정한 자기 성찰에로 이르는 과정의 문학적 반영이라고 해석하며, 루쉰의 이러한 내면을 루시앙 골드만이 파스칼의 『팡세』에 대해 이야기했던 '숨은 신'의 비극적 세계관과 연계지어 사유한다. 또 「루쉰의 근대주체 구상」에서는 「악마파 시의 힘」 등의 초기 저작에서 루쉰이 서구 근대 사유의 기독교(혹은 신) 비판과 인본주의 휴머니즘을 기반으로 근대주체를 구상하고 있는데, 루쉰이 수용한 서구 근대사유의 신 비판은 기독교에서의 신과 인간의 관계를 제우스-프로메테우스의 관계로 대체하는 전략적 왜곡 위에서 이루어진 것으로, 이는 루쉰의 근대주체 구상이 전적으로 근대 사유의 영향과 자장 내에서 진행되고 있기 때문이라고 분석한다.

루쉰의 정신세계에 대한 저자의 시각이 단연 돋보이는 글은 『들풀』의 세계를 해석한 「루쉰과 『들풀』의 세계－근대 지식인의 실존과 허무와의 항전」, 「루쉰과 『들풀』과 '무無'의 불안」이다. 그간 왕후이를 비롯한 많은 연구자들은 『들풀』에서 보이는 루쉰 정신의 위대함을 "절망은 허망하다. 희망이 그러하듯이"라는 구절을 근거로 절망을 딛고 일어나 다시 실천에로 복귀하는 '반항절망'의 의지라고 해석하였다. 그러나 저자는 그 구절 바로 뒤에 나오는 "그런데 그 어둔 밤은 어디에 있는가"라는 질문이 『들풀』 전체를 관통하는 가장 근원적인 물음으로,

희망의 근거도 절망의 근거도 돌연 사라져 버리고 일체의 가치 준거도 모두 '무'로 바꾸어 버리는 순간의 당혹감과 현기증을 드러내고 있다고 해석하며, 『들풀』의 위대함은 바로 모든 행위의 의미와 가치를 불확실하게 만들어버리는 허무의 위협 앞에서 그것에 기꺼이 저항하는 '존재에의 용기' 혹은 허무와의 항전에 있다고 주장한다. 이러한 해석을 바탕으로 저자는 "궁극적인 존재사유에서의 도약의 필연성과 가능성, 인간이 자기 존재의 절망과 허무를 적나라하게 들여다보는 자리에서 감행되는 새로운 존재에의 실존적 결단, 그러한 도약과 결단을 요청받는 인간의 존재 상황, 이러한 것들을 둘러싼 질문들이 근대적 지식인으로서의 루쉰의 실존적 고뇌와 그가 보여 주는 허무와의 항전이 우리에게 던지는 가장 근본적인 메세지일 것"이라고 인식하는데, 이는 루쉰 정신의 심연을 통찰한 백미라 해도 손색이 없을 것이다.

루쉰의 정신세계에 대한 해석이 실존의 가능성 자체를 무화시키는 허무와의 항전을 기록하는 고통스런 수행이었다면, 저자에게 위화 문학은, 마치 위화 자신에게 90년대 장편소설이 현실과의 오랜 갈등 끝에 찾아낸 '부드럽고 따스한 길'이었던 것처럼, 루쉰에 대한 고통스런 통찰을 거치면서 비로소 발견해낸 '믿음의 세계'라고 할 수 있을 것이나. 즉 저자에게 위화 문학은 루쉰이라는 혼란과 어둠의 좁고 긴 터널을 통과하고 난 뒤 비로소 노날한 딕 드이 빛이 환한 출구로 이해되었다는 것이다. 저자는 루쉰의 현생으로서 위화 문학과의 행복한 만남과 정신적 공감을 통해 근대정신의 실존적 간극을 포월할 수 있는 '문학적 눈'을 길어 내는데, 그것이 바로 인간과 삶을 바라보는 '시선의 균형(제2장 위화의 소설과 삶을 바라보는 시선의 균형)'이다.

루쉰 문학을 딛고 새로운 믿음의 세계를 열어가는 위화 문학의 여정에 대해 저자는 「1990년대 위화 소설의 휴머니즘과 미학」에서, 자기에게 묶인 존재요 시간 속에서 소멸되는 존재인 인간의 유한성에 대한 깊은 연민과 공감(『가랑비 속의 외침』)에서 출발하여, 기억을 통해 창조하고 초월하는 인간 정신의 위대함과 주어진 모든 운명을 끌어안고 생명의 세계와 하나 되기까지 넓혀지고 넉넉해질 수 있는 인간 정신의 광활함에 대한 발견(『살아간다는 것』)에로 나아가고, 다시 자기에게 묶인 존재의 굴레를 훌쩍 벗고 타인의 짐을 자기 위에 짊어지는 대속적 주체로 까지 나아가는(『허삼관매혈기』) 승화와 초월의 과정으로 해석한다. 나아가 위화 문학은 이러한 탐색의 과정을 통해 인간의 삶에 대한 힘찬 긍정과 삶의 초월성에 대한 희망의 메세지를 전해주는데, 위화의 작품이 주는 감동의 근원에는 "범속한 인간의 생존이 던져져 있는 좁은 테두리를 넘어서"려는, 인간과 삶을 향한 초월에의 의지가 있고, 그 배후에는 문학의 진실은 고상함과 진리, 영원과 희망을 길어내는 것이어야 한다는 작가의 '믿음'이 있다고 인식한다.

위화 문학을 인간의 삶을 바라보는 시선의 균형과 초월에의 의지로 해석하는 저자의 글을 읽으면서 나는 앞서 제기했던, '무엇이 이토록 저자로 하여금 인간의 실존과 휴머니즘에 대해 끊임없이 질문을 던지며, '숨은 신'의 비극적 세계관과 근대인의 고뇌에 대해 지속적으로 사유하게 만든 것일까'라는 물음에 대한 저자의 답변이 이 속에 숨어있는 게 아닌가 하는 생각이 들었다. 시간적으로 볼 때도 이 책의 가장 초기(1996) 글인 「조리돌림을 통해 본 『방황』의 세계」에서 '숨은 신'의 비극적 세계관의 문제를 제기한지 10년이 지난 시점(2006)이며, 그 과정에서 루쉰 문학뿐만 아니라 중국 당대사회와의 비판적 대화(Ⅲ. 인문정신, 인문학, 휴머니즘과 소외) 및 공자, 간디와의 구도적 대화(Ⅳ. 공자와 간디의 진리추구)를 거치면서 일구어낸 수행의 결실이라고 할 수 있기 때문이다.

세계는 지금 미국발 금융위기를 정점으로 경제위기의 차원을 넘어 인간사회 전반에 대한 신뢰의 위기가 증폭되고 있다. 이는 칼 폴라니의 지적처럼 상품이 될 수 없는 노동, 토지, 화폐를 허구화한 근대 자본주의 시스템의 자기 함정이라고 할 수 있을 것이다. 이 신뢰의 위기를 인문학적으로 사유하면 바로 믿음의 위기가 될 것이며, 이는 믿음의 세계를 추방한 근대인이 자신의 삶의 의미에 대한 질문을 망각해가는 과정에서 빚어진 결과라고 볼 수 있을 것이다. 믿음의 위기에 처한 이 시대, 인문학이 나아갈 길에 대한 저자의 깨달음은 무엇보다 소중한 통찰이라고 생각된다. 저자의 구도의 역정에 감사를 표한다.

인문학의 소명은 인간과 삶에 대한 이해와 통찰을 깊게 함으로써 인간의 삶에 깊이와 높이를 형성해내는 것이라고 생각한다. 한 사람, 한 사람을 참답게 세워나가고 사람과 사람 사이의 진정한 인격적 관계를 회복하는 것 또한 인문학의 중요한 사명일 것이다. 인문학이 이러한 본연의 존재의미와 역할을 감당하기 위해서는 근대 이후 단절된 앎과 삶 사이의 소통을 다시 회복하고, 인간과 삶의 궁긍적 요청에 부응하는 총체적이고 가치지향적인 연구가 이루어져야 할 것이다.(「책머리에」)

—『중국현대문학』 59, 2009

오키나와 담론의 전형화를 경계하며

고명철 | 광운대학교 국어국문학과 교수

조정민, 『오키나와를 읽다—전후 오키나와 문학과 사상』, 2017

오키나와는 한국뿐만 아니라 전세계적으로 휴양지로 널리 알려져 있다. 그러나 오키나와는 1879년 '류큐 처분' 이전까지 동아시아의 주요 문명을 이루면서 독자적 정치세력을 일궈온 유구한 역사문화를 지닌 곳이다. 오키나와를 이해하기란 그리 단순하지 않다. 특히 제2차 세계대전의 막바지에 이르러 오키나와는 미국과 일본 사이 전쟁의 소용돌이 속에서 전대미문의 전화戰禍를 입었다. 오늘에 이르기까지 오키나와는 전쟁의 그 끔찍한 지옥도의 흔적을 고스란히 간직하고 있다. 그것은 다름 아니라 일본 제국주의의 식민 침탈과 미국의 동아시아 패권을 장악하기 위한 적대 관계 속에서 오키나와를 희생시키는 반문명적·반인류적·반평화적 참상이다.

일본 근대문학 연구자인 조정민의 『오키나와를 읽다』는 이처럼 오키나와를 중층적으로 에워싸고 있는 문제들을 응시하면서 오키나와에 대한 더 넓고 깊은 이해의 길을 탐색하고 있다. 필자의 과문 탓일지 모르지만, 한국과 일본을 포함하여 일본 근대문학 연구가 일본 본토 문학에 대한 연구에 치중함으로써 오키나와 문학에 대한 이렇다 할 연구가 본격적으로 이뤄지지 못하고 있다. 이 사실을 염두에 둘 때, 국내에서 2016년에 나온 오키나와문학연구회의 『오키나와 문학의 힘』(역락) 이후 조정민의 이 책이 오키나와 문학에 대한 집중적 연구 성과를 단독 저서로 발표한 첫 성과라는 점에서 각별히 주목할 필요가 있다.

여기서, 『오키나와를 읽다』를 관통하는 주요 문제의식은 중요하다. 그는 책머리에서 "오키나와 담론의 전형화, 정형화의 메커니즘을 전후 오키나와 문학을 통해 점검하"는 것을 뚜렷이 적시한다. 그것은 오키나와 담론들이 일본 제국의 본질을 위협하고 동요시켜 해체하지 않는 한, 오키나와의 숱한 저항 담론의 분출을 제도권 안에서 용인할 뿐만 아니라 그러한 저항 담론을 일본 제국의 체제 안으로 흡수해 버리는 방식은 오키나와 스스로 저항의 나르시시즘에 매몰된 채 결국 "자발적인 타자화"로 귀착되기 때문이다. 조정민의 비판적 문제의식은 바로 여기에 있다.

그리하여 조정민은 오키나와 문학의 주요 작가인 히로쓰 가즈오, 오시로 다쓰히로, 마타요시 에이키, 메도루마 슌, 사키야마 다미 등의 작품이 지닌 오키나와의 중층적 현실이 지닌 문제들을 매우 섬세히 그리고 예리하게 읽어낸다. 특히 눈에 띄는 것은 사키야마 다미가 힘을 쏟은 '섬 말'과 관련한 그녀의 독특한 글쓰기 전략과 이것이 겨냥하는 정치적 상상력을 치밀한 독해로 풀어낸 점이다. 사키야마 다미는 오키나와를 구성하는 여러 섬의 언어에 관심을 갖고 자신의 작품 속에서 '섬 말'을 적극적으로 구사한다. 조정민은 "사키야마의 혼종적 글쓰기는 표준어와 방언이라는 언어적 측면에 국한된 것이 아니라 일본과 오키나와의 관계를 재사정하고 근대의 의미마저 되묻는 지점에까지 도달"

한 것에 주목한다.

조정민의 이러한 독해는 추상과 관념이 아니라 오키나와를 구성하는 여러 섬의 육체성에 기반한 오키나와 문학이 일본뿐만 아니라 오키나와에 대한 비판적 거리를 설정하도록 한다. 그래서 전후 평화를 누리는 일본의 허울, 그리고 또 다른 전쟁과 제국의 지배를 내면화하면서 심지어 그것과 공모하는 번영에 자칫 도취될 수 있는 오키나와를 비판적으로 성찰하도록 한다. 전후 오키나와를 짓누른 폭력의 근대에 대한 저항과 성찰, 그리고 평화와 번영으로 치장된 기만의 근대를 간파하고 이것에 분투하는 오키나와에 대한 조정민의 탐색은 이후 한층 치열해질 터이다.

—2017.8.4

제3부

근대문학(화)의 지평을 넓히다

한국 근대문학사의 이념적 전망과 해체 이후의 풍경

송민호 | 홍익대학교 국어국문학과 조교수

김영민, 『문학제도 및 민족어의 형성과 한국 근대문학(1890~1945) —제도, 언어 양식의 지형도 연구』, 2012

1. '임화'라는 물음에 답하기와 반박하기, 혹은 벗어나기

한국의 근대문학사 서술이라는 과제는 임화가 남겨둔 물음들에 답하는 방식으로 직조되어 왔다고 단언할 수 있다. 애초에 아무 것도 존재하지 않았다고 상상되던 밋밋한 평지에 흔적이 생겨나고, 그 흔적을 둘러싸고 양방향으로 작용하는 힘들의 충돌을 통해 비로소 뚜렷한 주름이 만들어지게 되는 과정과 마찬가지로, 조선의 근대문학사에 있어서 임화가 남겨둔 문학사적인 주름들은 그것을 적극적으로 받아들이는 입장이나 그것으로부터 적극적으로 달아나고자 했던 입장들이 교식하면서 만들어낸 힘들의 상호작용을 통해 이제는 그 존재하기 이전에 대해 전혀 상상할 수 없을 만큼 뚜렷해졌다. 물론 이를 전적으로 임화의 공이나 과로 단정 지어 평가하기엔 이르다. 오히려 문학사가로서 임화는 당대 식민지였던 한국 사회에 혼입된 근대성이라는 이념적 지향을 누구보다 예민하게 감지하였으며, 이를 충실하게 문학사에 적용하였을 따름이다. 그는 이른바 전근대적인 봉건성으로부터 벗어나 특히 언어와 제도와 사상적인 측면에서 새로운 근대적 성취를 만들어 내었던 문학 작품들에 주목하고, 이러한 문학 작품들을 이러한 근대적 이념이 표방하고 있는 일련의 역사적 배치 속에 위치시키면서 그들에 대한 역사적 평가를 가능하게 하는 일련의 기준을 창안하였던 것이다.

따라서, '한국의 개화 이래로 나타났던 근대적인 서사 양식은 그 형식이나 사상에 있어서 점차 발전해오고 있는가'라거나 '한국의 근대문학사는 세계사적 보편성을 획득하고 있는가' 하는 질문을 던질 수 있게 된 것은 임화 이후, 근대성의 이념이 문학사의 중심적인 시공간 범주가 되었던 이 때부터이다. 사실 조선이라는 중세의 시기 동안 장기지속longue durée의 상태에 놓여 있던 한국인의 언어와 문화적 생활이 비로소 근대의 문학사라는 시계 속에서 째깍 거릴 수 있었던 것도 이 때부터일 것이다. 마찬가지로 근대문학의, 근대소설의 기원이나 변천을, 그것이 내포한 양식적 가치와 사상적 가치의 높고 낮음을 평가할 수 있게 된 것 역시 이를 통해서라는 것은 상식에 가깝다.

다만 이와 같이 근대성의 이념이 투영된 문학사 서술의 태도가 서구 열강에 비해 뒤늦은 개화로부터 비롯된 제국-식민지 사이의 역사적 불균등에 대한 자책으로 인해, 우리가 박탈되어 뒤쳐질 수밖에 없었던 지금-현재에 대한 열망의 거리를 시각화하는 과정을 동반하지 않을 수 없는 부작용을 겪게 된 것은 어느 정도 불가피할 수밖에 없었다고 생각된다. 이와 같이 가시화된 시간적 차이는 우리가 발전해나가지 않으면 안 되는 상상적 근대에 대한 환상을 만들어내었던 것이다. 이는 분명 근대라는 시기는 전 세계적으로 동질적인 시간대로서 찾아오는 것이 아니라 각 국가들에게 주어진 개화의 시기에 따라 공간적으로 불균형하게 배치될 수밖에 없는 것이었다는 사실에서 비롯된다. 식민지라는 역사적 현실 속에서 특수한 지역성을 띠고 있었던 우리에게 문화적 보편성이라는 환상은 세계와의 문화적 동등성에 대한 욕망으로 나타나 끊임없이 확인하고 인정받지 않으면 안 되는 상태를 만들어내는 것이다. 당연하게도 임화가 이와 같은 상황을 모두 예비했던 것은 아니었다. 그는 단지 이와 같은 근대성의 이념이 표방된 문학사의 말미에 그가 갖고 있던 정치적 이데올로기를 따라 역사적 동력으로서의 계급투쟁을 통해 도달할 수 있는 프롤레타리아 계급의 이상적 지향성을 근대의 한 지향점으로 하여 그와 같은 전망을 세워두었을 뿐이었다. 하지만 임화 이후, 그의 물음에 답하여 근대문학사를 서술했던 문학사가들은 결국에는 그 근대적 이념의 실체를 제시하는 방법으로 문학사가 나아가야 할 역사적인 방향성에 대해 다루어야 할 의무를 갖게 되지 않을 수 없게 된 셈이다. 그러한 의무는 주로 '극복'이라는 절박한 명제로 표현되어 왔다.

이와 같이 임화의 문학사적 구도가 대표하고 있는 문학이 표상하고 있는 근대성의 역사 인식에 대한 극복의 시도는 이미 수차례 이루어져 왔다. 최초의 그것으로 당연하게도 근대의 기점을 새롭게 잡고자 했던 김윤식과 김현의 성과를 우선 손꼽을 수 있을 것이다. 물론 이 글에서는 그 상세한 내용에 대해 다룰 필요는 느끼지 않지만, 『한국문학사』의 기획은 대략 근대의 기점을 일제 강점부터가 아닌, 보다 자구적인 근대화 노력을 펼쳤던 갑오경장 이전에서 찾고자 했던 것이었다. 말하자면 이는 임화의 근대문학사가 근거하고 있는 중요한 신/구의 도식, 즉 구시대의 봉건성으로부터 근대적 개화의 계기를 서구적 근대 제도의 이식으로부터 찾았던 것을 반박하면서, 이러한 계기를 조선 후기 사회적 토대로 끌어올려 바로 그곳에서 근대화의 맹아를 찾아내고자 하는 의미를 담고 있는 것이었다. 경제적인 의미에서 자본주의 화폐경제의 시작점이라든가 정치적인 의미에서 민주주의와 삼권분립, 민권의식의 제도적 실현이라든가 문예적인 차원에서 근대적인 서사 양식의 출현 같은 것들이 바로 그러한 근대성의 맹아였을 터이다. 이러한 그들의 시도는 훗날 문학 출판 제도, 문예공론장, 개인 / 공동체 의식에 대한 범주 등과 같은 좀 더 구체적인 개념들을 통해 근대성의 시작점을 재구하고자 했던 이후의 문학사가들의 작업에 대해 중요한 참조점이 되었던 것이다.

하지만 당연하게도 이와 같은 문학사를 중심에 둔 극복의 과정은 제국주의 열강의 틈 속에서 한국이 일본을 경유하여 서구의 근대화 과정을 타율적으로 답습하였다고 하는 기본 전제에 대한 근본적인 재검토는 될 수 없었다고 판단된다. 이에 근대의 기점을 대한제국의 개국이나 그 보다 앞선 조선 후기로부터 찾고자 하는 시도는 단지 한국의 내부에 낯선 근대를 수용하고 받아들일 수 있었던 지향적이고 주체적인 움직임이 분명히 존재했다고 하는 소박한 항변의 범위를 벗어나지 못하게 되었던 것이다. 그만큼 우리의 눈앞에 문득 등장했던 근대적인 제도와 사상은 낯선 것이었을 뿐 아니라 마치 개화기 무렵에 도입된 사회진화론과 같은 이론들이 그러하듯 명료한 사회 과학적 진실 같은 것이었기 때문이다. 어떠한 시공간적 상상력을 동원하더라도 조선 후기로부터 근대국가의 성립으로 이어지는 일련의 연속성은 회복되지 않는다. 이러한 다분히 물질화된 근대에 대한 폐쇄적인 사고는 지금 한국의 근대문학사의 이념적 전망을 표류에 빠뜨린 주요한 원인일 것이다. 우리는 어떤 근대를 향해 나아가고 있는가, 서구의 근대와의 시간적 거리를 따라잡게 된 후, 우리가 꿈꾸어야 할 시대의 풍경은 어떤 것이었는가 하는 물음은 결코 도래될 수 없었다. 심지어 포스트모던의 논쟁마저 근대화 단계에서 겪어야 할 하나의 단계로 만들어버릴 만큼 근대성의 이념적 구조가 지나치게 단단하게 닫혀 있는 것이었기 때문이기도 하고, 그러한 문제의식을 더 이상 문학사의 영역에서 떠맡지 않게 되면서, 그러한 과제가 누구의 것도 아니게 되었을 뿐만 아니라, 순간 날아온 미풍과 함께 날아가 사라져 버렸기 때문이기도 하다.

2. '해석'으로부터 '실증'으로 —실증의 개념에 대한 얼마간의 의문

작년 9월경에 출판된 김영민 선생님의 새로운 근대문학사 『문학제도 및 민족어의 형성과 한국 근대문학(1890~1945)—제도, 언어, 양식의 지형도 연구』(소명출판, 2012)을 이제야 논의하고자 하는 앞자리에서, 굳이 한국 근대문학사 서술이 그 방향성을 상실한 경위를 장황하게 서술하지 않을 수 없었던 것은 당연하게도 지금 학계에서 가장 활발한 문학사적인 활동을 하고 있는 저자의 각고의 노력이 담긴 노작勞作을 통해 한국 근대문학사가 나아가야 할 방향 설정에 대한 답을 얻고 싶다는 기대감 때문이었다. 자본화와 세계화가 급속도로 진행된 한국 사회 속에서 한국문화와 한국문학의 영역 설정을 논하는 일조차 다소 민망한 일이 되어 버린 현재의 시점에 있어서도 문학사라는 과제가 여전히 우리에게 유효한 것이 될 수 있을까. 적어도 한국의 근대문학사는 저 멀리 상정된 어떤 중심에서 실현되어 있으리라 상상된 근대성의 이념을 성취하기 위해서 스스로를 다그쳐왔던 결핍된 욕망들이 줄지어 나열된 연대기였으며, 결국에는 실체 없는 지향점에 대한 순응과 거부라는 양쪽의 지향적 운동성을 중심으로 결국에는 타자들에 대한 배제를 통해 주체화를 가속해온 역사로 부정되지 않으면 안 된다면, 그러한 절박한 지향적 이념이 사라진 후에 우리에게 달리 무엇이 남아 있을 것인가. 이 책을 통해 바로 그와 같은 해체 뒤의 풍경과, 가능하다면 새로운 전망까지 발견하고 싶었던 것이다. 과연 이 책은 이러한 문제의식에 대해 어떻게 답하고 있을까. 저자는 책머리에 다음과 같이 쓰고 있다.

> 나는 한국의 근대문학 지도를 그린다는 생각으로 이 책을 썼다. 내가 목표로 한 것은 시간과 공간을 모두 아우르는 지도이다. 이 지도는 개별 작가 및 작품들이 놓여 있는 시간적 · 공간적 위치가 어디인가를 보여 준다. 이 책을 통해 한국 근대문학사(1890~1945) 속의 수많은 의미 있는 지형지물에 다가갈 수 있게 될 것이다. (…중략…) 문학사적 체계를 세우는 일에는 해석 작업 못지않게 실증 작업이 중요하다. 이 책을 집필하는 데는 실증을 위한 오랜 준비 과정이 필요했다.

이 소박한 서문에서 유독 도드라지는 단어는 '지도'와 '실증'이라는 단어이다. 당연하게도 이와 같은 단어들이 선택된 배경은 다음과 같은 저자의 의도와 관계되어 있다. 즉 ① 저자의 작업은 문학적 구조물들의 시공간적 좌표를 바로 잡는 문학사적 체계를 세우는 작업이라는 것, 그리고 ② 이러한 작업에 있어서는 해석 작업 보다는 실증 작업이 더 중요하다는 것, 이 두 가지이다. 이러한 저자의 언급은 마찬가지로 또 다른 생산적인 의문을 불러일으킨다. 첫 번째 의문은 문학적 구조물들의 시공간적인 좌표의 재설정remapping의 방식에 대한 것이다. 이 발언에 내포된 기존의 문제적인 시공간적인 좌표란 당연하게도 임화 이래의 문학사에서 구축되어 온 근대성의 왜곡된 구조를 가리키는 것이다. 구체적으로는 상상된 서구의 문학적, 사상적 표준으로부터 여기 한국의 문학사라는 대상까지의 시간적인 거리를 재어 그것을 공간적으로 펼쳐놓았던 지금까지 문학사 서술 방식이 그것이다. 이러한 서술 방식 속에서 서구적인 상상적인 모더니티에 미달하는 혹은 아예 거론될 수조차 없었던 존재들이 사상될 수밖에 없었는가 하는 생각을 해 본다면 저자의 이러한 문제 제기는 당연히 뼈아프게 다가오지 않을 수 없다. 다만 여전한 의문은 그리하여 문학사에서 왜곡된 근대성의 시공간의 구조를 걷어내고 새롭게 시공간을 재설정하는 방법론은 과연 무엇일가 하는 것이다. 문학사에 있어서 절대적인 시공간의 개념이란 존재할 수 없다는 사실은 이미 고유성만으로 문학사를 서술하고자 했던 시도들이 대부분 실패했거나 아무런 의미도 생산하지 못했다는 점에서 증명된다. 외부와 접속되지 않는 추상적 무시간성의 역사라는 개념은 그 자체가 모순인 까닭이다. 결국 문학사 서술이 시간과 공간의 연동 혹은 일종의 준거점으로부터 거리를 재는 방식을 통해 상대적인 시공간을 구축하면서 이루어질 수밖에 없다고 본다면, 그리고 그 준거점이 지금까지 때로는 모더니티, 과학, 서구의 문화 같은 주체 외부의 상상적 존재들로 상정되어 왔던 것이 문제였다고 한다면, 과연 저자가 의도하는 새로운 시공간 설정의 방법은 어디에서 근거하고 있는가 하는 의문이 들 수밖에 없는 것이다. 위의 서문은 그 답을 주지 않고 있다. 여기에서는 새로운 시공간 설정이 필요하다는 당위와 더불어 현실 세계의 축소판으로서 약호화된 지도라는 '메타포'만을 찾을 수 있을 따름이다. 지도는 위도와 경도의 조합으로 정확한 나의 위치를 찾아낼 수 있도록 하는 도구임에 틀림없지만 문제는 현실세계와 역사가 지도 위의 구조물들과 일대일로 대응될 만큼 단순하고 객관적인 구조를 이루지 않고 있다는 데에서 비롯된다.

이와 같은 첫 번째 의문은 다시 저자의 실증성에 대한 옹호에 대한 두 번째 의문으로 이전된다. 저자는 문학사적 체계를 세우는 과정에서 실증성이라는 가치를 옹호하면서 '해석 작업'이 아니라 '실증 작업'이 중요하다고 쓰고 있다. 역사 서술에 있어서 역사적 사실을 실증하는 일이 무엇보다도 기본이 된다는 사실에 대해서는 조그마한 이견의 여지도 있을 수 없다. 하지만 19세기 말 서구에서 만연하던 콩트Auguste Comte, 1798~1857의 영향을 받은 사회학적 실증주의를 비판하면서 현상학적 체계를 구축하고자 했던 후설Edmund Husserl, 1859~1938의 사례와 마찬가지로, 실증적인 사실 자체가 드러내는 의미라는 것은 존재하지 않는다. 현상학적 환원을 통해서 그러한 실증적 사실에 내포된(혹은 은폐된) 지향성이 드러나지 않을 수 없는 것이다. 물론 저자의 실증성에 대한 옹호가 단지 실증적 사실의 나열을 의미하는 것이 아니라는 정황은 분명하다. 그러한 역사서술은 실제로 어느 곳에도 존재할 수 없기 때문이다. 단지 저자의 실증성에 대한 옹호는 지금까지 근대성의 이념에 기반하여 작품에 대한 해석과 가치 평가를 통해 구축되어 온 가치의 체계로서의 역사에 대한 비판에 해당한다는 점을 넉넉하게 이해할 수 있다.

실제로 그것을 실증성에 대한 옹호로 부르든, 문학사의 서술 영역적 확장으로 부르든 이와 같은 움직임이 지금까지 문학적 가치라는 혹은 서구적 근대성의 이념이라는 해석적 틀에 매여 있던 지금까지의 근대 문학사로부터 벗어나 보다 다양한 현상들을 포괄할 수 있게 되었다는 성과를 보이고 있음은 너무나 분명하다. 최근에 들어서야 문학 연구에 있어서 일반적인 방식이 되었지만, 저자를 비롯한 다수의 연구자들이

'문학'으로 부터 벗어나 매진해온 언론, 출판매체나 출판 제도 등과 같은 연구는 이전의 문학사적 배치 속에서는 어떠한 계열조차 이룰 수 없었던 것이 사실이었기 때문이다. 이러한 관점에서 본다면 저자가 거론한 실증성이라는 것은 사실상 지금까지 문학사에 등재된 '문학'적 구조물들 사이에서 문학의 영역 밖으로 확장하여 그와 관련된 역사적 사실들에 대한 실증을 통해 문학사에 반환한다고 하는 숨겨진 의미를 담고 있는 셈이다.

따라서 당연하게도 저자가 내세우고 있는 실증이 자기 현현적인 개념이 아니라 실제로는 그 속에 어떤 지향적 움직임이 존재한다는 사실 자체는 결코 비판의 대상이 될 수 없다. 이는 일상적인 언술 행위가 아닌, 의도가 담겨 있는 모든 가치를 표현하는 언술 행위 속에 내포되어 있는 당연한 현상학적 구조에 해당하기 때문이다. 다만 한 가지 거둘 수 없는 의문은 저자의 실증이라는 보편적 개념 아래, 정작 스스로 딛고 있는 역사 서술의 이념적 토대를 은폐하고 있는 것은 아닐 것인가 하는 것이다. 무엇보다도 앞서 살펴본 바와 같이, 지도라는 객관에 대한 착각을 일으킬 수 있는 시공간 배치를 의미하는 방법론적 메타포가 그러한 의문을 거둘 수 없도록 한다. 물론 이러한 의문들은 결국 이 책의 내용을 좀 더 구체적으로 살펴보지 않는다면 해명될 수 없을 것이다.

3. 제도와 언어, 양식이라는 삼분의 문학사적 체계

이상과 같은 문제의식을 가지고 이 책의 구성과 배치를 좀 더 세밀하게 살펴보도록 하자. 이 책은 크게 4장의 구성으로 되어 있다. 제4장은 제1장, 제2장, 제3장 전체 내용의 요약과 마무리와 새로운 전망을 담고 있는 것으로 이 책은 실질적으로는 제1장 제도, 제2장 언어, 제3장 양식이라는 3장의 구성으로 되어 있는 셈이다. 제1장인 「근대적 문학제도의 탄생과 문화 지형도의 변화」에서는 하위로 근대 매체, 근대 작가, 근대 독자라는 각각의 내용을 다루고 있으며, 제2장인 「근대 민족어의 형성과 근대문학 문체의 정립」에서는 그 하위로, 국한문체와 국문체의 등장, 근대 매체와 언어 사이의 상관성, 근대 표기법과 한글소설이라는 각각의 내용이 들어 있다. 제3장 「근대 서사의 전개와 소설 양식의 변이」에서는 신소설 개념의 변화, 단편소설의 등장, 장편소설의 등장이라는 각각의 내용들을 다루고 있다.

이상과 같이 이 책의 목차를 훑어보게 되면 그간 저자가 발표해 왔던 수많은 논문과 저서들에서 이루어진, 발표 당시에는 특별한 시간적 순서를 갖지 않았던 뚜렷한 성과들이 바로 제도－언어－양식이라는 3가지 영역에 대한 구상 속에 재구성되어 정리되고 있다는 사실을 알 수 있으며, 이 3가지 영역이란 바로 언론 매체나 출판 매체를 통한 작가 탄생의 계기에 대한 설명으로부터 언어와 표기법의 문제를 거쳐 신소설－근대소설 양식의 출현에 이르는 일련의 과정을 견인하기 위한 의도를 담고 있는 것임을 확인할 수 있다.

제1장의 경우, 근대 언론 매체－근대 작가—근대 독자의 세 부분으로 나누어 서술되고 있으며, 첫 번째 절인 근대 언론 매체를 다루고 있

는 부분의 경우, 당시의 언론 매체들이 두었던 잡보란에 주목하면서 잡보란에 주로 실렸던 '서사적 논설'들이 『대한매일신보』에 이르러 소설란으로 독립되었으며 이후 근대잡지의 출현을 통해 소설 탄생의 기본적인 배경이 되었다는 관점을 드러내고 있다. 또한 근대 작가를 다루고 있는 두 번째 절의 경우, 이와 같이 서사적 논설들이 대부분 무기명이었던 것에 비해 새롭게 등장한 잡지나 신문 등에서는 필자에 대한 표기가 이루어졌으며 이와 같은 과정이 출판물에 대한 저작의 권리로 이어졌다는 내용을 다루고 있다. 마지막으로 근대 독자의 탄생을 다루고 있는 세 번째 절은 각 신문들에서 독자 투고와 관련된 제도들에 대해 일별하는 내용으로 이루어져 있다.

제1장의 내용만 살펴보면, 지금까지 거론되지 않았던 군소 언론 매체들과 지금까지 '문학' 혹은 '소설'로 대우되지 않았던 대상들을 재발견하고자 하는 경향이 뚜렷하다는 사실을 알 수 있으며, 그에 비해 서사적 논설로부터 신소설에 이르는 과정이 지나치게 간략하여 논리적 비약으로 여겨질 여지가 있다. 과연 신문 잡보란이나 논설란에 실렸던 계몽성을 띤 서사적 성격의 논설과 신소설의 서사 사이의 현격한 간극을 단지 신문지면의 구분이나 무기명 / 기명의 차이만으로 설명할 수 있을까, 라거나 이 책의 전반적인 논지와 같이 서사적 논설들이 보유한 일련의 자질들이 신소설의 서사로 이전하였고 이러한 신소설의 서사와 단편소설의 서사 구축 경험을 통해 점차 장형화된 서사 양식이 근대 장편소설의 탄생에 기여하고 있다는 일련의 변화의 국면들이 텍스트의 변화에 대한 검토 없이, 문학 외적 토대에 대한 해명만으로 이루어질 수 있는 것일까 하는 의문이 자연스럽게 떠오르게 된다. 이른바 외적인 제도와 내부 서사 사이의 긴밀한 관련성이 추가로 해명되지 않는 한 결국 중요한 변화의 국면을 총체적으로 해명하기란 불가능하

지 않을까.

이러한 의문은 제2장에서도 재현된다. 언어를 다루고 있는 제2장에서 저자는 한말 정부의 국한문 및 한글 사용 정책과 실제 한글 사용의 사례 등을 살피면서 국한문체 혹은 국문체의 형성의 배경을 살피고 그 다음으로 당대 언론 매체들이 국한문체 / 국문체 선택에 담긴 의미를 해명하면서 궁극적으로 이러한 표기법들이 한글 소설의 정착에 어떻게 기여했는가 하는 바를 살피고 있다. 이러한 세부적인 절들 중에서 가장 중요한 부분은 마지막 부분임을 쉽게 기대할 수 있다. 하지만 이 책에서 정작 당시의 작가 혹은 소설의 창작자들이 국한문체와 국문체 사이의 수많은 변이형들 중에서 하나를 선택했는가 하는 경향성을 파악하기는 어렵다. 수많은 표기 유형들이 무차별적인 사례로서 제시되어 있을 뿐이고, 이광수의 『무정』이 완전한 국문체를 달성한 근대소설로 갑자기 강조되어 있을 뿐이다. 이와 같은 논의의 흐름은 근대적인 언어의 형성 과정을 밝히기 위한 것인가, 아니면 근대적인 소설의 표기법을 통해 근대적인 소설의 문체적 특징을 밝히기 위한 것인가 하는 의도의 불분명성을 낳는다.

이 책의 마지막 부분인 제3장은 근대의 문학 양식의 변이 양상을 다루고 있다. 저자는 제3장의 첫 절에서는 지금까지 문학 장르의 하나로 다뤄진 신소설이라는 장르적 개념의 불분명성에 대해 지적하고 있다. 즉 신소설이 단지 문학적 체계 내에서 형성된 명확한 장르를 가리키는 고유명이 아니라 그것을 언급했던 수많은 연구자들에 따라 각각 다르게 정의되어 온 모호한 것이었다는 것이다. 이러한 지적이 담고 있는 의미는 분명하다. 기존에 신소설로부터 장편소설로 이어지고 있는 명확한 흐름을 거부하고, 이를 단형서사물－단편소설로 이어지는 흐름으로 대체하면서 단편소설의 장형화를 통한 장편소설의 탄생과정으로

소설의 발전 과정을 연속적으로 설명하겠다는 것이다. 이러한 저자의 의도는 충분히 경청할 만한 가치가 있으며 역사적인 정당성을 획득하고 있다. 이와 같은 '신소설'의 개념에 대한 해체는 기존 문학사가 견지했던 여러 가지 입장들에 걸려 있는 문제들, 예를 들어 임화의 근대성의 이념과 이식성이라든가, 정치소설의 결여형으로서의 신소설이라는 개념 규정, 근대문학의 자립성 등 한국의 근대문학사에 걸려 있는 많은 문제를 해결해주는 의미를 갖고 있기 때문이다.

물론 그럼에도 불구하고 당연한 의문은 풀리지 않는다. 앞서와 마찬가지로 이질적인 양식들 사이의 질적인 변화를 단지 외적인 요인의 변화만으로 설명하는 것이 가능한가 하는 의문이다. 적어도 이 책 내에서는 어디에서도 기존의 서로 다른 양식들 사이의 전이 과정을 설명할 만한 텍스트적인 해석 과정은 찾기 어렵기 때문이다. 이 책 내에는 작가와 독자, 제도로 이루어진 역사적 실증들만이 존재하고 있다. 언어 역시 매체적인 차원이나 정책적인 차원으로 정리되고 있을 뿐이다. 근대문학사의 이념적 전망과 그에 따른 해석 작업으로부터 벗어나기 위한 시도로 저자는 실증을 택한 셈이었지만, 이와 같은 저자의 시도는 실제로 임화로부터 얼마나 멀리 벗어날 수 있었던 것일까. 과연 텍스트를 배제하는 것이 그 시도에 상응하는 것이었을까, 하는 의문이 끊이지 않게 되고 만다. 역사적인 좌표에 가로 놓인 문학 텍스트의 변이 속에서 내밀한 차이의 흔적을 발견해내지 못한다면, 그것은 결국 임화가 놓은 근대문학사의 이념적 전망 속에서 다시 시계추처럼 벗어나지 못하게 되는 것은 아닐까 우려하지 않을 수 없는 것이다.

4. 나가며
—한국 근대문학사 전망이라는 과제는 아직 유효한가

지금까지 살펴본 바와 같이, 김영민 선생님의 책 『문학제도 및 민족어의 형성과 한국 근대문학(1890~1945)–제도, 언어, 양식의 지형도 연구』는 분명 임화로부터 이어져온 한국 근대문학사의 불가피했던 국면들을 어느 정도 해소하고자 하는 저자의 의욕을 반영하고 있는 노작으로 평가할 수 있다. 문학사와 문학연구가 다뤄야할 영역을 근대성과 같은 상정된 이념과 그것을 중심으로 펼쳐진 시공간의 계열들로 규정지으면서 그것을 위험하게도 문학적 가치로 환원하고자 했던 기존의 문학사와 달리 문학 외적인 다양한 제도 혹은 매체, 언어 등의 문제들을 통해 문학사를 다각적으로 볼 수 있도록 하는 다양성을 부여하고자 했던 저자의 공로는 충분히 인정되고도 남음이 있다. 다만, 문학사적 환경을 다각적으로 보고자 하는 노력이 문학 텍스트에 대한 해석을 배제한 것을 의미하는 것은 아님에도 불구하고, 실제로 그러한 결과를 낳고 만 것은 일정한 면에서 한계로 지적될 수 있을 것이다. 게다가 문학사적인 진실에 대해 석연치 않은 객관성과 실증성의 옹호로 답하는 태도 역시 아직은 분명하게 평가하기 힘든 대목으로 제시될 수 있다. 이는 김영민 선생님의 앞으로의 저작에 대한 지속적인 관심을 통해서만 확인될 수 있을 뿐일 것이다.

근대문학사적 전망의 유효성이 사라진 것에 대한 우려로부터 출발한 이 글은 결국에는 다시 원래의 문제만을 확인한 채 다시 원점으로 돌아왔다. 어쩌면 처음부터 답이라는 것을 낼 수 없는 것이었을지도 모른다. 한 가지 분명한 것은 문학이 아직도 인간의 삶에 대해 무언가 전망을 제시할 수 있는 대상이어서 인간의 세계관에 대해 지평을 제시할 수 있는 가능성을 갖고 있는가, 아니면 이제는 문학관이나 박물관 같은 지식 아카이브에 차곡차곡 남겨두어야 할 대상에 불과한 것인가, 하는 질문은 끊임없이 던져지지 않으면 안 된다는 것만은 분명하다. 한국 근대문학을 연구한다는 것은 궁극적으로는 분명한 거대 이념에 의해 좌우되는 문학사에 대한 거부하거나 혹은 이해하거나 하는 관성적 움직임 사이에서 시계추처럼 흔들리면서 우리의 현재를 해명할 새로운 문학사 서술의 방향성을 찾아내는 과정인 까닭이다.

—『민족문학사연구』 52, 2013

'조선', 번역의 그물 속으로 들어가다

김성연 | 연세대학교 국학연구원 학술연구교수

이상현, 『한국 고전번역가의 초상, 게일의 고전학 담론과 고소설 번역의 지평』, 2012

1. 150주년이라는 사건, 그리고 예상된 오독

2013년 2월 19일은 선교사 게일J.S.Gale, 奇一, 1863~1937 탄생 150주년이었다. 게일이 초대 담임목사를 지냈던 연동교회에서는 '게일 탄생 150돌 기념 예배'와 '게일학술연구원 개원 발기 대회'가 열렸다. 이로 인해, 이날로부터 불과 한 달 전에 출판된 『한국 고전번역가의 초상, 게일의 고전학 담론과 고소설 번역의 지평』(소명출판, 2013)이 언론으로부터 주목받게 되었음은 당연한 현상이었다.

각종 언론 기사가 '150주년'이라는 기사와 함께 이 저서를 소개한 방식은 오늘날 한국인이 게일과 같은 인물에게서 무엇을 읽어내고 싶어 하는지를 보여 준다.

조선은 동양의 그리스… 미개한 나라가 아니라오

—『조선일보』, 2013.2.8

한국고전 해외 소개… 100년 전 '한류 주춧돌' 놓아

—『문화일보』, 2013.2.12

"조선은 동양의 그리스" 게일 목사 탄신150돌…연동교회에 기념관

—『한겨레』, 2013.2.13

조선은 '동양의 희랍'…… 조선의 미래를 낙관한다

—『연합뉴스』, 2013.2.5

위 언론 기사의 제목들은 서양인이 조선을 유구한 전통의 문명국으로 보았음을, 그것도 중국과 일본을 제치고 '동양의 그리스'라는 타이틀을 거머쥐었음을, 그리고 한류의 맹아가 100년 전에도 감지됨을 강조한다. 타인의 시선 속에 비친 자국의 위상을 확인하고 한류의 원류를 한 세기 전으로 끌어 올리고 싶어 하는 이 두 가지 욕망은, 결국 인정욕구로 요약될 수 있다. 서평, 혹은 신간 소개에 해당하는 성격의 위 기사들은 공히 다음의 저자의 말을 인용하며 기사의 물꼬를 튼다.

최근『한국 고전번역가의 초상, 게일의 고전학 담론과 고소설 번역의 지평』(소명출판 펴냄)을 출간한 이상현 부산대 인문한국(HK) 연구교수는 "게일은 한국인보다 먼저 한국어를 연구한 한국어학자이자 고전번역가였으며, 서구가 아닌 한국의 시선에서 한국학을 개척한 학자였다"고 평했다.

인용된 문구의 방점은 "한국인보다 한국어를 먼저 연구한" 데에, 그리고 "서구가 아닌 한국의 시선에서 한국학을 개척"했다는 데에 있다. 따라서 게일을 둘러싼 평가는 그 업적에 대한 학술적 접근과 비평적 해석보다도 인물에 대한 경외로 수렴하게 된다. 이러한 언론의 초점화 방식은 인터넷 서평과 칼럼, 일반인 독후 반응에서까지 유사하게 찾아볼 수 있었다. 게다가 '한국 문헌을 한국인보다도 먼저, 한국인의 시선에서'라는 문구는 게일의 한국에 대한 '사랑'까지 연상시키는 작용을 한다. 그런데 정작 저자는 '책머리에'와 책 표지를 통해 이러한 반응을 여러 차례 경계한 바 있다.

> 다만, 이 책에서 나는 게일을 '서구의 시선에서 한국을 바라본 오리엔탈리스트'나 '한국문화를 사랑한 외국인'으로 그리지 않으려고 노력했다. 그를 우리와 동떨어진 외국인으로 본 과거의 잘못을 반성하고, 한국의 고전연구자라는 입장에서 게일이란 인물이 지닌 의미를 곱씹어 보고 싶었기 때문이다. 이 책의 목적은 게일을 '고전번역가'로 묘사해보는 것이다.(3쪽)

저자가 이 문구를 통해 취한 포즈의 진의는 언론 기사를 통해 전달되지 않았다. 저자가 게일을 그릴 때 지양하고자 했던 두 가지 초상 중 '오리엔탈리스트'라는 전자를 피하는 데는 성공한 반면, '한국문화를 사랑한 외국인'이라는 후자를 빗겨가는 데는 실패한 것 같다. 저자는 이 두 가지 지양점이 기실은 한국사회에서 독해되기 쉬운 방식임을 잘 알고 '책머리'를 통해 강조했을 것이다. 그런데, 전자와 후자는 동전의 양면이다. 전자 '서구의 시선에서 한국을 바라본 오리엔탈리스트'를 부정하면 후자 '한국문화를 사랑한 외국인'이 되기 십상이고, 후자를 부정하면 전자가 되기 마련이다. 혹은, 둘은 공존하기도 한다.

저자로서는 이 저서가 다루고 있는 다층적 자료와 예각화 된 문제의식이 언론을 통해 충분히 전달되지 못하고 있음이 다소 유감스러웠을 것이다. 기묘하게도 게일의 정체성을 명료하게 규정하면 할수록 저서가 펼쳐주는 지평은 협소해지고 만다. 무엇보다도 『한국 고전번역가의 초상, 게일의 고전학 담론과 고소설 번역의 지평』이라는 제목 그 자체만 보아도 그것이 표방하는 바의 명료함이나 소박함에 비해 야심찬 의도를 숨기고 있다. 저자가 조선에 선교사로 파송되어 선교사로서 삶을 마감한 게일의 행적을 번역가로, 그것도 고소설 번역가로 주목하고자 함을 이 책의 목적으로 내세우고 있음은 무엇을 의미하는가? 신학과 인접 학문들과의 소통의 한계 지점을 저자는 잘 알고 있다. 연구자는 종교인의 업적을 학술적으로 접근할 때 대상의 성격을 규정해야 할 필요를 절실히 느꼈을 것이다. 저자는 제2장 『게일 고전학의 논리와 한국인의 심령』 부분을 할애하여 게일의 저술에서 한국인의 심령Spirit과 하나님God의 개념, 한국인의 종교적 신앙과 조상숭배의 문제 등을 읽어내지만, 이 장에서도 게일은 저술가, 번역가로서의 색채가 강하다.

한국에 파견된 서양인 선교사들의 행적에 관한 기록과 평가는 기왕의 교회사 저술이나 신학 연구를 통해 이루어진 바 있다. 이러한 선행연구가 없었다면 이 책에는 상당 부분 공백이 남아 있었을 것이다. 저자는 기존 고소설, 고전학 연구자들의 업적을 딛고 더 넓은 논의의 지평으로 나아갈 수 있었던 것처럼 종교계의 연구물에도 감사를 표한다. 그리고 겸손히 말한다. 그저 번역가로서 그것도 고전번역가로서의 게일을 그려보이겠노라고. 그런데 이는 간단치 않은 일이다. 종교인의 업적을 학술적으로 정리하고 인문학적 해석으로 나아간다는 것뿐만 아니라, 한국 고전문학의 근대화를 해외 한국학과의 관련 속에서 풀어나간다는 것 역시 도전적인 과제이다. 게다가 그것을 언어・문학・학문·개념이라는 다양한 범주에서, 조선·일본·서양이라는 다층적 주체를 통해서, 그리고 고전·근대라는 시차 속에서 알뜰히 살피고자 한다면 이는 개인 연구자가 평생을 바쳐 빚을 그릇의 크기이다. 이 포석들을 촘촘히 깔아둔 이 책은 오랜 공력과 명민한 전략의 산물이다.

'게일의 고전학 담론과 고소설 번역의 지평'이라는 책의 부제 역시 곧이곧대로 읽으면 곤란하다. 저자는 게일의 업적을 총체적으로 살피는 것만도 오랜 공력이 필요한 과업임을 고백했거니와, 이 책은 게일이라는 개인의 업적뿐만 아니라 그의 번역과 발화가 놓인 좌표를 정확히 짚어주기 위해서 관련 담화의 지평 전체를 조망한다. 그는 조선인과 일본인 학자의 시선까지 함께 고려하면서도 '조선-일본-서양'의 구도로 쉽게 환원시키려는 유혹에 빠지지 않고 연구자와 출판물을 개별적으로 검토하여 그 내부의 차이의 결을 읽어내고자 한다. 그 풍부함과 세세함으로 인해 논의가 한 손에 잡히지 않고 한 눈에 요약되지 않음은, 이 책이 후속 연구자들에게 남겨준 가능성들이자 저자가 짊어지고 갈 남은 과제로 보인다.

2. 고소설에서 솟아오른 아카데믹 노마드

『한국 고전 번역가의 초상』의 저자 이상현은 경계를 걷는다. 세부전공과 분과학문으로 쪼개진 구역들 사이를 처연히 횡보하는 그를 보면, 아카데믹 노마드academic nomad라는 신조어가 떠오른다. 경계 횡단과 머묾과 떠남이 유목민처럼 자유롭지만 그는 태생이 고소설 연구자이다.

저자는 스코틀랜드계 캐나다인 선교사 J.S. 게일1863~1937의 번역 작업을 통해 언어, 문학, 학문의 영역에서 전통적인 것과 근대적인 것이 역동적으로 생성되던 역사적 지점을 탐색했다. 천년 혹은 백년 전의 고소설, 1910년대의 서양인 선교사, 그리고 그의 업적을 연구하는 2010년대 한국인 학자. 여기에는 세 겹의 시공간이 교차한다. 근대가 고대와, 현대가 근대와 맺는 시간의 조우는 곧 조선이 일본과의 관계 속에서 중국과 결별하고 서양과 만나며 자신을 드러내던 이야기로 환원될 수 있다.

곳곳에 정리된 풍부한 자료의 사료적 가치나 해석의 지점들에 대한 논쟁은 후속 연구자들에게 유익한 질료가 될 것이므로 비좁은 서평의 지면에서 성마르게 논구하지 않겠다. 무엇보다도 고소설과 고전학에 정통하지 못한 서평 필자는 이에 대한 논쟁을 정치하게 이끌어낼 재간이 없다. 대신, 연구 대상인 게일만큼이나 흥미로운 저자의 연구 궤적의 의미를 정리해 보고, 차후 연구에 대한 바람을 제언해보기로 한다. 서평의 지면을 연구자평으로 일부 메우고 싶은 것은, 이 책의 뒷장을 덮었을 때, 곧 날아갈 듯 당차게 진동하는 매미를 손에 잡고 있는 느낌이 들었기 때문이다. 박제되지 않은 책에 대한 서평은 분류학이나 해부학이 아닌, 움직임을 쫓아가며 다음 날아갈 방향을 예측해보는 생물학적 관찰 기록이 적절할 것이다.

본격 출판물을 통해 그를 처음 만난 것은 『한국어의 근대와 이중어 사전』 1-11(황호덕 · 이상현, 박문사, 2012)을 통해서였다. 근대 초기 사전사에서 중요한 자리를 차지하던 각종 이중어사전들을 총망라한 이 총서는 그 등장 자체가 반가웠기도 하거니와 공편, 공저자의 조합이 흥미로웠다. 근대 이중어 사전 총서는 흥미롭게도 국어학 전공자가 아닌, 현대문학과 고전문학 전공자의 합작이었다. 고전문학 전공자 이상현이 전방위 인문학 연구자로 활약해온 현대문학 전공자인 황호덕과 공편, 공저자로 출사표를 던졌음은 그의 차후의 연구 방향을 예견해주는 것이었다. 그는 같은 해 『개념과 역사—근대 한국의 이중어사전』 1–2(박문사, 2012)에서는 번역어들을 통해 근대 초기 주요 개념어들의 실체를 포착해낸 개념사적 연구 성과를 보여 주기도 했다.

이어 발간된 『한국 고전 번역가의 초상, 게일의 고전학 담론과 고소설 번역의 지평』(소명출판, 2013)은 고전학 담론과 고소설 '번역'을 통해 '고소설—한글—한국학'이 재편되던 근대 초기의 지형도를 펼쳐준다. 이는 국어학, 현대문학, 고전문학, 개념사, 혹은 이른바 한국학사를 아우르는 인문학 연구의 성과로 볼 수 있다. "한글을 번역의 대상으로 소환하는 이중어 사전의 존재가 없이는 국어사전을 상상할 수 없었다"(109쪽)는 이중어 사전의 존재 의의에 관한 저자의 통찰은, 게일의 고소설 번역이 한국학의 '정신' 항목에 '문학'을 자리잡게 하는 데 일조했음을 간파해내는 것으로 절묘하게 이어진다. '언어, 문학, 학문'의 긴밀한 관계가 드러나는 순간이다.

이 책은 고소설이 근대를 맞이하여 존재 좌표를 움직이는 모습을 실증적으로 탐색하면서 그것이 해외 한국학의 지형도 형성에 기능한 바와 국문학사에서 논의되는 방식을 면밀히 살핀다. 저자는 번역물과 번역가의 발화를 통해 'Spirit', 'Love', 'God' 등 주요 서양 근대 개념에 대응할 만한 한국의 것이 호출되던 정황을 감지하며 근대 개념사 연구에 기여하고 있다. 개념의 정립과 변모는 언어 실천 행위를 통해 가능했으며 그 핵심에는 번역이라는 파도에 휩쓸려 위치와 형체가 바뀐 언어(한글 / 한자)와 텍스트(소설 / 고전)가 있었다.

그를 따라 가는 길은 더 이상 경계가 아니다. 그는 국어학과 고전문학, 현대문학이라는 세부 전공으로 나뉘어버린 '국어국문학과'의 내부

균열을 여민다. 그리고 국어국문학에서 한국학으로, 다시 국내 한국학에서 해외 한국학으로 운신의 폭을 계속 넓힌다. 고소설이라는 구체적 텍스트에서 출발한 아카데믹 노마드는 1920년대 후반 유학파 한국인들에 의해 한국학 저술이 생산되기 전까지 게일이 성취한 바, 서구 한국학에 '문학' 특히 '고소설'을 자리매김 했음에 주목한다(95~99쪽). 저자 이상현은 고전문학이라는 질료를 둘러싼 언어와 인식을 파고들다보니 몇 갈래의 광맥을 찾아냈다. 그 광맥들은 근대 한국이라는 산의 주요 성분을 파악하는 데 긴요한 길목이다. 고전문학에 정통하다보니 인근 학문과 통섭하지 않을 수 없었고, 결국 어학, 번역사, 문학사, 비평사와 개념사까지 넘나들게 된 이 성과물은 요즘 왕왕 강조되고 있는 '융복합 학문' 이상으로 통섭적인 산물이 되고 말았다. 그토록 권유되고 시도되는 학제간 연구나, 통섭 연구의 기반은 '정통함'에 있는 것인지도 모른다.

3. 번역의 통국가적 문맥

제5장 「고소설 담론의 통국가적 문맥」은 이 책의 마지막 장이자, 저자가 지속적으로 탐색했던 근대 초기 번역의 '통국가성'을 본격적으로 다루는 부분이다. 저자는 1910년대 게일의 번역 작업에서 의미 있는 변화를 감지한다. 바로 게일의 번역 대상에 고소설이 적극 영입되기 시작한 것이다. 저자는 이 변화에 영향을 미친 현실적 요인으로 재조 일본인으로 구성된 조선고서간행회의 고서적출판(1909~1911), 판소

리 개작 고소설의 『매일신보』 연재, 그리고 게일의 번역 발표 지면 확충, *Korean Magazine*, 1917~1919이라는 출판, 제도, 문화사적 정황을 꼽았다. 무엇보다도 저자는 게일의 많은 번역 작업 중 고소설 번역에 주목할 어떤 '필요'가 있었는데, 바로 "'한문 = 중국 중심의 고전과 서구 중심의 근대문학'이라는 편향성을 보인 오리엔탈리스트"라는 평가를 게일로부터 벗겨주고 싶었기 때문이다.

이를 통해 저자는 「춘향전」과 「심청전」이 한국문학을, 아니 한국의 정신을 대표하는 문헌으로 부상하게 된 기원을 짚어준다. 조선고서간행회(1908년 설립)가 『대동야승』(1909~19011)을 출판한 이후 게일은 본격적으로 *Korean Folk Tales*(1913)를 번역하게 되고, 이로서 "과거 저급한 독자를 위한 대중문학이던 고소설은" "하나의 문학작품이자 번역의 대상으로 위상을 획득하게"되고 "이 시기 일종의 국민문학으로 그 형상이 크게 변모"(82~83쪽)된다.

이 장은 "게일의 고소설 번역 속에는 알렌, 쿠랑, 다카하시, 호소이 등의 실천을 함께 엮을 수 있는 지점, 하나의 단일한 국적으로 환원할 수 없는 통(通)국가성이 내재되어 있다는 점을 가설로"(357쪽) 세우고 출발한다. 서양인 선교사 게일을 전면화하고 있긴 하지만 '서양'으로의 단일 노선을 그리지 않고 일본인과 조선인 기록 주체들의 시선 역시 고려하며 복수複數의 '통국가성'을 그려낸다. 그리고 그 구체적 사례로 「춘향전」과 「심청전」에 주목한다. 「춘향전」과 「심청전」의 근대 재편과 번역의 과정에 대한 고찰은 이들 서사가 오늘날까지도 한국적이고 민중적인 감성과 정신을 담는 정전으로 호출되고 있다는 점에서 흥미롭고 의미 있게 다가온다.

저자는 김태준, 게일, 다카하시, 알렌, 쿠랑 등으로 이어지는 「춘향전」 번역, 혹은 해설의 계보 속에서 게일 영역본의 의의를 평가한다.

한학의 전통 속에서 당대 대중소설에 불과하던 「춘향전」은 근대 조선인, 일본인, 서구인의 각 시선 속에서 한국고전학의 정전으로 자리매김 된다. 이 중 김태준은 근대적 문학 관념과 국문학사 담론을 바탕으로 「춘향전」을 과거의 문학 정전으로 인식했고, 작품 자체에는 존재하지 않던 어휘와 개념인 '근대적 소유관계', '사회층', '시민' 등을 동원하여 작품을 해석하며 근대적 의의를 십분 살리기에 노력했다(359~360쪽). 그런데 일제시대 이루어진 유물변증법적 문학 연구의 최고수준을 보여 준 사례로 꼽히는 김태준의 「춘향전의 현대적 해석」(『동아일보』, 1935.1.1~1.8)은 실상 그 이전에 존재했던 「춘향전」 번역의 역사를 바탕으로 가능했던 것이다.

1910년을 전후로 설화집에서 문학작품으로, 그리고 다시 정전으로 배치되던 「춘향전」의 정전화 과정은 해외어로의 번역 속에서 이루어졌으며, 이는 또한 한국 구어의 세계 발견이라는 의미 있는 사건과 함께 조명된다. 일찍이 1901년 『한국서지』를 통해 한국 문헌들의 목록을 망라했던 모리스 쿠랑에게 「춘향전」은 과거의 문학어가 아니라 동시대적인 것, 통속적 대중문학이었다. 이 때 그는 알렌의 영역본(1889)을 참조했으며 언어 예술로서라기보다는 사건 전개의 줄거리에만 주목한다. 쿠랑이 유학 관련 한문문헌을 통해 한국의 정신을 읽어내고자 했던 것과 달리 다카하시는 『朝鮮の物語集附俚諺』(1910)에서 고소설을 통해 풍속과 정신을 밝혀내고자 한다(379쪽). 이렇게 한국학의 영역에서 한국 고소설이 한문문헌과 동등한 차원에서 학지로 인식 되어가는 모습은 한문과 한글문어의 위계가 변화하고 있었음을 보여 준다.

게일과 다카하시는 모두 '한국어문법서'와 '한국의 설화집'을 발행하며 한국의 말의 세계에 대한 탐구를 수행했다(363쪽). 다카하시에게 「춘향전」은 언어를 익히기 위한 어학도, 언어를 보존하기 위한 문학도 아닌(근대 국민문학으로도 미달된 문학이었거니와), 한국인의 원시적 사고와 풍습을 읽을 수 있는 '민족지적 탐구의 대상'이었다(369쪽). 반면 게일에게 춘향전은 한국인의 생활상과 작가의 세계관을 파악할 수 있는 '문학작품'으로 인식 되었다. 그 와중에 『매일신보』에 연재된 이해조의 「옥중화」(1912)의 등장은 「춘향전」의 번역장과 번역지평에 큰 변화를 가져왔으며 이는 게일의 「춘향전」 번역에도 영향을 미치게 된다(371쪽). 다양한 방각본 판본들이 존재하며 작자미상이던 「춘향전」은 「옥중화」를 통해 작자가 존재하는 인쇄된 단행본으로서 상상되기 시작했으며, 이는 게일의 『춘향전』 번역본이 탄생할 수 있는 계기가 된 것이다(372쪽).

근대 한국어 혹은 한국학은 영어・근대학문(제도)・기독교로 대표되는 서구와의 조우 속에서 탄생했으며 그 과정에서 중국과의 분리 및 일본과의 거리두기, 혹은 일본의 영향 속에서 한국의 독자성과 정통성은 확보되고 있었다. 이 때 그는 근대 초기 서양인에 의한 번역이 '한-영, 영-한'으로만 간단히 볼 수 없었던 근대 초기 번역의 복잡한 언어 지형도에 착목하여, 국문과 한문의 '언어 내 번역(intralingual translation)과 언어 간 번역(interlingual translation)'(28쪽)을 세분화시켜 보고 있다. 이 책은 번역이라는 행위가 번역물의 수용주체뿐 아니라 번역원본에 미친 영향까지 정치하게 추적함으로서 문명의 접촉이자 문화사적 '사건'으로서의 의미를 총체적으로 밝히고 있는 것이다.

4. 쌍방향 번역의 의미망

16세기부터 17세기, 중국에서는 서양고전과 동양고전이 서로의 언어로 체계적으로 번역되었다. 그 작업의 중심에는 선교사들의 활약과 왕립 출판사의 지원이 있었다. 이탈리아 선교사 마테오리치가 중국어로 천주교 교리를 번역한 『천주실의』, 그리고 유클리드 기하학과 천문지리학 지식을 담은 『곤여만국전도』 등의 업적이 그 대표적 예이다. 당시 선교사들은 서양 종교와 과학을 중국어로 번역하면서 중국으로부터는 공자를 중심으로 한 학문을 주루 영역했다. 이렇게 종교와 국가의 지원 속에 가능했던 동서 고전 문헌의 상호 번역은 동서 지성사의 지형도에 큰 변화를 가져왔다.

19세기 말부터 20세기 초, 조선의 고전 문헌도 이 쌍방향 번역의 조류에 오르게 된다. 『한국 고전 번역가의 초상』은 번역이라는 파도를 통해 한국 문헌이 서양어로 번역되며 언어(한문 / 한글), 문헌(역사 / 소설)의 위치와 형태가 뒤바뀌게 된 정황을 세밀히 추적한 셈이다. 이러한 그의 다방면의 활약은 한국이 세계와 조우하고 교통한 주요 통로를 밝혀준다. 그리고 '한 → 영' 번역의 경로를 집중적으로 조명함으로서 빛이 드리워지지 않은 그 역방향에 대한 의문을 불러 일으켜준다. 서양에 소개된 한국의 상이 타자에게 보이는 자기 모습을 확인시켜준다면, 한국에 소개된 서양은 한국의 소망과 공감, 혹은 결여를 적나라하게 드러내줄 것이다. 그런데 대체로 자기 확장과 인정욕구로 채워져 있는 우리들에겐 '영 → 한' 보다는 '한 → 영'의 역사 탐구가 더욱 매력적으로 들리곤 한다. 기실 '서양인의 시선으로 본 동양'이란 동양의 입장에서는 늘 들여다보고 싶은 상인 것이다. 모리스 쿠랑을 비롯한 서양인이 남긴 조선에 대한 기록들을 망라하여 번역한 '그들이 본 우리 총서'(살림)와 같은 총서류가 적극적인 지원 속에서 번역 발간될 수 있는 것은 이런 욕망 때문이다.

게일의 번역물 목록을 들여다보고 있노라면 번역의 쌍방향성과 번역물 선택을 둘러싼 질문들이 떠오른다. '한국어 → 영어'와 '영어 → 한국어' 번역 문서들 간에는 어떤 불균형이 보이지는 않는가? 그것은 각 방향에 무엇을 형성했는가? 기독교 선교사들의 '서구 발(發) 조선 착(着)' 업적이 선교, 의료, 교육, 출판 사업을 중심으로 이루어졌다면 그 역방향으로는 그들의 시선에 포착된 한국의 상(像)이 전파되었다. 제도적 · 물질적 근대화에서 뒤졌다면 역수출 종목으로 남은 것은 문화, 그것도 고전 문화뿐이다. 저자는 '영어 → 한국어' 번역 문서를 본격적으로 다루지는 않았다. 그런데 1920년대 중반 기독교 출판사인 조선예수교서회를 통해 『소공자』, 『로빈슨 크루소 표류기』, 『천로역정』 등이 집중적으로 번역된 정황은 영미권 문학을 중심으로 이른바 세계명작이 형성되며 교양으로서의 근대적 세계관이 보급되는 데 기독교계가 수행한 역할을 규명할 필요를 촉구한다. 양 방향 번역을 총체적으로 고찰한 연후에 한국 고소설 번역의 의미를 다시 살핀다면 어떠한 재평가가 추가될지 기대가 된다.

그리고 번역의 대상이 어떻게 선택되었는가의 문제도 좀 더 살펴볼 필요가 있다. 저자는 이를 식민지 조선의 출판, 제도, 문화적 조건 속에서 설명했다. 그런데 여기에는 좀 더 고려되어야 할 사항이 두 가지 더 있다. 첫째, 고전학이 한국학의 핵심에 자리잡게 되는 데에는 고전 문헌학에 기반하고 있던 서양 인문학 전통에 빚진 바 있었을 것이라는 점이다. 서양 학문의 관행, 혹은 서양인의 동양 학문의 관행이라는 이른바 학문 주체의 '서양성'을 배제하고서는 게일의 저술 번역 작업의 계보는 온전히 밝혀지기 힘들 것이다. 둘째, 번역의 대상이 선택되는 데에는 게일의 개인적 관심사 뿐 아니라 그가 관찰하고 의지했던 조선인들의 영향도 있었을 것이라는 점이다. 공번역자나 다름없는 이원모, 이창직 뿐 아니라 홀로 근대 서지에 이름을 올리지 못한 다수의 한학 유학자들의 협조 없이는 게일 한 개인이 성취하기 힘든 업적이었다. 초기 기독교인이 된 중인, 하층민들의 시선 역시 선교사들에게는 유의미하게 읽혔다. 차후 게일의 그늘에 가려졌던 인물들의 역할까지 밝혀진다면 기독교 선교사의 네트워크를 통한 문화 변이망은 보다 입체적으로 투시될 것이다.

5. 보류된 출구, 서양과 기독교

『한국 고전 번역가의 초상』은 고소설이 놓인 20세기 초의 정황을 방대하면서도 세세하게 서술하고, 다양한 해석과 담론적 논의의 가능성들을 새롭게 펼쳐 보이고 있다. 그런데 촘촘한 이 저서의 공기는 어딘지 정체되어 있다는 인상을 지울 수 없다. 앞서 언급한 것처럼 저자는 의식적으로 두 개의 중요한 출구, '서양인'이자 '선교사'인 게일의 정체성을 열 것을 보류하고 있는데, 이는 이 책이 기존의 오리엔탈리즘 논의나 신학 계열 연구와는 다른 성과를 낼 수 있던 도약의 발판이었다. 저자는 이를 통해 기독교사 연구가 봉착하기 쉬운 낙관인 선교사관과 민족교회사관의 양날검에 함몰되지 않고 나아갈 수 있었다. 그러나 발판은 동시에 한계 지점이라고도 할 수 있다. 바로 이 '서양'과

'기독교'는 한국 근대화의 핵심 요소들이므로 그가 이 두 개의 문을 열 때 비로소 그가 새롭게 열어놓은 반대편의 문으로부터 마파람이 통하게 될 것이다. 예컨대, "그들 자신의 이름으로 저술을 출판하여 자신의 흔적을 남길 수 없었던 한학적 지식인들"(32쪽)의 협조로 게일의 업적은 가능했을진데, 서양 선교사로서의 게일의 정체성이 온전히 규명될 때 조선인 한학자들의 역할과 평가 역시 균형이 잡히게 될 것이다.

물론 앞서도 언급했지만 저자는 이 두 지점에 관한 논의를 의식적으로 절제했다. 특히 그는 '서양인', '조선인', '일본인'이라는 인종적 정체성보다는 영어, 한글, 한문이라는 언어 그 자체에 초점을 두었으며, 이로서 식민주의나 민족주의 담론에서 다소 비낀 채 사료 정리와 그 비교 해석에 주력할 수 있었다. "필자는 게일을 오리엔탈리스트, 혹은 필자 자신과 상관없는 한국 문화를 사랑했던 외국인으로 그리지 않을 것"(17쪽)임을 전제로 했다. 그는 게일에게서 근대적 언어와 시선으로 고전문학을 상상하고 기술할 수밖에 없는 연구자 자신의 한계를 읽어낸 연후, '동양을 오해 / 곡해한 서양'이라는 다소 반복되는, 식상한 해석에 이르는 것을 지양하고자 했다. 공간적으로 동 / 서를 가르는 이분법적 구도를 지양하며 그가 택한 것은 시간의 축이었다. 사실 이는 동시에 벌어진 일이다. 서양이 동양을 발견한 순간, 근대인은 전근대를 발견하게 되었다. 시공간 축이 교차되는 이 언저리를 우리는 근대 초기라고 부른다.

이 시기 활약한 게일은 번역가이기 이전에 선교사였다. 선교사의 행적이란 복음 전파사 혹은 수난사로 기록되기 마련으로 그들의 학문적 업적은 '신학과' 영역 밖에서 적극적으로 해석되지 못했다. 초기 한국학 연구자로 볼 수 있는 게일의 궤적을 통해 그 역사적 구축 과정을 밝히는 작업이 더욱 흥미로운 것은 그가 서양인이면서 선교사라는 정체성을 지니고 있기 때문이다. 한국의 근대화는 기독교화에 관한 해명 없이는 온전히 파악되기 힘들며 선교사였던 게일의 업적에 대한 해석과 평가 역시 이 종교적 지점을 보류할 때에는 완성되기 힘들 것이다. 물론 종교인의 업적을 어떻게 읽어내야 할 것인지는 간단치 않은 문제이다. 하지만 이 연구가 게일이라는 한 개인을 넘어서 선교사, 서양인 한국학자라는 일군의 근대 초기 활약가 집단의 행적을 파악하는 발판이 되기 위해서는 두 가지 정체성에 대한 정면 돌파는 불가피할 것이다.

그리고 이 '서양인, 선교사'라는 두 개의 정체성은 별도로 논의될 것이 아니다. 한국에 오래 체류한 개신교 선교사들은 "자신들과 서구인들의 저술을 변별시킨 가장 핵심적인 논리적 기반"(62쪽)으로 "내지인의 지식"이란 관점을 내세웠다. 서양인 선교사들은 자신들의 시각이 서양인 여행자나 단기 체류자의 시선으로 본 피상적인 것과 다름을 피력함으로써 차별화되길 원했다. 이처럼 '서양인 선교사'라는 교집합 정체성은 섬세한 접근을 요구한다.

저자는 책머리에서 고백했다. "그 시절 나는 선생님이 주신 과제의 무게와 의미를 모른 채, 게일의 번역본에서 오리엔탈리즘, 타자에 의한 그릇된 한국관을 발견하려고 무척이나 고심했고 노력했다."(3쪽) 이는 비단 '저자'만의 반성은 아닐 것이다. 이 책은 이전에 망원경으로 행성의 빛을 단정하고자 했던 저자가 섣부른 판단을 보류한 채 현미경으로 행성의 운석을 면밀히 관찰한 산물이다. 자신의 연구의 지향과 지양의 지점을 명확히 인시하는 반성적 연구자인 저자는 이미 다음 연구의 청사진을 들고 있을 것이다. 이제 그가 보류시킨 두 개의 행성, 서양과 기독교, 아니 쌍둥이 행성 '서양인 선교사'의 이면을 보기 위해 어떤 렌즈를 갈아 낄지 기대해 본다.

—『민족문학사연구』 52, 2013

아동문학 형성기의 역사적 조건을 탐색하는 복수의 시선

김화선 | 배재대학교 주시경교양대학 교수

조은숙, 『한국 아동문학의 형성－아동의 발견, 그 이후의 문학』, 2009

1. 아동의 발견'이라는 호유두

1990년대 후반, 아동문학 연구자들은 가라타니 고진의 『일본 근대문학의 기원』을 읽으며 '아동의 발견'이라는 화두에 매료되었다. 자명하게 존재하는 아동이 사실은 "극히 최근에 형성되었다"는 그의 주장은 아동문학 연구자들로 하여금 아동문학의 전제가 되는 '아동'이라는 존재를 새롭게 인식하고 아동문학 장場 전반을 재고하도록 추동하는 계기가 되었다. 아동문학 연구자들에게 '아동의 발견'이라는 화두는 아동문학의 정체성을 되묻게 만들고 아동문학의 형성과정을 탐색하는 힘을 발휘하였다. 말하자면 근대적 주체의 내면을 발견하는 문제의식에 맞닿아 있는 '아동의 발견'이라는 문제 설정은 조은숙이 『한국 아동문학의 형성－아동의 발견, 그 이후의 문학』에서 언급한 바와 같이 "아동문학 연구의 패러다임이 큰 폭으로 전환되는 새로운 국면을 전개'' 시켰던 것이다. 2009년에 출간된 『한국 아동문학의 형성－아동의 발견, 그 이후의 문학』은 제목에서도 알 수 있듯이 '아등의 발견'으로 시작된 근대 아동문학의 기원과 그 이후의 형성과정을 실증적으로 살피고 있는 연구서이다.

조은숙의 『한국 아동문학의 형성－아동의 발견, 그 이후의 문학』은 아동문학의 형성과정을 살펴본 제1부와 식민지 시기 '동화구연회'와 김복진의 유성기 구연동화를 분석한 제2부로 구성되어 있다. 제1부는 그의 박사논문 「한국아동문학의 형성과정 연구」(2005)의 내용을 수정 보완한 내용으로, '아동의 발견'이라는 화두에서 비롯된 문세의식을 아동문학의 형성을 고찰하는 문제틀로 풀어내고 있다. 그리고 제2부는 근대 동문학의 매체 환경 중에서 동화구연과 관련된 연구라고 할 수 있는 「식민지 시기 '동화구연회'의 공간」과 「유성기 음반에 담긴 옛이야기」라는 두 편의 논문이 수록되어 있다.

조은숙의 『한국 아동문학의 형성－아동의 발견, 그 이후의 문학』은 '아동의 발견'이라는 화두가 전면적으로 전개시킨 아동문학의 형성과정을 연구하는 일련의 논의들을 정리하고 그 논의들을 그야말로 "새로운 국면"으로 전환시키고 있는 의미 있는 연구라고 할 수 있다. 그러나 이 연구서의 문제의식이 돋보이는 지점은 이 책의 저자인 조은숙이 "책머리에"에서 밝힌 다음과 같은 진술이다. 즉, "아동문학을 공부하는 일은 우리의 삶을 분절하는 경계들에 대해, 보편적인 것이라고 믿어지는 문학의 미적 이념에 대해 곰곰이 따져보는 것으로부터 출발한다"는 저자의 말은 '아동의 발견'이라는 화두가 싣은 문학 연구를 위한 발본적인 문제의식을 품고 있음을 말해준다. 무릇 문학을 공부하는 일은 궁극적으로 우리네 삶의 이면을 되돌아보고 자신을 재발견하는 것이 아니던가. 아동문학을 공부하면서 "삶과 문학을 다른 위치에서 생각해 볼 기회를" 얻었다는 저자의 고백은 그의 연구가 얼마나 진지한 작업인가를 새삼 짐작하게 한다.

2. 아동과 아동문학, 그리고

앞에서 개괄적으로 살펴본 바와 같이 근대 아동문학의 형성기를 다루고 있는 이 책의 제1부는 총 4장으로 구성되어 있다. 제1장 「'아동의 발견'이라는 화두」에서 저자는 아동문학의 형성과정과 관련된 기존 연구사를 비판적인 시각으로 점검하면서 "문학사적 사건들을 시간 순으로 배열하고 이를 인과적이고 연속적인 논리로 설명하는 데에 관심을 두기보다는 아동과 문학, 혹은 아동문학과 외부적 힘들의 불연속적인 만남을 보다 중시하"겠다는 입장을 밝히고 있다. 저자의 관점은 아동문학 형성기를 "다양한 영역의 제반 힘들이 쟁투를 벌이면서 새로운 지형의 윤곽을 만들어 가는 역사적 생성의 '공간'으로 가정"하는 데서 분명히 드러난다. 아동이라는 존재를 바라보는 근대적 시각을 문제 삼고 아동문학의 본질적 성격을 파악하기 위해서 저자는 복수적인 힘들이 마주치는 "근대의 사회·문화적 공간을" 역동적으로 재구성하고 있다. 아동문학의 형성이 순차적인 단계를 따라 선형적으로 이루어진 것이 아니라는 저자의 관점은 "'아동'에 대한 인식 구조를 근본적으로 의심"하면서 아동문학 형성기를 바라보는 시각에서 이처럼 극명하게 드러난다. 이분법적 시각을 넘어서지 않으면 기존 논의의 한계를 반복할 수밖에 없다는 사실을 연구자는 이미 알고 있는 것이다.

저자는 이러한 시각으로 제2장 「아동문학 발생의 역사적 조건」에서 "아동문학의 발생을 가능케 했던 역사적 조건들을 탐사"하고 있다. 그리하여 '소년', '청년', '어린이' 등의 어휘를 중심으로 1900년대부터 1920년대 우리 사회의 미성년에 대한 사회적 담론이 어떻게 변화되어 갔는가를 추적한다. 물론 아동을 사회·역사적 구성물로 이해하는 저자의 입장은 이미 기존의 몇몇 연구에서도 취해진 바 있다. 다만 기존 연구와 변별되는 이 연구의 특성은 '소년'과 '어린이'를 둘러싼 사회적 담론을 해석하는 저자의 관점에서 명확히 드러난다. 저자는 "어린이 기획의 등장이 소년 기획의 시효가 만료되었음을 뜻하는 것은 아니라는 점"에 유의하고 있다. 근대 계몽주의의 시선에 포착된 아동이 '소년'과 '어린이'로 표상되는 상황에서 소년의 기획은 진보적인 시간의 연속선상에서 "현실의 위기를 타개할 '영웅'"이자 "독립된 문명국을 건설할 '국민'의 이상형"으로 작용하였고, 어린이의 기획은 "문화적 공간을 확장하고 전개하는 전략적인 어휘"로써 "기존의 미성년 기획에 부가되어 새로운 구도를 만들어낸"다고 결론짓는다. 당시 아동문학장에서 이루어진 소년의 기획과 어린이의 기획을 '대체'가 아니라 '새로운 구도'의 재편으로 해석하는 저자의 관점은 기존 연구 성과를 수용하되, 그것이 지니는 한계를 극복하려는 의시가 반영된 것이다.

이어지는 제3장 「아동문학의 개념 구성과 '동심'의 수사학」에서 저자는 '동심'을 중심으로 아동문학의 개념을 규명하고 있다. 아동의 미적 표상과 아동문학의 결합 양상을 분석하고 있는 제3장의 논의는 기존 연구 결과와 일맥상통하는 점이 있다고 판단된다. 아동문학이 성립하기 위한 전제 조건이 바로 아동이라는 사실을 상기한다면 제3장의 연구는 아동의 내면을 규정짓는 '동심'이 아동문학의 미학적 특성과 어떻게 결합되었는가를 밝힘으로써 아동문학의 장르적 특성을 드러내는 부분으로써 그 의의를 지닌다고 하겠다. 아동문학의 개념을 형성하는데 '동심'이 어떤 역할을 했는가를 아동과 예술, 민족의 차원으로 나누어 꼼꼼하게 분석하고 있는 점은 이 연구가 지니는 장점으로 꼽을 만하다.

오히려 이 연구의 독자성은 제4장「아동문학의 매체 환경과 양식적 성격」에서 찾아볼 수 있다. 이 장은 "아동문학 텍스트들을 생산해 내는 담론적 장치와 규준들을 확인"하면서 아동문학의 양식적 특성을 밝히고 있는데, 물론 1920년대 아동문학 장의 장르적 특성을 규명하려는 일련의 연구들이 주로 당시의 아동 잡지와 소년단체, 동화구연회 등을 중심으로 그 특성을 점검해 온 것은 주지의 사실이다. 그러나 저자는 "취미론적 미학의 관점과 동정의 기획"이 어떻게 근대적 매체 환경과 결합되고 있는가를 1910년대 신문관 아동 잡지와 연계하여 그 양상을 유추해 내고 있다. 아동문학의 형성과정을 살핀 기존의 논의들이 놓치고 있는 부분이 바로『붉은 져고리』,『아이들보이』,『새별』등 1910년대 아동용 정기간행물들이 아동문학 장에 미친 영향이 아닐까 한다. 저자 조은숙은 1900년대 말의『소년』과 1920년대의『어린이』를 연결하는 1910년대 아동 잡지들의 표기 방식과 이야기의 구조, "유익함과 재미가 맺는 관계"를 분석하여 아동문학의 양식적 특성을 밝혀내고 있다. 특히 아동 잡지의 표기 방식을 예리하게 분석하여 "동화적 글쓰기의 대표적 표지인 '-았 / 었습니다'는 '존중받아야 할 아동'이라는 사회적 이념, 이야기의 새로운 구술 양식인 구연 등과 동화가 맺고 있던 친연 관계를 표시하는 근대적 서술 장치"라는 결론을 도출해 내는 부분에는 이분법적 논리를 벗어나 근대 아동문학 형성기를 복원하려는 저자의 의도가 잘 반영되어 있다.

아동문학의 양식적 특성을 다룬 제1부 제4장에서 언급된 동화구연의 문제는 제2부에서 보다 심화 · 확장된다. 저자는 제2부 제1장 "식민지 시기 '동화구연회'의 공간"에서 "독서문화의 전개 과정과 관련하여 동화회가 시사하는바"를 신문과 잡지를 비롯한 근대 인쇄 매체와 관련하여 살펴보고 있다. 1920년대 초반부터 1930년대 초반까지 개최된 동화회에 대한 분석은 낭송하는 읽기에서 묵독으로 이행하는 독서 관습과 밀접한 관련을 지닌다. 그리하여 저자는 관련 자료들을 면밀히 분석하여 동화구연회가 "오락과 취미로 만들어지는 취향의 공동체"를 형성하였음을 밝혀내고 있다.

저서의 마지막 부분인 제2장 "유성기 음반에 담긴 옛이야기"에서 조은숙은 유성기라는 근대 매체를 중심으로 유성기가 가정과 동의 표상과 어떠한 관련을 맺고 있는가를 분석한 뒤 1930년대 중반에 취입된 김복진의 유성기 구연동화를 세세하게 고찰하고 있다. 이 글은 그동안 거의 연구되지 못한 유성기 구연동화의 면모를 드러내는 의미 있는 연구로서 근대 아동문학 관련 논의를 풍성하게 해 주고 아동문학사 서술을 위한 중요한 토대가 될 것으로 믿는다.

3. 아동의 발견'이라는 화두, 그 이후의 문학을 위하여

무엇보다 조은숙의 『한국아동문학의 형성－아동의 발견, 그 이후의 문학』이 갖는 장점은 '실증적 태도의 성실함'이 돋보인다는 점이다. 사실 그동안 아동문학 연구자들이 겪었던 가장 큰 어려움 중의 하나가 아동문학 관련 자료들을 확보하는 것이라 해도 과언이 아닐 듯하다. 그러나 저자는 아동문학의 형성과정을 연구하는 데 필요한 다양한 1차 텍스트들을 꼼꼼하게 살펴보고 분석하여 근대 아동문학 장을 고스란히 재현하는 데 성공하였다. 이러한 저자의 기본 자세는 동문학의 형성과정을 분석하는 저자의 관점과도 연결되는 바, 편견이나 선입견 없이 당시의 "아동문학 형성에 관여하는 제반 힘들의 역동적 관계를 섬세하게 포착"하는 데 성공하고 있다. 지금까지 아동문학의 형성기를 주제로 한 논의들이 꾸준히 진행되어 왔으나 조은숙의 이 저서는 기존 연구 성과를 비판적으로 수용하여 아동문학의 형성과정을 가장 역동적으로 살피고 있다고 말할 수 있다. '아동의 발견'이라는 화두가 던진 문제의식을 공유하면서도 그를 통해 아동문학 장의 형성과정에 작용했던 복수의 힘들을 면밀히 분석하고 있기 때문이다. 이러한 연구의 토대에 저자의 실증적인 연구 태도가 자리하고 있음은 재론할 필요도 없을 것이다. 기존의 연구 성과를 각실하게 받아들여 근대 아동문학 형성기를 온전히 재현하려는 노력은 조은숙의 『한국 아동문학의 형성—아동의 발견, 그 이후의 문학』가 지니는 문학사적 의의라고 말할 수 있을 것이다.

—『아동청소년문학』 7, 2010

'신여성', 해석의 과잉

김주리 | 국립한밭대학교 인문교양학부 교수

김수진, 『신여성, 근대의 과잉
—식민지 조선의 신여성 담론과 젠더정치, 1920~1934』, 2009

1. '신여성 현상', 근대의 과잉

청년회에 열린 추기 음악회가 아직 다 파하기도 전에 부인석에 앉았던 순영은 슬며시 일어나서 소곳하고 사뿐사뿐 걸어 밖으로 나온다. 그의 회색 삼팔 치마는 흐느적흐느적 물결이 치는 대로 사삭하고 연한 소리를 내며 길음빌나나 향수 냄새가 좌우편 구경군의 코에 들어갔다.

사람들은 잠깐 무대에서 눈을 돌려 순영을 바라보고는 픽픽 웃기도 하고 수군수군하기도 하였다.

"순영이다."

"저게 김 순영이다."

하는 속삭임이 학생들 중에서 들린다.

과연 순영은 이날 밤에는 더욱 어여뻤다. 호리호리한 키와 날씬한 몸맵시, 얌전하게 틀은 윤이 흐르는 머리 모양이 오늘따라 순영은 더욱 어여쁘다. 바탕도 어여쁜 얼굴이지만 학교 안에서 소문이 나도록 순영은 화장에 힘을 쓰고, 또 화장하는 솜씨가 있으며 옷감 고르는 것이라든지 옷고름 매는 것까지 모두 남보다는 모양이 있었다. (…중략…) 게다가 재주도 있고 공부도 잘하고 음악도 잘한다. 진실로 서울 장안에 젊은 사람 치고 순영의 이름을 모를 사람은 없다.

— 이광수, 「재생」(1925), 『이광수 전집』 2, 삼중당, 1963, 7쪽

식민지 시대 새로운 교육(재주, 공부, 음악)과 외모(회색 삼팔치마, 향수, 호리호리한 키와 날씬한 몸맵시, 얌전하게 틀은 윤이 흐르는 머리 모양, 화장, 옷고름 매는 법), 교양(화장솜씨, 옷감 고르는 법, 음악회)으로 무장한 여학생(신여성)에 대한 관심은 그녀를 바라보는 신지식층 남성들의 호기심 어린 시선(픽픽 웃기도 하고 수군수군하기도 하는)과 반응을 통해 그녀를 서울 장안의 유명인사이자 스캔들의 대상이며 시각적 소비의 대상, 냉소 어린 비판의 대상으로 선 규정한다. 1920~30년대 잡지에 흔히 등장하는 탐방기, 정탐기, 소문기사류는 이광수, 염상섭 등 남성 작가들의 소설과 함께 신여성 담론을 형성하며, 범람하는 신여성 담론 속에서 실체로서의 신여성은 어느 순간 모호한 존재로 남겨진다. 나혜석이나 김원주 등 신여성의 발화는 그들이 식민지 시대 대다수의 신여성을 대변하는가라는 의구심을 동반하기에 실체로서의 신여성은 여전히 괄호 쳐진 존재로 남는다.

1990년대 이후 활발해진 신여성에 대한 연구는 대표적인 신여성으로서 나혜석, 김원주, 김명순, 윤심덕, 허정숙, 주세죽, 최정희, 모윤숙 등의 생애를 재조명하는 동시에 담론(또는 도상)으로서의 신여성, 신여성 표상, 신여성 재현 양상 등을 분석하는 것으로 국문학, 사회학, 역사

학, 언론학, 여성학, 예술사학 등의 영역에서 이루어져왔다. '신여성'이라는 개념의 출발로부터 이 개념이 세부적으로 여학생, 모던 걸, 마르크스 걸, 현모양처, 군국의 어머니 등으로 정착 또는 변모(변질)해 가는 과정을 추적하는 가운데 자유연애, 붉은 연애, 정조 문제, 결혼과 이혼, 미혼모, 스위트홈, 히스테리, 유행과 패션, 취미와 교양, 섹슈얼리티와 젠더, 육체의 문제들이 다양하게 논의되고 있다. 신여성이라는 연구 주제가 가진 이러한 광범위함이란 신여성이 구체적인 하나의 집단, 실체를 가정하지 못하는 모호함을 갖기에 얻어지는 성과라고 볼 수 있다. 신여성은 식민지 체제와 결부된 사회 현상이며, 신문과 잡지, 시와 소설 등의 영역에서 재현된 대상이고, 나혜석과 같이 소문으로 점철된 삶을 살아간 실제 여성의 이야기이기도 하기에 흥미로운 연구 주제이며 분과 학문들 간 소통 통로가 된다.

김수진의 『신여성, 근대의 과잉』은, 사회학 전공자인 저자가 "우리 근대사의 속살에 뿌리내린 문화연구를 하고 싶다는 마음"에서 출발하여 "신여성이라는 단어와 그를 둘러싼 사회적 논란(신여성 현상)"을 "근대 한국 사회의 문화적 지층과 젠더 체계의 저변을 드러내는 하나의 대상"으로 바라보고 "19세기 말 20세기 초 동아시아의 일본 제국—식민체제와 문명개화이념에 맞닥뜨린 신지식층의 에피스테메"라는 접근 통로를 통해 잡지 『신여성』 속 말과 이미지, 욕망을 식민지 조선이라는 공간적 맥락 속에서 재구성함으로써, 신여성 현상에 접근하고자 하는 연구이다. 책은 크게 3부로 구성되는데, 먼저 제1부에서는 신여성 담론장의 형성과정과 구조를 살피는 가운데 신여성 담론 생산의 중심으로서 잡지 『신여성』의 성격(출판사, 필진, 편집자, 발행사항, 독자층 등)을 세부적으로 밝히고 있다. 제2부에서는 잡지 『신여성』의 담론들을 중심으로 신여성 상의 세가지 범주를 확정한다. 『신여성』의 담론을 이끌어간 신지식층에 의해 개조의 주체로 가정되는 '신여자', 모방의 병리적(부정적) 주체로 간주되는 '모던걸', 모방의 바람직한(긍정적) 주체로 간주되는 '양처'가 그것이다. 제3부에서는 서구 / 비서구, 제국 / 식민지라는 이중의 틀 속에서 영국, 일본, 인도, 중국의 신여성 현상을 비교, 대조해 보인다. 이러한 비교 대조 작업은 결론에서 식민지 조선의 신여성 현상과 맞물리며 재론된다.

저자는 세계 보편적 현상으로서 신여성의 출현이란 여성의 근대적 지식 소유와 경제적 독립(소비 유행의 주역)의 확보라는 조건과 결부되어 있지만, 식민지 조선의 현실에서 여학생이나 사무 서비스직에 종사하는 직업여성(중산층을 형성하는)이란 대부분 일본인으로, "사실상 조선에서 신여성은 미미한 수이고 또 미력한 집단"이었다고 지적한다. 그러므로 조선 신여성의 표상은 실체로서의 신여성을 지시하는 것이기보다 '계몽적 대중화'의 공간으로 정립된 1920~30년대 담론장의 성격에서 틀지어진 것으로 본다. 개벽사가 간행한 잡지 『신여성』(『부인』 및 『별건곤』의 여성란)은 동경유학생(여학생)들이 중심이 되어 펴낸 여러 여성지(3호 잡지)의 한계를 뛰어넘어 1920년대에서 30년대 초까지 독보적인 여성잡지로 군림하면서 신여성과 근대문물을 둘러싼 논란의 장을 도맡았다. 저자는 『신여성』이 여학생을 핵심적 독자층으로 하여 여성운동의 다양한 이념을 포괄하고 정보와 재미를 함께 충족시키는 계몽적 대중지의 성격을 지향하였다고 지적한다. 『신여성』은 잡지 편제에 있어 계몽성과 대중성의 접합이라는 원리를 견지하는 가운데, (특정 문제에 대한 자기 의견을 논리적으로 서술한 글 또는 말을 옮길 글인) 논설류, (기행문, 감상문 등) 수필류, (취미와 상식을 위해 마련된 여러 기사들. 기록서사, 야담, 콩트, 격언 등) 취미기사류, (편집국이나 기자 명의 또는 필명으로 작성된 인물, 탐방, 가십, 소식, 여러 가지 정보 등을 담은) 기사류, (시, 소설, 희곡,

동화 등) 문예류, (독자란, 편집 후기 등의) 사고류, 광고의 일곱 가지 읽을거리가 편재해 있었다는 것이다.

『신여성』의 담론에 대한 분석을 토대로 저자는 식민지 조선의 담론장에서 펼쳐진 세 가지 신여성상에 대해 상세한 설명을 제시한다. 문명개화론을 받아들인 신지식층의 주도하에 형성된 신여성 담론은 대중적 계몽화라는 신지식층의 목적의식 속에서 먼저 신여성을 '신여자'라는 개조의 주체로 호명하는 것으로 출발한다. '누이'라는 호칭 대신 '여학생'이라는 호칭으로 불리는 신여자에 대해 "『신여성』은 청년적 연대자인 '누이'에게 호소하는 것(연대)이 아니라 여학생을 향하여 바람직한 신여자의 규범을 설파(감시)한다"(226쪽)는 것이다. 여학생을 '미래의 조선을 개조할 신여자'로 호명한다는 것은 여성과 남성의 대립을 상정하기보다 구여성과 신여성의 대립을 상정함으로써 가능해진다. 구여성의 삶에 대한 고백(수기류), 관찰(실화류)의 서사는 "구여성의 의미를 조선의 후진성 때문에 고통 받고 억압받은 자로 구성하고 그에 따라 신여성을 이들을 구원하고 이끌어갈 주체로 자연스럽게 만들어 내는 역할을 했다."(276쪽) 고통받는 구여성의 대립물로서 상상되는 '신여자'는 개조의 주체로서 개성과 인격을 각성하고 실력을 양성해야 하며, 자유연애를 통한 자유결혼의 이상을 전유한다.

저자는 조선 신여성 담론장에서 벌어지던 사회문화적 쟁점이 모던걸이 논의되는 1927년 이후 재편된다고 본다. "모던걸을 조선의 현상으로다루면서 '모던'을 숱한 유행과 비평의 대상으로 만든 것은 『별건곤』"(281쪽)으로, 저자는 1920년대 중반 출현한 일본의 모던걸이 화이트칼라와 서비스직을 포함하는 신중간층 여성(직업부인층)을 배경으로 했다면 조선의 모던걸 담론은 신중간층이라고 할 만한 여성층이 미미하다는 점에서 '유산자층의 자식 또는 유녀, 기녀, 아니면 여학생'을 대상으로 지목한다고 본다. 실제 양장을 하고 도발적 언행과 성적 적극성을 구사하는 여성 집단을 조선 여성 중에 찾기 어려웠기에 시간이 지날수록 모던걸은 넓은 외연을 가진 다의적인 용어로 쓰이게 되었다는 것이다. 그리하여 "모던걸이라는 용어는 신여성을 향한 동경의 시선 뒤에 언제나 있었던 경멸과 조소를 표출하는 출구가 된"(290쪽)다. 모던걸이 논의되면서 연애 역시 1920년대 중반이 되면 퇴폐적인 성관계를 암시하는 의미론적 변화를 겪는다. 이와 함께 신여성은 "엿보기의 시선과 허구적 가공성을 사실의 차원으로 덮어버리는 발화형식"인 정탐기와 보고형 서사를 통해 엿보기와 소문의 대상이자 산물이 된다.

신여성 담론에 의해 모던 걸이 서구 근대에 대한 모방의 나쁜 측면으로 상징되었다면 양처와 주부는 규범적 신여성의 상으로 정립된다. 저자는 "1920년대 말에 확산된 양처현모이념과 주부 논의는 근대적 삶의 전형으로 따라야 할 모범적 상으로 제시되었고, 논의 또한 매우 구체적이고 열정적이었다는 점에서 이전 시기와 구별된다"(369쪽)고 보면서 "중요한 것은 현모가 양처라는 근대적 지위에 부속되는 것이었다는 점"을 강조한다. 근대적 주부술을 획득하고 성적 매력으로 무장한 양처의 호명은 격언류의 기사와 처세담, 주부독본 등의 기사를 통해 구체화된다.

저자는 신여자, 모던걸, 양처 등으로 재편되는 비서구 식민지 조선의 신여성 담론은 서구 제국 영국, 비서구 제국 일본, 비서구 식민지 인도, 반 식민지 중국의 신여성 담론과 상이한 면모를 보인다고 지적한다. 영국과 일본의 경우 신여성 현상은 여성중등교육의 확산과 신중간층 여성의 대두, 참정권 운동 같은 여성 운동의 성장을 배경으로 등장하는 반면 인도와 중국과 같은 식민지 사회에서는 소수의 지식인 여성이 등장함으로써 신여성이라는 명칭이 만들어지지만 이를 확산시킬 수 있는 층이 매우 빈약했다는 것이다. 서구 제국에서 재현된 신여성의 형상이 여성성과 남성성의 경계에 대한 위반과 도전을 문제 삼는 것인 반면, 비서구 사회에서 신여성은 남성성에 대한 공격이나 남성 권력에 대한 도전과 저항으로 표출되지 않는다. 인도와 중국에서 신여성은 전통과 근대, 낡은 것과 새로운 것이라는 대립을 둘러싼 논쟁의 장으로서 역할 한다. 한편 중국에서 모던걸의 서구성이 양가적 욕망으로 구현된 반면, 인도의 경우에는 신여성의 서구성이 반反식민 민족주의를 만들어내는 의미론적 질서에 따라 규율과 질서라는 덕목에 한정된다.

이러한 비교사회사적 분석을 바탕으로 저자는 1920~30년대 신여성을 둘러싼 담론적 열기와 지속성이 "잡지 출간 주체들의 노력에 의해 만들어진 것일 뿐 아니라 신여성 담론에 부과된 문화정치적 기능 때문이었다"고 지적한다. 조선의 신여성 담론에서 신여성은 "야만과 문명, 전통과 외래 = 서양 / 일본, 민족 본질과 차이를 둘러싼 논쟁"의 중심에서 "여성으로 대표되는 후진적 조선의 민중을 계몽하고 '근대성'의 경험을 둘러싼 식민지 사회의 정체성과 변화방향을 가늠하는 장으로 활용되었다"(455쪽)는 것이다. 신여성 담론은 1920년대 등장한 남성 신지식층에 의해 주도됨으로써 조선 사회의 개조라는 시대정신, 구질서로부터의 사유와 인격의 존중이라는 관념을 중시하는 가운데 "신여성의 재현은 스테레오타입화 되"는데, 이는 식민지 남성 신지식층이 "신여성 자체에 대해 말하기보다는 신여성을 통해 다른 어떤 것을 말하고자 했으며, 신여성이라는 거울을 통해 자신의 욕망과 불안을 가늠해보고자 했"(458쪽)기 때문이라고 저자는 설명한다.

저자는 여성이 식민주의적 정치로 전환되는 방식 가운데 인도의 경우 여성을 사회적 후진성의 희생자로 간주하는 데서 출발해 여성을 민족적 차이를 재현하는 본질적 문화의 담지자로 만드는 민족주의 담론 지형으로 옮아간 반면, 조선에서 신여성 담론은 "식민주의적 문명개화론에 대해 민족주의적 지향보다 근대주의적 지향을 강하게 표명한 지식인들의 욕망과 정체성을 투영하는 장소로 사용되었다"(461쪽)고 본다. "조선의 신여성 담론에서는 서구와 식민지 사이에 차이를 구축하기보다는 문명 개화를 향한 모방의 경로를 어떻게 설정할 것인가가 중심적인 문제였다"(462쪽)고 해명하면서 저자는 조선의 신여성 담론에서 발견할 수 있는 것은 "백인이 되고자 하면 할수록 자신이 백인이 아님을 발견하게 되고, 따라서 더 백인이 되고자 하는" "파농이 주목한 식민지인의 편집증적 주체에 더 가깝다"(470쪽)고 결론 내린다. "신여성의 형상은 문명화담론과 식민지병합이 만들어낸 자기부정의 트라우마에서 출발한, 서구 / 일본 근대성을 향한 규범적 태도와 매혹됨 그리고 강박적 모방의 욕망을 표현한다"(471쪽)고 보면서 저자는 "식민지 조선의 신여성은 보편적 근대성의 지표이기보다는 근대의 과잉을 재현한다"고 의미매김하고 있다.

2. 『신여성』, 해석의 과잉

1920~30년대 신여성 담론의 열기와 지속이라는 현상의 원인을 규명하고 신여성 현상의 이면에 존재하는 신지식층의 서구 / 일본 근대성에 대한 강박적 모방 욕망을 '근대의 과잉'으로 의미매김 하는 저자의 작업은 새롭고 흥미롭다. 저자의 관점은 신여성의 실체를 문제 삼

지 않으며 담론 생산자로서 잡지 『신여성』의 필진과 편집자군(남성 신지식층)의 욕망을 문제 삼는다. "식민지 조선에서 형성된 신여성 담론은 사실상 개벽사에서 나온 잡지 『신여성』의 산물"(454쪽)이라고 단정하는 저자는 1920~30년대 신여성 담론장에 있어서 『신여성』이 가진 독점적 위치를 상정한다. 이러한 저자의 관점은 분석의 편이를 제공할지는 모르지만 해석의 정당성이란 부분에서 의구심을 낳는다. 저자는 "조선의 신여성 담론이 개벽사의 편집진이 추구했던 발간의 정신과 지향성 위에서 움직였"다고 말하지만 이는 잡지 『신여성』 담론에 대한 해명일 뿐 '신여성' 담론 일반에 대한 해명은 되지 못한다. 1920~30년대 이광수나 염상섭, 김동인, 나도향, 나혜석, 이상, 이태준 등이 생산해낸 다양한 소설 텍스트의 문제를 간과할 뿐 아니라 동아, 조선, 조선중앙, 시대일보 등의 신문지상에서 이루어진 신여성 담론들 역시 제외하는 까닭이다. 소설과 신문의 신여성 담론(1920년대 소설과 신문 기사에서도 신여성은 주요한 재현의 대상이다)을 제외한 채 신여성 현상을 규명하는 것은 '발견의 공리는 곧 은폐의 공리'라는 사실을 강조하게 될 따름이다.

이러한 문제의식은 구체적인 소설 텍스트를 염두에 둘 때 세부적인 내용에 대한 의구심으로 이어진다. 가령, 이광수의 『무정』 등에서 재현되는 오누이 관계(동맹)는 이미 사세관계(통제 감시)를 내포한 것이 아닌가, 그렇다면 1920년대 개벽사의 '여학생' 호명이 새롭다고 볼 이유는 무엇인가. 저자는 양처의 형상이 주부술과 성적 매력이라는 관점에서 신여성을 서구 근대에 대한 긍정적 모방으로 정립하는 주체의 욕망을 보여 준다고 간주하지만 『불멸의 함성』, 『화관』, 『제 이의 운명』 등 1930년대 초 인기를 끈 이태준의 장편소설들에서 양처로서의 신여성은 주부술을 가진 존재라기보다 계몽 사업의 동반자(누이)로서 그려지지 않는가. 저자는 "모던걸이 분리되고 배제된 '타자'로 안착하였다고 단언할 수는 없을 것 같다"(342쪽)고 지적하면서 그 이유를 "모던걸은 서양 근대를 향한 모방의 나쁜 측면으로 상징화됨과 동시에 그것에 대한 매혹됨을 역설적으로 투사하는 대상이기 때문"이라고 보지만 이 책에서 매혹됨의 현상은 구체적으로 설명되지 않는다. 『신여성』의 담론 속에서 과연 신지식층의 서양 근대를 향한 매혹됨이 모던걸에 투영되었다는 점을 발견할 수 있을까. 이는 『신여성』의 문예란을 검증하지 않은 저자의 한계가 아닐까. 『신여성』에 연재된 이효석, 이서구, 안회남 등의 소설을 통해서 서구 근대의 모방에 대한 신지식층의 매혹을 구체적으로 해명하지 않는다면 저자의 지적은 무의미한 게 아닐까. 이를 바탕으로 한 신지식층의 서구 / 일본 근대에 대한 강박적 모방이란 결론 역시 성급한 게 되지 않을까. 저자는 "만약 1920년대 초 여성 지식인들이 만들었던 여성잡지가 존속하였다든가, 『신여성』이 없었다면 조선의 신여성 담론은 어떠한 모습을 하게 되었을까. 여성운동의 이슈가 훨씬 더 본격적으로 제기되었거나 아니면 또는 양처현모를 민족주의적으로 전유하는 경향이 더 강해졌을까"라는 가정을 제시하지만, 실제로 모성담론의 경우 시와 소설을 통해서 1910년대부터 지속적으로 민족주의적 전유가 일어나고 있었다. 『신여성』이 양처론을 강조했을 뿐, 1920~30년대 초 신여성 담론 일반이 모성론보다 양처론을 강조하는 것이었다고 볼 근거는 없지 않을까.

잡지 『신여성』의 기사를 분류함에 있어서 저자는 "통상적인 글쓰기 양식을 참고하면, 논설류, 수필류, 취미기사류, 기사류, 문예류, 사고류, 광고의 일곱 가지로 분류할 수 있고, 읽을거리의 형식과 내용적 특성을 감안하여 분류하면 쉰여섯 가지 정도로 나뉘어진다"(164~166쪽)고 지적한다. 도대체 저자가 참고한 '통상적인 글쓰기 양식'이 무엇인지 짐작조차 되지 않는다. 허구적인 서사물과 기록물로 나눈 것도 아니고 서사, 묘사, 설명, 논증이라는 일반적인 진술양식을 참고한 것도 아니다. 문예류에 수필류가 들어가지 않는 것은 왜인지, 수필류와 취미기사류는 어떻게 갈라지는지, 취미기사류의 '수기, 실화, 보고형 서사, 정탐류'의 기록서사와 기사류의 '가십, 탐방'이 어떻게 갈라지는지, 내용상 좌담이나 설문이 가십이나 정탐류 기사와 달라질 수 있는지 등 의문투성이다. 가장 알 수 없는 양식이 취미기사류인데, 이는 『신여성』 편진의 명명을 그대로 가져왔을 뿐 저자 스스로 취미기사류에 어떤 의미를 부여했는지 모르겠다. 과연 기록서사와 야담, 콩트, 격언 등을 한데 묶을 수 있는 근거는 무엇인가. 이런 내용들이 당대 필진이 부여한 대로 '교양과 취미의 증진'이라는 목적에 부합하는 것이었는가.

문학 연구자이기에 갖게 되는 몇 가지 의구심을 염두에 두더라도 『신여성, 근대의 과잉』은 보편적인 신여성 현상과 지역적 신여성 현상의 차이를 구명하는 가운데, 근대성과 식민성을 분리된 두 개의 상이한 현상으로 간주하는 인식 체계에 반대하며 조선의 신여성 담론을 식민주체성 또는 피식민지인 정체성의 복잡성 속에서 해명하려 한 저자의 관점에 대한 열렬한 동의를 이끌어낸다. 잡지 『신여성』에 대한 꼼꼼한 독해와 분류작업에는 감탄을 금할 길 없으며, 비서구 식민지 사회(인도, 중국, 조선) 내에서의 차이를 이끌어내는 결론 부분에는 누구라도 깊은 흥미를 갖게 되리라 본다. "신여성은 신여성 담론에 의해서 생산된 특정한 주체 위치를 일컫게 된다. 그렇다면 재현된 신여성, 또는 기호로서의 신여성은 곧 신여성이라는 여성 주체의 등장을 말하는 것인가?"(32쪽) 저자가 '최종적으로 던지는 질문이자 완결되지 않을 문제'라고 규정한 의문에 답을 찾아가는 작업은 앞으로도 국문학, 여성학, 사회학, 역사학 등의 분 과학문에서 끊임없이 이어질 것이며, 이 책(그리고 저자의 차후 연구들)은 그 작업에서 주요한 지표가 되어줄 것이라고 기대해 본다.

—『여성문학연구』 22, 2009

지식의 장場과 창조적 지知의 주체들

김진희 | 이화여대 이화인문과학원 교수

박지영 · 이지영 · 서정민 · 박상석 · 김연숙 · 김복순 · 김양선 · 김윤선 · 강소영 · 윤정화 · 류진희 · 장미영 · 허윤 · 권오숙, 『젠더와 번역—여성 지(知)의 형성과 변전(變轉)』, 2013

최근 한국문학사에서 번역 연구는 텍스트의 문사 번역을 넘어 문화 간의 교류와 소통을 매개하고 새로운 지식의 수용 및 창조적 생성에 기여하는 행위로서의 '번역'에 주목해 왔다. 구체적으로 텍스트가 놓인 문화와 지식의 장場으로 번역을 확장, 이해함으로써 번역이 번역의 주체나 향유자의 창조적, 사회적, 담론적 실천의 행위임을 강조할 수 있었는데, 그간 괄호 안에 넣어두었던 번역자에 주목하는 번역 연구를 통해 지식 생산의 주체이자 발신자로서의 서구에 문제를 제기했고 나아가 주체적인 지식 생산과 탈식민의 논의를 가능하게 했다. 뿐만 아니라 번역이 수반하는 역동적인 변화에 대한 인식은 제국-일본을 포함한 서구 중심의 문화와는 다른 식민지 문화를 재인식하게 했고 이를 통해 문화적 탈식민성의 새로운 논리를 정초하도록 하였다.

『젠더와 번역—여성 지知의 형성과 변전變轉』이 문제 삼고 있는 것 역시 이러한 서구 지식의 수용과 창조적 지식의 생산자 혹은 향유자로서 괄호 안에 묶어 있던 번역 주체로서의 여성과 이들이 번역한 지식의 내용과 성격, 그리고 생산의 구조에 작동하는 젠더 규범이다. 이런 주제의식을 통해 이 연구서는 여성의 지知를 새롭게 재편, 재구성하고 있다. 즉 여성의 지가 형성, 변전되는 번역의 장과 그 과정에 개입하는 권력의 작동을 젠더적 관점에서 첨예하게 예각화시킴으로써 한국 여성의 지(知)가 번역을 매개로 외부, 특히 제국의 지식을 수용하고 이를 주체적으로 변용하면서 어떠한 방식으로 제도화되었는지 논의한다. 그럼으로써 번역을 둘러싼 권력의 배면에 놓인 젠더 구조가 번역의 주체, 작품의 선택, 번역의 상황, 번안의 형태 등에 작동하는 방식과 그 의미를 효과적으로 고찰할 수 있도록 한다. 그리고 이를 통해 보편으로 인식해 왔던 서구, 근대, 남성 중심의 문학·문화·지식사에 회의를 표하고 새로운 문학·문화·지식사를 지향한다.

이런 맥락에서 젠더와 번역 연구가 문학·문화·지식사의 통합적 연구를 위한 새로운 방법론이라는 연구서의 기획에 주목할 수 있다. 연구서가 개진한 방법론은 이 책의 구성 및 각 부의 제목에 반영되어 있는데, 서론 이하 제1부, 제2부, 제3부에 고전여성지식(문화)사, 근대여성지식(문화)사, 현대여성지식(문화)사라는 제목을 붙임으로써 젠더와 번역의 관점에서 여성의 지식사이자 문화사에 대한 통사적 연구서임을 강조한다. 이와 같은 문제의식은 각 부에 속한 논문들 간의 통시적 혹은 공시적 연관성을 통해서도 드러난다. 예를 들어 조선 전기의 규훈서 번역 연구에서부터 근대와 현대에 이르기까지 주요한 번역 상황을 젠더적 이슈와 관련하여 다룸으로써 지식의 역사와 지식의 장, 또 그 장을 움직인 권력 등에 대한 계기적 이해를 가능하게하고 지식 형성 및 변전(變轉)을 역사적 지평 속에서 이해하도록 한다.

또한 서로 다른 번역·번안물을 젠더적 관점에서 논의함으로써 그들이 동일한 지식의 장에 놓여 있음, 그리고 그 텍스트를 움직이는 사회문화적 상황이 표면적으로는 다를지라도 그 이면에 동일한 이데올로기가 작동하고 있음을 인식하도록 한다. 예를 들어 1910년대 이루어진 중국과 일본의 소설 번역 및 번안은 각기 다른 시대의 소설임에도 동일한 주제의식을 보이고 있다. 각 연구자들은 명말明末에 쓰인 여성 수난형 소설의 번안과 일본 메이지 시대의 가정소설 『호토토기스, 불여귀不如歸』의 번역 및 번안 작품의 주제가 1910년대라는 지식의 장이 갖고 있던 특성, 즉 정조를 중시하는 관념 및 슬픔과 비극의 주인공으로서의 여성이라는 동일한 젠더 관념이 작동하는 문화의 장 안에서 번역, 소비되었음을 보여 준다. 이런 이해의 방식은 채만식 소설 『인형의 집을 나와서』의 주인공인 노라의 삶을 이해하는데도 유효하다. 왜 노라는 인형의 집을 나와서 자신의 독립적 삶을 살기 힘들었는가. 식민지하에서 사회적, 물적 조건이 여성의 취업을 힘들게도 했지만 노라가 대표하는 신여성들은 사회 활동을 위한 교육이 아니라 현모양처, 사랑과 자유연애, 결혼, 육아 등을 강조하는 근대적 가정주부의 소양 교육을 받았다. 말하자면 근대적 현모양처의 미덕이 신여성이 갖추어야 할 지식으로 소통되던 시기가 바로 노라가 살았던 시대였음을 『신여성』 소재 번역텍스트 연구는 밝히고 있다. 이런 연구를 통해 채만식 소설의 주인공 노라는 당대를 드러내는 구체적인 현실로 다가온다.

이와 같이 『젠더와 번역—여성 지知의 형성과 변전變轉』은 번역이 이루어지는 중층적이고 복합적인 상황들을 세심하게 탐구하고, 이를 토대로 각 연구들이 서로 대화하는 방식으로 관계성을 가지면서 서로를 참조하도록 한다. 이런 점에서 이 책에 구현된 논의의 공간 역시 일종의 번역의 장을 구성한다는 측면에서 번역 및 지식의 형성 및 변전에 관한 총체적인 이해를 가능하게 한다. 이 연구서 기획의 정치함이 돋보이는 부분이다.

한편 이 책은 지식의 장을 움직이는 권력을 통찰함과 동시에 그 권력에 균열을 내고, 새로운 주체로 거듭나는 여성들에 주목함으로써 기존의 문학・문화・지식사를 재구성하고 대체한다. 통상적으로 여성 번역 주체의 실천이 드러나지 않는 이유는 젠더화된 지식 장 안에 여성의 지적 활동을 억압하는 중층적인 권력이 작동하기 때문이다. 여성들이 가부장제 사회 안에서 지식의 주체로 호명될 수 없는 존재로 살아왔음을 조선시대 규훈서 번역 연구나 대하소설 연구는 밝히고 있다. 그러나 이런 현실에서 나아가 이 논의들은 여성이 한자 학습과 한시 감상이 가능해졌음을 보여줌으로써 한자 지식과 교양 학습 및 향유에 대한 젠더적 경계가 와해되는 단초를 보여 준다. 그리고 이 여성들이 규훈서 필사 작업 시 미미하지만 여성의 의식과 목소리를 투영했다는 사실의 고찰은 지식의 향유자로부터 지식 주체의 탄생에 대한 가능성 역시 시사한다. 창작에 대한 욕망이 번역을 가능하게 했다는 전혜린의 고백처럼 많은 여성들은 자신의 글을 쓸 수 없도록 제한받아 왔었고 이런 욕망은 필사나 번역 등으로 전환되면서 창조적 욕망의 흔적을 텍스트에 남기는 것이다.

이처럼 번역자로서의 여성이 창조적 주체로 전환되는 경우를 이 연구서는 주목하고 있는데, 이화여전 학생들의 번역 실천을 살핀 연구가 그것이다. 이 글에서는 예비지식인으로서 이화여전 학생들에게 번역이, 시나 소설을 창작하기 위한 방법론이었으며 그들의 창조적 역량을 발휘하는 중요한 통로였음을 밝히고 있다. 따라서 학생들은 번역 작업 및 그 과정을 통해 모국어를 포함한, 언어에 대한 이해 및 인식을 성장시킬 수 있었고 창작을 매개하는 번역의 창조성을 훈련받을 수 있었다. 문학사에서 잘 알려진 여성 시인인 노천명이나 모윤숙 모두 이화여전 학생으로 번역자이자 창작자였다.

번역을 움직이는 지식 생산의 조건을 탐구하는 것이 이 연구서의 기본 목표이기도 한데, 번역 텍스트의 특수성, 나아가 수용, 창조된 번역-지식의 특성 등은 당대 문화사적 상황과 밀접하다. 왜 이 텍스트는 이렇게 번역되었는가. 왜 이 시대의 지식은 이런 특성을 갖는가. 여성에게는 왜 이런 지식이 강조되었는가 등의 문제의식은 번역의 의미 및 의의를 연구하는데 긴요하다. 이 연구서에 실린 대부분의 논의는 번역을 둘러싼 폭넓은 정황에 대한 깊이 있는 탐구를 통해 지식 생성의 역사성을 보여 준다. 예를 들어 아일랜드 문학의 네 가지 번역 방식을 다루고 있는 연구는, 1920년대에서 1930년대 식민지 조선의 시・공간에서 아일랜드가 어떻게 번역, 소비, 상상되었는지 민족, 계급, 보편, 언어 등의 관점에서 정치하게 살피고 있다. 비교적 짧은 시기였음에도 이렇듯 다양한 번역과 수용이 가능했던 이유는 바로 민족과 계급, 근대 보편성과 식민성, 조선어와 일본어라는 화두가 식민지 조선의 지식장을 움직이는 복합적이고도 주요한 동인들이었기 때문이다.

한편 아일랜드가 식민지 조선과 관련되면서 제국의 식민지로 자주 신비적 낭만주의와 여성으로 상상되었음은 1920년대 전후 사회, 문화의 구조가 젠더적으로 위계화되었음과도 관련된다. 특히 1920년대 왕성했던 여성해방론의 물결이 약화되는 1930년대 이후로 여성들은 자신의 위상을 여성의 자리를 지키면서도 전통적 어머니나 주부와는 다른 여성 역할에서 찾아야 하는 매우 현실적인 변화를 겪고 있었다. 채만식 소설 『인형의 집을 나와서』에서도 드러나듯 신식 교육을 받은 여학생들이 선택할 수 있는 사회적 길은 없었고 여성의 가정적 역할을 찬미하는 과학적 모성과 전문적 주부론은 신식 교육을 받은 여성들이 기댈 수 있는 편리한 이슈였다. 신문물의 외피를 쓴 채 전근대적 여성상을 계승한 담론 체계는 여성해방에 관한 훌륭한 대체물이 되었다. 말하자면 여성들은 표면적으로는 여성의 인권 및 해방에 관한 열린 공간 속에 놓여 있는 것처럼 보였지만 실제 그들은 전근대적인 젠더 규범 안에서 자신의 위치를 만들어야 했다. 신식 교육이나 매체 등은 모두 제도적으로 이런 여성을 만드는데 기여했음을 알 수 있는데 이 책에 실린 『신여성』과 『여원』 연구는 출간 시기는 다르지만, 대중매체인 잡지가 어떤 방식으로 여성의 지知을 생산하였으며, 이 지식이 당대의 사회문화적 젠더 의식과 어떻게 연관되고 있는지 논의함으로써 매체가 젠더 생산의 기제임을 밝혀준다.

여성 번역가의 참여가 소극적이었던 『신여성』은 텍스트의 선정과 번역을 모두 남성 발행인들과 필진들이 담당했고 이런 과정을 통해 그 시대가 요구했던 신여성의 정체성, 즉 세련된 전통여성의 덕목이 강조되었다. 이런 점에서 『신여성』이라는 이름이 붙은 잡지에서 신여성은 지식의 주체라기보다는 계몽되어야 할 대상에 지나지 않았다. 이와 마찬가지로 해방 이후 1955년부터 1970년까지 십 수년에 걸쳐 여성 교양 또는 근대 지성의 장으로 평가받았던 『여원』 역시 여성에게 서구화, 도시화, 근대화된 개인의 행복을 추구하면서도 동시에 여성의 희생을 요하는 전통적인 가족주의를 재생산했으며 유사한 차원에서 코스모폴리탄이거나 혹은 신화의 주인공으로 여성을 신비화했다. 즉 『여원』은 잘 알려진 펄벅의 수기 등 가정과 사회를 위해 희생하는 여성의 이야기를 게재함으로써 여성이 가진 돌봄의 덕목을 세계시민주의의 차원으로까지 격상시켰다. 이와 같은 젠더 규범은 당대 여성 지식인 사회의 변화와 밀접하게 관련되어 있다. 해방 이후 남한 정부와 여성명망가들의 펄벅 수용을 연구한 논문은 『대지』의 작가였던 펄벅이 남한만의 단독정부를 수립하는데 도덕적 여성의 인물 표상으로 전략적 활용되었음을 밝히고 있다. 즉 인도주의에 기반 한 서구 여성들의 조직적 지원과 미국의 중산층 이데올로기가 도덕주의와 인도주의, 사해동포주의를 강화하는 남한의 여성정책들로 수렴되어 가면서 펄벅의 수용 역시 편향되게 이루어졌던 것이다. 이처럼 해방 이후 번역-지식의 장에서 모성은 국제적 내지 우주적 넓이를 가진 초월적 존재로 신화화되어 갔다. 그리고 이런 사회문화적 분위기는 한국전쟁 후 『여원』에 더욱 견고하게 반영되어 편집 방향이나 주제에 영향을 미치는 것으로 이해할 수 있다.

이 연구서의 부제이기도 한 여성 지知의 형성과 변전에 있어서 지知의 주체는 번역을 실천하는 지점이라는 점에서 형성과 변전, 창조의 중심에 놓여 있다. 그러므로 번역자들의 성정체성에 의해 왜곡, 혹은 조작되는 번역이나 또 젠더규범에 의해 일정한 방향으로 정향된 번역 역시 문제적이다. 이런 의미에서 젠더 연구의 가치는 텍스트에 은폐된 권력이나 번역 주체에게 작동하는 젠더 규범을 밝힘으로써 지식의 주체적 수용 및 창조의 과정을 밝히는데 있다. 이 책의 '책머리에서'도 밝히고 있듯이 번역은 중층적으로 위계화된 지식의 장안에서 문화적인 전환을 기획하고 다른 창조를 꾀하는 실천적 언술이다. 그러므로 여성주의 번역・문학・지식사를 정립하기 위해서 번역과 지식의 주체를 새롭게 호명하는 작업은 긴요하다. 이런 의미에서 가부장제 교육서인 『규훈서』의 이데올로기를 가로지르는 조선 여성들의 번역 주체로서의 상상력, 성정체성과 젠더화된 지식 장을 넘어서는 번역주체의 창조적 실천을 보여 준 『인형의 집을 나와서』의 작가 채만식, 서구문학의 번역을 통해 창작의 주체로 거듭난 이화여전의 학생들, 또 1980년대 다양한 여성해방운동의 주체들, 특히 이론화를 지양하고 페다고지로의 창의적 수용을 보여 준 여성 지식인 공동체는 번역 주체의 창조적 실천이 당대 젠더화된 지식・문화의 장을 어떻게 내파하는지 보여 준다.

이 연구서는 젠더적 관점에서의 번역 연구의 필요성에 공감한 연구자들의 공동연구를 통해 기획,출간되었다. 그간 젠더와 번역에 대한 본격적인 연구가 진행되지 않았던 상황을 고려할 때 기초 작업부터 시작해야 했던 연구자들의 노고는 젠더와 번역 연구에 관심을 갖는 연구자들 및 후학들에게 분명한 토대의 역할을 할 것이다. 근대 지식 연구에서 젠더와 번역 연구의 유의미성과 그 발전 가능성을 생각하면서, 젠더 번역과 지식의 장場을 동아시아로 확장하여 동아시아적 젠더 특수성과 한국 번역 지식의 정체성을 탐구하는 연구, 또 지식 생산에 기여한 여성번역 주체들의 활동을 집약화하는 작업, 그리고 80년대 이후 번역지식의 장 안에서 여성학의 발전과 여성 지식의 변화 등이 후속 연구로 이루어길 기대한다.

—『여성문학연구』 31, 2014

'섹슈얼리티', 한국 근대문학사를 보는 또 하나의 시선

김미정 | 서울대학교 국어국문학과 박사과정

이혜령, 『한국 근대소설과 섹슈얼리티의 서사학』, 2007

이 책은 1920~30년대의 한국동인지 작가들의 작품을 통해, 기존의 관습화된 남성중심적 사회에서 여성이 어떻게 도구화되었는지를 '섹슈얼리티'라는 그물코로 얽어내려는 포부의 산물이다.

'1930년대 소설강독반 스터디'를 하며 "이른바 B급 작가의 작품까지도 푸지게 읽을 수 있었던" 면학 풍토에서 안목을 키워 온 저자는 남성중심적 또는 여성이 배제된 기존의 근대성 논의와는 달리 여성의 위상과 경험을 근대문학사 논의의 한가운데로 끄집어들인다. 그리고 한국 근대소설에서 자기 정의의 결정권을 지닌 근대적 자아, 남성 지식인의 표상과 그들의 남근주의, 식민주의, 민족주의를 관통하는 일관된 특징 속에 여성 섹슈얼리티를 설정함으로써 근대문학사에 섹슈얼리티의 서사학이라는 새로운 화두를 제시하고 있다.

근대성이 비단 남성만의 전유물일 수는 없는 일임에도 불구하고 남성들의 인식론적 궤적만을 논의의 대상으로 삼고 여성들을 근대의 외곽에 존재하는 신화적 전통쯤으로 비가시화하는 일은 일종의 '해석적 폭력'일 수 있다.

저자는 1920~30년대의 한국 소설문학 텍스트들을 꼼꼼히 분석하면서 남성들이 여성을 어떤 방식으로 받아들였으며 여성을 어떻게 재현했는가. 또 여성들, 특히 하층 여성들의 여성성이 근대성과 식민주의 담론의 공모 아래 어떻게 전유 되는가 하는 과정을 짚어보고 있다. 이것은 우리가 근대여성인물에 대해 어떻게 인식하고 있는지를 다시 들여다볼 수 있게 하고 남성의 오리엔탈리즘적 사고구조와는 다른 패러다임에 따라 작동하는 '여성성의 지대'를 새롭게 발견할 수 있도록 기반을 마련해준다는 데 의의가 있다.

책에서 세세한 항목 하에 논의되었던 근대소설 속의 섹슈얼리티의 서사를 다음의 네 항목으로 다시 갈무리하면서 이 책의 논지와 평자의 지향점을 밝히는 것으로 글을 정리하고자 한다.

1. '섹슈얼리티', 타자의 표상체계

저자는 개인의 가장 내밀한 영역을 근거로 사회적 삶의 구체적인 형태를 일별하게 하는 개념인 섹슈얼리티를 통해 개인과 사회, 모더니즘과 리얼리즘, 주체와 객체, 성격과 환경 등 한국 근대문학을 논하는 이원적 틀을 뛰어넘는다. 여기서 '젠더'와 마찬가지로 '섹슈얼리티' 논의도 여성편향성으로 해석되는 것은 지금까지 젠더나 섹슈얼리티가 남성에 대해 억압의 문제를 일으킨 적은 드물다는 데에 기인한다. 그러기에 섹슈얼리티의 전경화는 한국 근대소설의 근대적 자아의 정체, 그 경계 짓기의 표상체계를 전복하는 데 일조한다.

20세기 전반기 근대 한국사회에서 모든 여성상은, 정숙한 여성으로부터 요부에 이르기까지, 남성이 독자적으로 근대를 받아들이는 데 있어 기제가 될 뿐 주체화된 적은 없었다. 민족주의냐 사회주의냐의 관점을 떠나 여성성은 하층민적 가치와 동일시되었고 이는 남성이 금력과 도덕의 주체로 가부장제적 폭력을 휘두른 결과이다.

이광수의 『흙』에 등장하는 이성적인 남자 주인공처럼 소설 속에 나타난 근대적 자아는 남성 지식인이다. 반면 이상화된 여성상이란 심훈의 『상록수』에서 순결한 처녀 '채영신' 같이 가부장적 질서와 남성의 도덕적 우월성에서만 정체성을 갖게 되는 존재인 것이다. 이광수, 김동인, 염상섭, 현진건, 나도향, 채만식, 이태준, 심훈, 이상, 김동리 등 식민지 시대의 대표작가와 작품은 남성 지식인의 성적 욕망의 문제를 기저에 깔고 남성중심의 이성과 도덕률이 구심점을 이룬 동심원적 서사이다. 한국 근대문학사에서 예외적인 존재로 평가받는 이상의 문학세계에서조차도 성 역할의 전도라는 상황과 성적 욕망에 대한 도덕적 호소라는 근대적 자아의 위기가 상징적으로 드러나 있다.

"어두운 시대란 그 시대 속에서 공적 영역은 희미해지고 세계는 모호해져서 사람들은 자신들의 생명이 걸린 이해나 개인적인 자유에 대한 것 이외의 정치적 문제에 대해서는 더 이상 요구하지 않는 시대"라는 한나 아렌트의 말대로 일제시대의 정치는 공적 영역이 희미해져서 지배와 억압의 전략이 되었고 사적 영역인 개인의 자유가 상실된 억압의 상태였다. 그런데다가 식민지하의 남성들은 자신들이 억압받는 타자였음에도 이를 망각하고 자신이 주체로 존재한다고 인식하여 자신을 억압해온 상황을 재생산하게 된다. 이러한 배경 하에서 1920~

1930년대 한국 근대소설에 나타난 섹슈얼리티의 양상은 식민지 경제의 피폐화와 맞물려 매춘과 식민지 정책이 빚은 수탈상을 적나라하게 보여 준다. 이것은 정치, 사회, 경제적 상황에서 그 근본적인 원인을 찾을 수 있으며, 여성억압의 원인으로 젠더보다 정치적 영향을 더 우위에 두었던 찬드라 모한티의 이론을 방증하고 있기도 하다.

1920~30년대 문학 텍스트에서 근대적 자아는 단지 자신과 타자와의 차이를 인식하는 것이 아니라 그것을 서열화함으로써 탄생하였다. 식민 지배자의 경우 지정학적인 인종적 경계가 차이의 서열화를 구축하는 기준이었다면 식민지민인 남성 지식인에게 그 경계는 젠더와 계급이 그 기능을 하였다. 이런 사회에서 가장 이상화된 여성상이란 가부장적 질서와 남성의 도덕적 우월성을 보증하는 한에서의 정체성 즉 처녀성과 모성성에 결박된 존재였다. 여성의 성 역할과 성적 규범의 문제에 있어서만큼은 민족주의 좌파냐 우파냐 사회주의자냐에 있어서 뚜렷한 차이가 존재하지 않았다. 이는 여성의 정체성이 섹슈얼리티에 의해 규정되고 이 문제에 있어서 남성중심적인 성규범과 성 역할의 표상체계는 지식계층의 사상적 차이와 관계없이 일치했다는 것을 알 수 있다.

2. 일탈적 성의 주체

섹슈얼리티란 단지 자연적으로 주어진 본능이 아니라 역사적으로 구성된 것이라는 푸코의 견해를 비추어 볼 때 섹슈얼리티는 관계적인 것으로서 그 주체는 고정적이지 않다.

한국문학사에서 본격적인 근대소설의 출현은 문학의 도구성과 집단 및 공동체의 운명에 무게를 실었던 전대의 계몽주의 문학에 대한 반발에서 시작된다. 이러한 연유로, 1920년대 동인지문학 내 대부분 소설의 제재는 사생활의 가장 내밀한 영역인 사랑 혹은 성 때문에 겪는 갈등을 주시했고, 거기에 나타난 섹슈얼리티의 양상은 여성에 대한 남성의 성적 지배로 나타난다. 1930년대 대부분 장편소설에서 일제 말기 신세대소설까지 성 문제에 대한 모럴이 작품의 서사를 규정하는 가운데, 여성성은 처녀성과 모성성에 국한되어 지식인 남성의 도덕적 우월성을 보증하는 종속적, 기능적 존재로 재현되었다.

근대적 자아가 텍스트의 내부에서 제거되고 요부형 여성이 등장하는 20년대 소설이나 30년대 중, 후반 토속적 인간형의 세계를 그린 소설에서도 남성 중심의 가부장적 질서는 철회되지 않았다. 더욱이 여성의 욕망 특히 하층민 여성의 성적 욕망은 훨씬 본능적인 성격으로 두드러져 자기 통제의 능력을 상실한 것으로 그려지고 있다.

이러한 가운데, 30년대 신여성의 경우도 지식인이라기보다는 오히려 자유연애를 내세울 만큼 성적 욕망이 강한 자연적 존재의 차원에서 조명되었으며, 하층민의 경우는 아예 도덕이나 규범 등 제도적 차원을 벗어난 상태의 성욕을 지닌 여성으로 재현되었다. 그러나 사회, 경제적 위계질서에서 현실적으로 가장 하위에 놓인 하층민 여성을 통해서만이 노골적인 방식으로 형상화될 수 있는 성적 욕망이란 근대적 자아로 버젓이 서기를 원했던 지식인 남성 주체에게는 대단히 억압적인 욕망이었음을 상대적으로 보여 준다.

케이트 밀레트는 가부장제 하에서 남녀의 부부관계가 사유재산적 소유관계라 하고 남성이 여성을 지배하는 관계를 '성의 정치'라는 용어로 규정한다. 그렇다면 일제시대의 룸펜이나 지식인이 아내의 불륜을 대놓고 정죄하지 못했다는 사실은 남성이 정한 성의 정치에서 스스로의 도덕성의 해체이며 일탈이 아니고 무엇이겠는가? 그것은 그들이 일탈적이라고 했던 여성의 섹슈얼리티가 오히려 남성의 섹슈얼리티보다 더 진솔했다는 것을 인정하는 결과임과 동시에 성의 정치에서 벗어난 남성성의 일면을 드러내는 것일 수 있다.

또 숭배와 질시의 대상이었던 신여성의 형상이든 남성을 굴복시키는 하층민 여성이든 '팜므 파탈'이라는 여성의 이미지는 남성들의 성적 공포를 드러내는데 그것은 팜므 파탈의 내재적인 성격인 공격성이 수동적 여성성이라는 남성의 규범체계를 전복시키는 속성이기 때문이다. 그러기에 자유연애의 파멸을 모두 여자의 탓으로 돌리고 남성을 희생의 제물로 삼았던 근대담론에서 일탈의 주체에 대한 관심은 미묘해질 수밖에 없는 것이다. 이것은 그동안 남성을 보는 시선 역시 근대담론 안에서 화석화를 면할 수 없었음을 상기시키면서, '남성 다시 읽기' 또한 여성의 서사를 더 확연히 하기 위해 에둘러 가는 하나의 방법임을 시사하고 있다.

3. 창조적 욕망의 기제에서 탈관능화된 사랑의 승화로

이광수로 대표되는 계몽주의 문학에 반대하면서 예술의 자율성을 내세웠던 1920년대 동인지문학의 주도자들은 근대적 자아의 소설적 형상화를 예술과 사랑을 통해서 구축하고자했다. 여성을 자연적인 존재, 세속적인 때가 묻지 않은 순결한 존재로 바라봄으로써 그러한 여성과의 사랑은 예술과 등치될 수 있었으며 예술과 사랑 사이에는 교환법칙이 성립되고 있다. 여성은 인간이 낭만적 예술을 향유하는데 있어 창조적 욕망의 기제로 변모한다. 그리고 그 낭만적 사랑의 대상인 여성의 육체가 남성의 객관적 자아확인의 매개로서 역할하고 있는 것이다. 이 점은 바로 남성의 객관자로밖에 이야기될 수 없는 여성, 여성성이란 애초에 사회적, 역사적 존재로 인식되지 않았음을 의미한다. 이렇게 볼 때 낭만적 사랑이 예술과 마찬가지로 인간적인 삶으로 통하는 길이 될 수 있었던 것은 여성의 역사성과 사회성을 몰각한 남성의 자기투사 속에서 가능한 것이었다.

소설가 이상이 타자를 자아화하는 방식은 동일시와 배제 그 어느 것으로도 귀착되지 않는 것으로, 그가 향유한 결핵과 마약 모두는 위험한 관능의 메타포로 해석되었다. 그렇지만 여기에서 여성의 섹슈얼리티와 결부되어 죽음에 이르는, 위험하고도 매혹적인 관능은 근대적 자아의 무기력 상태와는 무관하게, 낭만주의적 문학에서 동경의 대상이 될 수 있는 것으로 물상화되어 있다.

1930년대 소설에서 낭만적 사랑의 시련이 제기하는 것은 결혼제도의 경제적, 물질적 토대문제만은 아니다. 인간을 사유하는 존재와 육체적 존재로 나누는 데카르트의 이분법적 발상에서, 이 '낭만적 사랑'은 이미 파행적인 결론으로 도출되는 것을 피할 수 없다. 이 점은 1920년대 소설에서 다소는 선언적인 형태로만 제시되었던 성적 규범과 민족주의의 결합이 1930년대에 이르면 구체화된다는 것을 의미한다.

『탁류』의 초봉과 『흙』의 정선은 결혼한 여자가 정숙한 신부로 남지 못할 때 야기되는 파탄이 얼마나 끔찍한 것인가를 보여 준다. 그러한 파탄이 사회적 의미에서 정조를 지키지 못한 여성에 대한 단죄라는 것은 여성에 적용된 이분법의 투영이다. 그녀들의 삶의 편력이 성적 욕망에 의지해서만 여성을 취하는 또 다른 남성들에 의해 가능했음에도 불구하고 여성만이 가장 잔혹한 대가를 치러야 한다는 것은 정조와 순결이라는 것이 실상은 여성에게 강제된 규율이자 덕목임을 다시 한번 확인케 해 준다.

처녀성만이 모성성으로 이동하는 정당한 자격을 취할 수 있는 1930년대 계몽주의 소설에서 여성상은 새로이 구성된다. 여성의 섹슈얼리티는 은폐되거나 배제되고 단지 국가와 국민을 돌보는 여신과 같은 존재가 이상으로 부각된다. 『흙』이나 『상록수』에서는 억압적인 성의 이상화된 표상이 곧바로 계몽운동이 될 수 있는 것을 보여 주었다. 그것은 무엇보다 여성의 성적 욕망이 자연적으로 인식된 데서 연유한 것으로 탈관능을 귀자연과 동궤선상에 놓고 그것을 승화된 모습으로 전유했기 때문이다. 1930년대의 장편소설들은 타락한 성적 욕망의 퇴폐성과 범죄성을 부각시키면서 탈관능화된 사랑의 비전으로 사회운동, 농촌계몽운동, 사회사업, 예술 등을 제시한다. 이러한 상황에서, 여성은 계몽의 주체가 아니라 부성 혹은 부권의 확립에 이바지하고 있다. 그들이 계몽 운동에 뛰어드는 것은 탈관능화된 사랑의 승화라기보다는 가부장적 질서에서 부여받은 도구적 역할을 담당하는 것이다.

프로이트에 따르면 승화란 성욕적인 혹은 사회적으로 저급한 대상을 향해 있던 에너지가 사회적으로 높은 발달 단계에 있는 행동으로 전용되는 것을 의미한다. 이 대목에서 육체적인 것은 저급하다는 것이 이분법의 후열에 선 오리엔탈리즘의 재현이고, 이는 오리엔탈리즘에 내포된 문명화의 사명과 상동성을 띠며 근대의 정치적, 사회적, 성적 지배질서의 내면화와 직결된다.

4. '하층민 여성'은 말이 없다

현진건의 「고향」이 부권사회의 남성횡포의 잔재로 성이 물상화된 예를, 김동인의 「감자」는 아버지와 남편의 것으로 귀속되는 여성의 성을 보다 구체적으로 보여 주고 있다. 그렇지만 가난이 어떻게 하층민 여성을 성매매의 현실로 내몰았는가를 파악하면서 그 궁핍상보다 하층민 여성들의 성적 분방함에 더 큰 비중이 주어지고 있는데 여기에서 어떤 도덕성도 자의식도 존재하지 않는 하층민 여성의 성이 형상화된다. 하층민의 성은 남성우월적 질서 그리고 계급적 종속관계에 속박되어 사회적, 도덕적으로 아주 저열한 것으로 자리매김한다.

남성을 파멸로 이끄는 하층민 요부형 여성은 1925년을 전후로 대거 등장한 문학적 현상이다. 그리고 하층민 여성을 통해 물질적 궁핍이 매춘과 도덕적 타락으로 이어지는 과정이 종국적으로는 여성과 남성의 기질적, 생물학적 차이의 문제로 돌려지는 경향이 지배적이었다. 남성의 도덕적 자의식이 폄훼당하지 않고도 수월하게 억압된 성적 욕망을 투사하는 존재로 하층민 여성을 택하였고 작품의 무대도 도시가 아닌 시골을 선택하여 지식인 인물을 전적으로 배제한 의도 역시 같은 인식선상에 있다. 사회적인 격동의 시기에 성이데올로기와 자본 그리고 식민의식은 가세하여 그 정도가 배가되는 효과를 낳는다. 더구나 하층민 요부형 여성의 남편은 대부분 무능력자로 아내에 기생하는 인간이며 따라서 여성의 성은 생존의 방식이었는데도, 그녀들은 기존의 도덕규범과는 거리가 먼 존재로 형상화됨에 따라 그녀들의 사회성과 역사성은 무화된다.

1920년대에 비하여 1930년대의 토속적 인간형은 자연의 성격과 함께 부조된다. 20년대의 시골이 농촌의 계급질서와 거기서 야기되는 서사적 갈등의 배경으로 채택되었음에 비해 30년대 시골은 문명 또는 문명화된 공간으로서의 도시와 대비되는 자연적 속성을 고스란히 드러내는 배경으로 제시된다. 특히 김유정이 작품 속에서 형상화한 시골은 이성을 모르는 원시적인 생명력과 본능의 세계가 펼쳐지는 무대였다. 토속적 세계에서 자연의 성격과 마찬가지로 인간 또한 문명화되지 않은 상태로 제시된다.

'들병이'라는 독특한 매춘의 형태가 나오는 이효석의 작품들에서는 성에 대한 타부와 규범이 파괴되고 있다. 시골의 여성들이 성관계에 이르는 과정과 절차는 한결 수월하며 수치심을 모르는 본능으로서의 성이 나타난다. 소설의 여성들은 노골적인 성적 욕망에 항상 천연덕스러운데 그것은 내면화된 자연성에 근거한 여성, 역사성과 사회성의 층위가 배제된 존재로서의 당연한 행동유형인 것이다.

문명화과정을 육체의 부분과 기능을 감추는 과정으로 파악한 엘리아스의 가설에 따르면 인간이 사회화됨에 따라 육체는 점차적으로 스스로 제어할 수 있게 되어가고 따라서 점점 독립적이고 사적인 개체가 되어간다고 한다. 그러나 이러한 사회화와는 반대로, 의식의 거세를 통해 확립된 본능의 세계에 던져져서 그것을 운명의 형식으로 받아들여야만 했던 우리의 '서발턴'은 아무 말이 없었다.

한국 근대문학에서 섹슈얼리티의 서사분석은 다층적인 의미를 양산하고 복잡하게 변형된 여성성의 이미지를 통해 사회가 안고 있는 문제를 우회적으로 드러내는 전략이 될 수 있다. 여성적인 하위문화에 관심을 기울이는 것은 이러한 측면에서 본다면 대단히 중요한 시각적인 전환의 의미를 가질 수 있다. 특히 다양한 문화 제국주의, 문화적 다원주의가 범람하는 지금과 같은 시점에서 근대성과 여성주의의 문제는 지배문화와 피지배문화 간에 존재하는 모호한 지점들을 공유하며 이질적인 문화 주체를 낳고 있는 부분들에 대한 관심을 더욱 집중시킬 수 있기 때문이다.

한편 무엇보다 근대성의 논의와 관련한 섹슈얼리티의 문제는 이 지점에 대한 방법론적 성찰을 철저하게 하지 않으면 가부장적인 신화와 한국 근대 남성들의 식민화된 내면성과 근대 이데올로기가 남긴 오욕의 역사를 여성성이라는 또 다른 성격으로 고착화시킬 가능성이 너무도 많다.

한국 근대사회에서 여성은 제국주의의 피식민 억압에 의해, 식민지 남성에 의해 이중으로 주변화된 타자 즉 식민지 내부의 식민지였다. 합리적, 이성적 절대주의를 향한 남성 중심적 사고체계는 이들이 추앙하고 미화한 처녀성 내지는 모성애조차 부권사회 내의 학습효과로부터 자유로울 수 없다는 점을 확인하게 한다. 여성을 개발되지 않은 처녀림에 비유하면서 문명인들의 휴식처이자 낭만적 예술의 근원지로 표상화한 것은 남성적 시대에 여성을 대상으로 한 '정신교육 프로젝트' 쯤으로 이름 붙일 수 있겠다.

근대 이후, 20~30년대 모던여성, 50~60년대 자유부인, 70년대 호스티스, 90년대 신데렐라 콤플렉스와 공주병, 2000년대 사이버상의 여성들에 이르기까지 여성은 가부장적 사회와 정치, 경제적 여건에 따라 끊임없이 변모했다. 한 번도 비켜가지 않았지만 남성의 규준에 의해 특정 집단으로 형상화되었을 뿐 주체가 되어본 적은 없었다. 근대의 표상들이 여성을 반복적으로 비역사적 타자성의 영역에 위치시키고 그럼으로써 여성의 능동적인 힘, 동시대성, 인간성 등을 축소시키려고 해 왔다는 리타 펠스키의 지적처럼.

이 책은 한국의 근대문학에서 여성에 대한 남성의 성적 지배와 식민지에 대한 정치적 지배라는 유비관계를 포착한다. 그리고 그 안에서 성적 욕망의 주체는 누구였으며, 대상은 누구였는가, 또 성적 욕망에 어떠한 의미가 부여되었으며 그 지향은 당대의 역사적·사회적 상황 속에서 어떤 인식론과 맞닿아 있는가를 지속적으로 해명하고자 했다. 그러는 중에 담론적 주체인 근대적 자아보다는 오히려 여성이 역사적 주체의 생생한 모습으로 부상될 수 있음의 가능성을 보여 주기도 한다.

스피박은 하위주체의 성별화 과정을 중시하고 그 과정에서 여성하위주체의 삶과 그 삶에 대해 '말하기'나 문화적 재현에 결부된 문제들을 부각시킨다. 문화담론이든 문학비평이든 성, 계급, 인종적인 측면에서 겹겹의 그림자 속에 있는 여성하위주체의 경험과 감정을 제대로 파악하기란 쉽지 않다는 것이다. 더구나 '강단 페미니스트'들이 그들에게 '말걸기'를 시도하기 전에 메워야 할 틈새는 얼마나 깊은가.

이러한 상황에서 '섹슈얼리티'라는 새로운 시각은 지금까지의 역사가 남성 중심의 역사였음을 재확인시키고, 여성의 억압과 종속에 관한 역사임을 깨닫게 하지만 역설적이게도 근대에서 현대를 관통하면서 남성과 여성의 성차를 분명히 하고 여성성이 갖는 문화적인 전략적 코드를 더욱 강화할 수 있는 여지를 보여 주고 있다. 사회적 위계질서가 성적 위계질서와 짝을 이루고 있기에, 역으로 여성의 섹슈얼리티를 전경화하여 사적 영역에서 사회를 재조명하는 인식의 지각 변동을 일으킬 수 있는 것이다.

근대의 역사는 아직 끝나지 않았다. 매우 현실적인 의미에서 그것은 계속 쓰여져야만 한다.

—『여성문학연구』 18, 2007

정전의 권위에서 주변과 일상으로

강옥희 | 상명대학교 국어교육과 교수

조성면, 『대중문학과 정전에 대한 반역』, 2002 외 1권

1.

사회나 학계에서 지난 90년대를 뜨겁게 달군 논쟁은 근대와 근대성의 문제였을 것이다. 근대성은 역사상의 시대구분이나 근대사회의 제도적 특징, 문화예술적 특징의 의미 등으로 쓰이면서 개념의 외연이 넓어 많은 논쟁을 불러 일으켰다. 국문학계 역시 예외는 아니어서 근대성에 대한 많은 논쟁이 이루어졌고 문학적 성과를 이끌어내었다. 그중에서도 문화나 제도 풍속 등 일상적 삶에 대한 미시사적인 연구는 새로운 국문학 연구의 지평을 확장시켰다. 또한 근대의 시작과 더불어 등장한 대중의 존재와 그 기반 위에 서 있는 수많은 대중문학의 하위 장르에 대한 연구 역시 그러한 관점에서 매우 주목되는 연구이다. 조성면의 『대중문학과 정전에 대한 반역』(소명출판, 2002)과 신명직의 『모던보이 경성을 거닐다』(현실문화연구, 2002)는 바로 이러한 최근의 문학연구경향을 잘 보여 주는 저작들로 그동안 외면되어 왔던 일상적 삶의 진실에 가까이 다가가 있다.

2.

『대중문학과 정전에 대한 반역』은 대중소설 장르에 대한 이론적 탐색의 제1부와 도전과 반성 그리고 새로운 패러다임으로서 문화론의 제2부로 구성되어 있다. 제1부에서는 김래성의 탐정소설을 통해 근대성의 문제를 고찰하고, 정전에 대한 반역이라는 제목에 걸맞게 판타지, 무협만화, SF, 디지털 시대의 문학 등 기존의 문학연구에서는 거론되지 않았던 문학의 주변장르 혹은 하위 장르들을 비중 있게 다루고 있다. 제2부는 90년대 국문학의 연구성과를 검토하고 국문학연구의 새로운 패러다임으로서 문화론에 대한 시각을 보여 주고 있다.

제1장 「탐정소설과 근대성」에서 탐정소설이 독자들의 기호에만 영합하는 상업적 대중소설이라는 연구자들의 부정적인 인식으로 인해 국문학연구에서 방치되었다고 주장한다. 저자는 김래성의 작품을 중심으로 탐정소설의 기원과 전개과정, 근대성을 살핀다. 나아가 탐정소설은 이성과 과학의 힘으로 세계를 해석하고, 과학이 인간의 삶을 발전시킬 수 있다는 근대적 신념이 내면화·공식화된 대중소설이라고 판단한다. 저자는 탐정소설의 연구를 통해 근대성의 문제에 접근하고 있는데 저자에 따르면 탐정소설은 이성과 과학의 힘으로 세계를 해석하고 인간의 삶과 세계를 보다 나은 방향으로 발전시킬 수 있다는 근

대적 신념이 내면화·공식화된 대중소설이라고 판단한다. 따라서 탐정소설은 서사적 내용은 다르지만 구조는 천편일률적으로 반복되며 이성과 과학의 힘으로 세계를 해석하고 문제를 해결할 수 있다는 순진한 이성중심주의에 기반한 근대적 로망스라고 본다. 이성과 합리주의를 극화하고 있다는 점에서는 전형적인 근대소설의 면모를 보이고 있지만 다른 한편으로는 세계가 합리적 인과의 질서에 따라 움직이며 반드시 시적 정의가 실현된다는 중세적 믿음과 이에 기반한 서사구조를 가지고 있다는 점에서 로망스로 본다는 것이다. 저자는 우리문단에서 본격적인 탐정소설가로 자리 잡은 이전에도 많은 문인들이 탐정소설을 읽거나 번역했는데 이것은 탐정소설이 인기를 누린 대중적 문화상품이었다는 점을 증명하는 것이며, 이에 대한 연구가 대중문학과 대중문화가 일상생활을 지배하는 오늘날의 문학적 상황을 연구하는 데 좋은 참고자료가 될 것이라고 주장한다.

한편, 탐정소설의 재미는 논리적이고 세련된 추리에서 나오는 지적인 쾌감과 서스펜스, 스토리들의 정교한 조합인데 김래성의 탐정소설들은 미스터리 스릴러에 가까운 작품들로 독자들의 지적 쾌감을 충족시켜주는 작품이라는 평가를 내린다.

제2장 「환멸의 시학, 환상의 정치학」은 신세대문화의 상징으로 자리매김한 판타지소설 느래곤라자와 스타크래프트 게임을 통해 환상문학이 어떻게 신세대문화의 상징으로 등장하게 되었는지를 살피고 있다. 아울러 대중소설의 상업주의와 영웅주의를 경계하자는 평론가들의 판에 박힌 글쓰기와 읽기가 대중소설의 새로운 의미와 해석의 가능성을 억압하고, 함량 미달의 독해능력을 감추는 수사학은 아니었는지를 냉철하게 따져 봐야 한다는 도발적인 문제제기를 하고 있다. 저자는 판타지나 대중소설을 읽을 때는 대중문학에 내재된 근대나 문화자

본의 분열성과 자기해체적인 징후를 읽어내어 그 정체를 적나라하게 드러내는 방식이 필요하다고 본다. 그러한 관점에서 볼 때 환상문학은 억압적인 현실에 대항해서 자신들만의 세계를 독자적으로 구축하고자 하는 신세대의 열망의 표현이며, 이들을 새로운 시장으로 영토화하려는 자본의 문화논리가 결합한 결과라고 본다.

제3장 「무협만화와 영웅소설, 또는 꿈과 전망을 잃어버린 시대의 대중적 서사시」에서는 학문적 담론에서는 배제되었던 무협만화를 통해 학문적 엄숙주의를 벗어나 국문학적 인식의 지평을 확장하고, 대중적 서사문학의 지형과 구체적인 실상을 살피고 있다. 저자는 이재학의 『용음봉명』을 분석하면서 이 같은 무협물이 '영웅의 일생'같이 오래전부터 대중에게 널리 알려져 있는 도식과 관습에 의존해 보편성과 존재의의를 보장받았고, 그 안에서 끊임없는 자기변신을 통해 독자에게 다가갔다고 본다. 또한, 무협물은 반쯤은 열려있고 반쯤은 닫혀 있는 "닫혀진 자율적 존재"라고 주장한다. 무협물은 자족적인 체계이면서도 사회문화적 현상의 일부이고, 다른 한편으로는 객관적 현실을 반영하면서도 현실의 문제를 은폐하거나 왜곡하는 이상한 거울이며, 무협만화와 무협물 일반은 근대화와 근대성에 대한 전근대적인 방식의 대응, 근대성에 대한 퇴행적 저항이자 환멸의 표현이라는 것이다.

제4장 「SF와 한국문학」에서는 SF라는 하위 장르의 정체성을 살피고, 국문학연구의 지평을 확장하겠다는 생각을 드러내고 있다. 저자는 SF는 장르자체의 대중성으로 말미암아 통속화와 속류화의 계기를 내장하고 있으며, 근대계몽기 한국의 지식인들이 SF에 호감을 보였던 것은 SF가 대중적 파급력과 계몽성을 두루 갖춘 장르였기 때문이라고 설명한다. 한국의 SF소설사가 번역과 모방이 주를 이루기는 했지만 SF는 잔혹한 시대상황 속에서 대중들에게 다양한 읽을거리와 위안을 제

공하고 문학의 잠재적 독자인 어린이와 청소년 독자들에게 꿈과 모험심, 상상력을 키워 준 중요한 장르였다고 말한다. SF는 자본의 자기증식과 팽창 욕망의 문학적 반영물이면서도 압도적인 과학기술을 바탕으로 인간마저 상품화해 버리는 자본주의라는 디스토피아 사회를 꾸준히 비판하고 경고해 왔던, 상업성과 정치성에 민감한 장르이고 이것이 SF가 대중소설의 하위장르가 아니라 자본의 은유 또는 근대 사회를 가늠하는 바로미터로 볼 수 있는 근거들이 된다고 본다.

제5장 「디지털 시대의 문학」에서는 기존에 막강한 위력을 보였던 문자매체가 사이버 시대의 도래와 함께 대중이라는 익명의 가변적 주체들이 가담하여 무한 증식하고 텍스트를 만들어내는 시대적 산물로 변화하고, 재래의 권위와 문학적 소통을 전면적으로 변화시킬 수 있는 가능성을 가진다고 본다. 아울러 사이버문학은 과거와 현재가 착종된 경계선에 서 있는 예술이며 우리문학과 예술의 한 표상을 보여 준다고 진단한다.

제2부 「도전과 반성 그리고 새로운 패러다임으로서의 문화론」은 문학의 위기론이 확산되었던 90년대적 상황에서, 특정한 전공분야의 특정한 이론과 방법론을 지칭하는 것이 아니라, 기존의 제도화된 정전중심주의적 문학연구 방식에서 벗어나 새로운 방법과 원리를 모색하는 학제적인 연구인 문화론의 등장과 그 양상을 검토한다. 이를 통해 저자는 이 새롭게 등장한 문화론이 기존 문학계의 엄숙주의와 엘리트주의 경향을 해소하는 데 도움을 줄 것이라고 주장한다. 또한 미시사적 연구들을 통해 진행되는 문화론은 학제적 연구들을 통해 인문학 연구의 지평을 확장하고 연구의 새로운 가능성을 시사하고 있다는 점에서 90년대 문학사의 연구성과로 꼽는다. 다만 문화론은 외연과 내포가 모호한 복잡한 담론이므로 전통적인 분과학문에 도전하는, 행동하는

학문운동이며 대중적이고 저항적인 실천운동이어야 한다는 사실을 전제한다.

『대중문학과 정전으로서의 반역』의 가장 큰 특징은 그동안 대중문학 연구에서도 방치했던 탐정소설, SF, 심지어 무협만화에 이르기까지 다양하고 광범위한 대중문학의 하위 장르들을 포괄하여 국문학 연구의 범주로 묶어내고 있다는 사실이다. 저자는 다양한 텍스트의 분석 및 그것들이 산출된 시장, 상업적 메커니즘, 근대성의 문제까지 종횡무진 필봉을 날리고 있다. 이를 통해 인문학 연구의 지평을 확장하겠다는 의도와 열정이 이 저작의 가장 큰 미덕이며, 이러한 시도는 그동안 정체되어 있던 우리 문학 연구에 활력을 줄 것임이 분명하다.

그러나 연구의 시작이 정전에 대한 부정에서 출발했지만 어쩔 수 없이 정전에 의거해 분석을 감행해야 하는 딜레마는 저자뿐만 아니라 현재의 대중문학 연구가 지니고 있는 제일 큰 난제이다. 기존의 정전에 대한 권위와 엄숙주의에 대한 구체적인 분석이 바탕이 되지 않았다는 점은 앞으로의 과제라 할 것이다. 또한 저자의 의도와 달리 대중적 장르가 가지고 있는 근대성과 문화자본의 간섭 등 사회문화적 조건에 지나치게 얽매인 결과 실제 텍스트에 대한 분석이 성글고 일률적이라는 밋밋함 또한 아쉬움으로 남는다. 그럼에도 불구하고 주변 장르를 새롭게 조명하고자 하는 저자의 노력과 수고는 지금까지의 연구에서는 보기 드문, 매우 값진 것이다.

3.

신명직의 『모던보이 경성을 거닐다』는 최근 인문학 연구의 한 흐름을 보여 주는, 재미와 교양을 동시에 얻을 수 있는 저작이다. 아울러 소설 전공자라면 구보의 고현학이 체현되는 현장의 생생함이 눈앞에 명료하게 전개되는 쏠쏠한 재미도 더불어 얻을 수 있다. 이 글은 1920~1930년대 신문과 잡지 등의 지면에 주로 발표되었던 한 컷짜리 만화에 짧은 줄글이 결합된 '만문만화'를 통해 일제의 식민지 지배 완숙기에 접어든 경성의 모습을 여러 각도에서 담고 있다. '만문만화'는 일본의 '만화만문'에 기원을 두고 있다. 일본의 '만화만문'은 사상탄압이 거세졌던 1910년대에 등장한 것으로, 직설적이고 본격적인 탄압으로 현실을 그리는 것이 불가능한 상황에서 발생한 것이다. 우리의 경우도 예외는 아니어서 안석영이 만화를 그리기 시작한 시기 역시 일제의 언론탄압과 검열이 본격화한 시기였다. 날카롭고 풍자적인 시각을 견지한 시사만화가 사라진 시점부터 '만문만화'가 등장한 것은 점은 만화라는 장르가 통속화 오락화되는 한편, 예리한 검열의 칼날을 피해 보편적인 일상인들의 삶속으로 들어갔다는 사실을 보여 주는 것이기도 하다.

이 책은 크게 세부분으로 나누어 볼 수 있다. 제2장 「모던걸과 모던보이의 등장」과 제5장 「'만문만화'와 당대의 사람들」을 통해 '만문만화'에 등장하는 근대주체들의 모습을 다룬 부분과 제1장 「소비중심의 근대도시 '경성'」, 제2장 「시대의 유행, 유행의 시대」, 제5장 「새로운 결혼문화와 가족관계」에서 보여 주는 경성의 풍경과 당대의 문화, 제6장 산책자의 시선으로 보여 주는 「근대를 바라보는 시선」이 그것이다.

당대의 근대주체라고 할 수 있었던 모던걸과 모던보이는 단순히 유행과 패션의 흐름을 주도하는 부류가 아니라 근대문물을 향유하고 받아들이는 지식층을 아우르는 개념이라고 할 수 있다. 당시 신식교육을 받은 여학생과 인텔리 신여성을 지칭했던 모던걸은 안석영의 시선에 포착되면서 다양한 모습을 드러낸다. 한편으로는 패션과 유행을 주도하는 선도자로서의 모습이, 다른 한편으로는 그것을 유지하기 위해서 '까이드걸', '틱켓껄', '핸드껄', '키스껄', '스틱껄' 등의 이름으로 돈 많은 남성들에 기생해 살 수밖에 없는 기생성이 그것이다. 그러나 그러한 이면에는 불구적이고 가난한 근대의 모습이 오버랩되어 있음도 놓치지 않고 있다.

한편 모던보이의 세계 역시 모던걸과 그리 다르지 않다. 모던보이는 근대적 지식의 세례를 받은 자본가와 부르주아의 후예들이다. 그러나 일부 부르주아의 후예들뿐만이 아니라 가난한 인텔리들 역시 모던보이에 합류하기 위해 안간힘을 다했는데 식민지 권력에 편입하지 못한 모던보이를 지향하는 지식인 룸펜 인텔리의 모습은 초라하기 이를 데 없다. 왕년의 맑스주의자가 구두수선공이 되고 전문학교 졸업생이 운전수가 되는 현실은 모던보이들이 고물상의 양복을 입고 길을 헤매거나 찻집에서 시간을 보낼 수밖에 없는 현실로 나타난다.

'만문만화'는 이런 모습 외에 이들의 유행과 청신한 감각을 예찬하기도 하지만, 눈꼴 틀리는 새로운 근대 문화에 대한 모던걸과 모던보이의 허위의식과 기생성을 통렬하게 희화화하기도 한다.

또한 모던걸 모던보이뿐만 아니라 식민국가가 주도하는 근대화 과정에서 땅을 잃은 사람들을 중심으로 형성된 무산계급과 새로운 유산계급의 모습도 자주 등장한다. 저자는 안석영이 카프의 기관지 『예술운동』에서 삽화를 그렸고 신간회 간부를 역임한 경험으로 대립하는 근대적 계급과 계층을 형상화를 할 수 있었다고 본다. 저자의 해석에 걸맞게, 안석영은 '만문만화'에서 노동하는 프롤레타리아와 그 반대편에 서있는 유산계급의 대립을 때로는 해학적인 필치로 때로는 우울한 풍경으로 그려내고 있다. 또한 식민규율저자는 안석영이 카프의 기관지 『예술운동』에서 삽화를 그렸고 신간회 간부를 역임한 경험으로 대립하는 근대적 계급과 계층을 형상화를 할 수 있었다고 본다.

이러한 근대주체들이 살았던 근대적인 공간 경성에 대한 다양한 풍경이 '만문만화'에는 드러나 있다. 저자는 안석영이 카프의 기관지 『예술운동』에서 삽화를 그렸고 신간회 간부를 역임한 경험으로 대립하는 근대적 계급과 계층을 형상화를 할 수 있었다고 본다. 한편 경성이라는 공간의 식민지적 성격은 창경원, 남산공원, 한강 인도교 등의 근대공원에서 보이는데 안석영이 그리고 있는 이러한 공간은 대중들에게는 동경의 공간이기도 하지만 식민성을 강화하는 공간이기도 했다.

저자는 소비공간이나 근대공원, 영화, 음악, 춤, 스포츠, 패션에 이르는 일상의 대중문화는 식민지로서 조선이 가지는 왜곡된 중층성을 보여 준다고 본다. 이러한 왜곡된 면모는 식민지 정책의 기획된 작업의 결과이며, 근대적인 기술의 발전이 결합되어 이루어낸 결과라고 할 수 있다. 이것은 식민지 근대화의 필연적인 과정인데 안석영의 '만문민화'는 그러한 점도 놓치지 않고 있다.

마지막으로 「근대를 바라보는 시선」에서는 산책자의 일상을 따라 식민시 근대도시 경성의 모습을 보여 주고 있다. 산책자 모티브는 식민지 시기 소설에서 자주 보게 되는데 구보의 작품에 등장하는 혼부라들(혼마치(지금의 명동)를 헤매는 모던걸)의 모습이나, 대중문학 작품에 등장하는 경성의 풍경을 여실히 보여 준다. 전차, 버스, 백화점의 쇼윈도, 승강기, 박람회 간판을 통해 보이는 근대도시 경성의 흥성함과 그 이면의 그늘, 식민지에도 들이닥친 공황으로 인한 불경기와 대량해고와 실업, 금광을 쫓는 세태에 대한 산책자의 관찰 역시 근대 경성을 바라보는 하나의 창이라고 할 수 있다.

『모던보이 경성을 거닐다』는 식민지 근대도시 경성의 형성과 그곳에서 근대적인 삶을 영위하는 사람들의 인정세태 및 일상적인 삶을 '만문만화'라는 프리즘을 통해 여실히 보여 주고 있다. 비록 식민지권력에 의해 강제되고 기획되었지만 근대적 공간 경성과 그 근대적 체험을 경험한 사람들의 자자분하지만 구체적인 일상이, 하찮지만 일상적인 삶의 진실이 안석영의 '만문만화'에는 녹아있다. 아울러 그것을 가려내어 분류한 저자의 안목과 친절함이 글의 재미를 배가시켜 준다. 이 책의 미덕은 바로 그 지점에서 빛을 발한다. 그것은 일상의 삶의 진실이 어떤 거대담론이나 학술연구보다 더 가까이 다가오기 때문이다. 그러나 다른 한편으로는 미시적인 연구가 빠지기 쉬운 전체적인 조감에 대한 배려가 없다는 점, 또한 일상적 삶의 진실이라는 미명 아래 흥미 위주의 세목들이 반복되는 점은 아쉬움으로 남는다. 한 가지 더 지적하자면 편집상 글과 그림이 따로 떨어져 있어 설명과 그림을 맞추느라고 뒷장을 계속 들추는 번거로움이 옥의 티여서 조금은 아쉽다. 그럼에도 불구하고 이 책은 구보와 동시대 작가들이 배회하던 완숙한 식민지 근대의 풍경과 생생한 삶의 세목을 복원해 주는 기억으로써 근대문학 연구의 미세한 틈을 메우는 데 부족함이 없다.

4.

근대문학에서 압도적으로 정전의 권위를 점하고 있던 작품들은 대중사회의 도래와 함께 폭발적으로 증가한 대중문학과 상업적 메카니즘에 의해 그 권위와 위엄을 도전받고 있다. 국문학 연구도 예외는 아니어서 그동안의 권위적 담론과 경직된 연구풍토에 대한 반성과 더불어 인문학적 연구의 지평을 확장하려는 다양한 시도를 하고 있다. 앞서 살펴본 두 저작은 국문학 연구의 외연을 확장시킨 저자들의 노고가 돋보이는 책으로, 그동안 간과되어 온 대중문학 연구의 간극을 메우는 초석이 될 수 있는 의미 있는 결과물이다. 나아가 이러한 연구서적을 필두로 대중문학 연구의 지평을 확장하면서도 더욱 섬세하게 삶의 결을 다룰 수 있는 저작들이 나오길 기대해 본다.

—『민족문학사연구』 22, 2013

추리와 연애, 그리고 한국 대중문학

정혜영 | 대구대학교 기초교육원 초빙교수

이영미 · 최애순 · 최승연 · 김종수 · 정종현 · 이호걸 · 고선희 · 김현주 · 이선미, 『김내성 연구』, 2011

1.

지금 이십대 혹은 삼십대에 이른 사람들이라면 누구나 성장기에 한 번쯤은 '명탐정 코난'이나 '소년탐정 김전일'과 같은 소년탐정만화를 접해보았을 것이다. 아니, 어쩌면 이미 오십이 훌쩍 넘은 사람들 중에도 명탐정 코난 TV용 애니메이션 혹은 극장판 애니메이션을 일부러 '다운' 받아서 아들과 나란히 앉아서 챙겨본 사람이 있을 것이다. 그들은 분명, 어린 시절 괴도 루팡, 셜록 홈즈, 엘큐엘 포와로 같은 명탐정 이름을 즐겨 읊조리던 소위 '추리소설' 독자였으리라. 그리고 그들은 한번쯤은 어느 날 갑자기 왜 우리나라에는 이런 탐정 애니메이션이 없느냐는 아들의 질문을 받고는 그 답에 당황했던 기억이 있을 것이다. 그 답을 찾다가 보면 그들은 어쩔 수 없이 과연 우리나라에도 '추리소설'이라고 할 만한 것이 있었던가라고 하는 보다 본질적인 질문에 봉착하게 될지도 모른다. 잠시 김성종이라는 작가의 이름을 머리에 떠올리기도 하겠지만 더 이상 떠올릴 작가가 없다는 점에서 의문은 여전히 남을 것이다. 이러한 의문에 봉착한 사람들에게 『김내성 연구』(소명출판사)는 하나의 답이 될 수 있다. 『김내성 연구』는 아홉명의 연구자들이 모여 탐정소설에서 연애소설에 이르기까지 김내성 작품 전반을 다룬 책이다. 이 연구서의 작업을 논하기 전에 잠시 김내성이라는 작가에 대해서 살펴볼 필요가 있을 것이다.

김내성은 조선최초의 탐정소설 전문작가이다. 평양고보 출신으로 와세다 대학에 유학했던 그는 1935년 조선인으로서는 최초로 일본의 추리소설 전문잡지 『프로필』 '문예현상모집'에 당선된다. 일본 추리소설의 대부 에도가와 란포의 문하에 있었다고도 말해지지만 확인할 길은 없다. 분명한 것은 스물여덟 살의 김내성은 직업인으로서의 성공보다는 에도가와 란포와 같은 추리소설작가가 되고 싶어했고 그 열망을 가슴에 담고 조선으로 귀국했다는 점이다. 조선 귀국 후 그는 이십여 편에 달하는 창작 탐정소설과 십여 편에 달하는 번역 탐정소설 그리고 수편의 연애소설을 창작하다가 사십 아홉의 나이로 삶을 마감한다. 탐정소설 전문작가가 되고 싶었던 이십 대 청년이 왜 탐정소설과는 거리가 먼 연애소설전문작가로 변신해 버린 것일까. 1935년 4월 일본의 『프로필』 잡지 '문예합평'에 실린 다음의 언급을 읽다가 보면 이러한 의문은 증폭될 수밖에 없다.

Q 그러면 다음으로 옮기겠습니다. 신인소개의 김내성 씨의 '타원형의 거울'은 어떻습니까

B 그 작가는 정말로 조선인입니까?

Q 그렇습니다.

B 정말 그렇다면 실로 감동했습니다. 외국인이 그렇게 훌륭한 탐정소설을 쓸 수 있다니, 일본의 신인은 전혀 의욕이 없군요.

물론 일본 평론가의 찬사 한마디가 무얼 그렇게 중요하다며! 라면서 회의적인 반응을 나타내는 사람들도 있을 것이다. 그러나 '현해탄 콤플렉스'의 재현이라고 폄하해 버릴 수만 없는 무언가가 이 언급을 통해 나타나고 있다. 조선 탐정소설의 성립, 넓게는 대중소설의 성립 여부와 관련한 본질적인 상황이 이 언급에는 내재해 있었던 것이다. 김내성의 작품 세계 전반을 천착한 연구서『김내성 연구』는 이 상황 전반에 대한 이해의 단초를 마련해준다. 이 책의 머리말에서 언급되고 있듯 이 연구서는 한국 대중예술 연구를 진행해 왔던 다수의 연구자들이 그 연구의 한 과정에서 시작한 것이며, 최종적 지향점 역시 바로 한국 대중문학이기 때문이다. 말하자면 이 연구서는 '김내성'의 작품세계보다는 김내성이라는 하나의 프리즘을 통해 '한국 대중소설'의 면모를 파악하려 하는 것에 있는 것이다. 이들 연구자들이 언급하고 있듯 김내성은 1930년대에서 50년대 이르는 시기 동안 박계주, 정비석과 더불어 이른바 '빅 3'에 꼽히는 대중소설 작가였던 만큼 그의 작품세계에 대한 연구는 한국대중소설의 면모를 대변해주기에 충분하다. 이를 위해서 이 연구서에서는 김내성의 작품 세계를 탐정소설 영역과 연애소설 영역 두 개 영역으로 분류하여 천착하고 있다.

2.

『김내성 연구』는 오랜 기간 한국대중문화 연구에 매진해 온 이영미의 논문으로 시작된다.「추리와 연애, 과학과 윤리」에서 이영미는 김내성의 작품세계를 과학에 기반한 추리 소설과 윤리에 기반한 연애소설 두 영역으로 분류하여 파악하고 있다. 아울러 김내성에 대해 "김내성은 추리서사와 애정서사의 문법 모두 능한, 매우 드문 경우이다. 애정서사와 추리서사는 매우 다른 취향을 바탕으로 하고 있어서 이 양쪽에 모두 능하다는 것은 매우 특이한 지점이다"라고 언급하고 있다. 아울러 별개인 것처럼 보이는 이 두 영역은 서로 분리되어 있는 것이 아니라 긴밀하게 연결되어 있다고 지적한다. 즉 김내성이 인물의 내적 심리에 중점을 둔 '변격추리소설'을 쓰건, 애국주의적 감정을 테마로 한 첩보소설을 쓰건, 그리고 연애소설을 쓰건 거기에는 언제나 '내면의 낭만화'의 부분이 전제되어 있다는 것이다. 대중문화 연구자답게 이영미는 이를 '인물의 감정이 배제된 논리 중심의 작품을 불편해하는 우리나라 수용자들의 취향', 즉 한국대중문학의 특징으로 연결시키고 있다. 이러한 이영미의 태도는 이 책을 관통하는 하나의 의식이 되고 있다.

최애순의「이론과 창작의 조응—탐정소설가 김내성의 갈등」, 최승연의「'근대적 지식인 되기'를 향한 욕망의 서사」 그리고 정종현의「'백가면', '붉은나비'로 날다」등, 탐정, 혹은 스파이소설을 다룬 연구 논문들이 공통적으로 주목하고 있는 부분이 바로 이 연애 서사의 등장이다. 이 중 최승연의「'근대적 지식인 되기'를 향한 욕망의 서사」는 '서양탐정의 정체성을 지향하'면서도 '몸은 조선적인 문화 안에 놓여 있던' '혼종적인 탐정' 유불란이 전근대적 낙후성을 벗어나 근대적 탐정으로 갱생하는 과정을 다루고 있다는 점에서 흥미롭다. 이 연구에서 최승연은 '연애'는 탐정으로서의 정체성에서 혼란을 겪고 있던 혼종적인 탐정 유불란이 비로소 근대적 탐정으로 갱생하는 결정적 관문으로서 파악한다. 즉 유불란은 '연애'라는 '내부의 낭만화된 공간'의 삭제를 통해서 이성과 과학의 힘에 의거한 근대적 세계관을 자신의 내부에 노정시키게 되고 이를 통해 '관념을 실현'시키는 근대적 의미에서의 명탐정으로 거듭난다는 것이다.

물론 조선적 전근대성에 잡혀 역량을 충분히 발현하지 못하고 있던 탐정 유불란이라는 인물이 과연 '연애의 삭제'를 통해서 근대적 탐정으로 갱생할 수 있었던가에 대해서는 다양한 이견이 제기될 수 있다. 분명한 것은 이처럼 작품 분석에서 '연애' 모티프가 끊임없이 제기될 정도로 김내성의 탐정소설은 외형적으로는 '추리소설'로서의 면모를 표방하면서도 실제로는 끊임없이 '연애소설'을 향해 달려가고 있다는 점이다. 이 기묘한 결합의 원인을, 최애순 역시 이영미와 동일하게 1930년대 조선의 대중문학, 넓게는 근대성과 전근대성이 혼재해있던 1930년대 조선 사회의 제 문제점으로 연결시켜 설명하고 있다.

> 화려한 도시의 한복판에서 벌어지는 살인동기가 '개인'이 아닌 '가문'에 얽힌 복수라는 것은 근대적인 것과 전근대적인 것이 함께 녹아있었던 30년대 식민지 조선의 모습을 연상케한다. 30년대 식민지 조선은 탐정소설과 연애소설을 즐겨 읽으면서도 가정비극과 화류비련에 눈물을 흘렸고 자유연애를 부르짖으면서도 여성의 정조를 무엇보다 중시했고 자살自殺에 대해서는 냉정했지만 사랑하는 사람과의 정사情死는 아름답게 여겼다. 또한 살인 사건, 법, 재판 판결, 과학 등과 같은 근대 법칙에 의존했으면서도 연애에 대한 낭만적 환상을 품고 있었다. 이런 공간이기에 전근대적 살인 동기를

삽입한 본격탐정소설 「마인」이 동시기의 「사랑의 수족관」, 「사랑」, 「순애보」 등과 같은 연애소설 틈바구니에서 창작될 수 있었다.(최애순, 94쪽)

이 책의 논지를 따라가다가 보면 문득, 그렇다면 1930년대 우리 대중문학의 실체란 무엇인가라는 의문에 이르게 된다. 최애순도 지적하듯, 탐정소설도 연애로, 과학소설도 연애로, 역사소설도 연애로, 모든 것을 '연애' 소설로 흡수해 버리는 기묘한 변질의 능력이 1930년대 조선 대중문학에서 감지되고 있기 때문이다. 그러나 그것이 과연 1930년대 조선 대중문학만의 문제였던 것일까. 메디컬 드라마도 연애, 법정 드라마도 연애, 추리드라마도 연애, 정치 드라마도 연애, 모든 길은 오로지 '연애'로만 통하는 2013년 한국 드라마의 천편일률적 특성을 이 연장선상에서 이해할 수는 없는 것일까. 1930년에서 2013년까지 거의 백 년에 이르는 긴 시간이 흘러도 '연애' 모티프에 대한 우리 대중의 애정만은 약간의 흠집도 없이 완벽하게 보존되고 있다. 『김내성연구』에서 아홉 명의 연구자들은 이와 같은 우리 대중문화의 특징을 김내성 작품 세계의 변모과정을 통해서 발견하고 또 설명하고 있다. 그런 점에서 본다면 해방을 기점으로 김내성이 탐정소설 창작을 중단하고 '연애소설'—「인생화보」, 「청춘극장」, 「애인」—로 급격하게 관심을 옮겨갔던 것 역시 이 테두리 안에서 이해해야 하는 것일지도 모른다.

3.

그러나 의외로 『김내성연구』는 '연애소설'로 급선회한 김내성의 변모가 어디에서 비롯된 것인가 그 원인을 밝히는 일은 간과하고 있다. 전후 김내성 연애소설을 다룬 「김내성 연애소설과 전후의 망탈리테」, 「김내성소설 「애인」에 나타난 욕망과 윤리의 문제」는 전후 김내성이 발표한 연애소설의 면모를 '본격적인 대중사회의 개막'을 맞은 1950년대 한국의 사회적 상황과의 연결 속에서 깊이 있게 천착해내고 있다. 그러나 '탐정소설가 김내성'을 연구한 연구자들이 그랬듯이 그 천착은 단지 '연애소설가 김내성'에 한정되고 있다. 탐정소설가 김내성이 1955년 왜 식민지 시기를 다룬 스파이 소설 「붉은나비」 창작을 마지막으로 연애소설가 김내성으로 전업했는지에 대해서는 탐정소설가 김내성을 연구한 측도, 연애소설가 김내성을 연구한 측도 별다른 관심을 기울이지 않고 있다. 그래서 이 연구서에는 서로 다른 두 명의 작가 김내성이 평행선상을 달리고 있다. 그것은 어떻게 본다면 조선 귀국 후 김내성이 발표한 일련의 '모험, 혹은 괴기'소설을 탐정소설로서 용인하려는, 그렇게 함으로써 1930년대 한국문학의 근대성을 확정지으려는 연구자들의 의지의 일환이었다고도 할 수 있을 것이다. 물론 여기에는 탐정소설로는 인생의 문제를 담을 수 없으므로 연애소설로 전환한다고 한 김내성의 궤변 역시 한 몫을 했으리라.

김내성이 일본에서 발표한 두 편의 탐정소설은 말 그대로 셜록 홈즈식 정통 추리소설의 패턴을 정확하게 답습하고 있다. 인간의 어두운 심리에 바탕을 둔 에도가와 란포의 '변격추리소설' 운운하고 있기는 하지만 조선 귀국 후 김내성이 발표한 '탐정소설'이라는 것은 스파이

소설, 모험소설, 괴기소설 등으로서 일본어 탐정소설의 성과에 못 미칠 뿐 아니라 탐정소설로서의 긴장감을 상실한 것들이었다. 일본의 김내성과 조선 귀국 후 김내성, 그리고 전후의 김내성의 내면에서 무슨 일이 벌어지고 있었던 것일까. 거기에는 「김내성 소년탐정소설의 '바다' 표상」에서 김종수도 지적하듯, '제국주의적 환상의 몰각과 새롭게 재편되는 국제 정세의 긴박감 속에서 공고한 이념의 기반을 상실한' 김내성의 혼란이 한 요인으로 거론될 수도 있을 것이다. 그러나 그보다 더 본질적인 것은 '조선에는 탐정이 없었다'는 최승연의 지적처럼, 식민지 조선은 근대적이지 못했으며, 탐정소설을 소비할만한 '대중'이 형성되어 있지 않았다는 점일 것이다. 소비해줄 대중이 존재하지 않는데 문학 혼자서 존재할 수는 없기 때문이다. 식민지 시기 혹은 전후, 김내성이 번역했던 서구탐정물의 일반적 특징이 추론 과정, 묘사 등 탐정소설의 기본 요건을 배제한 것에 있었다는 점에서 식민지 조선 혹은 전후 한국 독자 대중의 '입맛'을 정확하게 알 수 있다. 그렇게 본다면 연애소설가로 전업한 김내성의 변모는 '선택'이었다기보다는 '불가피한' 상황이었던 것은 아닐까. 한국대중문학의 본질은 바로 이 지점에서 설명될 수 있는 것이었을지도 모른다.

—『어문논총』 58, 2013

식민지 조선의 할리우드 인식

정종화 | 한국영상자료원 선임연구원

연구모임 시네마바벨, 『조선영화와 할리우드』, 2014

1. '조선영화' 연구 지형

식민지기 조선영화 연구는 2000년대 중반을 기점으로 질적, 양적 전환을 이루었다고 해도 과언이 아닐 것이다. 그 이전까지는 대체로 영화학제에서 한국영화사를 전공하는 연구자들을 중심으로 연구가 진행되었는데, 국내 문헌 사료를 중심으로 일제시기 한국영화사의 빈 곳들을 기술하는 데 주력하는 방식이었다. '일제시기 한국영화사'라는 호칭에서 엿볼 수 있듯이, 한국영화사라는 내셔널 시네마의 통합적인 기술을 목표로, 해방 이전의 역사 다시 말해 한국영화의 초창기 역사를 정리하는 것이 우선의 과제인 시기였다. 물론 이영일의 『한국영화전사』[1]가 구성한 일제시기의 서술 프레임, 즉 조선영화인들이 스스로

1 이영일, 『한국영화전사(개정증보판)』, 도서출판 소도, 1969(초판), 2004.

이룩한 무성영화의 전성기와 어려운 환경에도 추진해 나간 발성영화 국면 그리고 일제 말기의 혹독한 탄압통제로 어쩔 수 없이 편입된 전시체제로 흘러가는 서사는 대체로 동의하고 반복되는 상황이었다.

이러한 분위기가 전환된 것은 역시 탈식민주의 연구가 가져온 수정적이고 중립적인 시각이 한국영화사 기술에도 반영되기 시작하면서이다. 그리고 때마침 그동안 사라진 것으로만 알았던 조선영화 필름들이 귀환했다. 한국의 내셔널 필름 아카이브인 한국영상자료원이 2004년에서 2006년에 걸쳐 중국전영자료관의 수장고에 잠들어있던 8편의 조선 극영화 필름을 발굴・수집한 것이다. 문헌 사료를 통해 제작 정보와 줄거리 등을 겨우 확인하던 영화들의 실체를 눈으로 직접 확인하게 된 것은 말 그대로 놀라운 사건이었다. 이는 식민지기 필모그래피의 빈자리를 채웠다는 흥분을 넘어 필름에 기록된 영상으로 식민지 근대성의 실상을 직접 확인할 수 있게 되었다는 의미에서 더욱 그렇다. 그 즈음 식민지기 문화사 연구에 공을 들이고 있던 인문사회과학의 연구자들이[2] 속속 결합하며 식민지기 조선영화 연구 지형은 판을 키우게 된다. 어느 새 한국영화사 구축이라는 일국사적 내셔널 시네마의 욕망은 자리를 비키고, 문화사적 시야에 기반해 '식민지기 조선영화'라는 레테르가 새롭게 붙여진 것도 바로 이때이다. 바야흐로 식민지기 영화 연구가 질적, 양적 전환을 맞은 것이다.

필자가 한국영상자료원에 입사해 연구부서를 신설하는 실무를 맡고, 기존의 수집, 보존 아키비스트들의 작업에 한국영화사 연구 기능

2 대표적으로 다음과 같은 논문과 저작을 출발점으로 들 수 있다. 이화진, 「식민지 영화의 내셔널리티와 '향토색'—1930년대 후반 조선영화 담론 연구」, 『상허학보』 13, 상허학회, 2004; 강옥희・이순진・이승희・이영미, 『식민지시대 대중예술인 사전』, 도서출판 소도, 2006; 김려실, 『투사하는 제국 투영하는 식민지: 1901~1945년의 한국영화사를 되짚다』, 삼인, 2006

을 지원하기 시작한 것도 바로 2003년 말이었다. 필자는 서울 중심의 한국영화사 서술을 보완한다는 학술적 의미를 찾아 한국전쟁 시기 피난도시 대구, 부산 등지의 영화제작 활동을 조사한 석사논문을 완성한 후, 처음으로 한국영화사 연구자가 원장으로 임명된 한국영상자료원에 입사하게 되었고, 바로 이 시기 학계의 전환을 야기하는 사건의 최전선에서 일할 수 있었다. 조선영화 필름의 발굴 작업에 참가했고, 발굴된 필름을 가장 먼저 확인하며 관련 정보를 조사하는 기회를 가졌고, 또 〈발굴된 과거〉 DVD 시리즈[3]로 발간을 기획하고 시중에 출시할 때까지의 작업들을 진행했다. 필자 개인으로서는 식민지기 영화 연구자로 성장하는 최적의 환경이었던 것이다.

발굴된 조선영화 필름들을 마주하고 보니, 다시 절실한 것은 문헌사료였다. 조선영화에 국한된 정보를 넘어 식민지기 제국/식민지 영화의 전체 장을 조망할 수 있는 시야가 필요했기 때문이었다. 물론 당시 조선에서 발간된 한국어 문헌들 즉 일간지의 기사나 광고, 대체로 창간호가 폐간호가 되고 마는 몇몇 영화잡지들, 그리고 대중문화지의 영화관련 기사들도 중요한 정보원이었다. 하지만 반쪽짜리 기술에 그치는 듯한 인상 혹은 전체 그림을 확인하기 힘든 정보들에 대한 아쉬움이 남을 수밖에 없었다. 그런 이유로 2006년에 착수한 것이 와세다대학 연극박물관 등 일본의 각 도서관에 산재해 있는, 일본어 문헌에 기록된 조선영화 관련 사료를 조사하는 작업이었고, 축적된 사료를 선별하고 번역하는 과정을 거쳐 2010년부터 매년 발간되고 있는 책이 바로 『일본어 잡지로 본 조선영화』[4] 시리즈이다. 그리고 학계에서도

3 〈발굴된 과거〉는 지금까지 모두 5종이 출시되었다. 첫 번째는 1940년대 일제시기극영화 모음(2007), 두 번째는 1930년대 일제시기 극영화 모음(2008), 세 번째는 〈병정님〉(2009), 네 번째는 고스필모폰드 발굴영상 모음(2009), 그리고 다섯 번째는 〈수업료〉(2015)이다.

『일본어잡지로 보는 식민지 영화』[5] 등의 작업으로 합류했다.

조선영화가 속속 발굴되고, 그 연구가 영화학계에 한정되지 않고 인문 사회과학 전반에서 다각적으로 논의되기 시작한 기점을 2004년으로 본다면, 10년 이상의 시간이 흐른 지금 그간의 연구 지형은 어떤 작업들을 진행했고 어떤 결과물들을 내놓았을까. 주목할 만한 성과 중의 하나가 바로 연구모임 시네마바벨의 『조선영화와 할리우드』일 것이다. 이 책은 제목 그대로 조선영화라 부를 수 있는 시기(대한민국 정부 수립 전후까지)를 대상으로, 조선영화와 할리우드 영화라는 (대)타자와의 관계성을 입체적으로 검토하고 있다. 감상 경험과 관객성의 문제(백문임, 유선영, 박선영), 식민지기 영화정책 환경(이화진), 조선영화의 제작 실천(김상민, 유승진), 인접 매체와의 영향 관계(구인모, 전우형) 그리고 해방 공간으로의 연속성(심혜경) 등의 문제의식들이 그 연구 스펙트럼에 자리한다.

2014년 발간된 이 책은 어쩌면 그간 식민지 조선영화 연구 장이 보여 준 최대한의 연구 역량이 집적된 것일 수 있고, 또 한편으로는 앞으로 식민지 영화 연구가 나아가야 할 방향을 제시하는 시론의 성격을 띠고 있다고도 할 수 있다. 전자는 이 책이 보여 주는 연구 역량이 이 책의 필진들뿐만 아니라 영화학계를 포함한 식민지 조선영화 전체 연구 상의 성과가 집적되었다는 의미에서이다. 후자는 '조선영화와 할리우드'라는 흥미롭지만 방대한 제목을 이 책이 충분히 만족시키고 있는지 하는 점에서일 것이다. 말하자면 필진 스스로 연구가 구체적으로 더 진행되어야 할 부분들을 에둘러 피하거나 괄호를 치고 마는 아쉬운

4 한국영상자료원 한국영화사연구소 편(연구진: 양인실・정종화), 『일본어 잡지로 본 조선영화1-5』, 한국영상자료원, 2010~2014.

5 고려대학교 일본연구센터의 작업으로 김태현 등 편역, 『일본어잡지로 보는 식민지 영화1-3』, 도서출판 문, 2012 등의 시리즈가 있다.

순간들이 보이는 점이 그렇다. 물론 이 또한 식민지 영화에 대한 전체 연구 장의 현재성을 보여 주는 지표일 것이며, 학계가 함께 짊어지고 해결해야 할 고민거리들일 것이다. 이러한 문제의식을 기반으로 이 글은 『조선영화와 할리우드』에서 가장 큰 줄기인 감상과 수용의 문제를 중심으로 살펴보고자 한다. 영화 수용과 관객성에 대한 검토는 텍스트 분석과 산업·정책 환경에 대한 논의에 치중했던 기존 연구 지형에서 가장 부족했던 영역으로 평가할 수 있다. 이 책의 성과 중 가장 빛나는 부분인 것이다. 이 글은 이 책의 연구를 기반으로 후속 연구자들의 작업이 나아가야 할 방향에 대해서도 제안할 것이다. 또한 인접 학문의 연구자들에게 현재 식민지 영화 연구의 현황을 소개한다는 의미로서도 충분히 기능할 수 있을 것이다.

2. 감상과 수용의 문제

연구모임의 좌장 백문임의 「감상鑑賞의 시대, 조선의 미국 연속영화」는 조선영화Joseon Cinema가 본격적인 제작에 착수하지 못했던 "감상만의 시대"[6]에 조선인 극장가를 활동사진moving pictures 본연의 매력으로 압도한 미국 연속영화를 다루고 있다. 조선영화계는 20여 년이라는 오랜 감상의 시기를 보냈지만 한편 이는 제작 실천film practice을 준비한 시기이기도 했다. 이런 관점에서 백문임의 글은 초창기 조선영화사의 지평

6 임화, 「조선영화론」, 『춘추』 10(1941.11), 1941, 84쪽.

을 아우르는 동시에 세부적으로 미국 연속영화 / 조선 연쇄극이라는 핵심적인 이슈를 점검하고 있어, 이 책의 서두를 흥미롭게 출발시킨다.

1910년대 초반부터 프랑스, 미국 등지에서 제작되고 유행한 연속영화serial film는 탐정스릴러나 복수활극적인 내용을 2권(롤)[7] 1편으로 구성해 전체 12, 13편부터 24, 25편 정도로 길게 만드는 방식이었다. 가장 핵심적인 특징을 꼽자면 1주일에 1편 단위로 상영하며, 그 편의 마지막에 위기일발의 장면cliffhanger을 만들어 관객으로 하여금 다음 편으로 흥미를 충분히 연결시킬 수 있도록 구조화하는 것이다. 즉 1편을 본 관객은 대체로 최종편으로 갈 때까지인 12, 13주부터 24, 25주 동안, 그 영화가 상영되는 영화관에 매주 다니도록 만든다. 특히 그 사이에 관객들은 출연배우를 인지하게 되어, 스타 시스템을 활용하는 상업영화로서는 가장 적절한 방법이 될 수 있다.[8] 연속영화가 시작된 것은 프랑스영화인 〈지고마Zigomar the Eelskin, 1911〉(3권) 그리고 미국영화 〈메리에게 무슨 일이 일었나?What Happened to Mary?, 1912〉(12권)부터로 알려져 있다. 일본과 조선에서는 각각 1915년과 1916년부터 주로 연속활극이라는 이름으로 상영되기 시작했는데, 바로 미국 유니버설영화사의 〈명금The Broken Coin, Francis Ford, 1915〉이 연속영화의 유행을 만들었다.

백문임은 1916년부터 1925년 사이의 조선인 극장가에서, 1912~1924년 미국에서 개봉된 연속영화의 무려 78%에 해당하는 150여 편이 상영되었고, 이 영화들이 확고한 중심 프로그램으로 상영되었다(22쪽)는 점을 논의의 출발점으로 삼는다. 조선에서 연속활극이 점한 중심 프로그램으로서의 위상은 다음과 같이 설명된다. 조선의 극장가에

7 일반적으로 35밀리 1권(릴)은 10분 내외의 분량이므로, 대체로 연속영화 1편은 20분 전후의 러닝타임을 가진다.

8 다나카 준이치로[田中純一郎], 『일본영화발달사(日本映画発達史) Ⅰ』, 중앙공론사(中央公論社), 1957 240쪽.

서 연속영화는 한 편씩 개봉하던 미국과 달리, 2편(4권), 3편(6권) 등의 단위로 합쳐서 상영되었고(즉 관객들은 여러 번의 클리프행어를 경험할 수 있었고), 1920년대 초반에 들어서는 중장편영화의 길이에 맞춰 4편(8권) 상영까지 늘어나게 된다. 그는 이를 야마모토 기쿠오山本喜久男의 연구 성과[9]를 빌어 "일본에서 미국 연속영화가 배급, 상영되었던 방식으로부터 영향을 받은 것"(35쪽)으로 설명하면서도, 조선인 극장에서 연속영화가 점한 무게감이 1925년까지 일본이나 재조 일본인 극장에서 차지한 그것과는 차이가 있다고 부연한다. 일본영화는 미국 연속영화와 경쟁하거나 지분을 나눴지만, 조선영화는 제작이 막 시작되었고 편수 역시 과소한 탓에 연속영화가 독점적인 지위를 차지했다는 것이다.

하지만 조선에서 연속활극의 절대적인 인기를 1925년까지로 설정한 것은 실증적인 조사 결과임에도 불구하고 다소 의문이 남는다. 미국 연속활극이 10년이라는 기간 내내 조선인 극장가의 중심 프로그램으로 독점적인 인기를 누린 것인지, 그중에서도 특히 1920년대 초반에 정점을 찍은 것인지 다른 프로그램과의 비교를 통한 설명은 이루어지고 있지 않기 때문이다. 당시 극장가의 프로그램은 신파극 등 연극 무대와 영화가 함께 구성되었고, 영화 프로그램에도 연속활극은 물론이고 단편 코미디 필름 등이 포함되었으며, 1920년대 초반부터는 일본과 조선에서 '청조青鳥영화'라고 불린 블루버드영화사의 멜로드라마 또 D. W. 그리피스의 장편 멜로드라마까지 포함되기 시작하는 등 미국 연속활극과 여타 프로그램과의 헤게모니 지형이 그리 단순해 보이지 않기 때문이다. 당시 일본영화 산업에서 일본영화의 존재감이 균일

9 야마모토 기쿠오[山本喜久男], 『일본영화에 있어 외국영화의 영향-비교영화사적 연구(日本映画における外国映画の影響—比較映画史研究)』, 와세다대학 출판부(早稲田大学出版部), 1997, 71~72쪽.

했던 것으로 서술하는 부분도 설명이 더 필요하다. 일본 극장가에서 외국영화와 일본영화가 각각 점하던 7:3의 구도가 3:7로 역전되던 때는 바로 1927년으로, 이를 기점으로 일본영화는 내셔널 시네마로서의 위상을 획득하게 된다.[10] 조선인 극장가에서 미국 연속영화의 절대적인 우위에 대한 주장은 심증은 가지만, 좀 더 정교한 논의로 증명되는 것이 필요해 보인다.

연속영화를 장편극영화가 등장하기 전의 과도기적 제작 방식으로 평가할 수 있다면, 이는 초창기 조선영화의 제작 실천을 상상하는 대목으로도 빌려올 수 있다. 백문임 역시 미리엄 한센Miriam B. Hansen의 미국영화의 효율적인 직법 그리고 감각적인 스펙터클이라는 '두 개의 아메리카니즘'을 인용하며, '아메리칸 바디'가 주는 활동사진적 매력을 조선인 극단의 연쇄극 제작으로 연결시킨다. 그의 논의에서 미국 연속영화의 독특한 플롯인 '클리프행어'가 조선의 연쇄극에서는 영화와 연극 사이의 '연쇄'의 순간에 대입할 수 있다고 지적하는 것은 확실히 기존의 연구를 확장시키고 있는 대목이다. 또한 조선 관객들을 매료시킨 "활동하는 아메리칸 바디"(38쪽)는 연속영화 초기의 여배우들 즉 '시리얼 퀸' 보다는 에디 포로Eddie Polo와 같은 남성 스타였다는 점을 설명하는 부분이 그렇다. 그가 주장한바 조선에서 연속활극은 "당시 형성 중이던 상영 관행 및 영화에 대한 감각이라는 맥락 속에서 변형되면서 자리 잡게 되었다."(5쪽) 영화 매체의 토착화vernacularization는 제작 실천뿐만 아니라 상영과 수용 맥락에서도 진행되었던 것이다.

유선영의 「할리우드 멜로드라마, 〈동도東道〉의 식민지적 영화경험」

10 Michael Raine, "Adaptation as "Transcultural Mimesis" in Japanese Cinema" edited by Daisuke Miyao in *The Oxford Handbook of Japanese Cinema*, Oxford: Oxford University Press, 2014, 108~110.

은 연속활극의 유행이 이어지는 시기인 1920년대 초중반, 〈동도〉라는 고전 할리우드 멜로드라마의 대표작이 조선인 관객들에게 어떻게 수용되었는지 살펴보고 있다. 식민지기 조선의 영화관객에 대한 연구는 기본적으로 기록된 사료 자체가 부족한 탓에 성과도 과소한 편이다.[11] 예컨대 경성이라는 대도시의 극장가부터 지방 도시의 재개봉관, 그리고 가설 극장의 순회 상영까지 각각의 공간을 어떤 관객들이 어떠한 방식으로 경험하고 있었는지 설명해 내는 것은 무척 힘든 일인 것이다. 이러한 연구 환경에서 그는 '통쾌감'이라는 흥미로운 키워드를 내세워 징후적 독해를 함으로써 조선영화 관객성의 한 부분을 근사하게 설명해내고 있다.

〈동도Way Down East〉(1920)는 영화의 문법을 정립한 것으로 영화사에 기록되는 그리피스D. W. Griffith의 대작 멜로드라마 중 한 편이다. 조선 극장가에서도 1923~1936년까지 7번 이상 개봉관에서 반복 상영될 정도로 조선인들에게 사랑받은 무성영화였다. 그는 〈동도〉가 조선에서는 1923년 처음 선보이며, 연속활극영화가 지배적이었던 조선의 영화 지형을 흔들었다(89쪽)고 적고 있다. 조선영화계는 바로 이때 상영과 제작 양 부문에서 장편영화의 시기로 진입한 것이다. 당시 조선영화의 대표감독이었던 이경손은 조선영화의 여건 상 도저히 흉내 내지 못할 스케일로 판단했던 것인지, 1926년 2월 연극 무대를 통해 〈동도〉의 번안극을 올리기도 했다. 조선음악계의 스타 윤심덕이 연극 데뷔작으로 선택한 것도 바로 이 무대였다(76~77쪽).

유선영은 식민지기 문헌에서 1920년대 중반 시점부터 각 영화에 대

11 대표적으로 다음 논문을 참고할 수 있다. 물론 구체적인 관객의 모습을 실증하는 방식이 아니라 텍스트와 조선 관객의 관계 맺기를 검토하는 것을 통해 관객성을 논하고 있다. 이순진, 「활동사진의 시대(1903~1919), 조선의 영화 관객성에 대한 연구–딱지본 번안소설과 수입영화를 중심으로」, 『대중서사연구』 12(2), 대중서사학회, 2006.

한 소개 기사는 볼 수 있지만 관객의 반응을 기록한 것은 찾기 힘들다고 운을 떼며, 당대 최고의 변사였던 김영환과 카프 초기 지도자였던 작가 김기진의 기록을 경유해 식민지 조선 관객의 영화경험을 추적해 간다. 김영환이 "해설하는 나부터 곤두박질 칠만큼 통쾌한 장면을 가진 영화"로 김기진이 "〈동도〉의 클라이맥스에서 자못 통쾌했다"고 회고한 것을(76쪽) 놓치지 않고, 둘의 통쾌감의 경험을 조선 관객의 집단적인 영화경험으로 확장해 보는 것이다.

〈동도〉라는 할리우드 멜로드라마가 예컨대 미국 관객들의 경험과는 달리, 조선인 관객들에게 특별하게 수용되는 양상을 설명하는 유선영의 전개는 무척 흥미롭다. 관건은 영화의 디제시스(영화적 시공간)를 넘어서는 조선인 변사의 해설이다. 이 영화는 변사 김영환에게 4개의 포인트에서 통쾌감을 안겨주었는데, 그의 해설에서 2개는 간략하게 2개는 더 강조해서 다루어졌다. 먼저 짧게 넘어간 것은 과거가 밝혀진 여주인공 안나가 연인 데이빗의 아버지로부터 쫓겨나는 장면, 눈보라 속에 기절한 안나가 유빙에 휩쓸려 폭포 쪽으로 떠내려가는 클라이맥스 장면이다. 특히 지금도 그리피스의 연출력을 감탄하게 만드는 유빙 신의 교차 편집은 당시 미국 관객들뿐만 아니라 조선인 관객들의 손에도 땀을 쥐게 했을 장면이지만, 변사의 해설은 축소되었던 것이다(96쪽).[12]

반대로 김영환이 열정적으로 설명한 신은, 바로 안나의 연인 데이빗이 그녀를 내쫓으려는 아버지에게 대드는 장면과 안나가 집을 떠나기 전 샌더슨의 죄를 폭로하는 장면이다. 유선영은 이 장면들에서 김영환이 정의, 도덕, 법률 등의 단어를 내세운 것을 주목하며, 이는 영화의 프레임을 벗어나 식민지인의 시선으로 전유된 것이라 설명한다. 조선

12 사실 이는 유성기 음반의 영화해설에 기반한 해석이므로 오류의 가능성을 안고 있다. 이순진, 『조선인 극장 단성사: 1907~1939』, 한국영상자료원, 2011, 146쪽.

인 변사가 조선인만을 대상으로 무성영화를 해설하는 종족 공간ethnic place이었던 일제 치하 조선인 극장에서 임석경관의 감시에도 불구하고 변사와 관객의 감정적 공감대가 형성되었고(103~104쪽), 이를 통해 식민지인이자 약소민족이라는 자의식이 표출된 것이다. 이처럼 식민지 조선은 할리우드 멜로드라마를 전유하며, 그리피스가 전하는 사랑, 슬픔, 고통, 용서와 화해 같은 메시지보다는 분노, 응징, 폭로, 폭력 같은 극적 상황을 중요하게 인식한 것이다(107쪽).

유선영은 시인이자 기자인 박팔양이 "정규正規의 반항이 아닌 발작적으로 히스테리컬하게 반항의 소리를 내지르고 돌발적 폭행이 일어날 때 통쾌하다"(75쪽)라고 언급한 것을 프란츠 파농Frantz Fanon의 논의에 대입해, 식민지인의 히스테리와 통쾌감이라는 감정을 설명한다. 나운규의 선배 감독 이경손이 〈동도〉의 번안극을 3막으로 올린 바로 그 해 10월, 조선 무성영화의 신화 〈아리랑〉(1926)과 나운규가 말 그대로 혜성과 같이 등장했다. 앞선 연속활극과 연쇄극의 관계처럼 식민지 조선에서 서구영화의 감상과 제작 실천이 동시적으로 작동했던 것을 주목한다면 우리는 이 대목도 놓치지 말아야 할 것이다. 나운규도 증언하고 있듯이 〈아리랑〉의 스타일은 〈폭풍의 고아들Orphans of the Storm〉(D.W. 그리피스, 1921)의 그것과 더 가까울 수 있지만, 〈아리랑〉 시리즈를 관통하는 광인 영진이라는 존재는 유선영이 설명하는 통쾌감의 정동affect 바로 그것이기 때문이다.

한편 "〈동도〉의 등장인물을 이렇게 제국주의 일본과 피식민지 조선 간의 대립구도로 전치에서 보면, 남녀 간의 사랑보다는 선과 악의 투쟁을 강조하는 할리우드 멜로드라마는 식민지의 멜로드라마로 전유된다"(107쪽)라고 결론 내리는 대목은 좀 더 생각해 볼 여지가 있다. 그가 "식민지에서 멜로드라마와 신파가 인기 장르로 소비될 수밖에 없음"(110쪽)이라고 언급하는 것처럼, 이 글 전체를 통해 멜로드라마와 신파영화의 개념이 어떤 기준과 맥락에서 사용되고 있는지 궁금하게 만들기 때문이다. 그는 멜로드라마는 "과장, 감상, 과잉 같은 특정한 유형의 표현 양식을 가리키기도 하지만 통상 '선과 악의 극단적 투쟁' 서사"(82쪽)로 설명할 수 있으며 "수입영화 장르로서 멜로드라마는 대개 연애극, 인정극人情劇, 연애인정극 등으로 지칭"(86쪽)되었다고 덧붙인다. 그리고 신파에 공감하는 식민지민의 시선과 1920년대 〈동도〉를 관람했던 관객의 시선은 다르지 않았을 것(104쪽)이라고 주장한다. 그의 논의를 따라가다 보면 식민지 조선에서 서구 멜로드라마와 신파의 이미지는 데칼코마니처럼 읽힌다. 서구 멜로드라마 영화로부터 경험한 비극적 감정의 과잉된 정서 그리고 위기와 복수의 활극의 만들어내는 통쾌감에 매혹된 조선의 영화 창작자와 관객이 함께 구축해 낸 것이 조선의 신파영화가 아니었을까.

박선영의 「잡후린囃候麟과 애활가愛活家」는 1920~1930년대 경성 조선인 극장을 중심으로, 조선 극장가의 찰리 채플린 수용과 그 의미에 대해서 살펴본다는 부제가 달려 있다. 찰리 채플린Charles Chaplin과 그의 영화 〈시티 라이트City Lights〉(1931, 조선 개봉명: 거리의 등불), 〈모던 타임즈Modern Times〉(1936) 등이 점하는 대중문화에서의 존재감은 여전한 현재진행형이다. 식민지 조선에서 역시 1910년대 후반부터 1930년대 후반까지 약 20년간 채플린의 영화들은 지속적으로 조선의 극장가를 방문했다(151쪽). 박선영은 '채플린 영화'라는 텍스트가 식민지 조선의 대중 그리고 그들이 처한 현실과 어떻게 관계 맺고 있는지에 대해 검토하는 것으로 관객성 연구의 새로운 길을 만들어내고 있다. 채플린의 코미디가 영화 텍스트에 한정되지 않고 하나의 문화 텍스트이자 현상으로 확장되었던 것을 주목하는 것이다.

식민지 조선의 극장가에서 1920년대 중반부터 1930년대 초반까지 코미디영화가 극장의 중심 프로그램으로 자리하면서, 채플린을 비롯한 코미디 배우들의 '슬랩스틱 코미디' 장르는 최고의 인기를 누렸다(153쪽). 흥미로운 부분은 해롤드 로이드Harold Lloyd, 버스터 키튼Buster Keaton보다는 채플린의 코미디가 더 사랑을 받았다는 점이다. 채플린의 슬랩스틱 코미디는 조선인 극장가의 연극 무대에서 번안되기도 했다. 특히 〈거리의 등불〉은 1950년대에 이르기까지 조선/한국의 대중극단에서 가장 많이 모방하고 번안했던 작품이었다(160쪽). 그 이유는 로이드와 키튼의 난이도 높은 아크로바틱과 달리 채플린의 슬랩스틱은 비교적 모방하기 쉬웠고 무대 공연에 적합했던 것으로 설명된다(170쪽).

박선영은 조선에서 채플린 영화의 독보적인 인기를 '식민지인의 비애'로 연결시킨다. 채플린 영화가 보여 주는 근대 자본주의 사회에서 개인의 실패, 웃음 속 비애의 표현 그리고 고독의 매커니즘이 식민지 조선에서는 "동양적 숙명론"으로 받아들여졌다는 것이다(173쪽). 채플린의 슬랩스틱은 성공을 전제로 하는 키튼과 로이드의 코미디에 비해 현실의 패배와 아픔을 웃음으로 전달하는 것이었다. 즉 조선의 대중 관객들에게 근대 사회에 대한 완충제로서의 기능과 더불어 '눈물'과 '비애감'을 통한 센티멘털리티를 전파하는 것이었다(176쪽). 식민지 조선 대중들에게 '빈곤'과 '소외'의 문제를 전면화한 채플린의 영화는 로이드나 키튼보다 체감의 강도가 높은 '동조'의 코미디였으며, 그 '센티멘털리티'가 더 실제적인 것으로 다가갔을 것(178쪽)이라는 주장은 설득력이 있다. 물론 채플린의 영화에 동감한 조선 '대중'이 과연 어떤 존재인지는 더 규명해야할 지점일 것이다.

이 글에서 본격적으로 점검되고 있지는 않지만, 조선영화와 할리우드 영화 그리고 일본영화와의 관계는 무시할 수 없는 대목일 것이다.

박선영은 일본의 코미디 영화 역시 할리우드 코미디를 적극 수용하여 모방하고 번안하는 흐름이 주를 이루고 있었기 때문에, 조선영화에 대한 할리우드 코미디의 직접적인 영향 외에도 일본영화의 중역重譯 그리고 일본 고유의 웃음 코드의 영향 역시 추론 가능하다고 언급해둔다(156쪽). 또한 그는 조선영화계에서 코미디영화는 거의 대부분 할리우드산이었고, 식민지기 유일한 조선 코미디영화는 〈멍텅구리 헛물켜기〉(이필우, 1926) 단 한 편이라고 적는다. 하지만 그가 야마모토 기쿠오의 연구를 인용해, 채플린 코미디의 시츄에이션과 이데올로기적 측면이 오즈 야스지로나 나루세 미키오 같은 고전 일본영화의 대표 감독들에게 영향을 주어 '소시민 희극'이 등장했다고 적는 것처럼(168쪽) 조선영화에의 영향 역시 좀 더 다층적으로 점검할 필요가 있다. 예를 들어 본격적인 코미디 장르를 지향하지는 않았지만, 서구영화의 코미디적 요소나 상황이 텍스트 속으로 반영되었을 가능성이 충분히 있기 때문이다. 특히 〈들쥐〉(1927)[13] 〈금붕어〉(1927)[14] 등 나운규의 신파활극에서 차용된 희극 요소들을 코미디 장르의 맥락에서 검토해볼 필요가 있을 것이다.[15]

박선영은 채플린 영화의 인기가 1930년대 중・후반으로 지속되지 못한 결정적인 이유로 제국 일본의 대미관계 즉 식민지 영화시장의 통제책을 든다. 채플린의 〈거리의 등불〉이 상영된 1934년은 '활동사진

13 조선총독부 경무국의 「활동사진필름검열개요」(1926.8~1927.7)에 의하면, 〈들쥐〉를 "현(대극)・연(애극)・희(극)" 장르로 규정하고 있다. 한국영상자료원 편(2009), 『식민지 시대의 영화 검열』, 한국영상자료원, 192쪽 참조.

14 〈금붕어〉는 당시 기사들에서 '정희극'이라는 장르명으로 호명되고 있다. 「금붕어 제작 완료: 조선영화계의 정희극(正喜劇)은 이번이 효시」, 『조선일보』 1927.7.1(석간 2면).

15 박선영 역시 다음 논문을 통해 코미디 장르가 아닌 조선영화에서의 '코믹 시퀀스'를 언급하고 있다. 박선영(2011), 「한국 코미디영화 형성과정 연구」, 중앙대 박사논문, 68~72쪽.

영화취체규칙'이 발표되던 해로 이 시기를 기점으로 채플린의 영화들을 비롯한 할리우드 코미디들은 점차 일본 코미디영화로 대체되기 시작했다(151쪽). 그렇다면 식민지기 조선에서 작동되었던 미국영화의 수입과 상영 제한 즉 '스크린쿼터' 국면으로 이동할 차례다.

이화진의 「두 제국 사이 필름 전쟁의 전야前夜」는 "일본의 '영화 제국' 기획과 식민지 조선의 스크린쿼터제"라는 부제가 달린 신선한 관점의 글이다. 그는 "제국 일본 최초의 쿼터제는 왜 식민지 조선에서 실시되었던 것인가(189쪽)"라는 물음에 대한 해답을 찾기 위해, 1931년 말부터 1935년 초까지 조선총독부 경무국 도서과장으로 근무했던 시미즈 시게오清水重夫, 1894~1982의 행적을 따라간다. 시미즈는 1930년 약 1년간의 유럽 연수로 영국과 독일 등지에서 체류했고, 이때 체험한 '안티아메리카니즘'의 감각을 반영해 조선총독부 재직 시기 출판, 음반, 영화 분야의 통제를 입안하게 된다. 그중 영화 부문이 바로 '활동사진영화취체규칙'이었다.

1934년 8월 7일 조선총독부령 제82호로 공포된 '활동사진영화취체규칙'은 제국과 식민지를 통틀어 "외국영화에 대한 최초의 공식적인 통제방침"(188쪽)이었다. 바로 그 시행세칙에 포함된 '국산영화상영규정'에 근거해 조선의 영화관은 외화관과 방화관의 구분 없이, 한 상영관에서 한 달 단위로 국산영화와 외국영화를 혼합해 상영하도록 규제되었다. 구체적으로 국산영화의 경우 1935년 말까지 상영영화 총 미터수의 4분의 1 이상, 1936년은 3분의 1 이상, 1937년 이후 2분의 1 이상 상영하도록 규정된 것이다. 물론 외국영화는 식민지 조선에 수입되는 서양영화 중 절대적인 비중을 차지하는 미국영화였다. 말 그대로 표적은 할리우드였던 것이다. 한편 국산영화에는 일본영화뿐만 아니라 조선영화도 포함되는 것이어서, 이는 일본영화사와의 합작 추진 등

조선영화 산업의 지각 변동을 야기하는 단초로 작용하기도 했다. 물론 이 규정이 조선영화를 육성하기 위해 고안된 것은 아니었지만, 조선영화계는 발성영화 제작을 활성화할 기회로 받아들인 측면이 있다.

이화진은 조선에서 먼저 시행된 외국영화 상영통제를 설명하기 위해 역사학자 야마무로 신이치山室信一가 만주국 검열 연구에서 제안한 "'실험장으로서의 식민지'라는 가설"을 빌려온다. 제국 일본의 문화정책이 항상 '내지연장주의'에 입각한 방향이 아니라 '내지'에 앞서 '내지'에서 분리되어 식민지에서 실행될 수 있음을 규명한 것이다(193쪽). 시미즈 시게오도 언급한바 식민지의 독자적인 영화 통제가 이루어진 것은 "조선은 일본 내지와 여러 가지 사정이 달리하고 있으므로 조선의 독자적 입장"(196쪽)이 인정되었기 때문이다. 이러한 조선의 특수성은 바로 미국영화의 절대적인 우위였다. 이 논의의 말미 이화진 역시 '실험장으로서의 식민지'라는 가설만으로 제국 일본 최초의 스크린쿼터제가 식민지 조선에서 시행된 배경에 대해 충분히 설명될 수 없다며, 식민 본국 그리고 타이완과도 달랐던 식민지 조선영화의 특수한 상황을 주목해야한다고 결론 내린다.

1930년대 초중반 조선에 들어온 일본영화 필름은 외국영화의 2배 이상이었지만 상영된 필름은 60~70%가 외국영화였다. 국산영화와 외국영화가 7:3의 비율을 유지한 '내지' 영화계와는 정반대의 사정이었던 것이다(197~198쪽). 조선의 경우 1930년대 초반까지 경성의 조선인 극장가는 서양영화 상설관과 동의어였고, 경성의 일본인은 최신 미국영화를 보려면 '내키지 않아도' 조선인 영화관으로 가야만 했다(199쪽). 시미즈 역시 전후의 한 인터뷰에서 "조선의 영화관에서는 아메리카영화를 많이 상영하고 일본영화를 기피하는 경향이 강했다"며 그 이유를 "민족감정"으로 회고하기도 했다(201쪽). 중일전쟁 이후 제국/식민지 영화계 전체가 전시 국면으로 진입한 것을 감안할 필요가 있지만, 결과적으로 그가 입안한 정책은 실효성이 있었다. '활동사진 영화취체규칙'이 시행된 1930년대 중반 이후 자연스럽게 서양영화 상설관이 사라지게 되었고, 이는 조선인 상설관의 특성을 지우는 결과가 되었다. 그리고 경성 극장가에서 종족 공간으로서의 극장이라는 문화적 경계는 와해되었다.

결론적으로 이화진은 할리우드와 일본, 이 두 영화 제국 사이의 필름 전쟁이 식민지 조선에서 전초전을 치렀던 것으로 해석한다. 미국영화를 정면으로 겨냥한 제국 일본 최초의 쿼터제는 당시 일본이 명실상부한 '영화제국'이 되고자 꿈꿨던 상황을 보여 주기 때문이다(222쪽). 그리고 이를 "영화 산업과 국가 사이의 결탁이라는 점에서 할리우드(미국 MPPDA[16])의 지향과 역상을 이루고 있었음"(221쪽)을 읽어내는 것은 역시 탁월한 대목이다.

3. 나오며

이 글이 『조선영화와 할리우드』의 모든 연구를 다루지는 못했다. 심혜경의 「안철영의 『성림기행』에서의 할리우드 그리고 조선영화」는 식민지기 〈어화〉의 감독이자 해방 후 미군정 문교부 예술과장으로 재직했던 안철영의 할리우드 스튜디오 방문 기록을 통해, 일본영화에서 할리

16 미국 영화제작배급협회(Motion Picture Producers and Distributors of America)의 약자로, 할리우드 스튜디오들이 조직한 단체이다.

우드 영화로 비빌 언덕을 옮겨가는 조선영화를 담론적으로 고찰하고 있다. 구인모의 「유성기 음반으로 들은 서양영화」와 전우형의 「이효석 소설의 할리우드 표상과 유럽영화라는 상상의 공동체」는 조선영화와 할리우드의 관계성을 인접 매체의 장으로 더 밀고 나간 성과이다. 구인모는 1930년부터 1938년 사이 활발하게 발매된 서양영화 영화설명 음반의 목록화 작업과 내용 분석을 통해 조선인들의 서양영화 수용과 향유의 구체적인 양상을 보여 주는 동시에 서구 근대의 대중문화에 대한 취향과 감수성, 욕망을 읽어내고 있다. 전우형은 조선영화시나리오작가협회 소속이었고 〈화륜〉(1931) 등의 시나리오 작업에도 참가했던 이효석의 소설에서 할리우드영화에 대한 부정적 인식과 유럽(프랑스)영화에 대한 상상적 연대를 읽어낸다. 특히 이효석의 소설에 자주 등장하는 '능금'으로 표상되는 여인을 애욕의 은유로 설명한 것은, 〈청춘의 십자로〉(안종화, 1934)에서 사과의 상징으로 처리되는 쇼트들을 떠올리게 하는 흥미로운 대목이다. 끝으로 유승진의 「보편으로서의 할리우드와 조선영화의 자기규정의 수사학」과 김상민의 「〈아리랑〉과 할리우드」는 조선영화의 제작 실천 과정에서, 조선영화인들이 할리우드 영화라는 지향과 고전 할리우드 영화Classical Hollywood Cinema라는 스타일적 기준을 수용하는 문제를 질문하고 있다.

제1장 백문임의 글을 위시로 『조선영화와 할리우드』의 가장 큰 미덕은 실증적 고찰과 이론적 프레임의 활용이 적절한 균형감을 확보하고 있는 점이다. 사료의 발굴을 내세워 영화사의 공백을 메우는 작업에 치중한 기술 혹은 서구 영화이론의 프레임에 맞아떨어지는 자료만을 취사선택해 구성한 논의 사이에서 이 책은 이후의 조선영화 연구에 어떤 기준점을 제시하고 있다. 이제 후속 연구들은 어떻게 이 책의 성과를 이어나가야 할까. 일례로 조선영화와 할리우드라는 구도를 확장해

일본영화까지 포함한 삼각 구도를 제안하고 싶다. 사실 식민지기 한국어 사료에서 일본영화 자체에 대한 평가나 언급은 드문 편이다. 하지만 이 책의 필진들이 조선영화와 미국영화의 관계성을 고찰하는 작업에서 끊임없이 존재감을 내비치고 있는 것이 바로 일본영화인 점은 간과할 수 없는 사실이다. 조선에서 서구 연속활극의 유행과 연쇄극이라는 초창기 영화 실천을 고찰하기 위해서도, 〈동도〉의 수입 과정을 점검할 때도, 채플린 영화의 수용 양상에서도 또 조선 극장가의 스크린쿼터 정책 시행에도 제국 일본 / 식민지 조선의 영화계는 당연히 동시적으로 맞물리고 있다. 특히 조선인 변사의 〈동도〉 해설에서 엿볼 수 있었던 것처럼 식민지적 현실은 항상 제국의 질서에 연동되는 것이었다. 이제 필자를 포함한 후속 연구자들이 『조선영화와 할리우드』에 응답할 차례이다.

—『사이間SAI』 20, 2016

냉전을 되돌아보는 방법

조은애 | 동국대학교 국어국문 · 문예창작학부 강사

테드 휴즈, 나병철 역, 『냉전시대 한국의 문학과 영화—자유의 경계선』, 2013

1. 유령들—'되돌아보기'의 사례

임상수 감독의 영화 〈하녀〉(2010)에서 가정부 은이의 분신자살은 그녀를 고용한 상류층 가족의 모든 구성원이 보는 앞에 행해진다. 주인 부부의 어린 딸 미나를 보며 그녀가 죽기 전 마지막으로 남긴 말은 "아줌마 기억해야 해"였다. 사건 이후 가족들은 미국으로 건너가고 대저택에서 생일을 맞은 미나는 제각각으로 도취되어 있는 부모 사이에 앉아 있다. 클로즈업된 미나의 무표정한 시선은 이미 죽어 사라진 은이라는 존재를 자신만은 여전히 기억하고 있다고 말하는 듯하다. 그 증거는 흥미롭게도 임상수 감독의 후속작 〈돈의 맛〉(2012)에서 스치듯 지나가는 짧은 대사를 통해 드러난다. 막대한 부와 권력을 지닌 재벌가 내부의 추문과 암투로부터 늘 저만치 물러선 채 유유히 사태를

관망하며 후계자에 대한 욕망 또한 숨겨놓고 있는 장녀의 이름은 〈하녀〉의 미나를 뒤집은 나미이다. 그녀는, 대기업 상속녀와 결혼하여 수십 년 동안 모욕을 견디고 살아온 부친이 필리핀 출신 가정부 에바와 목숨 건 사랑을 택할 때 이를 지지하는 유일한 가족구성원이기도 하다. 그녀는 가문의 중심인 모친에게 문득 어릴 때 불타 죽었던 유모에 대한 기억을 이야기하는데, 이 순간 나미는 〈하녀〉에서 가정부의 죽음-존재를 목격했던 어린 미나와 겹쳐진다. 여기서 내가 두 텍스트를 통해 보고자 하는 것은, 죽음으로써 자신의 존재를 미나 / 나미에게 시각적 대상으로 각인시킨 어떤 유령들이다.

분신자살한 〈하녀〉의 은이는 〈돈의 맛〉의 가정부 에바가 살해당한 후 관에 담겨 고국으로 보내지던 중 갑자기 눈을 뜨며 우리를 노려보는 순간, 신자유주의 세계에서 계급과 결합된 인종적 타자라는 형태의 유령으로 되돌아온다. 죽은 에바의 시선이 향한 이편에는 아마도 관 속의 다른 면과 마찬가지로 주인공이 넣어준 돈이 가득 쌓여 있을 것이다. 하지만 동시에 그녀가 노려보는 곳은 돈이 쌓인 관의 벽면 너머 카메라 렌즈의 정면, 즉 관이라는 육면체의 프레임 바깥이기도 하다. 또한 그곳은 카메라 그 자체가 조작한 프레임의 바깥을 의미하기도 한다. 몇 푼의 돈과 함께 봉인된 자본가 집안의 숨은 욕망과 비밀들은 영화의 최종 장면에서 프레임 너머를 노려보며 봉인을 거부하는 타자의 시선에 여전히 달라붙어 있다.

은이와 에바라는 이 '산 죽음'들은 대한민국 상류사회를 지탱하는 도덕 체계의 보존을 위해 반드시 불타 없어지거나 봉인된 채 추방되어야 하는 자들이지만, 한편으로는 자신들의 죽음과 연관된 강렬한 시각적 이미지로 인해 오히려 극단적으로 그 존재를 각인시킨다는 아이러니를 낳는다. 〈하녀〉의 은이는 〈돈의 맛〉에서 에바의 눈뜬 시체로 귀환하였지만, 그녀 또한 누군가의 유령이기도 하다. 그것은 물론 1960년에 상영된 김기영 감독의 원작 〈하녀〉에서 쥐약을 먹고 이층 양옥 계단에 쓰러져 죽어가던 '하녀'이다. 눈을 부릅뜬 채 계단 위에 누워 거꾸로 미끄러지던 하녀의 마지막 모습은 너무나 강렬해서, 반세기 후 화염에 휩싸인 채 천장에서 대롱거리는 몸의 이미지나 관에 누워 갑자기 눈을 뜨는 시체의 이미지처럼 변주된 텍스트들 위에도 선명히 그 흔적을 남기고 있다.

기억해야 할 것은 1960년의 하녀가 집주인의 욕망—시선에 의해 탄생한 구성물인 동시에 그 프레임 안과 밖의 경계(난간)에서 서성거리며 중산층 가정이라는 욕망의 프레임 내부(안방)를 엿보는 존재이기도 했다는 점이다. 눈 뜬 시체 에바 역시 영화가 진행되는 내내 회장이 보내는 끈적한 시선과 이들을 감시하거나 흥미롭게 지켜보는 인물들의 시선이 거미줄처럼 교차하는 가운데 꼼짝없이 붙박여 있다가 영화의 엔딩에서 프레임 너머를 노려봄으로써 이 모든 시선을 상대화하는 순간을 가진다. 1960년의 영상에서 쉼 없이 재봉틀을 돌리던 아내와 여공 / 하녀는 모두 경제중심사회로 진입한 박정희 체제가 내세운 개발주의 및 이를 둘러싼 남성적 욕망의 구조 속에서 '생산'을 위해 혹사당한 존재들이다. 50년 후 리메이크된 〈하녀〉나 그 속편 격인 〈돈의 맛〉에서 재현되는 가정 / 사회는, 그렇게 쉼 없이 돌아가는 재봉틀과 여공 / 하녀라는 성—노동의 분리 불가능한 결합을 통해 성장해온 한국 자본주의의 가장 천박한 결과를 보여 주는 표본이라 할 만하다. 50년을 사이에 두고 남한의 개발주의 서사가 각각 그 도입과 정점에 이르렀던 시기에, 미처 애도되지 못한 개발 서사의 타자들은 그 서사 속의 숨은 욕망을 엿보거나 서사 자체를 직시하는 눈을 가진 하녀라는 유령으로 나타났다.

그녀들의 엿보는 / 노려보는 행위는 테드 휴즈의 저서 『냉전시대 한국의 문학과 영화—자유의 경계선』(나병철 역, 소명출판, 2013)에 나오는 개념을 빌리자면 '되돌아보기look back'에 해당한다. 이 책을 관통하는 가장 중요한 개념 중 하나인 '되돌아보기'의 인식적 · 실천적 의미가 선명히 드러나는 부분은 이 책에서 주로 다루는 범위를 넘어선 시기, 즉 냉전 시대의 끝무렵인 1987년에 나온 한 회화에 대한 분석에서이다. 다소 길게 돌아왔으나 지금까지 우리가 본 유령들은 이 책의 에필로그에 제시된 회화 속의 '되돌아보는' 시선을 공유한다.

2. 식민지적 '연속 / 단절' 구도의 해체와 감각의 분할

에필로그에 언급된 임옥상의 회화 〈의문사〉(1987)에서는 강을 건너 북으로 가려는 신체로부터 분리된 두개골이 오른쪽 하단에서 우리(감상자)를 노려보는 시선을 취하고 있는데, 저자는 이를 두고 "그 공간의 구성을 끝없이 순환시키며 의미 · 공간 · 시각적 주체를 생산하는 보기의 방식을 질문하는 되돌아보기"의 행위라고 말한다(348~349쪽). 이 그림 속에서 머리 없는 몸이 "보지 않은 채 보고 있"(348쪽)는 곳은 북한, 즉 냉전에 의해 형성된 경계 바깥의 공간이며, "1945년부터 현재까지 한반도 분단을 구조화해온 '보이는 것 / 보이지 않는 것'의 정치학"(116쪽)에 의해 결정된 영역이다. 그리고 화면의 프레임을 뛰어넘어 이편을 바라보는 두개골의 시선은 감각적인 것의 분할을 통해 정치 영역을 구성하는 냉전적 보기의 방식 자체를 의문시하고, 그러한 보기의 방식을 통해 '보이지 않는 것'의 영역이 주어짐을 구조화하는 인식의 과정에 해당한다. 저자는 그러한 인식을 통해 비로소 기억이라는 형식 속에서 살아 있는 죽음('의문사'와 같은 것)을 현재화할 수 있다고 말한다. 앞으로 살펴볼 테드 휴즈의 저작이 적지 않은 분량의 '냉전시대' 남한 문학과 영화 텍스트에 대한 꼼꼼한 독해를 바탕으로 하면서도, 여전히 식민지적-냉전적 유산 속에 살고 있는 오늘날 남한 사회에 대한 강한 환기력을 지니는 이유는 그러한 에필로그의 문제의식이 사실상 이 책의 출발점이기 때문일 것이다.

이 책에서 저자는 해방 후 남한 국가 형성의 기반이 되었던 냉전 개발주의의 소환 속에서 문학·문화가 어떻게 식민지 시기부터 형성된 특수 / 보편, 지역 / 세계, 민족 / 제국과 같은 이항대립적 틀을 재분절rearticulation하며 자신의 자리를 만들어 왔는지 추적한다. 해방 이후 남 / 북한 모두 냉전의 영향력에 강하게 사로잡혀 있었던 시기, 즉 1945년부터 1970년대까지의 문화적 생산물들을 주요 대상으로 삼고 있지만 사실상 저자의 더 큰 의도는 프롤레타리아문화와 모더니즘문화, 그리고 식민지 말기의 동원문화가 서로에게 의존하는 방식과 그것이 다시금 포스트식민지적 실천들 속에서 망각 혹은 적극적 소환의 형식으로 변주되는 양상을 읽어 내는 것이다. 이는 결국 민족주의 / 제국주의, 모더니즘 / 리얼리즘, 식민성 / 포스트식민성의 견고한 대립을 상정하며 쓰여지고 읽혀진 한국문학사의 주요 전제들을 의문시하며 한국문학의 지도(혹은 계보)를 새롭게 쓰고자 하는 시도로 볼 수 있다. 때로는 과감한, 그리고 때로는 미묘하고도 섬세한 독해 속에서 우리가 반복적으로 만나는 것은 남한 문학사에서 행해진 두 가지의 말소 혹은 부인의 현장들이다. 그 두 가지란 식민주의와 공산주의, 또는 그것의 변주로서의 일본과 북한, 전시체제 하 동원문화와 프롤레타리아문화를 가리키며, 해방 후 한국문학은 그러한 두 개의 삭제 작업에 의해 구축 / 지탱되어 왔다는 것이 저자의 핵심 주장이다. 다시 말하면 그 두 가지 타자에 대한 애도와 우울 사이를 서성이며 그 둘을 보이게 하거나 보이지 않게 하는 시각적 정치학이 냉전문화 속에서 작동해 왔다. 그리고 그 주변에는 그러한 시각적 질서와 교섭을 벌이는 작가 및 작품들이 "상당수가 기존 연구에서 간과된"(39쪽) 채로 놓여 있다. 저자는 그러한 냉전적 시각 정치의 가장자리에 있는 작품들을 시간 순서대로 배열하면서, 그것들에 의해서 기존의 가려진 영역이 열리게 된다기보다는 '보이는 것 / 보이지 않는 것'의 분할을 통한 시각 정치의 작동 그 자체가 폭로된다는 점을 강조한다.

이 책의 시도들을 저자 자신은 두 가지의 커다란 의미로 압축하고 있는데, 첫째는 식민지적 문화실천(담론 / 영화 / 미술)이 포스트식민지 및 분단문화와 맺는 관계를 재고하는 것이며, 둘째는 문학과 시각문화 사이의 관계에 대해 생각하는 것이다. 첫 번째 과제에 대한 저자의 접근 방식은 그가 "'식민성 / 포스트식민성' 사이의 역사적 중단을 가정하지 않는" 대신 작가들이 "역사적 파열", "식민성", "해방"의 개념들과 "격론을 벌이는 방식들을 고찰할 것"(119쪽)이라는 말에 잘 드러난다. 그는 한동안 양자택일적인 관계로 주어졌던 식민지적 연속 / 단절의 구도 자체를 문제 삼으며, 냉전시대 남한의 개발주의－민족주의－계몽주의 서사는 식민지 시기에 논의되었던 특수성 / 보편성, 민족 / 제국, 지역 / 세계, 프로문화 / 모더니즘문화, 동양 / 서양 같은 이항대립적 방법론의 틀을 변주하는 방식으로 형성되었다고 본다. 얼핏 느끼기엔 기존의 '식민지적 연속'론의 새로운 버전 같지만 이 책에서 보려는 것은 사실 식민지적 방법론의 틀을 이어받은 냉전시대 남한 문화의 형성과정이 아니라, 남한 문화가 그 방법론의 구조를 반복하는 과정에서 어떠한 틈새가 발생하는가 하는 점이다.

예컨대 "1945~1948년의 점령기에 만들어진 중립성에 대한 요구" 및 그 한국전쟁 전후의 자유세계 진입과정 속에서 발생한 "비소속을 향한 이동"(164쪽)에 주목하는 점이 그러하다. 그러한 냉전 시대의 '비동맹의 정치학'의 연장선상에서 맥락화되는 세 명의 작가는 손창섭, 남정현, 그리고 최인훈이다. 이 세 작가의 작품을 동시대에 나온 영화 / 미술(적 담론) 등의 시각문화와 겹쳐 읽는 것이 이 책 전체의 본론에 해당한다고 할 수 있다. 이들 각각에 대해 내리는 평가를 이 지면에서 세세히 다룰 수는 없지만 이들의 작품은 공통적으로 냉전시대 남한의 국가주의와 개발주의가 딛고 서 있는 (신)식민주의의 작동을 적시하는 반국가주의적 서사로서 계보화된다. 다시 말하면 그들은 식민지와 포스트식민지 사이의 관계에 대해 끊임없이 문제제기를 한 작가들로 다루어진다.

사실 그 계보의 정점에 위치한 최인훈에 대한 평가를 비롯하여 나머지 작가들의 경우에도, 이들을 남한에서 냉전주체를 생산하고 규율하고자 한 국가주의에 대한 대항 서사로 읽는 방법은 그리 낯선 것이 아니다. 하지만 한국사회에서 분단과 냉전 체제를 강화하는 데 기여해 온 '보이는 것 / 보이지 않는 것'의 분할 정치에 이 텍스트들이 어떻게 연루되어 있는지를 보여 주는 각각의 시섬에서 이 저서의 관심은 명백히 시각성으로 옮겨가며, 그곳에서 이 저서의 남다른 통찰력은 발휘된다. 저자가 스스로 의미화한 두 번째 시도, 즉 문학과 시각문화 사이의 관계에 대한 근원적인 재고라는 점에서 보면 이 저서를 냉전(문화) 연구와 한국문학사의 (재)서술, 그리고 문학이론 사이의 어느 지점에 위치시켜야 할지 고민하게 되는 것도 이상한 일은 아니다. 개인적으로 흥미로웠던 것은 "최초의 폭넓은 진정한 문학 텍스트의 독자층은 식민지 한국 영화의 관객층과 나란히 출현한 셈"(62쪽)이라거나 "1950년대 중반, 우리는 식민지 이후 첫 '한국어 텍스트 독자층'과 '한국어 영화의 대중 관객층'의 동시적 출현을 접하게 된다"(166쪽)는 진술을 전제로 문학텍스트에 대한 독해 사이사이에 끼워넣어진 영화텍스트들에 대한 분석이었다. 그러한 분석에 따르면, 손창섭의 소설(「층계의 위치」)과 한형모 감독의 영화(〈피아골〉)가 냉전적으로 분할된 한반도의 프레임 바깥을 '돌아보는' 방식은 서로 연결되어 있거나, 『자유부인』이라는 문학작품과 영화화된 텍스트 사이의 운동은 "시각 언어적 소망ekphrastic hope, 즉 언어에서 시각성으로 이동하려는 욕망과 언어 자체를 '되돌아보는' 행위"(216쪽)에 의해 발생하면서 두 텍스트 사이의 틈새를 벌려 놓는다. 만약 이 저서가 그 의도대로 연속 / 단절의 구도 속에서 반복·재생산되어 온 기존 탈식민 문화연구의 문법을 극복할 수 있었다면, 그것은 시각성 및 그것을 둘러싼 정치학에 보다 주목함으로써 가능했다고 보아야 한다.

3. 영미권 냉전연구와 한국문학 / 문화 사이

개별 텍스트들에 대한 섬세한 독해와는 대조적으로, 이 저서의 어떤 부분에서는 과감한 논리를 펴기도 한다. 예를 들어 한국문학사에서 문학과 근대적 시각문화가 최초로 접합되는 장면을 『무정』에서 찾으면서 저자는 "기존의 논의들은 자아를 응시하는 형식 속에서 영화가 작품 속의 도시에 스며드는 방법, 즉 풍경이 마치 영화처럼("활동사진 모양으로") 반복적으로 묘사되는 양상을 간과하고 있다"(27쪽)고 지적한다. 하지만 그는 언어의 시각화에 관한 문학적 기원을 『무정』에서 찾으려는 태도로부터는 거리를 취한다. 오히려 식민지 시기 말 동원문화와 해방 후의 냉전문화 양쪽으로부터 말소된 프로문학의 형식이 시각적 · 미술적 실천과 깊이 연관되어 있음을 지적함으로써, 이를 모더니즘문화와 대중동원문화로 이어지는 식민지적 재현 양식의 출발점으로 삼는다. 그에 따르면 카프문학 연구에서 그간 거의 외면된 영화소설이라는 혼성장르야말로 언어적-시각적 관계에 대한 탐구의 깊이를 보여 주는 것이며, 이후의 향토주의, 모더니즘 모두 그러한 영화적 기법에서 자유롭지 못하다. 또한 전시동원기의 텍스트들 또한 "그 이전의 운동들의 중단을 나타내기보다는 그들의 기법과 관심사의 전용"(34쪽)을 보여 준다. 『무정』에서 한국 근대문학(소설)의 기원을 찾는 문학사의 합의를 일견 공유하면서도 '한국문학 = 남한문학' 형성의 출발점을 이광수보다는 카프 작가로부터 찾으려 하는 의도가 선명하며, 더욱이 모더니즘과 리얼리즘, 그리고 친일문학의 연관성을 시각정치의 선상에서 해명하고자 하는 것이다. 그리고 한 발 더 나아가, 그렇게 서로 연관되어 있는 식민지 재현 체계는 냉전 개발주의 국가 형성 과정 속에서 재분절된다.

그러한 커다란 가설 속에서 행해지는 세부적인 분석의 과정은 매우 흥미로우며 대부분의 분석은 설득력이 있다. 사실 그의 가설 또한 최근 한국문학 연구자들이라면 공통적으로 고민하고 있는 것이기도 하다. 한국문학에 대한 최근의 논의들은 문학에서의 식민지와 포스트식민지 및 분단 체제가 서로 관계 맺는 방식을 다양한 관점에서 해명하려 해 왔다. 또 식민지적-포스트식민지적 관계에 대한 해명과 함께, 식민지 시기 동원문화 / 친일문화를 그 전후前後의 문화와 어떻게 연관시킬 것인가 또한 여전히 한국문학 연구의 중요한 쟁점 가운데 하나이다. 여기에 저자가 내민 카드는 의외로 카프 작가들이 생산한 영화소설이라는 주변 장르이다. 물론 그것이 주변 장르화된 데에는 문학 대중화론에서의 김기진의 패배, 그리고 영화소설에 대한 임화 등 카프 멤버의 비판 같은 역사적 요인들이 개입해 있을 것이다. 모더니즘문화—동원문화에서 공유되는 시각 정치의 요소를 카프의 영화소설에서 짚어내고자 한 저자는 따라서 김기진의 비평에 무게를 두고 논지를 진행시켜 간다. 하지만 영화소설의 중요성 및 김기진의 대중화론이 그것과 맺는 관계에 대해서는 새삼 수긍이 가면서도, 임화 중심의 프로문학 연구에 대한 참조 없이(혹은 여전히 견고한 성역으로 남겨놓은 채) 그것에 의해 주변화된 장르와 배제된 비평을 통해 식민지 재현 체계의 연속성을 해명하기에는 여전히 '물증'이 부족하다는 인상을 남긴다. 아니면 공교롭게도 이 저서에서 양쪽 모두 중요하게 언급되지 않고 있는 이광수와 임화 중심의 문학사의 반복 / 재연에 의해서는, 우리가 심증을 갖고 있는 있는 프로문화—모더니즘문화—동원문화 사이의 논리적 연관성을 증명해 내기란 요원한 것인가?

아마도 이러한 질문은 이 저서가 놓인 위치에 대한 질문과도 무관하지 않을 것이다. 이 책에서 언급되는 텍스트들은 대부분 북한(공산주의)과 식민지 기억이라는 두 가지 타자를 보이게 / 보이지 않게 분할하는 냉전적 시각 정치의 영역을 드러내는 동시에 그 분할을 혼란시키는 '가장자리'의 텍스트들이며, 저자는 그 대다수가 (한국의) 연구자들에 의해서 간과되어 왔다고 지적한다. 그는 한국문학사의 중심 담론들을 정면으로 공격하거나 뒤집지 않고, 그러한 주변부의 텍스트들을 보충하며 의미화하는 방식으로 기존 문학사에 대한 개입을 시도한다. 이러한 입장은 이 저서가 걸치고 있는 또 다른 영역인 냉전 연구의 관점에서도 마찬가지이다. 이 책의 부제인 "자유의 경계선the frontier of freedom"은 1952년 영국의 외무상이었던 로드 핼리팩스Lord Halifax가 남한을 지칭하기 위해 사용한 말에서 인용한 것이며, 아직까지도 미군에게는 DMZ와 남한 전체를 나타내는 말로 널리 사용되고 있다. 한편 '자유의 경계선'이란 기존에 미국에서 시도된 냉전·아시아 연구의 경계선이기도 하다. 기존의 미국 냉전 연구가 사실상 냉전적 분할선 및 위계 구도에 일치하는 방식으로 진행되어 왔다면, 이 책의 목표는 냉전의 경계 "주변"에 있던 남한 문화에 대한 연구를 그러한 기존의 미국발 냉전·아시아 연구에 '보태는' 것이다(48쪽). 이 책이 야기하는 약간의 혼란은 저자 특유의 (번역하기 어려운) 미묘한 문장과 더불어, 이 책이 위치하고 있는 장소의 그와 같은 중첩 때문이기도 할 것이다. 그렇다면 이 책은 미국 냉전 연구의 가장자리에서, 냉전 연구로부터 주변화되고 삭제된 문화의 영역을 보충하는 작업인가. 아니면 복수의 이항대립적 틀에 의식적 / 무의식적으로 의존해온 한국문학사에서 배제된 텍스트와 관점을 통해 새로운 계보를 작성하고자 하는 시도인가. 어느 쪽이든 이 책을 통해 남한의 언어-시각적 문화생산물들을 (다시) 읽는 즐거움은 미국'으로부터'의 냉전 연구와 한국'으로'의 문학 연구 사이를 오가는 현기증 속에서도 전혀 줄어들지 않는다.

—『민족문학사연구』 55, 2014

남북문학 단절점 극복 노력, 3년간 수집한 자료 정리

최익현 | 교수신문 기자

이상숙 외편, 『북한의 시학 연구』(전6권), 2013

1945년 8월 15일과 1950년 6월 25일은 공식적으로 남북문학의 고리를 끊어버린 정치사적 단절점이다. 이후 남북문학은 서로 다른 경로를 밟아 전개됐다. 이데올로기와 실정법은 이 견고한 지형을 더욱 고착시키는 데 한몫했다. 그 결과 북한문학은 접근하기 까다로운 영역으로 매몰되고 말았다. '한국문학사'를 소망하는 연구자들, 그리고 '통일문학사'를 염원하는 이들에겐 안타까운 일일 수밖에 없었다.

한국연구재단 지원으로 진행된 '북한의 시학' 연구팀의 연구 결과물인 이 책 『북한의 시학 연구』는 이런 단절을 넘어설 수 있는 신선한 시도라고 할 수 있다. 연구팀은 2010년 5월부터 3년간 북한의 시를 모으고 분석하며 북한시학의 형성과 전개과정을 일본, 중국, 미국, 러시아와의 관계 안에서 파악하려고 노력했다. 이들이 3년간 수집한 300여 권의 북한 시집, 수천 편의 문예지 수록 시, 수백 편의 북한시 관련 평론들이 이 책의 토대가 됐다.

연구책임을 맡았던 이상숙 가천대 교수(글로벌교양학부, 국문학)는 간행사에서 "연구팀의 여정이 끝나갈 때쯤에는 방대한 자료 중에 무엇을 추려 결과물로 묶어 낼 것인가의 고민이 컸다"라고 말하면서 "무엇을 싣든 무엇을 싣지 않든, 중요한 것은 자료 수집과 정리 과정 중에 이미 연구가 시작되고 이뤄졌으며 후속 연구에도 도움이 될 것이라는 사실이다"라고 의미를 매겼다.

『북한의 시학 연구』 1, 2권에는 북한의 대표 시인 50인의 작품과 관련 평론을 수록했다. 북한의 시를 소개하고 연구한 선행 업적에 힘입어 1, 2권이 시작될 수 있었다. 그렇더라도 선행 북한시 총서나 자료집과는 다른 점은 시인별로 작품을 모았다는 점과 기존 문헌에서 찾아볼 수 없는 많은 작품을 대거 수록하고 관련 평론을 함께 수록했다는 점이다. 또 하나, 젊은 연구자들이 이 작업을 주도했다는 점도 빼놓을 수 없다. 이들 자료를 통해 현대문학 분야 연구자들은 목적문학인 북한문학의 존재와 활용방식 확인, 나아가 기본 자료 부족 문제도 어느 정도 해결할 수 있을 것으로 기대된다. 3권과 4권에서는 북한의 시문학 관련 주요 비평문과 함께 강령, 규약, 결정서, 보고문, 문예이론 등을 수록했다. 이른바 비평이 창작을 계도하고 방향 설정하는 북한문학의 특수성을 엿볼 수 있는 자료집이라고 할 수 있다. 특히 북한비평에서 강령, 결정서, 보고문 등은 비평의 현상으로서뿐 아니라 작가의 창작 방향을 제시 또는 제한하는 텍스트라는 의미가 있다. 시 관련 비평만 수록했지만, 북한문학 비평 전반의 주제와 주장을 반영하고 있어 북한문학의 흐름과 변화를 엿볼 수 있다.

5권에서는 기존의 북한문학사에서 시문학사 관련 부분만을 추려 북한학계의 문학사 시기 구분에 맞춰 재구성했다. 같은 시기를 설명하는 문학사 서술 방식의 변화와 거론되는 작품의 차이점 등이 드러나고 있어 '문학사 서술'에 관심을 둔 연구자들에게 유용해 보인다. 1~5권이 북한원전 자료라고 한다면, 6권은 연구팀의 구성원들이 중심이 된 학술대회, 전문가 자문회, 라운드테이블 등을 통해 산출한 연구 성과를 묶은, 2차 텍스트라 할 수 있다. 북한의 시학이 형성되는 과정에서 정치성과 평론의 역할, 미소美蘇와 북한문학의 관계 및 일본문학계의 북한문학 수용, 북한문학과 중국과의 연관성 등을 읽어낼 수 있다.

출간에 참여한 이들은 신지연 가천대 연구교수(1~2권 시), 남원진 건국대 강사(3~4권 비평), 이상숙 가천대 교수(5권 시문학사), 김경훈 연변대 교수(6권 북한시학의 형성과 사회주의 문학), 김성수 성균관대 교수, 김재용 원광대 교수, 남원진·서동주 서울대 연구교수, 성근제 서울시립대 교수, 신지연·오미정 한신대 교수, 유임하 한국체육대 교수, 이경수 중앙대 교수, 이상숙·이승윤 한국방송통신대 강의교수, 정문상 가천대 교수, 최일 연변대 부교수, 최진이 사단법인 임진강 대표 등이다.

—『교수신문』, 2013.11.5

『임화의 영화』 대 '임화의 영화'

손이레 | 미시간대학교 박사과정

백문임, 『임화(林和)의 영화』, 2015

1. 들어가며—『임화의 영화』

이 글에서 나는 『임화의 영화』라는 책을 통해 '임화의 영화'를 비판적으로 읽고, 다시 '임화의 영화'를 『임화의 영화』에 대결시킴으로써 식민지기 조선영화사 기술의 가능성과 한계를 타진해 보고자 한다. 경박한 질문으로부터 시작해 보자. '임화의 영화'란 무엇인가? 질문은 명료하지만 답은 간단치 않다. 당연하게도 임화가 제작에 참여했던 몇 편의 영화가 있다. 알려진 대로 임화는 1920년대 후반, 김유영 연출의 〈유랑〉과 〈혼가〉에 배우로 출연한 바 있으나 필름은 남아 있지 않다. 심지어 〈지하촌〉(1931)은 후일 신건설사 사건 공판에 관한 신문 기사에 따르면 개봉도 하지 못한 채 검열 기관에 압수되어 "필름 채 어둠 속으로 사라져 버리고 말았다."[1] 1940년대 초반 신문 어느 귀퉁이에서는 임화를 촉탁으로 고려영화협회에서 〈김옥균전〉이라는 영화를 제작하기 위해 자료를 수집하고 있다고 전한다.[2] 그러나 제작은 성사되지 못했다. 물론 〈집 없는 천사〉가 있다. 임화는 니시키 모토사다의 시나리오의 일본어 대사를 조선어로 옮겼다. 하지만 아직까지 〈집 없는 천사〉는 최인규의, 이창용의, 니시키 모토사다의, 혹은 일본 검열관의 〈집 없는 천사〉일 뿐, 임화의 〈집 없는 천사〉란 추후 우리들의 과제일 터 아직은 해명되지 않은 채 남아 있다. 식민지 조선영화사 연구에 관한 지루한 이야기가 반복된다. 식민지기 영화사 연구가 분석 대상으로서의 필름의 부재를 오랫동안 한탄해 왔듯, 임화의 영화 역시 부재한다.

보이지 않는 영화들을 보아야 했던 사정은 비단 동시대의 연구자들만의 문제는 아니다. 임화 본인에게도 기실 영화는 존재하지 않았다. 나는 여기서 필름 위에 남겨진 물질적 이미지를 포괄하는 광범위한 사회 문화적 작용으로서의 영화cinema가 식민지 조선에 존재하지 않았다고 말하는 것이 아니다. 다만 임화가 상정했던 영화—그것이 '프롤레타리아 영화'이건 '만들어 나가야 할 것으로서의 조선영화'이건—는 아직 임화의 시대에는 없었다는 점을 강조하고자 한다. 임화는 〈아리랑〉과 〈나그네〉가 선취한 조선영화의 예술성을 논하지만, 이는 어디까지나 잠정적인 것일 뿐이다. 임화의 조선영화론은 존재했던 영화들 속에 이론을 고정시키지 않는다. 임화에게 조선영화란 만들어가야 할 것이고 도래해야 할 것이었다.[3]

1 「新建設 事件 公判」, 『동아일보』 1935.10.28. 2면.
2 「高麗映畫社 金玉均傳 映畫化」, 『조선일보』 1939.11.9. 5면(조간).
3 어찌 보면 보이지 않는 영화를 보아야 하는 것은 마치 베냐민이 정치의 미학화를 경계하며 예술의 정치화를 선언했듯이, 혹은 바쟁이 영화는 아직 발명되지도 않았다며 "완전 영화(le cinéma total)"를 주창했듯이, 임화와 같은 비평가/이론가에게는 숙명이기도 할 것이다. 그런 의미에서 이는 생산적 계기이기도 할 터, 동시대 연구자들 역시 이로부터 지혜를 구할 수 있을지 모른다.

하지만 도래하지 않은 '임화의 영화'를 어떻게 해야 볼 수 있을까? 우리는 어떻게 그 윤곽을 상상할 수 있을까? 백문임은 세 가지 과제를 설정함으로써 이 문제의 답에 접근해 간다. 임화의 영화론, 당대의 조선영화가 놓여 있었던 좌표, 그리고 무엇보다 이 책이 궁극적으로 주장하고자 하는 바, 임화가 천착해 있었다고 하는 조선영화의(예술로서의) 존재론이 바로 그것이다. 『임화의 영화』는 임화라는 인물의 영화론으로부터 출발하여 그것이 도출되었던 당대의 조건들을 탐구하는 한편, 임화와 더불어 조선영화의 존재를 규명하고자 한다.

오늘날의 역사가에게 있어서 '임화의 영화'란 무엇인가를 묻는다는 것, 즉 임화의 눈을 통해 조선영화를 본다는 것은 임화라는 한 인물을 중심에 놓았을 때 조선영화사는 과연 혹은 어떻게 다시 쓰일 것인가를 묻는 것과 같다. 이 글에서 나는 '영화(론)의 주어 / 주체subject로서 임화'를 열쇠말로 삼아 『임화의 영화』가 보여 주는 식민지기 조선영화사 기술의 비전과 그 한계에 대해서 고찰해 보려고 한다. 우선 나는 백문임이 제시하는 '조선영화 개념의 유동성'에 관하여 논하는 것으로 시작하여, 해당 논의가 식민지기 조선영화사를 다시 씀에 있어 기여하는 바와 동시에 그것이 노정하고 있는 한계를 지적하려고 한다. 이는 무엇이 조선영화를 유동케 했는가 하는 문제와도 관련이 있다. 이에 따라 다음으로는 임화가 『임화의 영화』의 주어 / 주체로서 어떻게 상정되고 있는가를 살펴볼 것이다. 임화의 영화가 무엇이었는가 만큼이나 중요한 것이 바로 임화가 영화론을 썼다는 것이다. 이는 식민지기 조선영화의 주어 / 주체의 문제와도 무관치 않다. 마지막으로 나는 다시 '임화의 영화'라는 문제로 돌아가서 백문임이 제기한 예술성과 기업성의 변증법이라는 프레임을 재해석할 것이다. 이를 통해 임화가 상상했던 조선영화가 하나의 고유성singularity, 즉 어디에도 환원되지 않는 가상적 유동으로 존재했다는 점을 강조함으로써, 비록 실현되지는 못했던 '임화의 영화'의 잠재성을 논하는 하나의 방법을 소략하게나마 제시해 보고자 한다.

2. 유동하는 조선영화의 방향

앞서 언급했듯 백문임은 '임화의 영화'에 있어 세 가지의 과제를 제시한다. '임화의 영화'라는 난제를 '임화와 영화'로 번역한다면 앞의 두 과제가 전면화된다. 임화가 남긴 각각의 텍스트—「조선영화의 제 경향에 대하여」(1930), 「조선영화발달소사」(1941.6, 이하 「소사」), 「조선영화론」(1941.11) 등—의 문헌학적 추적과 역사화 작업이 하나이고, 다른 하나는 그를 경유하여 식민 지배하의 조선영화의 좌표를 재검토하는 것이다. 백문임은 두 과제 사이에 균형을 잡아 가며 논의를 전개해 나가는데, 궁극적으로는 두 개의 과제의 합을 초과하는 지점에 놓여 있는 세 번째 문제 설정, 즉 조선영화의 존재론을 탐구한다. 이는 "만들어 나가는 것으로서의 조선영화"라는 표현에 집약되어 있다. 이것은 물론 임화의 말로부터 추출한 것이다. 백문임은 이 표현을 역사적 맥락에서 재조립하고, 조선영화가 개념적으로 유동적인 정체성을 갖고 있었다고 주장한다. 즉 조선영화는 단일하게 규정된 실체가 아니라 당대의 역사적 맥락 속에서 끊임없이 재정위되어 왔다는 것이 이 책을 관통하는 핵심적인 주장이다.

물론 이와 유사한 문제의식은 내셔널 시네마national cinema에 관한 수정주의적 접근으로부터 꾸준히 제기되어 왔다. 이를테면 영화학자 김소영은 한국영화라는 내셔널 시네마를 선형적인 역사를 지닌 총체가 아니라, 각각의 역사적 국면에 따라 '조선영화'나 '남한영화'라는 역사적 명명들을 통해 다르게 절합되는 것으로 이해하자고 제안한 바 있다.[4] 이는 영화의 내셔널리티(국적성)의 연속성의 문제를 넘어서 대중문화로서 영화가 인민의 주체성을 상상했던 기제들을 중심으로, 즉 소구 양식mode of address을 중심으로 내셔널한 것들the national을 재고할 것을 요청했던 폴 윌먼의 이론화에 대한 응답이기도 했다.[5]

백문임은 이를 더 밀어 붙여서, 조선영화 범주 자체가 이미 식민지기 내내 단일한 총체는 아니었다고 주장한다. 특히 「소사」가 최초의 "공식적 영화사"로서 생산되는 과정을 다룬 제2장의 서두에서 밝히고 있듯, 활동사진영화취체규칙이 내지보다 먼저 실험되었던 1934년과 조선영화령이 반포되고 조선영화배급사와 조선영화제작주식회사가 설립되던 1940년대 초반 사이의 시기는 그 이전과 그 이후의 조선영화 범주를 완전히 다르게 만들었던 분수령에 해당한다. 백문임에 따르면 최소한 1934년 이전과 이후의 조선영화는 다른 개념이었고, 가장 결정적이게는 국가 범주와의 관계 속에서 유동하며 "재정위"된 것이었다.

조선영화 개념이 역사적으로 유동했다는 주장에는 좋은 소식과 나쁜 소식이 동시에 뒤따른다. 좋은 소식은 이제 우리가 조선영화를 보다 입체적으로 볼 수 있게 되었다는 것이다. 이를 확장한다면 조선영화의 개념이 통시적으로 달라졌던 것뿐만 아니라 공시적으로도 경합하던 다양한 담론 또한 전경화할 수 있을 터이다. 나쁜 소식은 두 가지

4 김소영, 『조선영화라는 '내셔널' 시네마-애활가와 부인석』, 『근대의 원초경-보이지 않는 영화를 보다』, 현실문화, 2010.

5 Paul Willemen, "The National Revisited" Valentian Vitali and Paul Willemen eds. in *Theorising National Cinema*, London : British Film Institute, 2006.

다. 하나는, 바로 그 때문에 '조선영화'의 정체성이 역사적 개념적 길항 관계의 총체라는 의미에서 다소간 모호하게 남게 된다는 점이다. 말하자면 조선영화의 개념적 유동성은 일정정도 개념상의 불확정성을 낳게 되고, 우리는 앞으로 '조선영화'라는 표현을 볼 때마다 이것이 무엇을 말하는지 한 번 더 생각해야 한다.

하지만 조선영화의 유동성에 기인하는 개념상의 번거로움이 역사가에게는 어차피 회피할 수 없는 문제라면, 다른 나쁜 소식은 조선영화 개념의 유동적 성격 자체가 기존 조선영화사가 기술되어 왔던 방식에 도전하는 것은 아니라는 점이다. 중요한 것은 유동한다는 사실 자체가 아니라 유동의 방향, 혹은 유동을 기술하는 서사의 흐름이 어떻게 설정되어 있는가다. 『임화의 영화』의 네 장은 크게 두 개의 부분으로 나뉜다. 제1장이 고오리야마 히로시의 민족지적 조선영화론에 반박하며 프롤레타리아 영화의 보편성을 향해 나아가고 있는 조선영화를 주창했던 임화를 다루면서 1934년 이전의 조선영화에 관한 한 부분을 점하고 있다면, 나머지 세 장은 "처음으로 '조선영화'라는 범주가 가시화되면서 갈등과 협상이 되었던 때"(68쪽)의 임화의 영화론을 다루고 있다. 후반부는 조선영화가 '국가'와의 관계 속에서 재정위되어 가며 종국에 "공식적 영화사"로서 「소사」가 생산되는 과정을 다루는 제2장과 이에 대한 임화의 일정한 응답을 예술성 개념을 중심으로 분석한 제3장, 제4장으로 다시 두 부분으로 나뉠 수 있다. 요약하면, 아직은 국가보다는 세계 혁명의 동시성을 상상하던 당시의 임화의 조선영화가 제국 정치의 지형의 변화에 따라 어떻게 국가 범주 내에서 재정의되었고, 이 과정에서 임화는 어떻게 반응했는가 하는 것이 『임화의 영화』의 전체 서사를 구축하고 있다.

이와 같은 『임화의 영화』의 서사 요소들 사이는 '그럼에도 불구하고'라는 접속사로 연결되어 있다. 앞서 말했듯 중요한 것은 무엇이 무엇에도 불구하고 전개되었는가 하는 그 방향의 문제다. 각각의 장의 서사를 이를 중심으로 보자면, 제1장은 임화가 호기롭게 조선의 프롤레타리아 영화를 전망했던 시점으로 시작하여, 그가 도쿄에서 돌아와 토키 테크놀로지가 점령한 경성의 극장가에서 확인한 "자본주의적 사실"로 마무리 짓는다. 기계(테크놀로지)라는 필수적 요소로 인해 대자본의 투여가 요구되는 현실이 토키의 도입으로 인해 보다 확실해지고, 프롤레타리아 영화라는 전망이 이전에 비해 불투명해진 것이다. 제2장은 그와 같은 상황에 놓인 조선영화가 향토 영화와 토키 테크놀로지, 그리고 예술성 담론 가운데서 하나의 공식적 기억으로 재발견되고 역사화되는 과정을 다루는데, 그 말미에서는 이렇게 생산된 "공식적 역사"가 해방 후에도 여전히 그 위력을 발휘하는 양상을 되짚는다. 임화의 「소사」에서 드러난 예술성과 기업성의 변증법, 다시 그와 중첩된 조선영화와 국민영화의 변증법을 주장한 제3장은 임화의 새로운 과거에의 모색이 결국 "'아시아 영화'라는 정치적, 문화적 지평 속에서 조선영화를 설명하는 것"으로 좌표를 이동하게 되고, 이에 따라 "이 특수한 (조선영화의 예술적) 성격은 '내선일체'라고 하는 '현재'에 의해 극복된 혹은 극복되어야 할 '과거'로서 자리매김"(149쪽)된다고 정리한다. 『임화의 영화』의 마지막 장에 해당하는 제4장 「조선영화의 존재론」은 임화가 "어떤 시대정신을 발견하려고 하기보다 영화 자체의 존재론에 답할 수 있는 창조적 정신을 찾는 것에 더 집중했다"(198쪽)고 하면서도, 이내 "조선영화를 '예술'적 성격이라는 프리즘을 통해 설명해 보려던 담론은 미처 개진되기도 전에 전시 하 통제 시스템의 도입으로 급격히 사그라진다"(195쪽)고 결론짓는다.

요약하면 이는 제약과 도전, 다시 그 실패의 서사다. ―제약에도

'불구하고' 임화는 자신만의 영화론으로 여기에 도전했고, 그 도전에도 '불구하고' 그의 영화론은 끊임없이 일본 제국의 좌표 공간 속으로 재영토화된다. 결국 여기에서 재확인되는 것은 자본주의적 사실과 제국의 시각성의 정치학의 위력이다. 단순화의 위험을 무릅쓰자면, 『임화의 영화』는 '임화의 영화'를 추적하는 한편, 그것이 '제국 일본의 조선영화'로 귀결될 수밖에 없었음을 재확인하고 있는 것이다. 즉, 조선영화는 유동하고 있었다. 그러나 우리가 질문해야 할 것은 이것이다—어디로?

유동성과 그 방향만을 논의의 중심에 둘 때, 우리가 결국 확인하게 되는 것은 주어진 역사적 결과다. 임화가 당대에 필사적으로 모색했던 조선영화는 후대 역사가들에게 알려진 이 역사의 소용돌이 속에 휘말려 사라지고 마는 것이다. 우리가 모든 것을 빨아들이는 역사의 사실로부터 벗어나고자 한다면, 조선영화가 어디로 유동하고 있는가의 문제로부터, 조선영화를 재정의하고 재정위하는 주어 / 주체가 누구인가 하는 문제로 질문을 바꾸어 볼 필요가 있다. 이를테면 『임화의 영화』 제2장은 1934년 이전과 이후의 조선영화 범주의 "이행"을 다룸에 있어 당대에 조선영화에 관한 문제의식들이 "처음으로" 제시되었음을 반복하여 강조한다. 『임화의 영화』에 따르면 이 시기가 이행기였던 만큼 "조선영화사에서 처음으로 (…중략…) '조선적인 것'에 대한 모색"이 있었고(77쪽) "조선영화사상 처음으로 (…중략…) '예술성'이라는 문제"가 제기되었고(82쪽), "기업화 논의가 조선영화사상 처음으로 체계적인 시스템을 갖추는 문제"로 대두되었다(83쪽). 그렇다면 이 처음들은 무엇의 처음인가? 『임화의 영화』 제2장에 등장하는 조선 영화인들이 "처음으로" 모색한 것은 백문임이 요약하고 있듯, "하나는 '국가'라는 범주와 조선영화의 관계를 재정위하는 것이고, 다른 하나는 확장된 국가의 시장에서 유통

될 수 있는 상품으로서의 가치를 확보하는 문제"(74쪽)였다. 이 모든 "처음"이 생성된 조건으로는 임화가 도쿄에서 돌아와 마주한 "자본주의적 사실"과 이 사실에 수반했던 국가 범주가 있었던 것이다. 식민지 조선의 영화인들은 이와 같은 정치 경제학적 조건에 화답하고 있었고, 제국이 조선영화를 일본영화의 부분 집합으로 (의도치 않게) 수용함으로써 눈앞에 열어 준 시장으로 기꺼이 뛰어들고자 했던 열망을 노골적으로 드러낸다. 이에 따르면 식민지의 영화인들의 조선영화, "처음으로" 타자와의 관계 속에서 조명된 조선영화는 기실 일본 제국의 조선영화이다. 다음 절에서 보다 자세히 보겠지만, 『임화의 영화』 제2장이 "일본의 전시戰時 광역권론, 조선총독부의 조선 특수 사정론, 조선인들의 조선영화 특수성론, 그리고 임화의 예술성론과 고전론"이라는 벡터 속에서 고안된 조선영화가 "공식적인 영화사" 속으로 미끄러져 들어가는 과정으로 설명할 때 이는 보다 분명해진다. 조선영화가 유동하고 있었으되 그 유동의 움직임이 제국의 물결에 따르는 방향으로만 설정되어 있다면, 유동성에 관한 주장만으로 조선영화, 특히 식민 말기의 조선영화의 다른 가능성에 대해서 우리는 과연 무엇을 말할 수 있을까?

3. 임화의 저자성, (가)주어로서 임화

이 지점에서 다시 '영화론의 주어 / 주체로서 임화'라는 문제를 물어보자. 이는 임화를 실험대상으로 삼아 조선영화의 주어 / 주체로 우리가 식민지인의 주체성을 어디까지 길어 올릴 수 있는가의 문제와도 연루되어 있다. 즉 임화의 영화론은 어디까지 임화의 것인가? 임화의 영화론에 있어 임화의 주어성 / 주체성은 어느 정도 인정될 수 있는가?

나는 『임화의 영화』에서 임화가 주어이되 안타깝게도 가주어의 자리로 후퇴하는 몇 장면을 확인한다. 우선은 임화가 여타 논자들과의 동일성과 차이 속에서 파악되는 과정에서 식민지기 조선영화 담론의 전체상을 구축하는 일부로서 배치될 때이다. 특히 이는 동일성을 드러내는 부분에서 더욱 눈에 띄는데, 이를테면 영화 〈메트로폴리스〉에 관해 임화가 내용상의 반동성과 형식상의 전위성을 기계적으로 분리해 평가했던 것은, 백문임 역시 주장하듯이, 남궁옥 등의 다른 평자로부터도 발견할 수 있는 것이었다. 혹은, 예술성을 기업화와 짝을 이루어 논의했던 사람은 임화 외에도 김태진, 주영섭, 나웅 등의 인물이 있다. 이들은 기업적으로 빈약한 조선영화계가 "영화인들의 정열을 통해 극복"하는 "자각"이나 "주체적 정신"을 강조했던 것이다(85쪽). 혹은, 백문임은 이렇게 쓴다—"임화가 '조선영화'의 개념이란 고정된 것이 아니라 "만들어 나가는 것"이라고 주장했듯, 어쩌면 당시 조선 영화인들은 고정된 정체성에 '조선영화'를 정박시키기보다 끊임없이 그 내포와 외연을 유동시키면서 '조선영화'의 자리를 생산해 나갔는지도 모른다"(98쪽) 여기서 임화는 어떠한 차이나 동일성을 넘는 고유명으로서가 아니라 식민지기 조선영화론의 메타포로 등장한다.

임화를 이런 식으로 조선영화사 재고의 준거점으로 삼는 방법의 장점은 명확하다. 백문임은 임화의 영화론이 지닌 비평적 성격, 즉 현 정세에의 명확한 개입 의식 때문에, 각각을 "그 자체만으로 이해하기보다는 당대의 상황과 다른 논자들의 글들을 포함한 맥락 속에서 읽어야 그 좌표와 의미가 파악"된다고 지적하고, "각 글이 어떤 맥락에 개입하고자 고안되고 쓰인 것인지, 누구에게 말을 걸고 있는 것인지"를 질문

삼아 임화를 읽어야 한다고 주장한다(5쪽). 임화가 각각의 평론을 제출했던 매우 구체적인 개입 지점에 서서 조망할 때, 비로소 임화의 영화론이 지니는 의미가 보다 분명해진다는 것이다. 거꾸로 이는 조선영화가 처해있는 복수複數의 좌표 사이의 길항 관계를 이해함에 있어서 임화만큼 중요한 시좌를 제공하는 인물도 없음을 의미한다. 임화의 영화론을 독립된 텍스트로서가 아니라 맥락과의 관계 속에서 읽는다면, 우리는 당대의 중요한 논점들과 그것을 둘러싼 담론과 개념으로서 '조선영화'의 문제를 새로이 파악할 수 있을 터이기 때문이다. 더욱이 백문임이 주장하는바, 임화는 특수성과 보편성의 긴장 / 공모, 예술성과 기업성의 변증법적 관계, 조선영화의 예술로서의 존재론 등의 그 자신만의 독특한 비전을 가지고 "만들어 나가는" 것으로서 조선영화의 문제를 제기하고 있었으므로, 임화의 영화론만큼 조선영화의 개념적 유동성과 담론적 복잡성을 가장 적극적으로 체현하고 있는 것도 없었다는 것이다.

그렇다면 임화는 어떻게 조선영화론의 메타포가 되었는가? 이는 임화가 「소사」의 저자가 되었다가 저자로서의 이름을 박탈당하는 것과도 관련이 있다. 백문임은 이 과정을 "임화의 저자화"로 개념화함으로써 하나의 설명을 전개한다. 흥미롭게도 백문임은 저자화라는 개념의 괄호 속에 영어로 "author-ization"이라 쓴다. 이는 '위임', '승인'이라는 1차 의미를 지닌 authorization과 그 속에 어원적으로 내포된 '저자-로 삼다'는 것을 동시적으로 의미화함으로써, 저자로서의 임화가 공식성마저 부여받았음을 드러낸다. 백문임의 질문은 이것이다. 「소사」의 저자가 된 것이 어째서 조선영화령 시행에 따라 조직된 조선영화인협회의 회장이자 해방 후 『한국영화측면비사』도 썼던 안종화가 아니라, 영화계 언저리에서 스스로를 "국외자"로 불렀던 임화였던가?

백문임은 "조선을 대표하는 문학이론가이자 '문화계 인사'로서 임화의 위상"(100쪽)이 조선영화의 예술적 지위 확보라는 과제 속에서 임화에게 저자로서의 권위authority를 부여함에 있어 결정적 요인으로 작용했을 것이라 추정한다.

하지만 저자-화, 즉 author-ization의 문제에는 "임화는 어떻게 조선영화사상 첫 "공식적인 영화사"의 저자가 되었는가"보다 더 시급한 질문이 연루되어 있다 — 즉, 누가 임화를 "공식적인 영화사"의 저자로 승인했는가authorize? 이 질문은 다시 "누가 임화의 저자성을 박탈했는가" 하는 질문과도 관계가 있다. 백문임의 기술상에서 임화의 「소사」가 "공식적인 영화사"로 구축되는 과정은 기실 임화의 저자성을 삭제해 가는 방식으로 이루어지고 있었기 때문이다. 백문임은 「소사」를 단일한 완결된 텍스트로서가 아닌 문헌학적으로 여러 판본이 변용 및 경합하는 텍스트로 이해하는데, 그 기원이 조선영화에 관한 첫 공통 기억을 생산한 1938년 조선일보사 영화제에서 발생한 것이라 주장한다. 「소사」의 원안으로는 『삼천리』 1940년 5월호에 「조선문화와 산업 지상 박람회」의 일환으로 실린 「영화 편 – 조선영화발달사」(이하 「발달사」)를 지목한다. 「발달사」에는 임화의 저자명이 명시되어 있지 않지만, 1년 뒤 이와 상당 부분이 유사한 「소사」가 『삼천리』 1941년 6월호에 임화의 저자명이 명시되며 공개된다. 이것이 "공식적 영화사"로 지목되는 것은 결정적으로 이치카와 사이市川彩가 편찬한 『아시아 영화의 창조와 건설アジアの映畫の創造及建設』(1941.11)에 실린 「조선영화사업발달사朝鮮映畫事業發達史」(이하 「사업발달사」)가 서두와 마지막 부분의 서술상의 결정적인 차이를 제외하면 상당 부분이 「소사」와 거의 일치하기 때문이다. 이와 같은 문헌학적 추적에 기반하여 백문임은 「발달사」를 「소사」의 원안으로 간주하는 한편, 「사업발달사」가 「소사」를 수정하여 "재수록"한 것으로 추정한다.[6] 이 추정에 기반하여 백문임은 "이치카와 사이의 책이 출간될 즈음 임화가 발표한 「조선영화론」"을 "영화사 서술 관점의 변형에 대한 의도적인 반박"(106쪽)으로 독해하며, 둘 사이의 차이에 주목하며 「소사」로부터 「사업발달사」에 이르는 과정에서 "조선영화가 어떤 좌표로 이동"했는가를 탐구한다. 두 문서의 마무리 부분을 살펴보면, 「소사」에서는 임화가 "주위의 제 사정이 여하간에 자기의 예술적 성격의 획득과 기업화의 길은 의연히 조선영화 금후의 운명을 결정하는 것이리라"고 지적하며 예술성과 기업성을 일종의 동시적 과제로서 제기하고 있는 반면,[7] 「사업발달사」는 내선 합작 영화 〈그대와 나君と僕〉(1941)의 사례를 들어 "반도 영화계의 내선인사 교류를 진작"시킨 것에 오히려 큰 의미를 부여하고 있다. 백문임에 따르면 「사업발달사」는 "임화의 「소사」를 수록하면서 조선영화의 제작 전사前史를 서양영화 및 서양인의 영향력으로부터 자립하는 과정으로 대체하고, 조선영화 제작사의 끝을 〈그대와 나〉라는 국책 영화의 탄생으로 대체하며, 뒤이어 일본 제국 중 조선에서 가장 먼저 시행된 "외국영화" 통제책을 덧붙임으로써, 이치카와 사이의 '아시아 영화' 구도에서 조선영화사는 일본에 의해 구미 제국주의로부터 자립해 온 식민지 영화사로서 의미화된다. 임화가 「소사」에서 서술한 (…중략…) 제작사의 주체를 조선 영화인들(의 "고투")이 아니라 일본 제국의 식민지 정부인 것으로 변형시키게 된다"(110쪽)[8] 결국 임화의

6 문헌학적 추적에 기반한 백문임의 추정은 상당히 설득력을 지니지만, 다른 '추정'의 가능성 역시 여전히 열려 있다. 이를테면 임화가 어떤 다른 필요나 요구로 인해—이는 백문임의 지적처럼 처음부터 『조선신문학사』의 일부로 기획되었을 수도 있다—조선영화사를 쓰게 되었고, 이후에 이치카와 사이가 임화의 글을 자신의 책에 포함시키게 했을 가능성, 즉 「소사」의 생산이 처음부터 총독부나 이치카와 사이로부터 임화에게로 하달된 작업이었던 것이 아니라, 임화의 독립적 생산물이 추후에 '납품'되어 수정된 형태로 『아시아 영화의 창조와 건설』에 수록되었을 가능성 역시 여전히 배제할 수는 없다.

7 임화, 「소사」, 『삼천리』, 1941.6, 205쪽.

조선영화사 기술이 이치카와 사이 등의 식민자들의 시점으로 재전유되어 "'아시아 영화'라는 공간적 좌표로 재정위"되는 과정에서, 임화의 저자성은 「사업발달사」에 이르러 소거되어 가고 있었음이 확실해진다.

이에 따르면 임화는 이치카와 사이 등의 '아시아 영화' 프로젝트에 공명하고 있던 총독부와의 모종의 관계 속에서 주어 / 주체로서 사상 첫 공식적 영화사를 기술할 자격을 부여받는데, 이는 다시 그 주어성 / 주체성을 부여했던 당사자들의 필요에 의해 간단하게 박탈된다. 그렇다면 "공식적"이라는 수식어를 "조선의 관객과 영화인들, 임화, 그리고 조선총독부가 이 영화사의 생산에 일종의 공동 저자로서 작인作因이 되었다는 의미"(88쪽)로 쓴다고 해도, 그 공식성의 확증은 조선총독부 혹은 일본의 영화 산업 연구자의 권위를 통해서만 가능한 것이다.

이는 이 "공식적인 영화사"가 해방 후에도 지속적으로 가졌던 영향력에서도 확인된다. 이치카와 사이의 책에 수록된 「사업발달사」(임화의 「소사」가 아니라!)는 유현목은 물론이요 1969년 영화진흥공사의 지원하에 기술된 이영일의 『한국영화전사』에도 주요 참고문헌으로 인용된다. 문제는 바로 이 지점이다. 처음에 백문임은 「소사」가 조선영화 범주가 재정의되고 재발견되는 이행기를 거쳐 여러 벡터들이 작용하는 가운데에서 조선영화사상 처음으로 "공식적인 영화사"로서 생산된 것이라고 주장하며 이 영화사의 (적어도) 두 판본 사이에 기입된 차이를 발견하고자 했다. 그런데 "최초의 '공식적인' 조선영화사로서 임화의 「소사」를 지목"(66쪽)했던 백문임은 종반부에 이르면 유현목과 이영일

8 백문임은 초반에 "『아시아 영화의 창조와 건설』에 조선영화의 저자는 이치카와 사이도, 조선의 영화인들도, 임화도 아닌 "조선총독부"로 기록되어 있다"(68쪽)고 지적하는데, 실제 원문에서는 참고서 목록으로 「조선총독부 자료(1939년, 1940년도)」가 제시되어 있는 것 외에 조선총독부가 이 문서 작성에 관여한 부분은 분명히 드러나지는 않는다. 이는 총독부가 임화의 영화사 서술 작업에 관여했을 것이라는 추정을 일종의 단정으로 바꾸어 버리는 서술로, 저자의 구체적인 인용과 해명이 필요하리라 본다.

이 이치카와 사이를 인용한 사정을 두고서 "『아시아 영화의 창조와 건설』에 수록된 「조선영화사업발달사」가 식민지 조선영화를 집대성한 최초의 '공식적인' 영화사로 간주되었기 때문"(120쪽)이라고 주장하며 「소사」와 「사업발달사」를 겹쳐 놓는다. 이에 따라 「소사」는 「사업발달사」와 대결하는 다른 역사관을 지닌 것으로서가 아니라 아시아 영화라는 이치카와 사이의 (그리고 제국의 영화인들의) 구상으로 이어지는 과정 중에 놓인 하나의 징검다리로 후퇴된다. 「소사」에서의 임화의 저자성이 총독부와 이치카와 사이에 의해 부여되었다가 박탈되었듯이, 임화의 「소사」 자체도 "공식성"으로 달려가는 하나의 흐름 속에 환수되어 버린다. 결국 임화는 이 공식적 영화사의 주어로 배치되었으되, 기실 그는 가주어에 불과했던 셈이다.

4. 비교의 유령으로서 이와사키 아키라

물론 『임화의 영화』가 영화론의 주어 / 주체로서 임화의 자리를 조선영화 담론의 진제성이나 총독부 등의 식민 권력에게 기꺼이 내주고 있는 것은 아니다. 이어지는 제3장과 제4장에서 백문임은 예술성과 기업성의 변증법을 중심으로 임화 고유의 문제의식과 전망을 해명한다. 문제는 임화의 글이 구구절절 설명하지 않는다는 점이다. 이를테면 「조선영화론」(1942.6)에서 임화는 조선영화가 "〈집 없는 천사〉를 중심으로 한 물의나 〈그대와 나〉의 발표를 통하여 학득한 많은 교훈"을 체득하지 못한 것을 한탄하고 있으나, 두 영화가 가져온 효과나 전망에 대해서는 굳이 설명하지 않는다. 이는 이론적 층위의 논의에서 보다 심각하게 드러나는데, 예술성, 기업성, 리얼리즘, 사진적 사실적 묘사 등, 그가 동원하는 대부분의 개념들은 조선영화에 관한 비평문 자체에서는 해명되지 않는다. 임화는 현하의 시급한 정세에 개입해야한다는 뚜렷한 목적의식 하에, 그가 소구하는 독자들은 구구한 사정쯤은 이미 알고 있을 것이라고 가정하고 쓴다. 그렇기에 백문임의 지적처럼 그가 뛰어든 맥락에 대해 이해하는 것이 중요하고, 그만큼 중요한 것이 바로 그가 설명하지 않는 것을 설명하는 것이다.

이 과정에서 일본의 저명한 영화평론가 이와사키 아키라岩崎昶가 제2장을 제외한 나머지 세 장에서 임화의 영화론 분석의 결정적 국면마다 소환된다. 문제는 이와사키가 소환되는 방식이다. 그는 임화의 영화론의 고유한 지점들을 발견하기 위해 대질 심문자로서 등장하는 것이 아니라 그저 임화가 설명하지 않고 비워 둔 행간을 보충하는 이론가로서 동원된다. 물론 여러 가지 면에서 임화와 이와사키 아키라의 비교는 가능해 보인다. 우선 임화가 카프의 방향 전환을 주도했던 인물이었던 한편, 이와사키 아키라는 '일본 프롤레타리아 영화동맹(프로키노)'을 주도적으로 조직했던 대표적인 공산주의 영화평론가였다. 또한 식민 말기의 임화가 조선영화령 국면에 대하여 일정한 개입을 시도하며 제국 일본의 지도 안에 환수되지 않는 영화를 상상하려 했던 것과 마찬가지로, 이와사키 아키라 역시 영화법을 강력하게 비판하여 징벌적 구금에 이르기도 했다. 식민 말기에 임화가 고려영화사의 촉탁으로 일하며 시나리오 작업과 영화 기획에 참여했던 것처럼, 이와사키 아키라는 만주영화협회의 촉탁으로 근무하며 〈복지만리〉의 만선 합작에 도움을 주기도 했다. 해방 후의 임화가 좌익 문화 운동을 재건하고자 노력했다면, 패전 후 일본의 이와사키는 1948년 도호 쟁의 이후

퇴사한 이마이 다다시, 가메이 후미오, 야마모토 사츠오 등 진보파 영화인들과 함께 독립 프로덕션을 세웠다.

비록 이와사키 아키라와 임화의 유사한 행적이 직관적으로 둘의 비교를 가능하게 하기는 하지만, 여기에 식민지적 굴절이 있음을 간과하기는 어렵다. 백문임은 반복적으로 임화의 무슨 무슨 주장은 이와사키 아키라의 어떤 주장을 "연상시킨다"고 하는데, 이와 같은 연상 작용은 베네딕트 앤더슨이 제기한 비교의 유령들이라는 문제와 무관치 않다.[9] 베네딕트 앤더슨은 필리핀의 소설가 호세 리잘이 그의 소설 『나를 만지지 마라』에서 마닐라의 정원들이 유럽의 자매 정원들의 이미지와 중첩되는 장면으로부터 "비교들의 유령"이라는 개념을 도출한다.[10] 말하자면, 식민지의 현실에 이중 인화된 식민자들의 이미지가 끊임없이 비서구 지식인들의 주변을 유령처럼 배회하며 그들의 인식 체계에 참조 틀로서 기능한다는 것이다. 『임화의 영화』에서 이와사키 아키라는 임화가 문제를 제기할 때마다 하나의 유령처럼 반복 출몰하고 있다.

먼저 임화의 프롤레타리아 영화론을 다룬 제1장에서는 임화를 비롯한 조선의 프로 영화인들이 미국 영화를 중심으로 한 자본의 영화 비판의 근거로서 이와사키 아키라의 『영화와 자본주의映畵と資本主義』가 등장한다. 임화가 1920년대 말에 소비에트 영화가 식민지 조선에서 상영되지 못하던 상황 하에서 유럽영화, 그중에서도 독일영화를 경유해서 프롤레타리아 영화의 규범을 상상해야했던 조건을 분석할 때에도, 독일영화에 관한 이와사키 아키라의 평가가 하나의 힌트로 소환된다. 이 부분에서 백문임은 이와사키 아키라를 먼저 내세운 뒤 임화가

9 Benedict Anderson, *The Spectre of Comparisons : Nationalism, Southeast Asia and the World*, London : Verso, 1998.

10 호세 리잘의 소설 『나를 만지지 마라』는 최근 한국어로도 번역되었다.

그 주장에 공명하고 있었다는 식으로 논지를 전개하는데, 이는 자칫 임화와 이와사키의 일방향적인 영향 관계를 논하는 것처럼 비춰질 수 있다. 하지만 이와사키 아키라가 프로키노를 결성함에 있어서 가장 결정적이었던 이론적 문건인 「선전 선동 수단으로서의 영화宣傳扇動手段としての映畫」를 제출한 것이 1929년 3월과 4월이었고, 이 글을 포함하여 프로키노의 기관지인 『신흥영화新興映画』, 『프롤레타리아 영화プロレタリア映画』에 수록된 논문을 모아 『영화와 자본주의』로 출간한 것이 1931년이었던 한편, 제1장 초반부의 분석 대상이 된 임화의 「최근 세계 영화의 동향」이 『조선지광』에 수록된 것은 1929년 2월이었다. 물론 나는 임화가 이와사키에 선행했다고 주장하려는 것이 아니다. 다만 백문임이 지적했듯 프롤레타리아 영화로서 조선영화라는 1920년대 말 임화의 비전이 "사회주의와 영화라는 것이 (…중략…) 동시성, 나아가 혁명이라는 미래를 구현하는 것"(43쪽)이었다면, 임화를 비롯한 식민지 조선의 프로 영화인들이 나운규 등의 영화를 비판하며 프롤레타리아 영화 비평의 장을 열었던 장면만으로도 그들의 미국영화에 대한 비판적 태도 및 소비에트영화에 대한 열망은 충분히 드러난다. "임화 등 조선의 프로 영화인들이 "대자본의 영화"인 미국영화를 비판 및 극복의 대상으로 여겼다는 점"(22쪽)을 이해함에 있어 굳이 이와사키 아키라가 필요했는지에 대해서는 의문의 여지가 있다.

제1장에서는 이와사키의 이름이 다소간 기계적으로 호출되었다면, 임화의 예술성-기업성 문제를 다룬 제3장과 제4장에서는 이와사키가 보다 적극적으로 임화의 조선영화(사)의 이론화 과정에 개입하고 있다. 백문임은 여기서 기업성과 예술성의 변증법적 구조를 지적하며 임화의 조선영화론을 설명한다. 그런데 임화가 예술성과 기업성을 1940년대 조선영화의 동시적 과제로 이해했던 것은, 이와사키 역시 장 앱스탱의

삼쌍둥이 비유를 인용하며 두 가지가 "숙명적 이율배반"을 지니고 있다고 주장한 것을 "연상시킨다"(126쪽) 이는 한편으로는 임화가 「조선영화론」에서 주장했던 변증법의 역사성을 시사한다. 그런데 이미 임화가 1929년에 엄밀하지는 않더라도 영화가 예술과 기업의 이중성을 띠고 있다는 것을 지적했다는 점을 상기할 때 이 역사성은 식민 본국의 영화이론가를 경유하지 않더라도 이미 확인되는 것이다. 「최근 세계 영화의 동향」에서 임화는 이렇게 쓴다. "영화라는 이름한 예술은 우리가 안전에 보는 것과 같이 그 표현 수단이 다른 모든 예술 같이 단순하지 않으며 따라서 그것은 근대 사회의 기계문명의 발달에 의거하여 생산된 그만치 그것은 완전히 한 개의 산업으로 자본가 기업가의 손을 거치지 않으면 아니 되게 되었다"[11] 반복하자면 임화가 예술성과 기업성의 변증법을 강조하고자 했다면, 그것은 특별히 호출된 어느 일본 영화 이론가로부터 설명 가능한 것이라기보다는 이미 전지구적으로 공유되던 논리였다. 더욱이 이와사키가 예술과 기업의 이율성을 논하기 위해 동원한 인물이 오늘날 인상주의 영화이론가로 평가되는 장 앱스탱이었다는 점을 고려한다면, 이와사키와 임화가 마르크스주의적 관점을 가졌던 것과는 무관하게 이것이 당대에 통용되는 관점이었던 것 역시 알 수 있다.

이러한 이율성에 기반하여 이와사키와 임화 둘 모두 각각 내지의 영화법과 조선영화령에 대해 비판적 자세를 취한다. 이를테면 이와사키 아키라는 "영화라는 기업에서는, 그것이 예술을 대상으로 하고 있는 한에 있어서 예술가의 창조적 자유의 활약의 여지와 그 범위가 결정적인 중요성을 갖고 있는 것이다"라고 지적하며, "영화에 있어서 통제는 다른 산업에 있어서 그것과는 당연 다르지 않으면 안 된다"고 일갈한다.[12]

11 임화, 「最近 世界映畵의 動向」, 『조선지광』 83, 1929.2, 76쪽.

12 岩崎昶, 「映畵の転機」, 『映畵と現實』, 春陽堂, 1939, pp.13~14; 백문임, 176쪽 재인용.

여기서 백문임은 둘 사이의 차이점을 지적하며 "이와사키 아키라가 일본영화법의 모델인 독일의 경우까지 아울러 그 "통제"적 성격을 비판하며 영화의 '차별성'을 내세웠다면, 임화는 정치적 통제에 대한 언급을 배제하고 영화와 여타 예술 부문과의 '동일성'을 주장하는 방식으로 말하고 있는 것이다"(177쪽)라고 한다. 이는 곧 이와사키가 직설법으로 말했던 반면 임화는 간접법으로 말하고 있었던 것으로 해석된다. 그러나 둘은 그저 화법이 달랐을 뿐인가? 이렇게 결론짓는다면 간접법으로 말한 임화가 "영화법에 비판적으로 반응"(177쪽)하고 있었음을 강조하기 위해 다시금 일본 이론가의 권위에 기댄 것에 다름 아닐 것이다.

사실 둘 사이의 결정적 차이는 영화의 차별성과 동일성을 주장했다는 그 자체에 있다기보다는, 각각 영화가 무엇과 다르고 무엇과 같은가를 논하는 방점의 차이에 있다. 이와사키의 영화법 비판은 영화의 통제가 다른 '산업'과 다른 방식으로 이루어져야 한다고 주장하고 있었던 반면, 임화는 영화가 다른 '예술' 부문과 동일하게 취급되어야 한다고 주장하고 있었다. 이는 두 사람이 누구를 향해 발언하고 있는가와도 무관치 않다. 백문임이 "직설법"이라고 지적했듯 이와사키는 산업 입법인가 문화 입법인가에 관해 혼동이 있었던 영화법을 논하며 당국의 시책에 비판적 자세를 취하지만, 임화의 「조선영화론」은 조선영화가 여타 예술 부문처럼 예술성을 궁구해야 한다고 주장하며 조선 영화인의 창조적 정신에 호소하고 있다. 이와사키 아키라와 임화가 논의를 출발시키는 현 정세에 대한 판단은 처음부터 달랐다. 이와사키는 "성장의 에네르기를 풍부하게 갖고 있는" 일본영화가 "장래 가장 넓고 높은 의미의 국제성에 도달하여 해외 시장을 개척"해야 하는 상황에 대한 관찰로부터 영화가 여타 산업과는 다른 방식으로 확장된 시장에 대응해야 한다고 주장했다. 한편 임화는 "영화를 특수화하려는 편견",

"전환의 사실상의 중심이 기업 조직의 탄생을 둘러싸고 운행"되고 있던 당대의 기업화론에 개입하고자 했던 것이다. 말하자면 이와사키가 영화법에 내포된 관료적 통제가 오히려 일본영화의 발전에 장애물이 될 것이라고 판단하고 산업적 통제로부터 영화를 분리시켜야 한다고 '제국 정부를 향해' 주장했던 한편[13] 임화는 기업이자 예술인 영화가 지나치게 기업의 문제로 정향되고 있는 상황을 벗어나자고 '조선의 영화인들에게' 강조하고 있었던 것이다.

임화와 이와사키의 '비교'는 일차적으로는 두 사람이 공유하는 사상적 유사성에 기인하는 것이기는 하다. 하지만 둘을 기계적으로 병렬해 두기엔 이와사키 아키라로 대변되는 식민 본국의 좌익 영화인과 식민지적 조건 하에 놓여 있던 임화의 관계가 처음부터 비대칭적이었다는 점을 간과할 수 없다. 『임화의 영화』에서 주장된바, 임화는 간접 화법을 구사하고 있었다. 이는 충분히 지적되었듯 임화가 처한 식민지적 조건 때문이었을 것이다. 어떤 사정에서건 임화는, 감히, 영화법이 틀렸다고 직접 말하지 않는다. 하지만 지금까지 논한 것처럼, 임화와 이와사키는 처음부터 소구 대상이 다르기도 했다. 무엇보다 식민지적 조건에서 간접 화법을 구사하고 있던 임화를 직접 화법을 구사할 수 있었던 이와사키의 입을 통해서 설명하는 것은 자칫 임화를 또 한 번 영화론의 주어가 아닌 가주어로 밀어내는 효과를 낳을 수 있다. 말하자면, 『임화의 영화』에서 '임화의 영화'는 이와사키 아키라라는 '비교의 유령'에 쫓기고 있는 것이다.

13 그가 이 발언으로 구금당하게 된 것은 바로 그의 대화 상대였던 제국 정부의 반응이라고도 할 수 있다.

5. 예술성-기업성의 변증법과 조선영화의 고유성

다시 문제는 '임화의 영화'란 무엇인가이다. 앞서 언급했듯 백문임은 이를 기업성과 예술성의 변증법 속에서 찾는다. 그리고 이 변증법이 다시 국민영화와 조선영화의 변증법 — 즉 보편과 특수의 변증법 — 과 중첩되어 있다고 주장한다. 즉 1930년대 중반 이후 본격화된 기업화에 관한 논의가 국민영화라는 제국 일본의 대동아 영화권 구상 속에서 점차 영화 황민화의 길로 흡수되어 가는 상황 속에서, 임화는 안티테제로서 예술성을, 그리고 국민영화의 특수한 계기로서 조선영화를 제시하고 "일로부터 만들어 나갈" 영화가 변증법적으로 도출되어야 한다고 주장했다는 것이다. 그런데 임화가 기업성과 예술성의 변증법을 주장했다고 해서 그가 기업화 논의 자체를 온전히 승인하고 있었던 것은 아니었다. 백문임이 적확하게 지적하고 있듯, "'예술성과 기업성'이란 1930년대 후반 이후 조선영화 담론의 핵심을 포착한 것으로, 기업화가 확립되어야 예술이 가능하다는 주장을 돌파하는 논리로 마련된 것이다."(149쪽) 임화는 교조적으로 자신의 이론을 강변하고 있었던 것이 아니라, 당대의 상황에 개입하기 위해 막대를 구부려 가며 조선의 영화인들을 설득하고자 했던 것이다. 그러므로 임화는 예술성을 "1940년대 초반이라는 특정 국면에서 국민영화의 문제가 일반화되는 것에 대해 조선영화의 특수성이라는 대립적 계기들을 강조할 수 있는 매개 개념"(131쪽)으로서 제시한다.

그런데 예술성이 매개하는 조선영화를 『임화의 영화』에서처럼 '국민영화'와의 관계에서 읽기 전에 기업성과의 변증법적 관계에 아직 짚고 넘어가야 할 문제가 있다. 바로 기업성과 예술성 자체가 역사적인 개념이라는 것이다. 즉 두 개념이 변증법적 관계에 놓여 있다면 두 개념은 물론 그 관계 역시 역사적 국면에 따라 끊임없이 달라질 것이다. 영화의 기업성 X는 영화의 예술성 Y라는 안티테제로 인해 X′가 되고, 이는 다시 Y′를 산출한다. 조선영화의 예술성과 기업성은 상승 나선을 거쳐서 '영화'를 향해 나아가는 것이다. 조선영화령을 전후한 시기의 기업성이 백문임의 주장처럼 정치를 포괄하고 있었다면, 이에 대응하는 예술성이란 그것에 기반하여 혹은 그것에 대항하여 구축되는 조선영화의 또 다른 성격을 나타낸다. 마찬가지로 조선영화령 이전의 조선영화의 기업성 역시 다른 형태로 존재하고 있었고, 그에 대응하여 조선영화의 예술성 역시 발견될 수 있을 것이다. 이렇게 본다면 여기서의 기업성과 예술성이란 일종의 '영화'의 토대와 상부구조로도 번역할 수 있을 터, 임화에게 있어서 예술성은 기업적 조건으로부터 일방적으로 결정되기만 하는 것이 아니라 오히려 토대를 재고하는 계기로서 작용하게 되는 것이다. 말하자면 기업성과 예술성의 변증법이란 토대와 상부구조의 변증법, 그것도 토대와 상부구조의 전도된 관계 속에서 출발하는 변증법을 일컫는다. 임화가 「조선영화론」을 썼던 1941~1942년 시점에 특정한 산업적 정치적 측면이 '기업성'이라는 이름으로 하나의 토대로서 제시되고 있었다면, 임화는 이 토대에 대한 성찰을 위해서는 목하의 예술적 성취가 앞으로 어떠한 토대를 필요로 하는가를 고구해야 한다고 주장하고 있었던 것이다.

여기서 중요한 것은 임화가 단순히 현재를 이야기하고 있지 않다는 점이다. 임화는 현재를 구하기 위해 끊임없이 '과거'로 시선을 돌린다. 그리고 조선영화가 기존에 성취한 예술성의 토대를 성찰한다. 그가 "병약한 자의 생리"로 표현한 것이 바로 그것이다.

> 그러나 먼저도 말한 것처럼 이것(조선영화가 일본이나 할리우드와 같은 우수한 작품을 생산하지 못하는 것—인용자 주)은 조금도 비난의 대상이 되지는 아니한다. 왜 그러냐 하면, 건장한 사람의 살아가는 생리가 있듯 병약한 사람의 살아가는 생리가 또한 스스로 고유하기 때문이다.[14]

임화는 조선영화의 무력함을 병약한 자의 생리에 비유한다. 백문임의 지적처럼 이는 "노회한 식민지 이론가의 단면"을 보여 주는 것이고, 또한 "국영회사 설립과 파국을 향해 치닫는 전쟁 상황에서 제출될 수 있는 어떤 논리의 정점"이기도 하다(18쪽). 강조되어야 할 것은 병약한 자의 생리와 건강한 자의 생리의 비교를 통해서 임화가 말하고자 하는 것은 전자를 후자로 개선시키기 위한 만병통치약의 긴요함이 아니라, 병약한 자가 자기 삶을 유지하기 위한 "고유한" 생리라는 점이다. 물론 임화는 여기에는 "다분히 자위의 의미가 들어 있음을 부정할 수 없다"며, "병약한 사람이란 건장하게 됨으로써 비로소 병약한 중의 생활이란 현실적으로 가치일 수 있기 때문이다"라고 덧붙인다. 그러나 임화는 바로 이어진 문단에서 병약한 조선영화의 생리가 개선되는 것, 즉 "현하의 부진과 침체에 관한 여러 가지의 구체적인 이유"를 "실은 비속한 견해"라고 일갈하며 거기로부터 거리를 두어야 한다고 역설한다. 이중 부정의 간접 화법으로 임화가 조심스럽게 주장하는 것은 즉, 기업화가 조선영화를 건강하게 만드는 것도 아닐 뿐더러, 조선영화가 건장한 산업의 생리를 지향하는 것 역시 당연한 목표로 여겨서는 안 된다는 것이다. 병약한 자의 생리를 기업화 논의 이전의 조선영화의 토대라고 한다면, 그것이야말로 "조선영화의 성격을 어느 정도로 독자화

14 임화, 「朝鮮映畵論」 下, 『매일신보』, 1942.6.30. 2면(조간).

하여 가까운 예만 하더라도 일본영화보다 훨씬 이질적인 물건을 만들" 조건이다.[15] 따라서 바로 그 토대, 조선영화의 예술성을 일구었던 토대를 다시 돌아보자고, 임화는 제안하고 있었다.

이런 의미에서 임화가 예술성과 기업화의 이중 과제라 부른 것은 백문임의 지적과는 달리 "국민영화라는 일반적 방향 속에서 조선영화의 위치를 지정하는 문제"(149쪽)로 필연적으로 연결되지는 않는다. 이미 당대에 모든 논자들이 그 역할을 수행하고 있었다. 물론 「조선영화론」의 말미에서 임화는 "신회사의 문제"에 기대를 거는 듯한 제스처를 취하지만, 그 순간 "필자는 국외자의 일인"이기에 "다언을 허비치 않"겠다고 한발 물러선 뒤, 곧이어 "조선영화의 예술적 성격의 문제에 관하여는 약간의 용의가 필요하리라고 믿는다"고 앞으로 나선다. 임화가 "신회사의 문제가 이 모든 문제의 원심처럼 보여지는" 상황에 개입하고 있는 것은 사실이지만, 정작 그 문제 자체에 대해서는 발언할 생각이 없어 보인다. 그는 처음부터 조선영화가 국민영화와의 변증법 속에서 만들어져 나간다고 말하려 했던 것이 아니라, 현재 만병통치약처럼 현상하고 있는 기업화 논의의 열병을 멈추자고 제안하며 조선영화의 예술성을 통해 조선영화를 생산하는 토대에 대해 성찰하려 했던 것이다. 이렇게 본다면 임화에게 있어 국민영화는 당대에 역사적으로 특정한 형태의 기업성과 함께 지양되어야 하는 것이었다. "만들어 나가는 것으로서의 조선영화"란 국민영화라는 좌표공간 안에서는 발견될 수 없는, 혹은 그 좌표 안으로는 환수되어서는 안 되는 고유성이었던 것이다.[16]

15 임화, 「朝鮮映畫論」, 『춘추』, 1941.11, 91쪽.

16 임화의 조선영화론들을 통해 본 조선영화의 고유성에 관해서는 다른 지면을 통해서 논하고자 한다. 졸고, 「도래(해야)하는 식민지 조선영화의 고유성－임화의 조선영화론 재고」, 『영화 이론의 감정 어린 시간』, 2015.

6. 나가며—'임화의 영화'

앞서 나는 『임화의 영화』의 서사가 '그럼에도 불구하고'라는 접속사로 연결되어 있다고 지적했다. 그러나 그 접속사를 넘어서기 위한 문제의식이 이미 『임화의 영화』 서두에서 언급되고 있다. 백문임은 다음과 같이 쓴다.

> 임화의 영화에 대해 이야기한다는 것은 어떤 패배의 기록을 더듬는 일인 동시에 그 패배의 도정에 수반된 이론적, 수사학적 고투들을 들춰내는 작업이기도 하다. 식민지 조선에서 "모든 예술 중에서 가장 중요한 예술"인 영화를 두 차례나 포기(해야)했던 사연, 바꿔 말하면 두 차례나 무언가를 시도했던 사연을 건드려야 한다.(14쪽)

임화를 중심에 놓고 식민지 조선영화사를 사유한다는 것은 단순히 그간 충분히 연구되지 못했던 새로운 연구대상을—식민지 조선영화사 기술의 새로운 단어를—발견하는 것에 그치는 일이 아니다. 그것은 시도로부터 실패로 이어지는 문장들을 '그럼에도 불구하고'로 이어왔던 식민지 조선영화사의 문법을 바꾸는 계기가 될 수도 있다. 이런 의미에서 백문임이 패배의 기록을 시도의 기록으로 "바꿔 말하"는 이 장면은 어쩌면 『임화의 영화』를 통틀어 그 문제의식이 가장 빛나는 장면일 것이다. 그리고 이는 태작을 만들었던 역사를 "태작을 만듦으로써, 실패를 거듭함으로써 그들은 조선영화의 성장에 참여했던" 자유의 역사로 도치시킨 임화로부터 배운 지혜일 것이다.[17]

후대의 역사가로서, 즉 과거의 역사가 어떻게 귀결했는가를 이미 알고 있는 우리가 지닌 한계는 '그럼에도 불구하고' 명확하다. 『임화의 영화』가 임화가 "두 차례나 무언가를 시도했던 사연"으로부터 출발한다고 하더라도, 이는 너무나도 확실한 그 결과들 때문에 다시 실패의 서사로부터 벗어나지 못하게 된다. 즉, 우리는 임화를 — 그리고 조선영화를 — 황민화 과정과 전쟁, 해방, 그리고 내전으로 이어지는 어떤 결과들 속에서 배치하기 때문에, 오로지 패배나 실패의 기록으로밖에 귀결시킬 수 없는 것이다. 임화의 시도는 어떤 맥락 속에 배치되었을 때보다는, 주어 / 주체가 되어 어떤 행동을 취했을 때 그것이 실현하고자했던 잠재성들을 드러내게 된다. 『임화의 영화』는 임화를 충실하게 역사화하는 과정에서 — 즉 후대의 역사가로서 우리가 알고 있는 바로 그 역사 속에 배치하는 과정에서 — 의도와 무관하게 시도의 기록으로 바꿔 말했던 것을 다시 패배의 기록으로 되돌려 놓는다.

물론 임화 역시 당대에 어떤 '예감' 속에서 글을 쓰고 있었을 것이다. 그 예감 속에서 임화는 조심스럽게 간접 화법을 취해야 했을 것이고, 또 반대로 시급하게 기업화 국면의 틀 자체를 문제 삼는 대담한 자세를 취할 수도 있었을 것이다. 하지만 그 예감이 당대의 그에게 역사적인 필연은 아니었을지도 모른다. 말하자면, 오늘날 우리가 알고 있는 역사적 귀결들은 당대를 살아가고 있던 사람들에게 있어서는 아직 미래였고, 주지하듯 '임화의 영화'는 아직 잠재성의 영역에 있었다. 임화에게 그것은 미래未來 = 아직 오지 않음의 시간성에 속한 것이었지, 오늘날 우리가 보듯이 단순히 실현되지 못한 또 다른 실패의 항목은 아니었다. 그렇기 때문에 모든 것을 알고 시간 여행을 하는 우리의 시점이 아닌, 임화의 미래들을 보다 적극적으로 사유해야 한다. 말하자면

17 임화, 「朝鮮映畫論」, 『춘추』 1941.11, 89쪽.

'임화의 영화'를 찾는다는 것은 임화의 주어성 / 주체성을 임화의 시간성 속에서 발견하는 것이다.[18] 즉 임화가 우리의 과거, 또 다른 실패의 역사인 것이 아니라, 후대에 임화를 기록하는 우리가 임화가 상정할 수 있었던 여러 가능한 미래 중 하나였을 것이다. 그리고 그런 임화에게 조선영화 역시 미래의 또 다른 잠재성, 분명 도래(해야)할 고유성이었다.

—『사이間SAI』 19, 2015

18 이와 같은 관점은 역사를 우리의 시점에서 과거로 보는 것이 아니라 당대인의 시점으로 "미래 이전(future anteriority)"으로 보자던 타니 발로우(Tani Barlow)의 관점을 취하고 식민지기 모더니스트 작가들에 접근하는 자넷 풀의 문제제기로부터 얻었다. Janet Poole, *When the Future Disappears : The Modernist Imagination in Late Colonial Korea*, New York : Columbia University Press, 2015.

제국의 조선영화를 어떻게 논할 것인가

와타나베 나오키 | 일본 무사시(武蔵)대학 인문학부 교수

백문임, 『임화(林和)의 영화』, 2015

1. 머리말

이 책은 식민지기 프롤레타리아 문학의 시인이자 평론가로서 활약한 임화본명 임인식, 1908~1953?가 남긴 영화와 관련된 글들에 관해 검토한 저작이다. 다다이즘 등 전위예술에서 무산계급예술로 관심을 옮긴 그는 카프 KAPF, 조선 프롤레타리아 예술동맹 가담 이후 몇 차례에 걸친 방향전환을 둘러싼 창작 논쟁에서 주도적인 역할을 했고 스스로도 『우리 오빠와 화로』(1929) 등, 이른바 '단편서사시'라고 불린 이야기시를 많이 발표했다. 임화는 1934년 이른바 신건설사 사건으로 카프 구성원들이 검거됐을 당시 서기장으로서 동맹 해산을 단행했으며, 이후 시집 『현해탄』(1938)과 문학평론집 『문학의 논리』(1940)를 간행하는 한편, 「개설 신문학사」 등으로 조선의 근대문학사 서술을 시도했다. 출판사 학

예사를 운영하면서 당시 지식인들의 지적 영위를 출판하는 장을 만들기도 했던 그는 식민지 조선의 영화에도 깊이 관여한 '영화인'이기도 하였다. 1945년 해방 후 좌익 문인들을 규합해서 조선문학가동맹을 결성했으며, 월북 후인 한국전쟁 당시에는 인민군 종군작가로서 서울에도 온 바가 있는 그는 휴전이 된 1953년 남조선노동당 계열 인사들이 숙청됐을 때 같이 숙청되었다고 한다.[1]

이 책의 목차는 다음과 같다.

임화가 영화론을 발표한 것은 크게 두 시기로 나눠서 볼 수 있다. 첫번째 시기는 1920년대 말 그가 도쿄에 유학가기 전후에 발표한 프롤레타리아 영화에 관한 평론들이다. 이 시기 그는 조선에서 〈유랑〉(1927), 〈혼

1 다만 지금까지 알려진 바로는 임화가 사형을 선고받은 군사법정의 판결 날짜가 1953년 8월 6일로 정확히 언제 처형됐는지는 분명하지 않다. 판결 후에도 몇 가지 사정으로 수년간 수감됐다는 미확인 정보도 있음으로 그의 몰년에는 물음표를 달아 놓았다.

가〉(1929), 〈지하촌〉(1931), 〈최후의 승리〉(1936)까지 네 편의 영화에 배우로 출연한 바 있다.[2] 두 번째 시기는 1940년대 초로 조선영화의 역사를 회고한 「조선영화발달소사」(1941)와 「조선영화론」(1941), 영화 〈복지만리〉(1941)에 대해서 논한 「영화의 극성과 기록성」(1942) 등, 중요한 영화론과 영화평론이 있다. 위의 목차에서도 알 수 있듯이 이 책의 제1장과 두 개의 보론은 프롤레타리아 영화기의 영화론에 관한 검토이며, 제2장 이하와 세 번째 보론이 1940년 전후의 영화론을 검토한 것이다. 세 개의 보론은 독립된 장으로서 본격적으로 논의가 진행되어 있지는 않지만 앞으로 연구가 좀 더 축적되면 보다 심도있는 논의가 기대되는 주제이다. 그리고 마지막의 자료편은 이 책의 또 하나의 중요한 핵심을 이루는 부분으로, 이 책의 본론에서 언급된 글을 포함하여 임화의 영화평론이 18편, 관련 좌담회나 대담이 4편, 영화소설 한 편이 수록되어 있다. 지금까지 임화의 작품 선집은 1980년대 이후 몇 차례 시도된 바 있으나 시집과 문학평론집(1940년에 간행된 『문학의 논리』 등) 수록에 치중되어 있었다. 2009년 이후부터 현재까지 다섯 권이 간행되었으며, 세 권이 추가로 간행될 예정인 임화문학예술전집(소명출판)의 경우 지금까지 출판된 책에는 영화론이 수록되어 있지 않다. 그런 점에서 이 책에서 임화의 영화론을 모두 볼 수 있게 된 것은 실로 환영할 만한 일이라고 할 수 있다.

2 참고로 松崎啓次「日本に於けるプロレタリア映画運動の発展, 新興映画社 プロレタリア映画運動の展望」, 大鳳閣書房, 1930, 157~158에 의하면 일본 프롤레타리아 영화동맹(프로키노)에서 제작부, 영사부, 재정부 등이 정비된 조직은 도쿄와 교토에만 있었는데, 동시에 조선에서는 「프롤레타리아 영화」 조선지사 서울키노 영화공장이 조선 내에 약 40 개 배급소를 소유하고 있었고 몇 편의 영화(35mm)도 제작한 바가 있다고 한다.

2. 프롤레타리아 영화와 식민지의 위계

제1장 「프롤레타리아 영화와 종족지ethnography 사이에서」에서 필자는 일본 프롤레타리아 영화동맹의 기간지 『신흥영화新興映画』에 게재된 임화가 일어로 쓴 영화평론 「조선영화의 제경향에 대해서朝鮮映画の諸傾向に就いて」(『신흥영화』, 1930.3)와 이 글과 비슷한 시기 같은 잡지에 발표된 일본의 프롤레타리아 시인 고오리야마 히로시郡山弘史, 1902~1966의 평론 「조선영화에 대해서朝鮮映画に就いて」(『신흥영화』, 1930.1)의 공명 관계에 관해 논하고 있다. 발표의 선후 관계로 보아 임화의 영화론은 고오리야마의 논의에 대답하는 형태로 쓰인 것으로 보인다. 고오리야마는 1924년 동북학원 전문부 영문과東北学院専門部英文科를 졸업한 후 조선으로 건너가, 경성부립 제일보통고등학교京城府立第一普通高等学校 교사로 재직하던 중에 시집 『비틀어진 달歪める月』(1926)을 간행하였다. 이 시집에 수록된 작품 「경성역京城駅」이라는 시에는 다음과 같은 구절이 있다.

> 끊임없이 토하고 / 끊임없이 피를 빨아서 / 300만 엔 디자인에 장식되어 / 거만하게 일본의 노예 조선 한 가운데 우뚝 서는 너 / (…중략…) / 너는 근대 일본이 자랑하는 완비된 교통기관 / 조선 민족의 도살기![3]

경성역이라는 장엄한 건축물을 식민지 착취의 상징으로 묘사하고 있는 고오리야마는 일본 프롤레타리아 시인으로서 자신이 조선에 머무는

3 일어 원문은 다음과 같다. "間断なく吐瀉し / 間断なく吸血し / 三百万円の衣裳に装飾され / 傲然と日本の奴隷朝鮮の真っ只中に突立するお前 / (…中略…) / お前近代日本を誇る完備せる交通機関 / 朝鮮民族の屠殺機！"

의미를 이렇게 묻고 있다. 바로 이 고오리야마의 조선영화에 관한 글은 당시 조선에서의 프롤레타리아 영화의 인기에 대해 언급하면서(34~35쪽),[4] 기본적으로 나운규 감독 / 주연의 무성영화 〈아리랑〉(1926)에서 볼 수 있는 반역성, 광인과 부랑자를 전면에 내세워 저항성을 보여 주는 작품에 대한 소개로 일관한다. 이와 같은 고오리야마의 시선에 대해 백문임은 Fatimah Tobing Rony의 논의를 원용하여 조선을 종족적 게토로 만드는 '시각적 인류학visual anthropology'이라고 지적한다(40~42쪽). 이러한 판단의 근거는 고오리야마의 평론에 응답한 임화의 글을 염두에 둘 때 설득력 있는 것이다. 일본어로 쓴 이 글에서 임화는 조선영화의 여러 경향을 소개하고 있다. 즉, 사회주의와 영화가 제국-식민지의 시차가 아니라 동시성을 구현한다는 점을 임화가 기대하고 있었다는 것이다(19쪽).

백문임의 이와 같은 지적은 일단 옳다. 다만 고오리야마의 글에서 보이는 '종족적 게토화'와 '시각적 인류학'이 어떤 종류의 것인지 보다 더 검토해볼 여지가 있지 않을까 생각된다. 가령 1903년 오사카에서 일어난 인류관사건人類館事件을 상기해 보자. 같은 해 오사카 텐노지天王寺에서 열린 내국권업박람회内国勧業博覧会에서 학술인류관学術人類館이라는 전시가 설치된다. 이 전시는 아이누, 대만의 고지 민족, 류쿠琉球, 대한제국, 청, 인도, 자바, 벵갈, 터키, 아프리카 등에서 온 32명이 민족의상을 입고 일정 구역 내에 거주하며 일상생활을 보여 준다는 설정이었는데 이것에 류쿠와 청이 항의했다는 것이 이 사건의 전말이다. 문명과 야만, 개화와 미개를 한 곳에 모아 시각적으로 제시하고자 한 제국의 이 인종박람회를 상기해 본다면, 고오리야마의 글에서 보이는 조

4 앞으로 이 책의 인용은 쪽수만 제시하고 서지는 밝히지 않도록 한다.

선(인) 표상은 일본 제국에 저항하는 주체를 제국이 공포하게끔 보여 주는 것이었으며, 그런 의미에서 반역성을 띤 것이었다.

사실 이러한 조선인 표상은 고오리야마 혹은 이 시기의 프롤레타리아문학에 국한된 것이라고는 할 수 없다. 이는 오히려 1920~30년대 일본어로 형상화된 조선인 표상의 공통된 특징이었다. 나카니시 이노스케中西伊之助, 1887~1958의 「적토에 싹트는 것赭土に芽ぐむもの」(1922), 「불령선인不逞鮮人」(1922), 「여등의 배후에서汝等の背後に」(1923)와 같은 소설, 장혁주1905~1997의 「아귀도餓鬼道」(1932)를 비롯한 초기 단편소설에서 김사량1914~1950?의 「빛 속으로光の中に」(1939)에 이르기까지 이 계열에 속하는 많은 작품들에서 이러한 특징을 찾을 수 있다.

그렇게 제국에 저항하는 주체, 반역하는 피식민지 민족을 찾아내려고 하는 식민지 종주국 지식인들의 시선이 고오리야마의 평론에서 보이는 조선(인) 표상에 대한 '기대'로서 표출되었다면, 문제는 고오리야마 한 개인의 자질에 관한 것이 아니라, 그 원인이 보다 깊은 곳에 숨어 있다는 사실이다. 그 점에서 이 책의 필자가 지적하는 문제들은 보다 더 논의의 범위를 확대해서 검토해야 할 과제라고 할 수 있다.

제1장의 보론인 「"발달된 반동영화", 〈메트로폴리스〉(1927)」와 「일본 프로영화 담론의 '식민지 영화'―〈아세아의 람嵐〉(1928)의 경우」는 당시 식민지 조선에서 상영된 외국영화와 프롤레타리아 영화에 대한 반응을 임화 등이 발표한 평론을 바탕으로 정리한 것이다. 〈메트로폴리스〉(1927)는 바이마르 공화국 시기에 제작된 독일 무성영화로, 100년 후의 디스토피아 미래도시를 묘사한 것인데, 1925년에 제작된 『전함 포템킨』과 더불어 자본주의와 공산주의의 대립을 묘사했다고 평가되는 작품이다. 여기서 흥미로운 것은 식민지 조선에서 1929년 5월에 상영된 버전이 어떤 버전이었는가 하는 점이다. 이 버전은 일본에 수

입된 미국 상영판으로 조선에 들어왔을 당시에는 이미 수 차례의 검열을 거친 상태였다. 따라서 원작과 상당한 차이가 있었던 이 버전에 대해 임화를 비롯한 평자들은 극히 실망하였다(49~51쪽). 그 결과 작품에서 계급 간 화해로 읽히는 부분이 원작 그대로인지 알 수 없게 되었는데, 검열도 이렇게 수입 등 기타 과정에서 몇 차례 겪게 되면 단순히 "보여 주지 않기" 위한 검열이 아니라 검열 당국도 당당한 '합작'의 당사자가 된다고 할 수 있을지 모르겠다.[5]

1920년대 몽고를 무대로 영국군에 의해서 칭기스칸의 후예 역할을 맡게 된 남자가 나중에 빨치산의 우두머리로 성장한다는 내용의 소비에트 영화 〈아세아의 람嵐〉(1928)은 일본에서도 상영되었고, 잡지 『프롤레타리아 영화』의 식민지 영화 특집에서도 소개된 작품이다. 민족해방 운동과 사회주의 혁명의 연대 가능성을 제시한 이 영화 또한 원형을 확인할 수 없을 정도로 검열되고 개변되었다. 백문임의 질문은 일본의 프롤레타리아 영화 잡지가 식민지 영화를 특집으로 했고, 〈아세아의 람嵐〉을 주된 논의의 대상으로 삼았는데 왜 일본 자신의 식민지인 조선이나 대만을 다루지 않는가, 이 삭제야말로 일종의 식민주의적 무의식의 반영이었던 것은 아닐까(62쪽)하는 점이다. 이러한 지적과 아울러 흥미로운 것은 당시 일본의 프롤레타리아 영화인들이 잇따른 검열에 의해 개변된 작품을 눈앞에 두고 몽타쥬와 재편집 등의 영화 기법에 보다 더 각성되어 갔다는 지적이다(58쪽). 보론이라는 글의 성격상 본격적인 논의는 하지 않고 있으나, 이와 같은 지적은 이 시기 영화를 논하는 데에 중요한 암시점을 제공해주는 것이라고 생각된다.

5 참고로 임화가 본 흔적은 확인했으나 필자가 실물을 확인하지 못했다(50쪽)고 하는 「메트로폴리스」의 원작 일어역은 ハルボウルース(秦豊吉訳), 「メトロポリス / 殿方は金髪がお好き」(世界大衆文学全集 제15권)(改造社, 1928.11)로 추정된다. 한국의 몇몇 대학도서관에도 소장되어 있는 모양이다.

3. 로컬리티와 예술성 / 기업성

제2장 「조선영화라는 (불)안정한 위치－「조선영화발달소사」(1941)의 생산」은 임화가 1941년에 발표한 「조선영화발달소사」와 그 당시 식민지 조선의 영화가 놓여 있던 상황을 분석한 것이다. 카프 해산 이후로 임화는 시인으로서의 활동과 더불어 최남주의 지원으로 출판사 학예사를 운영하는 한편 이창용이 운영하는 고려영화사의 촉탁으로 활동 중이었다. 임화가 조선영화사를 정리하고자 한 데에는 그가 실제로 영화 사업에 관련하고 있었다는 사정이 작용했을 것이다.

필자의 분석에 따르면 이 시기 조선영화가 조선적인 것을 지향한 데에는 조선 내외에서 일어난 몇 가지 사건들이 작용하였다. 그 중 하나가 1934년 조선총독부가 제정한 활동사진영화취체규칙이다. 여기서 총독부는 외국영화와 국산(일본)영화를 구별해서 점유율을 통제하고 외국영화(특히 미국영화)를 제한하려고 했는데, 이에 조선영화는 '국산'이면서도 차별화되었고 이른바 '종족영화'로서 제국 영토 내에 유통되게 된다(71~72쪽). 즉, 만주와 일본 같은 시장에서 조선영화는 '조선적인 것'을 구현하는 '향토상품'으로서 유통되었다(75쪽). 1938년의 조선일보사 영화제는 이 과정에서 일어난 사건이었다. 식민지기 처음이자 마지막으로 열렸던 민간영화제인 이 영화제의 개최를 맞아 처음으로 조직적·집단적인 차원에서 조선영화에 대한 자료수집과 고증이 이루어졌다(87쪽). 영화제 개최가 식민 당국에 의해 허용된 데에는 조선영화를 문화적 가치로서 인정한다기보다도 배급과 흥행의 실태를 파악하려고 한 식민지 문화행정의 의도가 다분히 있었다는 필자의 지적도 흥미롭다(88쪽).

임화의 「조선영화발달소사」(1941)는 조선일보사 영화제에서 이루어진 자료수집과 고증에서 이루어진 작업이었다. 이 글은 조선영화사의 기초를 만들었다고 할 수 있을 정도로 정리된 글인데 앞에서 필자가 지적했듯이 그 체계성은 식민지 문화행정에도 그대로 이용되었고, 임화의 이 글은 「조선영화사업발달사」라는 제목으로 이치카와 사이市川彩의 『아시아 영화의 창조 및 건설アジア映画の創造及建設, 国際映画通信社出版部』(1941)에 무기명으로 부분 전재되었다. 다만 글의 마지막 부분에 조선군 보도부가 제작한 지원병 장려영화 〈너와 나君と僕〉(1941)에 관한 기사가 추가되는 등, 임화 자신도 당시 영화 신체제에 가담하게 되는 계기가 되었다(103~111쪽).

이러한 영화 신체제하에서 조선영화가 제국일본의 문화상품으로 편입되어 가는 이때, 안티 아메리카니즘의 사상전이 영화의 수요와 공급을 둘러싼 장을 놓고 전개되는 양상을 식민지 조선의 시각에서 분석하고 있는 점도 흥미롭다. 임화는 「무너져가는 낡은 구라파—문화의 신대륙 (혹은 "최후의 구라파인들")」(1940.6)에서 유럽 문화의 마지막 서식지로서 미국을 의식하는 논의를 전개하고 있는데,(117쪽) 이러한 논의는 일본의 영화평론가 츠무라 히데오津村秀夫, 1907~1985의 논의와 겹치는 부분이 있다.

1940년 당시 이미 일본영화는 재미 일본 지신 동결령 등으로 미국 시장에 진출할 수 없게 되었으며, 미국 개봉이 예정되어 있었던 〈지나의 밤支那の夜〉(1940)의 배급이 좌절되었다. 이 같은 상황 속에서 츠무라는 미국 물질문명의 최대 선전매체인 할리우드 영화를 사상적인 극복 대상으로 삼았고(114~116쪽) 그 타개책으로 독일의 나치스영화를 주목했다. 이때 츠무라가 지적하고 있는 것은 영화의 사상적 감화력이 기술 = 테크놀로지의 문제와 긴밀하게 관련되어 있다는 점이었다. 츠무라의 이 논의는 그 유명한 「근대의 초극」 논의 당시 단행본으로 간행된 논문집에 수록되어 있다(「무엇을 타파할 것인가何を破るべきか」). 츠무라의 논의가 흥미로운 것은, 진주만 공격 다음해인 1942년에 이루어진 이 좌담회에서 다른 일본 지식인들이 독일철학이나 프랑스 사상을 배경으로 한 서구 중심주의 극복을 논하고 있는 데 반해, 오로지 그만이 일본이 갓 전쟁을 시작한 상대인 미국 문화를 테크놀로지 극복의 문제로 거론하고 있다는 점이다. 츠무라와 임화의 이 유사성이 사상적인 친근성에 의한 것인지, 영화라는 미디어를 다루는 지식인 평론가라는 대상의 유사성에 의한 것인지는 알 수 없는데, 필자가 임화의 이 논의의 참조틀로 츠무라의 발언을 인용했다는 점은 지극히 적절한 것이라고 생각된다.

제3장 「영화사史의 좌표와 '예술성과 기업성'의 변증법」은 임화가 「조선영화론」(1941)과 「조선영화발달소사」(1941) 등에서 조선영화의 예술성과 기업성의 균형을 어떻게 생각했는지를 검토한다. 이 시기 영화 기업가는 이미 국가에 의한 통제 아래에 놓여 있었으며, 영화는 자본주의의 상품이 아니라 국가의 선전도구가 되어 있었다(128쪽). 앞에서 말했듯이 당시 임화는 스스로 출판사를 운영하고 있었으며, '영화사'와 긴밀한 관련을 맺고 있었다. 이러한 위치는 그로 하여금 직업인으로서의 자신과 문화인으로서의 자신을 어떻게 통일시키고 조화시킬지, 문화인적 직업인으로서 어떤 문화를 생산할 수 있는지에 대해서 논하게 한다(이를테면 「문화기업론」(1938)).[6] 영화 제작자의 입장에서 논

6 임화, 「문화기업론」, 『청색지』, 1938.6, 16~19쪽. 임화는 이 평론에서 예전에는 수업료나 입장료를 내거나 책을 구입하는 것은 경제활동으로서가 아니라 일종의 증여행위였기 때문에, 개화기 이후의 조선 신문화는 계몽적이고 이상적인 성격을 유지할 수 있었다고 하면서, 그러한 예전의 공공권이 기업화와 시장화에 의해서 최근에 이르러 붕괴되었다고 지적한다. 즉, 그는 여기서 기업화와 시장화에 의해서 계몽행위와 활동을 둘러싼 환경이나 공공권이 완전히 변했음을 지적하고 있어서 아주 흥미로운데, 이 점은

한 것은 그의 이러한 위치 때문이다. 영화 제작자로서 임화는 국민예술로서의 조선영화와 그 조선영화의 예술성 향상을 제창한다(130쪽).

임화는 「조선영화발달소사」(1941)에서 영화에서의 '조선적인 것'을 논하며, 농촌을 계급 이데올로기가 소멸된 노스탤지어의 공간으로 구성하는 한편 전통이 보존된 문화공간으로서의 농촌을 강조한다. 농촌은 문화적으로도 이미 계몽될 대상이 아니라 근대문화의 이식과 초월을 위한 필수 불가결한 계기이며, 그러한 농촌을 시각적 묘사와 함께 정서적인 환기를 통해서 묘사하는 리얼리즘이야말로 조선영화에 요청되는 것이다(134~135쪽). 백문임에 따르면 임화의 이러한 인식에는 두 가지의 사건, 영화가 개입되어 있다. 하나는 경성의 고아 문제를 다룬 조선영화 〈집없는 천사〉(1941)의 문부성 추천영화 취소 사건(이 영화는 문부성에서 추천영화로 지정되었음에도 불구하고 총독부 추천과 문부성 추천의 기준이 다르며 영화의 대사가 조선어라는 점이 문제가 되어 추천이 취소되었다)이고 또 하나는 조선군 보도부가 제작한 지원병 장려 영화 〈너와 나君と僕〉(1941)의 등장이다. 이 두 사건에 대해서 임화는 조선영화의 예술적 성격을 논하고, 조선에서 제작될 국민적 영화의 요건을 논의한다(145쪽).

이 점에 대해서는 이 책에서 보론 「『대지』, 전체주의, 기록성—〈복지만리〉(1941)가 실패한 이유」에서 언급하고 있는 임화의 〈복지만리〉(1941)론이 참고가 될 지도 모른다. 이 보론의 부제에서 알 수 있듯이 백문임은 임화가 이 영화를 실패작으로 판단했다고 논하고 있으나, 실은 그렇게 판단하기는 어려운 면이 있다.

조선에서 일자리를 잃고 일본에서도 일을 찾지 못한 조선인 노동자가 만주로 건너가서 대륙 개척에 종사하며 삶의 보람을 찾게된다는 인

여기서의 논점에서 다소 벗어나기 때문에 단순히 소개만 해 놓도록 한다.

련의 유랑 과정을 묘사한 영화 〈복지만리〉가 내용적으로 대일본제국과 만주국의 국책에 충실한 영화였다는 점은 의심의 여지가 없어 보인다. 이창용의 고려영화협회와 만주영화협회의 합작으로 만들어진 이 영화는 민간영화사 작품으로는 최대 규모의 화제작이었다. 〈복지만리〉는 현재 필름이 남아 있지 않으므로 확인할 수는 없으나, 임화의 평론 「영화의 극성과 기록성」(1941)을 통해 유추해볼 수는 있다. 이 글에서 임화는 〈복지만리〉가 조선인 노동자들의 유랑의 동기가 별로 설명되어 있지 않고, 등장인물이 획일적이며 개성이 없다고 논하고 있는데, 동시에 이 작품이 묘사하고 있는 조선인 노동자들의 유랑을 가리켜서 동양에서의 20세기적인 민족 이동의 중요한 표현이라고 평가한다(154쪽). 조선군 보도부가 제작한 〈너와 나〉(1941)에서 묘사된 조선 농촌과 조선인 남성-일본인 여성 사이의 '내선연애'와 지원병 장려하는 한편에서 임화는 자신이 관여하고 있던 고려영화협회와 만주영화협회의 합작영화 〈복지만리〉로부터 조선영화의 예술성의 맹아를 발견했던 것은 아닐까.

제4장 「조선영화의 존재론–「조선영화론」(1941)을 중심으로」에서는 임화의 평론 「조선영화론」(1941)을 다시 다루면서 그가 조선의 근대문학사의 방법론으로서 집필한 「신문학사의 방법」(1941)과의 유사성에 대해서 분석한다. 임화는 「조선영화론」(1941)에서 조선영화는 여러 악조건들이 있었음에도 불구하고 이를 극복해 왔다는 점을 그만의 독특한 화법으로 표현한다. 가령 근대 동아시아에 영화가 전파된 이후 조선에서는 오랫동안 영화 제작이 부재하였다는 점을 감상을 통한 '이식'의 시기로 설명하고, 제작 시기에 들어간 후에는 자본의 부족을 연극과 문학 등 인접문화와의 협동을 통해 극복해냈다고 말한다(165쪽). 조선영화가 그때까지 걸어온 길을 기술하면서 임화는 영화를 담당한 사람들에

게는 문화의 정신과 예술의 의욕이 있었으며, 자본이나 기술의 편의가 반드시 예술적 이익을 가져다주는 것은 아니라는 점을 강조한다(185~187쪽).

이 장은 아마도 이 책에서 가장 활발하게 논의될 수 있는 주제를 제시하고 있는 것 같다. 이것은 '이식', '환경' 등 임화가 영화사를 설명하는 데 사용하는 용어의 애매함과 관련이 있다. 임화의 문학사론과 문학평론을 이미 알고 있는 독자라면 그가 예술이나 문학의 역사를 설명할 때 사용하는 '이식'과 '환경' 등의 의미가 당시 지배적 담론이었던 비교문학의 방법론을 차용한 것이라는 점을 알 수 있을 것이며, 이 개념의 외연과 내포를 확증하는 사례로서 이 장의 논의를 끌어올 수 있을 것이다. 한편으로 영화론에 한정해서 이 장의 논의를 접하는 독자들에게는 임화의 이 논의가 영화 초창기의 역사를 정리하고 개념화하는 작업으로서는 어딘가 미진하다고 느낄 수도 있을 것 같다. 이 점을 어떻게 정리하면 좋을지 모르겠다. 아마도 필자로서는 더 이상의 정리 방법은 없었으리라 생각된다. 임화의 이 논의를 보다 더 정확하게 이해하기 위해서는 다른 비교대상이 필요할 터인데, 그 점에 대해서는 이 글의 마지막에 다시 한 번 다루고자 한다.

4. 몇 가지 문제 제기

지금까지 이 책의 내용을 조금씩 요약, 설명하면서 필자의 논의를 소개하고 그때마다 간단한 지적을 해 왔다. 마지막으로 이 책의 전체적인 주제와 관련된 문제 제기를 세 가지 정도 논의하면서 이 서평을 마무리 지을까 한다.

첫 번째로 이 책의 마지막 장인 조선영화의 존재론에 관한 논의에 대해서이다. 임화는 「조선영화론」(1941)에서 조선영화가 걸어온 길을 회고하면서 '이식'이나 '환경' 등의 개념으로 그 성립 경위를 설명했다. 만약 이것이 이론이라면 다른 사례에도 적용가능해야 할 것이다. 그런데 임화의 조선영화의 초창기에 관한 이 이론에는 중요한 반대 사례가 존재한다. 같은 제국 일본의 식민지였던 대만의 영화를 둘러싼 상황이 그것이다. 대만 역시 조선과 마찬가지로 연극 전통이 있었다. 외국영화를 감상하면서 영화예술에 눈을 뜬 수많은 문화 인사들도 있었다. 그럼에도 불구하고 식민지기 대만에서는 본격적으로 극영화가 제작된 사례가 없다. 임화의 논의에 비춰서 생각할 때 이것을 어떻게 설명할 수 있을까? 식민지 대만에서는 민족 자본으로 된 극영화가 경영적이고 수지타산적인 이유로 거의 제작되지 않았다. 극장에서 상영되는 대부분의 극영화는 중국 대륙 작품을 포함한 외국영화였으며, 뉴스영화를 제외하고 대만에서 제작된 영화는 대만군-대만총독부가 일본 내지 영화사와 합작, 제작한 리코란李香蘭 주연의 〈사용의 종소리サヨンの鐘〉(1943) 정도였다. 또, 대만인 중심으로 제작, 감독, 촬영, 출연이 이루어진 사례는 〈誰之過〉(1925), 〈血痕〉(1929), 〈望春風〉(1937) 등 몇 손가락에 꼽을 정도에 불과했다.[7] 영화 제작을 꿈꾸는 대만인들은 일

7 三澤真美恵, 『「帝国」と「祖国」のはざま—植民地台湾映画人の交渉と越境』, 岩波書店, 2010, pp.61~96. 그리고 이 책에서 몇 번 언급된 市川彩, 『アジア映画の創造及建設』(国際映画通信社出版部 / 大陸文化協会本部, 1941 / ゆまに書房에서 2003년에 복각)에도 임화의 평론이 전재된 「조선영화 사업 발달사」 직전에 역시 무기명의 「대만 영화 사업 발달사고」(台湾映画事業発達史稿)가 게재됐는데, 여기서도 영화 배급과 유통, 극장을 소개만 하고 있고 극영화 제작에 관해서는 조선과도 비교가 안 되는 상황이고 대만인들은 중국영화만 관람한다고 보고했다. 市川彩, 앞의 책, 142쪽.

본, 상하이 혹은 만주로 건너가야 했다.

대만의 사례를 생각한다면, 임화가 자신의 「신문학사의 방법」(1941)의 방법론을 원용하여 집필한 초창기 조선영화에 관한 설명은 역사철학이나 이론이 아니라 잘 정리된 역사기술이었다고 볼 수밖에 없을 것이다. 따라서 임화가 지적하는 초창기 조선영화의 상황과 대만의 사례를 모두 알고 있는 우리는 제국 일본이 식민지 문화행정과 영화통제에서 취한 시책을 다시 한번 비판적으로 분석하면서 근대 동아시아에서의 영화제작의 역사에 관한 심도 있는 검토를 해보아야 하는 것은 아닐까.

두 번째로 임화가 영화에 관여한 시기는 1930년 전후와 1940년 전후로, 이 두 시기에 그가 참여한 여러 작업들 사이의 관계를 어떻게 보아야 할 것인가라는 문제이다. 좀 더 구체적으로 말하자면 프롤레타리아 영화기의 임화의 활동과 영화가 국책의 선전도구로서 강요된 시기의 임화의 활동, 발언의 관련 양상을 어떻게 생각해야 할 것인가. 백문임도 언급하고 있듯이 임화는 동시대 현실에 대한 개입과 비판으로서의 정치적 비평을 지향하면서 비평의 대화적이고 수행적이며 정치적인 성격을 중요시해 왔다(5쪽). 그는 식민지 말기 총독부 정책 담당자와의 대화에서도 단순히 그 자리의 면피용이 아닌, 적극적인 방책으로 자신의 생각을 제안하고 있는 것처럼 보인다. 이를테면 임화가 국민총력조선연맹의 문화부장인 야나베矢鍋永三郎와 대담을 나눌 때,[8] 조선 근로자들의 전체적이고 유기적인 조회를 강조하는 야나베에 대해서 그는 자본의 논리와 전체주의로부터 자립적인 문화의 영역을 강조하며 문화와 정치, 경제, 군사의 영역은 다르다고 말한다. 야나베의 문화주의 청산 논의에 대한 임화의 이와 같은 반발이야말로, 그가 중요하게

8　「総力聯盟文化部長矢鍋永三郎林和対談」, 『朝光』, 1941.3. 이 대담은 이 책의 자료편에도 수록되었다.

생각한 비평의 수행적 성격을 보여 주는 예일 것이다. 즉, 그것은 다른 논자도 지적하듯이, 임화가 과거 프롤레타리아 문학논쟁의 논객이었던 시기 계급문학과 문화는 정치와 별개의 것이 아니라고 주장한 정치 일원론을 얼핏 보기에 유보한 것처럼 보이면서도 사실은 일관했다는 점을 보여 준다.[9] 선전 선동을 위한 문학, 문화 생산의 헤게모니를 장악해야 한다고 생각한 점에서 1930년 전후와 1940년 전후의 임화는 거의 유사해 보인다. 다시 말해 이러한 관점에서 임화가 영화사업에 관여한 두 가지 시기를 볼 때, 시대적인 맥락이 전혀 다름에도 불구하고 임화가 계속 동시대 현실에 대한 개입과 비판으로서의 정치적 비평을 지향했다고 할 수 있을 것이다.

세 번째로 임화의 영화론을 동시대 다른 지식인들의 발언과 비교하는 것이 임화의 영화론의 위상을 생각하기 위해서도 필요하다는 점이다. 이 책에서는 여러 곳에서 일본의 좌익 평론가이자 일본 프롤레타리아 영화 동맹(프로키노)의 위원장으로서 수많은 영화평론을 발표한 이와사키 아키라岩崎昶, 1903~1981의 영화론을 참조하고 있다. 이 책의 다른 서평자도 지적하듯이 식민지 지식인과 식민지 종주국 지식인의 발언을 비교하고 대조하는 태도에는 끊임없이 '식민지적 굴절'의 문제가 가로놓여 있다.[10] 같은 논의를 하고 있는 텍스트의 선후관계를 의식하는 것이 아니라 그것을 하나로 묶음으로써 무엇이 새롭게 보이는지를 해명해야 할 것이다. 또한 이질적인 논의와 비교하고 참조하는 작업도 필요하다. 가령 장황한 원문 인용은 지면관계상 생략하겠는데, 임화와 같은 시기 영화의 효용과 대중, 관객에 대한 효과에 대해서 서

9 Janet Poole, *When the Future disappears: The Modernist Imagination in Late Colonial Korea, Columbia* U.P., 2014, p.182.
10 손이레, 「『임화의 영화』와 '임화의 영화'(서평)」, 『사이間SAI』 제19호, 국제한국문학문화학회, 2015.11, 261~266쪽.

로 전혀 다른 평가를 내린 M. 호르크하이머 = T. W. 아도르노의 「문화산업 – 대중기만으로서의 계몽」(1942~1944경 집필, 『계몽의 변증법』에 수록)과 W. 벤야민의 「복제기술 시대의 예술작품」(1936)은 이 시기 식민지 조선의 영화론을 논하는 데 있어서도 매우 좋은 참조틀이 될 것이다. 특히 이들의 영화론(대중문화론)을 임화의 영화론과 비교할 때 느껴지는 것은 임화가 식민지 지식인으로서 어떻게 스스로의 주체를 정립하려고 고심했는가라는 점이다. 그 점에서 그의 영화론은 영화 기술 자체에 대한 언급이라기보다도 그것을 향유하고 재생산해 나가는 주체에 관한 발언이었다고 할 수 있을 것이다.

서평이라기보다는 책을 보고 정리한 연구노트와 같은 글이 된 점이 없지 않다. 이 점에 대해 양해의 말씀을 드리며, 마지막으로 『임화의 영화』가 임화 영화론의 구조와 시대적 맥락에 대한 자세한 분석을 통해 그의 영화론을 검토한 토대적인 작업으로 크게 공헌하고 있다는 점을 언급하고 싶다. 이 서평은 이 책의 가치를 충분히 인정하면서 앞으로 이 분야의 연구를 어떻게 전개해 나갈 수 있는지, 그 가능성에 대한 몇 가지 서툰 예시를 하고자 한 시도였다. 앞으로도 이 책이 제시한 문제들이 보다 더 심도 있게 검토되기를 바라 마지않는다.

—『한국극예술연구』 51, 2016

연극 연구 외연 확장으로서의 극장의 문화정치학

이정숙 | 경북대학교 기초교육원 초빙교수

이상우 외, 『전쟁과 극장—전쟁으로 본 동아시아 근대극장의 문화정치학』, 2015

전쟁과 극장 그리고 문화정치학

근대전환기 근대적 극장의 등장은 이전과는 전혀 다른 새로운 공연문화를 만들어 내게 된다. 극장이 극장문화를 만들어내고, 공연물의 방향을 결정하기에까지 이른 것이다. 그러나 이 시기 극장이 등장하고 극장문화가 형성되게 된 계기가 당시 공연계 내의 상황 속에서 모색된 것이 아니라 외부의 의도에 의해 구축된 결과라는 점은 문제적이었다. 그럼에도 극장이라는 구체적 공간의 등장하고, 그러한 극장을 채우는 힘들의 실체는 공연문화의 지형을 완전히 바꾸어 놓게 된다. 그리고 전쟁이라는 상황은 극장문화를 일시에 변화시킬 수 있는 또 하나의 강력한 계기로 작용하게 된다. 우리의 극장문화는 이 같은 외부적 힘의 영향 아래에서 형성되고 전개되어 갔다. 전쟁이 극장과 공연물들을 어떻게 규정해가게 되는지, 『전쟁과 극장』의 문제의식은 여기에서 시작된다.

극장은 문화의 창조와 향유가 이루어지는 장소이자, 다양한 정치적, 사회적, 문화적 힘들 간의 재현에 대한 욕망이 서로 경합하는 장소이다. 『전쟁과 극장』에 앞선 연구 결과물인 『越境하는 극장들—동아시아 근대 극장과 예술사의 변동』에서 연구자들은 극장의 범주를 "극장은 그것을 둘러싼 정책, 법, 제도라는 극장의 정치학, 흥행자본, 시장, 유통, 배급, 소비라는 극장의 경제학, 풍속, 유행, 청중이라는 극장의 사회학, 그리고 작품이라는 극장의 예술학 등 다양한 문화적 역학이 복잡하게 작동하고 있는 공간"[1]으로 규정하였다. 이러한 복합적인 문화현상으로서 극장에 대해 탐구하는 것이 '극장의 문화정치학Cultural politics'으로 『전쟁과 극장—전쟁으로 본 동아시아 근대극장의 문화정치학』(소명출판, 2015)은 이러한 다양한 힘들이 만나는 공간으로서의 극장에 주목하고 있다. 그래서 텍스트 중심으로 진행되었던 기존 연구의 외연을 확장하여 정책이나, 자본, 관객을 아우르는 연극 연구의 방향을 보여 주고자 했다. 외형적 실체로서의 구체적인 공간뿐 아니라, 연극 공연을 가능하게 하는 외적인 힘과 영향력을 통해서 극장과 극장의 공연물에 접근하고자 한 것이다.

1　이상우 외, 『월경하는 극장들—동아시아 근대 극장과 예술사의 변동』, 소명출판, 2013.

전쟁기 극장, 정치가 예술을 규정하는 공간

『전쟁과 극장』은 3부로 구성되어 있다. 제1부 '주체의 표상, 혹은 주체의 자기서사화'는 전시 극장에서 주체가 어떤 표상으로 재현되는가를 다룬 논문들이 묶여 있다. 표제 논문인 「파시즘과 민족사 이야기」(이상우)는 193~40년대 역사극 창작 배경을 일본의 동양담론의 영향으로 설명한다. 연구자는 1937년 중일전쟁을 계기로 일본이 전시 파시즘체제에 돌입하게 되고, 연극 통제와 검열 강화로 1930년대 후반부터 1945년 해방까지 연극계는 경쟁적으로 역사극을 상연하게 된다는 점에 주목했다. 그러면서 역사를 다루는 방식에서 고대사이야기를 소재로 한 작품은 〈무영탑〉이나 〈어밀레종〉과 같이 찬란한 예술품을 완성하는 감동적인 예술혼을 그리거나, 〈왕자 호동〉처럼 이 땅에서 외세를 몰아내는 자랑스러운 이야기를 다룬 반면, 조선시대를 소재로 한 '이조李朝' 이야기를 다룬 역사극 〈춘향전〉이나 〈동학당〉 등은 이조의 부패상을 보다 과장해서 그려 이조 사회가 쇠망할 수밖에 없는 당위성을 강조하는 차이를 포착하였다.

흥미로운 것은 역사 서술에서 이러한 차이가 발생한 이유를 일본의 동양담론의 영향으로 설명한다는 점이다. 고대사이야기를 다룬 작품에서 자랑스러운 민족이야기의 타자로 중국(지나)을 설정한 것은 "중국을 근대의 야만적 타자로 배제하면서 일본을 새로운 동양질서의 중심에 두고자하는 이른바 근대 '동양학'담론과도 연관"(25쪽)되는데, 이는 "중국을 '지나화(타자화) 함으로써 자신을 제국 주체로 구성하고자 하는 왜곡된 욕망에서 비롯된 것"(35쪽)이라고 보았다.

부정적 '이조' 인식 혹은 '이조'의 지나화는 극작가들이 현재의 눈으로 과거 이조의 역사를 투사했기 때문으로, "일제의 식민지로 몰락한 조선(또는 대한제국)의 입장에서 일제에게 책임을 묻기보다는 '이조'가 무능하고 부패했기 때문에 남의 나라 식민지가 될 수밖에 없었다는 원망과 자탄의 역사인식이 식민지 조선인들을 지배했고, 극작가들은 이러한 현재의 식민지적 역사인식을 조선시대로 투사하여 '이조' 이야기를 그려냈"(51쪽)다고 본 것이다. 여기에는 제국 일본이 생성해낸 담론의 영향에서 연극인들이 자유로울 수 없었다는 인식이 놓여 있다.

반면 「결혼이라는 불온한 제도—일제 말기 국민연극에 나타난 결혼」(이주영)은 표면에 드러난 서사 이면에 숨겨진 연극인들의 의도에 주목하고 있다. 연구자는 국민연극이 대중성 확보를 위해 결혼과 연애 서사를 적극 활용하는 점에 주목해서 연극인들의 의도를 설명하고자 했다. 결혼과 연애 서사는 지원병 제도나 어업증산 등의 구호에 비해 조선인 대중에게 거부감 없이 다가갈 수 있는 제도로, 조선인 대중과 제국의 시선을 동시에 만족시키는 소재라고 전제한다. 그러면서 조선과 제국의 필요에 의해 적극적으로 국민연극의 무대 안으로 들어온 결혼이 성공에 이르지 못하고 좌절하게 되는데, "제국의 정책인 결혼을 전시해야 하는 국민연극에서 그것이 좌절되는 상황은 오히려 결혼이 주는 불안을 제거함으로써 조건과 제국 모두를 안심시킨다"(104쪽)는 논리를 보인다. "결혼을 통해 진사생산입에 동참해야 하는 국민연극과, 조선인 관객 사이에서 국민연극의 창작 주체는 결혼과 출산을 불안전하고 불인정하게 그림으로써 제국의 감시를 피하면서 조선인 관객을 안심시킬 수 있었다"(105쪽)는 것이다.

그러나 국민연극이 강제한 "결혼을 통한 전사 생산 권장"이라는 임무를 제대로 수행하지 못한 작품이 조선과 제국 모두를 안심시킨다는 것은 빈 곳이 많은 논리이다. "조선의 청년들이 결혼에 이르지 못함으로 향후 불온함을 태생적으로 안고 태어날 그들의 2세들을 제거하여 제국을 안심시킨다"(106쪽)고 했는데, 동조동근과 내선일체의 논리를 내면화한 어린 세대를 길러 그들 제국을 지키도록 하는 것이 국민연극의 논리였다. 새로 태어날 2세는 불온함을 가진 존재로 보는 것이 아니라 일본 제국의 충실한 신민으로 자라도록 교육시켜야 할 대상으로 놓고 있는 것이다. 그런데 이들을 제거하는 것이 오히려 제국을 안심시킨다는 논리는 설득력이 약하다. 무엇보다 이러한 기획은 역으로 조선의 피를 이어갈 아이들이 사라지는 것이고, 결과적으로 조선의 소멸과도 연결될 수 있다는 점에서 연극인들이 의도적으로 선택한 전략으로 설명하는 것은 무리한 면이 있다. 즉 조선과 일본 모두를 만족시키는 것이 아니라 어느 한쪽도 설득하지 못하는 논리가 될 위험이 있는 것이다. 무리한 일반화의 문제도 보인다. 작품 분석에서 좌절되는 결혼의 예로 유치진의 〈대추나무〉를 포함시키고 있는데, 유희와 기손의 파혼이 근거이다. 그러나 〈대추나무〉의 주인물은 유희와 동욱으로, 이들은 결혼을 허락 받는다. 흥미를 위해 애틋한 사랑과 안타까운 이별의 상황을 설정하고, 이별의 상황에서 잠깐 기손이 개입하지만 결국 동욱과의 사랑이 이루어지게 된다. 그런데 주변적인 인물에 불과한 기손을 중심에 놓고 다른 작품과 묶어서 일반화해 버리는 것은 문제적이다.

극장 공간 안에서 이루어진 연극이 파시즘의 영향을 받을 수밖에 없었다면, 이러한 극장 공간을 벗어난 곳에서 성립되는 「항일조선인 병사의 연극」(윤진현)은 주체의 표상이 가장 투명하게 재현될 수 있었던 사례를 보여 준다. 논문은 조선인 병사들이 직접 창작하고 공연한 광복군 훈련반의 연극공연인 〈광명의 길〉을 재구성하고, 항일 근거지의 연극이 일제의 문화정책에 저항하면서 전개되었다는 점을 실증적으로 보여 주었다.

흥미로운 지점은 어떻게 조선인 병사들이 중국 군대 내에서 연극을 만들고 공연할 수 있었는지를 설명하는 대목이다. 윤진현은 항일 근거지 기행문이나 항일투쟁에 참여했던 독립운동가의 회고록을 참고하여 당시 상황을 제시하고, 〈광명의 길〉을 중심으로 일본군 학병으로 징집되었다가 탈출한 조선인 병사가 항일을 극화하는 방식을 구체적으로 보여 주었다. 그리고 실제 경험에 기초한 이들의 연극이 대중과 국민당 지도부도 설득한, 자기표현과 선전에 효율적인 방식이었다는 것도 밝히고 있다.

이는 연극이 실제 독립운동에 어떻게 활용되었는지를 보여 주는 사례라는 점에서 중요하다. 무엇보다 국내의 연극 활동에 한정되었던 연구 대상을 확대해서 항일근거지의 연극이 일제의 문화정책에 저항하면서 전개되었다는 점을 보여 주었으며, "일제에 대한 협력만을 보여 주었을 뿐 문화예술적 긴장을 확인할 수 없었던 이 시기 한국연극사가 단일한 것만은 아니라는 사실을 확인할 수 있"(152쪽)다는 점에서도 의미 있는 연구라 할 수 있다.

제2부 '非 / 常時의 문화정치학'에서는 극장을 둘러싼 제도, 미디어 등 전쟁기 극장의 통제시스템이 실제로 적용되었을 때 어떻게 작동하는가에 대한 글들로 구성되어 있다. 「전시체제기 연극통제시스템의 동원정치와 효과」(이승희)는 전쟁과 극장의 관계를 가장 선명하게 보여 준다. 전시체제기는 시스템에 의한 동원정치가 진행되었던 시기였고, 연극활동은 이러한 시스템 안에서만 가능했다는 점을 전제한다. 그러나 이러한 시스템을 그대로 실현하고자 했던 국민연극은 관객들에게 인기가 없었고, 이에 연극인들은 동원의 명분과 실리가 유착된 채 의사국가의 호명에 의사전위로서 자신들을 위치시키게 된다. 결과적으로 이러한 연극통제 기획은 정책적으로 실패하게 된다. 그러나 전

시체제기, 국가를 정점으로 하는 시스템의 직접적인 경험 그 자체로서 '국가'에 대한 감각이 생성되었고, 이러한 전시통제의 경험을 통해서 연극과 국가의 관계는 필연적인 것으로 인식되었다는 점을 짚는다. 전시통제 경험의 실질적 효과가 나타나는 것은 전시라는 비상시가 종결되는 해방 이후로, 이를 통해 국가를 위한 연극이라는 연극의 정치적 활용의 실체를 인식시킨다.

「『문화조선』(1939~1944)의 미디어 전략과 제국의 디스플레이」(문경연)는 균질적인 국책물로 환원할 수 없는 대중매체의 다상성과 잡종성에 대해 포착한 연구이다. 일제 말기에 발간된 일본어 잡지 『문화조선』은 기사와 화보를 통해 내지와 반도의 국민들에게 내선일체의 이념을 내장한 총후의 적성을 내면화시키려는 프로파간다 매체의 성격을 드러내지만, 발행 주체가 의도한 황국신민화라는 이념은 식민자 내면의 균열과 피식민자 사회의 (무)의식적 협력 불가능을 노출하고 있다는 점을 논문은 주목하고 있다. 『문화조선』 화보와 사진이라는 시각적 재현을 통해서는 조선의 연극과 영화를 적극적으로 포섭하고 재현했지만, 기사라는 언어적 재현을 통해서는 조선인의 일본 국민되기, 혹은 국민연극과 협력영화의 성과가 미완과 실패로 거듭되고 있음을 드러내고 있다고 했다.

「전쟁과 연예-전시체제기 경성에서 악극과 어트랙션의 유행」(이화진)도 이러한 제도와 적용 사이의 어긋남을 흥미롭게 포착하고 있다. 논문은 전시체제라는 '비상시'의 다양한 문화적 변화와 효과를 식민도시 경성의 다층적 문화지형 속에서 바라보고 있다. 중일전쟁 발발 이후, 사치와 향락을 근절하라는 문화 통제가 강화되지만, 당국의 의도와 달리 악극과 어트랙션이라는 막간연예물이 전성기를 맞게 되는 상황이 발생하게 된다. 이러한 아이러니한 상황이 발생하게 된 이유를 논문은 세 가지로 설명하데, 겉으로는 문화통제의 기조를 따르는 듯 하면서도 자신의 이윤 추구를 위해 기민하게 대응했던 흥행업계와, 일본제국 안에서 도시와 도시를 연결하며 확산되었던 흥행 네트워크, 그리고 아메리카니즘을 우회하며 제국 그 너머의 세계와 끊임없이 접속을 시도했던 코스모폴리탄의 문화 소비의 욕망이 그것이다.

이 시기 어트랙션은 전시체제가 굴절시킨 대중의 욕망과 조응하면서 흥행 프로그램의 중심으로까지 부상했는데, 이처럼 식민 당국이 권장하는 비영리적인 건전 오락 대신 그와 모순되는 어트랙션이 융성하게 된 것에 대해, 전시 통제가 아무리 효율적으로 이루어진다고 해도 "매끈해 보이는 전시통제선과 그에 균열을 가했던 누수지점"(402~403쪽)이 병존할 수 밖에 없으며, 문화통제는 여러 주체들의 이해관심과 뒤얽히면서 그 설계자가 미처 예상하지 못한 방향으로 흘러가게 마련이라는 점을 분명하게 지적하고 있다.

제3부 '극장의 이동, 문화의 접변'에서는 극장 공간이 조선에서 만주로 이동한다. 「철로와 부속지가 형성한 중국 동북지역의 초기 영화문화」(장동천)와 「만영영화의 하얼빈 표상」(와타나베 나오키)은 만주지역의 영화문화에 대해 다루고 있다. 장동천은 만주지역에 철로가 건설되고 철로부속지를 중심으로 형성되기 시작한 도시문화와 관련해서 영화 수용과 영화시장의 양상을 설명하고 있다. 신생 국산영화는 중국인 관객들에게 망향을 달래는 동시에 민족적 정서를 자극하고, 내셔널리티를 상상하게 했으나 정치적 상황의 악화로 이러한 에너지가 창작으로 이어지지는 못하게 되고, 잠재된 내셔널리즘을 이끌어낼 문화주체의 부재로 동북지역에서의 영화문화는 소비 공간을 형성하고 확장하는데 그치게 되는 현실을 이야기했다.

「만영영화의 하얼빈 표상」은 '만영滿映의 스타' 리샹란의 마지막 뮤지컬영화 〈나의 꾀꼬리〉(1944)를 문제적 시각으로 바라보고 있다. 국제도시 하얼빈을 무대로 해서, 망명 러시아인 가정의 양녀로 자라 소프라노 가수로 성장해가는 일본인 소녀를 다룬 이 영화는 언어와 민족을 뛰어넘어서 인간관계를 구성해가는 것의 상징성을 관객에게 내보이고 있으며, 젠더와 민족의 경계를 넘는 만영 영화의 프로파간다의 정수를 보여 주는 영화로 의미를 부여하였다.

「일제 말기 조선 극단의 만주 순회공연」(이복실)과 「동원된 미디어, 전시체제기 만담부대와 만담가들」(배선애)은 전시체제기라는 조건 속에서 만주지역을 순회공연 한 조선 극단의 공연과 만담부대에 관한 기록을 담고 있다. 「일제 말기 조선 극단의 만주 순회공연」은 신문자료들을 바탕으로 전시총동원체제기 조선 극단의 만주 순회공연의 배경과 경로 양상 등을 구체적으로 제시한다. 극단의 생존을 영위하기 위해 만주에서도 영리 목적의 공연을 하던 관행은 '조선연극협회'가 결성된 후, 조선과 만주의 이중적인 통제 속에서 '연극보국'을 위한 공연을 하여 관객의 외면을 당했으나, 한편으로는 재만 조선인에게 민족적 정체성을 확인시켜주고, 재만 조선인 극단의 형성과 발전에 영향을 미쳤다는 점에서 긍정적으로 평가하기도 하였다. 그런데 연극보국을 위해 제국의 이념을 선전하던 연극이 재만 조선인의 민족적 정체성을 확인시켜주었다는 논리 사이에는 상당한 간격이 감지된다.

「동원된 미디어, 전시체제기 만담부대와 만담가들」은 전시체제기 제국에 의해 동원되었던 만담부대와 만담가들의 활동상황에 대한 연구이다. 만담이 공연예술로서 독보적인 지위를 확보한 것은 극장이 아니라 제국에 의해 강제 동원된 각종 이동위문연예대와 만담부대였는데, 이는 만담이 이동이 용이하고, 공연 효과가 직접적이라는 점에서 정치적으로 활용하기 용이한 장르였기 때문이다. 논문은 야담과 만담이 특화된 만담부대가 '징병제' 홍보를 위한 미디어의 역할을 했고, 제국의 이데올로기를 식민지 조선의 곳곳에 충실하게 발신하였다는 것을 짚어낸다.

동원된 '움직이는 미디어'인 야담만담부대에 대한 관객들의 반응은 매우 적극적이었다. 주목되는 것은 이동과 공연을 위해 새롭게 제작된 자동차를 이용한 매신교화선전차대의 활동이다. 자동차에는 영화실이 있어 영화를 상영도 할 수 있었고, 후미에는 야담과 만담의 실연 및 연극 공연까지 할 수 있는 "움직이는 무대"도 갖추고 있었다. 라디오와 축음기를 통해 뉴스를 방송하거나, 유성기 음반의 가요도 틀 수 있었던 이러한 자동차는 "제국 일본의 과학 기술 수준을 집약한 결과물이었기 때문에 식민지 조선의 반도를 방방곡곡 누비는 이동 행위 자체가 제국 일본의 역량을 효과적으로 전시하는 일"(515~516쪽)이었다고 한다. 무엇보다 자동차가 각종 예술장르를 실연할 수 있는 구조였기 때문에 다양한 공연레퍼토리를 갖출 수 있었고, 가장 효율적으로 제국의 이데올로기를 설파할 수 있었음을 제시한다. 그러나 이렇게 소모되어 버린 만담과 만담가는 그 고유의 장르미학을 구축할 여력이 부족했고, 그 결과 해방 이후 독자적인 영역 확장을 하지 못하면서 텔레비전 등의 새로운 미디어의 등장으로 인해 코미디와 개그로 습합되어 장르 자체가 소멸해가는 상황도 날카롭게 지적하고 있다.

전쟁의 모호한 정체성과 비어있는 연계성

전시체제기의 제도와 흥행시장, 관객 등 다양한 조건들과 공연물의 관계를 포착하게 한 『전쟁과 극장』의 성과는 분명히 포착된다. 그러나 한편으로는 혼란스러움도 있다. 이는 성격이 다른 전쟁들을 전쟁이라는 이름으로 한데 묶어버린 데서 오는 것이다. 『전쟁과 극장』의 배경은 1937년의 중일전쟁과 이후 태평양전쟁에 이르기까지 일제강점기 말에 벌어졌던 일본의 전쟁뿐 아니라, 한국전쟁과 홍경래의 난이라는 농민전쟁까지 포함시키고 있다. 이렇게 되면 시기적으로도 홍경래의 난이 일어났던 1811년부터 한국전쟁기까지, 150년이 넘는 긴 시간동안 우리 민족이 경험했던 여러 전쟁 상황이 포함된다. 그러면서 전쟁이 표상하는 의미가 모호해지는 문제가 발생하게 된다. 중일전쟁에서 이어지는 태평양전쟁까지는 일본이 주체가 된 전쟁으로, 우리민족은 전쟁에 동원되는 위치에 놓인다. 그렇기 때문에 이 전쟁을 대하는 연극인들의 시각이 봉건적 질서에 대한 저항인 홍경래의 난이나, 이념대립의 결과로서의 한국전쟁을 대하는 연극 담당자들과 동일할 수 없다. 그렇게 되면서 전쟁과 극장의 긴밀한 관계가 느슨해져버리는 지점이 발생해 버린다.

또한 개별 연구의 성격이 강하며, 각각의 논의들이 다른 논문과 연계되면서 전쟁과 극장이라는 공간을 채워내는 역할이 약하다는 점을 지적할 수 있다. 『전쟁과 극장』의 장점은 동아시아를 아우르는 연구범위의 확장이 눈에 띈다. 「점령기 상하이 사람의 자화상 그리기」(오명선)와 「철로와 부족지가 형성한 중국 동북지역의 초기 영화문화」(장동천), 「만영 영화의 표상」(와타나베 나오키)은 일제강점기 중국에서의 연극, 영화의 현실을 보여 준다는 점에서 흥미롭다. 그러나 그 대상이 번안극과 영화라는 점에서 한국 내의 상황을 논한 다른 논문들과 연계되는 지점이 약하다는 점을 지적할 수 있다. 비슷한 시기나 상황 하에서 한국과 중국의 연극 혹은 영화는 어떤 양상으로 나타나는지, 문제의식은 고정하고 공간을 확장해서 일제파시즘의 적용을 폭넓게 포착할 수 있게 논문들이 구성되는 것이 효과적일 것이다.

이 책의 문제의식을 잘 보여 주는 논문이 「파시즘과 민족사이야기」로, 일본이 파시즘체제에 돌입하는 1930년대 후반부터 1945년 해방까지 창작된 역사극을 제국 일본이 구성해낸 조선사 담론방식에서 영향을 받은 것으로 설명하였다. 이러한 논리는 스테판 다나카의 『일본 동양학의 구조』[2]에 기반한 것이다. 일본 동양학은 일본이 동양 속에서 자신을 어떻게 규정해가는가의 문제를 다루고 있다. 일본은 서구와의 관계 속에서 스스로의 진보를 측정하면서, 근대사회에 적응하는 새로운 근대 국가로서의 정체성을 규정하려 하는데, 이때 서구적인 국민국가라는 새롭고 이상적인 일본의 모습을 서술하기 위해 타자로 설정된 것이 중국이었다. 『파시즘과 민족사 이야기』는 일제파시즘시기에 창작된 우리 역사극이 이러한 일본 동양학의 논리를 수용해 일본과 마찬가지로 중국을 지나화하는 방식을 선택하고 있다고 설명했다. 그러나 당시 일본의 동양학자들은 대부분 한국이 중국에 비해 후진적이라는 인식을 가지고 있었으며, 일본 동양학에서 한국에 대해 언급하지 않은 것은 한국이 중국만큼 중요하지 않았기 때문이었다. 이러한 점을 통해 다시 보면 이 시기 역사극과 일본 동양학 사이에는 상당한 거리가 감지된다.

2 스테판 다나카, 박영재 · 함동주 역, 『일본 동양학의 구조』, 문학과 지성사, 2004.

이러한 거리를 좁히기 위해서는 같은 시기 한국과 중국 그리고 일본에서의 역사극 관련 담론의 형성에서부터 작품 창작과 관객 수용에 이르는 문제들을 비교해서 보여줄 필요가 있어 보인다. 일본 내에서는 일본 동양학의 논리가 역사극 속에 어떻게 수용되는지, 그리고 중국은 자신들을 타자화하는 일본의 논리에 어떻게 대응하는지 등 이 시기 우리 역사극의 중요한 대상인 두 나라의 상황 없이 일본의 동양학의 영향으로만 설명하는 것은 상당히 빈 공간이 많은 논리가 되어버린다. 중국의 상황이 영화로만 들어오고, 한국의 상황은 주로 연극으로 채워지고 있어 두 공간이 제대로 만나지 못하는 점은 그래서 아쉽다.

—『한국극예술연구』 51, 2016

좋거나 나쁘거나, 양자택일의 윤리학 - 멜로드라마

이현경 | 『씨네21』 비평가

피터 브룩스, 이승희 · 이혜령 · 최승연 역, 『멜로드라마적 상상력 —발자크, 헨리 제임스, 멜로드라마, 그리고 과잉의 양식』, 2013

1. 멜로드라마, '멜로드라마적'인 것

1976년 초판이 발행된 피터 브룩스의 『멜로드라마적 상상력』은 멜로드라마 연구의 시금석을 마련한 역저다. 이 책이 발간될 당시만 해도 '멜로드라마'라는 단어는 경멸과 폄하의 의미가 내포된 용어였다. 1960년대 후반, 1950년대 대표적인 미국 멜로드라마 영화감독 더글라스 서크Douglas Sirk의 영화에 대한 재평가가 이루어지면서 페미니즘 영화비평가를 중심으로 멜로드라마를 새롭게 보려는 시도가 마련됐지만, '멜로드라마'의 정체성을 본격적으로 파헤친 연구서의 첫 머리에는 『멜로드라마적 상상력』을 둘 수밖에 없다. 물론 이전에도 멜로드라마에 관한 논문들이 있었지만 피터 브룩스는 기존 논의를 바탕으로 멜로드라마의 개념과 역사적 계통을 추적하여 그 뿌리와 실체를 파헤쳤다. 이 책의 특징이자 장점은 방대한 자료를 실증적으로 분석하는 과정을 통해 멜로드라마라는 개념을 수면 위로 끌어올렸다는 것이다. 이 책으로 촉발된 멜로드라마 연구는 1980년대와 1990년대를 거치면서 증폭되어 현재는 상당량의 축적을 이룬 상태다.[3]

저자가 멜로드라마라는 용어보다 '멜로드라마적melodramatic'이란 형용사에 대해 먼저 궁구한 이유는 멜로드라마에 대한 선입견이나 고정관념을 폐기하고 본원적인 의미와 용례를 살피기 위해서다. 형용사의 의미를 파헤치다 보면 멜로드라마의 상투적인 개념을 넘어 그 본질에 닿을 수 있다고 판단한 것이다. 저자는 그 방법론으로 1800년대 초·중반의 고전적 프랑스 멜로드라마 연극을 분석하고, 19세기 소설 중에서는 헨리 제임스와 오노레 드 발자크의 저작을 꼼꼼히 해석하고 있다. 고전적 프랑스 멜로드라마 연극에서는 길베르 드 픽세레쿠르의 작품을 특별히 공들여 살펴보았다. 픽세레쿠르는 1800년부터 1830년까지 프랑스의 가장 대중적인 극작가로 멜로드라마의 형식을 정립하고 예증한 인물이다. 19세기 고전적 멜로드라마의 전형적인 사례로 픽세레쿠르, 제임스, 발자크의 작품을 참조한 것이다. 저자는 이들 작품에

3 피터 브룩스는 1995년판 두 번째 서문에서 20여 년 동안 진행된 '멜로드라마'에 대한 연구 성과에 놀랍고 고마운 마음을 표시한다. 특히, 영화 멜로드라마 분야에서 로라 멀비, 톰 거닝, 크리스틴 글래드 힐, 데이비드 로드윅, 찰스 머서, 스티븐 히스, 미리엄 한센, 앤 카플란, 린다 윌리엄스를 언급하며 감사를 전하고 있다. 1976년부터 1995년까지 출간된 영화 멜로드라마 분야의 대표적인 저서 몇 권을 들면 다음과 같다. Christine Gledhill ed., *Home IS Where The Heart Is: Studies in Melodrama and the Woman's Film*, British Film Institute, 1987; *The Desire to Desire:* Mary Anne Doane, *The Woman;s Film of the 1940's*, Indiana University Press, 1987; Jakie Rayars, *All That Hollywood Allows: Re-reading Gender in 1950's Melodrama*, The University of North Carolina Press, 1991; F. Ann Kaplan, *Motherhood and Representation: The Mother in Populas Culture and Melodrama,* Routlege, 1992; Barbara Klinger, *Melodrama and Meaning: History, Culture, and the Film of Douglas Sirk*, Indiana University Press, 1994.

스며들어 있는 '멜로드라마적'인 요소의 내용을 밝히면 멜로드라마가 무엇인지 명료해 질 것이라 판단하였다. 필자의 일차적인 관심은 멜로드라마로부터 멜로드라마적인 것을 추론해서, 명사적인 것으로 형용사적인 것을 정의하는 데 있다.

멜로드라마 연구의 황무지에서 멜로드라마의 내용과 형식을 규명하려다보니 '멜로드라마', '멜로드라마적', '멜로드라마주의'와 같은 여러 용어가 동원되고 있다. 하지만 이는 저자의 불분명한 태도나 학문적 불확실성에 기인하는 것이 아니고 멜로드라마라는 거대한 실체에 다가가려는 저자의 겸손과 고심의 산물이다. 19세기 초 무렵에 존재했던 '멜로드라마'는 특정 시기의 역사적, 문화적 형식이다. 이때 멜로드라마는 프랑스대혁명의 여파 속에서 생성되고 변형된 고전적 프랑스 멜로드라마 연극을 지칭한다. 멜로드라마는 19세기 대중적인 형식의 핵심이었다. 저자는 19세기 프랑스 고전적 연극에 국한시키지 않기 위해 '멜로드라마적'이라는 용어를 쓰고 있다.[4] '멜로드라마적'이라는 형용사를 탐색하며 시작된 연구지만 저자는 멜로드라마라는 용어의 유용성과 필요성을 확신하였다. 멜로드라마는 다른 단어가 절대로 지시하지 못하는 것, 희극적이지도 비극적이지도 않은 고도의 감정 표출과 적나라한 도덕적 갈등의 양식을 지시한다고 정의한다. 멜로드라마는 다른 장르와 양식이 할 수 없는 것을 할 수 있는, 특별히 유연하고 융통성 있는 양식이다.

멜로드라마에 대한 저자의 '발견'은 초판 발행 당시 대중문학 형식에 관한 비평적 관심과 밀접한 관련이 있다. 이 책에서 고딕 소설과의

4 2000년대 한국문학사, 연극사 연구자들이 '신파'에 접근한 태도와 같다. '신파'는 역사적 맥락에서 특정시기, 특정지역의 연극 양식을 지칭하는 용어지만, '신파적'이라는 개념은 시대를 초월하여 사용된다.

연계성을 살피는 대목은 이런 문화적 영향을 반영한다. 방대한 인문학적 지식과 성찰을 보여 주는 이 책은 특히 언어학과 정신분석학을 연구의 주요한 참조 틀로 불러들이고 있다. 저자는 정신분석학은 근대 멜로드라마의 일종이라고 말하기도 한다. 멜로드라마의 최종 윤리인 '도덕적 비의'는 형이상학적 체계가 아니라 현실의 표면에 의해 암시되면서도 은폐되어 있는정신적인 가치의 영역이다. 정신분석학은 무엇보다 갈등을 본질로 이해한다는 점에서 하나의 멜로드라마 버전이다. 기표와 기의, 의식과 무의식을 읽는 언어학과 정신분석학은 멜로드라마 연구의 가장 적합한 사상적 배경이며 방법론이라 할 수 있다.

멜로드라마라는 단어는 이제 엄청난 함의를 지닌 개념으로 통용되며 문화 전반을 고찰하는 중요한 잣대로 사용된다.[5] 그러다 보니 영화, 소설, 연극, 텔레비전 드라마 등 여러 분야에 멜로드라마라는 단어가 합성되고 있다. 얼핏 혼란스럽게 느껴질 수도 있지만 멜로드라마가 포괄하는 영역이 그만큼 깊고 넓다는 의미로 해석할 수 있다. 『멜로드라마적 상상력』은 총 7개의 장으로 구성된다. 제1장, 제2장, 제3장은 멜로드라마의 용법, 내용, 형식을 구체적으로 분석하는데 '놀람의 미학', '무언의 텍스트'라는 장의 제목은 본문을 잘 요약하여 보여 준다. 제4장은 낭만주의 연극과 멜로드라마의 관계를 고찰하기 위해 1800년대 프랑스 연극을 집중적으로 분석하며, 제5장과 제6장은 발자크와 제임스의 소설에 나타난 멜로드라마적 요소를 상세히 살펴보고 있다. 저자는 멜로드라마를 이해하는 유일한 방법은 해석 그 자체의 행위를 통해

5 국내의 멜로드라마 연구는 1990년대 중반 이후 활성화 되었다고 할 수 있다. 현재까지 국내에 출간된 멜로드라마 관련 주요 저서들은 다음과 같다. 존 머서 · 마틴 싱글러, 변재란 역, 『멜로드라마-장르, 스타일, 감수성』, 커뮤니케이션북스, 2011; 벤 싱어, 이위정 역, 『멜로드라마와 모더니티』, 문학동네, 2009; 대중서사연구회, 『대중서사장르의 모든 것1: 멜로드라마』, 이론과 실천, 2007; 윤석진, 『한국 멜로드라마의 근대적 상상력』, 푸른사상, 2004; 유지나 외, 『멜로드라마란 무엇인가』, 민음사, 1999.

서 의미를 발견하고 특수한 좌표를 설정하는 것이라고 단언한다. 외부에서 주어진 의미가 아니라 텍스트 내부에서 형용사적인 용례를 찾아 명사적인 의미를 구성하는 저자의 성실한 태도는 멜로드라마의 윤리학과 닮아 있다. 텍스트 중심의 해석을 중시하는 저자의 사고를 존중하여 이 책의 서평 양식으로 중요하고 핵심적인 내용을 정리하는 방식을 택하고자 한다. 『멜로드라마적 상상력』의 전체 내용을 양식, 장르, 윤리라는 세 측면으로 나누어 정리하면 아래와 같다.[6]

2. 멜로드라마의 수사학 – 과잉의 양식mode of excess

저자는 초판 서문에서 이 책은 과잉에 관한 것, 과장된 극화 양식에 관한 것이라고 말한다. 멜로드라마는 표현주의적인 양식이다. 멜로드라마의 수사학은 과장과 과잉이라 정의할 수 있는데, 그것은 언어적인 측면과 비언어적인 방식 모두에 적용된다. 멜로드라마의 전형적인 표현법은 과장법, 대조법 그리고 모순어법이다. 강한 어조, 끊임없이 숭고를 표현하려는 특징을 갖고 이는 전반적으로 놀람의 미학을 추구한다. 멜로드라마가 갖고 있는 비언어적 과장과 과잉을 저자는 '무언의 텍스트'라 부르고 있다. 먼저, 멜로드라마에서 무언의 의미와 기원에 대해 살펴보자면, 멜로드라마와 팬터마임의 관계를 고찰해야 한다. 멜로드라마는 팬터마임과 팬터 마임 디알로귀라는 과도기적 형식을 경

6 이런 범주 구분은 필자의 자의적인 것이나 책의 목차에 어느 정도 부합된다고 말할 수 있다.

유한다. 멜로드라마에서 무언의 특권화된 지위는 여기서 유래한다. 무언의 텍스트는 무언의 타블로tableau와 제스처, 그리고 무언의 배역을 포함하는 것이다.

멜로드라마라는 단어는 원래 음악을 곁들인 드라마를 의미하는데, 루소가 1770년 리옹에서 초연된 서정극 〈피그말리온〉을 묘사하기 위해 처음으로 사용하였다고 한다.[7] 루소는 독백, 팬터마임, 오케스트라의 반주를 섞어 새로운 감정의 표현을 목표로 하는 연극에 멜로드람므란 단어를 사용했다. 이후 멜로드람므는 기존 장르 어떤 것에도 속하지 않는 팬터마임에서 유래된 대중 드라마를 가리키게 되었다. 18세기 말 관허극장이 아닌 이류극장은 발레, 인형극, 팬터마임으로 만족해야만 했다. 관허극장의 독점은 말의 독점이었다. 팬터마임은 처음부터 음악이 곁들여졌고 점차 더욱 정교해지고 대화 장면이 포함되기 시작하면서 멜로드라마와 매우 비슷해졌다. 프랑스대혁명으로 관허 극장의 독점권이 폐기되자, 모든 유형의 스펙터클들이 화려하게 만개했다. 팬터마임은 멜로드라마와 함께 살아남았고, 멜로드라마는 제스처에 의존하는 것으로 무언의 기원에 충실했다.

멜로드라마의 과장된 진술과 지나친 강조, 수사학적 과잉은 형식의 본질이다. 멜로드라마의 가장 직접적이고 현저한 특징 중 하나는 인물들이 세계에 대한 그들의 도덕적 판단을 직접 명백하게 말하는 경향이다. 도덕적 형용어구가 현저하게 빈번히 사용된다. "정직한", "순결한", "존경할 만한", "흥미로운" 아니면 "가짜의", "끔찍한", "야비한", "잔인한", "포악한" 등의 형용어구는 서사시에서만큼이나 멜로드라마에서 거의 정형화되어 있다. 인물들의 도덕적 본성을 말하는 것은 멜로드라

7 루소가 사용한 멜로드람므(melodrame) 단어가 실린 글은 1774년 혹은 1775년에 저술된 것으로 피터 브룩스는 추정하고 있다.

마의 행동과 내용의 중요한 부분이다. 인물을 단순하게 성격화하는 이러한 형용어구는 연극의 구조와 주제를 구성하면서 관객이 주의를 기울여야 할 관심사를 명료하게 알려준다. 여주인공과 악한은 둘 다 자신의 도덕적 정체성을 알리고, 자신의 이름과 거기에 부여된 조건들을 폭로의 형식으로 제시한다. 이런 특유한 자기표현은 자기지명self-nomination의 행동으로, 진정한 정체성을 정립하기 위한 위장과 수수께끼를 헤치고 나아가려는 목적을 위해 존재한다.

멜로드라마의 과장된 수사학은 억압을 돌파하기 위한 강렬하고 순수한 방책이다. 직실 화법으로 현실원칙을 돌파하고 유아적인 형식으로 도덕적 감정을 온전하게 표현하는 것이 멜로드라마다. 멜로드라마는 감정이나 관념을 빚어서 만들 수 있는 실체, 즉 모두가 보고 만지도록 제공된 시각적·촉각적인 모델처럼 다룬다. 감정은 완전히 행동화된 것으로, 우리 눈앞에 완전한 재현으로 제시된다. 암묵되는 것은 없으며, 모든 것이 넘쳐 말해진다. 감정적 탐닉에의 기쁨, 완전한 내적인 힘의 승리. 강렬하고 순수한 감정을 경험하도록 만든다. 이는 정신분석학적 욕망의 순수한 구현이며, 대체와 우회가 없는 세계를 지향하는 것이다. 멜로드라마의 스펙터클한 실연은 인간이 처하는 위기의 지점, 충돌의 지점, 명령의 지점을 표현하고 선명하게 제시하는 효과를 창출하게 된다. 멜로드라마는 페리페티의 시간의 급변을 반복적으로 사용하는데 바로 이 지점이 인물들이 세계의 절대적인 도덕적 자질을 명명하기 위해, 세계의 본질을 말하기 위해 가장 적합한 곳이기 때문이다.

3. 비극, 희극, 그리고 멜로드라마

악이 극적으로 기승을 부릴수록 관객은 강렬하고 근원적인 트라우마를 경험하게 된다. 극도의 고통과 괴로움을 경험하게 한다는 점에서 멜로드라마와 비극은 유사하나, 멜로드라마는 항상 언어적, 시각적 '과잉'을 제시하고 비통함에 대해 수동적으로 반응하게 한다는 차이가 있다. 고전적인 멜로드라마와 비극의 차이는 연극의 시작점부터 드러난다. 비극은 위기의 지점, 즉 비극적 메커니즘이 어쩔 수 없이 행동으로 옮겨가는 순간(햄릿 아버지 유령의 출현 같은 사건)에서 시작되나 멜로드라마는 무구로서의 미덕을 제시하면서 개막된다. 연극이 시작되면 관객은 한동안 미덕을 기쁨에 찬 상태에서 감상하게 된다. 물론 이후 미덕에 위험이 닥쳐오고 나중에 면죄와 구원을 필요로 하는 몰락의 과정이 수반된다. 고대 비극의 주인공에게 위험은 숙명으로 주어진 것이며 영웅인 주인공은 거기에 맞서 싸운다. 그러나 멜로드라마의 주인공들은 싸우기보다는 저항한다.

멜로드라마에는 에로틱한 합일을 지향하는 사례가 드물다. 희극에서는 구세대의 방해라는 장애를 극복하고 젊은 커플이 결혼하면서 새롭고 자유로운 사회의 출현하는 모습을 재현하지만 멜로드라마는 미덕에 대한 가치를 재확인하는 것이 목적이다. 비극에서처럼 인간보다 더 신성한 질서와의 조화도 없으며 악의 추방을 위한 희생을 필요로 하지도 않는다. 오직 무구와 미덕에 대한 확인과 회복이 있을 뿐이다. 비극은 통찰과 계시에 관한 것이기 때문에 맹목을, 희극은 소통 · 오해 그리고 그 결과와 관련되어 있는 것이기 때문에 난청으로, 그리고 멜로드라마는 표현에 관한 것이기 때문에 무언으로 나타나는 것이다.

전통적 프랑스 연극의 두 가지 걸출한 양식인 비극과 고급사회희극—성격희극은 낭만주의 혁명이 지나가기 1세기 전에 수명을 다했다. 스타이너는『비극의 죽음』에서 비극의 퇴조에 낭만주의자들이 기여한 바를 설명했다. 피너 브룩스는 스타이너가 낭만주의 연극에서 멜로드라마적인 것이 비극을 대체한 경향이 있다는 것을 알았지만, 멜로드라마를 경멸적인 평가가 담긴 용어로 사용했을 뿐이고, 멜로드라마의 극작술이나 표현상의 장치에 대해서는 거의 관심을 두지 않았다고 평가한다. 그렇게 때문에 스타이너는 멜로드라마가 비극의 뒤를 잇는 까닭을 설명하지 못했고, 그것이 근대적 상상력의 가장 높은 성취를 이루면서 비극의 연속성에 있다는 것을 보지 못했다.

비극은 궁극적으로 인간의 한 경험보다도 더 높은 질서에 관하여 의미를 만들어내며, 그 질서는 성스럽고 통합적인 힘을 보유한 공동체가 부여한 것이다. 멜로드라마는 극심한 공황상태와 동정어린 연민을 만들어내지만, 그 대상이 비극과 같지 않으며 고도의 깨달음에 의한 상호침투도 없다. 멜로드라마는 새로운 사회의 탄생을 묘사할 수 없으며 단지 구사회의 개량을 묘사할 뿐이다. 희극에서는 구세대의 방해를 극복한 젊은 커플이 결합하면서 자유로운 사회가 출현하는 모습이 재현되나, 멜로드라마는 미덕에 대한 가치를 재확인 하는 것이 목적이다. 세속화된 시대의 형식인 멜로드라마는 더 이상 확실한 존재론이나 인식론을 가질 수 없는 세계에서 신성하고 우주적인 가치에 가장 가까운 접근을 제공한다.

비극적 독백은 선택이 불가능하면서도 절대필요한 상황의 딜레마, 즉 고뇌에 찬 내성을 외면하했다. 이에 비해 멜로드라마에서 독백은 순수한 자기표현이며 도덕적 · 감정적 정수整數, integers를 통해 자아에 대해 말하는 것이다. 대립하는 힘들과 충성이 맞설 때, 자신에 대한 말하기 안에서 결투가 진행된다. 이것은 팽팽히 오가는 격행대화stichomythia로 표현되는 대담한 결투이다. 멜로드라마는 근대적 형식으로 그 역사적 기원은 정확히 프랑스대혁명과 그 징후라는 맥락 안에 위치한다. 멜로드라마는 단순히 추락한 비극이 아니라 비극적 전망의 상실에 대한 반응이다. 저자는 멜로드라마를 실패한 혹은 타락한 비극이라는 표지에 묶어둔다면 그 의미가 너무나 제한적지 않은가라는 질문과 멜로드라마라는 틀 안에서 이 예술의 토대와 그 미래의 암시를 찾아봐야 한다는 제언을 하였다.

4. 멜로드라마의 윤리학 – 도덕적 비의moral occult

19세기 프랑스 멜로드라마 연극이 상연된 주요 극장들이 위치한 거리 불바드 뒤 탕플the boulevard du Temple은 "범죄의 불바드"라고 불렸다고 한다. 불바드 무대에서 한 해 상연된 연극에 대한 통계는 칼에 찔리고, 독약에 노출되고, 유괴되거나 물에 빠지는 범죄가 13만 여 건이 넘었다는 사실을 알려 준다. 이는 멜로드라마가 미덕의 승리라는 궁극적인 결론을 지향하지만 플롯을 추진하고 관객의 감정구조를 사로잡는 것은 악이라는 것을 확인시켜 준다. 당시 악한은 매우 좋은 배역이었고 유명 배우가 역할을 맡았다.

멜로드라마의 주인공들은 그들을 판단하는 위치에 있는 인물들의 잘못된 인지에 의해 위험에 처하지만 미덕의 회복은 악을 인지하면서 이루어지게 된다. 처음에는 악의 것이었으나 나중에는 미덕이 되는 기호들은 여주인공의 회복을 위해 필수적으로 등장한다. 비록 온당한 인지가 이루어졌다 해도 즉시 문제가 해결되는 것은 아니어서 연극의 제3막은 결투, 추적, 폭발, 전투 장면이 등장하는 경우가 많다. 연극은 미덕과 악이 존재하는 곳을 공적으로 인지하고 미덕에 대한 보답으로서 악이 제거되면서 막을 내린다.

멜로드라마의 감정구조는 꿈에 가까운 체험을 하게 만든다. 에릭 벤틀리는 멜로드라마가 유아의 나르시시즘과의 유사성, 자기연민과 과장된 감정상태에의 탐닉, 유년시절의 상황의 이용 등의 특징을 갖는다고 언급한다. 저자도 이 의견에 동의하면서도 우리가 멜로드라마의 심리적 구조에 주목하고 있다는 생각에 현혹되어서는 안 된다고 강조한다. 멜로드라마에는 '심리'가 없으며 따라서 심리적인 갈등도 없다. 왜냐하면 멜로드라마는 갈등과 심리적 구조를 외화하는 장르이기 때문이다. 관객은 멜로드라마에서 심리적 기호들의 충돌과 상호작용에서 생성되는 극적 공간에 흥미를 느낀다. 이 공간은 프로이트적인 의미에서 무의식 혹은 꿈과 유사해 보이지만 순수하게 외화된 기호에 의해 작동될 뿐이다.

근원적인 양극단에 대한 대조와 충돌에 대한 감각이 멜로드라마의 핵심이다. 멜로드라마적 세계는 화해할 수 없는 대립물로서의 선악 갈등 위에 세워져 있다. 양극화는 멜로드라마의 원칙일 뿐만 아니라, 완선한 윤리적 상황들이 정의되고 구체화되며 명백해지고 작동되는 수단이다. 마니교의 이분법, 흑백논리, 양자택일, 단일감정적monopathic 상태는 멜로드라마가 최종적으로 지향하는 가치다. 중간지대와 중간의 상황은 배제되어 있다. 멜로드라마의 사회적 함의는 다양하지만, 모든 사람들이 분명하게 알도록 재현하다는 점에서 근본적으로 민주적이다. 프랑스대혁명에 연원을 두고 있는 멜로드라마는 근대적 상상력의 요체이며 민주적인 예술이다.

멜로드라마는 진실을 반복해서 말하고 악과 끊임없이 싸워 도덕의 궁극적인 승리를 이뤄내는 과정을 보여 준다. 멜로드라마는 사물의 신성한 체계에 존재했던 충성과 질서가 더 이상 존재하지 않을 때 죄의식에 의해 만들어진 불안으로부터 태어났다. 멜로드라마는 탈신성화된 시대에 근본적인 도덕의 영역을 밝히고 논증하는 주요 형식이다. '도덕적 비의', 즉 강렬한 윤리적 힘의 장소는 신중하게 위험을 무릅쓰고 깊이를 측정해야 하는 심연으로 존재한다. 그것은 무의식으로서 의식하지도 알지도 못하는 것이지만 그것의 효과를 통해 탐구되어야 한다. 멜로드라마는 탈중 심화에 대한 거부, 새로운 충만함, 윤리적 재중심화에 대한 추구를 표현한다.

—『여성문학연구』 30, 2013

프로토 프롤레타리아와 남한의 형성

이혜령 | 성균관대학교 동아시아학술원 교수

이진경, 나병철 역, 『서비스 이코노미 —한국의 군사 주의 · 성 노동 · 이주 노동』, 2015

이진경의 『서비스 이코노미—한국의 군사주의 · 성 노동 · 이주 노동Service Economies: Militarism, Sex Work, and Migrant Labor in South Korea』를 읽고 나면, '대한민국'이라는 국가의 정체성에 대해 생각하게 될 것이다. 나의 오랜 선배는 여전히 '남한 땅에서'를 운운하곤 하지만, 2002년 월드컵 시즌 때 시청광장을 차지한 수만 국민이 연호한 '대한민국'은 자본주의 세계체제 내의 국가적 위상의 객관적 · 주관적 고양을 반영한 것이었다. 그런데 수만 인파와 연호 속에 잠긴 월드컵의 시청광장은 1987년 6월 광장의 오마주로 해석하기를 마지 않았던 논자들이 있었다. 붉은 티셔츠에 새겨진 "Be the Reds"는 '남한'이란 냉전적 분단의 정체성 속에 새겨진 레드 콤플렉스를 극복한 징표로 간주한 언설들이 있었기 때문이지만, 오마주를 가능케 한 근본적인 근거는 다른 데 있었다고 생각한다. 1987년, 2002년, 그리고 2008년 촛불 광장조차도 거리와 광장의 점령으로써 주권 집단의 종족적 민족성을 표출했다는 점에서 같은 사건이었던 것이다.

정치적 주권의 상징이자 일체화된 집합적 신체의 상징인 광장 밖으로 이끌면서 이 책의 저자는 그 광장을 형성시켰으나 지워진 외부 또는 주변부를 목도하도록 한다. '하위제국'이 된 대한민국의 기원이자 당연하게도 미국의 팽창 전략 속에서 모범적인 개발 국가로 성장한 '남한'의 트랜스내셔널한 형성과 거기에 바쳐진 피와 땀, 심지어 그것을 다 소진시킨 '어떤' '노동'하는 생명들의 지워진 죽음을 다룬다. 이 노동을 지워냈기 때문에 대한민국이 되었는지도 모르겠는데, 그 노동은 뜻밖에도 이 책의 부제가 말해준 대로 노동이라 불린 적 없는 군인 활동과 매춘, 그리고 이주 노동을 말한다.[1]

저자에 따르면, 한국은 베트남 전쟁과 기지촌의 '군사 노동'과 '성 노동'처럼 미국을 위해, 미국을 대신하여 "노동하는 신체"를 바쳤으며 이제, 중국, 베트남, 필리핀 등지에서 한국에 온 아시아인 이주자들의 "노동하는 신체"에 의해 떠받쳐지고 있는 셈이다. 덧붙여 매춘, 다방 레지, 호스티스, 골프장 캐디 등 한국 내의 다양한 성 서비스 직종에 종사한 젊은 여성들의 성 노동이 보태지는데, 이는 1970~80년대 농촌으로부터 도시로 이주한 젊은 여성들의 프롤레타리아트화에 수반된 것이었다. 이 책을 통해 대한민국의 정체성을 다시금 생각한다는 것은, 1960년대 이후 본격화된 개발주의 이데올로기와의 결합 속에서 이루어진 인구의 초국가적transnational "동원"과 인간들의 대량 이주와 이산, 미디어에 의해 문화와 사상의 전파 등 "이동"이 근대성의 근본 형식이 초국가적임을 새삼 이해하는 것,[2] 애국주의와 민족주의, 다문

1 이는 산업 노동을 특화하는 것에 대한 비판적 준거이자, 프롤레타리아 남성 주체성의 천명으로 그 절정에 다다랐던 남한의 좌파 민족주의 역사인식이 자민족 중심적이며 남성 중심적임을 비판하는 저자의 입장을 드러낸다.

2 동원과 이동은 이 책의 방법론적 개념 중 하나로 각각 비릴리오와 아르준 아파두라이의

화주의라는 장막 뒤에 가린 추문을 들여다보는 것 이상이다. 아니, 추문은 언제나 피가 도는 살, 그러니까 몸body의 이야기라는 점에서 추상과 상징, 이념으로 다듬어지고 매끈해지기 전에 만져질 수 있고 볼 수 있는 프로토Proto타입, 즉 전범이나 전신, 원형을 보여 주는 것인지도 모른다.

『서비스 이코노미』가 단지 1945년 이후 한국의 근대성에 대한 탈식민주의적 재해석 이상인 것은 책 전체를 관통하는 저자의 방법적 사유가 근원적이고 도전적이기 때문이다. 다시 말해, 베트남 전쟁 참전에 내재된 경제적 동기나 미군기지 덕분에 매춘의 산업화 차원, 그리고 그것을 개발과 반공주의를 결합시킨 민족주의로 둘러싸워 정당화했음을 비판하는 언설만은 아니라는 것이다.

이 책의 원형이랄 수 있는 저자의 방법적 사유를 담은 서문 「섹슈얼리티와 인종의 프롤레타리아화」를 거칠게 요약하자면 다음과 같다. 군인 활동과 매춘이 노동의 원형이며, 따라서 군인과 매춘부는 프롤레타리아의 원형이며, 모든 노동은 인간 신체의 행위의 생산이라면, 몸짓이나 행위, 감정이라는 상품을 생산하여 재생산에 기여하는 서비스 노동은 노동의 원형이다. 단적으로 제조업 노동, 즉 산업노동에서 상품과의 관계로 매개되어 은폐된, 그 상품을 제공받는 인간, 나아가 사회와의 관계가 서비스 노동에서는 직접화되어 있다. 또한 사회적으로 구성된 권력적 체계인 젠더와 인종, 그리고 권력적 체계의 차별을 구동, 가시화시키는 핵심에 있는 섹슈얼리티가 교차 각인되지 않을 수

저작에서 참조한 것이다. 특히 유럽의 근대사회 형성에 있어 노동하는 신체의 운동의 독재, 그리고 생산과 함께 파괴의 경제가 함께 작용하는 근대성의 성격을 산업적 프롤레타리아화, 군사적 프롤레타리아화를 통해 이루어진 공간의 새로운 정치에서 찾은 비릴리오의 드로몰로지(dromology) 개념이 중요하게 다루어진다.(이진경, 나병철 역, 『서비스 이코노미 한국의 군사주의 · 성 노동 · 이주 노동』, 소명출판, 2015, 36~37쪽 참조)

없는 노동의 산물 곧 자신의 몸의 행위와 감정 을 제공해야 한다는 것을 의미한다. 군사 노동과 성 노동에서 극명하게 드러나듯이 어떤 경우에는 죽음을 대가로 치러야 하거나 죽임을 당할 수 있다. 이에 이진경은 노동의 원형인 이 노동들을 죽음정치적 노동necropolitics labor으로 정의한다.

아쉴 음벰베가 미셸 푸코의 생명권력biopower을 비판적으로 보충한 개념인 죽음정치는 전쟁과 저항, 테러와의 전쟁이라는 외피 아래 인간 신체의 죽음, 물리적 파괴를 정치의 수단으로 사용하는 현대 세계에서 주권에 대한 이해는 생명권력의 개념만으로는 불충분하다는 데서 도출되었다.[3] 『서비스 이코노미』의 저자가 이 개념을 노동과 연관시켜 제안한 죽음정치적 노동이란, 군복무나 군사 노동에서 가장 원형적으로 드러나며, 나아가 프롤레타리아 노동 전체에 대한 정의로 확대될 수 있다. 죽음 정치적 노동으로서, 광의의 프롤레타리아 노동은 "소모품적이고 폐기처분 가능한 노동이나 생명으로 정의할 수 있다. 그것은 생명의 양육, 부양, 재생산과 교차되는 등급화된 조합물로 정의된다. 또한 생명의 박탈 혹은 '죽음에 이르도록 된 것'으로 규정될 수 있다. (…중략…) 광의의 프롤레타리아 노동을 불가피하게 신체와 정신을 상해하고 훼손하는 일로 생각하는 것이다"(44쪽) 이진경은 이 개념에서 "죽음 자체의 궁극적인 사건보다는 죽음의 가능성에 연결되고 전체된 노동 착취의 중간적 매개의 단계"(41쪽)를 강조하면서, 바로 그러한 노동에 의해 죽음정치가 생명권력의 구성적 차원일 수 있음을 말한다. 노동하는 한 살아 있는, "살아남는 일의 형식이거나 수단인 그런 노동"

3 Achille Mbembe, "Necropolitics", *Public Culture* 15, no.1, 2003, p.12 아쉴 음벰베는 1957년 프랑스령 카메룬에서 태어난 정치학자이자 철학자로, 아프리카 식민지역사를 통해 서구 근대성과 그 철학적, 인식론적 기반을 비판한 『On the Postcolony』 H가 대표적이다.

으로서 "죽음정치적 노동으로서의 죽음정치란 항상 이미 생명권력의 구성적 차원인 것이다"(45쪽)

이진경이 제안한 이 개념은 최근 예외상태를 핵심 개념으로 하는 주권sovereignty에 대한 논의에서 종종 실마리를 놓치곤 하는 자본주의 체제의 재생산 차원을 그 구성적 일부로 강조할 뿐만 아니라 국가는 죽음정치적 노동을 일상화·항구화하는 정책적 수행자이자 자본주의 세계체제와 커넥션을 맺은 최대 브로커로서 노동시장에 노동하는 신체를 자본에 제공하고, 그 수익을 나누는 큰손임을 적시한다는 데 효과가 있다. 저자는 공장과 베트남, 기지촌, 기생관광 등의 값싼 대리 노동의 재생산에 일익을 담당했던 박정희 정권은 물론, 지금도 남한 정부는 특히 아시아인 이주 노동자를 국내 제조업에 값싼 노동력으로 공급하는 정책적 실행자이자 적극적인 브로커 역할을 수행해 왔음을 보여준다. 이와 관련하여 일제 말기나 박정희 정권 시대에 어느 때보다 강력한 사상 통제와 미디어 통제가 이루어졌던 것은 군인 노동, 성 노동, 나아가 공장에서의 노동을 포함하여, 이 노동들의 죽음정치적 본질을 지우고 호도하지 않으면 안되기 때문이다. 특히 이 책은 가장 적나라한 의미에서 적이라고 규정된 타자 집단을 살상하는 것이 그 궁극적인 목적이자, 그것을 위해 자신의 죽음을 감수해야 하는 군복무가 왜 신성시되고, 민속주의와 애국주의를 둘러써야만 하는지를 알려준다. 주검으로 돌아온 특정한 순간에야 민족 구성원의 죽음으로 포섭되는 기지촌 성 노동자의 죽음에 대해서도 말해준다.[4]

여기서 『서비스 이코노미』가 소설과 영화, 대중가요 등 문화적 생산

4 이와 관련하여 다음과 같은 물음을 던져보는 것도 생산적일 것이다. 왜 전쟁시나 위기 때가 아닌 국내 군복무나 군 생활과 관련해서는 소설과 영화와 같은 문화적 생산물이 잘 나오지 않는가? 왜 기지촌 소설이나 영화는 일찍부터 나왔던 반면, 일본군 위안부 관련 문화적 재현은 왜 오랫동안 억제되거나 제한되었는가?

물에 대한 분석을 중심으로 한 텍스트라는 점을 강조하고 싶다. 그 풍요롭고 사려 깊은 분석을 여기서 전달할 수는 없지만, 저자가 궁극적으로 보여 주고자 한 것은, 이 노동시장을 관통하면서 상처 입거나 죽임을 당한 인간 신체이기 때문이다. 그것은 사회과학적 언어나 통계만으로는 알 수 없다. 생각해보라. 문학 속에서 그 / 그녀의 상처입거나 죽은 몸은 영원히 매장되지 않은 채로 존재하지 않는가. 탁월한 문학적 저작이기도 한 이저서는 우리로 하여금 살아 있는 죽음과 대면토록 한다.

아마도 지금까지의 리뷰는 이 책에 대한 편식일지도 모른다. 왜냐하면 앞에서 말했듯이 이진경은 죽음정치적 노동을 말하면서 "죽음이라는 궁극적 사건보다는 죽음의 가능성에 연결되고 전체된 노동 착취의 중간적 매개의 단계"에 초점을 두고자 했기 때문이다. 단순하게, 그것은 살아 있음의 시간이 아닌가. 이진경은 비릴리오의 동원을 아르준 아파두라이의 이동성으로 보충하고자 한 것은, 프롤레타리아 주체의 행위력과 능동적인 저항성을 강조하기 위함이라고 말한다. 이진경은 한국의 아시아인 이주 노동자와 매춘 여성들을 다룰 때 이 부분을 조심스럽게 살핀다. 그들은 "동원과 통제의 대상인 동시에 이동성의 주체, 즉 제한성과 저항적 행위력의 다양한 정도로 교차되는 힘들의 재현으로 이해될 수 있다"(87쪽) 저자에 따르면, 1960~70년대 한국의 프롤레타리아는 시골에서 도시로 이동해온 자들이라는 점에서 이주 노동자들이며, 농촌 이주 여성의 프롤레타리아화는 섹슈얼리티의 프롤레타리아화를 내포하거나 수반하고 있었다. "여성 이주자들의 매춘으로의 전락은 단순한 희생자의 문제가 아니라 다양하게 변화하는 환경과 교섭하는 복합적인 과정이었다. 즉 매춘은 극히 기회가 제한된 상황에서 조심스럽고 고통스러운 선택의 결과로 발생한다"(172쪽)

끝으로 저자의 방법적 사유의 다른 중심축 중 하나인 푸코의 근대 섹슈얼리티 재구성에 있어 결락된 부분을 재구성하는 것이었음을 소개할 필요가 있을 것 같다. 즉 "부르주아의 성적 소비가 프롤레타리아의 성적 노동, 즉 매춘의 형식으로 수행되었음을 가정함으로써, 소비로서의 성의 삭제나 재생산으로서의 성의 제한이라는 푸코의 개념이 각 계급의 특수한 관계 속에서 개념화되어야 한다"(48쪽) 나아가 푸코가 "재생산이나 노동력 / 생산성 유지", 즉 경제적인 것에 제한된 성의 공리성에 다른 종류의 공리성, 즉 "'놀이'나 '위락'으로서의 또 다른 성과 섹슈얼리티의 효용성"(49쪽)을 추가한다. 성을 제공하는 집단과 제공받는 집단 사이에는 계급 · 성 · 인종이 복합된 위계와 권력관계를 필연적으로 포함한다. 놀이성의 효용성은 "부르주아와 프롤레타리아의 산업적 · 군사적(남성) 노동력을, 유지"시킴으로써 "사회적 재생산의 특수한 형식으로 기능한다"(49쪽)

푸코는 역사적 장치로서의 근대 섹슈얼리티가 여성 육체의 히스테리화, 아동의 성의 훈육화, 생식적 행위의 사회화, 도착적 쾌락의 정신병리학으로 구성되며,[5] 이러한 전략은 '혼인관계의 장치'와 '성생활 장치'의 연쇄를 통해서 이루어진다고 주장한다. 특히 성생활 장치는 "혼인관계의 장치에서처럼 성적으로 맺어지는 상대들의 회로에 연결되지만 유동적이고 동질이상적이며 정세에 의해 좌우되는 권력의 기술에 따라 기능하며", 그것은 "'생식'이 아니라 점점 세밀하게 인구를 통제하는 데 존재이유가 있다"고 말한 바 있다.[6] 푸코는 성생활 장치가 혼인관계의 장치 속에 제한되고 포섭되는 것을 19세기 이후 서구 근대 사회의 형성의 핵심적 기제임을 강조하는 데서 그쳤지만, 그것으로 제

5 푸코, 『성의 역사Ⅰ 지식의 의지』, 나남, 2004, 114~115쪽; 이진경, 앞의 책.
6 푸코, 앞의 책, 115~125쪽.

한될 수 없는 "성생활 장치"에 대한 논의가 이진경에 의해 성, 인종, 계급의 권력관계가 누적적으로 교차되는, 갈수록 글로벌해지는 성 노동과 성 섹슈얼리티 서비스 산업의 차원으로 채워지고 있다. 그런데 푸코가 이것이 점점 세밀하게 인구를 통제하는 데 존재이유가 있다고 한 이유는, 단적으로 매춘 여성에 대한 성병 관리 등 강제적 통제 등에서 보이듯 누가 인구의 재생산을 위한 혼인장치에서 주의 깊게 배제되어야 하는가, 그리고 왜 성생활이 혼인관계의 장치 내로 집중되어야 하는가에서라고 할 수 있다. 이는 푸코가 "생식적 행위의 사회화"라고 언급했던 차원에서 개인과 종種의 산아제한,[7] 나아가 때로는 특정한 집단에 대한 친밀성의 기피와도 관련되어 있다.

이러한 추기追記는 이 책이 던지는 마지막 물음을 상상하면서 덧보태진 것이다. 누구와 섹스하고 누구와 결혼할 수 있을 것인가, 누구와 아이를 낳을 수 있을 것이며, 어디서 키울 수 있는가, 누구와 어디에서 살 수 있을 것인가? 더 넓게는 누구와 이웃과 친구가 될 수 있을 것인가? 그 이웃과 친구는 어떤 권리를 갖고 있는가? 지금, 21세기의 남한은 친밀성이 극도로 제한되거나 기피되면서, 그 / 그녀가 노동하는 신체인 한에서만 살아 있는, 그 가치를 형편없는 임금으로 보상받을 뿐인 사회체이다. 알랭 바디우는 오늘날, 스스로에게 '선진 사회 또는 민주주의'라는 지위를 부여하는 사회에서 "실존하지 않는 대중의 핵심에는 최근에 나타난 프롤레타리아들('이민자'들이라 불리는 사람들)로 구성된다. 그들을 중심으로 하여, 비정규직 노동자들, 알바생들, 낙오한 지식인들, 대도시 변두리에 유배되고 격리된 모든 청년들이 모호한 전체를 구성한다"[8]고 적은 바 있다. 나는 이진경의 『서비스 이코노미』가

7 푸코, 앞의 책, 114쪽.
8 알랭 바디우, 「'인민'이란 말의 쓰임에 대한 스물네 개의 노트」, 『인민이란 무엇인가』,

21세기 한국사회를 살고 있는 우리들(?)을 향하여 "(국가의 관점에서) 공식적 인민이 누리는 존경의 권리를 갖지 못한"[9] 그러나 언제나 사회적 재생산에 접속되어 있는 프롤레타리아를 보이게 만들고, 전혀 새로운 호명의 계기를 제공한 저서로 읽혀지길 바란다.[10]

—『황해문화』 88, 2015

현실문화, 2014, 24쪽.

9 알랭 바니우, 앞의 글, 24쪽.

10 물론, 이러한 기대는 저자가 한국의 근대화 연구에 있어서 산업노동의 특권화와 관련하여서는 좀 더 다각적인 차원에서 그 특권화의 의미를 갈라내야 한다는 것을 포함한다. 산업 프롤레타리아의 정치세력화는 결국 실패했다는 점에서, 나는 한국에서는 산업 프롤레타리아조차 특권화된 적이 없다고 생각한다.

하나이면서 여럿인 영어/영문학

김혜인 | 동국대학교

야마구치 마코토, 김경원 · 박애경 · 서은주 · 이인영 역,
『영어 강좌의 탄생 ― 미디어와 교양이 만난 근대 일본』, 2016

1.

21세기 한국 대학에 영어 강의가 횡행하고 있다. 2010년 기준 서울대, 연세대, 고려대 등 주요 4년제 대학에서의 영어 강의의 비율은 약 36%에 달한다. 물론 같은 해 기준 영어 강의 비율이 57.8%인 포스텍이나 91%인 카이스트 등 절반 이상이나 거의 전면적으로 영어 강의를 시행하고 있는 대학도 쉽게 찾아볼 수 있다. 한국 대학에서 이처럼 영어 강의의 비중이 증가하고 있는 것은 여러 가지 측면에서 그 이유를 찾을 수 있겠지만, 무엇보다 전 지구적 정치 · 경제 · 사회 구조의 변동과 함께 글로벌 영역에서 활약하는 진취적 인재를 육성하기 위한 것이라고 선전된다. 영어는 한국인이 세계를 무대로 자신의 역량을 발휘하기 위해서 반드시 갖춰야 할 학문적 자질의 핵심에 놓인다. 물론 '영어'

에 대한 강조는 21세기에 접어 들어서 새롭게 제기된 것은 아니다. 쉽게 짐작할 수 있다시피, 가까이에서 찾자면 1945년 해방 이후 미국적 헤게모니 아래 문화 생산의 동력을 구했던 현대 한국 사회에서 영어는 언제나 왕좌를 차지해 왔다고 해도 과언이 아니다. 그러했던 것이 이제 21세기 '지구사회'의 출현에 따라 코스모폴리탄적 교양과 덕성을 구비한 인재를 창출하겠다고 나선 제도권 대학들에 의해 확대, 심화되고 있는 형국이다.

그런데 주지하다시피 영어 강의는 많은 문제점을 내포하고 있다. 영어 강의로 개설해 놓고 한국어로만 강의하는 이른바 '무늬만 영어' 강의라든가, 강의 주차나 시간 중 전반부만 영어로 강의하고 중반 이후에는 한국어로 강의하거나 요점을 정리하는 영어・한국어 혼합형 강의, 교수자의 억양이나 부정확한 발음으로 인해 수강생들이 알아듣기 힘든 한국식 영어 발음, 그리고 비영어권 외국 대학에서 비영어를 전공했던 교수들에게 영어 강의를 시키거나 현실적으로 영어 강의가 어려운 교과목에도 무조건적으로 영어 강의를 시키는 등 영어 강의 운영에는 다양한 문제점과 한계가 있다. 이로 인해 대학생 10명 중 4명이 영어 강의 내용의 60%도 이해하지 못해 그 실효성에 대해 끊임없이 의문이 제기되고 있는 형편이다. 하지만 대학들은 영어 강의의 필요성만을 강변할 뿐이다. 그리고 그것은 정부나 언론사 주도의 대학 평가에서의 외국인 교원 비율이나 외국인 학생 비율 등이 국제화 지수로 산정되는 것과 무관해 보이지는 않는다. 물론 한국에서 대학만이 영어를 강조하고 있는 것은 아니다. 이를테면 '영어 유치원'이 성황을 이루고 있는 것만을 봐도 한국사회가 얼마나 영어에 집착하고 있는지 쉽게 짐작할 수 있다.

여기에서 한국사회의 영어 경사 현상에 대해서 비판하거나, 대학에서의 영어 강의 문제점에 대해 지적하고자 하는 것은 아니다. 이 글에서 주목하고 싶은 것은 한국사회가 욕망하고 있는 영어란 과연 무엇인가 하는 점이다. 언어는 관습적, 문화적, 제도적으로 하나의 문화권에서 공동체의 구성원으로 살아가고 있는 사람들에게 상징체계를 습득, 공유, 전파하게 하는 역할을 한다. 우리는 언어적으로 구조화된 질서 속에서 대상과 세계를 인식하고 파악한다. 따라서 위에서 대학생 10명 중 4명이 영어 강의 내용의 60%도 이해하지 못하는 것은 어찌 보면 당연하다. 그것은 그들의 학습역량이 부족해서라기보다는 한국어문화권에서 나고 자라오면서 한국어를 통해 상징체계를 감각하고 내면화한 학생들이 그와는 다르게 영어라고 하는 언어적 질서와 체계를 통해 자기를 표현하고 세계를 이해하는 데 어려움을 겪은 것이라고 봐야 할지도 모른다. 단순히 한국어와 영어가 다른 언어라는 것이 아니라, 각각의 언어 고유의 문법과 질서가 존재하고, 그러한 언어의 문법과 질서에 의해서 구조화된 세계의 간극을 넘어서는 것은 결코 쉬운 일이 아니다.

그런가 하면, 한국어문화권에서 한국어를 통해 자기를 표현하고 세계를 이해했던 한국인이 사용하고 있는 '영어'가 과연 영어문화권의 '영어English'와 동일하다고 볼 수 있을까? 그러니까 영국과 미국의 영어와, 한국의 영어는 과연 같은 언어일까? 어찌 보면 어리석은 질문이지만, 언어 나름의 고유한 질서와 문법, 그리고 그러한 언어적 상징체계의 차이를 염두에 둔다면, 영어는 단일한 것이 아니라고 봐야 한다. 세계 공용어로서의 위상과 지위를 갖는 영어가 존재하고 있는 것은 틀림없는 사실이지만, 영어는 영국인의 영어, 미국인의 영어, 한국인의 영어로 나뉜다. 한국사회에서 욕망하고 있는 영어는 단일한 어떤 것으로서의 영어이지만, 영어는 개별 문화권의 사용자에 의해 분기하고 있다. 따라서 영어는 하나이면서 여럿이다. 그리고 사정이 이러하다면, 민족주의와 자본주의를 축으로 하는 근대의 성립과 발전 속에 영미 발發 영어가 자신의 영토를 전 세계로 확장해갔다면, 그에 대응해 각 민족, 지역별別 영어가 탄생한 양상에 주목할 필요가 있다. 근대 이후 한국의 영어의 발생과 전개 과정 역시 이러한 관점에서 이해할 필요가 있다. 그리고 조금은 결을 달리하지만, 이와 관련해 영미발 영어의 일본식 토착화와 관련해 흥미로운 논의를 전개하고 있는 책이 야마구치 마코토山口誠의 『영어 강좌의 탄생』으로 많은 시사점을 제공해준다.

2.

야마구치 마코토는 『영어 강좌의 탄생』 한국어판 서문에서 "일본의 '영어'는 English가 아니다. 그것은 근대화를 이루기에 급급한 일본을 위해 20세기 초엽에 일본인이 발명한 Made in Japan의 교양이다"[1] 라고 단언한다. 그러니까 일본의 영어는 일본인에 의해 발명된 교양의 형식이라는 것이 저자의 논지인 셈인데, 이때 일본의 영어는 새롭게 만들어진 것이 된다. 이는 근대 일본에서 영어가 다루어진 방식과 영어를 둘러싼 사고양식이 형성된 과정, 나아가 영어가 어떻게 사람들의 욕망을 나름의 방법으로 발현하게 하는가에 관심을 가지고 있었던 저자의 문제의식을 고려했을 때, 메이지유신 이후 근대 일본에서 영미

1 야마구치 마코토, 김경원 외역, 『영어 강좌의 탄생 : 미디어와 교양이 만난 근대 일본』, 소명출판, 2016, 7쪽.

발 English가 어떻게 일본식 영어로 재구축되어갔는가에 대한 학문적 탐색의 결과라고 할 수 있다. 그는 이 책에서 역사사회학적 방법론에 기초해 일본에 고유한 교양으로서의 영어를 누가, 언제, 어떤 문맥 속에서 발명하고 프로그래밍했는가에 대해 논의를 전개하고 있는데, 그것은 대체로 두 가지 계통으로 정리된다.

저자에 의하면, 일본에서 영어의 두 가지 계통은 1910년대 제도권 학교교육을 통해 정착된 '영문학'과 1930년대 방송매체를 통해 개발된 '영어회화'로 나뉜다. 각각 'English Literature'와 'Conversation in English'로 직역할 수 있지만, 일본의 영문학과 영어회화는 'English Literature'와 'Conversation in English'와 다를 뿐만 아니라, 전혀 다른 사상적 토대와 콘텍스트 속에서 발명된 것이다. 1868년 메이지유신 이후 근대화의 흐름 속에서 30여 년간 'English'만이 존재했던 일본에서는 청일전쟁과 러일전쟁의 승리 이후 근대 국민국가로서의 위상을 구축하는 과정 속에서 본격적으로 '일본인'에 의한 연구와 교육을 확충하는 일련의 움직임을 보였고, 때를 같이해 나쓰메 소세키나 오카쿠라 요시사부로岡倉由三郎 등 영국 유학에서 돌아온 앨리트 지식인에 의해 일본만의 영문학을 확립해나갔다. 그것은 영국의 준고급 문화로서의 English Literature를 직수입하는 것이 아니라, 그것을 토대로 하여 근대사회의 보편적 교양으로서의 영문학을 만드는 작업이었다. 이때 일본의 영문학은 근대화를 수행하는 일본인의 인격을 함양하는 보편적 고전으로 정비되면서 "일본의 특수한 교양이자 고전의 체계로 탄생"[2]하게 되었다.

한편, 1931년 만주사변을 계기로 국제사회에서 고립된 일본은 국제

2 위의 책, 10쪽.

연맹에서 탈퇴한 뒤 독자적 외교의 길을 걸으면서 영국과 미국 등 이른바 강대국에 대해 자국의 입장—"올바른 Nippon"을 선전하고 이해시킬 필요가 있었고, 이에 따라 1934년경부터 일본에 대한 왜곡된 이해를 바로잡기 위해 대외선전에 몰두하였다. 이때 대외선전의 도구로서 '영어회화'가 각광을 받았는데, 1934년 시작되어 이듬해 정규 프로그램으로 라디오방송에 편성된 '영어회화강좌'는 일본에 대한 외국의 오해를 바로잡기 위해 "일본인이 적극적으로 발신할 수 있는 국제공용어라는 구상에 의해 탄생한 새로운 일본의 '영어'"[3]였다. 일본인은 일본인만의 영어를 통해 일본의 지리나 전통문화, 그리고 일본정신 등을 발신할 수 있었고, 이는 국제적 프로파간다의 일익을 담당할 인재를 양성하기 위해 새로운 일본의 영어가 만들어졌던 흐름과 그 궤를 같이했다.

이러한 근대 일본에서의 영어의 두 가지 계통, 영문학과 영어회화는 저자에 의하면, 과잉 수신과 과잉 발신이라는 점에서 '대화'라는 사고가 결락되어 있다는 한계를 갖는다. 다시 말해 근대 일본의 영어에는 공유 가능한 앎과 사고방식을 함께 탐구하는 행위로서의 대화의 의미가 존재하지 않는 것이다. 저자는 근대 일본에서의 영어의 두 가지 계통에 대한 흥미로운 논의 전개를 통해 "대화를 지향하는 다문화커뮤니케이션의 필요성과 안이한 문화 발신주의에 빠지지 않는 열린 사고의 중요성"[4]을 강조하고 있다. 그런데 저자가 책의 논의 내용을 정리한 뒤 근대 일본의 영어가 과잉 수신과 발신의 양상을 보이는 '독백'에 머물러 있었기 때문에 대화와 열린 사고의 중요성에 대해 강조하고 있다고 하더라도 보다 주목되는 것은 근대 일본의 학지學知의 성립과 발전 과

3 위의 책, 11쪽.
4 위의 책, 13쪽.

정 속에서 영미 발 영어가 어떻게 일본식 영어로 재탄생했는가에 있다. 메이지유신 이후 근대국민국가 건설을 지향하는 한편, 동양의 후진 제국주의 국가로 전신해갔던 일본에서 'English'가 어떻게 수용되고 굴절되어 일본의 영어가 되어갔는가를 탐색하는 것은 한편으로는 근대 동양과 서양, 제국과 식민지 사이의 학문과 사상, 지식과 문화의 이동의 회로와 문법을 가늠하게 하기 때문이다.

영어라는 언어가 제국주의적인 권력을 본질적으로 항상 발동시킨다고는 생각하지 않는다. 그럼에도 영어가 널리 유통되는 역사성(혹은 현실)과 영어가 일본어 및 일본인을 궁지로 몰아넣는다는 담론(혹은 판단)을 무모순적으로 결부시켜 위기감을 선동하는 사고는 근대 일본사회에서 일정한 설득력을 발휘해 왔다.

이 책에서 상세하게 고찰하였듯, 때로는 영어 폐지를 논하거나 때로는 권력의 원천으로서 영어를 우리 것으로 만들어 일본인다운 영어를 만들 것을 권장하기도 했고, 나아가 영어를 역이용하여 일본을 발신하자고 주창하는 논자를 산출해 왔다. 하지만 이들은 결코 전전에 국한된 과거의 이야기가 아니다. 현대에도 영어로 일본을 발신하고자 하는 사고는 일부 논자들(그것도 자타가 국제파라고 공인하는)에 의해 다시금 거론되고 있다.[5]

야마구치 마코토에 의하면 영어라는 언어에 대한 모순적 인식을 가지고 있었지만, 영어를 통해 일본을 발신하고자 하는 욕망은 근대 이래 일본에서 지속적으로 발현된 듯 보인다. 그것은 영어 자체가 가지고 있다고 여겨지는 어떤 권위에 기대어 나 / 우리를 표현할 수 있다는 것으로, 영어를 통해 '세계'를 향해 발화할 수 있다는 무의식적 욕망을

5 위의 책, 281~284쪽.

드러낸다. 따라서 영어는 한편으로 국민국가 단위로 구획된 근대 세계 체제의 어떤 고유한 질서와 문법을 사유하게 한다. 근대 일본의 제도권 교육에서 어떻게 영문학이 만들어지고, 그것이 보편적 교양으로 자리 잡아갔는지, 다른 한편 라디오방송이라는 매체를 통해 영어강좌가 만들어지고, 그것이 어떻게 일본을 발신하고자 하는 욕망을 추동했는지 세밀하게 밝히고 있는 이 『영어 강좌의 탄생』이 단순히 근대 일본의 영어의 두 가지 계통의 탄생과 전개 과정에 대한 해설서가 아닌 것은, 우리로 하여금 영어를 축으로 하여 역으로 근대 국민국가의 작동 메커니즘을 되묻게 하기 때문이다. 근대 일본의 교양의 형식이자 세계에 대한 발신의 형식인 '영어'는 그런 점에서 그 자체로 20세기 초반 제국-식민지, 서양-동양, 보편-특수, 문명-야만 등으로 위계화된 세계의 상징물이다.

3.

『영어 강좌의 탄생』에서 강변하고 있듯이 근대 일본에서 영어가 새롭게 고안된 것이라면, 시선은 자연스럽게 근대 한국으로 향한다. 다시 말해 근대 한국에서 영어는, 영문학과 영어회화는 어떻게 만들어지고 발전해갔는가에 대한 의문이 자연스럽게 따라온다. 특히 일본과 달리 근대 국민국가의 건설이 좌절되고 제국-식민지 체제에 병합된 뒤 20세기 초반 '식민지 조선'으로서 정치·경제·문화적 변동을 겪었던 근대 한국에서의 영어는 무엇이었던가 라는 질문이 제기된다. 근대 한국, 식민지 조선에서 영어는 근대 일본, 제국 일본의 영어와 마찬가지로 교양의 형식이자 세계를 향해 발화하는 형식이었던 것일까? 여기에서 이에 대한 답을 하는 것은 난망한 일이다. 다만 우회의 방식으로 영문학을 수용한 일본의 오카쿠라 요시사부로와 조선의 최재서를 비교 분석한 윤수안의 논의를 참고할 수 있다. 그에 의하면, 오카쿠라 요시사부로는 영문학을 수용해 일본의 문명화를 달성하려고 했지만, 서양과 동양, '백인'과 '황색인' 사이의 비대칭적 관계를 승인한 상태에서 이를 극복하기 위해 일본을 '동양의 영국'으로 위치시키려고 한 반면, 최재서는 예이츠를 축으로 아일랜드 문예부흥운동이 실현된 것에 주목하여 조선의 전통을 부활시켜 세계에 기여할 수 있는 조선의 근대문학을 성립시키려고 했다는 점에서 동양인과 서양인을 대등한 위치에 놓았다고 볼 수 있다.[6]

그런데 여기에서 오카쿠라 요시사부로와 최재서의 영문학에 대한 인식과 감각의 차이를 부각시키는 것은, 윤수안의 논의에 동의하든 동의하지 않든, 별도의 논의를 요구하는 것으로 필자가 감당할 수 없는 부분이다. 다만 20세기 초반 제국의 질서 아래 놓여 있었던 한국에서의 영어 / 영문학에 대한 수용과 인식이 일본의 그것과 대동소이하지 않을까라고 단순하게 짐작할 수 있다. 그런가 하면, 대동아공영권 아래 미국과 영국을 적성국가로 규정했던 일본과 대척적 입장과 관점에서 '식민지 조선'을 발화하기 위해 영어 / 영문학을 수행한 것은 아닐까라고도 짐작할 수도 있다. 물론 이와 조금은 결을 달리하여 영어 / 영문학에 대한 식민지 조선 문학자들의 상상과 입장을 확인할 수도 있다.

헨리 · 젬스는 헨리 · 젬스, 이관형은 이관형, 거기에 어떠한 교섭이

6 윤수안, 윤수안 · 고영진 역, 『'제국일본'과 영어 · 영문학』, 소명출판, 2014, 260~263쪽.

있을 리 없다고, 거듭 생각해 보았으나, 일개의 후진한 문화 전통속에서 자라난 청년의 정신이 「너」와 「나」를 구별하기 힘든 가운데, 헨리・젬스가 현대인의 사상으로 통하는 길이 있고, 다시 동방의 하나의 청년의 마음이 세계사상으로 통하는 통로가 열려있는지도 알 수 없었다.[7]

> 「데아드라의 전설에 관하여」라는 연구였지만 이 아일랜드의 슬픈 전설의 전거를 파헤쳐 들어가면서 그는 얼핏 탐구논문보다도 감동과 영탄 쪽으로 흐르는 경향이 있었다. 치밀한 연대적 고증을 조사하고 있던 중, 어느 사이에 예이츠나 싱그의 작품 기타의 것에 취해 버린다.
>
> 이미 학문을 하고 있는 것이 아니고 문학의 감동 속에 빠져 버린 것이었다. 전설은 전색을 하고 있는 것이 아니고, 데아드라의 비련에 울고 있는 것이었다.[8]

위의 인용문을 통해 확인할 수 있듯이, 김남천의 『낭비』에서 경성제국대학 영문학 전공 이관형이 영문학을 통해 민족적 차원으로부터 세계적 차원으로 자기를 확장하려고 시도했던 것이자, 이효석의 『푸른 탑』에서 영민이 예이츠로 표상되는 탈식민적 세계와 접속하고자 했던 것을 상기한다면, 영어 / 영문학은 이 두 작가에게 '세계'를 욕망하게 하는 핵심적인 매개로 다가왔던 것을 짐작할 수 있다. 하지만 그 욕망의 매개로서의 영어 / 영문학은 식민지 조선의 영어 / 영문학이었다는 점에서 제국 일본의 영어 / 영문학의 자장으로부터 자유로울 수 없었다는 것 또한 사실이다. 근대 일본에서 '영어'가 발명되고 유통된 양상을 역사사회학적 관점에서 고찰한 야마구치 마코토의 『영어 강좌의

7 김남천, 「낭비」, 『인문평론』, 1940.10, 141쪽.
8 이효석, 『푸른 탑』, 『이효석전집』 4, 285쪽.

탄생』을 통해 근대 한국에서 영문학이 식민지 조선의 학지로 정착된 과정과 함께 영어라는 언어가 식민지 조선인들로 하여금 무엇을, 어떻게 욕망하게 했는지 추적하는 데 유익한 관점을 마련할 수 있을 것으로 기대된다.

—『민족문학사연구』 61, 2016

표지의 발견과 이미지의 생태학

박진영 | 성균관대학교 국어국문학과 교수

서유리, 『시대의 얼굴―잡지 표지로 보는 근대』, 2016

우연한 호의 덕분에 『소년』 창간호를 맨손으로 만져 보았을 때 필자의 표정이 어떠했는지 지금도 궁금하다. 오래전부터 서가 한구석에 영인본이 꽂혀 있던 터라 대수롭지 않게 펼쳐 든 잡지건만 심란함을 감출 수 없었다. 표제를 감싼 월계관 무늬가 초록색이며, 목차가 한 줄씩 건너 희미하게 보인 까닭은 빨간색으로 인쇄되었기 때문이라는 엄연한 사실이 눈앞에 놓여 있었다. 첫머리를 차지한 것은 매끈한 고급 종이에 박힌 소년 황태자로되 시선을 빨아들인 것은 옆에 선 노회한 이토 히로부미다.

영인본으로 본 「해에게서 소년에게」가 왜 흐릿한지도 그제야 깨달았다. 선구적인 근대 잡지 맨 앞에 바친 최초의 신시라는 것이 깡그리 초록색으로 인쇄된 데다가 위아래에는 태극기와 물결무늬가 빨간색으로 장식되었다. 제목을 감싼 상지와 페이지 번호까지 빨간색이며, 태극 문양과 괘의 배치는 오늘날과 다르다. 부끄럽기 짝이 없는 일이지만 필자가 그때까지 알고 있던 「해에게서 소년에게」가 아니었다.

물론 100여 년 전이나 지금이나 똑같은 문자다. 그러나 네모반듯하게 다듬어진 검은색 활자에서는 초록색의 파도 소리가 휘몰아치는 강렬함도, 붉은 태극과 물결의 뜨거움도 찾아볼 도리가 없다. 근대로 향하는 문을 연 "텨…… ㄹ썩, 텨……ㄹ썩, 텩, 쏴……아." "텨……ㄹ썩, 텨……ㄹ썩, 텩, 튜르릉, 콱"이라는 텍스트는 그러므로 시각을 지닌 목소리이자 청각을 지닌 이미지다. 저자 서유리의 말을 빌리자면 이 기념비적인 순간이 바로 잡지 『소년』과 독자 소년을 동시에 주체로 발견해 내는 대장정의 출발점이다.

서유리의 『시대의 얼굴—잡지 표지로 보는 근대』는 이미지의 근대적인 존재 방식과 고유한 운명을 더듬어 간 역작이다. 이미지에도 독자적인 역사가 있고 사상이 있단 말인가? 그렇다. 저자가 겨냥한 것은 표지 위에 무엇이 그려졌는가, 어떻게 읽을 것인가 하는 물음을 넘어 시대감각이 이미지로 포착되고 시각적으로 실천된 상상력의 계보를 추적하는 일이다. 이미지가 어떻게 주체를 탄생시키고, 그리하여 무슨 효과를 낳았는가?

저자는 무엇보다 얼굴에 주목하고 잡지의 육체성을 더듬어 가는 길잡이로 삼았다. 표지야말로 문자, 그림, 기호, 도형, 사진, 글꼴, 색깔, 여백을 포함한 온갖 이미지가 모여들고 저마다의 욕망이 뒤섞이는 첨단의 시공간이기 때문이다. 그러나 전모를 드러내기 위해서는 얼굴만으로 턱없이 모자랄 테니 이미지와 텍스트, 텍스트와 목소리, 목소리와 역사성의 연쇄를 파고들어야 한다. 빼어난 초상화라면 민낯만으로 깊이와 배후를 가늠하게 해 주는 것처럼, 서유리는 표지를 통해 이미지의 생존 전략과 잡지를 둘러싼 생태계를 역동적으로 그렸다.

『시대의 얼굴』은 표지의 안팎을 가로질러 가며 근대 잡지의 파노라마를 연출해 냈다. 저자는 1890년대부터 1945년에 이르기까지 발행된 잡지를 네 시기로 구분하면서 동일시와 대상화의 시선이 교차하는 이중적 주체화 과정을 체계적으로 분석했다. 아직 도래하지 않은 독자를 주체로 상상하는 동시에 잡지 스스로 주체로 기획되는 도정의 비망록들이 곧 표지 이미지다. 그러한 뜻에서 표지 이미지는 "대단히 강도 높은 주체화의 시각 작용"을 도맡아 온 근대성의 수도다.

편집자와 독자, 시대정신과 상업성이 날카롭게 마주치는 정치적 무대로서 표지를 중심으로 근대의 윤곽을 무리 없이 그린 것은 『시대의 얼굴』이 지닌 미덕이자 장점이다. 저자가 수백 종의 잡지를 헤집어 낸 손꼽을 만한 연구자라는 점은 아무도 의심할 수 없다. 우리가 눈여겨보아야 할 덕목은 표지라고 일컬어지는 사각형의 이미지를 완결되거나 고립된 박물지가 아니라 잡지의 생산, 유통, 소비가 쉼 없이 간섭하고 운동하는 긴장된 생태계 속으로 옮겨놓은 저자의 역량이다. 『시대의 얼굴』이 들여다보고 싶은 것은 안면성과 육체 사이, 표지와 잡지의 갈피갈피에 숨어 있는 일상의 욕망과 무의식임이 틀림없다.

그렇다 하더라도 『시대의 얼굴』은 일관성이 돋보이는 만큼 때때로 낯익은 풍경으로 다가오며, 곳곳에서 참신함이 빛나는가 하면 밑그림 선이 도드라지기도 한다. 1890~1910년대의 국가 표상과 청년, 1920년대의 신여성과 어린이, 1930년대의 노동계급과 투사, 1940년대 전시체제의 국민은 근대의 의제를 선도한 주체의 면면을 부감하기에 모자람이 없지만, 얼굴보다 시대에 압도된 구획이기도 하다. 다만 이러한 짜임새가 저자의 한계에서 비롯되었다기보다 의도적일 공산이 다분하고, 무엇보다 『시대의 얼굴』을 대하는 후속 연구자가 감당해야 할 몫이기 십상이다.

기실 저자가 개척한 이미지의 스펙터클은 2000년대 초반부터 차근히 성장해 온 인쇄미술 및 시각문화 연구가 맺은 결실이다. 근대성에 대한 학계의 관심은 이를테면 만화, 삽화, 광고, 사진, 우편엽서를 과감하게 학문적 영역으로 끌어들였고, 그사이에 제기된 중요한 문제의식이 『시대의 얼굴』을 통해 집약된 셈이다. 저자가 노리는 바는 표지라는 연구대상의 확대가 아니라 대중매체의 테크놀로지 속에서 이미지가 존립하고 갱신되는 기제이며, 이미지를 작가와 작품성 중심주의에서 해방시키는 작업이다. 저자가 "이미지 정치" 혹은 "이미지가 수행한 시각적 정치의 역사"라고 명명한 방법론의 전환이 중요한 이유도 여기에 있다.

그런데 방법론의 새로움과 진취성이 무색하게도 저자는 연대별 대표 잡지에 대한 통시적인 접근 전술을 피하지 못했다. 『시대의 얼굴』은 과연 잡지를 이해하는 유다른 관점, 근대를 성찰하는 독특한 입지를 마련해 주는가? 어쩌면 『시대의 얼굴』이 스스로 이질적인 자리를 찾아 나섰기 때문에, 달리 말하자면 서지학이나 담론사에 머물지 않고 미술사나 매체론에 자신을 놓지도 않았기 때문인지 모른다. 『시대의 얼굴』을 잡지사나 문학사의 맥락에서 짚는다는 것은 무척 공정하지 않은 일이지만, 기왕 국문학계니 미술사학계니 하는 경계를 넘어서려고 시도하는 마당에서는 곱씹어 볼 가치가 있다.

가령 『시대의 얼굴』에서 가장 흥미진진한 장면을 꼽자면 신여성의 미장센을 세심하게 뜯어보면서 디자인 감각의 변화를 생생히 통찰해 낸 대목이다. 그동안 다채로운 조명을 받아 온 상투적인 주제가 신여성이되 저자는 젠더 주체와 이미지의 지정학을 생동감 있게 재구성했다. 여성의 얼굴은 저자가 저술 전반에 걸쳐 역점을 두었거니와 방법론의 독창성이 빛나는 백미다. 지금까지 신여성이라는 이슈 자체를 획일적으로 바라본 것이 아닌가 하는 반성을 불러일으키기 때문이다.

학계에서 여전히 관심 밖으로 밀려나 있는 주변부 이미지도 저자는 놓치지 않았다. 예컨대 여성 이미지가 내부 컷이나 일러스트에서 끊임없이 출몰하며, 글꼴이나 장식 도안과 연루되어 있다는 사실이 군데군데 시사되어 있다. 만약 종이의 질감이나 잉크와 같은 기술적인 측면까지 저자가 아우르게 된다면, 우리는 여성의 이중적 주체화 과정과 이미지를 둘러싼 동역학을 훨씬 더 입체적으로 평가할 수 있을 것이다.

반면에 『시대의 얼굴』이 발굴해 낸 또 하나의 각별한 주체인 어린이 이미지에 대해서는 아쉬움을 지우기 어렵다. 개벽사의 『어린이』는 일찌감치 사진을 표지에 내걸었는데, 사실 여성과 어린이 이미지는 동일한 편집진의 손으로 동시적으로 등장했다. 그런데 『어린이』가 그림이나 일러스트가 아니라 사진을 앞세운 배경, 게다가 서양 어린이를 출연시킨 까닭을 저자는 방정환의 계몽주의적 의지와 신념에 의존하여 설명할 따름이다. 요컨대 방정환과 『어린이』를 바라보는 익숙한 프레임을 벗어던지지 못했으며, 젠더적 시선에서 발휘된 저자 특유의 강점을 엿볼 수 없다.

필자가 판단하기에 당대의 이미지 작가가 식민지의 어린이 초상을 걸맞게 창조해 내지 못한 데에 대한 방정환의 못마땅함은 오히려 방정환 자신이나 『어린이』의 편집 방향에 되돌려 주어야 한다. 방정환과 『어린이』의 한계는 이른바 '동심 천사주의'가 지닌 모호하고 불안한 일면에서 비롯되었다. 사정이 그렇고 보면 1930년대 무산계급 소년의 이미지가 서양이나 소련이라는 원거리에 집착한 사실 또한 역사적 문제일 터다. 어린이 이미지가 어째서 낭만적으로 이상화되었는가 하는 물음은 근대 아동문학사에 대한 적극적인 비판으로 이어져야 마땅하다.

거듭 강조하건대 『시대의 얼굴』에 주어진 첫 번째 사명은 근대 주체와 이미지의 역사적 조우를 정면에서 해부하는 일이다. 미답의 고된 작업을 위해 저자는 방대한 1차 자료를 망라하며 시대의 호흡을 성공적으로 되살렸다. 그러나 저자 서유리가 거둔 가장 값진 성취는 한국의 근대성에 다가서기 위한 새로운 방법론을 발견한 점에서 찾아야 한다.

표지를 통해 잡지를, 이미지를 통해 근대의 생태학을 풍성하게 재해석하는 일은 필시 단 하나의 경로로 충분하지 않다. 저자는 아직 눈길이 가닿지 못한 이미지를 그러모아야 하며, 『시대의 얼굴』이 불가피하게 놓칠 수 밖에 없었던 우연하거나 우발적인 계기의 진의를 캐물어야 한다. 독자는 학계의 다방면에서 진척된 그간의 연구사를 진지하게 회의하고, 『시대의 얼굴』을 통해 더욱 신선한 방법론을 상상할 수 있어야 한다. 『시대의 얼굴』이 제값을 다하기 위해서 미술사나 잡지 연구자라면 두말할 나위도 없지만 문학과 역사학 연구자가 반드시 통독해 주기를 바란다.

—『역사비평』 118, 2017

제4부

한국문학 연구의 새로움을 품다

소설사의 빈 자리 채우기

소인호 | 청주대학교 국어국문학과 교수

민족문학사연구소 고전소설사연구반, 『묻혀진 문학사의 복원』, 2007

오랜 동안 우리의 소설사에서 16세기는 거의 공백기나 다름이 없었던 것으로 여겨져 왔다. 일차적으로 그것은 이 시기를 뚜렷하게 장식해 줄 것으로 인정되는 작품이 별반 드러나지 않았던 탓이다. 우리 문학사를 대표하는 조동일 교수의 『한국문학통사』에서 『금오신화』에 대해 "아직 소설시대는 이르지 않았는데, 고독한 예외자의 선구적인 작품만 먼저 나왔다"고 진단한 것은 기실 16세기의 소설사적 공백을 달리 설명할 방법이 없었기 때문이기도 하다. 이렇게 16세기 소설사는 이 책의 제목처럼 '묻혀져' 있었던 것이다.

그러나 한편으로, 기존의 소설사가 서구의 소설론에 견인된 소설의 장르규정을 지나치게 경직되게 적용하고 있다는 데 대한 비판 또한 꾸준히 제기되어 왔다. 특히 90년대 전후 전기소설을 중심으로 초기소설사의 구도를 재점검하려 했던 일련의 연구를 통해 소설에 대한 종래의 협소한 장르규정은 어느 정도 불식되었던 것으로 보인다. 이는 우리

소설 유산의 온당한 자리매김을 위한 반성과 노력의 결실로 평가될 수 있다. 사실 『한국문학통사』에서 가전과 몽유록 양식으로 처리되었던 「천군전」, 「수성지」, 「대관재몽유록」, 「원생몽유록」 등 상당수의 작품들은 마땅히 16세기 소설사의 지평에서 다루어졌어야 했던 것이다.

소설의 개념 및 범주에 대한 인식의 전환이 점차 공감대를 형성해오는 과정에서, 그동안 묻혀졌던 16세기 소설사의 새로운 사실들도 하나 둘씩 밝혀지게 되었다. 『기재기이』와 「설공찬전」 국문본이 발견되었고, 「최고운전」의 창작 연대가 16세기로 밝혀졌으며, 『금오신화』 목판본이 16세기에 조선에서 간행된 사실도 확인되었다. 이로써 16세기 소설사의 면모를 온전히 드러내는 작업은 현 단계의 고소설 연구에 있어서 더 이상 미룰 수 없는 시급한 과제로 떠오르게 되었다. 금번 민족문학사연구소 고전소설사연구반에서 내놓은 『묻혀진 문학사의 복원』은 이와 같은 연구사적 요구에 부응하는, 참으로 시의적절한 성과물이라 아니할 수 없다.

이 책은 크게 두 부분으로 나뉜다. 제1부에서는 당대의 정치사회사적 맥락 속에서 서사문학사의 흐름을 총체적으로 진단하고 있다. 제1부의 총괄적인 논의는 제2부에서 전개되고 있는 개별 작품에 대한 각론을 통해 그 타당성이 더욱 확고하게 입증되고 있다.

총론에 해당하는 「16세기 소설사의 지형과 위상」은 본서에 수록된 논의를 총괄하면서 16세기 소설사의 존재 양상과 흐름을 선명하게 제시해내고 있다. 요약하자면, 세기의 시작부터 그 반이념적 내용이 심각한 문제로 제기되던 소설이 이념의 서사적 수단으로 승인되면서, 마침내 이념의 현실적 실현을 회의하는 방향으로 나아갔으며, 그 결과 이념과 대립하는 욕망의 서사로서의 17세기 소설이 본격적으로 등장하게 되었다는 것이다. 즉 16세기는 더 이상 '낙후의 세기'가 아니라,

국문이 텍스트 소통의 중요한 언어적 환경으로 자리 잡고 있었던 시기, 그리고 중국의 소설문학과 본격적으로 만나는 시기였으며, 가전, 전기, 몽유록, 필기패설 등의 서사적 전통을 충실히 계승하면서 다양한 이야기 형식을 발전시킨 시기였다는 것이다.

이와 같은 진단이 가능했던 요인으로서, 「표기문자 전환에 따른 16~17세기 소설 미학의 변이 양상」에서 제기된 방법론적 모색이 주목된다. 이 글은 국문본과 한문본이 공존하는 작품을 주 대상으로 한문 담당층과 국문 담당층의 교류 양상을 고찰하면서, 표기문자의 전환을 가능케 한 문학사회사적 맥락을 추적해내고 있다. 특히 '서사적 흥미'와 '이념적 교화'라는 모순의 길항관계 속에서 16세기와 17세기 고전소설의 문학사회학적 지평을 변별해내고 있는데, 이와 같은 구도는 본서에 실린 대부분의 연구에 있어서 일관되게 유지되고 있는 것으로 보인다. 서사적 흥미를 근원적 생명력으로 삼고 있는 소설이 이념의 시대라 할 수 있는 16세기적 상황에서 어떻게 그 존재 기반을 확보해 나갔는지를 살펴보는 것은 16세기 소설사의 정체성을 규명하는 데 있어서 대단히 유효한 방법론이었던 것으로 생각된다.

이 책의 최대 장점 가운데 하나는, 16세기 소설사를 복원하는 데 있어서 어느 한 측면만을 지나치게 강조하는 폐단을 지양하고, 다양한 각도에서의 심층적인 조망을 통해 당대 서사문학사의 거대한 자장 속에서 그 객관적 실체를 드러내려 했다는 점이다. 즉 「최고운전」, 「천군전」, 『기재기이』, 「수성지」 등 개별 작품 자체의 정밀한 분석과 평가에 그치는 것이 아니라, 그것을 다시 인물전이나 필기, 패설, 전기, 몽유록 등 서사문학의 다양한 유형들과의 유기적인 관계 속에서 재조명함으로써 논의의 객관성을 확보하고 있다는 것이다. 그리고 중국 소설의 국내 유입이나 소설 주해 작업 등의 추가적인 점검을 통해 16세기 소설 수용사를 다면적 · 입체적으로 드러내 주는 배려도 잊지 않고 있다.

이들 논의 하나 하나는 또 다른 후속 담론을 파생시킬 수 있는 시론적 성격을 지니고 있기도 하다. 일례로, 「조선 전기 귀신이야기에 나타난 신이 인식의 의미」는 귀신이야기가 지니는 신이 인식이 유가적 주체의 구성과 어떻게 연관되어 있으며 그것이 조선 전기 서사문학사에 어떤 영향을 주었는가를 탐구하고 있다. 이는, 필자의 언급처럼, 몽유록이나 도가 계통의 인물전, 불교계 서사물, 신이담, 영험담, 신선담 등의 문헌설화 등을 통해 확장 재론됨으로써 문학사 이해의 새로운 지평을 개척하는 중요한 길잡이가 될 수 있으리라 생각된다.

이상에서와 같이, 이 책에서는 다양한 접근방식과 심도있는 천착을 통해 16세기 소설사의 복원이라는 거대한 연구사적 책무를 감당해내고 있다. 이는 개인적 차원의 연구로는 성취될 수 없었을 터, 다시 한번 공동연구의 필요성을 절감하게 된다. 여기에 참여하고 있는 연구자들은 현 단계에서 해당 분야의 수준을 대표하고 있는 이들로서, 평소 개인적으로 존경해 왔던 선배 동료 학자들이기도 하다. 이들이 야심차게 기획하고 치열하게 노력해온 결실을 바라보면서, 그동안 안일했던 스스로의 학문적 자세를 반성하지 않을 수 없다. 이제 이 책으로 인해 그동안 묻혀져 있었던 16세기 소설사의 역동적 실체가 상당 부분 드러나게 되었다. 그렇지만 16세기 소설사의 빈 자리를 채우는 작업은 이제부터가 시작일 것이다. 그리고 이 책을 통해 시도된 다양한 담론들은 16세기 소설사의 완성을 향한 든든한 버팀목이 될 것이다. 그간의 노력과 성과에 박수를 보내며 일독을 권한다.

—『민족문학사연구』 35, 2007

타자를 초대하는 방식

강혜선 | 성신여자대학교 인문과학대학 국어국문학과 교수

강명관, 『공안파와 조선 후기 한문학』, 2007

1. 들어가는 말

강명관 교수가 주제의 무게와 논의의 날카로움이 돋보이는 네 권의 책을 한꺼번에 세상에 내놓았다. 네 권의 책은 상호 연관성을 가지면서 책마다 특정한 주제를 집중적으로 다루고 있다. 나는 그중에서 먼저 『공안파와 조선 후기 한문학』을 읽었는데, 이는 오직 나의 관심사가 이 책을 먼저 고르도록 했기 때문이다.

일전에 나는 학회에서 강명관 교수의 발표에 토론을 맡은 적이 있었다. 그 때의 주제가 또한 이 책의 한 절을 이루고 있는 「연암 박지원과 공안파」였다. 지금 생각해보면, 나의 토론은 강명관 교수의 날선 발표에 대조되는, 온순한 톤의 원론적 문제제기였던 것 같다. 이 서평을 읽는 이들은 아마도 저자의 목소리에 상응하는 서평자의 목소리를 기대

할 지도 모르겠다. 하지만, 나는 이 책 도처에 넘치는 저자의 단호한 목소리 사이를 이리저리 다니면서, 단호한 목소리에 가려졌거나 가려져 있을 지도 모르는 문제를 짚어볼 생각이다.

2. 은폐 · 배제된 타자 공안파의 호명

『공안파와 조선 후기 한문학』은 제목 그대로 중국의 공안파와 조선 후기 한문학의 관계, 정확하게 말하면 조선 후기 한문학에서 공안파의 수용과 영향을 전면적으로 다루고 있다. 저자는 놀라울 정도로 많은 자료들을 섭렵하면서, 양명학과 공안파의 논리가 어떻게 조선 후기 한문학에 수용되어 있는지 설득력 있게 논파하고 있다. 이것이야말로 이 책의 학문적 성과이자 의의라 할 수 있다. 물론, 공안파의 수용과 영향이라는 문제가 이 책에서 처음으로 제기된 것은 아니다. 최근 들어 공안파의 수용 양상이 비평과 창작 양면에서 꾸준히 논의되고 있는 바, 사실 조선 후기 한문학의 변화와 전개를 논의할 때 이제 누구도 명청대 학술과 문학의 영향을 논외로 하는 이들은 없다. 그런 의미에서 양명학과 공안파는 더 이상 한문학 연구에서 은폐, 배제된 타자는 아니다. 그러나 오랫동안 공안파의 수용과 영향 양상이 객관적 자료에 근거해 온전하게 드러나지 못했다는 그 선상에서 공안파는 여전히 은폐 · 배제된 타자였다.

저자의 말대로 한국 학계가 내재적 발전론에 강박되어 주체를 강조하고, 의도적으로 공안파라는 타자를 은폐해 왔던 것도 사실이다. 그러나 이는 내재적 발전에 강박되어서만은 아니었다. 저자를 위시하여 여러 연구자들이 명・청대의 일차 문헌자료들을 비교적 손쉽게 구해볼 수 있는 연구 환경이 조성된 것은 그리 오래된 일이 아니다. 한문학 연구자들이 우리 문인들의 일차 자료와 함께, 우리 문인들이 읽었던 중국의 자료, 특히 명・청대 자료까지 폭넓게 읽을 수 있는 연구 환경과 수준에 이른 결과로서 지금과 같은 공안파의 호명이 가능하게 된 것이다.

저자는 한국 학계가 서구의 근대를 모델로 상정하고, 그 환상의 근대를 향해 조선 후기 한문학의 주체성을 강조하는 태도와 관점에 대해 단호하게 비판하였다. 그리하여 20세기 이후 상상된 근대와 민족이란 코드를 버리고 조선 후기 한문학을 들여다보았다. 그 결과, 조선 후기 한문학에서 역동적인 변화로, 주체적이고 내재적인 발전으로 주목하고 평가했던 것들, 예컨대 반의고주의적 맥락에서 펼쳐진 독창성의 담론들('天機' '眞' 등의 용어), 조선의 시공간을 강조하는 상대주의 비평과 창작(저자에 의하면 이는 오랫동안 민족문학론으로 오해되어 왔다. 대표적인 경우가 박지원과 이옥이었다) 등이 사실은 공안파라는 파천황격의 외적 소인에 의해 이루어진 것임을 밝혔다. 조선 후기 문인들의 독서 내력을 추적하고, 공안파의 비평과 조선 후기 문인들의 비평을 대비・검토해낸 저자의 학문적 성실함에 힘입어, 이제 조선 후기 한문학에서의 공안파 수용 양상은 이전에 비해 선명화 되고 실제화 되는 계기를 맞게 되었다.

특히, 양명좌파와 공안파는 그들을 수용한 조선 후기 문인들에게서조차 은폐・배제된 타자이기도 하였음이 저자의 예리한 시선 아래 드러나게 되었다. 예컨대, 김창협의 시간상대론, 반의고적 비평 이론, 진시眞詩, 천기天機의 개념은 공안파에서 유래한 것임이 분명한데도, 그는 원굉도에 대해 지극히 부정적인 인상을 숨기지 않으면서 공안파 전체에 대해서도 의도적으로 침묵하였다고 한 것이 그러하다. 저자는 은폐의 이유를 김창협이 송시열의 적전 제자로 주자학을 부정할 수 없었기 때문에 천리를 부정하고 욕망을 긍정하는 양명좌파 및 공안파의 논리를 대놓고 긍정할 수 없었던 것이라 보았다. 박지원 역시, 그의 독창적 비평으로 중요시해 왔던 진眞, 영아嬰兒, 명심冥心, 상대주의 관점 등이 양명학과 공안파로부터 유래했다고 밝혔다. 요컨대 공안파 비평의 한국적 적용 결과를 놓고서 한국 학계가 지나치게 민족문학적 의미를 부여해 왔다고 진단한 것이다.

그런데 저자가 살핀 허균, 김창협, 박지원, 이옥 등 20여 명이 넘는 문인들 중 그 어느 누구도 공안파의 견해를 전면적으로 긍정하면서 수용한 사람은 없었음을 주목하고 싶다. 공안파의 영향이 깊이 감지되는 김창협은 물론, 그 주변의 문인들도 공안파에 대한 어느 정도의 이해력을 갖추었음에도 불구하고 주자학을 포기하거나 양명학으로의 전환을 기도한 흔적은 쉬 발견되지 않는다. 더구나 공안파에 대한 균형적 이해와 적극적 수용을 보였다고 하는 남극관조차도 이지에 대한 극도의 부정적 평가를 보여 주었으며, 공안파 수용의 절정에 놓인다고 본 박지원이나 이옥조차도 공식적으로는 공안파를 비판하는 태도를 보였다.

이러한 선택과 선별에 대해, 주자학을 부정할 수 없다는 방어적 기제 때문에 양명학을 수용하기 어려웠다고 단순화할 수 있을까? 공안파의 논리를 부분적으로 차용하고 선별적으로 수용하게 된 데는 또 다른 요인이 있다고 보는 것이 온당하지 않을까? 가령, 조선지식인들의 환경에서 보자면, 공안파에서 도드라지는 생활과 의식, 특히 불교와 도교에 대한 선호, 임정종욕任情從欲의 향락적인 태도는 결코 받아들이기 곤란한 것이었다. 또한, 원론적으로 보더라도 조선의 환경과 조선 지식인으로서의 조건은 공안파의 조건 및 환경과 맞대응될 수는 없었다고 보아야 할 것이다.

3. 타자의 주체화, 공안파 비평의 수용과 창작실천의 거리

저자의 말대로 조선 후기 한문학에서 타자, 즉 명·청대 문학을 분리해내는 것은 문학사의 이해에 도움을 주지 않는다. 변화하는 실체로서의 중국문학이 끊임없이 한국한문학에 일정한 영향을 주고 있었으므로, 한문학 내부에서 타자, 곧 중국의 동시대 문학을 배제하고 한문학의 민족문학적 성격을 찾고자 했던 것은 분명히 오류의 여지가 있다. 연구자가 "내부적 동인을 찾아 그것이 우선한다고 우기는 주체주의자들"이나 "변화하는 동시대의 중국문학을 은폐하고서 주체적 수용, 주체적 해석이란 말로 교묘히 피해가는 자들"이어서도 곤란할 것이다.

하지만 나는 주체의 개념이 여전히 유효하다고 본다. 조선 후기 한문학에서 공안파라는 타자의 역할은 저자에 의해 충분히 설득력 있게 확인된 셈이니, 이제 공안파라는 타자를 수용하는 내적 맥락과 주체의 작용을 다각도로 찾는 과제가 남았다. 그런 의미에서 나는 비평의 수용과 창작의 거리를 주목해야 한다고 생각한다.

『공안파와 조선 후기 한문학』은 엄밀하게 말하면 '공안파와 조선 후기 문학비평'이라 할 수 있다. 이 책이 다루고 있는 자료들은 주로 비평자료들에 해당하는 것들이다. 조선 후기 문인들이 공안파의 논리를 수용하여 자신들의 비평 논리로 발화해 놓은 것들은 공안파의 논리와 매우 흡사하여, 그야말로 공안파의 절취·차용을 실감케 한다. 그런데 저자도 말했다시피 조선 후기 공안파의 창작 실천은 각각 다른 양상으로 나타났다. 그것은 단지 공안파가 주장한 독창과 개성의 비평 논리가 창작으로 실천될 때, 독창과 개성에는 전범이 따로 없어서가 아니다. 비평,

문학이론의 층위에서 공안파를 수용하는 것과 달리, 공안파의 논리를 수용하여 작가들마다 자신의 창작으로 실천하는 사이에는 그리 간단하게 수용과 영향으로 논할 수가 없는 별도의 세계가 있기 때문이다. 작가가 한 편의 작품을 창작할 때에는, 공안파 말고도 다른 변수들이 의식적으로든 무의식적으로든 작동할 수밖에 없기 때문이다.

보다 근본적이며 또한 더욱 주의해야 할 문제는 창작의 실제이다. 조선 후기 한문학의 창작 양상이 공안파의 창작과 부분적으로 상관되면서도 또 한편으로는 사뭇 다른 색깔을 띠었다는 사실에 주목할 필요가 있다. 창작의 과정과 실천을 놓고 보면, 공안파라는 타자가 중요한 변수이기는 하더라도 주체의 형성에 이바지하는 여러 소인 중 하나일 뿐이다.

이와 관련하여 이용휴의 사례를 보자. 이용휴 역시 공안파를 숙독한 결과로서 그의 비평에 공안파와 상통하는 논리가 보임은 분명하다. 저자가 들고 있는 「환아잠還我箴」 등의 작품에는 공안파의 사유가 그대로 보이기도 한다. 그러나 이용휴가 공안파의 독창성 논리에 기초하였다고 하더라도, 그가 이룩한 새로운 형태의 한시 특히 송별시送別詩의 경우, 그는 공안파의 한시에서는 찾아보기 힘든 사회적 의식과 각성을 핵심으로 삼고 있다. 이것은 이용휴가 공안파로부터 일정한 자양분을 섭취하였으나 스스로가 대면한 보다 절실하고 중요한 요인들, 예컨대 경세의식과 사인으로서의 책임감 등이 만만찮게 작동했음을 뜻한다. 즉 공안파의 논리가 조선 후기 환경 속에 수용될 때는 또 다른 인자들과 교섭하고 갈등하며, 작가마다의 최종적 선택이 매 순간 불가피한 것이다.

더욱이 공안파의 문학이 성행한 조선 후기 국내에서는 또 다른 강력한 지적 흐름, 즉 현실과 사회의 문제에 대해 진지하게 대처하는 실천적 풍토가 조성되어 있었음을 환기할 필요가 있다. 이 시기 지적 풍토는 지식인들이 문학, 철학(사상), 역사, 과학(기술)을 넘나드는 총체적 사고와 학술을 지향하면서 조선의 사회와 현실 문제들을 해결하는데 적용할 방안들을 찾고 있었다. 조선 후기 공안파의 수용 맥락에는 이러한 내적 환경이 놓여 있었던 것이다.

4. 나가는 말

저자는 이 책의 머리에서 "그저 이런 문제도 있다는 정도의 제안에 그치는 것일 뿐이다. 정말 앞으로 이 분야에 대한 보다 충실한 연구가 나오기를 간절히 바란다" 하였다. 나는 이 말을 나름대로 이렇게 해석하면서, 서평을 맺는다. 자, 이제 공안파라는 거대한 타자가 뚜렷한 모습으로 조선 후기 한문학에서 호명되었다. 그러니 호명된 공안파가 주체 속으로 변용되는 역동적 과정과, 그 실천적 결과로서의 창작의 양상을 엄밀하게 조명해보아야 할 터이다.

—『민족문학사연구』 35, 2007

『국문학과 민족 그리고 근대』
있는 그대로 바라보기

김정규 | 사서 및 기록전문가

강명관, 『국문학과 민족 그리고 근대』, 2007

인기리에 방영되었던 드라마 〈태왕사신기〉가 얼마 전 끝을 맺었다. 단군신화와 고구려 광개토대왕을 모티브로 제작된 〈태왕사신기〉가 인기를 얻은 것은 작년에 방영했던 드라마 〈주몽〉이 그랬듯이 '강한 민족', '위대한 민족' 이라는 화두가 강하게 반영되었기 때문이다. 그런데 이처럼 '민족'을 강하게 드러내고 있는 〈태왕사신기〉를 보다가 모순적인 부분을 발견하게 되었다. 바로 태왕인 배용준이 '말갈, 거란, 후연' 모두 '주신' 하늘 아래 한 민족이라고 말하는 부분이다. 드라마의 설정에 따라 한 민족이라 이야기 하고 있지만, 이들은 우리가 알고 있기에 다른 민족이 아니었던가?

사실 이러한 '민족'이란 것은 근대에 들어서, 생겨난 상상의 공동체이다. 우리 민족은 단군 아래 단일민족이란 것도 냉정히 따져보면, 허구일 따름이다. 다양한 족族 들이 있었고, 그 중 강한 족이 이 땅에 흘러 들어왔을 뿐이며, 경계를 긋고 살아왔을 뿐이다. 그런 상상의 공동체일 뿐인 민족은 근대에 들어와 '순수성과 우월성'을 강조하며 구체화되었고, 무엇보다 강력한 힘을 가지게 되었다. 이처럼 민족이 강력한 힘을 갖게 하는 데, 그동안 국문학이 작동해 왔다는 것을 저자 강명관은 이 책에서 보여 주고 있다.

여느 학자들처럼 양반사회가 해체되고, 양반을 대신할 새로운 사회계급의 진보적 성격을 찾으려 했던 저자는 어느 순간 의심을 갖게 된다. 설정된 문제 자체가 잘못된 것 아닌가 하는 것이다. 그동안 국문학에서 제기되던 문제 설정은 우리 민족이 스스로 근대의 길로 들어설 수 있는 힘을 가졌다는, 내재적 발전론에 매몰되어 있었다는 것이다. 구체적으로 말해 조선 후기 사회에서 서구의 근대의 모습을 찾고자 하는 강박에 사로잡혀 있었던 것이다.

이에 강명관은 이러한 강박에서 벗어나 있는 그대로의 그 시대의 컨텍스트(상황)를 따라 텍스트를 읽어나고 있다. 순수한 국문학의 기원을 이룬 사람이자, 주자학이란 중세 이데올로기를 비판한 조숙한 근대인으로 평가되는 허균은 중국 명대 의고파擬古派의 열렬한 추종자였다. 또한 조선 후기 근대적 지식인으로 평가되는 연암 박지원 또한 중국의 공안파公安派의 절대적 영향을 받아 이론적 근거를 삼았음을 책 속에서 밝히고 있다.

'민족'과 '근대'가 우리의 국문학을 어떻게 구성하고, 서술을 강제했는가를 책을 따라 가다보면 눈이 번쩍 번쩍 뜨인다. 그동안 우리가 '민족'과 '근대'라는 것에 갇혀서 보고 싶은 것만을 보아왔음을 깊이 느끼게 되기 때문이다. 또한 모두가 옳다고 믿는 닫힌 구조를 비판하는 저자의 용기와 공부하는 사람으로서의 자세를 통해 세상을 보는 눈이 넓어짐을 느낀다. 저자는 이 책과 함께 「안쪽과 바깥쪽」, 「공안파와 조선 후기 한문학」을 같이 냄으로써 자신의 주장을 뒷받침하고 있다.

—『동대문신문』, 2007.12.12

보편주의와 전통 변용의 구상

김진균 | 성균관대학교 하이브리드미래문화연구소 연구원

류준필, 『동아시아의 자국학과 자국문학사 인식』, 2013

1.

지난 달 중국이 방공식별구역을 선포하였는데, 여기에 이어도 상공이 포함되면서 국내에 파문을 일으켰다. 방공식별구역이라는 생소한 용어가 언론에 오르내리는 참에 이어도 상공이 여태까지 일본의 방공식별구역 관리 하에 있었다는 사실이 알려지면서 더 큰 파장이 일어났다. 그리하여 이번 달 한국정부는 새로 이어도 상공을 포함하도록 방공식별구역을 확장하였다. 크게 보면 중국의 방공식별구역 선포는 미일 안보동맹에 대한 도발 차원에서 일본 방공식별구역을 무력화하기 위한 시도라고 해석해볼 수 있겠는데, 수중암초로서 10미터 이상의 파도가 칠 때만 가끔 보인다는 이어도가 수면 위로 돌출해서 한국정부가 엉겁결에 맞대응해야 하는 상황이 벌어진 것이다. 지금 이어도 상공은

한국, 중국, 일본이 각자 자국의 방공식별구역이라고 주장하고 있어, 앞으로 이 상공을 지나가는 제삼국의 비행기는 매번 통과신고를 두고 외교적 결단을 해야 할지도 모르는 상황이 벌어진 것이다.

상상 속의 이어도가 전설의 구체적 증거물로 재탄생했다가 뜻하지 않게 한중일 사이의 외교 쟁점으로 부상한 상황이 이 책이 포함된 총서의 지향점인 '동아시아한국학'에 유비되는 점이 없지 않다는 생각이 든다. 총서의 간행사에서는 동아시아한국학에 대해 동아시아 각국의 한국학을 교직해 화성和聲을 창출하는 복수의 한국학을 지향하는 것이라 규정하고, 그것으로 동아시아에서 새로운 상생의 방법을 모색할 것을 기대하고 있다고 했다. 이어도 문제는 어쩌면 이런 기대가 수시로 맞닥뜨리게 될 난제와 같은 종류가 아닐까 하는 생각이 든다. 중국에서 민족학의 일환으로 형성되었다는 조선학과 일본에서 동양학의 하위 범주로 형성되었다는 한국학 및 구미의 지역학으로서의 한국학을 한국의 자국학과 서로 교통시키되 하나의 중심으로 수렴되는 것을 지양하겠다는 의도는, 이어도 상공에 겹쳐진 각국의 방공식별구역을 걷어내고 상생과 소통의 공간으로 전환시키는 것만큼이나 실현하기 어려울 것으로 보인다. 자국 중심주의 혹은 각국의 민족주의에서 야기되는 영토분쟁과 역사분쟁을 종식시킬 만한 보편주의적 시선을 당장 어디서고 찾을 수 없는 형편이다.

이 책의 최종 지향은 이 총서가 표방하는 동아시아한국학으로 귀착되었다. 귀착되었다는 표현은 류준필 선생이 1997년부터 최근까지 긴 시간을 두고 발표하였던 논문들을 고르고 다시 다듬어서 최근 기획된 '동아시아한국학연구총서'의 하나로 출간하였음을 두고 말한 것이다. 이 책은 제1부에 학과제도의 수립 과정을 통해 자국학의 정립을, 제2부에 문자·표기의 인식을 통해 자국학의 맥락을, 제3부에 각국의 자국학으로서의 자국문학사들을 다루는 논문들을 배치하였다. 전체적으로 균형 있는 배치를 염두에 두고 작업한 결과물이 아님에도 불구하고 대체적으로 한중일 삼국의 자국학과 자국문학사들이 고루 다뤄지고 있으며 일관된 지향을 보여 주고 있다. 15년에 걸친 시간을 통과하면서 류준필 선생이 모아서 보여 주는 일관된 지향은 민족주의와 근대주의를 벗어나는 한국학의 모색에 있는 것으로 보인다. 한국학에서 민족주의와 근대주의를 벗어나는 자세를 확보하고, 이어서 일본과 중국에서 형성된 자국학들의 안으로 들어가서 내재적 비판을 시도하는 데에까지 나아가고 있다. 이 책은 동아시아 삼국의 자국학들에 시선을 균등하게 배분하여 얼핏 한국학이라기보다는 동아시아학이라는 명칭이 걸맞을 듯한 인상을 주고 있으나, 기실은 한국학으로부터 발원하는 문제의식으로 동아시아 각국의 자국학들을 검토하고 있으니 동아시아 한국학의 가능성 하나를 오랜 시간 준비해오고 있었던 것으로 봐도 무방하다고 하겠다.

2.

이 책에서 다루는 시기는 근대전환기에 집중되어 있다. 각국의 형편에 따라 구체적인 시점은 다르지만 동아시아 삼국이 서세동점의 충격을 내면화하며 근대적 질서를 창출하는 과제를 수행하던 바로 그 시점에서 동아시아 삼국의 자국학과 자국문학사가 구성되었다. 서양이 인식되면서 동양이 발견되고, 국제 관계에 노출되면서 자국학이 구성되는 것이다. 우선 한국의 상황을 보자. 한반도에 닥쳤던 서세동점의 충격 속에 전근대적 왕조의 백성들을 근대 민족국가의 국민들로 계몽하여 약육강식의 국제질서를 돌파해보자는 주장이 계몽 담론의 주류를 이루던 한편으로 국민 동원의 이념적 구심점으로 국학의 영역이 구성되었던 것이다.

이 책에 수록된 「'독립'의 개념과 수사학」과 「동아시아 문명론과 '정'의 정치성」에서 이런 맥락을 짚어내고 있다. 국가의 자주독립이 위협받는 상황에서 백성들을 자주독립의 국민으로 각성시키는 도구로 사용된 '독립'이라는 개념은, 외세에 대한 분노와 수치의 감정을 요청하기도 했다고 하였다. 독립하지 못하고도 분노와 부끄러움을 모르는 상태는 의타적 의존성이 내면화되어 있기 때문이며, 내면화된 의타적 의존성을 '문명의 학문'을 통해 극복하게 되면 외적 강제에 의한 비독립의 상태에 분노와 부끄러움을 갖게 된다는 것이다. 분노와 부끄러움은 독립을 지향할 수 있는 내면적 조건이 된다. 이렇게 독립은 감정을 통해 문명과 결합하고 거기에 학문의 자리가 만들어지게 된다.

이렇게 큰 틀에서 개념과 감정을 매개로 자국학 구성의 맥락을 풀어내는 과정도 흥미롭지만, 이 틈에 계몽 담론을 해설하는 데 그치지 않고 비판적 시선으로 그 과정을 평가하여 더욱 깊은 의미를 남기고 있다. 예를 들어 국가의 독립과 같은 차원에서 개인의 독립을 요청하였다면, 국가 간의 차원과 마찬가지로 개인 간의 차원에서도 외적 강제에 대한 분노와 수치가 등장해야 하지만, 계몽 담론에서 개인과 개인 사이의 억압과 강제에 대해서는 시선이 미치지 못하고 있다는 지적과 같은 것이다. 개인의 독립에 대해 국가를 위한 헌신으로서의 의미만을 부여하였기에 개인의 차원은 시선의 사각에 머물러 있을 수밖에 없었을 것이다. 이러하기에 개인이 스스로 자주독립해야 한다고 하면서도 부모, 아내, 자식, 친척 등 자주독립하지 못하고 자신에게 의지하고 있는 많은 사람을 은근히 환기시키며 책임감을 강조했던 것도 비판의 대상이 된다. 이런 비판적 시선은 이 시대를 내재적 관점에서 재구성해 보며 실현되지 못한 계기를 발견하는 단초가 될 수 있다.

3.

동아시아에서 가장 먼저 학적 제도를 수립하고 자국학을 구성하였으며 자국문학사를 서술했다는 점에서, 그리고 무엇보다 서구적 근대를 선취하고 그것을 주변국에 강요했다는 점에서 중국과 한국은 일본을 모델로 삼는 과정을 피할 수 없었다. 「동경대학교 학과 제도와 국학·한한·동양학」과 「자국문학사 출현의 일본적 맥락」은 이러한 관점에서 일본의 자국학과 일본문학사를 살펴본 논문이다. 학습원과 동경대학을 거쳐 제국대학이 설립되는 과정에서 일본학과 한문학의 미분화 형태인 화한문학과和漢文學科가 화문학과와 한문학과로 분리되고, 다시 화문학과는 국문학, 국사학으로 한문학과는 지나철학, 지나문학, 동양사학으로 대체되는 복잡한 과정을 치밀하게 추적한 앞의 논문에서는 화한학의 위상을 "일본 자국학의 이념적 경계를 흐리거나 일본적 동양학의 가능성을 약화시키는 효과가 있었다. 무엇보다 화한학은 일본 자국학의 내적 명징성을 확립하는 데에 장애로 인식되었다"(40쪽)고 보았다. 자국을 포함한 동양 혹은 동양을 내재한 자국이라는 화한학의 범위를 정식 학과제도에서 배제하고, 자국을 제외하여 대상화된 동양학을 설정하는 방향으로 나아가면서 자국학의 배타적 독립성을 확립했다는 것이다.

『일본문학사』를 통해 중국과의 관계에서 민족성의 유지와 지속을 증명하고 자국의 전통을 강조하며 자국문학의 특수성과 독자성을 분명하게 하고 있음을 설명한 뒤의 논문에서는 "이전 시기 일본에서 다양하게 시도되었던 가능성을 계승하기만 한 것이 아니라 많은 부분 억압·배제하는 과정을 거쳤다고 볼 수 있다. 특히 외래문화의 수용과정에서 발생하는 기존 문화의 창조적 변용의 가능성에 대해서 외면하는 문제가 생"겼다고 했다. 이 외래문화는 『일본문학사』에서 일본의 민족성을 위협하는 중국 문화이다. "이에 따라 동아시아 한자문명권에서 두루 공유했던 문화적 자산의 의미가 간과되었다"(317쪽)라고 하였다. 동아시아적 전통에서 일본적 전통을 분리해 자국문학의 중심으로 인식함으로 인해, 적정선을 놓치면서 보편성의 결핍과 독자성의 과잉으로 치닫게 되었다는 것이다. 다른 말로 폐쇄적 민족주의라고 부를 수도 있겠다.

「경사대학교의 학과제도와 중국(문)학」, 「중국 문론의 근대적 대응」은 중국쪽 사정을 살펴본 논문이다. 논문 제목에서 '문文'을 괄호 안에 표기한 것은 중국학으로 읽을 수도 있고 중국문학으로 읽을 수도 있다는 의미겠지만, 시각적으로 '문'이 강조되는 효과가 있어 '문'이라는 전통에 대한 지대한 관심이 은연중에 드러난 것 같다. 근대적 학과제도 성립 과정에서 문인의 창작 영역인 사장詞章을 지식의 대상으로 전환시켜 문학사가 만들어졌으며 "여기서 중국문학이란 사장의 전통에 근거해 구성된 것이었던바, 이에 따라 중국문학이라는 함의를 규정하는 다양한 시각의 충돌이 생겨났다"(75쪽)고 요약해볼 수 있는데, 학술의 전통에 근거한 문학을 추구하던 장태염의 입장은 다양한 시각의 충돌 결과 배제되었지만 근대적 문예론과의 대결의식을 분명히 드러냈다는 점에 각별한 의의를 부여하고 있다. 뒤의 논문은 장태염 문론의 의미에 거시적으로 접근하고 있는데, 장태염은 「문학론략」에서 경·사·자·집經史子集 일체가 문文이라는 입장에서 청대 문인 완원阮元의 「문론설」을 공박하고 있는데, 그 내적 맥락은 서구적 문학론을 제기하는 왕국유의 논리와 대립하여 전통적 문론을 복원하고 있었으며 말과 글의 공통성을 주장하는 유사배의 논리와 대립하여 말과 글의 불연속성을 부각하고 있었다고 했다. 뚜렷한 계승자를 얻지 못한 장태염의 문론을 사라진 가능성으로서 복구해보려는 것이었다.

"전통 문론과 근대적 문학론의 대결 구도보다는 문론의 내적 대립구도가 훨씬 생산적인 논의와 연결되리라는 기대"(7쪽)를 얻을 수 있었다는 저자 서문의 말은 장태염이 유사배와의 대립 과정에서 보여 주는 논리에 대한 의의뿐만이 아니라, 노신이 보여 준 가능성도 염두에 두고 있는 것으로 보인다. 서구적 문학론을 내면화한 왕국유의 입장이 대세로 등극하였지만 전통 문론의 사라진 가능성으로서 장태염 등의 입장을 다시 볼 가치가 있다는 것이며, 전통 문론을 계승하려는 입장 내부의 논란으로서 장태염과 유사배의 대립이 의미가 있다는 것이 자세히 언급되어 있다. 상세히 논급하지는 않았지만 노신은 유사배와는 다른 방식으로 완원의 노선을 계승하며 "지식으로 회수되지 않는 문학의 영역을 끊임없이 환기"(81쪽)하는 문학의 기능을 제기했던바, 이 입장에 가장 커다란 가능성을 부여하는 듯하다. 생각건대 전통적 문론의 문언과 근대적 문학론의 백화라는 분별을 넘어서고 문인과 학자의 분별을 넘어서는 새로운 영역을 지향하는 것으로 해석할 가능성을 발견한 듯하다. 이 책에서 중국쪽의 사정을 살피면서 염두에 둔 것은 전통을 변용하여 근대에 대응하고 그것의 구별을 넘어서는 하나의 가능성인 것이다.

일본과 중국의 경우를 따라가서 민족주의의 과잉이 보편성을 상실하는 경우를 확인할 수 있었고, 전통의 새로운 해석 가능성을 확인할 수 있었다. 이 경우들은 한국학의 영역으로 연계되면서 자연스레 김태준, 조윤제의 민족주의 과잉 사례들과 최남선, 안확의 보편성의 독자적 구현 가능성 사례들로 이어진다. 정약용의 『아언각비』를 명징한 한문의 문자 체계로 말과 글의 통합적 인식을 추구한 사례로 들어 근대 한국이 계승하지 않은 지점의 숨겨진 가능성을 짚어보기도 한다. 대략 동아시아 자국학들의 흐름에서 실현된 양상의 문제점을 드러내고 사라진 가능성의 의의를 되짚는 것이 이 책의 가장 큰 교훈일 듯하다.

4.

지금 우리가 추구하고 있는 한국학은 대개 이 시기로부터 계보가 출발한다고 볼 수 있는 바, 그 출발의 과정에서 놓치고 지나온 것들을 다시 살펴서 지금의 한국학을 반성할 자료로 삼을 수 있을 것이다. 이미 실현된 양상들은 설명의 대상이 되며, 설명이 완벽할수록 대개 필연의 결과물로 해석되기가 쉽고, 필연의 결과물이라는 인식은 언제나 수용 혹은 체념의 태도를 유발한다. 설명의 자세와 비판의 시선을 겸비해야 비로소 반성이 가능할 것이다. 비판은 출발의 과정에서 놓친 것들을 다시 살피고 실현되지 못하고 사라진 것들의 가능성을 상상하는 것에서 정점을 이룰 것이다. 근대전환기 이후 실현된 동아시아의 자국학들을 향한 이 책의 설명은 민족성과 근대성의 과잉이며, 거기서 실현되지 못하고 사라진 가능성은 보편성과 전통의 변용이라고 할 수 있겠다. 보편성의 실현과 전통의 변용이 만들어낼 가능성을 상상하는 것이 이 책의 비판정신에 놓인 기초이다.

이것은 근대전환기 이후 한국의 한국학이 보여줬던 민족주의와 근대주의에 대한 근본적인 반성으로 작용할 것이다. 서세동점의 충격 속에 민족공동체의 생존이 위협받는다는 위기의식에서 형성된 민족주의는 세계를 나와 나 아닌 것 사이의 투쟁으로 바라보게 되었으며, 과거에도 그 상을 투영했다. 중국 문화(한문학)의 압도에 대해 민족 고유 문학이 투쟁해 왔다는 조윤제의 인식이나 한문학을 민족 고유의 영역에서 타자화하기 위해 한문학사를 저술한 김태준의 인식은 그 결과물일 것이다. 한문학이 갖고 있던 보편적 속성, 즉 천하에서 생성된 지식 일체를 자기 것으로 삼아 천하를 근심하며 천하에 바로 접속하였던 사士의 자세들을 민족주의는 일거에 타자화하여 지나(중국)의 것으로 귀속시켰던 것이다. 전근대의 천하가 근대의 세계질서로 전환되는 과정에서 천하의 식자인들이 한반도의 지식인들로 위축되어 보편성의 계기들을 상상하는 힘이 약화되었다고 볼 수 있다. 근대화의 압박이 대단히 강력하였던 나머지 근대주의의 압도적 위세 속에 전통의 계승 가능성들이 대부분 사라지고 말았다. 문학이 문文에 대한 학學이기보다 리터러처의 번역어로 기능하면서, 자연의 무늬인 천문과 마주하는 사람 무늬로서의 인문이라는 추상 개념은 단절되고 말았다. 임화의 이식문학론은 근대와 전근대 사이에 놓인 이런 격절의 단층을 강조한 것이리라. 여기에 근대적 문학 개념을 전근대로 끌고 들어가 노블과 리얼리즘의 실마리를 발견하려는 경향, 즉 문학 연구에서 내재적 발전론의 편향들도 근대주의에 귀속될 것이다. 실현된 근대에 압도된 나머지 그것이 단 하나의 길이었다고 믿는 강박은 문文에서 리터러처의 우연적

상사相似기관을 찾으려고만 할 뿐, 인문의 다기한 가능성들에 관심을 둘 수 없었다. 근대전환기 이후의 한국학을 무시할 수는 없겠지만, 적어도 지금의 한국학을 반성하기 위해서는 그것이 놓친 계기들을 다시 꼼꼼히 들여다볼 필요가 있는 것이다.

동아시아는 동북아시아와 몽골 일대 그리고 동남아시아까지 아우르기도 하지만, 한국에서 실제 사용될 때는 한중일 삼국만 포함시키는 경향이 있다. 다시 한국에서 생각하는 동아시아와 동아시아에서 생각하는 한국이 다를 것이다. 동양과 서양을 대비해서 거론할 때 중국에서는 동서東西라는 표현의 등가물로서 중서中西라는 표현도 사용한다. 한 때 일본에서는 아시아적 정체성을 벗고 유럽적 정체성을 획득하자는 탈아입구脫亞入歐의 주장이 큰 파장을 일으킨 적도 있었다. 중서에는 동아시아의 다른 민족 국가가 들어설 자리가 없고 탈아입구에서는 동아시아가 부끄러운 혈통일 뿐이다. 한중일 삼국의 동아시아를 한국에서 호출하는 목적은 중국 일본과 다를 수밖에 없다. 한국만 동아시아의 일원임을 태생적으로 자각하고 있을 따름이다. 생각건대 중국이나 일본이 이 책에서 보여 주는 입장으로 동아시아를 들여다볼 수는 없으리라 여긴다. 문제의식이 한국학에서 나왔고 다시 한국학으로 환원되겠지만 그 과정에서 발견되는 가치는 보편성일 것이다. 한국학 내부에서 보편주의를 실현하지 못한 채로 보편성에 바로 맞닿을 수는 없을 것이다.

이어도 상공의 삼각 대립을 풀기 위해서는 동아시아 각국이 자국 중심주의 혹은 폐쇄적 민족주의보다 평화공존의 보편주의적 가치를 선택하고 분쟁의 근대사와 단절하는 노력을 보여야 할 것이다. 가능할까? 성호 이익은 노론에 의해 가족들이 희생을 당했지만 당쟁 자체가 밥그릇 싸움일 뿐이라고 선언하고 남인의 이데올로그가 되는 길을 포기했다. 성호 이익이 당쟁을 종식시키진 못했지만 당쟁에 휩쓸리지 않는 길은 확보했다. 산강 변영만은 성호 이익의 저술을 두고 어두운 골방에서 참으로 골몰하더니 저작이 해와 별보다 빛났다고 칭송했다. 해와 별이 바로 보편의 다른 이름일 것이다. 우리가 지금 그려볼 수 있는 보편주의란 이런 모습일 것이다.

마지막으로 한 마디. 처음엔 이 책의 곳곳에서 비문인 듯한 문장들이 교열자의 눈을 피해 잘 숨어 있다가 튀어나오는 것 같았다. 또 한중일 삼국의 방대한 자료 속을 겅중겅중 뛰어다닌 자취를 좇는 일이 그리 쉬운 일도 아니었다. 이 양반이 축지법을 쓰는 게 아닌가 싶을 만큼 발자국이 너무 띄엄띄엄 남아 있어서 당혹스럽기도 하였다. 게다가 아무리 학술서라고 하지만 요즘 같은 시대에 독음 없이 한자를 그대로 노출하고 있으며 심지어 어지간한 일본 어휘까지 일본어로만 표기하고 있다. '小倉進平'이라고만 써 놓으면 '소창진평'으로 읽지 '오구라 신페이'라고 읽을 줄 모르는 사람으로서는 이 책의 불친절이 원망스럽기도 하였다. 그러나, 비문인 듯한 문장의 다음 문장 그 다음 문장들을 읽어 나가니 비문스러운 문장은 전혀 비문이 아니었다. 오히려 긴 사유를 체계적으로 잘 풀어내고 있다는 생각이 들게 된다. 적어도 사유의 길이가 문단 단위는 될 듯하다. 특히 이런 대목에서는 축지법의 흔적마저 동반 관찰되는데, 조금 숨을 돌려 읽으면 겅중겅중 건너뛴 것이 아니라 일정한 통찰로 맥락을 연결하고 있음이 드러났다. 저 멀리 있는 것의 감춰진 경로를 발견하여 맥락을 연결시키는 능력은 부러울 지경이었다. 이렇다 보니 마지막 불친절에 관해서도, 일본어쯤은 이제라도 익혀야 하지 않겠나 하는 자책으로 해소되었다. 학술서이니만큼 한자 노출도 무방해 보이고.

—『민족문학사연구』 53, 2013

동아시아 자국(문)학의 다른 가능성을 찾아서

황정아 | 한림대학교 한림과학원 HK교수

류준필, 『동아시아의 자국학과 자국문학사 인식』, 2013

400쪽을 훌쩍 넘기도록 설렁설렁 지나칠 대목이 극히 드물 만큼 밀도 높은 이 책을 간단명료하게 요약하기란 쉬운 일도 또 그리 의미 있는 일도 아닐 것이다. 그러니 이런 '밀도'가 어디에서 연유하며 어떤 성격인가 하는 데서 시작하는 편이 낫겠다. 무엇보다 그것은 이 책이 담고 있는 상세하고 다양한 자료들에서 만들어진다. 예컨대 3부로 구성된 이 책의 제1부는 '학과제도 수립과 자국(문)학의 위상'이라는 제목으로 한·중·일 3국의 근대적 교육제도, 특히 대학제도의 정착과정을 살피면서, 이 과정이 동시에 자국(문)학에 대한 의식이 생성되어 특정한 방향으로 움직인 경로임을 보여 준다. 그러다보니 제도와 기관의 세세한 변천사가 한눈에 파악되도록 학과편제에 관련된 구상을 적은 문건을 비롯하여 각 교육기관이 그때그때 내놓은 구체적인 학과체제와 커리큘럼 같은 다수의 자료가 꼼꼼하게 인용되어 있는 것이다.

인용한 자료도 자료지만, 제2부 '자국(문)학 인식의 맥락'과 제3부

'자국문학사의 인식과 서술 양상'을 보면 수록된 개별 글들이 다루는 대상 자체가 상당히 다양하다. 시기적으로는 대체로 '근대전환기'로 지칭되는 19세기 말에서 20세기 초에 한·중·일 3국에서 일어난 담론적 변화를 범위로 하면서도, 그 같은 변화와 연관된 실타래를 뽑는 과정에서 앞선 시기의 청대清代 문장가나 정약용丁若鏞과 김정희金正喜 등이 본격적으로 등장하기도 한다. 공간적으로도 '동아시아'를 표방한 만큼 독립신문에 이어 장 타이옌章太炎으로, 최남선崔南善과 안확安廓, 미까미 산지三上參次와 타까쯔 쿠아사부로오高津鐵三郎에 이어 루쉰魯迅, 다시 김태준金台俊으로 가볍게 이동한다. 사실 이런 시공간적 넘나듦은 밀도를 더 해주기보다 자칫 성글거나 얄팍한 논의로 이어질 위험이 있다. 그러나 다루는 텍스트를 구체적으로 한정한 다음 그로부터 쉽게 벗어나지 않는 저자의 꼼꼼하고 두터운 글쓰기 스타일이 애초에 이런 위험으로부터 면역력을 확보한다.

제목이 일러주듯이 주제 면에서 이 책은 자국(문)학에 대한 인식의 생성을 중심으로 삼고 있지만, 저자는 서문에서 전통적인 문론文論이 근대적 변화에 어떻게 대응했는가 하는 점도 또 하나의 주요 관심사라고 밝힌다. 지금으로 쳐서 넓은 의미의 '문학'담론으로 문론을 해석할 수 있다면, 그리고 근대적 자국학의 성립에서 자국'문학'사의 구성이 중대한 역할을 담당했음을 감안한다면, 전통적 문론과 근대적 자국(문)학이라는 두 주제가 어떤 층위에서든 맞닿을 수밖에 없으리라 짐작된다. 이 책이 그 층위를 집중적으로 탐구하고 있다고 보기는 힘들다. 하지만 자국문학사 서술의 진로에 결국 문文 혹은 문학에 대한 이해와 인식이 연루되어 있었음은 여러 대목에서 지적된다.

제목에서부터 두번 반복되는 '자국自國'이라는 표현은 얼마간 마음에 걸리기도 한다. 국학이나 국문학이라고 하면 일종의 전이사shifter처럼 발화지점에 따라 지시대상이 바뀌는 문제가 있겠으나, 한국학과 한국문학이라는 지칭이 이제 상당히 일반화되었을 뿐 아니라 여기서는 더욱이 '동아시아'라는 규정이 의미를 분명히 해주기 때문이다. 저자는 이 점을 두고 국학과 같은 표현이 "일반적 의미의 용어로 활용하기엔 역사적 맥락이 너무 뚜렷하다"라고 설명하는데, 자국학이라고 하면 국학에 비해서도 "국가 관념을 지나치게 앞세우는 인상"(319쪽 주1)을 더 주는 것이 사실이다. 어느 쪽이든 이 책이 다루는 주제에서 '국가'는 학제와 담론 뒤에 반쯤 숨겨져 있기는 해도 사실상 주요 키워드라고 할 만하다. 따라서 탈국가담론의 세례를 거친 이 시점에서 저자가 근대전환을 의식적으로 추동한 자국학과 자국문학사의 형성, 더 구체적으로는 그런 학제들의 형성에 국가라는 범주가 '필연적' 규정요인이자 지평이었던 점을 어떤 입장으로 진술하고 있는지가 한가지 '관전 포인트'가 된다.

동아시아 한자문명권 최초의 자국문학사이면서 이후 자국문학 연구의 방향에 중대한 영향을 미친 미까미 산지와 타까쯔 쿠아사부로오의 『일본문학사』(1890)에 대해 저자는 그것이 자명한 것으로 설정된 '민족성'을 문학에 서 확인하는 국수주의적 작업이었다고 비판하는데 이런 평가만이었다면 예상 가능한 소급판단의 수준에 그쳤을 것이다. 하지만 저자는 당대의 유사한 다른 시도들과 꼼꼼히 비교하면서 『일본문학사』가 자국문학사 서술이 취할 수 있는 유일한 길이라기보다 오히려 전통 한문학과 일본어문학이 상호작용하며 발전해온 과정을 배제하고 문학사를 폭넓은 문명적 혹은 문화적 가치와 연결할 "다양한 가능성을 억압·배제하면서 상승한 결과물"(315쪽)이 었음을 밝히는 데 주안점을 둔다. 김태준의 『조선한문학사』(1931)나 『조선소설사』(1933)도 '문학'에 대한 깊이 있는 이해보다 '국민'을 앞세우면서 유사한 한계를 드러낸 것으로 평가된다. 저자는 자국문학사 강의안이 었던 루쉰의 『한문학사 강요綱要』(1938)를 비교와 대조의 대상으로 가지고 들어옴으로써 자국 문학사의 다른 가능성에 대한 시각을 확보한다. 최남선과 안확의 자국학 이념이 평가를 받는 지점도 여기에 있다. 그들의 이념은 민족성이나 국민에서 출발하는 것과는 정확히 반대방향, 즉 '보편성의 독자적 구현'으로서의 자국(문)학을 구상한 시도였다는 것이다.

이러한 평가의 주된 잣대가 되는 문명과 문학, 보편성 자체는 국가나 민족성 못지않게 논쟁적인 개념들로서 그 자체로 반드시 '긍정적'이라는 보장이 더는 존재하지 않는다. 가령 이 시기 동아시아를 휩쓴 '식민성' 또한 당대의 '보편성'이지 않았던가. 이런 사태를 감안하면 저자의 말대로 논의는 "아직 본론에 들어서지도 못한"(8쪽) 것일지 모르지만, 동아시아를 근거로 근대의 핵심개념들의 의미를 재조명하는 '본론'은 어느 한 사람의 작업일 수 없을 것이다. 본격적인 논의에 들어가기 위해서라도 연관관계 추적이나 단순 병치를 넘어 이 책이 수행하듯이 상호대면을 통해 서로의 성취와 가능성을 가늠하는, 실질적 의미의 동아시아 비교연구가 필수적이다. 그런 점에서 개념사를 매개로 이제 막 동아시아연구에 입문한 평자에게 이 책은 또 하나의 중요한 지침을 제공해주었다.

—『창작과비평』 42-1, 2014

소설들의 어떤 미래

이경림 | 충북대학교 국어국문학과 강사

양문규, 『한국 근대소설의 구어전통과 문체 형성』, 2013

1. '한국' '근대' '소설'은 무엇인가? 무엇이 '한국' '근대' '소설'인가?

얼핏 닮아 보이지만 실은 전혀 다른 방향으로 달려가는 두 개의 길이 있다. 어떤 시간과 어떤 지대들을 지나가는 문학의 역사를 구성하기 위해 연구자는 두 갈림길 중 하나를 선택한다. 전자는 '한국'과 '근대'와 '소설'이라는 각각의 개념이 무엇이었는지, 혹은 무엇이라 보는지, 혹은 무엇이어야 한다고 믿는지를 묻는 길이다. 그리고 이 길의 역방향으로 놓인 길, 즉 무엇들이 '한국'의 '근대'에 보이는 '소설'들인지를 묻는 길이 후자다. 질문 자체가 가지는 단순화의 폭력성에 힘입어, 전자는 보편적 '한국' '근대' '소설'을 구성하려는 열망을, 그리고 후자는 전자에서 경시되기 쉬운 특수성을 옹호하려는 열망을 반영한다고 말하고 싶다. 역시 지나친 단순화의 위험을 무릅쓰고, 일본과 서구 근대소설의 영향을 받아 점차 '한국 근대소설'로 발전해나갔다고 보는 관점이 전자를, 그리고 이러한 발전의 도식에서 자꾸 빠져나가는 '근대의 이상한 소설'들의 출몰에 주목하는 관점이 후자를 대표한다고 하겠다.

『한국 근대소설의 구어전통과 문체 형성』은 한국 근대소설을 구어전통의 계승과 발전이라는 문체적 측면에서 검토함으로써 '서구(유럽) 근대소설 형의 성취'라는 직선적 발전모델을 탈피하고 새로운 형태의 소설사 모델을 제시한 저작이다. 여기서 말하는 '서구 근대소설 형'이란 대체로 서구 근대소설의 영향을 받아 특정한 요소들을 갖추게 된 소설 형태들을 말한다. 이 안에는 인물의 '내면성'의 강조와 같은 내용적 요소들과 화자의 비인격화, 시점의 확립과 같은 형식적 요소들을 망라한 광범한 레퍼토리가 존재할 것이다. 그러나 익히 알다시피 문체는 그로부터 내용과 형식을 따로 떼어내어 고찰할 수 없는 특수한 형태다. 아서 단토의 말을 빌려 쓰자면 "실제의 수행에 있어서 나는 내용으로부터 스타일을 분리해내기 어렵다고 생각하는데, 왜냐하면 그것들은 단일한 어떤 충동에 의해 한꺼번에 창출되기 때문이다."[1]

따라서 특정한 종류의 문체를 조명하는 것은 어떤 내용과 형식의 특수한 결합을 조명하는 것이다. 이 저서에서 부각되는 그 '어떤' 내용이란 곧 현실의 반영과 재현이라는 리얼리즘의 문제다. 이는 이 저서가 상정한 '서구 근대의 일반적인 소설'에 대한 언급을 검토함으로써 보다 자세히 알 수 있다.

1 아서 단토, 김혜련 역, 『일상적인 것의 변용』, 한길사, 2008, 405쪽.

서구 근대의 일반적인 삼인칭 소설에서 화자는 인격화되지 않는다. 작자가 화자의 존재 양태를 취하지 않고 일종의 가상적인 시공의 지점에서 발화하는 것, 이것이 바로 삼인칭이다. 화자는 소설적 상황 바깥에 놓인 초월적이거나 신과 같은 존재가 아니면 최소한 중성적 존재가 된다. 김동인이 서구와 일본 소설을 흉내 내 사용한 '~ㅆ다'의 종결어미와 '그'라는 인칭대명사, 그리고 기타 술어들은, 서술자가 분명히 존재하는데도 마치 없는 것처럼 느끼게 함으로써 현실감을 부여하는 근대적인 소설 언어들이다. (…중략…) 재래의 전지적인 서술이 독자로 하여금 공동체의 지배적인 관념을 전해 듣는다는 인상을 강하게 준다면, 시점서술은 근본적으로 객관적인 서술을 지향하며 그렇게 묘사된 소설적 현실을 사실처럼 느끼도록 해준다.[2]

'사실감의 환상'을 불러일으키는 이러한 소설은 실제로는 작자가 소설 속 세계를 장악하고 있으면서도 이를 마치 '있는 그대로'인 것처럼 제시한다는 의미에서 진실을 착각하게 한다. 저자는 사건의 진실(현실)이란 이와 같이 작가나 화자가 독단적으로 보여 주는 것이 아니라 화자를 포함하는 다수의 목소리들의 대화적 관계가 제시됨으로써 스스로 드러나는 것이라 보고, 서구 근대소설의 영향을 받아들이면서도 그 한계를 극복할 수 있는 장치인 구어체(정확히 말하자면 대화 관계에 놓인 목소리들을 재현하는 문체)에 주목한 것이다.

2 양문규, 『한국 근대소설의 구어 전통과 문체 형성』, 소명출판, 2013, 18쪽.

2. 말과 민중과 리얼리즘

저자는 말과 그 말들이 놓여 있는 대화적 관계의 재현을 통해 드러나는 현실이라는 리얼리즘의 테마와 함께 '소설의 민중성의 회복'이라는 테마를 조명하고 있다. 이 때 구어체는 민중성을 드러내면서 현실을 재현할 수 있는 특수한 문체로 상정되고 있다.

저자에 따르면 구어체란 "입으로 하는 말, 회화에서 쓰이는 말"을 글체로 한 것으로서, "글을 쓰는데 그것을 현실생활에서 이야기하듯이 쓰는 문체"를 가리킨다.[3] 한국의 소설 전통에서 구어체는 조선 후기 국문소설, 특히 판소리문학에서 부각되는데, 이는 "일부 특수 계층에 구속되지 않고 그 시대를 살았던 생활인이 일상의 현장에서 구사한 말을 꾸밈없이 재현한 문체"이다.[4] 구어체는 작가와 독자가 함께 속한 공동체의 예술체험을 강조하는 힘을 가진 문체이며, 그 본질상 다중의 관점을 제시하는 대화적 성격을 지닌다. 구어체를 통해 드러나는 것은 작가나 화자의 목소리로 일원화된 메시지가 아니라, 중심 없이 존재하는 다중적 관점들이 서로를 조명하는 관계망으로 이루어진 현실 자체다. 독자와 작가, 화자, 작중인물 등 소설에 관련된 모든 인간들은 구어체를 경유해 서로 구체적이고 감각적인 관계를 맺고 이로써 공동체적 연대를 도모하게 된다. 이 저서가 구어체에 "자연스럽고 소박한 언어", "친교의 언어", "평등주의적 인생관", "대중적 호소력", "인간적 가치", "공동체적 회복"이라는 수식을 더하는 것은 이러한 이유에서이다. 이로써 구어체를 사용한 소설은 "대체로 민중적 가치관을 지향하게 된

3 위의 책, 6쪽.
4 위의 책, 16쪽.

다. 소설이 구어체를 지향한다는 것은 문학의 진정한 민중성, 공동체적 연대를 실현하는 출발점이다. 작가 또는 화자의 태도, 서술방식 등에서 드러날 수 있는 소설의 민중성의 회복은 구어체를 매개로 하는 기초 위에서 실현된다."[5]

저자는 바흐친의 개념을 빌려 이러한 종류의 소설들이 "서구 시민계급 고유의 문학"으로서의 소설 — 한국 근대소설이 성취해야 한다고 여겨지는 특정 모델 — 이 아니라 "지배적 공식문화에 맞서는 탈중심적 비공식문화"로서의 소설이라는 다른 범주를 구성한다고 말한다. 소설의 본질을 지배와 공식의 맞은편에서 찾는 이러한 관점에서 소설의 뿌리는 민속적 장르들, 이른바 '하위' 장르들에서 찾아진다. 그리고 소설이 이 장르들로부터 계승하는 공통 특성으로 "동시대의 현실을 주제"로 하고 현실 세계에 "리얼리스틱하게 접근"한다는 점이 지적된다.[6]

바흐친은 언어의 문제를 중심으로 소설론을 전개했다. 그에 따르면 언어란 각기 다른 세계관들을 가진 다양한 언어들이 서로 대화하고 투쟁하는 공존의 장場이며, 이러한 언어의 특성은 소설이라는 예술 형식에 가장 극대화된 형태로 반영된다. 바흐친에게 예술의 언어는 일상언어와 차이를 가진 것이 아니라, 일상언어의 대화적 잠재력을 극대화시킨 것이다. 따라서 소설의 언어는 현실성과 예술성을 동시에 보장받을 수 있는 것이다. 그러므로 소설은 "가장 예술적이며, 따라서 가장 현실적인 장르이며, 이러한 예술성과 현실성은 또한 그 민중성으로부터 유래한다"고 이해된다.[7] 이처럼 바흐친의 소설론은 '현실의 반영'과 '민중성'을 핵심으로 하는 리얼리즘론으로 보인다. 이 저서에서 바흐친의

5 위의 책, 24쪽.
6 위의 책, 10쪽.
7 미하일 바흐친, 전승희 · 서경희 · 박유미 역, 「역자서문」, 『장편소설과 민중언어』, 창작과비평사, 1998, 8쪽.

'목소리'가 들리는 것은 리얼리즘에 대한 저자의 관점이 바흐친과 매우 근접하기 때문이라 볼 수 있다.

저자는 다성성多聲性을 구현하는 구어체 소설에 민중성, 사실성, 공식문화의 전복성과 같은 가치들을 부여한다. 이 구도 속에서는 제도권에 의해 공인된 공식적 문학들에 민중과 유리된 엘리트성, 관념성, 경직성 등이 은연중에 부여된다. 이러한 기준에 따라 전근대 소설의 장르들은 지배 계층의 세계관을 반영하는 문학으로서 상대적으로 문어적 성격이 강한 장르들과 민중의 문학으로서 구어적 성격이 강한 판소리문학으로 준별된다. 이 저서가 구성하는 소설사가 판소리문학으로부터 출발하는 것은 물론이다.

또한 식민植民의 경험을 가지는 한국 근대의 특수성으로 인해 구어체의 선택에는 민중과 리얼리즘 이상의 문제가 함유되게 된다. "언어를 매개로 관철되는 서구문화와 전통문화 사이의 권력 관계 또는 지배 종속관계"[8]라는 식민지 조건 하에서, 서구의 문화와 지배계층의 공식문화라는 이중의 영향 하에 놓인 민중이(을) 제 목소리로 발화(하게) 할 수 있는 가능성의 문제가 그것이다. 즉 분출하는 문화 자본을 누가, 어떻게, 누구의 것으로 전유해야 하는가의 문제가 제기되는 것이다. 이 저서에서 구어체가 표기문자로 국문을 선택하는 문제, 그리고 단일 관점으로의 종합과 통일을 지향하는 문어체적 화자를 다수의 목소리와 대결하게끔 하는 일종의 정치적 문제와 밀접하게 결부되어 있는 것은 이러한 이유에서다. 이와 같은 문제의식은 묘한 방식으로 랑시에르를 상기시킨다. 랑시에르가 근대 이후의 문학literature이라는 특정한 예술 형식 자체의 작동 방식을 문제 삼았듯, 저자는 특정한 문체 자체의 작

8 양문규, 앞의 책, 11쪽.

동 방식과 이에 배태된 힘을 문제 삼고 있는 것이다.

저자는 조선 후기 국문 소설에서 두드러지는 구어체의 전통이 1910년대 서구 문학의 영향권 안에 놓이면서 위축되기 시작했다고 보았다. 서구와 일본의 근대소설을 풍부하게 접촉하고 돌아온 신지식인 작가들에 의해 인물의 '내면'을 건축하는 것이 '근대소설'의 목표가 되면서 자연히 관념적인 문어체가 주조를 이루게 되었다. 그러나 점차 "서구 소설 그리고 서구를 흉내 낸 일본문학"[9]에서 벗어나 민중적, 구어체적 전통을 계승하는 움직임이 활발해진다. 1910년대부터 1930년대 후반을 통과하면서 새로운 계보로 구성되는 것은 바로 이 움직임이다. 다만 서구 근대소설의 영향을 전통을 억압하는 말살자로만 바라보는 편향된 관점은 뚜렷이 지양되고, 서구 근대소설의 영향과 조선 고유의 구어 전통을 교섭시켜 탄생한 새로운 형태의 소설들이 부각되고 있다.

이 때 구어체를 풍부하게 활용하더라도 판소리문학에서 드러나는 구어 '정신'의 발전이라고 평가할 수 없는 흐름이 존재한다. 구어체를 사용하여 오히려 반민중적 지향을 드러내는 흐름이 그것이다. 1910년대의 신소설이나 주로 지식인 남성 화자의 관점을 채택한 1920년대의 리얼리즘 소설들이 그 예이다. 이 계열에서 민중의 형상은 주로 우울하고 비극적인 것, 비천한 것, 야만적인 것으로 그려진다. 정도의 차이는 있으나 주로 민중의 부정적 모습을 묘사하는 데 구어체를 사용하는 것은 사회주의 작가들의 경우에도 마찬가지다. 1930년대에 판소리 구연체나 방언을 능수능란하게 구사했던 채만식에 대해서도 민중에 대한 허무주의적이고 비관적인 관점을 전제로 하여 화자가 권위적으로 인물을 통제했다는 점(『천하태평춘』)은 구어 '정신'을 발전적으로 계승

9 위의 책, 12쪽.

하지 못했다고 평가된다. "(김유정과 채만식이 사용한) 방언과 비속어의 구어는 기술적 물성을 지닌 언어의 차원에서 볼 때는 양자가 동일한 것으로 보이지만 그것이 민중연대성이라는 맥락과 관계하여 사회적 물성을 지닌 담론으로 분석될 때 그 내용은 현저하게 달라진다"[10]는 언급은 구어 전통 계승의 평가에 있어 그 '정신'이 핵심 준별자임을 짐작케 한다.

구어 전통의 계승과 발전이라는 계보에서 강조되는 작가들은 이기영, 박태원, 홍명희, 김유정 등이다. 이들은 모두 구어체의 핵심인 대화성과 일상성을 견지하면서도 민중의 부정적 모습뿐만 아니라 건강하고 긍정적인 모습, 생기발랄하고 솔직한 모습을 그리는 리얼리즘을 성취했다는 점에서 고평 받고 있다. 저자는 이기영이 "인간해방의 주체로서의 민중의 모습"을 그려내고 "민중생활 공동체와의 유기적 교류"를 시도함으로써 문학의 사회적 존재 방식을 보여 주었으며, 홍명희가 인물의 개체성보다는 인물군의 공동성과 유대를 중시함으로써 집단 전체의 경험을 포착하는 리얼리즘을 구현했다고 각각 평가한다. 또한 구어 전통의 바탕에 서구 근대소설의 기법을 수용하여 새로운 문체를 창출했다는 면에서 박태원과 김유정이 각각 정당한 자리를 차지한다. 이 맥락에서는 박태원이 모더니즘의 기법들을 사용하면서도 타자지향성을 잃지 않음으로써 대화적 성격을 적실히 구현했다는 점, 김유정이 비-문학으로 치부되던 민담과 같은 구전문학의 기법을 도입함으로써 색다른 리얼리즘을 성취한 점이 각각 강조된다.

10 위의 책, 402쪽.

3. 다수의 인간들의 소설

일찍이 "지금까지 바흐친이 말하는 민중이란 것이 과연 무엇인지를 물으면서 연구의 주제로 삼은 경우는 거의 없다"[11]는 비판이 제기되었던 바 있다. 소설이 '민중'적 성격을 회복하는 것이라 할 때 '민중'이 과연 어떤 것인지를 묻는 이 질문은 『한국 근대소설의 구어 전통과 문체 형성』에도 마찬가지로 던져질 수 있다. 이 저서에서 자연스럽게 사용되는 '민중'이라는 개념은 소설의 본질을 결정하는 중요한 거멀못이기 때문이다.

한국 근대소설의 새로운 계보를 구성함에 있어 새로이 조명 받는 민중은 무엇인가? 이 질문에 대해 1982년의 신경림은 이렇게 답했다.

> 민중이 과연 누구냐 물을 때, 한 마디로 대답하기는 물론 어렵다. 그것은 특권층과 대립되는 개념으로서 지배계층에 대한 피지배계층 전체를 가리키는 것으로도 정의되며, 지식인에 상대되는 개념으로서도 파악된다. 또 단재 신채호는 독립운동의 목표는 "민중적 조선"을 세우는 데 있다고 말한 바 있는데, 대체로 이 모든 경우 민중은 민족의 핵심적 존재로서, 긍정적으로 파악되고 있다. 민중이 민족의 핵심적 존재라는 데는 조금도 이의가 없다. (…중략…) 우리에게 중요한 일은 '있는' 민중을(부정적인 측면까지도 포함하여) 사실 그대로 파악하는 일이며, '있어야 할' 민중을 찾아내고 만들어 가야 하는 일이다.[12]

11 서미현, 「바흐친의 라블레론에 나타난 민중의 타자성」, 서울대 석사논문, 2002, 2쪽.
12 신경림, 「민중의 발견과 문학에 있어서의 참여」, 『숙대학보』 22, 숙명여대 학생위원회, 1982, 249쪽.

20세기 남한의 특수한 정치사회적 맥락에서 탄생한 '민중'이라는 개념은 항상 다양한 맥락들과 접속하면서 다양한 범주들이 겹쳐지는 지점으로서 표상된다. 신경림에게 민중은 '피지배계급'이기도 하고, '비-지식인'이기도 하고, '민족의 핵심'이기도 하며, '있는' 것일 뿐만 아니라 '있어야 할' 어떤 형상이기도 하다. 즉 민중은 담론의 맥락에 따라 '국가', '민족', '계급' 혹은 '인민'과 같은 인접 범주로 동화 / 동일시되기가 쉬운 유동적인 형상이었던 것이다.

우리에게 바흐친의 민중이 지배계급의 공식문화에 대항하는 비공식문화의 담지자로서 가장 널리 이해되어 온 바를 상기하면, 여기의 민중에도 또한 '피지배계급'의 뉘앙스가 강하게 배어있음을 알 수 있다. 바흐친이 고급문학에 대립하는 저급문학에서 소설의 뿌리를 찾으며 고급문학을 "사회 지배계급의 문학"[13]이라고 정의한 것에 의하자면 반사적으로 '저급문학 = 피지배계급의 문학 = 민중의 문학'이라는 도식이 성립하기 때문이다. 그러나 『한국 근대소설의 구어 전통과 문체 형성』에서 사용되는 민중이라는 개념은 피지배계급을 지시하는 것이라기보다는 농민, 노동자뿐만 아니라 사회 주류에서 떨려난 하층민이나 여성, 어린이와 같이 오늘날 널리 반향을 얻고 있는 '타자他者'를 함의하는 바가 더욱 크다.

서미현은 "바흐친이 설명하고 있는 민중народ은 어떤 민족이나 국가, 계급이나 문화라는 개념이 상정하는 확고한 물질적 · 정신적 기반을 부정"[14]하는 것으로서, 민중의 본질이 '타자성'에 있으며 이는 민중이 근본적으로 '다수'라는 데에서 유래한다고 보았다.

13 미하일 바흐친, 앞의 책, 20쪽.

14 서미현, 앞의 글, 37쪽.

민중이라는 개념이 이러한 타자로서의 힘을 갖는 것은 일부 선각자의 양심이 '억압받는 민중' 때문에 고통 받는 데서 오는 것도 아니며 실제로 그들이 현실에 강한 압력을 행사할 수 있기 때문에 그런 것도 아니다. 민중의 타자적 힘은 민중이 '다수'라는 점에 있다. '다수'란 앞서 말했던 사회적인 것과 관련된다. 그것은 개인이나 단수, 소수와 상보적인 쌍을 이루지 않는 다수이며 민족, 국가, 계급, 공동체와 무관한 다수이다. 실제로 둘이든 셋이든 얼마나 많은 사람이 있든 간에 상관없는 다수이다.[15]

따라서 비공식문화는 단순히 공식문화에 속하지 못한 나머지가 아니라 "공식적인 것에 단호하게 대항하는 것, 자기 스스로 규정성을 가지는 것"[16]으로 재정의된다. 바흐친이 소설에 등장하는 민중적인 것을 '얼굴' 없는 '가면'들로 비유했을 때,[17] 민중은 특정한 뉘앙스들로 장식되지 않은 다수의 인간들 그 자체를 가리키는 말이 된다. 『한국 근대소설의 구어 전통과 문체 형성』이 끌어올린 이 계보는 바로 다수의 인간들의 문학으로서 소설이 스스로 닦아온, 그리고 닦아갈 어떤 길이다.

—『민족문학사연구』 53, 2013

15 위의 글, 39쪽.
16 위의 글, 35쪽.
17 바흐친은 플롯에 의해 의미와 역할을 부여 받은 '얼굴'과, 플롯과는 별개로 기능하고 말할 수 있는 '가면'을 구분했다. '가면'이란 자기자신과의 불일치, 주어진 상황과의 불일치와 긴장을 통해 계속해서 변화하는 현대 사회에 처한 인간 형상 자체의 역동성을 가리키기 위해 사용되었다. 미하일 바흐친, 앞의 책, 56~57쪽.

'국어'의 언어적 근대는 기획된 것인가

이병기 | 한림대학교 국어국문학과 교수

김병문, 『언어적 근대의 기획－주시경과 그의 시대』, 2013

1. 근대와 '국어'

'국어'라는 개념어는 근대의 산물인가? 국어는 우리 역사 이전부터 우리의 언어로 존재해 왔고 '국어'라는 기표 역시 예전부터 존재했기 때문에 이 질문에 답을 하는 것은 체계적인 논거와 용기가 필요하다고 생각한다. 전통적으로 국어사 및 국어학사 연구에서도 '국어'라는 용어의 의미에 관심을 가졌고 여러 문헌에 등장하는 국어에 대하여 그 문맥적 의미를 설명해 왔다. 특히 『훈민정음』과 애국계몽기의 여러 문헌에 등장하는 국어에 대하여 민족주의적 색채에 주목하는 논의도 있었다. 이러한 연구에서는 국어라는 개념어가 근대의 산물이라는 생각보다는 시대에 따라 문맥적 의미가 약간씩 다르게 해석되는 것이라는 생각이 녹아 있었던 것 같다.

최근 들어 개념사 연구 방법론에 입각한 '근대' 담론이 진행되는 한편 외국어로서의 한국어 교육이 학문적으로 발전해 가면서 국어라는 용어 자체에 관심을 갖게 되었고, 국어에 포함된 근대적 이념 및 특성에 주목하게 되었다.[1] 이러한 흐름의 연구에서는 근대적 개념어로서 국어가 갖는 질적인 차별성이 강조되었고 국어가 근대적 개념어라는 주장을 쉽게 볼 수 있게 되었다.

근대적 개념어로서 국어를 논의하는 연구는 근대민족국가 형성이라는 큰 주제의 일부로서 접근하거나 근대문학 및 글쓰기를 대상으로 하는 연구에서 주로 이루어졌으며 언어적 측면을 중심으로 개념어 '국어'에 대하여 접근한 논의는 많지 않았다. 국어학 연구자들에 의한 국어의 연구도 언문일치와 관련한 문체나 애국계몽운동의 차원에서 이루어진 어문운동에 대한 연구가 주를 이루었으며, 사전 편찬을 '국어(우리말)'의 탄생으로 바라본 최경봉(2005)정도의 논의가 있었다.

『언어적 근대의 기획』은 국어가 근대적 산물이라는 기본적인 생각 아래 언어적 측면에서 개념어 국어에 대하여 설명한 최초의 본격적인 논의라고 할 수 있다. 물론 이 책은 부제 '주시경과 그의 시대'에서 알 수 있듯이 국어의 언어적 근대에 주시경의 국어운동 및 연구가 중심 위치에 있었다고 설명하며, 주시경의 여러 저술과 그 사회적 의미를 고찰하는 것이 중심이 된다. 이 책의 모태가 된 저자의 2012년 박사학위 청구논문의 제목은 '주시경의 근대적 언어 인식에 관한 연구'인데 여기에 제1장 「'언어적 근대'라는 문제 설정」과 제7장 「'국어'의 구

1 2000년을 전후하여 대학 국어국문학과에서도 이런저런 이유로 교과목 명칭에 포함된 '국어'를 '한국어'로 변경하는 경향이 있었다. 이러한 경향은 '국어'에 녹아 있는 근대적 이념에 대한 부정적 인식에 기인한다기보다는 외국 유학생을 고려한 중립적 용어를 사용하고자 한 의도에 기인한 것이다. 최근 학부 및 대학원에서 신설된 한국어교육 전공에서는 교과목명이 모두 국립국어원의 한국어교원 자격제도에 맞추어 '국어' 대신 '한국어'로 되어있다.

축』을 추가하여 국어의 근대적 형성과 주시경 문법 연구의 연결 고리를 명확하게 드러내고 있다. 언어적 근대와 주시경의 국어문법의 연결 고리는 이 책의 기술 목적을 밝히고 있는 다음의 진술에서 그 대강을 확인할 수 있다.

> 최소한 일정한 언어적 규칙을 공유한다는 점에서만큼은 평등하다고 가정되는 개인, 그리고 그러한 개인들로 구성된 균질적인 공동체를 근대언어학은 전제한다. 물론 이때의 평등한 개인은 근대적 주권자로서의 '국민'에, 균질적 공동체는 '국민 국가'에 대응하는 것이며, '국민'이 공유하는 것으로 가정되는 언어의 내적 규칙은 '국어문법'에 다름 아니다. '국어문법'은 이와 같이 근대적 개인과 그들의 (정치)공동체인 '국민국가'를 요청한다. 반대로 '국민국가' 역시 구성원의 동질성을 확인해 줄 수 있는 것의 하나로 '국어문법'을 필요로 한다. 최소한 '국어'의 내적 규칙을 공유한다는 점에서만큼은 그들 모두가 동등한 '국민'이 되기 때문이다. 이때 강조되는 것은 그들이 공유하는 것으로 가정되는 추상적 층위의 언어 규칙(랑그)이지 실제 발화에서 빚어지는 온갖 종류의 차이(파롤)는 아니다. 이 땅에서 가장 이른 시기에 '국어문법'을 구상했던 이들 가운데 하나가 주시경이다. 이 책은 주시경의 '국어문법'이 위와 같은 근대적인 담론의 배치와 무관하지 않음을 밝히고자 한다.(6쪽)

근대언어학은 균질적 언어 주체들의 추상화된 내적 규칙이라는, 언어에 대한 근대적 인식을 전제로 하는데, 주시경은 국어에 대한 근대적 인식을 갖고 국어 연구를 하였으며 주시경의 이러한 국어 연구 및 국어 운동은 국어를 근대 개념어로 변화하게 하는 한 축이 되었다는 것이다. 『언어적 근대의 기획』은 푸코의 담론 이론을 기반으로 주시경의 저술을 분석하되, '대상의 형성(제3장 91~140쪽), 주체의 형성(제4장 141~180쪽), 개념의 형성(제5장 181~256쪽), 전략의 형성(제6장 257~306쪽)'이라는 네 범주를 통해 그의 언어 인식이 어떤 특징을 띠고 있으며 그것은 어떠한 이유에서 근대적인 것인지를 밝히고 있다. 다음 두 장에서는 이 책의 내용을 요약하여 제시하면서 그 의의를 짚어보기로 한다.

2. 대상의 형성과 주체의 형성

조태린(2006, 389쪽)은 근대 개념어로서의 '국어'를 "국민의 혼이자 국민성의 가장 결정적인 기준으로서의 '국민어', 근대자본주의 생산체제와 국민국가 성립에 필수적인 '표준어', 행정 등의 공공분야에서 실용적 기능을 담당하는 '공용어', 국가 차원에서 그 지위와 기능을 인정받는 '국가어'로 특징지었다. 즉 국어의 근대화는 국민어화·표준어화·공용어화·국가어화 각각이 진행되면서 이루어졌다고 할 수 있는데, 이들은 모두 정치적·사회적 관점에서 바라본 것이다. 『언어적 근대의 기획』에서는 이러한 연구에 더하여 언어적 관점에서 국어의 근대적 개념어화를 다루고 있다.

국어사 논의에서 일반적으로 삼국시대를 포함한 신라어부터 고대국어의 시작으로 보고 있다. 국어는 역사적으로 계속 많은 언어 내적 변화를 겪어왔는데, 이러한 변화 중 특정한 변화를 근대적 변화라고는 하지 않는다. 이기문(1961; 1972; 1998)에서 말하는 근대국어는 국어사를 크게 네 시기로 나누었을 때 세 번째 시기에 해당하는 17~19세기의 국어로, 이 시기에 발생한 'ㅿ'와 'ㆍ'의 비음운화・구개음화・원순모음화・어두 평폐쇄음의 경음화, 선어말 어미 '-숩-', '-오-', '-거-' 등의 변화, '-엇-', '-겟-'의 발달 및 이것들이 담당하는 문법 범주의 변화 등은 인류문화사의 '근대'와 아무런 관련이 없는 것이다.[2]

하지만 『언어적 근대의 기획』에서 상정하는 '국어'의 언어적 근대는 인류문화사의 '근대'와 무관하지 않다. 그것은 언어를 바라보는 인식의 변화와 관련되며, 언어에 내재적인 규칙이 존재한다는 근대언어학의 기본 가정과 관련되기 때문이다. 『언어적 근대의 기획』에서 주로 인용하고 있는 소장 문법학파 및 소쉬르 등의 근대언어학은 언어에 내재하는 기본적인 규칙이 존재한다는 기본 가정 아래 그 내적 규칙을 설명하고자 한다. 즉 발화 상황, 조건 및 발화 참여자와는 무관하게 존재하는 '자율적 실체로서의 언어'를 상정한다.

> 근대언어학의 기본 가정은 언어에 내재적인 규칙이 존재한다는 것이고 그것을 설명하는 개념적 도구는 '랑그langue'가 될 수도, '컴피턴스competence'가 될 수도 있을 것이다, 언어 외적인 요소와 구분되는 그 내적 규칙을 규명하고 설명하는 것을 기본 과제로 설정하고 있다. 이러한 관점으로 언어를 분석하는 태도를 흔히 자율언어학이라고 부른다. 자율적 실체로서의 언어는 특정 집단이 좌지우지하는 것이 아니라 전체 구성원이 동의해야만 하는 '사회적인 것'이다.(뉴마이어 2006, 25)(137쪽)

2 이기문(1961; 1972; 1998)은 언어의 내사를 중심으로 하는 국어의 시대 구분을 역설하고 있는데, 특이하게 근대국어를 기술하는 도입 부분에서는 다른 시기와는 달리 상업, 수공업, 농업의 변화, 서양 문물의 수용, 18세기 실학과 서민문학(소설・사설시조)의 발전 등 17~19세기의 문화사적 흐름을 먼저 개괄하고 있다. 물론 이러한 개괄이 국어의 변화와 직접적으로 관련되어 서술되는 것은 아니지만, 사회 변화와 언어의 변화가 밀접하게 관련되는 근대 시기의 특수성을 염두에 두었으리라 판단된다.

'자율적 실체로서의 언어'에 대한 인식은 사회문화사적 근대와 많은 특징을 공유한다. 『언어적 근대의 기획』에서 주목한 부분은 '추상적 층위(랑그)', '균질적 주체'인데 이는 근대의 지향점이기도 한 '평등'과 직접적으로 닿아 있다. 그리고 언어에 대한 이러한 근대적 인식은 주시경의 국어에 대한 인식과 동일한 성격인 것으로 보고 있다.

> 소장문법학파는 고전어(그리스어, 라틴어)에 대한 우위를 인정하지 않았다. 즉 고전어로의 발전과 현대어로의 타락이라는 개념 자체를 인정하지 않았을 뿐만 아니라 고전어와 현대어를 포함하는 모든 언어가 동일한 변화의 법칙을 적용받는 동등한 언어라고 본 것이다.(247쪽)

『언어적 근대의 기획』에서는 이러한 언급을 통해 시간의 균질화와 공시언어학의 성립을 논의하고 있는데, 여기에서 강조하는 것은 시간적으로 차등을 갖지 않는 언어의 추상적 층위이다. 그리고 아래의 인용문에서와 같이 추상적 층위에 대한 강조는 주시경의 국어에 대한 담론에서도 동일하다는 것을 설명한다.

> 어떠한 경우에도 발음할 수 없는 종성 'ㅋ, ㅌ, ㅍ, ㅊ, ㄲ, ㄺ' 같은 것들이 '말에 自在한다'고 했을 때, 그 '말'이 실제 발화를 뜻하는 것이 아니라 어떤 추상적 층위를 전제하고 있음은 분명하다. 주시경에 따르면 마치 '사진'이 대상을 있는 그대로 模寫해야 하듯이 글자는 소리를 한 치의 오차도 없이 반영해야 하는데, 실제 발화에서는 도저히 낼 수 없는 소리를 적어야 하는 표기법이라면 그때 글자가 '있는 그대로' 담아낸 소리는 구체적인 것일 수가 없기 때문이다. 또 이러한 방식이 '국문을 국어대로 적는 것'이라면 이때의 '국어' 역시 추상적 층위를 전제하지 않고는 존재 자체가 불가능

> 한 것이 된다. 마치 소쉬르가 ('파롤'이라는 구체적 층위와는 구별되는) '랑그'라는 추상적 층위를 설정함으로써 일반언어학의 가능성을 제시했듯이, 주시경은 '본음, 원체, 법식'이라는 추상적 층위를 발견해 냄으로써 '국어'를 일정한 담론의 대상으로 다룰 수 있었던 것이 아닌가 한다.(135쪽)

주시경이 주장하는 표기법을 거칠게 논하자면, 어떤 한 형태를 환경에 따라 다르게 발음되는 대로 적는 방식이 아니라 환경에 관계없이 일정하게 적는 형태음소적 표기 방식이라고 할 수 있다. 위 인용문에서 종성에 대한 언급은 바로 이와 관련되어 있다. 그리고 "이러한 방식이 '국문을 국어대로 적는 것'이라면 이때의 '국어' 역시 추상적 층위를 전제하지 않고는 존재 자체가 불가능한 것이 된다"라고 하여 주시경이 추상적 층위의 국어를 발견해 내고 이 추상적 층위의 국어를 담론의 대상으로 다루었다고 설명한다. 주시경이 발견한 추상적 층위는 '본음, 원체, 법식'에서 드러난다. '본음'은 음운규칙 및 불규칙변화에 의해 변하기 이전의 형태음소를 말하는 것으로, 예를 들어 『국어문법』 초고(1909)에 'ㅂ' 불규칙활용에 대하여 "本音대로 發ᄒᆞ는 地方도 有ᄒᆞ니"라는 설명이 있는데, 이는 '줍-+-어'를 [주워]로 발음한다 하더라도 본음은 [줍어]이고 실제로 지역에 따라서는 본음대로 발음하기도 한다는 것이다. '원체'는 원고본 『말』에서 등장하는데 명사(명호), 동사(동작), 형용사(형용) 등이 조사, 어미, 접사가 결합하기 이전의 모습을 말한다. 즉 이러한 원체가 실제 문장에서 사용될 때는 조사, 어미, 접사 등이 결합한 변체로 나타난다.[3] '법식'은 국어 안에 존재하는 어떠한 규칙이나 법칙을 말한다.[4] 이렇듯 '본음, 원체, 법식'은 모두 국어의 추상적 층위이며 이에 대

3 원체부는 『국어문법』(1910)에서 '줄기결'에 대응한다(김병문 2013, 318).

4 주시경이 사용한 '법식'이라는 용어는 1898년 9월 25일자 『독립신문』에 실린 「국문

한 발견과 설명은 주시경이 국어 실체를 추상적 층위에서 이해하였다는 것을 말해 준다. 이는 다음의 설명에서 더 잘 드러난다.

> 또한 사진과도 같이 있는 그대로 말을 반영해야 하는 '국문'은 발화될 때 들을 수 있는 실제 소리가 아니라 그것을 가능하게 하는 추상적인 그 무엇을 적어야 옳은 것으로 여겨지게 되었다. 이때 비로소 등장하는 것이 바로 '國語'였다. 따라서 '국어'는 구체적인 발화 상황과는 별개로 존재하는 '언어'를 가정하는 어떤 독특한 인식, 다시 말해 '소외의 언어 사상'과 더불어 '발견'된 것이라 하지 않을 수 없다.(131쪽)[5]

『언어적 근대의 기획』은 나아가 이 추상적인 층위의 언어(자율적인 언어)를 발화하는 주체가 특정 '언어공동체(민족국가)'에 의해 주체화되는 '균질적 / 평등한' 개인이라는 것을 강조함으로써 언어의 '균질적 주체'에 대한 논의로 확대해 나간다.

> 문제는 사회계약론의 기본 가정, 즉 신분적 관계에서 벗어난 '평등하고 균질적인 개인'이라는 관점 없이는 모든 화자가 따라야만 하는 '국어'의 추상적 층위를 논하기가 어렵고, 또 반대로 모든 발화를 규정하는 이 '본음, 원체, 법식' 같은 개념으로 인해 '평등하고 균질적인 개인'을 좀 더 쉽

론」에서 처음 발견된다.
"죠션 말로 문법 칙을 정밀 ᄒᆞ게 ᄆᆞᆫ드어셔 남녀 간에 글을 볼 ᄯᅢ에도 그 글의 ᄯᅳᆺ을 분명이 알아 보고 글을 지을 ᄯᅢ에도 법식에 맛고 남이 알아 보기에 쉽고 문리와 경계가 ᄇᆞᆰ게 짓도록 ᄀᆞᄅᆞ쳐야 ᄒᆞ겟고 ᄯᅩᄂᆞᆫ 불가불 국문으로 옥편을 ᄆᆞᆫ드러랴 ᄒᆞᆯ지라"

5 이 인용문에서 '소외의 언어사상'은 '인간으로부터 언어가 소외되어 바라볼 수 있게 됨에 따라 실체로서의 언어를 발견할 수 있었다'는 것으로 이해된다. 이곳의 '소외'는 문화 및 문학비평에서 '타자화'로 명명하는 현상과 크게 다르지 않으며 부정적인 시각이 녹아 있지않은 '대상화'라는 표현도 대체될 수 있을 듯하다.

게 발견할 수 있었을 것이라는 사실이다. 즉 주시경이 『가뎡잡지』에 실었던 수많은 글들의 지향점, 즉 근대적인 합리적 주체 만들기 역시 사실은 이와 같은 맥락에 있는 것으로 판단된다.(176쪽)

이상 살펴본 바와 같이 주시경은 국어 담론의 대상과 주체의 형성이라는 측면에서 국어의 '추상적 층위'와 '균질적 주체'를 발견해 냄으로써 국어의 언어적 근대를 인식했다.[6] 주시경의 이러한 국어의 근대적 인식은 그의 국어교육과 국어 연구를 통하여 유기적으로 사회적·문화적 근대를 앞당긴 측면이 있다. 이는 주시경의 국문운동이 사회적·문화적인 애국계몽운동과 연결되어 있기도 하지만, 다음 장에서 살필 주시경의 국어 연구에 대한 의식적인 노력의 결과이기도 하다.

3. 개념의 형성과 언문일치

『언어적 근대의 기획』의 제5장은 '국어' 담론에서 주시경에 의해 형성된 여러 개념을 '개념의 형성' 차원으로, 제6장은 주시경이 국어를 대상화(타자의 시선을 가짐)하여 연구에 진력하게 된 동기와 글쓰기 스타일의 변동, 연구 모임의 조직 등에 대하여 '전략의 형성' 차원으로 각각 고찰하고 있다. 이 내용들 중 국어학적으로 전문적인 논의가 많이

6 이러한 설명에 대하여 반론의 여지가 없는 것은 아니다. 하지만 이 글에서는 『언어적 근대의 기획』의 내용을 소개하고 그 의의를 찾는 데 주력하고 재고할 부분에 대하여는 이 글의 말미에서 몇 가지 언급하기로 한다.

필요한 부분은 피하고 문장 층위에 대한 개념들에 대하여 몇 가지 생각해 보기로 한다. 이 개념들은 언문일치와도 관련되어 국어의 근대적 기획과 직접 관련을 갖는 것이기도 한다.

주시경이 1907~1908년 사이에 집필한 것으로 알려진 원고본 『말』을 전후로 주시경의 문법 용어와 개념은 변화를 보인다. 저자는 주시경의 여러 저술을 꼼꼼하게 분석하여 주시경이 초기 저술부터 소리의 추상적 층위를 강조한 것과는 달리, 문장 층위에 대하여는 『말』부터 중요하게 다루게 되었다고 설명한다. 그리고 이러한 저술들에 등장하는 여러 개념에 대하여 분석적으로 설명하고 '시간의 균질화'에 대응하는 '주체의 균질화'라는 근대언어학의 개념적 접근을 포착하였다.

> 주시경은 '본음, 원체, 법식'과 같은 추상적인 층위가 '국어'에 내재하고 있다고 본 것과 같이 '짬듬' 즉 문장의 층위가 '국어'에 존재한다는 전제하에서 논의를 전개하고 있다. (…중략…) 주시경이 '짬들갈'의 '짬'을 '짜는 것'이라고 풀이하고, '듬'을 "말이 꿈이어지는 여러 가지 법"이라고 한 데서도 이를 확인할 수 있다. 의사를 표할 때 따르기 위해 일부러 정한 규칙이 아니라, 말이 짜이고 꾸며지는 즉 조직되는 법칙이라는 뜻으로 '짬듬'을 정의하고 있기 때문이다. (…중략…) 특히 '변체(기몸박굼)'라는 개념을 통한 '형명(언), 형성(억)'의 설정에서 알 수 있는 것처럼 최소한 『말』 이후부터 주시경은 품사 분류의 매우 중요한 기준으로 문장의 층위를 고려하고 있었다는 사실을 염두에 둔다면, 당시에 통용되는 품사론적 용어들과 주시경의 그것이 외형 상으로는 유사해 보이지만 그 실질적 내용에서는 큰 차이가 있을 수밖에 없음을 알 수 있다. 이는 역사언어학에서 19세기 내내 사용되는 모음교체와 유추, 음법칙 같은 개념들이 소장문법학파의 '균일주의'를 통과하면서 전혀 다른 사회역사적 의미를 띠게 되었다는 사실과 유사한

> 부분이다. 물론 소장문법학파의 '균일주의'가 '시간의 균질화'와 관련이 있다면, 주시경이 발견한 '문장 / 짬듬'은 '주체의 균질화'라는 차원에서 이해되어야 하는 것으로 서로 다른 층위의 것이기는 하다. 그럼에도 불구하고 이들은 모두 언어학적 개념 역시 사회역사적 맥락을 떠나 존재하는 것이 아니라는 사실을 여실히 보여 주는 사례라 하겠다.(255~256쪽)

위의 설명은 '국어문법'을 기술하는 데 사용한 각종 개념, 특히 문장 층위에 대한 '짬(≒문장 구성)', '듬(≒수식법)', '형명(≒관형어)', '형성(≒부사어)' 등의 개념들이, '국어'를 사용하는 화자라면 누구나 가리지 않고 공유하는 통사구조가 있다는 가정에 기반을 둔, '주체의 균질화'라는 사회역사적 함의를 가진다는 것을 강조하고 있다. 이러한 동일한 통사구조를 공유하는 균질적인 주체를 상정하는 사회역사적 함의는 근대 개념어 국어의 논의에서 빠지지 않는 '언문일치'와도 밀접하게 이어진다.

언문일치는 '말과 글의 일치'라는 표면적 의미를 갖지만, 실제로는 한문이 아닌 국문으로의 글쓰기를 언문일치의 실현으로 생각해 왔다. 『언어적 근대의 기획』에서는 국문, 한문의 문제뿐만 아니라 문장의 통사구조, 어미(문장의 종결 형태) 등에 대한 고려를 언문일치 논의에서 비중 있게 다루고 있다.

> '언문일치'의 전개 과정을 전체적으로 일별해 보면 여기에는 대략 세 가지 측면의 문제가 개입되어 있었던 것으로 판단된다. 첫째는 문자와 관련된 것으로 이는 물론 한자로부터의 탈피, 그리고 '국문'의 대두를 말한다. 둘째는 문장의 통사구조와 관련된 것으로 고전 한문 문장으로부터 '국어'의 문장 형태로 전환하려는 노력이 여기에 해당한다. 그리고 마지막으로

문장의 종결 형태에 관한 것으로 흔히 '-더라'류가 '-었다'와 같은 식으로 바뀐 것을 말하는데 통상 이 단계에서 현재우리가 사용하는 문체가 대략 완성되었다고 보는 것이 일반적인 경향인 듯하다.(73쪽)

저자는 한자 대신 국문을 쓰자는 언문일치운동은 사회적 논의의 한 주제로 광범위하게 일어난 것임에 반해, 우리말에 맞는 문장구조나 구어체적인 종결형으로 글을 쓰자는 것은 일정한 제도나 매체의 영향으로 한쪽 방향으로 수렴된 결과로 보았다. 뒤의 두 문제는 다른 여러 선행 연구에서도 논의되었듯이 최남선, 이광수, 김동인을 중심으로 이루어진 새로운 근대적 문장 규범과 글쓰기 양식과 관련되는데, 저자가 주목한 부분은 아래와 같이 자신들이 혁신한 문체가 '구어체'에 가깝다거나 아예 '순 구어체'라고 믿은 최남선, 이광수, 김동인의 언문일치 관념이 의미하는 바가 과연 무엇인가 하는 점이다.

六堂이 시작하여 春園이 (不徹底하게나마) 努力하든 길은 우리의 손으로 마츰내 完成되엇다 아직 만히 남어 잇든 文法體 文章은 우리의 손으로 마츰내 全히 口語體로 변하엿다.

—김동인, 「조선근대소설고 (11)」, 『조선일보』, 1929.8.11, 80쪽

윗글에서 김동인이 말한 '문법체 문장'은 '-더라'류 종결 형식을 말한다. 저자는 '-더라'류가 '-었다'류로 바뀐 문체의 효과를 "서술자, 이야기꾼, 표현 주체, 화자의 소멸에 있다는 것인데, 화자가 사라지면 필연적으로 그와 관계 맺는 청자 그리고 그 발화 맥락 역시 함께 사라질 수밖에 없다. 따라서 '언문일치체'는 '관계의 흔적' 자체를 지워 버린 문장이고 '-더라'와 같은 종결 표현이 가지고 있는 양태적 속성modality, 즉 필연적으로 화자와 청자를 연상하게 하는 그런 특성을 제거하고 남은 문장이 된다. 그리고 이는 주체(서술자, 이야기꾼, 화자)의 소거로부터 시작되는 것이다"(86쪽)라고[7] 설명한다. 그리고 언문일치운동에서 발견되는 "서술자, 이야기꾼으로 상징되는 언표행위의 주체가 소멸됨으로 인해 비로소 그 모습을 드러낸 '언어'"와, 근대언어학에서 보이는 "화자와 청자, 구체적인 발화 상황에 대한 고려 없이도 '과학적'인 설명이 가능한 '언어'"(89쪽)에서 '언어적 근대'를 해명하는 공통된 '언어' 감각을 볼 수 있다고 하였다.

이 공통된 '언어'감각은 국문 통사구조와 관련한 두 번째 언문일치 과정과 주시경의 국어 연구에서도 발견되며 다음의 설명에서 구체화된다.

> 최남선이 『소년』에서 시도한 전략, 즉 '한자 단어를 국문 통사구조에 맞추어 쓰는' 방식은 대단한 의식적 노력이 있지 않고서는 불가능했던 일이었을 것이다. 이것이 결코 손쉬운 작업일 수 없었던 것은 그러한 식의 글쓰기가 바로 '국문 통사구조'를 의식적으로 찾아 나가는 과정에 다름 아니었기 때문이다. '국어'의 '문장'이란 것이 과연 무엇이고 그것의 실체가 어떠한 것인지, 그전에는 누구도 의식하지 못했고 아무도 그 존재를 개념화하거나 구체적으로 표상해 내지 않았던 바로 그러한 것을 발견해 나가는 일이 간단치 않았을 것임은 쉽게 예상할 수 있을 것이다. 그러나 이 지난한 작업은 신문, 잡지라는 근대적 미디어에 사용되는 언어를 균질화하는 일이었고(문

7 이러한 설명은 김미형(1995 : 178)의 '신소설이나 고소설의 문장을 읽으면 구연자가 대사를 읊어 주는 듯한 느낌을 준다'라는 지적과 남기심(2001)의 '더'와 '었'에 대한 기능 설명을 따른 것이며 권보드래(2000 : 244)의 '무색투명한 문체, 일상어의 존대체계를 떠난 새로운 언어질서야말로 '-다'체가 목표로 한 바'라는 설명을 일부 수용한 것이다. 근대적 문체의 형성과 맥락은 배수찬(2008), 김영민(2012)의 논의에서 그 구체적인 양상을 파악할 수 있다.

체의 통일), 이는 결국 균질적인 '국민'(이라는 관념)을 형성하기 위해서는 없어서는 안 될 일이기도 했다(독자층의 통합). 우리는 주시경의 작업 역시 이러한 사회적 맥락과 동떨어진 것으로 해석할 수는 없을 것이라고 생각한다. 그가 '국어'의 통사구조를 뚜렷이 인식하고 이에 기반을 둔 개념들을 사용하기 시작한 것은 앞서 살펴본 『말』(1907?~1908?)의 「언체의 변법」 및 「관계부」이고, 이들이 나름의 완결된 체계를 갖추게 되는 것은 『국어문법』(1910)의 '짬듬갈'에서다. 그리고 이들의 집필 시기는 『소년』(1908. 11~1911. 5)의 발간 시기와 대체로 일치한다. 물론 이들의 영향 관계를 따질 의도는 없다. 다만 근대적 미디어인 신문과 잡지에 깊이 관여하고 있던 주시경이나 최남선이 공히 문체의 이원화로 인한 독자층의 분열이라는 사회적 문제를 심각하게 받아들였을 것이라는 추측에 큰 무리가 있을 것 같지는 않고, 또 이를 해결하기 위한 과정에서 '문장'이라는 층위를 발견했을 가능성이 있는 것 또한 사실이다. **물론 최남선은 '국어'의 '통사 구조'에 맞춘 여러 양식의 문장을 선보였다면, 주시경은 바로 그 문장을 개념화하고 통사 구조의 실체를 이론적으로 드러내고자 했다는 점에서 차이가 있을 뿐이다.**

—김병문, 2013, 236~237쪽, 강조는 인용자

위의 설명은 최남선이 한문에 가까운 구절 단위 국한문체가 아닌 국어에 가까운 단어 단위 국한문체를 쓰려 했는데 이는 미디어에 사용되는 언어를 균질화하는 작업이었으며 주시경의 국어 문장구조의 연구와 동궤에서 이해할 수 있다는 것이다. '언어적 근대'라는 측면에서 최남선과 주시경이 접목되는 부분은 위에서 설명한 언문일치와 주시경의 국문운동 및 국어 연구의 접목으로 다음의 표와 같이 다시 정리할 수 있을 듯하다.

	최남선 등의 '언문일치'	주시경의 '국어' 연구
1	문자의 국문화	국문론의 '국문' 강조
2	국어 통사구조에 기반한 문체	언체의 변별, 짬듬갈
3	종결 형식의 근대화 (언표행위 주체 소멸)	추상적 층위의 언어(랑그) 인식

언문일치 세 양상 중 '문자의 국문화'는 주시경이 『독립신문』 등의 매체 활동이나 여러 글에서 직접 관여한 것이라면 '국어 통사구조'에 맞는 글쓰기나 '종결어미의 근대화'는 근대적 특징에서 간접적으로 주시경의 국어 연구와 대응되는 것이라고 할 것이다. 앞에서 설명했듯이 주시경은 '짬듬갈'을 통해 문장 층위의 국어 통사구조를 설명하고자 하였는데, 이는 최남선, 이광수, 김동인을 잇는 언문일치 과정에서 국어 통사구조에 기반한 문체로 매체 및 문학의 문체를 균질화하고자 한 것과 궤를 같이한다. 그리고 주시경이 추상적 층위의 국어를 대상화하여 인식한 것은 주체의 균질화와 관련된다고 설명하였는데 이는 서술자의 시각이 개입되는 '-더라'류 종결형이 서술자의 시각이 중립화되는, 즉 언표행위의 주체가 소멸되는 '-었다'류 종결형으로 바꾸고자 한 노력과 대응된다고 할 수 있다.[8] 『언어적 근대의 기획』에서 이러한 대응을 직접적으로 명시하지는 않았지만, 책의 내용에 기반하면 이러한 대응을 쉽게 유추할 수 있다. 이렇듯 저자는 근대계몽기 최남선이 출판 활동을 통해 추구한 언어적 근대 및 언문일치의 근대적 성격을 설명하며 주시경의 여러 활동을 연결하고, 주시경이 국어의 언어적 근대에 중심적인 위

8 고전 서사의 '-더-'가 기능적으로 현대의 '-더-'와 같이 서술자의 시점이 전제되는 것인지는 반박의 여지가 크며 '-었다'류의 형성을 "시기적으로 10년 이상 앞서는 일본의 '-だった' 문체운동과 나란한 현상"으로 파악할 수도 있어서(일본의 '-だった'문체운동은 익명의 심사자가 조언해 준 것이며 박진수(2002)에서 이광수 소설의 언문일치문체와 일본 근대소설의 문체의 영향 관계에 대하여 설명하고 있다) 최남선 등의 언문일치와 주시경의 국어 연구를 '근대'라는 틀에서 대응시키는 것은 전체적으로 보완 설명이 많이 필요하다. 이는 본고의 목적을 넘어서는 것이므로 추후 연구를 기약하기로 한다.

치에 있었다는 것을 강조하고 있다고 할 수 있다.

4. 근대 개념어로서의 '국어'

우리는 지금까지 『언어적 근대의 기획』의 내용을 주시경의 근대적인 '국어'의 인식, 균질적인 주체로서의 언중의 설정, '국어'를 설명하기 위한 근대적 개념 형성이라는 틀에서 대략적으로 살펴보았다. 이로써 주시경시대에 국어는 언어학적으로도 근대 개념어로서의 특징을 가진다는 것을 확인할 수 있었다. 이러한 언어학적인 측면은 물론 국가, 국민(민족), 평등의 가치 등 정치적 · 사회적 측면과도 밀접하게 관련되어 있는 것으로서 추상적인 층위에 대한 인식으로 수렴될 수 있다.

이러한 고찰을 통해 국어는 언어적 측면에서 주시경 시대에 근대화하였고 사회 문화적으로도 근대 개념어의 요건을 갖추었다는 것을 충분히 짐작할 수 있다. 이제 다시 이 글의 첫머리에서 제시한 "'국어'는 근대적 개념어인가?"라는 질문으로 돌아가 본다. 이는 근대 이전의 '국어'와 근대의 '국어'는 개념적으로 다르다는 것을 전제하는데 『언어적 근대의 기획』은 적어도 언어적 인식의 측면에서는 '국어'가 근대에 들어 달라졌다고 설명하고 있는 것이다. 그리고 『언어적 근대의 기획』은 여기서 한 걸음 더 나아가 주체의 의도가 함의되는 '기획'이라는 용어를 사용하고 있다. '기획企劃, project'이라는 용어 사용에 대한 직접적인 설명은 없지만 "사실 '근대어의 탄생'이라는 표현은 근대에 나타난, 언어에 대한 새로운 인식, 그리고 이에 기반을 둔 어떤 의식적 노력을 강조하고자 한 것으로 이해하는 것이 온당할 터이다"(16쪽)라는 언급과 제6장에서 '전략'이라는 용어를 사용한 점 등을 통해 의식적 노력을 염두에 둔 것이라 이해된다. 물론 이는 주시경이 '언어적 근대' 자체를 의도하고 의식적인 노력을 했다는 의미는 아닐 것이고 사회 전체적인 흐름 속에서 국어의 언어적 근대와 관련된 몇몇 부분에서[9] 결과적으로 '기획'의 성격을 띤다는 의미일 것이다.

저자는 이연숙(1996 ; 2006)의 논의를 인용하여 "'국어'라는 대상을 먼저 인식하고 나서 그것을 정책과 교육, 연구의 대상으로 삼은 것이 아니라, 거꾸로 정책하고 교육하기 위해 정연한 체계를 갖춘 '국어'가 필요했었다"(15쪽)라고 파악하였다. 이러한 논의는 '민족 = 국가 = 국어'라는 근대적 이데올로기에 비판적으로 접근하여 근대의 주체화 양상을 규명하려는 시도와 직접적으로 관련된다고 하면서 이에 대한 국어학적 접근의 필요성에서 『언어적 근대의 기획』이 시작되었다고 밝히고 있다.

이렇게 '근대의 주체화 양식'을 고민하다 보면 한국에서 "근대적 '민족' 및'국가'에 대한 의식이 근대적 '국어'를 형성하였는가? 아니면 근대적 '국어'가 근대적 '민족' 및 '국가'에 대한 의식을 형성하였는가?" 라는 질문이 잇따른다. 이러한 질문에 답을 찾다 보면 국어 개념사의 보편성과 한국적 특수성도 밝혀낼 수 있을 것인데, 『언어적 근대의 기획』은 우리에게 이러한 근원적 질문을 던진다. 물론 앞에서 설명했듯이 『언어적 근대의 기획』은 제목의 느낌과는 달리 이러한 질문들에 직접적인 답을 제시하지는 않는다. 이 글의 앞부분에 인용한 바 있는 "'국어문법'은 이와 같이 근대적 개인과 그들의 (정치)공동체인 '국민

9 이 글에서는 소개하지 않았지만 제7장 「'국어'의 구축」에서 논의하고 있는 국어사전의 간행이 '기획'의 성격을 가장 잘 보여 준다.

국가'를 요청한다. 반대로 '국민국가' 역시 구성원의 동질성을 확인해 줄 수 있는 것의 하나로 '국어문법'을 필요로 한다"(6쪽)라는 지적과 같이 근대민족 및 국가의 형성과 국어 형성의 선후 관계가 단선적인 것이 아니라는 시각을 제시하며, 주시경의 국어 연구를 둘러싼 국어의 근대적 담론을 펼쳐 내고 있을 뿐이다. 하지만 이 자체로 『언어적 근대의 기획』이 국어 개념사 연구에서 갖는 의의는 매우 크다고 생각한다.

이러한 의의를 인정한다는 전제 아래 이와는 별도로 『언어적 근대의 기획』에서 더 근본적인 의문이 남는다. 그 의문은 "'근대적 개념의 국어'가 주시경시대에 들어 탄생하거나 기획된 것이 아니라 전통적으로 존재했던 것은 아닌가?" 하는 것이다. 이러한 의문에 대하여 『언어적 근대의 기획』에서 제공하는 답을 추측해 보자면, 주시경 이전 시기에 존재하던 국어의 근대적 면모는 주시경시대의 그것과 질적으로 큰 차이를 갖는다는 것이다. 이는 이 글 제3장의 첫 번째 인용문에서 설명한 바와 같이 주시경 당시 최광옥, 유길준, 김규식 등의 국어 문법서가 주시경의 문법서에서 사용한 용어와 체제를 공유하는 것으로 보이지만, 이는 외형상의 유사성을 보일 뿐이고 '문장 / 짬듬'의 차원을 염두에 두고 '주체의 균질화'라는 측면을 읽어 낼 수 있다는 점에서 실질적으로 다르다고 설명한 데에서 추론할 수 있다. 그럼에도 불구하고 전통적인 국어 개념과 근대의 국어 개념에서 보이는 차이가 질적인 것인지 아닌지에 대한 탐구는 세부적으로 여러 분야에서 더 고찰하여야 할 것이다.[10]

10 구체적으로는 실학시대와 애국계몽기 '국어'에 대한 인식을 비교 검토하여야 하며, 『조선리언』 등 국어학적으로는 크게 주목받지 못했지만 국어 개념사에서 주목할 만한 주시경 시대 다른 국어 연구서들에 대한 검토가 필요할 것이다. 아울러 훈민정음 창제를 둘러싼 언어와 민족 간의 상관적 언급들도 실학시대의 '국어' 인식과 어떻게 연결되는지 검토하여야 할 것이다. 그리고 그동안 단편적으로 검토된 '국어'에 대한 정치적·사회적 접근도 종합적으로 다시 검토할 필요가 있겠다. 이러한 고찰은 후고를 기약한다.

『언어적 근대의 기획』에 대한 서평으로서 이 책의 의의를 충분히 보여 주지 못한 아쉬움을 조금이나마 덜기 위하여 마지막으로 이 책에 등장하는 많은 철학적·사회적 논의들에 대하여 소개를 하여야 할 듯하다. 이 책의 제6장 「타자의 시선과 '국어'의 발견」에서는 언표행위의 주체로서[11] 주시경이 국어학자로서의 권위를 인정받기 위하여 전략적으로 글쓰기 스타일을 선택하고 '국어' 교육과 연구를 위한 전문가 집단을 형성하고자 하였다고 설명한다. 이를 푸코의 담론 이론의 틀에 따라 앞 장의 '대상', '주체', '개념'의 형성에 이어 '전략의 형성'으로 설명하였다. 주시경의 '국어' 연구를 언어적 근대라는 틀에서 설명하기 위하여 푸코의 담론 이론을 적용한 결과이다.

이러한 철학적·사회학적 장치는 레이코프와 존스의 『삶으로서의 은유』에 기대어, 교환양식(가라타니 고진)과 의사소통 모델(로만 야콥슨)을 연결한 논의에서도 확인된다. 이를 저자는 "20세기 초 조선이라는 공간에서 주시경이 했던 작업의 의미를 좀 더 거시적으로 이해해 보기 위한 것(378쪽)"이라고 설명하였는데, 필자의 좁은 식견으로는 이에 대하여 동의나 비판 등의 평가를 할 수 없지만,[12] 국어 연구를 사회적·문화적으로 해석하는 데 필요한 작업이라고 생각되며 이 책이 이러한 작업에 있어 최초의 본격적인 업적이라는 의의를 재차 강조할 수 있을 듯하다.

—『개념과 소통』 14, 2014

11 언표행위의 주체란 언표 주체와 구분되는 것으로 특정한 담론의 언표를 생산해 낼 수 있는 권위를 가진 사람을 뜻하는데, 예컨대 언어학이라는 담론에서 언표행위의 주체는 물론 언어학자가 될 것이다(45쪽).

12 익명의 심사자는 레이코프·존슨(1980)의 '체화된 인지'이론의 입장에서 '소통'되는 '의사'는 존재하지 않기 때문에 레이코프·존슨(1980)과 로만 야콥슨의 '의사소통 모델'이 병치되는 것이나, 근대적 인식이 병치되는 모습이 자연스럽게 생각되지 않는다고 하였다.

신채호문학 연구의 이정표, 『신채호문학연구초』

양진오 | 대구대학교 국어국문학과 교수

김주현, 『신채호문학연구초』, 2012

1. '초艸'의 의미를 헤아리며

같은 학교나 스승에게서 학문을 배운 사람들을 '동학同學'으로 일컫는다. 그런데 동학의 의미를 더 넓히자면, 같은 연구 대상을 놓고 학문을 이어가는 사람들도 여기에 포함될 수 있을 듯하다. 그런 점에서 평소 필자는 김주현 교수를 출신 대학과 현재 재직 대학은 다르지만 같은 연구 대상을 놓고 수년 서로 공부를 이어간 까닭에 동학에 해당하지 않을까 생각하고 있었다. 이렇게 동학으로 여길 수 있는 학문의 동료가 있다는 건 사실 공부하는 사람으로선 축복받을 일이다.

필자라고 해서 그 비판에서 자유로울 수 없고, 또한 어제 오늘의 일이 아닌 문제가 있다. 어떤 학문 분야보다도 열린 자세를 견지해야 할 분야가 인문학 분야이다. 그러나 오늘날, 특히 대학 제도 안에서의 인문학 연구자들은 전공이라는 논리로 나눠지고 쪼개져, 좋게 말하자면, 각자 자기만의 공부에 몰두하는 상황이다. 인문학 분야 연구자들의 협애성이 인문학 부진의 원인으로 자주 지목되는 오늘날 필자를 포함한 인문학 연구자들의 공부가 각자도생하는 형국이라고 해도 지나쳐 보이지 않는다. 이런 마당에 김주현 교수의 최근 저작 『신채호문학연구초』(소명출판, 2012)는 지난 몇 년 신채호 텍스트를 읽고 공부해온 필자에게는 필자의 공부법을 바로잡고 그 방향을 새롭게 다질 귀감이 되기에 충분했다.

김주현 교수의 저서 『신채호문학연구초』에서 필자의 눈길을 끈 단어는 '초艸'였다. 김주현 교수가 자신의 저서 제목에 '초'란 단어를 썼다는 건 그만큼 자신의 저서가 신채호 문학 연구의 기초를 닦는다는 자부심의 표현이 아닐까 생각했다. '초'란 단어가 그저 '풀'의 뜻으로만 새겨지지 않고 '시작' 내지 '초고'의 뜻으로도 새겨질 수 있다는 것을 감안하자면, 김주현 교수는 자신의 저서가 신채호 문학 연구의 시작을 알리는 일종의 이정표가 되기를 바란 것으로 보인다. 그렇다면 정말 이 저서는 신채호 문학 연구의 이정표에 해당하는가? 그간 학계에 제출된 신채호 문학 연구의 '양量'이 결코 적지 않은 터에, 김주현 교수의 『신채호문학연구초』가 과연 신채호 문학 연구의 본격적인 시작을 알리는 의의를 지닐 수 있을까?

『신채호문학연구초』는 서설 「선금술의 방법론」을 포함해 스물 한 편의 논문을 수록하고 있다. 그런데 이 스물 한 편의 논문이 궁극적으로 도달하고자 하는 연구의 귀착점이 있으니 그건 바로 신채호 문학의 정전 확정이다. 그렇다면 김주현 교수는 신채호 문학의 정전 확정을 위해 어떤 연구 방법론의 경로를 거치는가? 이 저서에서 김주현 교수는 자신의 문학 연구 방법론을 '텍스트의 구경究竟'이라는 제목으로 소개한다. 다소 그 내용이 길지만, 여기에 그 주요 내용을 인용하기로 하겠다.

모든 연구는 텍스트로부터 비롯되고 텍스트에서 출발한다. 그런데 텍스트는 열려 있다. 오독이 단순히 연구자의 주관에 기인한 것도 있지만 상당수는 텍스트의 개방성에 기인한다. 그것은 문학연구에만 한정되는 것이 아니라 역사 및 철학 연구에서도 마찬가지이다. 문학연구에서 텍스트는 단순한 대상의 의미를 넘어선다. 그런데 우리 근대문학 연구에서 대상으로서의 텍스트는 여전히 불완전하다. 우리는 텍스트의 불완정성을 곳곳에서 목격할 수 있다. 이상화의 「빼앗긴 들에도 봄은 오는가」는 초기 텍스트들이 적지 않은 문제를 안고 있었다. 일부 기억에 의존해 만든 『상화와 고월』(1951)에서는 바로 한 연이 유실될 정도로 현저한 오류가 있었다. 어디 그것뿐이겠는가?

이상의 전집 역시 오류가 적지 않다. 특히 「종생기」의 텍스트 오류로 인해 우리는 적지 않은 오독을 보아왔다. 더불어 김동리는 개작의 명수였다. 수많은 작품들이 개작되었고, 그리하여 현재 전집에 실린 작품들은 상당수가 개작된 텍스트들이다. 「무녀도」만 3회, 『을화』까지 친다면 4회 정도의 개작이 된 셈이다. 그런데 연구자들은 1963년 개작 「무녀도」를 통해 1930년대 김동리의 문학세계를 논의한다. 텍스트의 가변성을 전혀 의식하지 못하기 때문이다.

텍스트의 문제는 단재전집에서 더욱 극명하게 드러난다. 단재전집은 몇 차례에 걸쳐 발간되었으나 여전히 논란이 많다. 1972년 형설출판사에서 『단재신채호전집』(상 · 하)이 나온 이후 1975년에 보유편이 나오기에 이른다. 그러나 그것들은 자료의 수집 및 수록 과정에서 무수히 문제를 안고 있어서 1977년 개정판 상 · 중 · 하 · 『별집』 등 총 4권이 나오기에 이른다. 그러나 그것 역시 텍스트에 대한 확정이 제대로 이뤄지지 않은 상태에서

나와 적지 않은 문제를 야기하였다. 2007~2008년에 나온 단재전집도 예외는 아니다.(15~16쪽)

"모든 연구는 텍스트로부터 비롯되고 텍스트로부터 출발한다"는 이 진술은 김주현 교수의 문학 연구가 어떤 배경에서 기획되었으며 전개되어 왔는가를 알게 해준다. 김주현 교수의 이 진술은 일견 김주현 교수의 연구 토대가 러시아 형식주의에 입각한 것이라는 생각을 갖게 한다. 그러나 김주현 교수의 연구가 텍스트의 불완전성에 도전해 텍스트의 가치를 탐색하고 그 의의를 규명하는 데 더 무게를 두고 있다는 것을 감안하자면, 그의 연구를 러시아 형식주의로 한정할 이유는 없다. 자 이제, 김주현 교수의 연구 방법의 요체를 말해보기로 하자.

이상화 연구자라면 누구나 소유하고 싶어 하는 책이 백기만의 『상화와 고월』이다. 그런데 김주현 교수의 지적처럼, 이 책에는 "바로 한 연이 유실될 정도로 현저한 오류가" 있었고, 이와 같은 오류는 이상 전집 그리고 신채호 전집이라고 해서 예외가 아니었다. 이 대목에 이르게 되면, 필자는 김주현 교수의 연구 방법의 요체가 텍스트의 실증에 있다는 것을 거듭 확인하게 된다. 이런 맥락에 서서 김주현 교수는 이렇게 말한다. "텍스트는 무엇보다 믿을 수 있어야 한다. 신뢰할 수 있는 텍스트가 신뢰할 수 있는 연구를 낳기 때문이다. 그런데 텍스트는 훼손되거나 잘못된 것들이 적지 않다. 그래서 텍스트의 확정이 필요하다."

2. 신뢰 확정의 권위, 정전, 그리고 이어져야 할 과제

신뢰할 수 있는 텍스트가 신뢰할 수 있는 연구를 낳는다는 건 오늘날 문학 연구의 상식에 속한다. 문제는 신뢰할 수 있는 텍스트의 확정이다. 필자는 이렇게 묻고 싶다. 말의 엄밀한 의미에서, 신뢰할 수 있는 텍스트라는 게 과연 있을 수 있을까? 아니, 텍스트의 확정은 과연 가능한 일인가? 하고 말이다. 특히 텍스트의 그 열린 가변성을 고려하자면, 텍스트의 확정이 가능한 연구 영역에 해당하는가 하는 의구심을 지울 수 없다. 필자 역시 신뢰할 수 있는 텍스트가 신뢰할 수 있는 연구를 낳는다고 생각하지만, 이와는 별개로 어떤 텍스트를 신뢰할 수 있는 텍스트로 확정시키는 그 신뢰와 확정의 권위는 어디에서 오는가 진지하게 탐문해야 한다고 본다.

그렇다면 김주현 교수는 이 난처한 문제를 어떻게 풀어갈까? 여기서 주목해야 하는 게 계통 및 회통의 개념을 중시하는 신채호의 역사 연구 방법론이다. 김주현 교수가 신채호의 역사 연구 방법론에서 자신이 수행해 온 연구의 정당성을 모색하는 까닭에 신채호가 역사라는 이 추상적인 분야를 어떻게 하여 텍스트로 물질화하는가를 주시할 필요가 있다는 말이다. 그 대목을 인용하면 이렇다.

> 단재는 사료의 모집과 선택에 특별히 관심을 쏟고 역사 연구를 하였다. 그의 연구는 사료의 모집과 선택, 계통 및 회통 구하기, 심습 제거 및 본색 추구의 과정을 잘 보여 준다. 단재는 방문 소사 실측 등 실증적인 방법을 통해 사료를 수집하였고, 고증학을 통해 사료를 감별하였다. 그는 사료의 모집과 선택에 누구보다 관심을 기울였고, 그 분야에 독보적인 성과를 낳았

> 다. 단재는 나아가 자료의 계통과 회통 구하기 심습을 제거함과 더불어 본색을 구할 것을 천명했다. 그것은 텍스트의 수집과 선택, 그리고 그것을 정리, 조직, 재구함으로써 텍스트의 본질적 가치를 탐색하는 것이다.(17쪽)

사료의 모집과 선택, 계통 및 회통 구하기, 심습 제거 및 본색 추구로 요약되는 신채호의 역사 방법론에 자신의 단재 연구 방법론을 접목한 김주현 교수는 『신채호문학연구초』에서 특히 저자 규명과 확정 문제에 집중한다. 본 저서의 제1부의 첫 번째 논문 「『황성신문』 논설과 단재 신채호」에서 시작해 제3부의 마지막 논문 「「단기고사 중간서」의 저자 문제」에 이르기까지 김주현 교수는 분명하지 않거나 논란이 되어 온 저자 문제를 규명하고 확정하는 방식으로 모종의 텍스트들이 단재 텍스트에 해당하는지 그렇지 않은지 판별한다. 이 과정에서 돋보이는 건 그 판별을 위해 계통과 회통의 개념으로 복수의 단재 텍스트 내지는 근대계몽기의 텍스트들을 동시적으로 참조하는 김주현 교수의 논증력이다. 특히 다양한 근대계몽기 텍스트에서 산견되는 신채호의 문체를 참조하며 모종의 텍스트를 단재의 텍스트로 판별하는 대목에서는 필자 역시 배운 바 적지 않다.

그런데 필자는 김주현 교수의 이 저서를 신채호 문학 분야에서 뚜렷한 이정표로 우뚝 설 성성과로 인정하면서도 앞으로 이어져야 할 과제에 대해서도 이야기를 나누고 싶다. 사료의 모집과 선택, 계통 및 회통 구하기, 심습 제거 및 본색 추구의 과정으로 요약되는 신채호의 역사 방법론은 있는 그대로의 역사를 상상하거나 재구하는 데 그 주된 목적이 있다고 필자는 생각하지 않는다. 신채호의 역사 방법론이 상상하는 혹은 지향하는 역사는 반전의 역사다. 그 역사는 근대의 시간 그 이전부터 지속되고 작동된 중화체제와 기우뚱해진 중화체제를 대체한 서

구체제에 반격하는 역사, 즉 중화체제와 서구체제의 지배 논리를 균열시키는 저항의 언어로서의 역사다. 또한 그 역사는 중화체제와 서구체제의 공식적 권위에 길들여지지 않은 생짜의 반역적 인간들을 반전의 주인공으로 등장시키는 역사다. 그러니까 신채호의 그 허다한 텍스트들이 상상하는 역사는 중화체제와 서구체제의 권력을 반격하는 반전의 역사다. 신채호는 그 반전의 역사를 발견하고자 열망한 역사학자였다는 것이다.

그래서 엉뚱한 말 같지만, 필자는 김주현 교수의 신채호 연구가 정전의 확정 문제에서 멈추지 말고 그 이상으로 진척되기를 바라는 마음이다. 신채호만 그렇다고는 말할 수 없겠으나, 신채호란 이 불굴의 존재가 남긴 문학에 대한 연구는 정전의 확정에서 끝날 수 없다는 게 필자의 생각이다. 역설적이지만 신채호 문학은 정전의 형식으로 자족하기를 허락하지 않는 문학이다. 필자가 지난 몇 년 신채호란 존재와 문학을 독해한 지점은 바로 여기에 있었다. 요컨대 필자는 신채호 문학의 불온성을 새롭게 발견하고 그 불온성의 의미를 한국 근대문학이 낳은 또 하나의 문학적 의미로 탐색하고 싶었다. 이렇게 필자의 신채호 독해와는 별도로 이번에 김주현 교수가 『신채호문학연구초』를 세상에 출간하면서 신채호 연구는 큰 분수령을 맞게 되었다. 김주현 교수의 이 이정표는 신채호를 읽고 공부하고자 하는 연구자들은 물론이지만 김주현 교수의 공부를 더 깊게 할 것으로 생각된다. 김주현 교수의 신채호 연구 혹은 그의 근대문학 연구가 『신채호문학연구초』를 계기로 더 깊어지고 넓어지리라 기대한다.

—『어문논총』 58, 2013

파탄과 구원의 이중적 책략을 위한 변해辨解

최현식 | 인하대학교 국어교육과 교수

서영채, 『아첨의 영웅주의－최남선과 이광수』, 2011

"글을 쓰는 이유는 죽음으로부터 무엇인가를 지키기 위해서다"라는 A. 지드의 말은 최남선과 이광수의 삶과 글쓰기에 겹쳐질 때 그 울림이 더욱 각별해진다. 육당과 춘원에게 '죽음'이란 단연 '민족'의 패배와 좌절이었다. 그들의 문명론이 '소년'과 '청춘' 세대의 궁극을 개성의 획득과 실현보다 '신대한(국민국가)'과 '대황조(민족공동체)'의 건설과 회복에 둔 것도 '죽음'을 초극하기 위한 당위적 행위였다. 그러니까 그들은'무엇인가'를 오로지 민족의 광영과 영원함에 일치시킴으로써 스스로를 민족의 사제인 동시에 희생양으로 밀어올릴 수 있었다. 하지만 이들은 끝내'민족'의 구원을 명분으로 뭇 인민을 대동아공영의 실현을 축도하는 번제물로 바침으로써 자신들의 '민족'과 '자아' 모두를 기각하고 파탄시켜 버렸다. 이들의 비극은 당대의 죄인으로 수감됨을 넘어, '민족의 죄인(친일의 대표)'과 '죄인의 민족(다중의 친일)' 사이를 오가며, 식민지 흔적 지우기와 민족적 순결의 재구에 소용되는 기억의 번제물로 여전히 호출된다는 사실에 존재한다.

침묵의 밀약에 대한 도전적 문제제기

최근 학계의 관심은 이들의 '친일' 자체보다는 그것을 구성하는 내면적 · 외부적 원리와 조건의 탐색, 민족을 삭제 또는 배반하는 민족주의의 실체, 민족의 숭앙과 파괴의 정점에 선 불우한 영혼의 진실을 밝히는데 집중되고 있다. 물론 이런 경향은 이들의 죄와 벌을 순치하려는, 무책임한 면책 특권의 실현보다는, 양 극단의 삶을 오가며 '민족'을 섬겨야 했던 심리적 외상의 복합성과 발화되지 못한 어떤 목소리를 들어보려는 방법적 대화에 가깝다. 사실 이들의 불발된 내면의 발화에 대한 관심은 그 자체가 '협력'과 '용서'의 맥락을 부감시킨다는 점에서 무관심과 저지의 영역으로 늘 변방화돼 왔다.

배신의 윤리에 대한 성찰을 표나게 내세운 서영채 교수의 『아침의 영웅주의—최남선과 이광수』는 이런 사치스런 동시에 옹색한 침묵의 밀약에 대한 도전적 문제제기라 할만하다. '비윤리성의 윤리성'으로 요약되는 육당과 춘원에 대한 저자의 대화는 '사실들의 배후에 놓인 진실'의 탐침과 그를 통한 '사실'들의 또 다른 발화를 목적한다. 요컨대 육당과 춘원은 그들의 내밀한 '진실'은 물론 그들에 관련된 '사실'로부터도 배제된 이중적 소외의 상태에 놓여 있다는 것이 서 교수의 판단인 것이다.

서 교수가 객관과 허구에 방점이 찍히는 논설과 문학보다는 자아의 주관과 열정이 투사된, 그러면서도 대중의 지지를 호소할 수 있는 고백록과 여행기를 내상 텍스트로 삼는 이유도 이와 무관치 않다. 교술 장르에 속하는 '고백록'과 '여행기'는 자아의 정신과 행위의 '사실성' 못지않게 '내면성'이 족출하고 경합하는 글쓰기에 해당된다. 그러니까 민족의 배신 이전과 이후의 제 양상들, 이를테면 주체의 자가당착과 그것의 합리화를 위한 논리 구축, 그를 통한 민족에의 헌신에 대한 동기의 진실성 획득 및 확인, 그 결과로서 비윤리성의 윤리성 보장, 다시 말해 죄와 벌의 거절과 새로운 시대에 합당한 민족의 재전유 과정이 비교적 선명히 드러난다고나 할까.

이런 부분들을 주목한다면, 이 책의 핵심은 역시 '친일' 행위에 따른 파탄과 구원의 서사를 다룬 「단군과 만주, 아침의 영웅주의」와 「이광수와 유머로서의 대동아공영권」, 육당과 춘원의'민족주의'기획과 실제를 다룬 「기원의 신화를 향해 가는 길」과 「합리성과 숭고」이다. 내 입장에서 보자면, 춘원과 육당의 '사실'과 '진실'이 행복하게 조우하는 글들은 백두산과 금강산 기행을 다룬 앞의 논문 두 편이다.

육당은 성스런 국토의 발견을 통해 민족을 숭고한 대상으로 승압했다는 것, 이에 비해 춘원은 합리적·실용적인 태도로 국토에 인간화된 자연의 미덕을 부과했다는 것. 이 낭만적 열정이 일제 말 육당의 '현자의 불안'을 낳는 현실주의적 태도로 변환되며, 그 냉정한 합리성이 일제 말 춘원의 성자적 태도, 즉 규범적 절대성을 실천하는 구도자의 성정으로 변환된다는 '사실'과 '진실'의 변증법은 과연 이들의 민족주의를 향한 동기의 순수성을 구원하는 바 있다.

그러나 우리는 내면적 진실의 핵심에 해당하는 동기의 순수성이야말로 그들의 민족주의가 파탄을 구가하게 되는 결정적 요인이 아닐까 의심해봄직하다. 자신들을 가장 적극적인 민족의 배신자로 몰아넣음으로써 죽음을 대가로 황국신민이 되거나 민족의 영속을 떠안은 인민들의 민족에 통합되거나 그 주위를 배회할 자격을 얻는다는 '비윤리성의 윤리성'이 성립하는 것도 동기의 순수성과 그 실천의 일관성이 전제되지 않는 한 불가능한 것이다.

'비윤리성의 윤리성'은 언뜻 춘원과 육당의 어떤 형태로든지의 민족주의를 구원할 것 같지만, 결국은 파탄으로 몰아가는 결정적 '불륜'이라 생각한다. 그들에게는 추상적이며 가치지향적인 '민족'은 있었지만, 그것을 구성하는 인민들의 육체와 정신, 이것들에 현실성과 구체성을 건축하는 '체제'에 대한 사유와 고뇌가 거의 전무했음을 우리는 안다. 요컨대 '민족'은 절대주체의 권좌를 틀어쥐었지만, '민족'의 서사를 구성하고 실천하는 개개의 구성원들은 지속적으로 타자화됐다는 것. 그러니 당대의 식민지 민중들에게 '죽으라면 죽으리로다'의 황국신민의 윤리성을 주창할 권능 자체가 그들에게는 애초에 존재하지 않았을지도 모른다. 따라서 민족 없는 민족주의는 그들의 논리 안에서는 성립하지만, 이들에게 타자였던 뭇 인민들에게는 따로 존재할 수 없는 허상이었다고 할 수 있다.

괄호 쳐진 '타자를 향한 윤리성'

저자는 왜 춘원과 육당의 '타자를 향한 윤리성' 문제를 애써 괄호친 것일까. 서론에 적은 것처럼 그동안 민족주의에 대한 생각이 두 번이나 바뀌어서일까. 나는 저자의 글쓰기가 다음과 같은 전제와 상동성을 구축하고 있다고 생각한다.

"신화로서의 단군 기사는 역사의 외부에 있지만 그래서 그것이 곧 역사의 진리다." 어쩌면 서 교수가 말하고 싶었던 '진실'은 외부로 쫓겨날수록 오히려 지성사와 문학사 안으로 더욱 휘몰아치는 '역사의 진리'로서의 춘원과 육당의 휘황한 동시에 칠흑 같은 빛과 그림자일지도 모른다. 그가 육당과 춘원의 윤리성 이전에 사실을 구원하고 있다는 판단이 성립되는 지점이다. "사실을 살아 있게 만드는 일이 중요하다는" 서 교수의 책략은 이로써 어김없이 성취됐다. 그러니 이 책에서의 춘원과 육당의 실질적 복원은 정당하고도 효과적이다.

하지만 이들의 역사적 위치와 현재적 의미를 구축하는 일은 사실과 진실, 외부와 내면, 역사와 현재 따위의 짝패 사이에서 경향적인 진동에 의해 구축되지 않는다는 것, 오히려 이 짝패들의 경합과 갈등, 응축과 팽창, 연대와 적대 등의 복합성과 다면성을 냉정하게 재구성하는 작업에서 시작될 수 있다는 것, 그것이 육당과 춘원의 삶과 글쓰기에 울울하게 스며있는 어떤 다성성을 청취하는 것, 『아침의 영웅주의』가 전하는 또 하나의 '진실'이다.

—『교수신문』, 2011.9.6

최남선 창가의 문화정치학과 『소년』

계몽기획의 이중적 구도

장만호 | 경상대학교 인문학연구소

최현식, 『최남선 · 근대시가 · 네이션』, 2016

1. 『최남선 · 근대시가 · 네이션』의 체재와 균형 감각

최현식의 『최남선 · 근대시가 · 네이션』(소명출판, 2015)은 '최남선과 그의 시대'에 대한 저자의 오랜 관심의 산물로서 10년간의 연구들을 묶어놓은 책이다. 제목의 형식에서 충분히 유추할 수 있듯이 이 책은 최남선을 중심으로 근대시가 양식의 특성과 '국민 / 민족국가' 기획의 성격을 논하고 있다. 효율적인 논의를 위해 저자는 '최남선', '근대시가', '네이션'이라는 각 항목들을 그 자체로 독립적인 논의의 대상으로 삼기도 하며, 때로는 특정 주제의 문제의식을 공통적으로 담지하고 있는 연결체로 다루고 있다. 근대 · 계몽의 주체와 근대 · 계몽의 내용, 근대 · 계몽의 문학적 형식을 삼각구도로 삼음으로써 근대계몽기에 대한 논리적 균형과 종합을 모색하고 있는 셈이다.

이 같은 균형과 종합에의 노력은 이 책의 체재를 통해서 충분히 엿볼 수 있다. 이 책은 2부로 구성되어 있는데, 제1부는 '최남선・근대시가・네이션의 상상력'이라는 주제 아래 7편의 글을 배치해 놓았다. 최남선의 창가를 다룬 네 편의 글과 창가에 대한 보론의 성격을 지닌 두 편의 글, 그리고 최남선의 시조론을 이병기의 그것과 비교 검토한 한 편의 글이 그것이다. 이 중 창가에 대한 여섯 편의 글들은 최남선 연구 분야에서 이 책의 독자적인 가치를 높여 주는 부분이라 할 수 있다. 대부분의 문학사에서 하나의 '장식적인' 언급으로 대체되던 최남선 창가의 성격과 미학을 일련의 기획적 연재 방식으로 심도 있게 논의하고 있기 때문이다. 뒤에서 살펴보겠지만 이 글들은 『경부텰도노래』, 『한양노래』, 『세계일주가』, 『조선유람가』 등의 창가를, 근대 문물을 상징하면서도 동시에 박래품으로서의 철도의 성격과 근대 투어리즘에 깃든 '이질적인 것에 대한 인식과 지배'의 작동방식을 통해 해명하고 있다는 점에서 최남선 창가 이해의 전환을 요구한다. 최남선의 시조론 역시 최남선이 자신의 계몽기획 및 '조선주의'를 구현하기 위한 '고안품'이라 한다면, 제1부는 최남선이 창가와 시조라는 근대시가 양식을 통해 구현하거나 발명하고자 했던 '네이션 상상'의 모습을 보여 주고자 했던 것이라 할 수 있다.

이 책의 제2부는 '청년 최남선 시대의 근대 매체와 문학적 글쓰기'라는 주제로 6편의 글이 놓여 있다. 이 글들은 순서로는 제2부에 해당되지만, 이 책이 "근대성 호출의 글쓰기에 대한 관심에서 출발"했다고 저자가 밝히고 있듯(6쪽), 연구 및 발표 시기로 보아서는 제1부에 앞선 글들이라 할 수 있다. 『대한매일신보』의 계몽가사와 독자투고시를 통해 근대 조선어의 수립과정과 근대시 형성의 윤곽을 살피는 글들, 『소년』 및 『청춘』 소재 번역물의 선택이 철저히 육당의 계몽기획의 일환으로 행해졌음을 분석한 글, 더불어 『창조』의 참여자들이 제기한 비평 담론이 자아의 개성을 꿈꾸며 계몽주의를 경원시하는 방향으로 전개되었음을 검토한 글들이 그것인데, 제1부가 창가 및 시조라는 근대시가 양식을 창안하고 재발견한 최남선에 집중되어 있었다면, 여기서는 『대한매일신보』와 『소년』, 『청춘』, 『창조』에 이르는 근대 매체의 성격을 살피고자 한 것으로 이해된다. 제2부에서 특히 평자의 관심을 끌었던 것은 앞의 네 편의 글 외에 하나의 주제를 두 편의 글에 나누어 실은 「'신대한'과 '대조선' 사이」(1, 2쪽)이다. 위의 네 편이 최남선의 바깥과 그의 시대를 다룬 것이라면, 이 두 편의 글은 최남선의 계몽기획과 『소년』의 방향, 그리고 『소년』 소재의 시가들을 '긴밀하게 결박된 전체'로서 다룸으로써 『소년』 시기의 최남선 이해는 물론, 그의 이후의 행보를 설명할 수 있는 논리적 틀을 제시하는 것으로 이해되었기 때문이다.

이상, 책의 제목 및 글들의 구성과 배치에 대한 간략한 설명에서 확인할 수 있듯이 이 책을 통해 저자가 밝히고 싶어 하는 것은, 크게 신체시, 창가, 시조를 발표하던 『소년』 시절부터 1920년대 시조론과 역사연구 및 조선 기행으로 이어지는 최남선의 활동 양상을 밝히고 그 내면의 변화를 근대 및 계몽의 틀을 통해 밝히는 일. 그리고 최남선과는 다르게 진행되고 있던 근대계몽기의 매체와 그 주체 및 독자들이 산출해 간 글쓰기와 근대시가 양식의 성격을 드러내 보여 주는 일이라 할 수 있다.

특히 전자에 대한 논의에서 이 책의 가치는 크게 빛나는데, 앞서 언급했듯이 그간 최남선 연구사에서 소외되었던 창가의 문제를 전면화하고 이의 가치를 발굴하고 있기 때문이다. 저자는 최남선 창가의 형식을 문제 삼는 데서 머무르지 않고 이를 점진적 '개선', 혹은 '전화轉化'의 시각으로 바라보고자 한다. 이를 통해 최남선에게 창가란 '잠시 존재했던 장르'가 아니라 그의 방향 전환과 행보를 같이 했던 '대표적 장르'였음을 밝히고자 한 것이다. 이 같은 시각이 최남선에 대한 연구 분야의 확대와 이해를 갱신하고 있음은 물론이다. 아울러 최남선의 정신사적 진폭을 "'신대한'과 '대조선' 사이"라는 개념으로 정식화 한 것 역시 이 책이 최남선 연구의 주요 목록으로 평가될 수 있는 이유라 할 수 있다. 뒤에서 자세히 살펴보겠지만, 최남선의 계몽기획과 그 소산으로서의 시가들은 '대한'과 '조선'이라는 상호 이질적인 명칭들의 함의 속에서 요동치고 있었다. 두 키워드를 추출해냄으로써 최남선의 변모를 설명하는 중요한 관점을 구축하고 다양한 논의들을 받쳐주는 구조적 틀로 삼고 있다. 이 점 역시 최남선 연구에서 이 책이 지닌 중요한 의의라 할 수 있겠다.

이 책에 대한 이 같은 가치를 인정하면서 이 서평은 『대한매일신보』나 『창조』 등 여타의 매체에 대한 논의를 제외하고, 최남선 창가의 특성과 "'신대한'과 '대조선' 사이"라는 『소년』지 시가의 성격을 중심으로 저자의 논의를 정리하고자 한다.

2. 근대적 투어리즘의 성격과 창가의 문화정치학

사실 최남선의 창가에 대한 논의는 더 이상 진전이 필요없다고 느낄 만큼 정식화되었는지도 모른다. 문학사들은 최남선의 창가를 그의 장르의식의 혼미함을 보여 주는 증거로 삼거나,[1] 봉건적 형식과 '근대적 사상'을 갖춘 과도기적 장르로 평가하였다.[2] 창가가 지닌 율격 문제,

곡조와의 관계 등을 '근대시의 지향점이라고 가정된 자유시'와 비교함으로써 얻어진 이 같은 평가는 일정 부분 연구자들에게 세습되었다고 할 수 있다. 이 같은 기존 인식을 드러내놓고 문제삼지는 않고 있지만 저자는 최남선 창가에 대한 일련의 글들을 통해 창가에 대한 새로운 시각을 제시한다. 그 형태성을 제외한다면, 창가야말로 최남선의 계몽기획이 고스란히 표출된 장르이며 근대계몽기의 '문제들'을 확인할 수 있는 장르인 것이다. 이를 확인하기 위해 저자는 두 가지의 경로를 밟고 있다. 하나는 근대 투어리즘의 특성을 통해 최남선의 창가를 해명하는 방식이다. 이는 최남선의 창가가 철도와 기행을 중심으로 진행되는 '철도창가'임을 주목한 것이다. 다른 하나는 일본의 창가와 최남선의 창가를 비교 대조함으로써 그 유사성과 차이점을 드러내는 방식이다. 창가란 일본으로부터 창안되어 조선으로 확산된 형식이며 자연히 양국의 인식 차이가 드러나는 것에 주목할 수밖에 없기 때문이다.

여행은 구심력과 원심력의 동시적 작용을 그 원리로 삼음으로써 여행자의 내포를 심화하고 외연을 확장한다. "타지와 타인을 향한 자아의 호기심과 취향을 충족시킴으로써 자기 고양을 실현"하고, 이를 통해 자아정체성과 동일성의 감각 역시 강화된다는 점에서 구심력을 통한 내포의 심화를 도모한다. 또한 여행은 "이질적인 것에 대한 차이의 인식과 지배"로 나간다는 점에서 원심력을 통한 외연의 확장과 관계된다(185쪽). 저자가 투어리즘의 이 같은 특성에 착근하는 까닭은 최남선의 장편 창가들이 기차 여행과 '근대적' 투어리즘의 특징을 결합한 '철도창가'이기 때문이다.

주지하듯 철도는 "근대성의 이념적 표상이자, 한국사회가 경험한 압

1 정한모, 『한국현대시문학사』, 일지사, 1974, 161~170쪽.
2 조연현, 『한국현대문학사』, 성문각, 1969, 49~50쪽.

축적 근대를 유비적으로 보여 주는 상징이며, 근대성과 관련된 경험의 역사(성) 그 자체"이다.[3] 이 점에서 최남선의 철도창가 역시 철도가 지니는 사회・문화적 성격을 닮을 수밖에 없으나 문제는 이 '철도창가'가 문명과 과학 기술에 대한 가치중립적 시각으로 구성되지 않는다는 점에 있다. 더불어 철도창가가 아시아 고유의 양식으로 식민본국 내지(일본)에서 반도와 섬으로 전파된 형식이라는 점에서 일본과 조선의 "현실이해와 미래기획"의 차이를 확인할 수 있는 형식이기도 하다.

> 철도창가와 그것의 대상 철도는 구체적 역사현실이 배제된 중립적 노래이거나 대상이 아니다. 여기에는 문명의 향방을 둘러싼 양국의 현실이해와 미래기획이 거의 노골적으로 담겨 있다. 그런 점에서 철도창가는 단순히 노래로 소비된 것이 아니라 제국 혹은 국민국가의 건설을 욕망하는 계몽기획과 그것을 실현하는 대표적 원동력인 정치의 미학화로 주어진 것이기도 하다. 요컨대 철도창가는 문명의 계몽과 국가기획의 욕망을 대중성과 상품성으로 담아내는 데 성공한, 근대계몽기의 보기 드문 형식이었다 하겠다.(53쪽)

저자가 보기에 "열차는 근대 특유의 풍경의 파노라마를 제작하는 신기관"이지만 이에 앞서 작가를 포함한 탑승객의 국가의식을 실어 나르고 진작하는 "네이션 발 웅변기관"(29쪽)이다. 그것은 계몽과 제국주의적 침탈을 두 궤도로 삼으면서, 교통의 편리와 식민지적 종속을 결합하고 있는 모순적인 양태였던 것이다. 철도창가가 "제국 혹은 국민국가의 건설을 욕망하는 계몽기획과 그것을 실현하는 대표적 원동력인

---

3 김동식, 「철도의 근대성-「경부철도노래」와 「세계일주가」를 중심으로」, 『돈암어문학』 15집, 2002, 40쪽.

정치의 미학화"(29쪽)로 기능할 수 있는 까닭이 여기에 있다. 여행에 대한 호기심, 타지에 대한 동경을 운율에 싣고 있다는 점에서 이 양식은 또한 "대중성과 상품성"을 담아낼 수 있었으며, 근대계몽기의 문화정치적 특성을 응축할 수 있는 형식이기도 했다. 저자는 근대 투어리즘과 철도, 그리고 '철도창가'의 이 같은 성격을 육당의 『경부텰도노래』와 오와다의 『만한철도창가』를 비교함으로써 보여 주고자 한다.[4]

육당은 자신의 『경부텰도노래』가 오와다의 『철도창가』를 모방했다 고백했지만, 저자는 동일 작자의 『만한철도창가』가를 보다 근친적인 작품으로 설정하고 있다. 제목에서 알 수 있듯이 두 창가는 '부산-서울', 혹은 '서울-부산'의 노선을 공유하고 있기 때문이다. 두 창가는 같은 노선을 공유하고 있지만 당연히 철도에 대한 표상은 반대된다. 육당의 열차는" 야만과 폭력, 죽음의 흔적을 지우며 문명과 화평, 번영을 견인하는 국가 대체의 계몽의 기관으로 상상되었던 것"(30쪽)에 반해 "오와다는 조선과 만주라는 고토의 정벌 혹은 회복을 상상"(34쪽)하고 있었던 것이다. 둘의 차이는 창가의 종결부에서도 드러나는데, 육당이 자신이 타고 온 기차를 두고 '실상 남의 것'이라는 인식을 보여 주는 것에 반해, 오와다는 "아아 청국도 한국도 / 다 같이 친한 이웃나라 / 서로 가까이 지내며 / 풀어야 할 문제 숱하네"(35쪽)라고 친선의 의지를 노래하고 있는 것이다. 저자가 보기에 오와다의 '친선 감각이란' 일본을 근대문명의 적장자로 놓고, '만한'(중국과 조선)을 반半 문명으로 놓는 "서열관계를 근사하게 감추는 포장술에 지나지 않는다."(36쪽) 결국 근대적 투어리즘에 입각한 두 '철도창가'는 양국의 현실 이해와 기

4 『만한철도창가』는 오타케 키요미에 의해 발굴되었다. 오타케 키요미, 「근대 한일『철도창가』: 오와다 타케키[大利田建樹] 『滿韓鐵道唱歌』, 1906; 崔南善 『京産鐵道歌』(1908)」, 『연구논문집』, 성신여대, 2003.

술 수준의 정도, 무엇보다 제국주의적 야심과 계몽주의적 기획의 차이를 보여 주고 있다고 할 수 있다.

저자는 두 철도창가의 차이를 내용적 분석에 그치지 않고 이미지의 활용 방식을 통해 심화시킨다. 두 철도창가는 사진과 그림 등의 인쇄술을 적극적으로 활용하고 있었는데, 이미지의 선택과 편집 방식 역시 문제적이다. 저자는 이를 두고 "그 심미성이 계몽성과 정치성을 어떻게 포장하고 또 배포하는가"의 문제로 예각화한다. 『만한철도창가』는 '만한' 지역의 사진을 통해 "가난과 게으름, 문명과 문화의 미숙함을 표상하는" 사진을 게재하고 있는데, 이는 "일본의 인종적 우월성과 문명적 탁월성"(48쪽)을 선전하고자 한 것이다. 반대로 최남선 역시 자신의 철도창가를 통해 또 다른 문화민족주의를 완성하고자 했다. 그는 『경부텰도노래』에 문명화된 한양의 모습이나 아름다운 풍광 사진을 의도적으로 배치함으로써 "민족혼과 공동체적 가치를 되살리고 함양하는 어떤 모본模本의 발굴과 생산"(50쪽)을 도모하고자 했던 것이다.

『세계일주가』 역시 이 같은 방식으로 이미지를 활용한 '철도창가'에 속한다. 주지하듯 『세계일주가』는 철도창가에 속하지만 실제의 여행이 아니라 허구적 여행기라는 점에서 의사 투어리즘의 산물이다. 이는 최남선으로 하여금 여행을 '생생히' 부감할 수 있는 이미지의 선택을 요구했다. 최남선은 이 창가에 『소년』에 수록된 화보들을 '집대성'한다. "선진국의 문명과 문화를 촬영한 사진을 집중 배치하는 한편 멸시의 시선이 투사된 야만의 화보를 간간이" 배치하는 형식으로. 이는 최남선이 일본 제국주의의 방식을 전유했다는 의심을 갖게 하는 대목이다.

'보론'으로 수록한 「조선 철도창가의 기억과 향유를 위하여」 역시 철도창가의 이중적 성격을 보여 준다. 저자는 일제 시대에 창작되어 향유된 「경인철도가」, 「경의철도가」, 「경원철도가」, 「호남철도가」,

「경주행진곡」, 「마산행진곡」을 찾아내어 학계 최초로 그 가사를 소개, 분석하고 있다. 원전은 아니지만 여러 자료들을 토대로 원전 확정의 노력을 기울였고 최남선 철도창가와의 유사성 및 차이성, 식민지 시대 투어리즘과 철도창가와의 관계 등을 세밀하게 해명했다. 이들 창가 역시 철도로 표상되는 문명을 예찬하는 한편 철도역에 대한 심미화를 꾀하고 있지만, 일제의 제국주의적 시선이 고스란히 녹아든 것이기도 하다는 것이 저자의 판단이다. "조선 영토와 풍경, 도시를 빙자하여, '일본적인 것'의 위엄과 탁월함, 오늘의 풍요로움와 미래의 가능성을 함께 노래"(104쪽)하고 있었던 것이다.

『조선유람가』는 철도창가의 이 같은 성격과 달리 최남선 고유의 투어리즘을 보여 주는 작품이라 할 수 있다. 일단 형식 면에서도 '철도창가'와는 다른 방식을 채택하고 있다. 저자는 『조선유람가』가 "그(최남선, 인용자)의 문학적 글쓰기를 관통하면서도 전복하는 특이한 형식의 '노래'이자 '서사'"라고 평가하는데, 이는 첫째, "텍스트의 형식과 구조, 서사의 진행과 정서의 분출에서"(202쪽) 이전의 창가들과 동일한 반면, "동양 전통의 '영사시'"의 형식을 갖춘 '영가咏歌'라고 칭했기 때문이다. 다시 말해 '역사를 시화하는 동시에 서사화한 노래'(영가)의 형식을 통해 "조선의 산하와 인물, 역사와 문화를 기록하고 예찬"한 것이 『조선유람가』인 셈이다. 둘째, 그가 이전의 창가를 가리켜 "조선정조의 함양과 조선 전통의 경성警醒에 관하야는 아모 보잘 만한"것이 없다고 밝히고 있기 때문이다. 이 점에서 『조선유람가』는 (기차의) '속도'를 버리는 대신 느릿한 '유람'을 택한 것이라 할 수 있다. 육당은 이 유람을 통해 조선의 명승과 관련 위인들의 행적을 노래함은 물론 단군의 자취를 밟으며 '대조선'을 호명한다. 이는 이전의 '철도창가'가 보여주는 문명과 야만, 타국에 대한 미학적 지배의 욕망을 넘어서는 것이며, 동시에 '조선적인 것'을 부감함으로써 '새로운 창가'의 발명에 이르렀다는 것을 의미한다.

그러나 저자는 『조선유람가』에서 호명되는 '조선의 국토와 인물'이 전통으로의 무조건적 복귀나 이의 절대화를 의미하는 것은 아님을 분명히 한다. 저자가 판단하기에 이는 식민지 현실에 맞서 '주어진 전통과 그것의 역사성'을 새로이 가치화하고 현대화한 '반근대의 근대' 행위에 가까운 것이다. 이렇게 볼 때, 『조선유람가』는 박래품인 창가로부터 새롭게 '조선화'된 장편창가이며, "그것을 창안하고 이입한 일본과 자신의 계몽적 근대를 다시 계몽하고 내파하는 문화정치학"의 위상을 갖게 된다(213쪽). 이는 최남선이 창가라는 형식을 일본으로부터 빌려오고, '철도'라는 매개를 통해 제국주의적 시각을 전유했으나 결국 자신만의 형식으로 발전시켰다는 얘기가 된다. 이 같은 흐름은 그가 이전의 '국민국가적' 근대의 상상력을 '민족국가적' 근대의 상상력으로 전환시켰음을 의미하며, '철도창가'의 근대 기획을 부정함으로써 조선적 근대로의 모색을 꿈꾸었다는 것을 의미한다.

이렇게 볼 때, 책의 제1부에서 저자가 탐색하고 있는 것은 창가라는 외래 양식이 최남선에 의해 '조선화'되어가는 과정이라 할 수 있다. 최남선이 창작한 초기의 창가들은 일본의 창가가 지닌 제국주의적 기획을 민족주의적 기획으로 전유하면서, 한편으로는 문명과 미개의 이분법을 그대로 수용하면서 발전한 것이었다. 이후 『경부텰도노래』, 『세계일주가』, 『한양노래』, 『조선유람가』를 거치며 일련의 창가들은 또한 "제국 혹은 국민국가의 건설을 욕망하는 계몽기획"(53쪽)의 일환에서 점차 '조선적인 것의 발명'을 가능케 하는 형식으로 진화한다. 이는 창가가 하나의 문학 장르를 넘어 정치적인 위상을 지닌 것으로 확장되었다는 것을 의미하며, 최남선의 계몽 기획이 문화민족주의를 넘어 문화정치학의 성격을 획득했다는 의미이기도 하다. 저자의 이 같은 시각은 최남선 창가에 대한 전연 새로운 접근이라는 점에서 연구 영역의 확대와 깊이를 동시에 성취하고 있다고 판단할 수 있는 근거가 된다.

3. '신대한'에서 '대조선'으로의 전환과 최남선의 내면

『최남선 · 근대시가 · 네이션』의 제2부에서 저자는 『소년』의 기획과 그 변모 양상을 살피고 있다. 『대한매일신보』의 이중판본 정책이나 독자투고시의 양상을 통해 근대어의 성립과 시 언어의 분화를 고찰하는 글들을 함께 싣고 있긴 하지만, 저자의 주된 관심이 최남선에게 향해 있다는 점, 여기서 다루고 있는 『소년』과 최남선의 계몽기획의 고찰이 앞서 살펴 본 철도창가와 투어리즘 논의의 논리적 근거를 이루고 있다는 점에서 『소년』의 방향성에 관한 논의에 집중할 필요가 있다.

『소년』에 대해 저자가 특별히 주목하는 것은 『소년』 소재의 시가와 여타의 기사 및 기획물들과의 연관성이다.

> 그러나 과연 『소년』지 시(가)의 연구를 근대 자유시에 근거한 새로움(근대성)의 한계와 시조로의 자발적 후퇴라는 장르적 퇴행성을 짚어내는 것으로 그칠 수 있을까. '시(가)'의 근대성과 미학성만을 고찰하는 태도에서 벗어나, 『소년』의 목적과 성격, 진행 방향 등과 어떻게 맞물려 있는지, 또한 그에 따른 계몽의 성격과 장르의 변화는 어떻게 이루어지는가를 면밀히 검토한다면 어떨까.(370쪽)

저자의 이 같은 발언은 정한모 이래로 공식화된, 『소년』 소재 '시(가)'가는 소재의 차원에서 '바다에서 산으로' 이행의 양상을 보이며,[5] 장르적으로는 신시에서 시조로의 퇴행을 보여 준다는 시각에 대한 간접적 문제제기라 할 수 있다. 더불어 『소년』 소재 '시(가)'란 그것 자체의 문제가 아니라 최남선의 계몽기획 및 『소년』의 발간 의도와 방향 전환의 차원에서 검토될 때 비로소 온전하게 이해될 수 있다는 나름의 방법론의 표명이기도 하다. 저자는 이 같은 인식을 바탕으로 『소년』에서 '시조'의 출현을 '장르적 퇴행'이 아니라 중대한 방향 전환의 산물로 간주한다. 장르 의식의 미숙[6]에서 벌어진 자연적 퇴행이 아니라 보다 중대한 인식의 전환이 시조라는 형식을 '선택'하게 만들었다는 것이다. '바다에서 산으로'라는 이동 역시 같은 맥락에서 이해될 수 있는데, 이는 『소년』이 애초 담지하고 있던 계몽의 기획이 또 다른 기획으로 전환되는 과정에서 나타난 상징의 변화라는 것이 저자의 주장이다.

저자는 이 같은 전환을 "'신대한'과 '대조선' 사이"라는 표현으로 요약 제시함으로써, 최남선의 계몽 기획과 『소년』의 성격을 간략하면서도 명확하게 드러낸다. 주지하듯 1908년 11월부터 1911년 5월까지 이어진 『소년』의 간행 시기는 근대 국민국가 형성의 열망이 무르익는 시기이면서 동시에 이의 좌절이 현실화된 시기이기도 하다. '소년'을 호출하고 '신대한'의 건설을 계획하던 최남선의 계몽 기획은 좌절될 수밖에 없었고, 이에 '신대한'이라는 국민국가를 대신할 새로운 이념형의 찾을 필요가 있었다. 저자는 '신대한'을 대체한 것이 바로 '대조선'이라고 보았다. '신대한'이란 국민국가의 수립은 현실과는 무연한 욕망임을 깨달은 최남선이 문화 담론을 통해 그 활로를 개척할 수 있

5 정한모, 앞의 책.

6 권오만, 「六堂詩와 장르認識의 問題」, 『서울 시립대학 논문집』 19, 1985.

는 민족으로 전환한 결과가 '대조선'의 호출이었다는 것이다. 저자의 논리에 따르면 시조의 등장이란 이처럼 '대조선'의 정신을 앙양하고 민족의 기원과 영광을 상징하는 '대황조(단군)'를 기림으로써 '국가 만들기'에서 '민족 지키기'로 방향 전환한 최남선식 계몽 기획의 필연적 결과였던 셈이다.

저자는 몇 가지 근거를 통해 이 같은 논리의 타당성을 확보하고자 한다. 먼저, 앞서 언급한 바와 같이 '신대한'에서 '대조선'으로의 전환은 『소년』에 실린 각종 기획물들과 시가들을 겹쳐 놓을 때 확실해진다. 『소년』 초기에 등장하는 '소년'이란 '신대한'의 건설과 팽창에 기여할 주체이며 활동적 진취적 발명적 '대국민'으로 정의되었다. 『소년』에 실린 다양한 기사들, 시가들은 처음 "근대적 인간형"(378쪽)의 설파에 바쳐졌던 것이다. 자유와 평등, 인류애, 정의감, 지식함양, 공명심 등의 가치들이 이 인간형의 행동 덕목으로 제시되었다. 그러나 『소년』에서 요구하는 '소년'은 점차 "시대와 장소를 막론하고 통용 가능한 교양형 인간형"(379쪽)으로 기울어지게 되는데, 후쿠자와 유키치의 『수신요령』이나 이이의 『산수격몽요결』과 같은 '수신처세'류의 글들이 이를 증거한다. 이 같은 변화는 국민국가의 건설이 좌절되면서 "우승열패를 합리화하는 근대문명의 야만성을 전인적 교양으로 무장된 정신문화를 통해 극복하고 치유"하고자 하는 의지였다(380쪽). 또한 최남선의 『소년』 기획이 "근대문명에 얽매인 '국가만들기'보다 시공을 초월한 절대체계로 상상되는 '민족지키기'로 전환"(403~404쪽)되었다는 것을 의미한다.

둘째, '바다에서 산으로'의 이동에서 중요한 것은 '산'이 곧 '태백'을 지시한다는 점에 있다. 『소년』 제3년 2권(1910.2)에 게재된 「태백산시집」은 이 점을 분명히 보여 주는 근거로 채택된다. 일련의 시들에서 '태백'은 인간의 본원적 가치를 수렴하고 기록하는 장으로, '조선심'의 계승과 함양에 필수불가결한 도량으로 형상화된다. '대황조(단군)'의 자취가 남아 있는 공간으로, '대조선'의 이상성과 영원성을 환기시키는 표상으로 제시됨으로써 "태백은, 그것의 실체로서 '대조선'은 모든 면에서 완결된 절대세계, 다시 말해 '하나의 사실, 하나의 개념, 하나의 가치로서 이미 완성되고 완결된' 서사시적 세계"(428쪽)를 이루는 것이다. 이 과정에서 "과거는 한낱 흘러간 무용한 시공간이 아니라 현재를 위무하고 미래를 기획하는 가장 유력한 참조항으로 끊임없이 밀려들기 시작"한다(391쪽). 저자는 최남선의 '대조선'의 강조가 '복고주의'에 노출될 위험이 있다는 것을 인정하면서도 근대에만 의탁했던 '신대한'을 초월하고 수렴하는 가치체계 수립의 의미가 있다고 본다. 이 같은 맥락에서 본원적 가치의 형상화에 적합하고 효과적인 장르가 시조였음은 당연한 귀결이며, 육당의 시조란 "'대조선' 정신에 의해 새롭게 발견되고 가치화되며, 궁극적으로 민족 고유의 유일한 국민문학으로 기원화되는 '만들어진 전통'"이었음이 밝혀진다.

살펴보았듯이 '신대한과 대조선의 사이'로 정의되는 『소년』 시가의 성격은 최남선 시가에 대한 기존의 시각을 일정 부분 수용하면서 갱신하고자 하는 저자의 의지가 개재되어 있다. 근대·계몽의 주체로서의 『소년』과 근대·계몽의 내용으로서의 '네이션' 수립, 근대·계몽의 문학적 형식을 두루 살피고 있는 이 책에서 '신대한'과 '대조선'의 구도는 각각의 글들을 관류하는 중심 구도로 기능하고 있다. 사실 책의 제1부에서 제시된 철도 창가와 유람가의 의의를 설명하는 과정에서도 이 구도는 어김없이 자리하고 있었다.

육당은 '대조선'으로 넓어지고 깊어짐으로써 민족정체성을 확보하는 한편 세계사를 향해 또 식민지 민중을 향해 『문화조선』의 서사시적 형상과

미래적 잠재성을 널리 알리고자 했던 것이다. 그런 만큼 『조선유람가』는 개인의 정서와 표현보다는 집단적 가치와 욕망을, 쉽게 전달하고 향유할 수 있는 노래와 서사의 적절한 균형을, 기차의 점선이 아니라 도보의 실선이 실현하는 조선의 자연과 인문의 전체적 총합을 그 속성이자 전략으로 삼게 된 것이다.(213쪽)

저자가 판단하기에 최남선이 『조선유람가』를 통해 조선의 산하와 인물, 역사와 문화를 기록하고 예찬한 것은 '대조선'으로 방향을 전환한 그의 기획이 구체화된 예에 해당한다. 최남선은 이 유람을 통해 조선의 명승과 관련 위인들의 행적을 노래함은 물론 단군의 자취를 밟으며 '대조선'을 호명하고 있었던 것이다. 1920년대 최남선이 보여 준 기행문들과 역사 연구, 시조를 조선의 '태반'으로 승격시킨 점을 고려할 때, 이는 충분한 설득력을 확보하고 있다. 이는 곧 '신대한'에서 '대조선'으로의 전환이 『소년』의 성격을 넘어서 최남선의 이력을 설명할 수 있는 '구조'로 추출되었다는 것을 의미한다.

그러나 이 같은 구조화는 최남선의 이력을 일관성과 완결성을 지닌 것으로 '설명'할 수 있는 장점을 지니지만, 반대로 최남선의 내면과 개인으로서의 좌절을 상당 부분 '덜어내고서야' 가능한 방식일 수도 있다. 다시 말해, 이 구도를 따르자면 『소년』 소재의 시가는 최남선의 네이션 기획의 소산 그 이상이 아니게 되었다는 것이다. 가령 다음과 같이 "『소년』의 시(가)는 계몽의 담론이지, 개아의 자유로운 영혼을 개성적 형식으로 표현하는 심미물이 아니다"(372쪽)라고 저자가 주장할 때, 이 문제는 좀 더 분명하게 드러난다. 물론 이 같은 주장에는 충분한 근거가 있다. 첫째, 『소년』의 편집 체제의 문제이다. 저자가 검토한 바로는 『소년』의 각 호는 하나의 주제를 둘러싸고 기사, '소년시언' 등의 논설, 시가 등이 유기적으로 연결된 체제를 갖추었다. 둘째, 최남선 스스로 문사의 역할을 자임하지 않았을 뿐더러, 시인되기를 거부했다는 것이다. 이 같은 주장과 근거가 상당한 타당성을 지니고 있다 하더라도, '최남선이라는 텍스트'는 해석의 여지에서 좀 더 확장적이며, 모순적이라는 점을 생각해 볼 필요가 있다. 그리고 문학 작품을 창작하는 것은 문화적, 이론적 기획으로부터 시작했다 하더라도 시적 주체의 내면이 스며들지 않을 수 없다는 점을 상기할 필요가 있다.

우리가 충분히 인지하고 있듯, '대조선'으로 전환된 시기는 일제의 늑탈을 전후로 하는 시기와 맞물린다. 이 시기에 최남선은 극심한 자아정체성의 혼란과 의욕상실에 빠진다. 계획했던 '소년제일차강연회'는 "몰상식한 금지를 맛나 회중까지 만히 모앗다가"[7] 그만 두게 되고, 원고를 못 채우고 「대한지리」 교본을 대신하면서도 "가삼이 터질 일이 언마는" 오히려 편안함을 느낀다.[8] 일본 신문에 실린 기사를 그대로 번역하여, 그 기사에 쓰인 '我國'이란 단어를 그대로 번역하는 실수를 범하는 것도 이 때이다.[9] 저자에 따르면 '대조선'으로의 전환 이후에 발표된 「화신을 찬송하느라고」 등의 시편은 '꽃'을 찬양함으로써 "대황조의 절대화"를 강조하는 것으로 설명된다(396쪽). 그러나 "사람이란 왜 이리 弱하야질 素因이 잇난고?"[10] 라는 이 시의 마지막 구절은 '대상의 미화와 추상화를 위한 것'만이 아니라(저자는 이를 '자연의 추상화'라 보고 있다), '최남선'이라는 상징적 계몽 주체의 좌절의 표현이라고 볼 수 있지 않을까. 계몽의 담론으로 기획되었으나, 어쩔 수 없이 개인의 내면과 영혼이 스며들어간 '심미물'일 가능성이 있지는 않을까.[11]

7 「편집실통기」, 『소년』 제3년제3권, 1910.3.15, 72쪽.
8 「편집실통기」, 『소년』 제3년제4권, 1910.4.15, 68쪽.
9 「편집실통기」, 『소년』 제3년제6권, 1910.6.15, 80쪽.
10 「花神을 贊頌하노라고」, 『소년』 제3년제5권,1910.5.

나는 주리도다 목말으도다 헛헛症이 나서 참 견될 수 업도다.

우러러 하늘을 보아도 써러지난 것이 업고 굽으려 쌍을 보아도 쒸여올으난 것 업스며, 宗教果를 먹어도 그만이오 理學水를 마셔도 그만이며, 歷史에 물어도 잠잠하고 詩文에 求하야도 잠잠하며, 남에게 付託하야도 눌너주지 못하고 나스스로 試驗하야도 참아지지 아니하니 이사람 나야말노 웃지하면 조흔가.[12]

『소년』에서 신체시의 몰락과 시조의 부상이라는 사건을 두고 "자유율과 정형율이 '신대한'과 '대조선'을 선택한 것이 아니라 두 가치체계가 자기 몸에 맞는 율격을 지목한 형국"(436쪽)이라고 볼 수 있다면, 이 논리는 위의 인용에 그대로 적용 가능할 것이다. 주림과 목마름, "헛헛증"의 내면은 「소년시언」이라는 산문을 시에 육박하는 것으로 뒤틀어 놓고 있다. "헛헛症"에 주려하고 목말라하는 주체, 모든 것을 시험하고 구하여도 답을 얻지 못하는 주체의 좌절이 이 텍스트를 끓어오르게 한다. 하늘과 땅, 종교와 근대적 지식, 역사와 문학, 타인과 자아 어느 것도 답을 주지 못하는 상황, 어떠한 이념과 지식과 노력으로도 되돌릴 수 없는 상황에 맞닥뜨린 인간의 '弱하야질 素因'에 고민하는 역사적 개인의 시적 내면이 산문의 틀 안에서 용출하고 있는 것은 아닐까. '신대한'과 '대조선'에 가려졌던 최남선 시가의 개성은 아닐까 하는 생각을 해 본다.

—『한국시학연구』 46, 2016

11 장만호, 「한국 근대 산문시의 형성과정 연구」, 고려대 박사논문, 2007.
12 최남선, 「少年時言」, 『소년』 제3년8권, 1910.8.15, 8~9쪽.

내재율이라는 빈 기표, 그 이후

강영미 | 고려대학교

신지연, 『증상으로서의 내재율』, 2014

1. 개념어로 접근한 내재율

정형시에 대한 부정과 해체의 과정에서, 프랑스 상징주의 시의 영향 속에서 형성된 한국의 근대 자유시는 개인의 자유로운 내면을 조선어로 표현한 시 양식이다. 근대 자유시의 핵심적 특성은 각기 다른 개성과 호흡과 감정 유출에 따른 서로 다른 리듬에서 찾을 수 있다. 이 리듬을 그동안의 시사에서는 운율, 내재율, 자유율, 호흡률, 영률 등으로 불러왔다. 이 중 내재율이라는 개념을 중심으로 한국 근대시 형성 과정의 특징적 단면을 살핀 책이 신지연의 『증상으로서의 내재율』이다.

서양에는 아예 없는 개념이었고, 일본에서도 일시적으로 논의되었다가 폐기되었던 개념인 내재율이 왜 유독 식민지 조선과 분단 이후의 남북한 시사에서는 그리 오래 남아 있는가. 이에 대한 문제의식에서 출발한 저자는 일본 발 내재율이라는 개념이 조선에 도입된 이후 전개된 정형시—자유시, 전통—이식, 전근대—근대라는 문제를 폭넓게 논의한다. 내재율이라는 개념의 형성 과정을 밝히는 데 그치지 않고, 내재율이라는 문학 이념의 역사성을 고찰하는 데까지 문제의식을 확대하고 있다.

> 1920년 무렵부터 시작된 시의 본질과 언어에 대한 논의, 조선/ 한국의 자유시에 대한 논의, 내용—형식 논의, '새로움'에 대한 논의, 전통과 이식에 관한 논의 등은 '내재율'이라는 단어를 힘껏 끌어들이기도 하고 혹은 가볍게 스쳐가기도 한다. 그 맥락에는 서구 문학에 대한 동경, 유사—유럽으로서의 일본이라는 매개, 세계의 중심일 수 없던 식민지 조선의 언어현실, 그리고 해방 후 이념적 분열의 상태 등이 개입되어 있다.[1]

저자는 내재율이라는 개념을 중심으로 조선적으로 굴절된 상징주의의 징후를 읽어낸다. 근대 자유시가 형성된 역사적 단면을, 그 특징적 메커니즘을 섬세하게 풀어내기 위해 일본과 남북한에 산재되어 있는 내재율에 관한 텍스트를 유기적으로 엮어 섬세하게 분석하고 있으며, 역사적 정치적 맥락까지 고려하여 풍부하게 해석해 나가고 있다. 일본인 연구자와 조선인 연구자가 서 있는 지평의 차이를 헤아리고, 시인과 평론가가 서 있는 각기 다른 입지점에서 내용 / 형식, 전통 / 근대, 일본어 / 조선어, 제국 / 식민의 관계가 뒤엉킨 실타래를 하나씩 풀어낸다. 따라서 『증상으로서의 내재율』은 내재율이라는 개념이 형성되어 온 과정을 신시 논쟁, 에스페란토어와 조선어, 리듬의 문제 등과 복합적으로 아우른 1920년대 시사라 해도 과언이 아닐 것이다.

1 신지연, 『증상으로서의 내재율』, 소명출판, 2014, 34쪽.

2. 내재율이라는 개념의 계보학적 탐색

상징주의 시는 부정의 정신과 초월적 지향과 소외된 삶에 대한 반성적 의식 속에서, 도구적 매체로 전락한 말과 글의 본래적 가치를 구원하려는 맥락에서 19세기 후반 프랑스에서 싹텄다. 이러한 상징주의 시를 모방하면서도, 그보다 앞선 자리에 이미 내면을 강조한 일본의 시 문학이 있었다는 전도된 의식이 놓인 자리, 일본을 매개로 상징주의 시를 받아들이면서 조선의 독자성을 강조하게 되는 자가당착의 자리, 그 자리에 내재율이라는 개념이 들어섰다는 것이 저자의 시각이다. 이를 밝히기 위해 저자는 『증상으로서의 내재율』을 총 4장으로 구성한다.

제1장에서는 프랑스와 조선의 상황 차이를 진단하면서 상징주의 시 정신이 조선에 굴절된 상태로 유입될 수밖에 없었음을, 그 과정에서 조선의 근대 자유시가 형성되고 있었음에 주목한다. 저자는 프랑스 상징주의 시 정신이 근대 자유시 형성 과정에 결정적 영향을 끼쳤다는 전제 아래 논의를 전개함으로써, 1920년대 조선에서 근대 자유시가 형성되던 역사적 단면을 면밀하게 살핀다. 이러한 접근법을 통해, 근대 자유시가 삶의 양식이 변화하는 과정에서 자연스레 형성된 것이라기보다는 특정한 계기를 통해 촉발된 역사적 사건임을 강조하고 있다. 즉, 내재율이라는 개념을 그물코 삼아 프랑스의 상징주의 시가 일본을 매개로 조선에 유입되는 과정을 살핌으로써 타자의 것이 조선에 '이식–굴절–변용'되는 특징적 현상을 밝힌다. 이를 통해 증상으로서의 내재율이 한국 근대 자유시의 리듬 형성 원리에 대한 연구가 아니라 내재율이라는 개념을 둘러싼 근대성의 징후를 살핀 연구임을 재차 강조한다. 이 저서에서 창작의 차원에서 근대 자유시의 리듬을 모색한 여

러 시인들의 고투의 흔적, 내재율이라는 개념과 창작 사이의 길항 작용을 살피지 않은 것은 이 때문이다.

제2장에서는 1920년대에 전개된 현철—황석우의 신시 논쟁에서부터 주요한, 김억이 시도한 조선적 시형의 독창성 문제까지 폭넓게 살핀다. 주요한은 과거의 구속으로부터 자유롭고, 동시대 다른 언어공동체와도 차별되는 독창성과 개성을 주장하면서, '조선 사람된 개성 = 조선혼'이라는 개념을 제시한다. 주요한이 조선시의 내용, 조선말과 글의 특이성을 강조하는 논리의 이면에는 서양 보편에 대한 강한 열망이 근저에 있다고 분석한다. 김억 역시 외래의 사상과 감정을 번역하되, 창조적인 번역을 하기 위해 번역이라는 기원을 빗금 쳐 놓음으로써 도리어 번역이라는 기원을 강조하는 효과를 낳게 되었다고 진단한다. 이들은 프랑스 상징주의 시에 대한 강한 열망 속에서 문명의 위계를 암묵적으로 승인하며 서양 보편을 향한 끊임없는 욕망을 표출했다는 것이다. 저자는 서구 보편에 대한 욕망이 자문화의 독자성을 강조하는 방식으로 나타나는 역설적 현상을 도출함으로써, 이들이 서구 / 동양, 중심 / 주변, 보편 / 특수라는 틀에서 자유로울 수 없었음을, 오히려 전자의 우위를 인정한 상태에서 그 정점을 향한 욕망을 표출하고 있었음을 밝히고 있다. 1920년대 근대 자유시가 형성되던 과정에는 이와 같은 이분법적 패러다임 속에서 전자의 가치가 우위를 점하고 있었기에, 조선적 특수성을 강조할수록 서구의 보편성을 강하게 환기하게 된다는 것이 저자의 입장이다.[2]

2 탈근대적 관점에서 접근한 기존의 연구에서는 1920년대의 김억, 주요한 등이 "이식과 모방의 과정에서도 개성과 독자성, 독창성을 확보할 수 있는 방법을 발견"한 측면을 강조한 반면, 저자는 "창조적 번역을 강조하는 과정 속에서 거꾸로 그의 번역이라는 기원을 현시"하게 되는 측면 즉, "타자에 대한 관계가 항상 자기 정립에 앞서 존재"하는 측면, "근대의 오리지널인 서양문학에 대한 욕망이 욕망의 금지라는 우회로를 거"치는 측면을 강조한다. 즉, 1920년대의 시인들이 조선 고유의 독자성을 강조하게 된 데에는

제3장에서는 일본 문단에서 전개된 내재율에 관한 논의를 계보학적으로 탐색하고 있다. 내재율에 대한 국내외의 담론적 연구가 전무한 상태에서, 저자는 일본에서 이너리듬—내재율이라는 개념이 형성된 일련의 과정을 차분하고 긴 호흡으로 추적한다. 음세에 기반한 서구시와 달리 음량에 기반한 일본시의 리듬은 찰나적 주관, 내적 심리의 표출에 초점을 둔다는 점에서 상징주의 시가 모토로 삼았던 것과 동일하다는 것이다. 따라서 인간의 내면에 주목하여 형식보다 내용에 초점을 둔 일본 시가는 본질적으로 자유시였다는 것이 후쿠시 코지로, 하기와라 사쿠타로 등이 만들어낸 논리이다. 객관적으로는 서양보다 뒤처졌으나 심정적으로는 그보다 앞선 자리에 일본의 자유시가 존재하고 있었다는 방식으로 우위를 확보하려는, 일본인 특유의 기질[3]이 자유시—내재율을 둘러싼 담론에도 여실이 드러나고 있음을 확인할 수 있다. 이처럼, 일본 문인들이 전도된 방식으로 만든 이너 리듬, 내용률, 내재율, 내면율, 내률, 심률, 동기율, 자유율 등의 개념 중, 내재율이라는 개념이 조선 문단에 확정된 근대문예 용어로 도입되었다는 것이 저자가 도출한 결론이다.

제4장에서는 리듬 자체를 거부한 것으로 알려진 1930년대의 김기림의 시론에서부터 분단 이후 남북한 시단에서 내재율이라는 개념이 각기 다르게 활용된 맥락을 통시적으로 개관하고 있다. 김기림은 낭만

서구를 비롯한 일본의 영향이 결정적이었다는, '그 촉발'의 측면에 초점을 둔 점에서 저자의 연구는 기존의 논의와 차이를 보인다(오문석, 「근대 초기 시론의 탈근대적 성격」, 『비평문학』 42, 비평문학회, 2011.12, 270쪽; 신지연, 앞의 책, 95~118쪽).

3 우치다 다츠루에 의하면, 일본인은 세계의 중심과 표준을 설정한 후에, 그에 맞추어 자신의 좌표를 설정한다고 한다. 스스로 세계의 표준을 새로 설정하지는 못하지만, 표준에 버금가는 것이 우리에게도 있다며 그 대응물을 만들어 내는 데에는 익숙하다는 것이다. 이러한 변경인(邊境人)의 심리가 내재율이라는 개념을 만들어내는 과정에도 여실히 나타나고 있다(우치다 타츠루, 김경원 역, 『일본변경론』, 갈라파고스, 2009, 81~111쪽).

주의와 상징주의의 영향으로 형성된 '리듬 이데올로기'를 부정한 것이지 리듬 자체를 거부한 것이 아니었다는 사실, 오히려 시인의 주관이 객관에 부딪치며 발생하는 생명의 소리로서의 리듬, 시의 혁명을 위해 획득할 자질로서의 리듬을 강조한 사실을 밝혀낸다. 분단 이후 남한에서는 김용호—조지훈—서정주—김춘수—송욱 등이 정형시:외형률—자유시:내재율이라는 틀 속에서 내재율이라는 개념을 자명한 것으로 받아들이면서도 의심하고 부정하는 일련의 과정을 살폈다. 북한에서는 1950년대 말과 1960년대 초반에 이르기까지 4년 간 집중적으로 민족주의 형식의 기반으로서, 사회주의 건설의 초석으로서의 자유시에 대한 논의가 이루어진 과정을 명쾌하게 정리해 내고 있다. 이를 통해 남한에서는 일본의 흔적을 지우는 방식으로, 북한에서는 민족적 형식에 대한 고려라는 각기 다른 맥락 속에서 내재율이라는 개념을 전유하고 있었음을 밝힌다.

1~4장의 서술을 통해 저자는, 서구 상징주의 시에 버금가는 내용의 리듬이 일본 시에는 이미 있었다는 전도된 방식으로 또 다른 중심과 기원을 만들어내는 일본과 달리, 근대를 앞서 체험한 일본을 따라가기에 급급했던 조선은 일본에서 만든 내재율이라는 애매한 개념을 부여잡고 머물 수밖에 없던 형국이었음을 밝힌다. 한국 근현대시를 설명하는 내재율이라는 개념에는 이처럼 서구 / 동양, 중심 / 주변, 창조 / 모방이라는 틀에서 후자를 부정하며 전자를 따르려 했으나 후자의 지위에 머물 수밖에 없었던 식민지 조선 문단의 현실이 침전되어 있다는 것이다. 즉, 보편과 중심을 꿈꾸며 새로운 것을 만들고자 하였으나 생성하지는 못한 채 남의 것을 애매하게 붙들고 있는 형국. 서구 보편에는 있으나 우리에게는 없다는 결핍, 결핍을 감추며 새로운 것을 창작하려 했으나 그럴수록 모방의 흔적만 더 강해지는 역설적 상황. 우

리의 근현대사의 곳곳에 나타나는 이러한 현상이 내재율이라는 개념에도 침전되어 있다는 것이다.

> 감정과 리듬을 연동시키는 근대문예의 패러다임이 작동하기 시작했을 때, 모종의 결핍이 그 연동 고리에 이름을 부여하려는 욕망을 낳았을 때, 내재율이라는 유령도 함께 이 세계에 등장한다. 유령은 '없는 것'이 아니라, 쫓아내면 사라지는 대신, 허약하고 불안한 자리, 식민지 조선과 같은 장소로 이동한다. 아마 이 유령을 확실히 쫓아내기 위해서는 근대성의 인식 틀을 통째로 일소해야 했을 것이다. 근대문학의 장르개념, 서구의 문학적 실천에 대한 동경, 뒤늦은 자의 열패감, 타자를 통한 주체의 구성, 그 구성된 주체로서의 정체성, 그리고 시를 시로 만드는 본질에 대한 반성적 사유, 이 모든 것들을 말이다.[4]

이 연구를 통해 우리는 서구 보편을 향한 무한 욕망, 중층으로 매개된 상태로 도입한 서구 상징주의 시에 대한 열망과 패착의 자리에 내재율이라는 개념이 자리잡고 있음을 확인하였다. 그런데 일본을 통해 내재율이라는 개념을 도입했다는 저자의 결론은 명쾌한 만큼이나 공허한 것이 사실이다. 일본을 통해 조선에서 내재율이라는 개념이 자리잡게 된 국면은 파악할 수 있지만, 내재율이라는 개념이 창작의 실제와 연동되면서 그 내포를 확장한 측면은 확인하기 어렵기 때문이다. 이는 내재율이라는 개념이 창작의 실제 지평과는 유리된 상태에서 개념화되고 있었음을 의미한다. 그 결과 내재율이라는 개념으로는 한국 근대 자유시의 특징을 온전히 살피기 어려움을, 도리어 내재율이라는

4 신지연, 앞의 책, 182쪽.

개념이 한국 근대시의 운율을 형성하는 다채로운 자질과 운율이 발현되는 다양한 양상을 가리거나 왜곡한다는 사실을 확인할 수 있다. 창작과 연구의 과정에서 그 내포가 풍부해진 개념이 아닌 실질적으로는 사어[5]가 된 개념을 선택한 데서 비롯된 예정된 결과이기도 하다. 따라서 내재율이라는 개념으로는 일본의 영향과는 무관한 자리에서 조선의 근대 자유시를 창작하던 일군의 시인들이 모색한 새로운 시적 리듬의 특성은 살피기 어렵다.

그럼에도 불구하고 내재율이라는 개념은 남북한의 근대 자유시를 설명하는 빈 기표로 끈질기게 자리잡고 있다. 각기 다른 문단 상황, 이데올로기적 차이 속에서도 남북한 문단에서 내재율이라는 개념을 전유할 수 있었던 것은, 내재율이라는 개념이 실체가 없는 빈 기표였기에 가능했던 것으로 보인다. 근대 자유시 리듬의 실체를 반영하는 개념이 아니었기에, 내재율이라는 개념은 논자마다 각기 다른 내포를 지닌 채 미심쩍어하고 회의하고 부정하는 방식으로 사용된 듯하다. 이는 1930년대 이후 시단에서 근대 자유시 양식에 대한 강박이 줄어들고, 내재율이라는 개념 자체에 대한 관심이 흐릿해지면서 나타난 현상이라고 볼 수 있다.

따라서 한국의 근대 자유시 운율의 특징을 살피기 위해서는 내재율이라는 특정 개념이 아닌 근대 자유시의 리듬 형성 자질 자체에 수복할 필요가 있다. 연구 대상을 바꾸면 프랑스를 비롯한 서구 상징주의 시의 일방적 영향 속에서 우리의 근대 자유시가 형성되었다는 인식이

5 "한국시에서 음보나 내재율 같은, 그 등장에 사연과 역사적 배경이 결부되어 있는 것이 분명할 듯한 개념은 폐기되어야 한다"는 주장은, 내재율이라는 개념이 한국 현대시의 리듬을 온전히 드러내지 못하는 용어라는 사실을 다소 극단적으로 밝힌 것이라 볼 수 있다(조재룡, 「리듬과 의미－프랑스어 리듬의 전제 조건에 비추어본 한국어 리듬의 문제들」, 『한국시학연구』 36, 한국시학회, 2013, 110쪽).

나, 근대 자유시의 리듬을 설명하는 개념을 일본에서 빌려오는 방식에서 벗어날 수 있기 때문이다. 따라서 『증상으로서의 내재율』은 한국 근대시의 운율을 형성하는 자질이 무엇인지 연구하기 위해서는 연구 대상과 문제 설정을 달리하고 다른 시각의 연구 방법론을 적용하여, 근현대인의 삶과 심성과 정서를 반영하는 시적 리듬의 본질이 무엇인지, 그 특징이 작품에 어떠한 방식으로 구현되는지에 대한 후속 연구를 촉발한다는 점에서 좀 더 근본적인 의의를 찾을 수 있겠다.

다음 인용문은 『증상으로서의 내재율』의 마지막 부분에 필자가 밝힌, 이 저서의 핵심 내용이다.

> 말의 기원을 제공한 서구에서도, 말을 만든 일본에서도 잘 사용되지 않는데, 불안과 초조와 조심스러운 태도 속에서 유독 한국어 공동체 속에서만 깊이 뿌리를 내린 '내재율'. 서구의 언어관과 문학이념이 일본을 거쳐 식민지 조선에 유입되고 또 남과 북의 정치체제 속에 자리잡는 과정에서 일어난 굴절과 변용의 한 결정結晶. 그렇다면 이러한 역사성이 침전되어 있는 '내재율'이라는 개념어야말로, 그저 한국식의 특수한 '사례example'가 아니라 근대문학의 세계 편제에서 초래된 '증상symptom'이라 할 수 있지 않을까. '증상'은 병과 다르다. 설사 병이라 하더라도, 증상을 제거하기 위해 역사를 거슬러 올라갈 수는 없다. 중요한 것은 증상을 끌어안되 얽매이지 않으면서 어떻게 살아갈까 하는 것이다. 우리에게 주어진 역사성을 존중하면서, 그러나 집착하지 않으면서, 어떻게 미래를 향해 걸어갈까 하는 것이다.[6]

서구 보편, 중심을 향한 무한 욕망, 그러나 따라가거나 채울 수 없다

6 신지연, 앞의 책, 253쪽.

는 열등감 혹은 열패감이 깃들어 있는 내재율이라는 개념, 이 개념에 접근하는 저자의 방법론에는 서구 상징시－일본을 통해 도입한 근대 자유시－내재율이라는 중심과 주변, 상하 위계질서가 설정되어 있다. 이러한 틀은 당시 자유시 운율을 고민했던 이들의 기본적인 사유의 틀이었다. 문제는 이러한 구도가 근대 자유시의 운율을 살필 때뿐만 아니라 현재를 사는 우리의 삶을 여전히 주박하고 있다는 데 있다. 이러한 인식 틀에 갇혀 있는 한 우리는 타자를 통해 주체를 구성하는 역동성을 만들기가 어렵다. 따라서 이제는 서구 / 보편 / 중심이라는 위계에서 벗어나는 인식의 전환이 필요하다. "하나의 보편적인 '근대' 대신 다양한 근대화 및 근대의 경험들, 서로 다른 시간적 지속과 변화를 보이는 여러 개별 역사들을 동등하게 얽으면서 우리의 현재를 특징짓는 '비동시적인 것의 동시성'을 새롭게 조명할 수 있는 개념"[7] 으로서의 운율 연구를 위해, 그리고 우리의 현재의 삶을 새롭게 구성하기 위해.

증상이 반복된다는 것은 원인이 규명되지 않았다는 것이다. 원인을 찾아 치유해야만 그 증상에서 벗어날 수 있다. 설령 증상의 원인을 찾더라도 그 증상이 해소되지 않는 경우도 있다. 그때에는 그 증상들 자체에 질서를 부여하여, 해소되는 않는 상황 자체를 설명하는 것도 하나의 방법이다. 서구 보편을 상정하지 않은 상태에서 한국 근대시 고유의 리듬을 형성하는 개별적 자질을 탐색하는 방법론이 필요한 이유는 이 때문이다. 이러한 맥락에서 볼 때, 한국어의 말과 글의 특징, 호흡, 문장의 특질 자체에 주목하여 한국시의 리듬의 특징을 살피는 연구[8]가 속속 나오는 것은 자연스럽고 다행스러운 과정이라 볼 수 있다.

7 나인호, 『개념사란 무엇인가 역사와 언어의 새로운 만남』, 역사비평사, 2011, 185쪽.
8 근대 모더니즘 시의 운율 형성 자질을 밝힌 황정산의 박사논문을 필두로, 10여 년의 공백 이후 근현대 자유시의 운율의 특징을 밝힌 권유성, 박슬기, 장철환 등의 박사논문이 발표되고 있다.

3. 증상으로서의 내재율, 그 이후

『증상으로서의 내재율』의 저자는 서양에는 없는 내재율이라는 개념이 일본에서 만들어져 조선에 유입된 맥락을 섬세하게 밝혔다. 일본에서 내재율이라는 개념이 형성되고 실질적인 사어가 되는 맥락을 추적한 과정, 내재율이라는 개념이 급하게 조선으로 유입되어 현재까지도 교육장에서 쓰이는 맥락을 살핀 점에서 이 저서의 문제의식은 현재적 의의를 지닌다.

그런데 이러한 접근법의 이면에는 일본에서 형성한 문학 개념을 조선 문단에서 일방적으로 수용했다는 단선적 시각이 작용한다. 즉, 일본에서 만든 내재율이라는 개념이 조선에 도입되는 과정의 단면을 살피는 데 주안점을 두었기에, 조선에서 내재율이라는 개념의 내포가 확장 변주되는 과정에 대한 천착은 상대적으로 덜한 편이라 볼 수 있다. 따라서 이 연구는 내재율에 대한 개념사적 연구라기보다는 내재율이라는 개념어에 대한 연구[9]라고 보는 것이 적절할 것이다. 이는 내재율이라는 개념이 "역사적 사회적 변화 속에서 다양하게 사용되면서 지속적으로 의미가 변"[10]하는 과정에 대해 본격적으로 탐색해야 할 제4장을 통시적 개관 속에서 요약적으로 제시한 데서 확인할 수 있다. 내재율이라는 개념의 변용과 굴절의 양상보다는 그 이식의 측면에만 초점을 두었기에 빚어진 필연적 현상이다. 이러한 방법론은 서구—일본의

9 내재율이라는 개념의 "통시적 성격보다는 개념을 둘러싼 공시적이고 트랜스내셔널한 측면을 두드러지게 강조"하고 있으며, 내재율이라는 개념의 "발생 지반(matrix)인 한국의 근대(성)와 그 구조의 해명이라는 문제"를 드러내는 데 초점을 두고 있다는 점에서 그러하다(정세진, 「개념사 연구는 무엇을 욕망하는가」, 『개념과 소통』 13, 한림대 한림과학원, 2014.6, 17~19쪽).

10 위의 글, 98쪽.

영향을 받으면서도 조선의 시인들이 나름의 독창적 방식으로 창작한 근대 자유시의 리듬을 설명할 가능성을 차단하고, 그 특성을 명명할 개념의 창안도 어렵게 한다.

이러한 현상이 빚어진 이유는 첫째, 내재율을 논의했던 당시 논자들이 조선에서 창작되는 시의 글과 말소리에 기반을 둔 조선인들의 율격 능력을 괄호 안에 넣어두고 논의를 진행한 데서 근본 원인을 찾을 수 있다. 단적으로 조선말과 글의 중요성을 설파했던 주요한조차 "시골 태생으로 더구나 열두 살에 고국을 떠나서 청소년시대를 외국말 생활로 지내온 나로서는 한국말의 보물창고를 뒤지는 소양이 부족했"[11]기 때문에 근대 자유시의 운율 형성 자질에 대해 구체적으로 접근하기 어려웠다고 고백한 바 있다. 이는 조선말과 글로 형성되던 근대 자유시 리듬의 실상을 외면한 채, 내재율이라는 추상적인 개념으로 조선에서 창작된 근대 자유시의 리듬을, 그 실체를 온전히 포착하기 어려움을 실토한 것이라 볼 수 있다.

둘째, 1920년대부터 자유시를 창작한 김소월, 한용운 같은 시인들이 내재율이라는 개념과는 무관한 자리에서 자신의 자연스러운 호흡과 리듬에 따라 시를 쓴 데서 그 근본적 이유를 찾을 수 있다. 내재율이라는 개념에 주박되지 않은 채 쓴 이들의 시는 조선의 근대 자유시 리듬고유의 특성을 설명할 수 있는 대표적인 지표이기도 하다. 따라서 근대 자유시 리듬의 특징을 살피기 위해서는 내재율이라는 개념의 감옥에서 벗어나 자유시이 리듬을 형성하는 특징 자체에 주목할 필요가 있다. 이는 곧 우리말의 형상, 소리의 울림, 시인의 호흡, 시의 내용 등에 주목해야만 우리 시의 리듬이 형성되는 맥락을, 서구 상징주의 시

11 주요한, 「깨지는 꿈 · 새로운 꿈」, 『주요한문집 새벽』 1, 요한기념사업회, 1982, 102쪽.

를 보편으로 했을 때 잡히지 않는 근대 자유시 리듬의 특징을 발견할 수 있음을 의미한다. 따라서 우리말과 글에 기반하여 자유롭게 쓴 작품 자체에 주목하여, 귀납적인 방식으로 자유시의 운율이 형성되고 작동되는 맥락을 추적해야 할 것이다.

그리고 그 결과를 바탕으로 연구-교육의 연결고리를 만들 필요가 있다. 저자가 이미 밝힌 바, 창작과 학문의 장에서는 더 이상 쓰이는 않는 내재율이라는 개념이 교육의 장에서는 여전히 쓰이고 있기 때문이다. 현대시 교육 현장에서 쓰이고 있는 내재율이라는 개념의 내포는 무엇인지, 그 개념으로 설명하는 근대 자유시의 리듬을 형성하는 자질은 무엇인지에 대해서는 또 다른 층위의 탐색이 필요하다. 내재율이 실체가 없는 빈 개념이라면, 근현대 자유시의 리듬을 설명할 수 있는 유효한 개념어를 제시할 필요가 있기 때문이다. 이 점에서 볼 때 증상으로서의 내재율은, 내재율이라는 빈 기표로는 근현대 자유시의 리듬의 특성을 온전히 설명할 수 없음을, 그렇기에 근현대시의 운율-리듬이 형성되는 구체적인 실제를 설명할 수 있는 새로운 개념과 방법론이 필요함을 그리고 그 개념을 교육계에 제공할 필요가 있음을 제기한 데에 있다고 볼 수 있다. 이 저서 '이후'가 중요해지는 이유는 이 때문이다.

—『상허학보』 42, 2014

한국 근대시 운율에 접근하는 한 가지 방법

권유성 | 제주대학교

윤덕진, 『전통지속론으로 본 한국 근대시의 운율 형성 과정』, 2014

1.

한국 근대시와 관련된 여러 쟁점 중에서 운율의 문제는 가장 해결하기 어려운 문제 중 하나다. '운율이 있는 언어'라는 시의 핵심 규정이 여전히 유효하다고 인식되는 상황에서 근대시의 운율이 제대로 해명되지 않고 있다는 점은 여러 연구자들의 상상력을 자극해온 것이 사실이다. 그럼에도 외형적으로 뚜렷이 드러나지 않는 '내재율'을 바탕으로 한 자유시가 근대시와 동의어처럼 통용되는 상황에서, 근대시의 운율을 운위한다는 것은 결코 쉬운 일이 아니었다. 운율의 문제가 근대시 연구자들의 주요 관심사 중 하나이면서도 이렇다 할 만한 연구 결과물들이 다양하게 제출되지 못한 것은 이와 같은 점에 주요한 원인이 있었다. 이런 점에서 최근 장철환의 『김소월 시의 리듬 연구』(소명출판, 2011)나 박슬기의 『한국 근대시의 형성과 율律의 이념』(소명출판, 2014) 등을 필두로 한 근대시 운율 관련 연구서들의 출간은 학계에 새로운 활로와 활력을 불어넣어 줄 것으로 기대된다. 이와 더불어 그 제목만으로도 근대시 연구자들에게 특별한 관심을 불러일으키는 책이 바로 윤덕진의 『전통지속론으로 본 한국 근대시의 운율 형성 과정』이다.

윤덕진의 책이 근대시 연구자들에게 특별한 관심을 불러일으키는 이유는 일차적으로 저자가 고전시가에 대한 오랜 연구 경험을 바탕으로 근대시의 운율 형성 과정을 해명하고 있기 때문이다. 시(가)연구의 분과별 구분이 엄연한 상황에서 근대시 연구자가 한국(시)가 전체를 조망하는 관점 아래 근대시의 운율을 연구하기는 거의 불가능에 가깝다. 이런 의미에서 윤덕진의 연구는 근대시 연구자들과는 또 다른 관점에서 근대시 운율 연구의 새로운 활로를 열어줄 것으로 기대된다.

2.

저자는 "통칭 가사체인 4음보격이 한국시가 운율의 기간을 이루리라는 생각"을 가지고 글을 풀어간다. 저자가 4음보격의 가사체가 한국시가 운율의 기간을 이루리라고 판단한 이유는, 가사체가 일상담화와 근접해 있으면서도 손쉽게 문학적 발화로 변환될 수 있는 가능성을 가지고 있다고 보았기 때문이다. 이런 판단 아래 그는 고려후기에서 조선으로 이어지는 시기 4음보격 가사체가 한국 시가의 기간 운율로 자리잡아가는 과정을 풍부한 자료 분석을 통해 논증해 보여 준다. 나아가 그는 한국시가 운율의 기간으로 자리 잡은 가사체가 다양한 양식 속에서 생산적인 변형 능력을 발휘한다는 점을 동시에 보여 준다.

> 가사의 장르적 실체가 복합적이거나 혼합적으로 다변화되어 있다고 밝혀진 것은, 그 주제의 실현 방안이 어느 한 갈래에 한정되어 있지 않음에서 말미암는다. 소설과 관련을 가지면서는 화자의 경험을 내면적으로 통합하는 장면에서 활용되며, 판소리에 관여하여서는 다성적 율조의 근간을 지탱하는 역할을 수행한다. 애정소설인『추풍감별곡』의 서두나 결말부에서 화자의 심회를 토로하는 장면에 들어가는 가사의 곡명이 소설의 제명으로 채택된 데에서 가사의 소설에 대한 영향력을 읽을 수 있다. 또한, 판소리의 정화라고 할 수 있는 단가들에 가사체가 지배적 사실도 이 영향력의 결과라고 할 수 있다.(45~46쪽)

흔히 매우 경직된 양식으로 인식되곤 하는 4음보격의 가사체가 다양한 장르의 작품에서 감정이 고양된 가장 중요한 대목을 표현하는 데 활용되고 있다는 점을 확인하는 장면은 이 책의 압권이다. 저자는 다양한 장르에서 이루어진 가사의 생산적인 변형 가능성이 근대시의 가능성을 보여 주었다고 평가되는 사설시조의 운율에도 적용될 수 있다고 판단한다. 저자가 가사체의 이와 같은 변형 가능성을 인식할 수 있었던 것은, "음보의 등시성이 억양 도막의 불균등성으로 말미암아 왜곡되고 마는 것이 운율의 원래 실상"(229쪽)이라는 매우 생산적인 관점을 가지고 있기 때문이다. 대개의 논자들이 운율을 고정되거나 결정된 형식으로 규정하고자 하는 것과 달리 그는 고정된 것에서 유동적인 것으로 변화할 수 있는 생산성과 가능성을 운율의 본성으로 규정한 것이다. 그럼으로써 저자는 조선 후기를 배경으로 가사체가 엄격한 형식으로 수렴되는 동시에 다양한 형태로 변형되는 문학사적 장관을 인상적으로 포착해 보여 주었다.

윤덕진은 '근대시로의 운율 전이 과정' 또한 가사체의 수렴과 환산이라는 이중적 경향의 발현 결과물로 해명하고자 한다. 저자의 지적처럼 한국 근대문학의 형성 과정에 대한 일반적인 해명은 대개 전통 단절의 관점이나 이식의 관점에서 이루어졌다. 과거와의 연속성에 대한 고려를 시도한 연구가 없었다고 할 수는 없지만, 근대시 연구의 전반적인 흐름 또한 전통과 근대의 날카로운 단절을 전제하고 진행되었다는 점을 부정하기는 어렵다. 그러나 한편으로 삶의 연속성을 고려해 볼 때, 이와 같은 관점이 일정 부분 지양될 필요가 있다는 점에는 많은 연구자들이 동의하리라 판단된다. 이런 점에서 윤덕진의 시도는 근대시 연구자들이 기도는 할 수 있었다고 하더라도 실행하기는 어려웠던 기획을 실천해 보여 준 것이라고도 할 수 있다.

> 시행의 마디 수가 불균정한 채로 2행 결합의 시연 단위 구조가 각기 다르게 됨으로써 긴장의 야기와 고조 및 이완이 계기적으로 진행되다가 마지막 연의 5마디 이질적 시행에 의해 종결되는 경로를 보게 된다. 이런 모습을 사설시조로부터 가사나 잡가와 같은 시행 연첩 현상에서 확인할 수 있었던 것임에서 무슨 별다른 외래적 요인이 개재할 틈은 없다.(243쪽)

인용된 글은 오랜 기간 한국문학사에서 자유시의 효시로 인정받아 왔던 주요한의 「불노리」를 분석하고 있는 부분이다. 윤덕진은 주요한의 「불노리」가 서구 자유시의 영향을 받은 작품으로 알려져 왔지만, 시에서 실현되고 있는 시행 연첩 현상을 확인함으로써 그 운율 형성 방식이 과거 사설시조나 잡가에서 확인할 수 있었던 것과 동일한 것이라고 결론 내린다. 그의 이와 같은 결론은 더 진전된 자유시 창작자였던 황석우 시에 대한 분석에도 적용되고 있다. 즉 황석우 시의 운율이 불규칙성을 특징으로 시행 별로 각기 운율을 달리하면서 주변 시행들과 대비되는 리듬을 조성하지만 그것 또한 "전통 가운데에 내재해 있던 것"의 발현이라는 것이다. 즉 황석우의 시도 가사체 확산의 일 경로일 수 있다는 것이다.

요약하자면, 윤덕진의 주장은 한국어를 사용하는 언중이 운율을 형성하는 기본적인 방식이 4음보격의 가사체로 귀결되었으며, 역사적으로도 매우 다양한 형태로 변형될 수 있었던 이 가사체의 생산적인 특성이 근대시 운율 형성 과정에도 관여하고 있다는 것이다. 한국시(가) 전반에 대한 넓은 시야와 치밀한 분석을 통해 이루어진 그의 주장은 근대시 연구자들에게도 그 무게감이 결코 가볍지 않다. 근대시 연구자들이 근대시의 운율을 효과적으로 설명할 수 있는 합의된 방식을 뚜렷이 발견하지 못한 상황에서, 그의 주장은 근대시 운율 해명의 한 가지 방법으로 자리매김 되기에 충분하다고 판단된다.

3.

윤덕진의 책은 한국시(가)의 운율이 한국어를 사용하는 언중의 언어적 관습과 깊이 연관되어 있을 때에만 공동체의 관습으로 자리 잡을 수 있다는 점을 잘 보여 주었다. 그런 점에서 그의 책은 한국 근대시의 운율에 접근하는 새로운 관점을 제공해 주고 있을 뿐 아니라 근대시를 창작하는 시인에게도 시사해 주는 바가 크다. 그럼에도 이 책이 몇 가지 더 생각해 보아야할 문제를 던지고 있는 것 또한 사실이다.

우선 이 책이 전제하고 있는 '전통지속론'은 일부 재점검이 필요한 사항이라고 보인다. 최근 전통을 바라보는 관점은 저자가 전제하고 있는 전통적인 관점과 구성주의적 관점으로 대별된다. 에릭 홉스봄의 『만들어진 전통』(휴머니스트, 2004)이 대변해 주었던 것처럼 오늘날의 문화적 환경에서 '기원을 알 수 없는 오랜 전통'이라는 개념을 가감 없이 수용하기는 어렵다. 만들어진 전통이라는 관점에서 볼 때, 오늘날 우리가 전통으로 인식하고 있는 것들은 대개 필요에 의해 근대에 만들어진 것일 수 있다. 어떤 의미에서 윤덕진의 작업 또한 새로운 전통을 만들어가는 과정의 일환으로 볼 수도 있다는 것이다. 그리고 '전통지속론'은 역설적이게도 한국 시(가)의 운율이 가진 생산적인 가능성을 풍부하게 논증하고 있는 이 책의 성과를 오히려 약화시키고 있다고 판단된다.

그리고 전통지속론의 관점에 영향 받은 결과일 테지만, 굳이 4음보격 가사체만을 한국시(가)의 기간 운율로 설정할 필요가 있을까에 대해서도 재고의 여지가 있다. 저자가 논증해 보여 준 바처럼 한국시(가)의 운율은 다양한 형태로 변형이 가능했을 뿐 아니라, 서사나 판소리 양식에까지도 효과적으로 활용될 수 있는 매우 개방적인 특성을 보여주고 있었다. 그리고 그것의 구체적인 실현 형태 또한 4음보는 물론 2음보, 3음보, 6음보, 나아가 자유로운 음보 설정으로까지 확장될 수 있었다. 이런 의미에서 4음보는 물론 2음보, 3음보 등도 한국시(가)의 기간 음보로 설정이 가능하지 않을까? 기원과 본질은 역사를 통해 동일하게 유지될 수도 있지만, 동일하게 유지되지 않을 수도 있다. 모든 역사를 통해 기원과 본질이 동일하다고 보는 것은 인간의 행위와 역사적 변화를 무위로 돌려버릴 수도 있기 때문이다. 요컨대 하나의 전통이 아니라 다양한 전통이 역사적으로 구성되고 활용되었던 것은 아닐까? 다양한 전통의 설정이 가능하다면 이 책에서 설정한 4음보격 가사체가 자유시에 이르는, 지금은 다소 어색하고 무리한 노정이 훨씬 자연스럽고 매끄러운 과정이 될 수 있지 않을까?

—『어문총론』 60, 2014

신소설, 부정적인 것의 가능성

조형래 | 동국대학교 문화학술원

권보드래, 『신소설, 언어와 정치』, 2014

1. '기원'에서 '언어와 정치'에 이르기까지

1990년대 후반부터 2000년대 초반에 걸쳐 한국 근대문학 연구는 결정적인 전회를 맞이했다. 그것은 문학과 민족 개념을 역사적 구성물로서 탈구축한 일련의 성과에 의해 가능해진 것이다. 널리 알려진 것처럼 양자는 공히 19세기 후반에서 20세기 초에 이르는 시기, 서구 열강의 동아시아 진출, 특히 일본제국의 흥기興起 및 조선의 식민화에 대응하는 광범위한 통언어적 실천translingual practice의 과정에서 번역된 개념적 용어 내지는 이데올로기적 장치로서 도입되었다. 궁극적으로 국민국가의 건설이라는 목표로 수렴되는 상보적 관계 속에서 제도화되었으며 이에 따라 그 기원이 망각되는 전도에 의해 자명한 것으로 정초되었다는 점에 있어서도 공통적이다. 민족문학의 이념에 기초한 한국문학의 선조적인linear 발전의 통사 또한 그러한 기원의 망각에 의해 만들어진 전통invented tradition인 동시에 그것의 제도적 정착과 확산에 중대하게 기여한 장치dispositif로 재정의되었다. 그 대신 미디어라든가 문화, 제도, 담론 등의 다종다양한 외적 요인과 맥락이 복합적으로 개입되어 왔던 사정이 다양한 각도에서 조명되었다. 기존의 근대문학 연구를 지탱해 온 민족문학이라는 개념 및 문학사라는 제도 나아가 작가론·작품론 중심의 연구 관행 전반이 회의의 대상이 되었던 것은 물론이다. 포스트식민주의라든가 문화연구, 페미니즘, 신역사주의 등 다양한 분야의 문제의식을 적극적으로 참조하면서 한국 근대문학연구의 저변은 날로 확대되었고 그 성격 또한 다분히 학제적으로 변화했다는 것은 말할 필요도 없다. 이러한 전회에 힘입어 21세기 들어 해당 분야의 연구는 양적으로나 질적인 면에서나 그야말로 전례 없는 진흥을 이룩했다. 그 성과는 오늘날까지 계승되고 있다고 해도 과언이 아니다.

권보드래의 『한국 근대소설의 기원』(이하 『기원』)이 이러한 전회에 기여한 선구적인 저작 중 하나였다[1]는 것은 주지의 사실이다. 특히 『기원』에서 주로 다루어지고 있는 "1900년대" 즉 19세기에서 20세기로 이행하는 전환기는 '지금 여기'의 한국이라는 근대 국민국가의 형성에 기여하거나 또는 그것으로부터 도태된 온갖 미정형의 가능성이 역동적으로 들끓고 있었던 인식론적 전회의 원상면urszene으로 지정되고 있다. 그것을 징후적으로 드러내는 각종 기록과 문헌, 미디어의 기사 등에 대한 풍부한 조사와 참조를 통해 근대적 문학 및 소설 개념이 정초되어 갔던 역사적 과정을 검토하고 있는 것이다. 아울러 신소설은

1 물론 권보드래는 임화 등이 서구중심주의에 경도되어 '봉건에서 근대로'라는 식으로 역사 발전의 일원적 경로를 자명한 것으로 설정하고 있는 관점 및 안티테제로서의 자생적 근대화론 양자 모두에 대해서 비판적 문제의식을 드러내고 있다. 권보드래, 『한국 근대소설의 기원』, 소명출판, 2000, 21~25쪽.

특히 허탄무거虛誕無據 등의 용어로 폄하되던 '소설小說' 개념을 정당화하고 그 효용을 입증하는 글쓰기의 형식 내지는 실천 자체로서 기여한 바가 많은 특별한 형식으로 규정되고 있다. 그러나 또한 '소설'이라는 용어 자체가 한중일 삼개국에서 일반적으로 공유되고 있었으며, 그것이 당시 동아시아가 근대 세계체제로 편입되는 대대적인 변동의 정세 및 이로 인한 학지學知 체제 전체의 재편에서 연유한 것임을 선구적으로 의식하고 있었다. 그러므로 기원에 따르면 (문학 그리고) 소설 개념은 20세기 초 한중일의 국제적 관계 속에서 서구적 근대를 매개한다고 여겨졌던 다종다양한 글쓰기의 기획 간 상호 영향관계 속에서 출현한 것이며, 신소설은 그 과정에서 중요한 역할을 담당한 서사 형식 중 하나다. 그런 만큼 그것은 문명개화와 부국강병, 자주독립의 슬로건으로 대표되는 근대성의 기획을 매개하기 위해 전대소설의 유제遺制 즉 권선징악의 플롯을 차용한 천편일률적인, 근대소설의 형성을 예비하는 과도기적 형식으로만 한정될 수 없는 것이 되고 있다. 오히려 민족–국민의 형성, 한문–국한문–국문의 새로운 문체 실험 및 사실–허구 간 위상의 전도 등에 기여했던 '소설' 개념의 역사적 기능과 긴밀하게, 그리고 복합적으로 연동되어 있었던 특별한 글쓰기의 소산이며, 다양한 요소가 결합된 역사적 구성물이다. 그러므로 오히려 신소설 자체가 그 복합적이고 역동적인 기원의 시공간을 상징적으로 체현하는 형식이라고 해도 과언이 아니다.

그리고 『기원』을 통해 제시된 인식론적 전회의 기원 그 억압된 가능성의 중심에 관한 문제의식은 15년여 간이라는 오랜 우회를 거쳐 『신소설, 언어와 정치』(이하 『언어와 정치』)로 비로소 회귀했다. 전반적인 논조에 동의할 수밖에 없는 저서에 대해 논의한다는 일은 확실히 쉽지 않은 일이다. 『언어와 정치』의 경우, 문체는 한층 소탈하면서 유려해졌으며 비단 논의의 대상을 (문학과) 소설 개념에 한정하지 않아도 좋게 된 만큼, 저자의 각종 당대 문헌과 자료를 섭렵한 박람강기 또한 세월의 흐름에 따라 한층 깊어지고 넓어졌다. 더군다나 이 책이 초점을 맞추고 있는 신소설, 그리고 그것을 둘러싼 시공간의 실로 간단치 않은, 다양하고도 복합적인 양상을 구체화하는 데 있어서 타의 추종을 불허한다. 겸양의 언어로 "일관된 계획 하에 쓴 글이 아니라 들쭉날쭉한 곳이 적지 않다"[2] 고 쓰고 있지만 또한 신소설 관련 연구 성과의 진전에 따라 저자가 밝히고 있는 대로 '성'과 '계급'(뿐만 아니라 국가, 식민, 수사학, 소설 형식 등)에 관한 수미일관한 문제의식이 관철되어 있다. 그럼에도 불구하고 저자에 따르면 『언어와 정치』는 1998년부터 비교적 최근까지 쓰인 신소설 관련 논문을 일부 수정을 거쳐 집성했을 뿐 아니라 새로 저술한 글도 있는 만큼 그야말로 다방면의 주제에 걸친 복합적인 논의를 전개하고 있다. 그것은 앞서 언급한 바와 같이 한국 근대문학 연구가 학제적 확장 및 다변화의 경로를 밟아온 과정과 무관하지 않으며 그 자체를 체현하고 있다고 해도 과언이 아니다. 『언어와 정치』는 다분히 방사放射적인 접근법을 취하고 있어서 일목요연하게 요약될 수 있는 저작이 아니다.

2 권보드래, 『신소설 언어와 정치』, 소명출판, 2014, 5쪽.(이하 본문에 쪽수로 표기)

2. 여성적 서사 형식을 둘러싼 가능성의 안과 밖

물론 『언어와 정치』는 일차적으로 신소설의 발흥부터 쇠퇴에 이르는 일련의 흐름에 입각하여 논의를 전개하고 있는 것이 사실이다. 그러나 그것은 구태의연한 통사의 형식을 취하고 있지 않다. 오히려 이 책의 전반적인 체제는 초기의 신소설이 시사하고 있었던 복합적인 가능성이 다양한 시대적 제약과 한계에 직면하거나 또는 그 자체의 모순으로 말미암아 좌절에 이르게 되는 맥락과 관련하여 구성되어 있다.

그러므로 『언어와 정치』가 국가 개념의 출현 및 재편과 관련하여 신소설에 나타난 성 역할gender 및 그것을 둘러싼 상상력의 역사적 변화에 대해 논의하고 있는 제1부 '소설, 국가의 무의식'에서 '국가國家'의 문제에 초점을 맞추고 있는 것은 지극히 당연하다. 문명개화와 자주독립이라는 당대의 지배적인 슬로건을 통해 알 수 있는 것처럼 신소설은 근대 국민국가의 자율적인 형성을 가장 중요한 문제로 의식하고 있었기 때문이다. 다수의 신소설 작품이 이러한 문제와 관련된 주의주장을 다분히 직설적으로 제기하고 있었으며, 그런 만큼 이 부분에 초점을 맞추는 것이 관련 연구의 지배적인 경향이었다는 것도 부정할 수 없다. 그런데 『언어와 정치』의 경우는 다소 사정이 다르다. '국가의 무의식'이라는 말이 단적으로 환기하듯이 저자에 따르면 '소설'은 국민국가로 대표되는 특정한 질서의 구성을 위해 상실되고 배제된 것 즉 억압된 것의 언어 자체다. 그러므로 언어와 정치전반에 걸쳐 신소설의 언어 형식에 대한 각별한 관심이 나타나고 있는 것은 결코 우연이 아니다. 또한 '말할 수 없는 서발턴' 자체 즉 스스로의 언어가 억압되어 있는 여성에 대해 논의하면서 제1부 즉 이 책의 서두를 시작하고 있는 것도 당연하다고 할 수 있다.

그런데 처음부터 여성의 존재 자체가 억압되었던 것은 아니다. 「가족과 국가의 새로운 상상력—여성 주인공의 상징성」에 따르면 신소설은 '국가國家'라는 용어의 등장으로 형성된 '나라國'와 '집家' 개념의 상호 불가결한 유비—대응 관계를 통해 국가가 가족 자체와 등치(은유)되기도 하고, 또는 가족을 국가를 이루는 구성요소로 간주(환유)하는 두 상상력 간 의미의 상호 작용으로 인한 특정한 변화와 관계되어 있는 서사형식이다. 국가는 물론이거니와 가족에 대한 인식 자체가 변화하기 시작했고 그리고 무엇보다도 가족을 이루는 성원으로서의 여성에 대한 사회적 기대가 형성되었다. 그것은 '나라'와 '집'의 수사학적 구조 속에 여성의 집단적 정체성을 이중적으로 규정하고 고착시키려는 시도였다는 것을 부정할 수 없다. 하지만 동시에 그 과정에서 기존의 지배적인 질서에 반하는 미정형의 가능성이 출현했던 것도 사실이다. 특히 부부 간 결연 및 자녀 교육(교육의 재생산) 등 가정 내부의 문제에 있어서 일정부분 주도적 역할을 담당하는 모습으로 재현되었던 신소설의 여성 주인공들의 모습은 그러한 변화를 반영한 것이며 한시적으로나마 종래의 가부장적 질서 자체에 동요를 초래했다.

그러므로 대다수 신소설에 여성 주인공이 내세워졌던 것은 실로 의미심장한 현상이라고 할 수 있을 것이다. 「서리胥吏의 딸, 길 위에 서다—신소설에 있어 성性과 계급의 문제」에서 "신소설은 여성적인 장르이다"(43쪽)와 같은 단언이 이루어지고 있는 것은 이러한 맥락에서 이해할 수 있을 터다. 물론 이후 신소설의 여성 인물은 대개 보수적인 방식으로 취급되었지만 한편으로 가출이나 출분으로 대표되는 길 위의 모험에 나서게 되는 경우 역시 빈번했다. 성적 위협을 비롯한 온갖 수난에 직면할 가능성에도 불구하고 남장을 하면서까지 집밖을 나서는 여정을 마다하지 않았다. 이는 "개방된 현실적 육체를 갖고 스스로의 독립적 의사로 가출을 가행하며, 끝끝내 침해당하지 않고 '순결'로써 자신을 증명할 서사적 역할을 할당"(53쪽)받았던 것이다. 여성에 대한 성적 욕망이 서사의 중심으로 자리하게 된 최초의 사례가 출현했다고도 할 수 있다. 그 여성 인물들은 대체로 중인 내지는 평민 계층 즉 비양반 출신이었으며 또한 그 여정이 신분을 초월한 결연이나 혼사로 귀결되는 경우도 종종 있었다. 그러나 그 결과가 결국 동부인同夫人 즉 남성의 동반이나 내조격의 사회적 역할로 낙착되고 말았다는 점에서 일정 부분 한계를 노정하고 있었다는 측면 역시 부정할 수 없다. 남성의 여정이 타국을 넘나들면서 선진문물에 대한 견문과 학습을 증진시키는 자기 향상의 과정으로 귀결되고 있었던 것과는 다분히 대조적이다. 그렇지만 『경중화』 등의 여러 신소설에 '포달을 피'우고 '완패'한 '여중영걸' 등 기성의 가부장제적 도덕 및 국민의 언어로 간단히 회수되지 않는 여성상, 그렇기 때문에 더욱 위협적인 세이렌의 형상이 부분적으로나마 나타나고 있었다고 할 수 있다.

「전쟁, 국가의 기원－1894년으로의 회귀」에 따르면 전쟁과 국가에 대한 신소설의 상상력에도 기묘한 괴리가 존재했다. 오늘날 알려져 있는 대다수 신소설은 1905~1910년간에 주로 쓰였다. 그런데 정작 1894~1904년간 즉 전시대를 '서술되는 시간'으로 주로 포착하고 있었던 것은 기이하다. 동시대의 러일전쟁보다 청일전쟁(과 갑오개혁)을 시공간의 무대로 삼고 있었던 것이다. 물론 그것은 황제권의 절대화를 표방했던 대한제국이 일본의 보호국으로 전락한 이후, 기존의 언로言路에 가해졌던 제약에 대한 반동 및 국가적 위기의식으로 인해 문명개화・자주독립을 고창高唱하는 애국주의적 열정이 격렬하게 분출되고, 그것을 매개하는 담론과 텍스트가 대대적으로 양산되었던 사정과 관계되어 있었다. 불여귀를 번안한 두견성의 사례를 통해서 잘 나타나는 것처럼 그것은 러일전쟁을 통해 체감한 당대성의 경험을 청일전쟁이라는 과거의 사건으로 치환하여 서술하고자 했던 의욕이 반영된 것이며, 또한 청일전쟁 이후에 대해, 국가의 기원 즉 자주독립을 둘러싼 가능성의 중심으로 상상할 수 있었던 여지가 존재했던 것과 달리 그러한 비전이 전면적으로 폐색될 위험이 가시적인 것으로 된 러일전쟁 이후의 정세와 관련된다. 이러한 파국에 직면하여 "신소설의 주류를 이루고 있는 여성 주인공의 소설이 1894~1904년에 집중하고 있는 반면 남성 주인공의 신소설은 1905년 이후로까지 관심을 확장하면서 한반도의 폐색된 현실을 넘어 경역 바깥을 개척할 것을 제안"(89쪽)하는 식의 다양한 가능성을 모색하고 있었다. 이러한 '서술하는 시간'과 '서술되는 시간'의 기이한 중첩과 괴리는 그러나 1910년대 이후 정치적 비전의 상실을 계기로 전시대에 집중했던 여성 주인공 소설을 퇴행적인 형식으로 답습하는 결과를 낳았던 것도 확실하다. 보론에 해당하는 「동아시아의 소설과 국가—『호토토기스』의 번역 번안 양상」에서 본래 근대적 글쓰기에 관한 아속절충체의 다양한 가능성을 시험하고 있었던 『호토토기스』에 비해 그것을 번역한 스기하라 에비스의 『불여귀』나 린슈의 『불여귀』, 선우일의 『두견성』 등이 일정 부분 지체나 반동을 나타내고 있었던 것도 유사한 맥락에서 이해할 수 있다. 번안자 간 중요한 차이는 국가와 전쟁에 관한 각각의 위치와 입장의 낙차에 따라 좌우되었던 것으로, 특히 『두견성』의 경우 원작이나, 청일전쟁이라는 역사적 사건을 재평가하는 데 있어서만큼은 해석자로서 적극적으로 개입했던 중역中譯의 경우와 달리, 1910년대 초반의 국권 상실이라는 사태에 직면하여 주인공 간 "비련에 초점을 맞춘 애원소설로 변모"(114쪽)할 수밖에 없었던 것이다.

3. 신新과 구舊의 교착

이처럼 애초에 시사되었던 가능성이 전도되어 형식적 파탄을 야기하는 족쇄로 작용하는 식의 구도는 비단 앞서 논의한 사례에 국한되지 않는다. 제2부 '소설, 근대 지知의 미디어'에서 주로 논의되고 있는 것은 신소설이 신지식과 신문물의 유입에 따른 지식장의 개편에 따르는 구체적인 변화를 매개하는 매체로 작용한 경우다. 「새 것과 옛 것－이해조 소설에 있어 양가성의 수사학」에서는 특히 이해조의 소설을 중심으로 신・구를 매개하는 데 흔히 동원되었던 직유의 수사학적 사례에 대해 검토하고 있다. 어느 경우에도 극단적인 방향으로 치우치지 않으려고 했던 이해조 자신의 성향이 중요하게 작용하고 있었던 만큼 옛 것과 새 것을 매개하는 수사학에 있어서도 역사적 추이와 정세에 따른 변화가 반영되고 있었던 것이다. 즉 고목화가 신문물과 같은 낯선 것을 친숙한 옛 것에 비겨 일반의 이해를 도모하려는 방향을 지향했다면, 『빈상설』에서는 양자 간 어느 한쪽으로도 편중되거나 부정되지 않는 공존의 양가성이 드러나고 있으며, 후기로 가면 신지식의 우위가 확립되면서 한문 교양을 포함한 낯익은 옛 것에 대한 부정이 일반적인 태도가 되고 있었다는 것이다. 그것은 양자 간 긴장에서 비롯되는 상호 부정과 역동성의 에너지가 일정 부분 상실되었다는 것을 의미한다.

그러나 이와 같이 우위를 차지한 신지식 사이에도 다양한 편차가 존재했으며 그에 따른 상호 관계가 형성되었다. 특히 1900년대 기독교와 관련된 수사와 내용을 채택하고 있었던 여러 신소설에서 그러한 양상이 뚜렷하게 나타나고 있었다. 「진화론과 기독교－『금수회의록』과 『경세종』」에 따르면 동아시아 일대를 풍미한 사회진화론은 철저히 약육강식과 강권주의에 입각해 있었던 세계관이었던 만큼 그것을 견제, 보완하기 위해 특히 법률에 의한 공도公道의 실현이 요청되었으며 또한 기독교 관련 수사 및 진술과 연동되고 있었던 것이 사실이다. 특히 기독교는 기존의 세계관을 대체하는 보편적 원리로서 '자국의 부강'과 '만국의 평화'라는 상반되는 가치를 아울러 실현할 수 있는 첩경으로 받아들여졌다. 물론 여기에는 본질적인 모순이 있으며 그런 만큼 당대의 신소설을 포함한 담론과 텍스트에서 후자로의 편향이 발생했다. 그럼에도 불구하고 『금수회의록』과 『경세종』 등에서 기독교적 원리의 중요성에 대한 신뢰가 설파되었던 것은 사회진화론에 입각한 약육강식과 강권주의의 세계관을 대체할 수 있는 논리가 절실하게 요청되었던 사정에 기인한 것이라고 해도 좋다. 그것은 신소설의 권선징악의 의미와 구조를 개편했고 또 연동되어 새로운 세계를 형성하는 대안적 질서로 구상되었다.

이와 같은 이질적인 요소들, 특히 근대와 전근대의 혼재 및 상호 대립의 양상은 귀의 성에서 더욱 현저하게 드러난다. 「신소설에 있어서의 근대와 전근대－鬼의 聲에 있어서의 시간과 징조」에 따르면 『귀의 성』은 그 시간적 배경을 1903년 말에서 1905년 중반으로 특정할 수 있을 정도로 양력과 24시간 체제를 의식한 바가 많은 소설이다. 그러나 동시에 그 대단원에서 급작스럽게 시잇새 진실로 환원되어 설화의 무시간적 세계로 퇴행한다. 뿐만 아니라 신분명에 대한 남다른 관심, 현상에 대한 자연과학적 지식에 기초한 해명, 친숙한 일상의 일부로서 취급되고 있는 근대적 문물, 악행에 대한 유혹에 동요하다가 개심하거나 스스로의 욕망에 솔직하고 싶어 하는 독백하는 개인 등 『귀의 성』에는 의미심장하게 읽힐 수 있는 단서와 가능성이 실로 넘쳐나지만 동시에 그것들은 어디까지나 예외 없이 파편적이다. 오히려 『귀의 성』의 세계를 지배하는 것은 압도적인 설화적 세계의 무시간성이며 선과 악의 이분법이다. 이성과 탈마법화의 이상 앞에서 마땅히 부정되어야 할 꿈의 예지 및 징조에 대한 미신 또한 긍정과 부정 자체가 한시적으로 유보된다. 긍정도 부정도 불가능하지만, 이러한 상황에서 엄연히 발생하는 이중성이야말로 "신소설이라는 양식 자체의 근간이자 전체"(199쪽)이다. 즉 근대와 전근대, 반근대가 형성하는 상호 관계 속에서 발생하는 모순과 착종이 신소설의 주요한 성분인 것이다. 그러나 『귀의 성』 같은 초기 신소설에서 이미, 전시대의 성리학적 세계관 및 새롭게 대두했던 문명개화의 비전, 양쪽 어디에도 수렴되지 않는 잔여와 흔적이 포착되고 있었다는 사실은 다분히 흥미롭다.

4. 광기와 악

어떤 의미에서 신소설은 그것이 명시적으로 표방하던 질서의 이면과 부지불식간 연동되어 있었던 형식이다. 제3부 '소설, 서사의 유희'에서 주로 다루어지고 있는 것 또한 신소설에 나타난 어떤 일식日蝕의 그림자라고 해도 좋다. 「만국지리萬國地理 속의 인간—신소설의 첫 장면」은 물론 신소설의 도입부에 나타난 중요한 변화에 관한 통찰로부터 시작된다. 즉 연대와 혈통에 대한 세보를 열거하는 것으로 시작되던 전대 소설과 달리 신소설은 원경遠景에 대한 조망으로부터 점차 익명의 주인공을 줌인zoom-in하는 방식으로 막을 올린다는 것이다. 이는 세계를 바라보는 원근법적 시야가 확고한 것으로 형성되어 있었던 사정을 단적으로 환기

한다. 다양한 측면에서 동시대 신소설의 경향과 구별되는 이인직의 작품은 이러한 원근법적 시야에 입각한 원경에서 근경으로의 이동을 적극적으로 활용하는데 특히 『은세계』의 서두에서 초점이 맞추어지는 대상은 정세의 갑작스러운 전환이며 이를 통해 긍정되는 것은 세계는 변화하는 것이라는 인식 자체다. 이는 변화를 일직선적인 진보의 맥락에서 이해하려는 사고가 정초되기 시작했다는 것을 의미한다. 하지만 동시에 여타의 신소설에서 변화는 여전히 자연적 순환의 일부로 간주하는 전통적 세계관과 연동되어 사유되고 있었다는 사실 또한 부정할 수 없다. 더욱이 후자의 관점은 1910년 한일합방 이후에 쓰인 신소설에서 더욱 현저해졌으며 나아가 그 자연은 단지 일상과 사건을 유비하는 파편화된 소도구로 포착되는 현상이 지배적인 것으로 나타났다. 뿐만 아니라 당시까지 '자연'이라는 용어 자체가 'nature'의 역어로서가 아니라 주로 '천지조화' 내지는 '스스로 그러하다'는 식의 전통적 의미 및 용법과 관련하여 통용되고 있었던 상황에서 여전히 인사人事와 별개의 것으로 사유되고 있지도 않았다. 근대과학에 기초한 자연과 인간의 본격적인 단절에 기초한 상상력의 출현은 1910년대 이광수의 단편과 논설에 이르러 비로소 가능해졌다는 것을 부정하기는 어렵다.

그런 만큼 신소설의 등장인물들 역시 세계나 사회라는 전체상 속에서 스스로를 규정하는 개인들로 형상화될 리 없다. 앞서의 논의에서 충분히 입시되고 있는 것처럼 신소설의 여성주인공 대다수를 지배하고 있는 것은 극단적이고 파편적인 정념이다. 물론 「자살과 광기—여성주인공 비교론」에서 성적 위협에 직면한 여성 주인공의 자살 기도는 사실상 당대 신소설 작가들이 여성의 사회적 역할에 대해 허락했던 유일한 가능성 즉 가족 구성의 핵심이 되는 도덕으로서의 정조 즉 유학의 '열烈'의 전유를 공식적으로 입증할 수 있는 결정적인 실천으로 간주되었으며 무엇보다도 구원의 단초가 되었다. 그러나 신소설에는 이러한 형식으로 해소되지 않는 광증의 사례가 다수 등장한다. 광기나 신경쇠약이 전적으로 근대에 들어 발견된 질병이라는 사실에 유념한다면 여성 인물의 발광이라는 설정에 기초해 있는 몇몇의 신소설은 확실히 문제적이다. 대개 심대한 위협에 직면하여 미쳐버리는 여성 인물들은 사실 남편이나 정혼자가 돌아올 때까지 현재를 회피하고 과거의 정지된 시간 속에 머문다. 남성의 경우와 달리 의학이나 종교로 결코 해소되는 법이 없는 신소설의 여성 인물들의 광증은 그 어떤 해방의 가능성도 주어지지 않은 폐색된 상황 속에서 단지 도덕성만이 강요되는 고통에 대한 일종의 증상이라고 해도 무방하다. 그럼에도 불구하고 무시간성 속에서의 정지—퇴행으로서의 여성의 광기는 오직 남성과의 결합을 통해서 그야말로 한순간에 치유될 수 있으며, 이렇게 구원된 그 여성들은 (새로운) 가정이라는 원래의 자리로 복귀한다. 한편으로 신소설의 남성 인물 또한 유사한 위기에 내몰리는 경우가 있는데, 그것은 외부 세계와의 충돌에서 비롯된 것이라는 점에서, 또한 의학에 의해 서서히 치료된다는 점에서 다르다. 국권상실이라는 미증유의 위기를 전후한 시기라는 실제의 역사적 맥락을 감안했을 때 이와 같은 남성적 증상은 당시 활발했던 해외 이주와 개척의 여정을, 여성주인공의 가출과 수난, 분리와 원한의 경험은 망명의 체험을 각각 환기하는 측면이 있다. 한편으로 비록 『목단화』 같은 작품에서 예외적으로 자립적 여성이라고 할 만한 인물이 등장하지 않는 것은 아니지만 어디까지나 예외에 지나지 않는다.

테리 이글턴에 따르면 악이란 기존의 언어나 질서로 수렴되지 않는 불가해한 무엇이다.[3] 그러나 「신소설의 피카로Picaro—악惡과 잔혹 취미」에서 다루어지고 있는 신소설의 악은 일차적으로 맹목적인 자기 본위의 극단에 가깝다. 신소설에서 악인은 자기 자신의 마음과 사건의 질서를 자연으로 가장하기 위한 계교와 모략에 능하다. 공감이 결여된 그들에게 있어서 중요한 것은 오로지 자기 자신 뿐이다. 따라서 『귀의 성』에서 나타나는 것처럼 강동지 내외나 김승지 부부 등은 자신의 욕망을 최우선적인 것으로 내세우는 데 주저함이 없는 만큼 비속하며 상스럽다. 그 중에서도 점순은 스스로의 욕망을 위해 수단 방법을 가리지 않을 뿐만 아니라 그 생기 넘치는 외모와 행동이 현란한 색채를 통해서 시각적인 이미지로 두드러진다. 아울러 목적을 위한 계교를 꾸미고 실행하는 데 있어서도 대단히 독창적이고 과감하며 능수능란하다. 『구의산』의 이동집의 경우도 마찬가지다. 음모의 실행에 있어서 무려 15년을 인내한 그녀는 스스로의 계획이 수포로 돌아가자 친자식까지 죽이려 들 정도로 자기중심적인 인간이다. 자기 자신 외에 어떤 가치에 대해서도 신뢰하거나 헌신하지 않는 이러한 악, 유사-개인주의의 감각은 신소설 내부에서 종래와는 구별되는 사회적 위치를 차지한다. 공교롭게도 그들의 자기애는 문명개화의 이상을 통해 소개된 특정한 인간 이해의 한 방식, 그중에서도 특히 개인주의, 자기 본위의 태도와 통하는 측면이 있다. 스스로의 욕망을 최우선적인 것으로 간주하고 그 성취를 위해 미래를 계획하는 악인의 기도는 신소설의 서사에서 언제나 좌절과 실패로 귀결한다. 그것은 선적으로 이제 악의 계교와 위상을 자신의 것으로 받아들인 프로타고니스트들에 의해서 그렇게 된다. 뿐만 아니라 진화론에 의해 만인의 만인에 대한 투쟁이 이루어지는 자연 상태가 실로 세상의 이법으로서 당연한 것으로 받아들여지고 있었던 당대의 상황에서 악인의 범죄도, 선역善役의 복수도 대단히 잔혹한

3 테리 이글턴, 오수원 역, 『악-우리 시대의 악과 악한 존재들』, 이매진, 2015.

형태로 이루어지는 것으로 묘사된다. 그야말로 잔혹한 폭력이 미만해 있는 법의 공백 상태에서 다시금 그것을 처벌하고 제압하기 위한 폭력이 수반되는, 도무지 복구 불가능하도록 결정적으로 훼손된 세계, 그것이 신소설이 그 형식 자체로 드러내고 있는 당대의 세계상이었다고 해도 과언이 아니다. 그 폐허 속에서 선인과 악인은 서로를 모방하는 가운데 자기 본위적 개인으로의 각성의 전단계를 예비하고 있었던 것은 아닐까.

5. 신소설 이후

1910년 국권 상실과 함께 신소설의 시대가 종언을 고했다는 기존 논의의 기조는 『언어와 정치』에서도 유지된다. 그러므로 제4부 '소설, 국가 이후'의 '국가 이후'란 사실상 신소설 이후를 가리킨다고 해도 좋겠다. 역사 전기물과 번안소설 그리고 『추월색』 등 국권 상실 이후의 신소설을 논의하고 있는 것은 그러므로 당연하다. 「망국亡國과 공화共和—1900년대 역사·전기물에서의 정체政體 상상」에 따르면 당시 국내에 번역 또는 번안된 프랑스 혁명의 과정을 인상적으로 소개하고 있는 여러 역사서가 혁명을 독립의 역사와 불가결의 것으로 관계시키는 경우가 다수 있었다. 이에 반해 『나파륜사』나 『나파륜전사』 등의 전기물은 실로 다양하고도 복잡한 의미를 갖는 나폴레옹 같은 영웅의 애국과 출세가 일치되는 측면에 주목하는 것이 일반적이었다. 『월남망국사』 역시 망국의 책임을 군주가 아니라 베트남 신민 일반에게 귀속시키고 있었던 데 반해 『파란 말년전사』, 『애급근세사』처럼 군주정의 폐해를 문제삼고 있었던 사례도 있었다. 특히 『이태리건국삼걸전』은 이탈리아의 통일 과정에서 나타난 공화주의와 입헌군주주의 사이의 갈등을 조명함으로써 동아시아의 번역자들로 하여금 충군과 애국 사이의 어느 결렬되는 지점을 포착하도록 하고 있었으며 나아가 『서사건국지』는 빌헬름 텔에 대한 널리 알려진 일화를 독립과 공화가 일치된 이상으로 성취되는 경우로 소개하고 있기도 했다. 이에 반해 신채호의 『을지문덕전』을 비롯한 조선을 대상으로 한 역사 전기물은 충군—애국의 일치 자체를 회의의 대상으로 삼는 경우는 거의 없었다는 점에서 다분히 보수적이었다. 그럼에도 불구하고 역사·전기물을 통해 나타난 '혁명'과 '공화'의 가능성은 비록 억압되고 있었을지언정, 확실히 충군 = 애국, 왕실 = 국가의 사고에는 균열이 나타나고 있었던 것은 분명했다.

번안소설 역시 확실히 이와 유사한, 상이한 가능성의 병치를 기초로 일종의 가교 역할을 수행한 서사형식이었다. 「죄, 눈물, 회개—1910년대 번안소설의 감성구조와 서사형식」에서 논의되고 있는 바와 같이 1910년대 번안소설에서 주인공은 더 이상 결백한 희생자가 아니라 결함이 있는 인물이며 악인 또한 그 내력과 처지는 충분히 이해 가능한 모습으로 나타난다. 「신소설의 피카로」에서도 이미 예고되어 있었던 것처럼 그것은 선인과 악인을 막론하고 욕망과 죄악이 인간의 보편적인 조건이 되었다는 것을 의미한다. 이점에서 정확히 신소설의 인간 이해가 답보된 부분에서부터 자신의 편력을 시작하고 있는 번안소설의 주인공이 그럼에도 불구하고 독자의 호응을 얻을 수 있었던 것은 기만이나 오해 내지는 신경쇠약이나 정신이상에 시달렸다는 식의 알리바이가 제시되어 있었기 때문이다. 따라서 "주인공의 운명에 대한 적절한 반응은 '동정'이 되고, 서사에서 결정적인 대목은 '회개'가 된다."(329쪽) 번안소설에서 남성과 여성, 선인과 악인 모두는 대개 회개의 과정을 거치며 그것은 고백의 형식을 취하게 되는 것으로 이어진다. 뿐만 아니라 일반적으로 군중 속의 개인으로 그 모습을 드러내는 주인공은 두드러지지만 근본적으로는 독자 일반과 동질적이다. 번안소설 중에서도 결국 가정 내부로 복귀하는 모자 간 이합離合의 서사는 독자들의 동정(과 눈물)을 이끌어내는 데 더없이 적절했으며 신소설의 발견과 추구의 서사를 대체했다. 무정은 특히 이와 같은 1910년대의 신소설과 번안소설을 계승하고 동시에 지양하는 재기능화를 통해 출현한 소설이라고 해도 과언이 아니다.

이를 통해 나타난 새로운 가능성 중 하나가 바로 일부일처제가 거스를 수 없는 대세가 되었다는 점이다. 「아황蛾黃과 여영女英 : 유교재무장과 이처二妻 모티프」에서 밝히고 있는 것처럼 "『무정』의 기본 구도를 이루는 형식－영채－선형의 삼각관계는 일부일처제와 자유결혼이 결합한 위에 생겨날 수 있었다."(348쪽) 그러나 1890~1900년대에 이르기까지 자유결혼의 핵심은 최적의 상대를 찾아내기 위한 신중한 접근과 선택, 투명한 관계와 감정을 요구하는 데 있었다. 『혈의누』나 『현미경』 같은 신소설에서 잘 나타나는 것처럼 결혼을 포함한 인간관계의 핵심은 국가와 멸사滅私의 명분을 지향하는 것처럼 나타난다. 따라서 사랑이 촉발하는 개인의 광기와 열정은 개입할 여지가 적다. 오히려 애국이라는 말이 단적으로 드러내는 것처럼 그러한 열정이 수렴될 수 있는 유일무이한 대상은 바로 국가였다. 물론 예외가 없었던 것은 아니다. 『추월색』에서 유년시절의 정임과 영창이 품고 있었던 서로를 향한 애정은 사실 남다른 데가 있다. 그리고 장성한 정임은 그러한 유년의 애정을 발전시키고 불경이부와 같은 명분을 통해 사회적으로 용인될 수 있는 것으로 전유하는 한편 다른 한편으로 가출을 통해 스스로의 자발성을 입증하는 것으로 자유결혼의 조건을 충족시킨다. "개인의 열정을 허락하지 않으면서도 자기 의지를 촉구하는 1900년대의 역설적인 '자유결혼'이 『추월색』에서도 역설적인 구조를 만들어냈던 셈"(364쪽)인 것이다. 물론 그것은 다시 소학의 이념, 열이라는 명분으로 회귀한다. 『무정』이 대상의 유일성에 기초한 자발적인 열정을 사랑의 전제로서 지고의 가치로 내세우고 있는 데 반해 『추월색』 같은 신소설은 일부일처제를 받아들이지만 그 개인적 열정을 용납하지 않는다. 뿐만 아니라 『금강문』을 비롯한 다수의 신소설에서 이처二妻라는 결말이 제시되고 있는 것은 다분히 퇴행적이다. 자유결혼이 공통의 전제로 마련된 가운데 한편에서는 그 불가결한 전제 조건으로서 자유연애를 내세우고 있었다면 다른 한편에서는 구시대의 관념에 입각하여 그와 같은 개인적 열정을 통제, 제어하려 하는 시도 또한 병존했다.

6. 계몽의 이면, 부정적인 것의 가능성

저자가 머리말에서 밝히고 있는대로 신소설은 B급이다. 그렇다고 해서 중요하지 않다는 의미는 아니다. 물론 신소설은 무수한 이질적인 가능성과 실패가 경합하고 있었던 서사형식임에는 틀림없다. 하지만 그간 신소설이 내포했던 가능성에 대해서는 너무 많은 것이 이야기되어 온 반면 그 실패에 대해서는 너무 적게 얘기되어 온 것이 사실이다. 여러 모로 신소설의 한계와 퇴행에 대해 많은 부분을 할애하고 있는 『언어와 정치』는 이 점에서 확실히 예외적이다. 그러나 바로 그런 부분 때문에 흥미로웠다는 저자의 단언은 의미심장하다. 그것은 오늘날 우리가 자명한 것으로 여기고 있는 근대성의 담론 체계 내지는 지배 질서에 수렴하거나 포착되지 아니하며 언제나 간접적 · 부분적인 것으로만 출몰하는 백일몽 같은 것을 내포하고 있었기 때문에 도리어 매혹을 환기하게 되는 것이다. 이 점에서 신소설의 구성적 파탄과 퇴행은 사실상 근대성이라는 미완의 기획에 포섭되지 않는 결여와 잔여의 복합적인 증상 같은 것이라고 해도 좋을 것이다. B급으로서 이미 태생적으로 종언이 예비되어 있는 서사 형식으로서의 신소설 자체가 징후적인 것이다.

물론 『언어와 정치』는 큰틀에서 기존의 신소설 관련 논의가 공유하고 있는 통상적인 가설로부터 그리 멀리 나아가 있지는 않다. 김태준 그리고 특히 임화가 신소설의 출현을 역사 발전의 불가결한 모델로 전제하고 있었던 (일본을 매개로 한 서구적) 근대 지향의 맥락 하에서 신소설(을 비롯한 신문학)의 출현을 국내외의 다양한 서사 형식, 개화사상 및 미디어 등의 복합적인 계기나 변수와 연동하여 설명하고자 했던 관점으로 일정부분 회귀했다고도 할 수 있다. 신소설을 근대소설의 형성을 예비하는 미완의 기획 내지는 과도기적 형식으로 간주하는 관점 자체가 근본적으로 회의된 적이 별로 없었다는 점에서 더욱 그러하다. 또한 신소설은 국권 상실을 계기로 그 역사적 의의를 상실했으며 상당부분 흥미 본위의 대중적 형식으로 퇴행했다. 물론 그것이 애초에 내세운 목표 즉 문명개화와 자주독립, 부국강병에 입각한 근대화의 기획 내지는 역사 발전의 일반적 경로에 부합하지 못했다는 것도 분명하다. 그렇다고 해서 신소설의 서사 형식을 통해 일반적으로 계몽의 변증법에서 부정적인 것으로 간주되는 것들에 대해 직간접적인 포착을 수행하고 있는 이 흥미로운 저작의 의의가 퇴색되는 것은 아니다. 그러한 실패와 파산조차 당대의 복합적인 조건과 요소가 작용한 결과이다. 이 점에서 신소설의 언어 형식 자체가 아울러 체현하고 있는 다양한 가능성 및 구조적 취약성과 퇴행이야말로 당대의 정치적 무의식에 근접한다고 해도 좋지 않을까.

—『반교어문연구』 40, 2015

근대 초기 한국문학을 탐험하는 법

김윤진 | 서울대학교

배정상, 『이해조 문학 연구』, 2015

1.

1900~1910년대는 한국 근대문학의 특질을 형성할 다양한 가능성들이 경합했던 시공간이었다. 근대문학사의 첫머리에 놓이는 이 시기는 근대라는 새로운 흐름과 옛것의 익숙함 사이를 오가는 여러 목소리들로 가득하다. 고전문학과 현대문학 사이에 '끼어 있는', 그래서 더욱 독특한 이 시대를 누비면서 문인들의 흔적을 더듬어보는 작업은 낯설고도 즐겁다. 그러나 다른 한편으로 백 년이 넘는 시간적 공백을 채울 상상력이 부족한 탓인지 나는 자주 막막한 느낌에 사로잡히곤 했다. 비유하자면 나에게 근대 초기 한국문학은 아름답지만 구체적인 형상에는 닿기 어려운 아득한 섬과 같은 존재다. 배정상의 『이해조 문학 연구』(소명출판, 2015)는, 나와 같은 연구자들이 이 아득하고도 아름다운

섬을 탐험하는 데 든든한 안내서의 역할을 해주는 책이다. 총 40여 편에 달하는 이해조 문학을 아울러 살핀 최초의 성과라는 점, 꼼꼼한 서지 정리와 함께 각각의 텍스트가 놓인 당대 출판·인쇄매체의 맥락을 섬세히 들여다보고 있는 점은, 이 책이 1900~1910년대 문학에 대한 주요 안내서로서의 위치를 점할 수 있도록 하는 중요한 요인이 된다.

『이해조 문학 연구』는 근대 초기 한국문학을 탐험하는 법에 대해서 크게 두 가지의 물음을 제기하고 답하는 과정이라 볼 수 있다. "이인직은 순수한 현대 작가요, 이해조는 전통적 작가"라는 임화의 지적 이래 1900~1910년대 소설을 살피는 가장 쉽고 빠른 길은 '이인직을 통해서'라는 통념이 생겨났다. 이러한 통념에 맞서 저자가 제기하는 첫 번째 물음은 '이 시기 한국소설을 한눈에 바라볼 수 있는 가장 좋은 방법은 과연 이인직을 통해서인가?'라는 점이다. 저자는 이인직 중심으로 서술되었던 지금까지의 문학사에 의문을 제기하면서 "이인직에 비해 훨씬 방대한 문학적 편폭을 지니며, 또 질적으로 우수한 작품들을 다수 남긴"(12쪽) 이해조가 근대소설사에서 차지할 수 있는 특수한 자리를 드러내 보이고자 한다. 이와 같은 맥락에서 『이해조 문학 연구』는 이해조에 대한 본격적인 논의의 첫머리를 열었던 이용남과 최원식의 계보를 잇고 있다.

첫 번째 물음이 연구 대상에 대한 고민에서 발비암은 것이라면, 이 책이 던지고 있는 두 번째 물음은 연구의 방법론에 관한 것이다. 여기에 대한 답으로 저자는 '전통적인' 작가론과 최근 다양한 시각에서 모색되고 있는 매체 연구 사이에서 더욱 적절한 대안을 모색하고자 한다. '이해조 문학 연구'라는 제목의 이 책은 일견 작가론의 외형을 띠고 있지만 '전통적인' 작가론은 아니다. 「책머리에」에서 저자 자신이 밝히고 있는 것처럼, 이 책은 이해조라는 인물 자체를 설명하려 한다기보다는 작품이 발표되었던 출판・인쇄매체의 담론과 이해조 문학이 주고받은 영향 관계를 조명하는 데 집중한다. 요컨대 『이해조 문학 연구』는 이해조 개인의 문학적 자취를 짚어낸다는 점에서 작가 중심으로 진행되었던 기존 연구들의 연장선상에 위치해 있다. 그러나 다른 한편으로는 작가 연구와 미디어 연구를 결합한 새로운 방법론적 전략을 토대로 이해조를 "근대 초기의 출판・인쇄 매체를 가장 적극적으로 활용한 전문작가"(5~6쪽)로 부각시킨다는 점에서 앞선 논의들과 차별화된다.

2.

이해조가 발표한 텍스트들을 시간 순으로 배치하여 작가 개인의 삶을 이해하고, "더 나아가 한국 근대 초기 문학사의 일면을 한 개인의 작품 세계를 통해 살피고자 하는"(34쪽) 저자의 의도는 책의 구성에서도 엿보인다. 저자의 박사논문을 다듬어 출간한 이 책은 서론과 결론을 제외하면 크게 두 부분으로 나누어 살필 수 있는데 제2장은 1900년대의 이해조 문학을, 제3장은 1910년대의 이해조 문학을 다룬다. 그리고 각 장의 소제목에는 『소년한반도』, 『제국신문』, 『대한민보』, 『매일신보』 등 이해조가 시기별로 몸담았던 매체의 이름이 담겨 있다.

각각의 장에서 저자는 이해조의 작품이 실린 당대 출판・인쇄 매체의 특성과 맥락을 설명하고, 매체의 기획과 이해조 작품 세계 내부의 변화가 맞물리는 지점을 포착한다. 근대 미디어 연구와 작가 연구를 결합한 『이해조 문학 연구』의 이 독특한 방법론은 여러 장점들을 지니고 있다. 가장 눈에 띄는 성과는 그동안 별개의 것처럼 다루어졌던 이해조의 작품들이 특정 매체가 지향하는 담론과 유기적으로 결합하는 과정에서 하나의 일관된 내러티브로 엮인다는 점이다. 가령, 저자에 따르면 『제국신문』에 실린 「고목화」, 「빈상설」, 「원앙도」, 「구마검」 등은 독자를 계몽하고자 하는 '풍속개량'을 지향하는 텍스트로 묶일 수 있으며, 『대한민보』에 실린 「현미경」, 「만인산」, 「박정화」는 공통적으로 현실 세태에 대한 비판이 주를 이루며 인물이 지닌 욕망을 생생하게 재현한다. 같은 맥락에서 1910년대 『매일신보』에 실린 「화세계」, 「월하가인」, 「춘외춘」, 「우중행인」 등은 독자들의 취향을 만족시키기 위하여 여러 서사적 장치를 활용하고 있다는 공통점을 보인다.

"신문 매체의 지향성 및 담론 배치에 대한 이해가 이해조 소설의 특징을 온전하게 드러낼 수 있는 중요한 토대"(99쪽)가 될 수 있으리라는 기대 하에, 저자는 폭넓은 시각으로 근대 매체가 변화하는 흐름을 짚어낸다. 그리고 이해조의 작품 하나하나의 줄거리를 발표된 순서에 맞춰 일관성 있게 서술하고, 그중 인쇄・출판매체의 기획과 관련된 요소를 뚜렷하게 드러내어 이해조 작품 세계와 매체의 변화를 아우르는 서사를 구축한다. 이러한 서술들 중에서 특히 1907년 5월에 일어난 『제국신문』의 체제변화와, 1912년 1월로 예정되었고 3월에 구체화된 『매일신보』의 체제변화를 이해조의 작품 세계 내부의 특징과 직접 연결 짓고 있는 대목은 이 책의 방법론이 빛을 발하는 주요 지점이다.

저자의 눈에 포착된 이해조의 주요 작품들은 1900~1910년대 매체가 변화하는 마디마디에 자리 잡고 있다. 체제 개편 후 『제국신문』의 1면에는 근대지식과 소설이 배치되기 시작하는데, 저자에 따르면 근대지식의 일환으로 수록된 「륜리학」을 비롯하여 이해조가 1900년대에 쓴 일련의 신소설들은 1907년 『제국신문』의 체제 변화와 지면 쇄신의 일환으로 기획된 측면이 있다. 한편 1912년 『매일신보』 신년호의 변화는 "1910년 이후 이해조 소설의 변모 양상을 살피는 데 매우 중요한 분기점"(314쪽)이 된다. 흥미로운 것은, 더 많은 독자를 확보하기 위한 매체 차원의 기획과, 달라진 환경에 적응하면서 더 좋은 작품을 쓰려는 작가 개인의 모색이 합류하는 지점에 이해조의 작품을 위치시키고 맥락화하는 저자의 시선이다. 이때 이해조의 작품들 각각은 매체의 환경 변화에 대응하고자 했던 작가적 고뇌와 변화의 계기들로 읽힌다. 가령 저자는 신소설이 구소설 양식을 타자화하며 독자 계몽이라는 시대적 요구에 강하게 긴박되어 형성된 것임을 상기하면서, 이해조가 한일강제병합 이후 신소설의 내적 한계에 봉착한 상태였다고 설명한다(316쪽). 국한문판과 국문판이 통합되고 5호 활자의 도입으로 지면 안에 더 많은 글을 수록할 수 있게 되면서 이해조는 『매일신보』 1면에는 판소리 산정을, 4쪽에는 삽화와 함께 신소설을 싣는다. 저자는 이러한 변화를 기존의 국한문판 독자와 새로 유입된 국문판 독자들을 동시에 겨냥한 이해조의 새로운 소설 창작의 기획으로 파악한다.

변화의 흐름은 이해조의 신소설 혹은 이해조 소설이 실린 신문 지면에 국한되지 않는다. 판소리 산정은 고전소설을 중심으로 한 단행본 출판 업계의 상업적 성공에 결정적 계기를 마련했으며, 공연의 레퍼토리로 쓰여 구극 공연의 활성화를 이끌어냈다(394쪽). 이처럼, 저자는 근대 초기 한국 매체의 지형 변화 한복판에 이해조의 자리를 기입한다. 이러한 관점은 당시 출판·인쇄매체에서 이해조가 차지하는 위상을 반영하는 동시에 이해조 소설의 변모 양상을 밀도 있게 살필 계기를 마련해 준다는 점에서 큰 의의를 지닌다.

『이해조 문학 연구』의 방법론이 지니는 또 하나의 장점은, 이해조의 것으로 확정된 텍스트뿐 아니라 신문 안에 수록된 다양한 글을 섭렵하는 과정에서 나타난다. 이 과정에서 이해조가 매체에 관여하며 맺었던 인적 네트워크와 그동안 조명되지 않았던 이해조의 색다른 면모가 자연스레 그 윤곽을 드러내게 된다. 이러한 발견은 이해조의 행적을 입체적으로 재구성하는 데 중요한 시사점을 제공한다. 예컨대 저자는 『소년한반도』와 『제국신문』의 주요 필진이었던 박정동과의 비교 서술을 통해 『제국신문』에 실린 「륜리학」의 저자가 이해조임을 설득력 있게 밝히고 있다(85~87쪽). 또한 『제국신문』의 사장 정운복은 이해조와 함께 당대 매체의 담론을 구체화하고 확산하는 데 상당한 역할을 담당한 인물이자, 『제국신문』에서 『대한민보』로 옮겨가는 이해조의 모습을 구체적으로 상상할 수 있게 하는 인물로서 새롭게 발견된다(188~190쪽).

다른 한편 이해조가 다른 사람이 저술한 책의 '발행인'으로 등장했다는 점은 무척 이채로운 사실이다. 이각종은 1907년 8월부터 1908년 7월까지 『제국신문』 1면에 게재되었던 「농업개요」의 원고를 정리하여 『실리농방신편』을 발행했는데, 이해조는 자신의 인맥과 영향력을 통해 '신문관인출국'에서 이 책의 출판을 도운 것으로 보인다. 저자는 이러한 사실을 처음으로 밝혀내면서 "이해조의 활동 영역이 학술서적의 발행에까지 미치고 있었음을 확인할 수 있는 특수한 사례"(72쪽)로 기록하고 있다. 이러한 사례들은 이해조와 관련된 참신한 연구소재들을 다수 제시하고 있다는 점에서 매우 중요한 성과이며, 저자의 후속 연구를 기대해보는 계기가 되기도 한다.

신문뿐 아니라 단행본과 관련해서도, 매체와 작가를 결합한 이 책의 방법론을 통하여 새롭게 드러나는 지점들이 존재한다. 1913년 5월 이해조가 「우중행인」을 끝으로 『매일신보』를 떠나자, 조선총독부 경무국은 이해조의 작품 중 연재 없이 단행본으로 출간되었던 『철세계』(회

동서관, 1908)와 『자유종』(광학서포, 1910)을 즉시 금서로 지정한다. 이 점에서 저자는 『자유종』과 『철세계』가 한동안 검열에서 자유로울 수 있었던 것이, "이해조를 『매일신보』의 지면으로 끌어들여 지속적인 작품의 연재를 맡도록 하기 위한 회유책의 일환"(409쪽)이었다는 사실을 설득력 있게 추론해낸다. 이는 『매일신보』의 편집진이 이해조를 "조선 제일소설가"(263쪽)로 내세우면서 이해조의 소설을 사세 확장에 적극적으로 활용했던 것과 관련된다.

이러한 이 책의 서술들을 통하여, 이해조 작품 세계의 변천 과정을 더욱 깊이 있게 설명하기 위해서 매체와의 관련성을 염두에 두어야 한다는 사실은 자명해진 듯하다. 이해조는 저자가 애초 의도한 것처럼 "학술논문에 서사적 활력"(5쪽)을 불어넣는 한편으로 근대 초 출판·인쇄매체의 경향을 이야기하기 위한 효과적인 매개로서 기능한다. 작가와 미디어 사이의 접점을 모색한 이 책의 입각점은, (한국)문학 연구자들이 흔히 직면하기 마련인 작가 연구와 미디어 연구 사이의 균형을 탐색하는 문제에 있어서 하나의 모델로 제시되고 있다.

3.

이러한 점들은 분명 이 책의 큰 장점이지만, 다른 한편으로 『이해조 문학 연구』는 매체사적 흐름과 작가 개인의 서사가 만날 때 필연적으로 파생되는 문제점을 안고 있다. 저자는 이해조의 소설이 신문의 편집 체제 및 담론과 상당한 관련을 맺으며 지면에 배치되었을 것이라는 점을 거듭 강조한다. 물론 이해조의 소설이 신문과 일정 정도의 연관 관계를 맺으면서 창작되었다는 점을 부정할 수는 없을 듯하다. 그러나 이해조가 이러한 신문매체의 기획을 십분 의식하면서 소설을 썼는지에 대해서는 의구심이 드는 것이 사실이다.

이 책에 대한 첫 번째 궁금증은, 과연 작가 개인의 특질을 매체의 논조와 등치시켜 생각할 수 있는가 하는 점이다. 매체와 결부지어 작품의 특성을 파악하는 것은 이해조의 소설세계를 더욱 입체적으로 부조해 볼 수 있는 하나의 대안이 될 수 있겠으나, 그 과정에서 특정 매체의 기획에 포획되지 않는 이해조 소설의 특수한 국면들은 상대적으로 적절한 맥락을 부여받지 못한 채 부차적인 것으로 간주될 수 있다. 실제로 『이해조 문학 연구』의 면면을 채우고 있는 여러 무게감 있는 논의들은 그 곁가지를 쉽사리 뻗어내지 못하는 듯하다. 이러한 방식은 서술의 통일성을 유지하는 데 기여하고 있지만, 다른 한편으로 소설 독해의 폭을 제한하고 있는 것은 아닌지 우려된다.

또한 소설을 둘러싼 환경에 주목하는 이 책의 관점이 서사 내부의 개성을 얼마나 새롭게 드러내 보일 수 있는가 하는 점에 대해 다소 의문이 들기도 한다. 예컨대 저자는 이해조의 소설 「고목화」와 「빈상설」, 「원앙도」를 분석하는 데 있어서, 우선적으로 이 세 작품이 실린 『제국신문』의 광고를 주목한다(105, 116, 123쪽). 그리고 광고에서 공통적으로 언급되는 '풍속개량'이라는 단어를 통해서 작품의 면면을 파악하기 시작한다. 그러나 소설의 외부에서 먼저 추출된 '풍속개량'이라는 단어가 소설 내부의 특성을 충분히 아우를 수 있는지에 대해서는 재고의 여지가 있다. 광고와 소설은 같은 신문 지면에 배치되었음에도 불구하고 서로 다른 질적 차이를 지닌 텍스트이므로 동일한 층위에서 논하기에는 한계가 있을 것으로 짐작된다. 매체라는 거시적 프레임을 설명하는 데 주력하는 이 책의 관점은, 소설 텍스트가 지닌 다양한 결들이 서로 충돌하고 때로는 얽혀들면서 빚어내는 긴장감을 일정 정도 감쇄시킨다는 점에서 문제시된다. 매체와의 상관성에 주목하는 일은 이해조 텍스트를 독해하는 데 중요한 출발점이기는 하지만 도착점은 아닐 것이기 때문이다.

이 책이 이해조의 행적을 따라가는 방식에서도 비슷한 의문을 느낄 수 있다. 가령 저자는 이해조가 신소설 창작을 멈춘 계기에 대해, 애초 애국계몽운동 노선의 『제국신문』에 연재되던 그의 신소설이 "총독부 기관지 『매일신보』에 배치된 이상 일정한 한계에 도달한 것은 이미 예상된 결과"(397~398쪽)였다고 설명한다. 이러한 시각에서 이해조는 안정적인 지면을 찾아 『매일신보』에 몸담았지만 "결국 신문연재소설이란 매체의 프레임에 종속될 수밖에 없는 운명"(409쪽)을 지닌 것으로 묘사된다. 이 같은 서술은 이해조의 행적을 명쾌히 설명해주기는 하지만, 이해조 소설의 명암과 굴곡을 충분히 드러내기에는 다소 아쉽게 느껴진다.

『이해조 문학 연구』의 방법론에 관한 또 다른 의문은, 매체의 성격을 유형화하는 문제에 따른 것이다. 저자에 의하면 "신문연재본은 다양한 변이 가능성을 배제하고 작가의 의도를 가장 정확하게 파악할 수 있는 초판본 내지는 결정본의 지위를 갖는"(33쪽) 것으로 전제되고 있다. 서술방식에 있어 신문연재본과 단행본의 차이가 극명히 관찰되는 실증적 사례(「만인산」, 「현미경」, 「쌍옥적」, 「화세계」, 「화의혈」 등)를 검토함으로써, 이 책은 신문연재본을 보아야만 선명해지는 이해조의 특질들이 있다는 점을 효과적으로 납득시킨다. 그런데 문제는 이 책에서 단행본과 신문연재본 각각의 성격을 설명할 때 그 기준을 다소 유동적으로 적용하고 있다는 점이다.

가령 저자는 신문연재소설이 단행본으로 묶이는 과정에서 "작가의 영향보다는 단행본을 출판하는 출판업자의 의도가 좀 더 강하게 반영"(102쪽)되어 표제가 자주 바뀌기 때문에 신문연재본에 실린 표제를 더욱 유심히 볼 필요가 있다고 역설한다. "소설을 하나의 상품으로 파악하고, 생산과 소비의 유통과정 속에 출판물을 위치시키려는 당대 출판업자들의 전략"(103쪽)이라든가, 신문연재 소설은 "각각의 작품이 독립된 하나의 상품으로 출판 유통된 단행본과는 중대한 차이를 내포하고 있다"(28쪽)라는 저자의 지적에서 단행본의 주요한 특징으로 '상품성'이 거론되고 있음을 알 수 있다. 그런데 1900년대 이해조 문학의 특질을 설명하는 또 다른 대목에서 저자는 신문연재소설에 비해 '정론적' 성격이 짙고, "상업적 성공이나 매체의 담론으로부터 비교적 자유로운 단행본 출판"(241쪽)이라는 서술로 단행본의 특질을 설명하고자 하는데 이는 앞선 '상품성'과는 거리를 둔 평가라고 할 수 있다. 이와 같이 상충되는 서술은 독자로 하여금 신문연재소설과 구별되는 단행본의 특성에 대해 의문을 품게 만든다. 당시 매체의 특성을 결정짓는 여러 변수가 더 상세히 서술되었더라면 이러한 의문이 다소간 해소되었을 것으로 판단된다. 개별 신문과 단행본 출판에 있어서 작가가 어느 정도로 개입할 수 있었고, 검열의 기준은 과연 무엇이었을지 당대적 맥락이 더욱 궁금해지는 대목이기도 하다.

이해조의 소설이 실린 신문의 문제와 그에 따른 독자의 성격을 규정하는 부분 또한 재고의 여지가 있다. 저자는 당시의 신문이 국문판과 국한문판으로 나뉘어 발간되었다는 점에 주목하는 한편 각각의 대상독자가 지니는 성격을 '여성을 중심으로 한 일반 대중독자'와 '한자에 익숙한 남성중심의 대중독자'로 양분하여 파악한다. 문제는 이 책에서 이러한 이항 대립의 구조가 다소 도식적으로 적용되는 부분이 발견된다는 점이다. 예컨대 「춘외춘」의 영진이 학교에 다니고 싶다는 의지를 적극적으로 표현하거나 자유연애에 대한 가능성을 드러내는 모습을 두고, 저자는 "이 작품이 여성독자의 취미를 만족시키는 데 특히 주력하고 있음을 짐작케 한다"(322쪽)라고 서술한다. 하지만 과연 1900~1910년대 여성독자들이 이러한 '근대적' 화소들에 대해 충분히 호의적이었을지 의문이 든다. "근대적 자아의 각성"에 대해 이야기하고 공감을 표하는 데 남성들보다 더 큰 사회적 위험을 감수해야 했던 당시의 여성들이 이러한 화소들에 익숙해지는 데에는 짧지 않은 시간이 필요했기 때문이다. 이 점으로 미루어볼 때 근대적 화소는 남성 중심의 보수적 이데올로기의 반대편에 위치하기는 하지만, 여성독자의 것이라고 말하기에는 다소 무리가 따를 듯하다.

같은 맥락에서, 이해조가 「화세계」에 "아름다운 여성주인공을 등장시키고, 정절 이데올로기를 삶의 최우선의 가치로 생각하는 인물로 설정한 것은 다분히 『매일신보』의 보수적 남성 독자층을 의식한 결과"(268쪽)라는 서술 또한 쉽게 받아들이기 어렵다. 이러한 서술은 고소설적 문법에 익숙한 당대의 독자라면 남녀 모두가 느꼈을 법한 흥미 요소를 남성 독자층에 국한된 것으로 파악하고 있기 때문이다. 또한, 저자의 서술 방향에 따르면 이해조는 독자의 사상과 취향을 배려하며 소설을 창작했지만 정작 그 자신은 여기서 자유로운 사람처럼 묘사되고 있다. 예컨대 "전통적 가치에 익숙한 독자들을 배려"(155쪽)했다는 서술, "보수적인 남성 독자들의 취향을 고려한 작품 창작은 그에게는 매우 낯선 작업"(269쪽)이어서 "작품 곳곳에 균열이 나타나는 결과를 초래"(269쪽)했다는 언급에서 이 점이 드러난다. 그러나 이해조 소설의 특정 경향과 때때로 나타나는 균열들은 이해조 개인이 지니는 이데올로기적 요인에서 기인한 것일 수도 있다. 이러한 점들이 충분히 살펴지지 않은 데에 따르는 약간의 아쉬움은, 거시적 관점에서 매체의 흐름을 살피면서도 이해조 개인의 서사를 놓치지 않는 것이 지난한 과정임을 새삼 짐작케 한다.

4.

그러나 『이해조 문학 연구』가 남긴 중요한 성과들을 돌이켜보면, 앞서 제기한 궁금증들은 잠시 뒤로 미뤄두어도 좋을 듯하다. 이 책은 신소설, 한문소설, 번역·번안소설, 판소리 산정, 가곡집, 한시, 역사 소설까지 이해조가 쓴 40여 편의 저작들을 모두 다루면서 눈에 띄는 각 작품의 특징들을 골고루 정성스럽게 정리하고 있다. 이해조 소설의 반복되는 모티프와 서사 구조로 인해 미로를 걷는 듯한 느낌을 자주 경험하는 나와 같은 연구자들에게 『이해조 문학 연구』는 일종의 기본서가 되어준다.

「륜리학」, 「만인산」, 『(여의귀)강명화전』, 「박쥐우산」 등을 포함하여 이해조의 저작 목록을 새롭게 확정지었다는 점도 이 책의 주요 성과이다. 특히 저사의 손길에 의해 새로이 소개된 이해조의 한시 두 편(「포천도중」, 「증인」)은 『매일신보』 퇴사를 앞둔 작가 이해조의 고민 어린 표정을 상상해보는 데 많은 도움을 주었다. 보론에서 다루고 있는 「박쥐우산」 또한 조선일보 편집주임으로서의 이력과 함께 이해조의 말년 행적을 새로이 볼 수 있게끔 하는 흥미로운 발견이다. 또한 저자는 소설의 매체별 연재 모습과 단행본의 표지 사진을 빠짐없이 제시하고 있다. 이는 쉽게 접할 수 없었던 책들의 표지를 발견하는 즐거움을 선사하는 한편으로, 책이나 신문을 받아들었던 당대 독자들의 모습을 상상해보는 기쁨 또한 느낄 수 있게 해준다. 철저히 실물을 확인하고 실제에 근거한 객관적 평가를 지향하는 저자의 학술적 신념과 태도는 연구자들에게 좋은 본보기가 될 것으로 생각된다. 이인직 중심의 소설사에서 탈피하여 이렇듯 실증을 바탕으로 1900~1910년대에 대한 하나의 멋진 지형도를 그려냈다는 점은 『이해조 문학 연구』의 소중한 결실이다.

이 책의 출간이 반가운 또 하나의 이유는, 현재 일반인 열람이 어려운 상태인 『제국신문』 소재 이해조의 「륜리학」 전문을 수록하고 있기 때문이다. 그동안 자료를 살필 길이 막혀 있어 1900~1910년대 텍스트에 목말랐던 연구자들에게 부록에 실린 「륜리학」은 매우 귀중한 자료로 쓰일 수 있을 듯하다. 저자에 따르면 이해조 소설의 창작원리는 「륜리학」에서 역설하고 있는 '상도'와 '권도'의 서사적 표현방식으로 명명될 수 있으며(99쪽), 「만인산」의 저자 문제를 확정하는 데 있어서도 이 글이 지니는 영향력은 결코 간과될 수 없다(217쪽). 이러한 성과는 앞으로 축적될 이해조에 관한 연구가 무게감 있게 참조해야 할 지점이라 판단된다. 「륜리학」 전문을 볼 수 있는 길을 열어주신 저자의 노고에 진심으로 감사드리며, 풍요로운 논의가 가능하도록 더 많은 기회가 열릴 수 있기를 간절히 소망한다.

『이해조 문학 연구』는 다소 아득하게 다가왔던 근대 초기 한국문학과 매체를 명징하게 실감하고 이해할 수 있도록 도와주는 값진 연구 성과이다. 매체 변동이 일어났던 1900~1910년대를 가장 분명하게 볼 수 있는 이해조라는 '이정표'를 얻게 되어 무척 반갑고 감사하다. 나아가 그 뚜렷한 이정표는, 근대 초기의 한국문학을 탐험하고자 하는 연구자들이 유념하고 고민해야 할 지점을 제시해준다. 저자는 이인직을 중심으로 상상되었던 '주류' 한국문학사의 이면을 재구성하고, 기존의 방법론들이 지닌 공백을 메울 수 있는 새로운 방법론을 적극적으로 모색하고 있다. 그 과정에서 이 책이 제기하는 질문들은, 근대 초기에 한정되는 것이 아니라 한국문학 연구의 다양한 영역에서도 충분히 숙려해야 할 연구의 시각과 논점을 제공하리라 생각된다.

—『민족문학사연구』 59, 2015

'후래자後來者'가 발견한 프로문학, 그 논쟁의 지점들

유승환 | 대전대학교 박사후연구원

손유경, 『프로문학의 감성 구조』, 2012

1. '후래자'의 감각

손유경의 『프로문학의 감성 구조』는 저자가 2005년부터 2012년까지 발표한 주요 논문 14편을 엮어낸 논문집으로, 그 기간 중 박사학위를 받은 저자에게 있어서는 7년간의 학문적 작업의 중간결산과도 같은 의미를 가진 책으로 보인다. 우선 인상적으로 느껴지는 것은 서문이다. 이런 류의 연구서적의 서문이라고 한다면 보통은 연구대상의 범위, 연구의 목적, 연구의 의의, 연구의 기본적 관점, 이후의 전망과 같은 것들이 약간은 과장된 어조로 서술되어 있기 마련이다. 그러나 이 책의 서문에서 그 대신 전면화되고 있는 것은 프로문학 연구에 대한 "'후래자 삼배'의 감각"(4쪽)이다. "1990년대 중반에 대학교에 입학한 것이 무슨 허물이나 되는 것처럼 후래자를 바라보는 시선"이나, "포스트모더니즘을 모더니즘보다, 포스트구조주의를 구조주의보다, 포스트마르크스주의를 마르크스주의보다 미리 알았다는 사실이 주는 자격지심"(4쪽)과 같은 것들의 고백으로 드러나는 이러한 '후래자'의 감각은 일차적으로 이 책을 검토하기 위한 하나의 기준이 된다.

'프로문학', '카프문학', '경향문학', '리얼리즘 문학' 등으로 다양하게 불리는 식민지 시대의 문학조직 '카프'와 그 주변에 대한 연구는 모두가 알고 있듯이 한 시대를 대하는 한 세대의 자의식과 긴밀하게 결부되며 이루어졌다. 저자가 "대학교에 입학한" 바로 그 "1990년대 중반에" 나온 한 연구서의 서문은 그 당시의 그 세대가 가진 자의식의 한 자락을 드러내는 측면이 있다.

> 이와 같은 당대의 문학적 흐름과 관련하여 문학 연구의 차원에서도 현실 변혁의 가치를 높이 올렸던 계급 문학에 대한 연구가 중심을 차지하게 되었다. 그 결과 우리 근대문학의 경우에는 카프KAPF에 대한 연구가 가장 활발하게 이루어진 바 있다. 연구자들은 노동자 계급의 당파성을 깊이 있게 공부하였고, 문학 작품을 분석할 때도 작가의 세계관에 대한 비판을 핵심적 주제로 삼았던 것이다.
>
> 그런데 그 때로부터 채 십 년도 지나지 않은, 1990년대 중반에 접어든 현재의 시점에서는 이제 누구도 더 이상 현실의 변혁 따위를 언급하지 않는다. 계급 대립이 첨예화되었던 근대(혹은 현대)는 이미 우리가 넘어서버린 단계라는 암묵적 동의 아래 소위 '포스트 모더니즘'에 관한 논의만이 무성할 뿐이다. 이 논의의 중심을 차지하는 논자들은 80년대에 리얼리즘론자들에 의해 비판당하고 배척당하던 모더니즘론자들이다. 그토록 목소리를 높이던 리얼리즘론자들은 이제 쑥 들어가버렸고, 기껏해야 '우리가 과연 제대로 근대를 경험하거나 완성한 적이 있었는가'라고 반문할 뿐이

다. 문학 연구도 예외는 아니다. 이제 카프를 연구하려는 이들은 사라져버렸다.

—김외곤, 『한국 근대 리얼리즘문학 비판』, 태학사, 1995, 3~4쪽

위와 같은 언급에서 위기의식과 함께, '카프 문학'에 대한 '리얼리즘론자들'의 자의식에 대한 물음이 함께 나오고 있음은 눈여겨 볼 필요가 있다. '왜 카프문학인가?'라는 질문은 한편으로는 '카프'라는 연구 영역에 대한 특권화이기도 하지만, 동시에 이 질문을 마련한 한 세대의 자의식은 '카프 문학'이라는 연구 영역의 범주 자체를 마련하기 위한 동력이기도 하였다. 적어도 이러한 감각은 "이제 카프를 연구하려는 이들은 사라져"버린 시기에 대학에 입학한 이들의 감각은 아니었을 것이다. 때문에 책의 서문에서 드러나는 '후래자의 감각' 자체는 충분히 이해할 만한 일이다.

그럼에도 저자가 7년여 동안의 학문적 여정을 '프로문학 연구'로 결산하고 있다는 점은 숙고할 만하다. 그러나 이 영역에 대한 연구가 기본적으로 한 세대의 전유물이었다고 했을 때, 먼저 충분히 강조되어야 할 점은 이 책은 '후래자의 감각'을 가진 그 뒤의 세대가 장기간 이 영역을 검토하면서 산출한 거의 최초의 성과라는 점이다. 이 점에서 '왜 다시 프로문학인가?'라는 전세대의 질문 방식과 유사한 특권적인 질문을 바로 던지는 것은 섣부른 일이다. 그 전에 먼저 살펴보아야 할 것은 '후래자의 감각' 그 자체이다. '후래자의 감각'으로 발견한 프로문학이란 도대체 어떤 것이며, 이는 지금까지의 '카프 문학'과 어떤 점에서 다른가?

2. 발견의 방법들

자신의 작업이 프로문학의 '검토'이지, '재검토'는 아니라는 점은 저자가 서문에서 의식적으로 강조하는 부분이다. 어쨌건 '후래자'들은 프로문학을 검토한 바가 없었기 때문에, 저자가 "프로문학을 처음 조명해야 하는"(3쪽) 처지에 놓여 있었다는 진술은 "앞선 연구자들의 부채의식과 자의식으로 겹겹이 감싸여"(4쪽) 있었던 기존 연구를 극복하겠다는 의지라기보다는 오히려 사실적인 것에 가까운 것으로 받아들여질 필요가 있다. 때문에 이 책은 기본적으로 '발견'의 형식을 취하고 있다고 할 수 있을 것이다. 저자는 임화를 읽으며 푸코의, 김기진을 읽으며 마르쿠제의, 강경애를 읽으며 버틀러의 사유를 발견했다고 진술한다.(3쪽) 이때 저자가 새로이 발견한 일제강점기 프로문학은 "여러 면에서 경이로웠다."(6쪽)

이때 저자에게 있어 발견의 방법은 두 가지 정도로 보인다. 첫 번째는 텍스트에 대한 세밀한 검토에 기반한 징후적 읽기의 방법론(5쪽)이다. 물론 프로문학 텍스트 자체에 대한 보다 세밀한 검토의 필요성은 이미 10년전에 박상준이 신경향파 문학에서의 '비평과 작품의 낙차'를 거론하며 정확하게 지적한 바 있다(박상준, 『한국 근대문학의 형성과 신경향파』, 소명출판, 2000). 그러나 정작 이러한 문제제기 이후 실제로 프로문학 텍스트에 대한 정밀한 검토가 이루어진 경우는 거의 없다고 보이는데, 이는 무엇보다도 프로문학 텍스트를 이를 배태한 '사상'과 떨어뜨려 이해할 경우, 연구 영역 자체의 매력이 떨어질 수밖에 없기 때문이다. 실제로 2000년 이후 프로문학에 대한 '재검토'는 프로문학의 '근대성'에 대한 반성적 성찰 혹은 프로문학이 문학장에 가한 충격을 중심으로, 즉 프로문학이 담지한다고 믿어졌던 사상성에 대한 일종의 거리두기를 통하여 이루어진 인상이 짙다.

처음으로 프로문학을 검토하는 '후래자'로서, 저자는 좀 다른 방법을 사용한다. 저자는 마르크스-레닌주의에 입각한 운동방법의 정통성에 대한 논쟁으로 귀결되는 조직론의 차원에 괄호를 쳐둔 채, 프로문학과 그 주변에 속해있는 여러 비평가, 작가들의 텍스트를 통시적으로 검토하면서, 그 가운데 지속적으로 문제가 되고 있는 개념을 부각시킨다. 즉, 저자가 검출하려고 하는 것은 부단한 정세의 변화와 새로운 정통적 이론의 끊임없는 유입에도 불구하고, 프로문학이 끝까지 견지하려고 했던 것이 무엇인지에 대한 질문과 닿아 있다. 이는 정연하고 체계적인 사상이라기보다는 그러한 사상들을 연구하고 수용한 동력이면서도 그것에 완전히 환원되지 않는 것으로, 일종의 '신념'과도 유사한 것이라고 할 수 있는데, 가령 저자는 임화의 한 평론을 분석하는 대목에서 이를 분명하게 말하고 있다.

> 「문학과 행동의 관계」를 분석하면서 이 글이 주목한 것은, 명시적으로 드러나는 임화의 반영론적 사고가 아니라 그 논리에서 완전히 벗어나지는 않지만 분명 그것을 초과하고 있는 어떤 지점, 즉 문화와 예술의 (부차성·종속성이 아닌) 일차성에 대한 임화의 신념이다.
>
> —「임화의 유물론적 사유에 나타나는 주체의 '입장(position)'」, 141쪽

이러한 방법을 생각할 때, 이 책에 수록된 논문 중 많은 수가 작가론의 형태로, 조금 더 정확히는 '누구의 ○○'(팔봉의 '감각', 임화의 '형상', 『개벽』의 신칸트주의 등)이라는 형태로 제출되고 있는 이유는 쉽게 이해할 수 있다. 사상을 포함하면서도 그것을 초과하는 '신념'이란 결국 각

작가・비평가의 개별적 차원에서 접근할 수밖에 없기 때문이다. 프로문학 연구에서 언제나 문제가 되어 왔던 정통성 논쟁에 괄호를 치고 개개의 작가・비평가의 심급에서부터 접근을 꾀하는 이러한 방법은 최소한 프로문학의 내부적 논쟁 과정 속에서 정통성을 상실하고 주변적인 것으로 탈락한 몇몇 작가・비평가와 그 텍스트들을 드러내기 위한 방법으로서 매우 효과적이다. 대표적으로 저자는 「프로문학과 '감각'의 문제—김기진의 '감각의 변혁론'을 중심으로」(제1부 제3장)와 「팔봉의 '형식'에서 임화의 '형상'으로」(제1부 제6장)를 통하여 정치적, 사회적 영역에 국한되지 않는 인간의 전적인 해방을 꿈꾼 사상가로서 김기진을 부각시키는 한편, 그 장르의 불분명함 때문에 그동안 거의 논의되지 못했던 『개벽』에 실린 김기진의 산문들의 의미를 매우 설득력있게 제시하고 있다. 이 책이 보여 주고 있는 프로문학의 주변부에 대한 새로운 조명은 이 책이 가질 수 있는 첫 번째 의의일 것이다.

물론 이러한 개별적인 접근은 개별 작가・비평가들의 주관화된 사유에 대한 과잉 해석의 여지를 가지고 있는 것도 사실이다. 저자는 프로문학의 작가・비평가들이 가진 그 '신념'이 프로문학 운동이라는 구체적 문학장 속에서 전개되어 나가는 역동적인 국면을 면밀하게 관찰하면서 이러한 문제를 극복하려 하는 듯하다. 이는 개별적인 작가, 비평가들이 논쟁의 과정에 일단 개입한 이후, 자신의 견해를 고쳐나가는 과정에 대한 관찰로서, 보다 구체적으로 말한다면 '카프'를 중심으로 하는 논쟁의 장과 그 주변에 존재하는 여러가지 텍스트들을 개별적인 작가 및 비평가들이 끊임없이 참조해나가는 과정 자체에 대한 관찰이라고 할 수 있다. 이 점에서 내용・형식 논쟁 이후 레닌에 대한 독서를 통하여 그 근거를 다시금 확보할 수 있었던 김기진의 '신념'이, 카프 해체 이후 마르크스에 대한 독서를 통하여 도달한 임화의 리얼리즘적 사유와 마주치는 모습(「팔봉의 '형식'에서 임화의 '형상'으로」)을 말하고 있는 대목은 매우 인상적이다. 이는 프로문학을 구성하는 개개의 '신념'들이 정통성 있는 정치조직 이외의 방법으로 공유될 수 있음을 암시하는 대목이기 때문이다.

이러한 '신념'의 공유 가능성이 존재함에도, 저자가 바라보는 프로문학의 지적 전통은 어디까지나 복수적이다. 개별적인 작가・비평가의 차원에서 이루어지는 끊임없는 참조의 과정을 문제시하고 있는 저자의 방법을 생각해 보았을 때, 저자가 마르크스-레닌주의의 바깥에서 프로문학의 다양한 사유를 발견하는 것은 당연한 것이기도 하다. 이 책에서는 아나키즘적인 상호부조와 연대의 정신(「아나키즘의 유산遺産 / 流産」, 제1부 제4장), 보그다노프를 대표로 하는 볼셰비키 좌파의 문화이론(「팔봉의 '형식'에서 임화의 '형상'으로」), 칸트적인 자유의 정신(「김남천 문학에 나타난 '칸트적'인 것들」, 제2부 제2장) 등, 정통적인 마르크스-레닌주의 바깥의 사유들을 프로문학의 새로운 지적 전통으로 부각시킨다. 말하자면 저자는 프로문학을 어떤 단일한 정체성으로 환원하기보다, 차라리 프로문학의 외연에 해당하는 개별적 사유에 내재한 복수성에 주목하면서, 그 각각의 사유들을 복원하는 한편, 그 각각의 사유들의 마주침을 드러내고 있다. 이는 프로문학과 관련한 새로운 연구 주제들을 풍부하게 제시하는 것임과 동시에, 식민지 시대 사상사의 복잡성을 후진성 이외의 다른 것으로 설명할 수 있는 가능성을 제시해준다는 점에서 프로문학 연구에 대한 중요한 기여가 될 수 있다고 생각한다.

그러나 이러한 텍스트에 대한 징후적 독해만으로는 이러한 개별적인 사유들에 대한 평가는 물론, 연구대상의 선택도 불가능하다. 이 점에서 저자는 또 하나의 발견의 방법을 사용하고 있는데, 이는 서문에 나온 저자의 말을 그대로 빌자면 "○○주의와 포스트○○주의를 단순히 기원과 파생의 관계로 함몰시킬 것이 아니라 전자의 현재적 의의를 발굴하는 계기로 후자를 전유"(4쪽)하는 방법이다. 앞에서 '90년대 중반에 대학에 입학한 저자'가 '모더니즘'과 '구조주의'와 '마르크스주의'보다 '포스트 모더니즘, 포스트 구조주의, 포스트 마르크스주의'를 '미리 알았다는 자격지심'이 서문에서 강조하고 있다는 것을 지적했다. 그러나 이는 자격지심일 뿐만 아니라, 이 세대에게 있어서는 중요한 지적 자산이기도 하다. 때문에 책에서 이루어지고 있는 분석들 곳곳에서 저자는 프로문학의 '신념'을 포스트○○주의의 관점에 겹쳐 읽는다. 가령, 김기진의 '감각론'은 마르쿠제가 주장한 '감수성의 혁명'과 겹쳐지며(「프로문학과 '감각'의 문제」, 92쪽), 최서해 소설의 인물들이 가지는 '우울'은 사적인 영역과 공적인 영역의 관계에 대한 한나 아렌트의 논의와 겹쳐지고(「최서해 소설의 연애 콤플렉스」, 214~218쪽), 「신의에 대하여」에서 김남천이 제시한 윤리적 상황은 가라타니 고진이 말하는 주체의 윤리에 겹쳐진다(「김남천 문학에 나타난 '칸트적'인 것들」, 251~252쪽).

물론 이러한 방법은 프로문학을 마르크스-레닌주의 대신 포스트 마르크스주의로 환원하려는 전략이라기보다는 저자의 말대로 포스트 마르크스주의의 논의에 기반하여 마르크스주의를 급진적으로 해석하려는 노력이다. 저자는 포스트마르크스주의를 교조화된 마르크스-레닌주의적 사유가 주변화시킨 마르크스주의의 중요한 면모들을 복원하기 위한 무기로 삼고있는 듯하다(여기서 마르크스-레닌주의에 대한 교조적 해석은 당대 카프의 논쟁과정과, 이후에 이루어진 카프문학에 대한 연구 두 가지 차원에서 생각해 볼 수 있음을 병기해둔다). 이러한 노력은 특히 토대—이념의 결정론에서 배제된 인간의 감성에 대한 마르크스의 관점, 즉 특히 초기 마르크스주의에서 두드러지게 나타나는 '마르크스주의 인간학'으로 향한다. 이는 이 책에 수록된 논문 중 비교적 이른 시기에 발표된

「프로문학과 '감각'의 문제」에서 "타인의 고통에 대한 '정서'적 감응 능력에서부터 식욕과 성욕과 같은 인간의 '본능', 그리고 인간을 둘러싼 세계에 대한 정확한 '인식'까지를 아우르는 개념인"(100쪽) 김기진의 '감각'에 대한 사유를, 마르크스의 『1844년의 경제학 철학 초고』에 대한 검토를 거쳐 '사회주의 인간형'의 제시로 파악하며 강조하는 것에서 그 단초가 나타난 뒤, 책에 수록된 논문 전체에 걸쳐 일관성있게 관철되는 지점이다.

이러한 '마르크스주의 인간학'에 대한 새로운 해석은 책에서 두 가지 방향으로 나뉘어 전개된다. 그 하나는 최서해, 송영, 강경애, 한설야 등의 소설 텍스트에 대한 분석을 시도하고 있는 「최서해 소설의 연애 콤플렉스」, 「삐라와 연애편지—일제하 노동자소설에 나타난 '개입된 주체'의 진실」(제2부 제3장) 등 두 편의 논문에 나타난 사적인 생활의 세계에 대한 옹호이다. 가령 저자는 송영의 노동자소설들을 "의미심장한 문학적 성취"(「삐라와 연애편지」, 269쪽)로서 높이 평가하는데, 그 근거는 송영이 "혁명을 위해 사랑을 포기하는 것이 아니라, 제 삼의 길에서 부르주아와는 다른 방식으로 사랑하고 혁명하는 노동자의 길을"(266쪽) 그리고 있기 때문이다. 이는 "연애에 대한 갈망을 억누르고 자기 합리화를 거쳐 더 큰 일을 도모하던 주인공들이 궁극적으로 맞닥뜨린 깊은 우울과 비애의 정조를 포착"(「최서해 소설의 연애 콤플렉스」, 225쪽)할 수밖에 없었던 최서해의 실패와 반대의 위치에 놓여 있다.

그리고 다른 하나는 「아나키즘의 유산」, 「임화의 유물론적 사유에 나타나는 주체의 '입장position'」, 「팔봉의 '형식'에서 임화의 '형상'으로」, 「김남천 문학에 나타난 '칸트적'인 것들」 등 네 편의 논문에서 다루어지고 있는 바, 창조적인 미학적 감수성을 그 핵심으로 하는 감성적 주체로서의 인간에 대한 옹호와, 논쟁의 과정 속에서 이를 주변화시킨 카프 주류의 교조성에 대한 비판이다. 마르크스가 "자연스런 교류와 결사의 힘, 그리고 이를 토대로 한 자유연합의 사회"(「아나키즘의 유산」, 131쪽)를 꿈꾸었다고 할 때, "진정한 혁명은 인간의 감성, 열정, 내적 추진력, 욕망, 상상력 자체의 변혁 없이는 이루어지지 않는다는 신념"(「임화의 유물론적 사유에 나타나는 주체의 '입장position'」, 147쪽)이 생겨난다. 그러나 이를 정치와 문학 사이의 상호우위성에 대한 잘못된 문제로 치환하는 것은 "마르크스가 강조한 '실천행위praxis'의 의미"를 도외시한 잘못된 "실천전략"이다(「아나키즘의 유산」, 115쪽). 이 점에서 정치와 예술은 떨어질 수 없는 것인데, 저자에게 있어서 이는 김남천에게서 가장 잘 드러난다.

> 김남천은 고리키의 강렬한 정치적 의욕이 그를 문학의 대가로 만들었다는 점에 매혹된다. "정치와 문학이라는 개념상의 정신적 암투" 속에서 고민하는 인간적 정열을 포기할 때 문학 / 정치의 관념적 이원론에 기댄 회월류의 문학주의가 탄생한다. 김남천이 보기에 회월은 실패한 사상가가 아니라 실패한 예술가이다.
>
> —「김남천 문학에 나타난 '칸트적'인 것들」, 254쪽

저자 스스로는 서문에서 자신이 사용하는 이러한 방법들이 "프로문학이 지향한 보편적 이념을 그것이 가장 참을 수 없어 하는 사례들과 만나게"하는 것으로 "너무 높거나 멀어서 심지어 죽은 것처럼 보이는 그 이념을 신체에 육박하는 진실로 경험"(5쪽)하는 것을 의도하고 있다고 적는다. 저자가 지적하고 있는 바, 가치중립성을 부정하는 임화의 사유방식대로(「임화의 유물론적 사유에 나타나는 주체의 '입장position'」), 그 '신체'가 누구의 신체인지를 묻는다면, 아마도 "전 지구적 자본주의 시

대 가장 낮은 행복지수를 지닌"(4쪽), '지금, 여기, 우리'라는 대답이 나와야 하지 않을까? 이를 위해 저자는 이전과는 다른 방식의 변혁 가능성으로서 마르크스주의 인간학을 다시 구성해나가며, 비참함에 대한 감수성을, 생활과 예술과 정치의 통합을, 인간의 전면적 해방에 대한 상상을 운위하는 프로문학 텍스트를 윤리적 사유의 원천으로서 새롭게 발견하고 있다. 프로문학에 대한 연구열은 오랜 시간 전에 지나갔지만, 그 시간적 거리에도 불구하고 '후래자' 중의 일부는 프로문학을 여전히 동시대적인 것으로 — 단 이전의 세대와는 완전히 다른 의미에서 — 발견한다. '후래자'로서 저자가 서문에서 말한 프로문학의 '경이로움'은 이러한 점에서 설명이 가능할 것이다.

3. '프로문학'의 내포로서의 '감성 구조'

책의 제목에 사용된 '감성 구조'라는 용어는 철학에서 사용되는 바 인식론적 범주로서의 '감성'과는 다소 거리가 있는 듯하다. 저자 스스로는 이 책의 제목으로 사용된 '감성 구조'를 "프로문학 텍스트가 의식적으로 선별한 이념이 아니라 그렇게 발화된 이념의 자기완결성・자기동일성을 무의식적・구조적으로 제한하는 텍스트 내부의 이질적 벡터"(5쪽)라고 설명한다. 아주 엄밀한 개념은 아닐 수도 있다고 생각한다.

그러나 사실 먼저 따져보아야 할 것은 같이 책의 제목에 사용된 '프로문학'이라는 범주의 문제이다. '프로문학'이라는 용어 또한 엄밀한 검토를 통해 의식적으로 선택된 용어라고 보이지는 않으며, 널리 통용되는 개념을 그대로 가져온 혐의가 짙다. 물론, '리얼리즘 문학'이라든가, '카프 문학'과 같은 용어를 선택하지 '않은 것'은 특정한 조직이나 문학적 방법에 프로문학 전체를 환원시키지 않고자 하는 저자의 관점이 반영된 것이라고 본다. 앞서 이야기했지만, 저자는 프로문학을 어떤 단일한 정체성으로 환원하기보다, 개별적인 작가・비평가의 차원에서 존재하는, 그리고 그들이 참조한 다양한 지적 전통의 차원에서 존재하는 프로문학의 복수성에 주목하고 있기 때문이다.

그럼에도 저자가 자신의 연구 영역을 '프로문학'이라고 호명하는 것은 여전히 문제가 된다. 개념의 설정에는 외연과 내포가 분명히 필요함에도, 이 책은 '프로문학'이라는 범주에 좌우되지 않는 예외적 개인들의 특별한 성과들을 연구한 것으로 이해될 가능성이 높다. 즉, 프로문학의 발견이 역설적으로 '프로문학'이라는 개념의 해체로 이어질 수 있다는 것이다.

개인적인 생각이지만, 책의 제목인 '감성 구조'라는 말은 프로문학이라는 개념의 내포를 설명하기 위한 필요성 때문에 생긴 것은 아닌가 한다. 저자가 제시한 프로문학의 사유들은, 그 사유의 과정 자체는 동일하지는 않지만, 그럼에도 결과적으로는 모두가 동일한 '인간학'을 제시하고 있다. 정치적인 영역에 국한되지 않는 인간의 전적인 해방에 대한 믿음, 상이한 인간들 사이의 연대와 교류의 가능성에 대한 믿음, 인간의 성실성과 창조성과 감수성에 대한 믿음, 예술의 존재 의미에 대한 믿음 등이 그것이다. 각각의 작가・비평가들은 나름의 체계를 가지고 이러한 믿음들을 다듬으려고 했겠지만, 또한 각자의 체계가 다르다는 점에서 이러한 믿음의 묶음으로 구성되는 프로문학은 정연한 이념에 기반한 것이 아니라, 가족유사성에 가까운 공통적인 '믿음과 열정' 속에서 구성된다. 그리고 그 '열정'들은 이 책에서 '감성 구조'라는 말로 호명되는 것은 아닐까? 다음과 같은 대목은 이러한 추측이 충분히 개연성이 있는 것이라는 점을 보여 준다.

> 시기를 달리했을 뿐, 임화와 김기진은 진정한 혁명은 인간의 감성, 열정, 내적 추진력, 욕망, 상상력 자체의 변혁 없이는 이루어지지 않는다는 신념을 공유했으며, 이것은 조금 더 넓게 보아 카프라는 '문인 단체'의 정치적 신념을 대변하는 것이기도 하다.
>
> —「임화의 유물론적 사유에 나타나는 주체의 '입장(position)'」, 147~148쪽

이때 '프로문학'이라는 개념은 작가의 세계관, 창작에 있어서의 태도와 방법, 텍스트의 정치적 입장, 문단적·정치적 조직에서의 위치와 같은 내포에 의해 개념화되던 '프로문학'과는 전혀 상이한 것이다. 개념적인 엄밀성도 따져보아야 할 문제겠지만, 여기서 제기하고 싶은 것은 이러한 방식으로 개념화된 '프로문학'이 한국 근대문학사·사상사의 차원에서 분명한 실체를 가진 전통으로 자리매김 될 수 있는지의 문제이다. 앞에서 이 책의 중요한 의의 중 하나라고 평가한 바 있는 프로문학의 주변부에 대한 발견은 이 점에 있어서는 이 책이 가진 하나의 약점이 될 수도 있다. 내용·형식 논쟁을 통해 개진된 김기진의 논의와, 인간의 자유로운 교류와 연대의 가능성을 꿈꾼 아나키스트들의 논의는 카프를 중심으로 한 논쟁의 과정 속에서 프로문학의 바깥으로 축출된 논의들이라는 점에서 그러한 사유의 전통이 이후 어떠한 방식으로 전개되었는지를 확인하기가 매우 어렵다. 또한 저자의 논의가 김남천 소설에 대한 논의를 제외한다면, 작품론의 경우 비평론보다 상대적으로 간소하게 이루어지고 있다는 점도 간과하기 어려운 사실이다. 저자는 김기진을 평가하면서 "산문의 영역에서 선취한 생 본능의 회복

이라는 문제 의식을 소설의 영역에서는 제대로 진전시키지 못" 했다고 평가한다(「프로문학과 '감각'의 문제」, 94쪽). 이때 그 원인은 김기진이 "감각의 해방을 통해 인간 본성을 회복하자는 마르크스의 주장"을 "식욕이나 성욕과 같은 '동물적' 본능"으로 환원했기 때문으로(93쪽) 제시되는데, 문제는 이러한 경향이 김기진 뿐만 아니라 이익상, 최서해, 박영희, 송영 등을 비롯한 1920년대 신경향파 문학에서 일반적으로 관찰되는 현상이라는 점이다. 그렇다면 김기진이 산문과 비평의 영역에서 선취한 성과를 어떠한 이유에서 '프로문학'이라고 부를 수 있을까?

물론 앞서 이야기했듯이 저자는 김기진과 임화의 사유가 마주치는 지점을 보여 준다거나, 혹은 한설야, 송영, 강경애 소설의 성과를 이야기하고 있다. 그러나 저자가 '프로문학의 감성 구조'라고 호명한 프로문학의 특유한 사유들이 서문의 표현을 빌어 "프로문인 스스로도 충분히 의식하지 못했던"(5쪽) 것이라고 할 때, 행여 이 책에서 제시한 '프로문학'들은 연구 영역으로서의 확고한 지위를 획득하지 못한 채 단지 예외적인 것으로 치부되거나, 혹은 현재의 우리가 공유하는 윤리적 관점을 단순히 그들의 작업에 적용시킨 것으로 이해되는 것에 머물지 않을까 하는 우려가 생긴다. 저자가 말하는 '프로문학'의 사유 자체의 존재를 인정한다고 하더라도, 그러한 사유의 발전과 계승들이 철저하게 제약되는 식민지의 정치적·문화적 상황 속에서 프로문학의 사유들이 산출한 효과들과 형성한 전통들의 역사성은 이후 보다 면밀하게 탐구되어야 할 문제이다. 이는 앞에서 일단 유보해두었던 "왜 지금 다시 프로문학인가?"라는 질문이 결국 언젠가는 반드시 다시 던져져야 한다는 것을 의미한다.

4. 논쟁의 필요성

저자가 구성하는 '프로문학'의 개념은 이처럼 지금까지 설정되었던 '프로문학'이라는 개념과는 전혀 다르다. 사실 수록 논문들에서는 개념 하나 하나에 대한 면밀한 검토를 수행하는 저자가 정작 '프로문학'이라는 개념 자체는 엄밀하게 사용하지 않고 있다는 점은 의아할 수도 있는 부분인데, 생각할 수 있는 가능성 가운데 하나는, 저자가 '프로문학'이라는 비교적 널리 통용되는 개념을 논쟁의 제시와 의견의 교환을 위한 다분히 편의적인 개념으로 활용하는 것일 수 있다는 것이다. 그리고 행여 이를 저자가 서문에서 이야기한 "후래자를 바라보는 시선 앞에서도 비교적 꿋꿋이 술잔을 들 수 있었던 것은, 그래도 한 번은 같이 취해보고 싶다는 욕망"(4쪽)과 관련지어 이해할 수 있다면, 바로 제기되는 것은 '후래자의 감각'을 통해서는 거의 최초로 발견된 이 새로운 '프로문학'에 대한 논쟁의 필요성이다. 또한 이는 저자가 강하게 의식하고 있는 전세대와의 사이에서만 이루어질 필요가 있는 것이 아니라, 나를 포함해 저자보다도 더욱 '후래자'인 사람들과의 사이에서도 이루어져야 하는 것은 당연한 일이다.

실제로 이 책에서 이루어지는 몇몇 분석과 평가들은 대단히 논쟁적이다. 가령 "마르크스주의자들은 마르크스의 이름으로 아나키즘을 공격하지만 적어도 인간의 연대 본능에 관한 한 정작 마르크스의 신념에서 가장 멀어진 것은 마르크스주의자 자신들"(「아나키즘의 유산」, 116쪽)이라는 평가가 그러하며, 앞에서 한 번 인용한 바 있지만, "진정한 혁명은 인간의 감성, 열정, 내적 추진력, 욕망, 상상력 자체의 변혁 없이는 이루어지지 않는다는 신념"이 "카프라는 '문인 단체'의 정치적 신념을 대변하는 것"이라는 분석도 그러하다(「임화의 유물론적 사유에 나타나는 주체의 '입장position'」, 147~148쪽).

논쟁이 전혀 이루어지지 않고 있지는 않다. 바로 위에서 인용한 두 편의 논문이 학술대회에서 발표되었을 때에는 저자보다 앞선 세대의 연구자들에 의한 토론이 이루어졌다. 이때, '아나–볼 논쟁'을 다루는 전자의 논문에 대한 토론자의 입장은 "아나키스트와 맑스레닌주의자들이 사용하는 전략이나 전술의 근본적 차이"를 조금 더 주목해야 하며, 이 점에서 맑스레닌주의자들의 입장은 '정통성'을 중시하는 맑스레닌주의자의 이념적 특성과 관련하여 이해해야 한다는 것이었다(김종욱, 「「아나키스트의 마르크스와 마르크스주의자의 마르크스」에 대한 토론문」, 『한국현대문학회 학술발표회 자료집』, 2009.3, 별지). 임화에 대한 후자의 논문에 대해 토론자가 던지는 의구심은 저자가 임화 평론의 문제의식을 추출하는 과정에서 "개별 평론에 내재한 맥락"들을 고려하지 못하고 있다는 지적이었다(김석봉, 「「임화의 유물론적 사유에 나타나는 주체의 위치」에 대한 토론문」, 『한국현대문학회 학술발표회 자료집』, 2008.2, 48쪽).

이러한 질문들은 응당 조금 더 주의깊게 검토되어야 하는 지점들을 정확하게 지적한 것이라고 말할 수 있겠지만, 그럼에도 당대적인 정치 전략의 차원에서 이 문제에 접근하는 것으로, 저자의 시각과는 온도차가 존재한다. '아나—볼 논쟁'에 대한 저자의 관심이 단순히 프로문학의 영역에서 아나키스트들을 축출한 것을 문제 삼는 것이 아니라 그 과정에서 "인간 본성이라는 개념을 용도 폐기"하는 실책을 저지름으로써 "정치적 입장이 다른 상대방에게 그 개념을 헌납"한 결과를 낳은(104쪽) 잘못된 "실천"을 문제 삼는 것이라고 할 때, 이는 마르크스주의적 실천의 방법론과 그 의미에 대한 보다 본질적인 비판 및 검토로서의 의미를 가지기 때문이다.

저자보다 '후래자'의 경우, 아직 양적으로 충분한 수의 논의가 제출되지 않은 것은 당연하다. 하지만 최근에 나온 박사논문 중 한 편(최병구, 「1920년대 프로문학의 형성과정과 '미적 공통성'에 대한 연구」, 성균관대 박사논문, 2012)은 이 책의 논의에 전반적으로 동조하면서도 이를 더욱 극단화하는 동시에 보다 체계적으로 가다듬는 작업을 시도하고 있음은 흥미롭다. '카프'라든가, '리얼리즘'과 같은 용어를 의식적으로 피하고 이 책과 마찬가지로 '프로문학'이라는 용어를 사용하고 있는 이 논문은 프로문학의 내포를 '해방적인 사회적 상상'의 공유에 기반하여 형성된 '미적 공통성'에 의하여 규정하면서, 특히 초기 프로문학의 성립과정과 그 의미에 대한 세심한 분석을 시도하고 있다. 이는 『프로문학의 감성 구조』에서 단편적으로만 드러난 '프로문학'이라는 개념의 외연과 내포를 보다 정치하게 규정하려는 시도로서의 의미를 지닌다.

손유경의 『프로문학의 감성 구조』는 무엇보다도 한 세대의 전유물과도 비슷한 취급을 받았던 프로문학을 그 이후의 세대의 감각, 즉 '후래자의 감각'을 통해서 발견하고 있다는 점에서 큰 의미가 있는 책이다. 물론 프로문학에 대한 저자의 발견이 '후래자' 모두를 대표하는 것으로 볼 수는 없다. 하지만 저자가 사실은 이전의 연구와는 개념의 설정이 전혀 다름에도 불구하고, '프로문학'이라는 개념을 고수하고 있다는 것은 한국의 근대문학사·근대사상사에서 '프로문학'이 담지해 온 몇몇 예민한 주제들을 역사적 상대주의의 시각으로 후퇴시키지 않고 있다는 점을 보여 준다. 변화한 것은 지금-우리-여기에 놓인 "신체에 육박하는 진실"에 대한 감각이지, 프로문학 연구가 다루어 온 주제들은 아닌 듯하다. 문학과 정치의 길항이라든가, 변혁과 해방에 대한 상상력과 같은 것은 '후래자'에게 있어서는 처음으로 발견된 것이지만, 또한 예전부터 계속해서 검토되어 온 문제인 것도 사실이다. 이

점에서 저자의 '욕망'이라는 형태로 요청된 논쟁은 아직 충분히 이루어지지 않았다고 할 수 있다. 최종적으로 이는 저자가 제시하는 '감성적 주체의 자기 변혁'으로 정리될 수 있는 마르크스주의에 대한 새로운 해석이 프로문학과 프로문학 연구가 제시해 왔던 주제 및 이를 읽어내는 '지금-여기-우리'의 감각 양자 모두와 관련하여 과연 충분히 의미 있는 성찰인지를 검토하는 보다 근본적인 차원으로 확대될 필요가 있기 때문이다. 후래자가 발견한 '프로문학'이 정체에 빠진 프로문학 연구를 다시 활성화할 수 있는 생산적인 개념이 될 것인지, 아니면 개인으로서의 연구자가 근본적으로 자의적인 해석들을 도출해내기 위해 선택한 텍스트들을 느슨하게 묶기 위한 불성실한 개념이 될 것인지는, 어쩌면 저자가 '프로문학'이라는 개념을 얼마나 철저하고 엄밀하게 정의하고 사용하고 있는지와는 관계가 없는지도 모른다. 애초에 프로문학은 해방을 향한 집단적 실천이라는 사상적 프로그램과 유리될 때 연구 영역으로서의 매력을 상실할 수밖에 없는 것이기 때문이다.

후래자가 발견한 '프로문학'은 확실히 이전의 '프로문학'과 다른 것이지만, 그럼에도 그것을 '프로문학'이라고 부르는 것은 가능한 일일까? 책의 곳곳에서 나타나는 후래자의 감각은 결국 한 세대의 변별적인 감수성과 지적 원천에 의해 구성된 공시적인 것이겠지만, 또한 '후래자'라는 명명은 다시 이전에 존재했던 후래자의 선배들과 이후에 나타날 후래자의 후래자들을 겨냥한 통시적인 것에 대한 지향이기도 하다. 그 지향이 관철되는지의 여부를 향후 '프로문학'이라는 연구 영역이 다시 조명될 수 있는 가능성에 대한 가늠자로 볼 수 있을지 모른다. 때문에, 논쟁을 기대한다.

—『민족문학사연구』 51, 2013

전위라는 전통

장문석 | 서울대학교 국어국문학과 박사과정

손유경, 『슬픈 사회주의자—미학적 실천으로서의 한국 근대문학』, 2016

그러나 나는
사람이
더구나 靑年이
무단이
墓穴을 팔 양으로
세상에 나왔다고는
믿지 않는다
별과 더부러
크나큰 宮殿을
역시 우리는
渴望하지 않느냐

—임화, 「별들이 合唱하는 밤—李相春君의 외로운 주검을 爲하여」, 1938

더위가 손에 잡힐 듯한 1930년 초여름. 경성제대 법문학부 철학과에서 미학・미술사를 전공하고 미학연구실 조수로 근무하며 연구를 이어갔던 고유섭高裕燮은 잡지『신흥新興』에 투고하기로 기약한 한 편의 글을 쓰고 있었다. 그것은 '의 史的 槪觀'에 관한 글이었다. 서문을 마무리 하면서, 그 글의 의미를 스스로 변증해야 했던 터. "(…중략…) 또한 一邊으로 이 一文이 將次 이 짜[땅]에 移植되여, 開花結實의 美果를 이룰 美學의 (…중략…)." 잠깐 만년필을 멈춘다. 그가 지금 쓰려는 표현은 일본어 식으로 말하자면 '美学の前衛(미학의 전위)'였다. 젠에 (…중략…), 前衛 (…중략…), 전위 (…중략…). 심사숙고 끝에 그가 선택한 단어는 '앞장前衛'이었다. " (…중략…) 美學의 압장前衛이 되기를, 換言하면 紹介役이 되기를 自負(이것은 결코 "king of king"을 意識에 두고 하는 말이 아니다. 讀者는 恕諒하라.)하고 나서는 以上, (將次 압을 두고 筆者가, 얼마나 이 일을 爲하야 犧牲하겟느냐하는 것은, 擔保의 限이 아니지만은) 斯學의 史的 槪觀이 不可避의 經路일가한다."(고유섭, 「미학의 사적 개관」, 『신흥』, 1930.7, 39~40쪽)

식민지 조선에서는 이미 1920년대 중반부터 전위前衛라는 개념이 두루 쓰였다. 전위부대前衛部隊라든지, 전위동맹前衛同盟 등이 그 용례였다. 그것을 알면서도 고유섭이 굳이 '前衛'를 조선의 한자어 음으로 읽지 않고 '앞장'이라는 역어를 선택한 것은, 미학적 의미에서의 '앞장'과 정치적 용어로 두루 사용되던 '전위'를 구별하고 싶었기 때문은 아닐까(물론 다른 한 편 식민지 조선에서 미학을 연구하는 주체의 입장으로서는, '앞장 서다' 등 식민지 조선의 민중이 쓰던 말인 '앞장'을 통해 avant-garde를 '재구성'해보고 싶은 자의식이 있었을지도 모른다). 하지만 예술적 아방가르드와 정치적 아방가르드 모두 "동일한 전제, 즉 삶은 근본적으로 변화해야 한다는 데서 출발"했다는 칼리니스쿠의 언급을 떠올려도 좋겠지만, 식민지 조선에서도 avant-garde 혹은 젠에前衛의 번역어로는 '전위'가 선택되었다. 결과적으로 정치적 실천과 미학적 실천이라는 겹치면서도 어긋나는 두 가지 의미를 모두 내포한 채 '전위'라는 개념은 형성되었고 두루 사용되었다. 고유섭의 글이 눈길을 잡아두는 또한 가지 사실은, 그가 식민지 조선에서 처음으로 미학의 역사를 체계적이고 본격적으로 소개한다는 것에 대한 '자부심'과 함께 혹시라도 그것이 소양배양한 교만으로 비치지는 않을까하는 젊은 학인의 신중한 겸손을 품고 있다는 점이다. 그 역시 '처음', 다른 말로는 전통 없음이라는 조건을 앞에 두고 개념의 사용 하나 하나가 체체하도록 신중했다.

처음이라는 자부심과 곤혹, 그리고 정치와 미학의 겹침과 어긋남. 고유섭의 번역어 선택에 관여해 있던 이 두 가지 조건은, 1930년대 식민지 조선의 문학자들의 전위적 실천에서도 관여하면서 일종의 평행론적 풍경을 형성하였다.

> 문제는 1930년대 식민지 조선이라는 시공간에 과연 적극적인 부정이 필요할 만큼 '충분히 부패한' 부르주아 예술이 존재했었는가 하는 점이다. 부패란 건강한 부르주아 문화가 쌓일 만큼 쌓인 뒤에야 진행되는 것이 아닐까? "전통을 제대로 증오할 수 있기 위해서는 그것을 자신 속에 가지고 있어야만 한다"라는 아도르노의 지적을 떠올린다면, 난숙한 부르주아 문화 자체가 형성되지 못한 1930년대 식민지 조선에서 시대의 전위가 되려던 일군의 예술가들이 무엇을 '제대로' 부정할 수 있었는지는 여전히 의문이다. (…중략…) 그러나 목표가 불확실했다고 해서 과정이 치열하지 않았던 것은 아니다. 우리가 흔히 구별해서 부르는 예술적 전위와 정치적 전위되기의 길은, 적어도 1930년대 식민지 조선의 예술가들에게는, 뫼비우스의 띠처럼 궁극적으로 서로 통할 수밖에 없는 동일한 유토피아적 충동의 소산이었다.(48~49쪽)

인용문은 1930년대 식민지 조선에서 전위들이 어떠한 양상으로 존재했는지, 그리고 그들이 마주했던 곤혹은 무엇이었는지를 축도하여 제시한다. 인용문의 뒷부분에서 저자는 식민지 조선에서 정치적 전위와 예술적 전위의 길이 궁극적으로 서로 통할 수밖에 없는 길이었음을 말한다. 그리고 인용문 앞에서는 식민지 조선에서 전위가 증오하고 부정할 만한 '전통'이 부재하였음을 지적하고 있다. '전위'와 '전통'. 이 두 가지 개념은 『슬픈 사회주의자—미학적 실천으로서의 한국 근대문학』(손유경, 소명출판, 2016)에 접근할 수 있는 고갱이이다.

『슬픈 사회주의자』는 부제에서 볼 수 있듯 '미학적 실천aesthetic practice'이라는 시각에서 1930년대 식민지 조선의 '문예부흥'을 재조명하는 것을 목표로 하고 있다. 앞서 보았듯 저자는 '전위'라는 개념을 통해 이 시기의 문학자들의 실천을 다시 읽고자 하는데, 이러한 읽기는 그 이전까지 1930년대 문학을 읽어왔던 익숙하고 정형화된 독법과의 팽팽한 긴장을 전제하고 있다. 이 책은 문학사적으로 일종의 상식이 되고 자연화된 독법인 1930년대 문학을 카프 해산 이전과 이후로 나누어 이해하는 방식이나, 모더니즘과 리얼리즘의 경합, 혹은 그 둘의 교차와 길항으로 이해하는 방식 등을 거절한다. 월북작가 해금(1988) 이후 20여 년이 넘도록 한국 근대문학 연구의 공리公理와 같이 존재했던 이들 독법들은 끊임없이 극복의 대상으로 호명되었고 무수한 연구 성과가 축적되었으나, 동시에 그 독법이 가진 현실적이며 직관적인 규정의 효과는 여전한 상황이었다. 이러한 상황을 비판적으로 인식한 저자가 선택한 연구의 방식은, 규범화된 독법을 표면적으로 문제 삼기보다는 그 독법을 지탱하고 있는 개념들과 사유의 방식을 점검하는 것이었다. 저자는 지금까지의 1930년대 한국 근대문학 연구는 "운동 / 생활, 현실 / 내면, 사회적인 것 / 개인적인 것, 구조 / 주체, 객관 / 주관과 같은 위계적이며 빈곤한 이분법"(22쪽)으로부터 자유롭지 못했다고 진단한다. 대신 비판 이론, 탈식민주의 이론, 젠더 이론의 도움을 받아 수행성performativity과 행위주체성agency이라는 개념적 자원을 활용한다. 저자는 수행성이라는 개념을 통해 정체성을 존재론적으로 인식했던 기존 연구에 거리를 두면서, "예술적 의장擬裝과 정치적 의장을 번갈아 가며 걸칠 수밖에 없는 운명"(11쪽)을 지녔던 식민지 조선의 지식인-문인들의 실천을 다시 읽어 간다. 또한 행위주체성이라는 개념을 통해 자율성과 무조건적 복종의 도식을 넘어서 '조건'과 '행위'의 관계를 재구성하고자 하였다. 특히 저자는 "주체의 자율적 선택이라는 서구적 이상과는 구별되는 관계적 자율성", 다시 말해 "자신의 내면을 소유한 자의 자족적 주체성과 달리 타자와의 관계 맺음을 통해 비로소 구성되는 관계적 자율성"(13쪽)에 주목하였다.

이분법을 넘어서려는 저자의 도전적인 문제의식과는 별개로, 이분법의 탈구축을 수행하는 저자의 실제 작업은 신중하면서도 과감하다. 신중하다는 것은 두 가지 의미에서인데, 우선 저자의 작업이 기존의 개념을 폐기하는 방식으로 나아가는 것이 아니라, '모더니스트', '리얼리스트', '비주류', '여류' 등의 개념을 "좀 더 두텁게 만들어 자원화"(23쪽)하는 방식을 선택한다는 점에서 그러하다. 또한 기존 개념의 탈구축과 자원화가 새로운 이론에 근거하되 현실적 토대를 누락한 해석이 아니라, "'발견'과 '재해석'이라는 실증주의적 손길"(25쪽)로 구체화한다는 점에서 신중하다. 과감하다는 점 역시 두 가지 의미인데, 우선 저자가 기존의 범주와 개념을 해체하고 새롭고 낯선 배치를 통해 "텍스트의 성좌星座"(23쪽)를 전혀 새롭게 구성하고자 한다는 점에서 그러하다. 또한 작가의 일관성에 주목했던 이전 연구와 달리, 이 책이 수행한 텍스트의 재배치가 "창작의 공백"(53쪽)이나 "과잉과 단절"(26쪽) 등 '비연속'과 '불균형'만이 보여줄 수 있는 "삶의 진실"(26쪽)에 공감하고, 그것을 새로운 읽기를 위한 자원으로 구성한다는 점에서 과감하다.

『슬픈 사회주의자』가 '김남천과 임화', '송영과 이기영', '이태준과 박태원' 등 익숙한 배치를 거부하고, '김남천과 박태원', '송영과 안회남' 등 지금까지 이념적으로든 세대적으로든 같은 자리에서 논하지 않았던 낯선 배치를 시도한 것은 이러한 시각에 근거한다. 이러한 낯선 배치를 통해 발견될 것이 많겠으나, 저자가 이 책에서 주목하는 고갱이는 '일상'이라는 공간, 그리고 일상에서의 정치이다. "이 책에 등장하는 1930~40년대 작가들은 가정, 학교, 거리 등에서 일어나는 일상적 차별과 억압의 문제에 매우 민감하게 반응했고 또 그것을 집요하게 탐구했다. 이들은 자본과 권력, 장소와 시간, 자기와 타자, 그리고 역사의 진보에 대한 감각을 재구성하고 그에 기반을 둔 다양한 미학적 실천을 감행"하였다(30쪽). 물론 이전에도 1930년대 한국 근대문학의 일상(성)이나 생활세계에 주목한 연구가 있었지만, 선행 연구들은 일상을 실천의 외부에 놓거나, 정치의 아랫길에 두었다. 이와 달리 저자는 정치적인 결단이 요청되고 미학적 계시가 도래하는 장소이자 첨예한 윤리적 질문이 가시화하는 장소로 일상을 재정위한다. 또한 저자는 혁명가, 운동가, 계몽주의자에 못지 않는 비중으로 "'꿈꾸거나 사유함'으로써 빈곤한 상상력과 부패한 감각을 뛰어넘으려 한"(35쪽) 몽상가, 순례자, 애도자, 탕아, 관조자에 주목하였다. "식민지 조선의 열악한 상황"이라는 조건 아래서 "정치적·미학적 혁신의 기운을 일으켜 시대의 전위가 되겠다는 문화예술가의 욕망"(22쪽)을 가지고 있었던 식민지 조선의 문인들은 의지적으로 계획하고 실행하는 기획자이면서도 도취·관찰·기록하는 예술가로서 "자기 자신과 관찰 대상, 그리고 그들을 둘러싼 세계 모두를 변용"(31쪽)하는 복합적인 미학적 실천을 수행하였다.

2장에서 저자는 지금까지 리얼리스트이자 정치적 전위로 불린 김남천의 문학과 모더니스트이자 예술적 전위로 이해된 박태원의 문학이 공유하는 지점에 주목하여, "강렬한 문화적 욕망과 세련된 취향"(57쪽)에 매혹된 김남천의 욕망 / 취향과 경성의 풍경을 초현실적으로 재구성하는 김남천의 미학적 실천에 주목하였다. 저자는 운동가형 인물의 '각성'이나 전향에 주목했던 기존의 시각에 거리를 두면서, 도시 산책, 몽상, '세속의 계시' 등의 개념을 통해 식민지 조선에서의 미학적 실천을 부각하고자하였다. 이 과정에서 독자는 박태원의 문학을 자원으로 삼은 김남천이라는 형상과 조우하게 된다. 또한 제3장에서 저자는 비대해진 내면의 위기에 흔들리는 남성 지식인을 중심에 둔 전향소설의 문법을 위배하는, 송영과 안회남의 소설에 주목한다. 김남천, 한설야, 이기영 등의 것으로 대표되는 전향소설은 작가 자신으로 이해할 수 있는 지식인 초점화자의 전향을 위기로서 형상화하면서, 역설적으로 "전향 전에는 탁월했다는 자기 합리화나 전향했음에도 다시 탁월해지고 싶다는 욕망"(168쪽)을 드러낸다. 그들은 "누구 / 무엇에게도 빚지지 않은 주체"(173쪽)들이었다. 그러나 "노동 현장에 투신한 경력이 있는 몇 안 되는 카프 멤버로, 노련하고 적극적인 문화운동가"(115쪽)였던 송영은 그 자신의 인식과 실천, 경험에 근거하여 현실과 혁명의 관계에 관해 깊이 고민하였는데, 그 결과 "1930년대 말 송영의 소설에는 단 한 사람의 전향자도 등장하지 않는다."(117쪽) 한국 근대소설의 일반적인 인물형이 '부재하는 아버지'와 '고아'의 쌍이라면, 송영은 "'부재하는 아들'과 '애도하는 아버지'라는 문제적 인물형을 창안"(135쪽)한다. 그는 "훼손되지 않은 이념을 보존한 채 죽은 아들 대신 왕년의 운동객 아버지를 다시금 운동선상에 뛰어들게 함으로써 혁명(정신)의 연속성과 순환성을 확고히 드러내"거나(126쪽), "봉건적인 아버지 세대와 제대로 결별해야 한다거나 남은 가족들의 이해와 동의를 구해야하는 등의 매우 구체적이고 일상적이며 따라서 장기지속적인 실천의 문제"(138쪽)를 서사화하였다. 중일전쟁이 장기화하던 1930년대 후반에도 송영은 "혁명이란 나르시시즘적 '영웅'의 탈가脫家 이후 밖에서 이루어지는 것이 아니라 주변의 지속적인 연대와 지지를 수혈 받을 수밖에 없는 '인간'의 일상 속에서 하나씩 실천되어야 한다는" "신념"(140쪽)을 견지하였고 "사회라는 고도의 추상적 영역이 아니라 가족이라는 손에 잡히는 구체적 삶의 터전"(127쪽)을 배경으로 혁명을 기획하고 몽상하였다. 한편, 자조와 자학의 자기-서사라는 미학적 실천을 강박적으로 수행한 안회남은 '나'에게 선행하여, '나'를 초과하면서도 자신의 현재에 주어지는 조건들을 아버지라는 기표를 통해 제시하면서, "자신이 스스로 선택할 수 없었던 삶의 조건들"(버틀러)을 "정직하고 양심적"(148쪽)으로 포착하여 "탈중심화된 자기 자신에 대한 예민한 인식"(171쪽)을 드러낸다. 저자에 따르면 송영은 혁명에 대한 성숙한 고민과 성찰로부터 "어쩌면 '장구한 혁명'의 모델 같은 것을 구상했는지도 모"를 일이며(134쪽), 안회남은 "관계성을 본질로 하는 '나'"(173쪽)를 인식하여 "'내'가 '나'의 주인이 아니라는" "첨예한 윤리적 질문과 대면"한다(174쪽).

그러나 김남천, 송영, 안회남이라는 사례를 통해 살펴본 식민지 조선에서 전위들의 실천이 수나롭게 수행된 것은 아니었고, 오히려 그 실천은 지속되는 곤란과 위기의 갈피짬에서 수행된 것이었다. 구체적으로 "식민지적 요인"은 이들의 실천이 "고차적이며 개방적인 비판과 토론"으로 이어지지 못하도록 하였고, 그들의 고민과 실천이 "권력 아래에서의 생존 문제"(238쪽)라는 형식으로 단순화되어 고착되도록 하였다. 또한 식민지는 예술의 영역에 있어서 전통이 형성되지 못하도록 규제하기도 하였다. "전통을 제대로 증오할 수 있기 위해서는 그것을 자신 속에 가지고 있어야만 한다"(아도르노)라는 언급을 감안할 때, 식민지 조선의 전위들이 수행한 미학적 실천은 근본적으로 바드러운 것이었다. "전위는 실패함으로써만 성공한다는 역설이 널리 알려져 있기는 하"지만, 식민지 조선의 전위들에게 "'멋진 실패'는 불가능하거나 너무 사치스러운 것"(50쪽)이었다. 앞서 살펴본 김남천의 "작품에서 명멸하던 몽상과 순례라는 세속적 계시의 계기들이 결국은 뇌관이 제거된 폭탄처럼 중독과 방황으로 굴러 떨어져버렸"던 것은 이 때문이었다(76쪽). 제2장에서 함께 검토한 이태준의 1938년 4월 '만주행滿洲行'은 "창작상의 위기에 처한 한 식민지 문화예술인의 우울한 월경越境"(86쪽)이었다. 저자는 이태준의 「이민부락견문기」를 통해 "세속의 계시를 받은 경성 순례자들에게서 비로소 싹튼 '문(화)인'으로서의 소명의식"이 실현될 수 없다는 "절망감"(103쪽)을 읽어낸다. 제4장에서 저자는 "『문장』파 문인들의 고전주의적 감수성"과 "첨단 문화의 생산자로서 시대의 전위가 되고자 했던 '펜부대'의 역동성"은 "동전의 양면"(189쪽)임을 탁월한 통찰로 드러낸다. 『문장』의 문인들은 "모던한 문화인이기 '때문에' 그리고 근대 교육을 받은 '덕분에' '조선적인 것'을 아름답고 신비로우며 전위적인 것으로"(202쪽) 인식할 수 있었다. 그러나 결과적으로 그들은 "전통을 제대로 증오해보지" 못했다는 근본적인 약점으로부터 벗어나지 못하였다(205쪽).

식민지라는 조건과 전통 부재의 조선문화라는 환경 속에 있었기 때문에, 식민지 조선의 문인들은 "해답 찾기의 과정"보다는 "새로운 질문을 구성하는 지난한 과정"(50쪽)을 수행하는 데 보다 집중해야 했다. 그러나 그들이 절망과 작은 보람 속에서 길어올린 질문들은 그동안 한국 근대문학 연구에서는 무시되거나, 답이 없다는 이유로 질문의 과정이 가지는 가치 또한 충분히 헤아려지지 못하였다. 『슬픈 사회주의자』는 식민지 조선의 전위들이 때로는 몽상하고 때로는 절망하면서 품었던 질문을, "끝내 명쾌하게 답하지 못한, 그러나 여전히 가장 풀고 싶은 의문"이라는 형식으로 자기화하고 전면화한다(40쪽).

여기에서 질문은 바꿔볼 수도 있을 것이다. 그렇다면 1930년대 식민지 조선의 전위라는 전통은 어디로 갔는가? 달리 말하자면, 전통 부재의 바드러움 위에서 질문과 고투의 형식으로 쓰였던 텍스트들의 성좌는 이후의 한국 근대문학·문화가 증오하면서도 넘어설 수 있는 또 하나의 '전통'이 되었는가? 예이면서도 아니오. 될 뻔 했다는 것이 답일 것이다. "후원자 김연만이 마련한 든든한 재정을 바탕으로 기성과 신진 문인의 대성좌를 이루겠다는 기염을 토한 『문장』이 아니었다면 해방기 좌우익 문인의 협력이 그토록 신속하게 이루어지지는 못했을 것"이라는 저자의 언급에서 보듯, "『문장』이 농축했던 전위적 문화예술인들의 잠재력은 해방기 우리 문인들이 보여 준 역동적인 움직임의 한 자양분이 되었"다(206쪽). 특히나 『문장』의 실천이 "문인과 화가 간의 '행복한 밀월'"(200쪽) 위에 서 있었다면, 해방공간 문인들은 음악, 연극, 영화, 사진, 미술 등 다양한 분야의 예술적 전위들과 교류하면서, 새로운 조선문화의 정체성과 향방을 모색하였다. 이러한 사실은 "일제 말기와 해방기를 단절이 아닌 연속의 차원"(217쪽)에서 보다 누넙게 이해하도록 이끌어준다(해방공간 문인들의 역동적인 움직임의 또 다른 자양분으로는, (1)조선어, (2)합리성, (3)예술성을 지키기 위한 중일전쟁기 '굴절된' 공동전선이었던 『인문평론』에 모였던 문학자들의 실천을 떠올릴 수 있다. 洪宗郁, 『戦時期朝鮮の轉向者たち』, 有志舍, 2011 pp.233–236).

그러나 해방전후 조선의 전위들의 사상과 실천이, 일상이라는 공간에서 성숙하고 슬금하게 민주적인 감각으로 수행된 것은 아니었다. 해방전 지하련이 포착한 남성 지식인들은 "한결 같이 사소한 인정투쟁에 삶의 에너지를 소진"하는 이들일 따름이었고, 그들은 남성의 "자랑스런 연대를 지향하나, 제3자(누이)의 시선에 포착된 이들의 교우란 허물어지기 쉬운 환상-자신들만이 어둡고 깊은 내면을 지녔으며, 어린 여자 같은 작은 피조물이 범접하기 어려운 크고 어려운 이상을 자신만이 품고 있다는 환상-에 기반을 두고 있"었다(231쪽). 이들은 "살림을 무시하면서 노동을 이념화하는 이중성" 위에 서서 "민주적 감각을 소유하지 못한 이들"이었다(232쪽). 이 점에서 "지하련이 맺은 빛나는 결실과 그가 겪은 좌절은 1930년대 유산의 상실이라는 우리 문학사의 뼈아픈 손실을 집약한다."(33쪽) 해방과 함께 동아시아냉전분단체제가 도래하였고, 한반도에서는 전쟁이 발발하였다. 저자는 이러한 상황을 두고 "해방기는 가슴 떨리는 미래의 첫 페이지가 아니라 어두운 과거의 끝자락이었다"(237쪽)라고 평하였다. 이 책이 주목한 식민지 조선의 전위들은 모두 월북하였는데, 저자는 '월북'이라는 이동을 두고, "목적지 중심의 사고에서 벗어나 '왜 하필 그곳이었느냐'가 아니라 '왜 여기면 안 되었느냐'를 질문"할 것을 제안한다(14쪽). "이 책의 주인공들이 '버린' 해방기 남한은, 식민지 조선이 떠안고 있었던 모순이 해소되지 못한 채 그대로 이월되거나 심지어 더 악화된 시공간"(15쪽)이었다는 것이 떠남의 이유일 것이다. 저자는 "회생 불가능해 보이는 우리 문화에서 '벗어나려는' 욕망"(14쪽)을 지녔던 식민지 조선의 전위들을 두고, '슬픈 사회주의자'라고 명명하였다.

월북 문인들이 해금된 것은 1988년이었으며, 이후 그들은 공식적으로 문학사의 연표에는 복원이 되었다. 하지만 『슬픈 사회주의자』가 계속하여 질문하는 것은, 혹은 이 책을 읽으면서 반복하여 질문하게 되는 것은, 식민지 조선의 전위들이 수행한 미학적 실천은 과연 그 다채로운 변모가 두루 발견되고 의미가 충분히 탐색되었는가 하는 점이다. 해금 이후 20여 년간 무수한 연구들이 축적되었고, 이제 한국 근대문학 연구자들은 1930년대 문학사에 대한 어느 정도의 상을 구축하기고 공유하게 되었다. 그러나 이 책에서 저자가 수행한 연구는 새로운 이론적 통찰 위에 서 있는 것인 동시에, 기존에 충분히 주목받지 못한 텍스트를 발견하거나, 기존에 느슨하게 읽힌 텍스트를 섬세히 읽거나, 기존의 연구가 답습했던 기본적인 오류를 바로잡는 과정으로부터 시작하고 있다. 즉 저자의 작업은 새로운 시각을 보여 준 동시에, 텍스트를 자세히 읽는다는 점에서 보수적인 동시에 성실한 작업이었다는 점을 삼안해볼 필요도 있을 것이다. 과도하게 일반화할 수는 없겠으나, 한국 근대문학을 새롭게 읽는다는 목표 아래 거듭 시도된 일부 연구들이, 새로운 시각의 이름이 주는 청신함 뒤에 걸터앉아, 어떤 점에서는 거칠게 혹은 의도적인 편향 속에서 텍스트를 읽었고, 혹은 어떤 점에서는 사려 깊지 못한 태도로 기존의 연구 성과를 반복한 것은 아닌지 성찰적으로 자문해 보아야 할 까닭수는 여기에 있는 것이다. 식민지 조선의 전위들이 수행했던 미학적 실천의 유산이 가진 의미는 여전히 충분히 논제로 구성되거나 가시화되지 못했다고 조심스레 판단할 수 있을 것이다.

저자는 "이 책의 목적은 종합하는 데 있지 않다"(39쪽)라고 언급하고 있다. 다소 상깃한 구성의 이 책이 고안하고 제안한 새로운 읽기의 방법을 통해, 지금까지 발견하지 못한 새로운 동시에 체체한 문제계問題界를 반견하는 것이 필요하다. 또한 다양한 텍스트를 통해 낯설지만 새로운 성과와 질문의 연쇄를 구성하여, 그것을 통해 의미를 탐색하는 과정 속에서, 식민지 조선의 전위들이 수행했던 문화적 실천은 지금을 위한 전통으로 다시 형성될 수 있을 것이다. 이 책 이후 저자가 1930년대와 젠더, 해방기와 혁명 등 주제와 대상의 확장을 통해 새로운 성좌를 구성하고자 하는 것은 그 때문일 것이다(손유경, 「'여류'의 교류—식민지 조선에서 전위가 된다는 것(2)」, 『한국현대문학연구』 51, 한국현대문학회, 2017; 손유경, 「혁명과 문장」, 『민족문학사연구』 63, 민족문학사학회, 2017).

독자로서 조금 더 궁리를 보탤 것 또한 이러한 관심의 연장에 있다. 우선 식민지 조선의 전위들은 자신과 같은 위기를 자신에 앞서서, 혹은 동시에 경험하였던 식민지 조선의 '선배' 문인들과는 어떤 성좌를 구성할 수 있을까. 물론 이 책이 "대가와 중견, 신진으로 이루어진 문인의 대성좌大星座"(189쪽)를 기획한 『문장』의 "문화적 야심"을 포착하고 있지만, 그와 같은 커다란 기획보다는 보다 개별적이며 작은 성좌들이 궁금하다. 가령, 이태준은 자신과 마찬가지로 "비즈니스적 능률과 통제만을 중시하는 저급한 문화"(88쪽) 속에서 예술가로서 위기를 경험한 경성의 구보, 이상, 빙허, 수주, 그리고 신경의 횡보, 여수 등의 표정을 포착하였다.

다른 한 편에서 본다면, '민중'과 전위라는 성좌 역시 궁금하다. "김남천은 출옥 후에도 여전히 혹은 더 열렬하게 공장의 전위의 행복한 결합을 꿈꾸었고, 그 결합은 독서와 작문 그리고 사색이라는 미학적 실천에 의해 최고 수준에 도달할 수 있다는 리얼리스틱한 몽상이 김남천을 여전히 깨어 있게 했다."(62쪽) 그렇다면 김남천이 발견했으나, 이후 그 자신이 전형적인 전향소설로 나아가며 그가 선택하지 않았던 길과 만약 그 길로 갔다면 발견했을 성좌의 배치가 궁금하다. 지하련이 견지한 비판적 시각을 받아들인 바탕에서 식민지 조선의 전위들이 수행한 해방공간의 정치적 / 미학적 실천을 어떻게 이해할 것인지 역시 이어지는 궁금증이다. 따라서 이 문제를 따라가다 보면, 식민지 조선의 전위가 구성한 성좌를 넘어서 동아시아의 전위라는 보다 상위의

은하銀河에 닿게 된다. 전후戰後 일본의 전위였던 작가 아베 코보阿部公房는 1950년대 도쿄 시모마루코下丸子 문화집단의 서클 운동에 참가하여 '노가바替え歌'와 벽시壁詩 등으로 노동자들의 저항의식을 자극하였다. 그는 '쓰다'라는 행위를 통해 '역사'를 형성 및 생성할 수 있다는 신념에 근거한 '공작자工作者'였다(道場親信, 『下丸子文化集団とその時代』, みすず書房, 2016, pp.170~171). 아마 '민중'과 전위의 어긋난 마주침은 "조선의 문화적 수준이 터무니 없이 낮다"는 인식(195쪽)에서 한 걸음 걸어 나와, 이태준이 만주의 비참한 현실을 서사하는 동시에 그러한 현실에 침묵하고 눈감을 수밖에 없는 조선 문인의 절망을 "함께"(102쪽) 인식하고, 그로부터 공통성을 형성하는 태도로부터 시작될 것이다. 필자는 "남한 문단의 건설은 영광을 기리기보다는 상처를 덧나지 않게 하는 방향으로 진행"(10쪽)되었다는 저자의 언급을, 20세기 후반 전위의 상상과 실천이 어느 정도의 임계 안에서 제한적으로 수행되었다는 맥락에서 이해한다.

"식민지사회의 정치적 억압"(17쪽)을 가볍게 생각할 수는 없겠으나, 비서구라는 주변의 위치와 동아시아 소농사회라는 역사적 경험을 공유하는 20세기 동아시아 전위의 미학적 실천이라는 문제는 다른 시각에서도 생각해봄직하다. 이때 중요한 것은 동아시아의 역사적 경험이 근대에 들어서 폄하되며 재발견되는 과정을 응시하며, "주변부성을 직시하는 용기"이다(홍종욱, 「주변부의 근대」, 『사이間SAI』 17, 국제한국문학문화학회, 2014, 208쪽). 주변부를 직시하는 용기는 동아시아의 '전위'들이 각자의 역사적 경험과 발화위치의 차이와 소통불가능성을 인정하면서도 수행했던 정치적 / 미학적 실천과 그 실패의 기록으로부터 새로운 가능성을 탐색하는 과정으로 구체화될 수 있다. 『문장』의 이태준과 박태원이 묘사한 "역사의 진보를 믿는 혁명가들이 미처 포착하지 못한 시간의 속살", 혹은 "정치적 전위가 시야에서 놓친 근대적 삶의 결들"(209쪽)에 대한 관심은 이러한 시각에서 재발견될 수 있을 것이다. 또한 '전통'과 근대 각각 두 발을 디뎠던 동아시아 전위들의 연대와, 경계를 넘었던 능준한 실천의 역사 또한 가늠해볼 수 있다. 1920년을 전후한 바실리 예로센코, 루쉰, 저우쭤런, 오상순, 이정규의 우정과 도쿄에서 베이징까지 동아시아를 횡단했던 그들의 이동과 실천이 그 실례이다(김시준, 「루쉰이 만난 한국인」, 『중국현대문학』 13, 한국중국현대문학회, 1997, 128~42쪽; 이은지, 「1920년대 오상순의 예술론과 이상적 공동체상」, 『상허학보』 43, 상허학회, 2012, 264~276쪽). 이후 1936년 루쉰의 타계(1936.10.19), 이육사의 루쉰 추도문(『조선일보』, 1936.10.23~29), 그리고 루쉰의 「고향」(1921) 번역(이육사 역, 『조광』, 1936.12) 등 식민지 조선에서 루쉰에 관한 사건과 그의 텍스트들은 그 직전에 발표된 안회남의 「고향」(『조광』, 1936.3)과 또 다른 성좌를 구성하게 된다. 하지만 15년을 격하여 식민지 조선에서 떠오른 이 성좌는, 안회남의 「고향」이 "공상보다 현실은 추한 것"(153쪽)이라는 절망을 담고 있기에 성좌의 빛깔과 결은 다소 다르다. 이러한 친숙한 낯섦은 동아시아 전위라는 '전통'의 의미를 단절과 연속, 그리고 차이와 반복이라는 시각에서 입체적으로 탐색하도록 한다(나아가 이 성좌는 러시아의 치리코프에까지 확장될 계기도 내포하고 있다. 전형준, 「동아시아적 시각으로 본 세 편의 '고향'－치리코프, 루쉰, 현진건」, 『동아시아적 시각으로 보는 중국문학』, 서울대출판부, 2004).

월북 이후 전위들의 실천이 망각되었을 뿐 아니라, '진보'를 비롯하여 그들의 실천이 지향했던 가치들은 어떤 범위 안에서만 재현 가능했거나 혹은 체제 내부로 순치되었다. 해방 이후 한국 근대문학 역시 무언가 말할 수 없음을 전제한 상태에서 전개되고 논의되었다. 다만 김수영이나 최인훈 등을 비롯하여 "아픈 곳을 자꾸 건드리는 사람"들 역시 존재하였다

(10쪽). 단속적斷續的인 시간 속에서 비연속적으로 연속하는 '의미와 가치'를 두고 '전통'이라고 명명했던 임화의 언급을 기억한다면(임화, 「고전의 세계-혹은 고전주의적인 심정」, 『조광』, 1940.12), 기존의 상식화되고 선조적인 한국 근대문학사의 결을 거슬러, 전위들의 인식과 실천의 계보를 통해 새로운 문학사·문화사를 상상하는 작업도 가능하다.

전위라는 전통 형성의 (불)가능성을 묻는 이러한 실천은 문학사·문화사를 다시 읽고 쓰는 작업인 동시에, 지금 여기의 민주주의를 위한 역사적 고민과 실천의 모색을 위한 것이기도 하다. 저자는 식민지 조선의 전위들이 수행했던 미학적 실천이 가진 가능성과 계기를 충분히 끌어안으면서도, 동시에 그들이 가졌던 성맹적gender-blind 시각과 민주적 감성의 결여를 날카롭게 비판하였다. 저자의 언급대로 이것은 특정 개인의 한계나 치부이기 보다는 역사적이며 구조적인 문제라 할 수 있으며, 그 문제는 식민지 이후 냉전과 분단으로 재구조화된 한국 사회의 현재에도 변형 및 지속되고 있다. 그렇기에 "냉전적 사유의 찌꺼기"(27쪽)를 걸러내면서 "1930년대 문학의 유산을 묻고 있는 우리"(239쪽)에게도, 지하련의 시각을 경유하여 저자가 제기하는 다음과 같은 진단은 유의미할 것이다. "스스로를 진보적이라고 생각하는 지식인-문인은, 자신의 실천이 이전보다 더 발전했다는 것을 끊임없이 '증명'하기보다는 그것을 다만 '진제'한 상태에서 행동하게 될 가능성이 높다는 것이 문제의 핵심이다. 왜냐하면 진보는 앞서 언급했듯 옛것을 뒤쳐진 것으로 파악하는 것을 동인으로 삼으므로, 어떻게 나아졌는지를 증명하는 과정을 거치지 않은 채 이미 더 나아진 상태로 출현한 것처럼 오인되기 쉬운 구조인 것이다."(215쪽)

1930~40년대라는 한국 근대문학의 역사적 경험에 기반한 '수행적 진보'(239쪽)에 관한 저자의 성찰은, 촛불항쟁의 가운데서 길어올려진

어느 문화연구자의 다음과 같은 주장과 표리 혹은 인과를 이루며 공명한다. "우리의 언어 · 습속 · 인식에 깊게 스민 지배적 기율들을 의심하지 않는다면 어떻게 진정한 혁명이 가능할까. (…중략…) 광장이야말로 그 어떤 것과 비교할 수 없는 가장 효과적인 '깨우침'의 시공간임을 기억하자. 지금 필요한 것은 '매뉴얼화된 혁명'에 대한 경계와 함께, 2016년의 새로운 '혁명의 매뉴얼'을 만들어가는 일이다."(오혜진, 「광장과 '혁명의 매뉴얼'」, 『한겨레』, 2016.11.21)

예술, 학문, 그리고 움직일 수 없는 진리를 찾아, 두려움보다는 용기를 앞세우며 현해탄을 건넜던 식민지 조선의 청년들. 1930년대 식민지 조선의 전위들은 "홰보다도 밝게 타는 별"(임화, 「해협의 로맨티시즘」)이 되고자 하였다. 돌아온 식민지 조선에서 이들은 바람조차 죽어버린 어두운 밤을 마주해야 했지만, 식민지 조선의 전위들은 찬란한 조화의 세계를 위하여 별의 부름에 기꺼이 응하며 자신의 미학적 기획과 정치적 실천을 수행하였다. 마산馬山의 병상에서 벗 이상춘이 아까움 없이 그 아름다운 생명을 내어던졌다는 소식을 듣던 날. 밤늦도록 잠을 이루지 못하였던 임화는 밤하늘의 성좌를 바라보았다. 절망과 회오悔悟, 부끄러움과 고독, 그리고 두려움을 품은 채, 그는 자신과 그 벗들이 그토록 갈망했던 별들의 크나큰 궁전을 떠올린다. 그 불행한 밤 임화는 자신의 두 눈이 하늘의 별들과 더불어 빛난다는 사실로부터 아주 작은 보람을 발견할 수 있었다.

'멋진 실패'가 불가능한 미학적 전위의 길, 혹은 "이보퇴각, 일보전진"(김사량)이라는 기묘한 형식으로만 가능했던 정치적 전위의 길. 식민지 조선의 전위들은 그것을 알고도 나아가 자신들의 성좌를 구성하였다. 이제 그 성좌를 지금-여기의 문제틀과 일상이라는 정치적 공간에 근거하여 다르게 배치하고 다시 읽는 것, 나아가 전위라는 전통 형성의 가능성을 모색하고 '수행적 진보'의 형식과 실천을 고민하는 것은 지금을 위한 과제이다.

—『인문논총』 74-2, 2017

다시 인젠 바다 위에 성좌가 있을 필요가 없다

윤대석 | 서울대학교 국어교육과 부교수

와타나베 나오키 · 황호덕 · 김응교 편, 『전쟁하는 신민, 식민지의 국민문화 —식민지 말 조선의 담론과 표상』, 2010

일본에 잠시 동안이라도 체류한 적이 있는 한국문학 연구자라면 "예술, 학문, 움직일 수 없는 진리… / 그의 꿈꾸는 사상이 높다랗게 굽이치는 동경 / 모든 것을 배워 모든 것을 익혀, / 다시 이 바다 물결 위에 올랐을 때. / 나는 슬픈 고향의 한 밤. / 해보다도 밝게 타는 별이 되리라. / 청년의 가슴은 바다보다 더 설레었다"(임화, 「해협의 로맨티시즘」)라는 구절에, 무한한 용기를 얻고, 또 동시에 깊은 절망을 맛보았을 것이다. 슬픈 고향의 한밤에 밝게 타는 별이 되기 위해 고향을 슬픈 밤으로 만든 본거지로 가서 그 논리를 익히지 않으면 안 된다는 식민지인의 모순은 "낭만적이기보다는 잔혹한 것"(『전쟁하는 신민, 식민지의 국민문화』, 10쪽, 이하 쪽수만 표기)이었기 때문이다. 이제 고향은 슬프지도 않고 밤도 아닌 어엿한 주권국가이지만, 그러한 주권을 넘어 작동하는 위계화는 식민지 이후의 한국문학 연구자들에게 식민지 지식인의 그림자를 드리운다.

제도(帝都)이자 적도(敵都)인 도쿄를 통과해 또 다른 세계의 수도들에 진입하려 했던 한 시기의 열망과 고통. 그것들은 각 논문들이 분석 대상으로 삼고있는 텍스트 뿐 아니라, 필자들 스스로의 존재론적 고민 속에서도 수렴되어야하기에, 식민지(말) 연구는 물리적으로뿐 아니라 심리적으로도 매우 어렵고 위태로운 작업이다. 때로는 연구자 스스로가, 때로는 동료들의 도움으로 적극적으로 이와 같은 상황과 대면하며, 서로의 언어 장벽과 그것에 얽혀 있는 식민지 문학 연구의 폐색 현상을 깨뜨리려고 노력하였다. 어떤 작가들에게는 열망이었고, 다른 작가들에게는 적도였던 도시에서 공부하고 있다는 자의식, 왼손으로 왼손을 꺾어야 했던, '남의 말'로 '남을 나무라야 했던' 시간들에 대한 묘한 기시감, 언어들 속에서 생각하되 그 위계화에 스스로 저항해야한다는 강박 등이 연구회를 지배했다.(10~11쪽)

이 책의 저자들인 일본을 경유지로 선택한 한국문학 연구자들에게 묘한 기시감을 주는 위계화는 언어, 곧 담론의 위계화에서 온다. 이광수, 임화에게서 현해탄 콤플렉스'를 발견했던 김윤식에게 그것은 네 칼로 너를 치리라"라는 말로 표현되었다면, 이들에게는 '*남의 말로 남을 나무라리라'라는 말로 표현된다. 전자가 주권성에 갇혀 있다면, 후자는 담론에 갇혀 있다. 주권의 바깥은 존재하지만 담론의 바깥은 없다. 그러기에 이들의 작업은 "존재론적 고민 속에서" 이루어지는 "매우 어렵고 위태로운" 것이다.

식민지와 식민지 이후의 연속성을, 그리고 식민지와 제국의 연속성을, 담론의 위계화 혹은 식민화로 포착한 이들 연구자에게 그러한 위계화(식민주의)를 벗어나는 길로 제시된 것은 연속성 속에서 단절과 틈을 발견하기 혹은 절합articulation의 경계에 서기이다. 그것은 이 책의 방법론일 뿐만 아니라, 이들 연구자들의 태도이기도 하다. "도쿄라는 공간이" 이들에게 종착지나 시발점이 아니라 "한국 근대문학 연구를 위한 '경유지'로서의 성격을 가진 곳"일 수밖에 없는 것도, 또 이들의 만남이 모임이 아니라 "마주침"인 것도 물리적인 이유 때문만은 아니다. 그런 의미로 보면 이들은 고향산천을 가슴에 품고 현해탄을 건넌 유학생이라기보다 고향을 떠나 몰래 제국의 수도에 잠입한 밀항자에 가깝다. 다시 임화의 표현을 빌면 "국법을 어기는 명백한 음향이 / 현해 어둔 바다 하늘 위에 떨린다." 그러기에 이들에겐 "다시 인젠 / 바다 위에 성좌가 있을 필요는 없다." 이들에게 별은 갈 길을 비춰주기도 하지만, 또한 개인을 국가로 회수하기 위해 "눈 밝은 경비선을 안내"(「다시 인젠 천공에 성좌가 있을 필요가 없다」)하기도 하기 때문이다.

'밀항' 연구자들이 밀항 문학자에 관심을 갖는 것은 당연하다. 김사량이 바로 그다. 동원하고 이용하고자 하는 제국의 호명에 맞서 재현의 난제를 짊어진 김사량이야말로(권나영, 「제국, 민족, 그리고 소수자」) 경계에 선 밀항자의 전형인 것이다. 조금 더 나아가 말하자면, 제국의 "국법을 어기는" 주권을 넘어선 존재가 바로 김사량인 것이다. 루쉰의 아큐 정신과 김사량의 소설을 비교 분석한 황호덕의 논문 가운데 다음과 같은, 내가 아는 한 김사량 문학에 대한 가장 예리한 분석이 나온다.

> 풍자 대상에서 지식인 주체와 그 범주에 포함된 자신을 빼어주지 않는 정신. 계속 문지방 공간에 위치하는 정신은 이처럼 풍자대상과 저자를 분절하지 말라고 말하고 있다. 그리고 바로 이 점이야말로 '아큐적인 것'이다.(198쪽)

이러한 김사량의 경계 지우기는 제국과 식민지 사이에서도 일어난다. 그러나 그것은 "경계들 위에 머물면서 그 경계 자체를 애매한 것으로 만드는 일, 또 곧바로 현재적 분할 자체를 보여 주는 일", 즉 "테두리 짓기의 원리 자체를 보여 주는 것"(204쪽)이다. 황호덕이 말하는 "테두리 짓기의 원리 자체"란 발터 벤야민이 말하는 법정립적 폭력을 말하는 것인데, 경계 자체가 폭력에 의해 구획되어 있다는 것을 보여줌으로써 경계 자체를 애매하게 만드는 것을 의미한다. 김사량은 조선 / 조선어라는 예외를 상례화시킴으로써 정치적 · 계급적 · 언어적 분절 / 폭력을 보여 주는 동시에 그 분절 너머에 존재하는 주권(법정립적 폭력)을 잠재하고 있다는 것이다.

법정립적 폭력이라는 개념을 통해 경계를 구획 / 소멸시키는 작업은 이영재의 「무법과 범법, 쿠데타 이후의 주먹들」에서도 이루어지고 있다. 여기서 경계는 공간적이면서도 시간적인 것이다. 대상이 되는 영화들은 모두 식민지 이후, 그러니까 1960년대 이후에 제작된 것이기 때문이다. "1960년대 , 이른바 '한국영화의 황금기'로 불리는 이 시기의 영화담론"을 보면서 이영재는 그것과 "1930년대 말 조선영화가 당면했던 문제와 1940년대 이후의 전개상황과 겹쳐"지는 "기이한 기시감"(439~440쪽)을 느낀다. 그러나 한국 액션 영화에서 1960년대 초반에 분명한 경계선이 그어지며 그것은 법정립적 폭력에 대한 태도에서 그러하다는 것, 그 사이에 박정희 정권의 혁명담론이 존재한다는 것이 이 글의 논지이다. 이에 따르면 법정립적 폭력의 설정이 내부에서 가능했던 시기(1960년대 전반기까지)와 법정립적 폭력의 설정이 외부(만주, 일제 시기)로 제한되는, 따라서 법정립적 폭력의 설정이 불가능해지고 법유지적 폭력만을 상정할 수 있는 시기(1960년대 후반 이후)로 경계가 그어질 수 있다. 이 논리를 확장하면, 영화에 한정되기 하나 재현의 차원에서 주권이 확립된 것은 박정희 정권의 등장 이후이고, 그러니까 영화와 국가의 접속은 1945년 이전의 담론을 반복하면서 가능해졌으며, 1945년부터 1960년 초반까지 애매한 경계의 시기와 공간이 존재했다는 것이 된다.

연속과 단절이 경계의 특징이라면 공간적으로 식민지와 식민지 본국의 경계를 사상과 문학, 그리고 제도의 연쇄를 통해 보여 준 / 지은 논문은 차승기, 와타나베, 이종호의 논문이다. 차승기(「'사실의 세기', 우연성, 협력의 윤리」)는 '사실' 이라는 키워드로 유럽—일본—조선으로 이어지는 사상적 연속과 단절을 잘 보여 주고 있다(시상지형에 대한 예리한 분석에 비하면 생명정치의 연속성에 대한 논의는 단편적이다). 발레리에게 "'사실의 세기'란 자유의 가능성의 조건을 망각한 정신이 초래하는 역설적이지만 필연적인 귀결"(27쪽)이었음에 반해 가와카미 데쓰타로河上!郎에게 그것은 '비로소 '일본적 현실'에 기초한 새롭고도 진정한 사상이 시작될 수 있는 기회이기도"(30쪽) 했다. 그러나 조선에서 '사실의 세기'란 "주체 / 세계의 관계를 재설정"(56쪽)하는 계기로서 문학행위를 윤리화했다.

> 간단히 말해서, 백철이 흔히 '사실수리'의 입장을 대표하는 논자로 거론되었음에도 불구하고 아이러니적인 태도 속에서 정치에 관여하면서도 실은 탈정치화된 주체의 위치를 끝까지 보존하고자 했다면, 이상/현실의 괴리 사이에서 늘 이상의 편에 서고자 했던 임화는 '사실' 의 재인식을 통해 '생활' 에 주목하면서 지성의 개조를 각오하고 주관의 예단과 편견을 초과하는 세계에 대면하고자 했다. 이에 비해 유진오는 기존에 존재했던 주관적 · 이데올로기적 가상을 비판하며 '시정' 속으로 들어가고자 했고, 김남천은 이에서 더 나아가 철저한 '몰아성'을 견지하면서 객관 세계의 '관찰'에 몰두하고자 하였다.(57쪽)

와타나베 나오키(「식민지 조선의 프롤레타리아 농민문학과 '만주'」)는 '재발명된 농본주의'라는 루이즈 영의 개념과 '만주 유토피아니즘'이라는 개념을 통해 만주와 식민지 조선의 연속과 단절을 고찰하고 있다. 이기영과 한설야의 농민소설 혹은 노동소설이 만주로 건너가 개척소설이 된 것은 만주가 가진 고유한 공간적 특성 때문이라는 것이다. 또한 그 고유한 특성이란 계급 대립이나 도농 대립을 배제한 농본주의, 즉 재발명된 농본주의에 있다는 것이다. 그러나 "그것은 루이즈 영이 주장하는 '재발명된 농본주의'의 사상을 그대로 재현하거나 고취한 것이 아니었고, 좀 더 복잡한 구조를 가진 서사로서 제시되었다."(134쪽)

그러나 일본인의 '재발명된 농본주의'와 조선인의 그것의 단절은 재현의 영역에서 발견되지 않는다. "'식민지적 무의식'과 '식민주의적 무의식'이 동일하게 실현되는 장소"가 만주였다는 지적으로 보건데, 연속성 쪽이 강조되고 있는 것이다. "'식민지적 무의식'이 두만강을 건너감으로써 '식민주의적 의식'으로 바뀐다"라는 말에서 볼 수 있듯이 경계는 조선과 만주 사이에서 그어 / 지워진다. 이종호(「출판신체제의 성립과 조선문단의 사정」)는 출판제도를 대상으로 하며 제국 일본과 식민지 조선이 일제 말기에 어떻게 접속하고 또 단절되는가를 보여 주고 있다. 이 논문은 출판유통이 어떤 과정을 거쳐 광역화되며 출판생산이 어떤 권력 관계를 통해 지역에 머무르는가에 대한 상세하고 뛰어난 실증적 고찰을 보여 주는데, 이에 그치지 않고 이러한 제도적 변화를 당대의 문학적 공간과 연결시키고 있다(생산의 지역화가 가진 의미에 대한 분석은 조금 아쉽다).

> 이와 같이 신체제 아래에서 조선문학의 공간은 내지 일본을 경유하며 대동아공영권으로 확장되고 있었으며, 출판시장 역시 일본어라는 언어를

매개하여 조선이라는 지역적 경계를 벗어나고 있었다. 조선문학자의 시선, 그리고 문학의 물적 현현자인 출판업 관련 종사자의 시선도 이미 외부, 적어도 대동아 공영권을 향해 열리고 있었다.(386쪽)

이외에도 마해송(곽형덕 ,「일제시대 마해송의 행적과 일본잡지」), 일본어 시(김응교,「일제 말 조선인이 쓴 일본어 시의 전개과정」), 국민연극(이재명,「식민지 조선의 국민연극 연구」)에 대한 실증적 연구는 그동안 충분히 알려지지 않았던 새로운 사실을 풍부하게 담고 있으며, 「최재서의 order」(미하라 요시아키), 「김종한의 전향 과정에 대하여」(심원섭)는 개별 작가 내부에 경계는 어떻게 그어질 수 있을 것인가를 탐구한 것이다. 특히 미하라의 논문은 일본과 영미의 영문학에 대한 지식을 한 몸에 갖고 있어야만 나올 수 있는 통찰을 보여 주고 있다.

이 책에 수록된 열세 편의 논문은 각기 다른 대상과 색깔을 가지고 있다. 분명 이 말은 편자들의 파토스를 따라 읽은 감상문에 불과한 이 글에 대한 변명이다. 그렇지만 편자들도 이미 "책 전체의 지향을 분류하여 요약하기는 실로 어렵다'(5쪽)라고 실토하고 있지 않은가. 그러나 오히려 이러한 통합되지 않음. 요약되지 않음이 일본에서의 한국문학 연구가 새로운 차원을 맞고 있음을 보여 주는 것이라고 하면 과장일까. 이 점에서도 다시 인젠 바다 위에 성좌가 있을 필요가 없는 것이다. 그러나 그것도 와타나베 나오키라는 경유지가 있음으로 가능했음을 밝힐 필요는 있다.

—『황해문화』 70, 2011

모더니티의 여적餘滴

허윤회 | 충북대학교

김명인, 『김수영, 근대를 향한 모험』, 2002
김응교, 『사회적 상상력과 한국시』, 2002
외 1권

1. 머리말

새로운 세기가 출발했다고 한 지가 엊그제 같은데 벌써 그 햇수를 헤아리게 되었다. 기대와 흥분 그리고 우울의 풍경은 또 다른 세기의 풍경인 바 지난 세기와의 다른 점을 찾는다는 것이 쉽지 않다. 새로운 세기라는 시간적 구분은 일상적 시간의 구분과는 차이가 있는 것인지도 모른다. 오히려 일상적 시간 속에서 연속성을 구하려는 개개인의 삶이 새롭다고 참칭되는 시간의 난위를 지속시켜주는 표상의 조건은 아닐는지.

한국의 현대시는 이제 백 년이라는 연령을 상회하고 있다. 이 연속된 지속의 시간 속에서 한국의 현대시는 다양한 면모를 보여 주었다.

그 다양한 편차를 인간의 삶에 비유한다면 한 3세대쯤의 구분과 연속으로 볼 수 있고 이제 또 다른 세대로의 전이를 모색하고 있는 것으로 비쳐진다. 이른바 근대시라고 불리는 새로운 서구문학과의 길항에서 빚어진 초기의 모습이 그 첫 세대의 모습이다. 이어서 시작된 두 번째 세대의 모습은 근대의 합리성에 기초하고 있다. 이를 식민지시대의 시라고 부르건, 리얼리즘 혹은 모더니즘의 시라고 부르건 간에 시대의 중심으로 향해 그 의미를 자각해 가는 모양새를 취하고 있다. 이런 관점에서 본다면 일반적인 역사의 시기구분과는 차이를 갖는 현대시사의 증감이 포착될 수 있다. 식민지시대와 한국전쟁 그리고 분단의 역사를 가로지르는 하나의 세대가 유력한 시기로 대두된다. 그 다음의 세 번째 세대는 4·19와 5·16을 경계로 한 1960년대 이후의 세대라고 할 수 있다. 이 세대들의 시력詩歷 또한 반세기에 가까워지면서 이 세대들의 공과에 대한 논의도 활발히 이루어질 것이다. 아마도 그 시기는 또 다른 세대의 출현이 본격화되었을 때 공공연히 행해질 것이다.

필자의 앞에는 세 권의 두툼한 책이 있는데 『김광균 연구』, 『김수영, 근대를 향한 모험』, 『사회적 상상력과 한국시』가 그것이다. 비슷한 시기에 이런 저술들이 앞다투어 출간되었다. 현대시의 연구성과가 약간의 침체를 겪고 있는 것처럼 보이는 이 시점에서 실로 반가운 일이 아닐 수 없다. 이들 서적들의 공통점은 문제적인 시인에 대한 집중적인 조명을 시도하고 있다는 점이다. 제목에서 알 수 있는 것처럼 앞의 두 책은 김광균과 김수영에 대한 집중적인 조명을 시도하고 있으며, 김응교의 책은 박두진, 신동엽, 이찬에 대한 깊은 관심을 드러내고 있다. 대상 시인들을 앞서의 세대적 구분을 통해서 본다면 주로 두 번째 세대에 포함되는 시인들이다. 그런데 이러한 시인들이 지금 현재의 시점에서 관심의 대상이 된 까닭은 무엇인가? 필자의 소박한 판단인지 모르겠지만 모더니티 혹은 근대성에 대한 반성이 이들 저술들의 공통항으로 묶일 수 있지 않을까 한다. 현대시의 통사적인 기술과는 차이가 있는 이러한 연구의 태도는 기존의 현대시에 대한 반성을 촉구하려는 조심스러운 시도이기도 하다. 그렇다면 이 글의 과제는 그러한 시도와 문제의식이 갖는 의미에 대한 반추일 것이다.

2. 황혼의 시인

김광균에 대한 연구는 그의 명성(?)에 비한다면 매우 단출하다. 그의 작품 편수가 적다거나, 그가 어느 시기부터인가 문학과는 거리가 있는 사업에 매달리면서, 시와 멀어진 사정들이 그러한 결과를 낳았다고 볼 수 있다. 그런데도 김광균에 대한 평가는 일정한 수준을 유지하고 있었다. 그 이유는 이른바 많은 모더니즘 시인들 가운데에서도 그가 비교적 확고한 영역을 차지하고 있기 때문일 것이다. 그에 대한 일차적 종합적인 고찰은 이미 『30년대의 모더니즘』(범양사, 1978)이라는 책을 통해서 이루어졌다는 점도 이와 연관되어 설명될 수 있다. 그런데 『김광균 연구』라는 한 책을 마주했을 때의 느낌은 약간의 의문이었다. 김광균에 대한 전체적인 면모와 주제와 체계 그리고 의식의 지향이 검토되었다면 과연 김광균 연구의 서부西部는 존재하는가라는 의문이 바로 그것이다.

그런데 이 책은 기존의 김광균 연구에서 자각하지 못한 몇 가지 사실들을 전해주고 있다. 김광균은 그의 대표시집 『와사등』(남만서고, 1939)

에 수록된 시들의 활동시기(1935~1938) 이전에 초기시들을 다수 발표하였다. 이 시편들은 그의 시세계의 본령이라고 판단되는 『와사등』과는 사뭇 다르며, 퍽이나 현실 지향적이었다. 또한 그는 모더니즘 시인으로 알려지기 이전에 자오선 동인에 참가하였으며, 오장환과는 상당한 교류를 갖고 있었다는 것이다. 다른 한편 「와사등」(『기항지』, 1947), 「기항지」(『기항지』, 1947), 「황혼가」(『산호장』, 1957) 이외에도 김광균은 1976년경부터는 한두 편씩 시작을 재개하여 두 권의 시집을 출간하였는데 『추풍귀우』(범양사, 1986)와 『임진화』(범양사, 1989)가 그것이다. 이러한 사실들을 통해 저자들은 김광균에 대한 기존의 문제의식이 협소함을 지적하고 시인에 대한 전체적인 조망을 시도코자 하였다. 그리고 이러한 결과들은 예의 실증주의적 고찰이 이루어낸 성과라고 할 수 있다.

그런데 이 책의 묘미는 객관적 사실의 수집과 확인에만 머물지 않고 있다. 다시 말하면 김광균에 대한 적극적인 해석을 시도하고 있는데, 이를 인용하면 다음과 같다. 김광균의 시적 속성은 "주지적이라 하기보다는 주정적이다. 그의 이미지의 회화적 기법은 그의 감상적 정감을 표현하기 위한 방편에 지나지 않는다. 당시의 한 비평가의 월평에서 한 논평을 그대로 답습하여 작품을 제대로 분석도 하지 않고 줄곧 같은 평가를 내리고 있는 것이다. 그는 이지적인 시인이라기보다는 슬픈 정감으로 흥건히 젖어 있는 가슴의 시인이라 할 수 있다."(341쪽)

이를 요약하면 주지적이 아니라 주정적이라는 평가가 김광균 시에 대한 온당한 평가라는 것이다. 여타의 다른 사실을 종합해서 내린 결과라고 판단된다. 또한 이 책은 현대시 연구자들의 공동 연구를 통한 결과물이라는 데 그 의의가 있다. 다소 차이는 있다 하더라도 대체적인 연구자들의 입장 또한 앞서의 인용과 그 시각이 유사하다는 점에서 이 연구물은 김광균 연구에 있어서 독자적인 위상을 차지하고 있다.

주정적 시인으로서의 김광균을 부각시키기 위한 해석의 기제들이 다수 동원되는데 그 대표적인 것으로는 고향, 죽음, 황혼, 등불, 어머니 등의 이미지들이다. 이 책은 이러한 이미지들을 통해서 김광균의 시세계를 시집별, 주제별로 꼼꼼하게 검토하고 있으며, 이에 연관된 기존의 연구성과와 그의 시론에 대한 평가까지를 잘 정리하고 수합해서 엮었다. 이 책을 통해서 김광균의 시세계가 낱낱이 밝혀졌다고 해도 과언이 아닐 것이다.

그럼에도 불구하고 이 책을 끝까지 읽으면서 떨칠 수 없는 생각은 기존의 김광균에 대한 시사적 평가, 「근대정신과 『와사등』의 위치」(『어두운 시대의 마지막 언어』, 백미사, 1979)라는 김규동의 글에서 선언된 의미망을 불식시킬 수 있는가의 문제이다. 그것이 김기림과의 친교에서 비롯된 편린에 불과하더라도 김광균의 기존의 시사적 성과와 평가를 애써 괄호로 묶고서 접근할 사안은 아니라고 판단된다. 이를테면 김광균 자신이 「서정시의 문제」(『인문평론』, 1940.2)에서 말한 '형태의 사상성'을 '논리적 박약'이라고 비판하거나, '현실의 현현'을 담아내기 위한 그릇으로 바라보건 간에 그 핵심적인 논리의 근거는 주지주의에서 추구한 이성적 태도와 이에서 비롯된 이미지의 활용 그리고 시인의 현실적 태도와 선택이다. 이에 대한 면모가 전면에서 다루어지지 못한 것은 개별 시인에 대한 종합적 고찰의 결과 때문이라고 보이지는 않는다. 이 책의 저자들 가운데에는 작품의 해석에 있어서 죽음의 모티프를 부각시켜 인간의 유한성을 시적으로 표현한 흔적들을 추적하고 있다. 다만 이때의 접근방법이 다분히 상징적인데, 이미지라고 언표 될 때에도 상징적 함의에서 크게 벗어나지 않는다. 이러한 접근이 해당 시인의 시세계를 심도 있게 고찰하는 결과를 낳고 있는 것은 사실이지만 그 결과가 '형태의 사상성'을 통한 성과에 값하는 것인가에 대해서는 논란의 여지가 있다.

이런 과정에서 윤영애의 「무엇을 보고 어떻게 말하는가—시어 및 문채」는 단연 돋보인다. 시인의 시적 표현이 어떻게 새로운 의미를 산출하가라는 문제를 다루고 있는데 김광균의 시에서 원관념과 보조관념은 상호작용하며 때로는 그 '작위적 표현'이 창조적으로 드러난다는 점을 표나게 강조하고 있다. 그 점을 주지적 표현이라고 언표하고 있지는 않지만, '형태의 사상성'이 도달하고자 한 목표점이었음을 환기시키고 있다는 의미에서 김광균이 갖고 있는 시사적 위상을 재정의하고 있다.

3. 정직과 균형

이런 자리에서 개인적인 이야기를 꺼내는 것이 괜찮을지 모르겠지만 사담 한 자리를 하면 이렇다. 언젠가 어떤 연구 모임에 참석한 일이 있는데 말로만 듣던 '김명인'이라는 사람이 동석했다. 그때 그 사람은 앞으로 한 10년 간은 비평 공부만 하겠다고 했으며, 늦깎이로 대학원에 들어갔는데 석사과정을 마쳤다고 했다. 그 주제가 김수영이라고 했다. 그래서 누군가가 논문을 좀 달라고 했더니 남은 논문이 없다고 했다. 그런가보다 했는데 어느 날 헌책방에 갔더니 그 사람의 논문 복사본이 있어 사 갖고 집에 왔다. 집에 와서 보니 복사본을 다시 복사한 논문이었다. 물밑에서 잘나가던 베스트셀러였던 모양이다. 그리고 필자는 그날 밤에 밑줄을 쳐가며 논문을 읽기 시작했다. 제목이 「김수영의

'현대성' 인식에 관한 연구」이었으며, 석사논문이라기보다는 왠지 박사논문 같은 그런 모양새를 취하고 있었다.

그 논문이 『김수영, 근대를 향한 모험』이라는 제목으로 김수영의 퀭한 두 눈에 오른손으로 볼을 괴고 있는 표지 사진과 함께 출간되었다. 저자는 책의 서문에서 그 시간을 8년으로 요약하면서 정의하기를 "이 책은 1921년에 태어나 1968년에 죽은 한 사람과, 1958년에 태어나 이제 내후년이면 그가 죽은 나이에 다다르는 한 후인 사이의 긴 시간에 걸친 대화가 담긴 이야기책"(7쪽)으로 읽히기를 바란다고 적고 있다. 아마도 석사논문으로 제한한다면 이광웅의 「시와 죽음—김수영 시의 출발과 그 기조」(원광대, 1979)와 함께 가장 매력적인 논문이며, 1990년대로 제한한다면 김상환의 『풍자와 해탈, 혹은 사랑과 죽음』(민음사, 2000)과 함께 가장 주목되는 단행본일 것이다.

서평을 하려고 책을 펴들었을 때 김이 빠졌다. 그 자신 다음과 같이 밝히고 있기 때문이다. "무엇보다 내가 1960년대, 특히 5·16 이후의 후기 김수영을 지나치게 소극적이고 비판적으로 평가하고 있었다는 사실이 새로운 연구 성과들에 접하면서 내내 마음에 걸렸"(6~7쪽)다고 했다. 필자는 '저자 역시 느끼고 있었구나'라고 생각했다. 또 적어도 단행본이 되어 나올 때는 그러한 문제의식이 어떤 식으로든 변화를 보여 주었다면 더 좋았을 것이라는 바램이 전혀 없었던 것은 아니나. 이에 대한 답변은 이 책의 보론 「왜, 아직 김수영인가—1990년대 김수영 연구의 문제」를 통해서 어느 정도 탐색이 가능할 것 같다.

저자는 1990년대의 김수영 연구를 '뜯어먹기 좋은 빵'으로 비유하고 있다. 이 시기에 이르러 김수영에 대한 2차 문헌의 편수가 거의 갑절에 이르고 있기 때문이다. 그 양적인 수의 증가에 따른 연구의 유형을 '군맹무상', '새로움', '절실함', '매력과 매혹' 등의 항목을 통해 분류하고 이에 대해서 평가하고 있다. 이 과정에서 저자가 제기하고 있는 문제점은 대략 두 가지이다. 하나는 "김수영의 '잉여'를 연구 대상으로 삼는 연구는 결코 김수영의 전모에 다가갈 수 없다"(321쪽)는 지적이며, 다른 하나는 김수영의 시세계는 "삶에서의 실패와 시에서의 성취라는 갈등하고 상호침투하는 두 측면을 동시에 다 보는 것"(331쪽)의 중요성을 강조하고 있다는 점이다. 그런데 이 두 가지 지적은 상당한 설득력에도 불구하고 서로 모순된 측면이 있다. 후자의 지적을 먼저 본다면 그것은 김수영 자신이 아니라면 절대로 알 수 없는 것이며, 전자의 지적은 그렇다면 김수영에 대한 새로운 시각의 산출은 어떻게 가능한가의 문제와 곧바로 연결된다. 이에 대한 대답을 저자는 서문에서 하고 있는 듯하면서도 하고 있지 않은 것처럼 보인다. 이것은 김지하가 말하고 있는 '기우뚱한 균형'인 것처럼 보이지만 필자가 보기에는 김수영을 바라보고 있는 감각과 논리에 대한 '대칭적인 균형'이 저자의 생각이라고 판단된다.

이 책의 제3장 4절은 김수영의 1961년부터 1968년 그가 시작 활동을 멈출 때까지의 시기를 대상으로 하고 있다. 이 부분의 서술은 책의 전반부의 서술과는 판이하게 달라지는 것을 발견할 수 있다. 그렇다면 앞에서 지금까지 천착해온 의미는 무엇인가라는 당혹감을 갖게도 한다. 그리고 이를 가능케 한 논거로서는 김지하의 「풍자냐 자살이냐」(『시인』, 1970.6.17)라는 글이 가장 유력하다. 이를테면 이 시기를 김지하의 시각으로 바라본 김수영의 세계는 무의미하다. 그리하여 김수영은 소시민적인 풍자와 현실을 초월한 해탈의 세계를 동경할 수밖에 없었다는 결론에 이르게 된다. 그런데도 김수영은 아직도 펄펄 살아서 날뛰고 있다면 저자 입장에서는 침묵할 수밖에 없다. 그 침묵은 '균형'을 버릴 수 없다는 판단에 따른 것으로 비친다.

수많은 김수영론이 있다. 좋은 김수영론과 나쁜 김수영론도 있다. 그 가운데에서 가장 꼼꼼한 김수영론을 들라면 김명인의 이 책이 해당될 것이다. 김수영의 삶과 시세계 그리고 산문은 물론 이후의 연구성과에 대해서 분석하고 비교하고 그리하여 시대적 의미를 따져 나아가는 과정을 통해서 김수영 연구의 지형도가 드러났다. 그런 의미에서 이 책이 김수영 연구사에서 차지하는 위치는 매우 소중하다. 김수영 연구에 대한 새로운 초석을 마련하고 있다는 점에서 그렇다. 지금까지 다른 수많은 연구물들이 이러한 관점을 택하고 있지 않다는 점이 의아할 정도이다. 왜 그랬을까? 아마도 1960년을 전후한 김수영 시세계의 심연에 대한 두려움이 이러한 결과를 낳지 않았을까 추측해 본다. 그 심연의 공포에 대한 너무 자유로운 비행이 저자는 못내 못마땅한 듯하다. 그것은 김수영이 보여 준 정직한 태도이지만 그 정직과 해탈을 일체감으로 받아들일 수 없다면 앞으로 또 많은 김수영론이 써질 것이다.

다양한 근대성 논의에서 현대시도 예외는 아니어서 김수영과 근대성의 관련 양상은 빼놓을 수 없는 사항이다. 이 책은 원래의 제목 '현대성 인식'에서 '근대를 향한 모험'으로 수정되었다. 저자는 김수영의 현대성의 인식과 한계를 다음과 같이 지적하고 있다. "김수영의 사유 속에는 '현대성'과 '후진성'의 대립은 있지만 그 둘을 연결시켜 이해하게 하는 '근대성' 일반에 대한 비판적 인식은 거의 존재하지 않았나"(30쪽)라고. 필자 자신도 김수영이 갖고 있었던 근대성 혹은 현대성 일반에 대한 사유가 무엇인가에 대해서 뚜렷한 적시를 보여 주지는 못하고 있다. 하지만 근대성에 대한 논의가 1990년대 들어서 그야말로 폭발적이었다면 그 기원의 탐색에서 김수영이 가장 유력한 대상이었다는 점을 지나칠 수는 없다. 김명인은 이런 정황에 대해서 한 발쯤 옆으로 비켜 서있다. 혹여 시대적인 변화와 흐름 속에서 김수영이 지나간 연대의 한 대상으로 고정되었으면 하는 바람을 갖고 있었던 것은 아닐까 생각해 본다. 김수영과 김명인의 상대적인 포착이 아쉬운 대목이다. 그리고 작품과 텍스트 인용에서의 다분히 과도한 중략은 논지의 분명함에는 도움이 되겠지만 김수영의 풍부함과는 거리가 있는 것처럼 보인다.

4. 동경憧憬의 시각

김응교의 글들을 간간이 읽어보았지만 전체적으로 통독해 본 것은 이번이 처음이다. 최근의 글로는 「1923년 9월 1일, 도쿄」(『민족문학사연구』 19, 2001)가 있었는데 관동대지진이 발생했던 당시에 일본에 체류하고 있었던 문인들의 행적과 의식을 추적한 글이었다. 그런데 아쉽게도 이번 책에는 빠져 있다.

먼저 이 책은 크게 두 부분으로 나누어 살펴볼 수 있다. 전반부는 신동엽, 박두진, 이찬을 집중적으로 다루고 있으며, 후반부는 1920년대 이상화로부터 1990년대 이성복, 최승호, 임동확의 시까지를 폭넓게 다루고 있다. 분석의 대상이 된 시인들을 통해서 저자의 관점을 추적하는 것도 유용하겠지만 이 책에서는 저자가 마련한 현대시사의 관점이 일목요연하게 정리되어 있어 이를 먼저 살펴보겠다. 「분단극복과 시의 실천」이라는 제목의 글이 바로 그것인데 1945년 이후의 분단문학의 특성과 전개 양상을 반외세 민족문학의 관점에서 정리하고 있다. 이것의 지향은 물론 '통일문학사'에 맞추어져 있다. 그리고 이런 폭넓은 관점에 기인한 탓인지 현대시 연구에서 제대로 위치시키기 어려웠던 정인섭, 황금찬, 모윤숙, 노천명, 한무학, 박지수, 김창숙 등의 시인들 이름이 여기저기에서 산견되는 것은 이 책을 읽는 쏠쏠한 재미이다. 현대시를 읽고 바라보는 자유스러움이 느껴지는 대목이라고 할 수 있다.

이 책의 전반부에서는 신동엽, 박두진, 이찬에 대한 집중적인 조명이 이루어지고 있다. 시기적으로는 편차가 있는 글들이지만 이 세 시인을 서로 왕복하면서 통일된 조국의 시문학사를 재구성하려는 것이 필자의 의도라고 보여진다. 먼저 박두진의 경우를 살펴보면, 저자는 박두진의 시세계를 '죽음과 살림 사이의 싸움'(78쪽)으로 정리하고 있다. 박두진의 시세계는 현실과 초월 사이에서 '인간—신—자연'의 세계가 일체감을 이룰 수 있었던 것이다. 아울러 그는 박두진이 「거미의 성좌」에 이르러 현실파악의 방법이 '현실에 밀착된 정신적인 경험으로 발전'(97쪽)했다는 평가를 이끌어내고 있다. 이러한 평가는 이전의 자연에 대한 시와 그 이후에 시인이 보여 준 종교시의 영역이 일원론적인 합일을 이루게 된 에포크로 부각시키며, 박두진 시의 본령이 어디인가에 대한 탐구로 나아가게 된다.

「박두진과 빛의 상상력」은 매우 공들인 글이다. 해, 달, 불, 별의 '고소상징高所象徵'이 빛의 상징으로 수렴되는 양상을 매우 산뜻하게 보여 주고 있다. 그리하여 "빛의 상징은 일반적인 원형적 상징과 이어져 있으며, 이처럼 '태양—불—빛—부활'은 이미지 다발로 이어져 그의 시와 독자 사이에서, 역동적인 상상력 운동을 일으키고 있다"(135쪽)라는 평가로 이어진다. 박두진의 시세계에 대한 저자의 충일한 상상력이 작동한 결과라고 할 수 있다. 간혹 '이미지 다발'과 '상징 다발'이라는 용어를 사용하면서 이미지와 상징을 동일한 의미로 사용한다거나, 이미지와 상징보다는 '다발'이라는 연계성과 계기성을 강조하고 있는 점은 박두진에 대한 기존의 시각과는 차이가 있으며 다분히 낯설기도 하다. '이미지 다발'은 먼저 베르그송과 그의 계승자 T. E. 흄의 저작을 통해 살필 수 있는데 이러한 이미지군이 상징적 의미로 전화되기 위해서는 C. D. 루이스를 거쳐야 하는 것으로 필자는 알고 있다. 만약에 저자의 판단이 그러하다면 박두진에 대한 기존의 평가는 좀 더 적극적으로 평가되거나 수정되어야 할 것이다. 그리고 그래야만 박두진의 시에 나타난 현실과의 친화를 좀 더 간명하게 설명할 수 있을 것으로 판단된다.

아울러 「신동엽 시의 장르적 특성」은 신동엽의 「시인정신론」을 통해서 그의 시적 변모를 추적하고 있는 글이다. 「신동엽 시 「종로 5가」, 「껍데기는 가라」와 일본어역」에서는 신동엽 시가 일어로 번역되었을 때 나타나는 어감(뉘앙스)의 문제를 세밀하게 검토하고 있다. 신동엽에 대한 관심은 분단시대에 가장 주목되는 시인으로 필자가 판단했기 때문일 것이다. 상대적으로 김수영에 대한 조명이 미약하다는 것은 필자의 개성이 드러난 것으로 볼 수 있겠다.

이 과정에서 이찬에 대해 집중적인 조명을 한 것은 신선한 공감을 유발하고 있다. 최근 친일 문인의 목록에 등재된 시인이고 보면 그에 대한 접근은 조심스러울 수밖에 없는 형편이기도 하다. 「혁명적 낭만 시인, 리찬」에서는 이찬의 활동을 시기별로 접근하면서 그의 시세계를 감상주의로 귀결시키고 있으며, 「리찬의 개작시 연구」에서는 북에서 출간된 『리찬 시선집』(1958)을 대상으로 분단문학사 속의 이찬의 평가에 적극적으로 개입하려 하고 있다. 그 결과 「리찬 시와 수령형상문학」에서는 '수령형상문학의 모범'으로 지칭되는 「김장군의 노래」를 통하여 그의 위상이 공고화되는 과정을 추적하고 있다. 이른바 이찬 3부작의 결론은 "'리찬'의 모더니즘 시와 친일시에 대한 총체적인 평가가 마무리 될 즈음에, 우리는 북한문단이 '리찬'의 모더니즘과 친일시 경력을 다루지 않는 이유를 다시 확인할 것이며, 남북한을 아우르는 통일문학사를 좀 더 정치하게 평가할 수 있을 것으로 기대해 본다"(223쪽)쯤으로 파악된다.

김응교의 연구 관점에서 모더니즘은 재해석되어야 할 대상이다. 1980년대의 대표적인 모더니즘 시인으로 볼 수 있는 이성복의 「정든 유곽에서」에 대한 해석에서도 '유곽'을 한반도 현실의 한 축도로 파악하는데 주저하지 않는다. 문병란, 김진경, 이산하의 시에 대한 주문도 읽히는 시, 자연스러운 시, 그리고 메시지 전달의 가능성에 그 초점이 맞추어져 있다. 왜냐하면 민족 현실의 불균형을 묶기 위해서는 문학, 특히 시가 그 역할을 다해야 하는데, 그는 그 가능성에 일말의 회의도 보여 주지 않는다. '리찬'에 대한 연구는 그렇게 해서 탄생한 것으로 판단된다. 그리하여 기껏 감상주의의 변모에 불과한 모더니즘이라면 과감히 탈각될 운명을 감수해야 할 것이며, 적어도 '리찬'에게서 그렇다. 다만 『문화전선』(창간호, 1946.7)에 발표된 「김장군의 노래」가 "정치적으로 김일성의 유일 지도자화가 가시화되었던 시기의 작품이라고 볼 때, 리찬의 「김장군의 노래」가 새로운 해방 주체의 개국을 알리는 일종의 '용비어천가'가 되었던" 사실과 함께, 김일성에게 '군사적 실패'와 '정치적 승리'라는 결과를 낳은 한국전쟁과 당내투쟁을 통해 북한이 사회주의 체제로 이행되는 과정[1]에서 '리찬'이 「김일성의 노래」와 운명을 같이하게 되는 과정을, 이 분단된 오늘의 현실에서 어떻게 보아야 할 것인가 하는 문제가 여전히 남는다. 적어도 그것은 모더니즘만의 문제는 아닐 것이며 친일시의 문제이면서 동시에 현실에 대응

1 와타 하루키, 『조선전쟁』, 돌베개, 2002, 110~119쪽.

하는 시의 문제인 것이다.

필자는 저자의 이러한 폭넓은 시야와 관측이 어떻게 해서 가능하게 되었는가 하는 의문이 들었다. 이는 현대시에 대한 그의 감식안의 준거가 무엇인가 하는 질문과도 상통하는 문제인데 그 대답을 그의 「비판적 낭만주의 시인, 이상화」에서 발견할 수 있었다. 「1923년 9월 1일, 도쿄」에서도 이상화의 행적을 살피고 있거니와 박두진, 신동엽, 이찬과 함께 이상화는 저자가 지속적인 관심을 갖는 시인으로서 그 면모가 탈색되지 않는다. 이상화의 시세계를 낭만성에서 찾고 있는 저자는 그의 문학적 성격을 비판적 낭만주의로 보았다. 물론 지속적인 시세계를 펼치는데 장애를 겪었지만 남과 북에서 공통적으로 관심을 갖는 몇 안되는 시인 가운데 하나로서 이상화에 대한 관심은 소중한 것이다. 북한문학사에서 이상화의 후기시에 대한 적극적인 관심이 부족하다는 지적(250쪽)이 이상화 시의 변모 양상에 대한 연구로 저자를 이끌었을 것이다. 그렇다면 이렇게 볼 수도 있다. 만약에 이상화가 살아서 시작활동을 계속했다면? 그것은 이찬의 모습일 수도 있고, 박두진의 모습일 수도 있고, 신동엽의 모습일 수도 있다. 이러한 다중인격의 시인들이 '다발'을 이루고 있는 것이 현대시의 사회적 상상력을 증폭시키는 무의식 혹은 잠재 능력인 것으로 저자는 꿈꾸고 있다.

—『민족문학사연구』 21, 2002

제5부

초심의 소명으로 기들을 세우다

조선 후기 소품문, 그 다양한 빛깔

김영진 | 고려대학교 강사

이옥, 실시학사 고전문학연구회 역주, 『역주 이옥전집』(전 3권), 2001

1.

실시학사實是學舍 고전문학연구회에서 『역주 이옥전집』(역주 2책, 원문 1책, 이하 『이옥전집』으로 약칭)을 냈다. 『이향견문록里鄕見聞錄』·『조희룡전집趙熙龍全集』에 이은 세 번째 결실이다. 이 세 저작은 모두 18세기 말에서 19세기까지 우리 문학·예술계의 흐름을 가장 정채롭게 보여 주고 있는 글들이기에, 우리는 이를 통해 전대前代의 문학·예술론에 대비되는 이 시기의 새로운 경향들을 보다 면밀하게 이해할 수 있게 되었다. 학계나 일반 독서 대중에게 여간 반가운 일이 아니다.

이옥李鈺, 1760~1815은 1790년 생원시에 합격하여 성균관에 재학하고

* 2002년 1학기 고려대 국문과 대학원 「조선 후기한문학연구」 강좌에서 마침 이옥을 다루게 되어 보다 면밀히 이옥의 작품들을 읽어 볼 계기가 되었고, 본 서평의 작성에도 일정한 도움을 입었다. 특히 이 글의 3에 들어 있는 소품에 대한 정의 및 이옥 글에 대한 斷想들은 강의를 주관하신 이동환 선생님의 구두 발언을 상당 부분 옮겨왔음을 밝혀둔다.

있던 중, 응제문應製文에 소설체를 썼고, 또 문체가 난삽하다는 등의 이유로 정조正祖에 의해 몇 차례 견책을 받고 결국 유배형에 해당하는 충군(충군(充軍)은 법제상으로는 장(杖) 100대, 도(徒) 3년, 류(流) 3,000리에 해당하는 무거운 형벌이고, 사대부에서 일반 서민으로의 강등·편입을 의미하는 것이다)에 처해졌고, 이후 고향인 경기도 남양南陽으로 낙향하여 불우한 삶을 마쳤던 인물이다.

정조의 주요한 문화 정책의 일환으로 제기되었던 문체반정文體反正(문체를 순정한 상태로 복귀시킨다는 의미)은 급변하는 시대 환경 속에 봉건적 사고에 반하는 다양한 의식 및 사상의 분출을 제어하기 위한 조치였던 바 이는 곧 보수성의 강화로 귀결되었다. 이옥은 이러한 정조의 문예 정책에 가장 먼저 저촉되었고, 그 후 일생을 이 굴레로 신고辛苦를 겪은 인물이다. 문체반정과 관련된 유일한 실질적 희생자라고도 할 수 있는 이옥의 문학은 그런 면에서 연구자들의 큰 관심을 받아왔다.

1960~1970년대 이가원, 이우성, 임형택 교수에 의해 조선 후기 세태를 빼어나게 담아낸 이옥의 전傳 작품들이 번역됨으로써 그는 학계에 처음 알려지기 시작하였고, 김균태 교수의 「이옥 연구」(1977)에서 문제작 『이언俚諺』이 처음 발굴되면서 본격적인 연구 논문들도 나오기 시작하여 현재까지 20여 편의 관련 논문들이 축적되었다. 최근에는 그동안 구체적으로 밝혀지지 못했던 이옥의 가계 및 교유 등에 대한 고증이 이루어져 그의 집안이 서얼·무반계이고 당색은 소북小北임이 보고되기도 하였다(김영진, 「이옥 연구(1) – 가계와 교유, 명청소품 閱讀을 중심으로」).

2.

『이옥전집』은 현재까지 확인된 이옥의 전全 저작을 모아 이를 역주한 것이다. 그의 글은 김려金鑢, 1766~1821가 벗 16인의 시문을 모아 1821년경에 편찬한 『담정총서藫庭叢書』(필사본 34권 17책, 통문관 소장)에 대부분 수록되어 전한다. 『담정총서』는 개인 소장본으로 널리 공개되지 못한 때문에 그간 학계에서도 극소수의 연구자만이 접했던 것으로, 금번 『이옥전집』 출간은 『담정총서』 안에서도 가장 정채롭고 문제적인 작가의 글이 이제야 널리 공개되게 됨에 무엇보다 우선의 의의가 있다고 할 것이다.

『이옥전집』은 『담정총서』 내의 『문무자문초文無子文鈔』, 『매화외사梅花外史』, 『화석자문초花石子文鈔』 등 총11종의 소집小集으로 묶여져 있던 이옥의 글들을 해체하여, 부賦, 서序, 발跋, 기記, 논論, 설說, 전傳 등 문체별로 재배열을 하였다. 이리하여 수록된 그의 작품은 일반 산문 100편(「봉성문여」 총65칙 미포함), 한시 『이언俚諺』 66수, 희곡 1편이다. 이 외에 부록으로 이옥의 소집小集들에 대해 그 내력을 적은 김려의 제후題後 11편을 수록하여 이해를 도왔고, 이옥의 발자취가 닿은 곳들을 대부분 직접 현장 답사하여 좋은 참고 사진들을 실어주고 있다. 이 점 역주자들의 대상 인물에 대한 가없는 애정과 열성을 여실히 보여 주고 있다.

이옥의 글은 전傳, 문학론 등 일부 글을 제외하곤 문장이 대단히 까다롭다. 심지어 구두조차 떼기가 어려운 작품도 다수이다. 이는 그가 벽자僻字를 많이 구사한다는 것과 문장에서의 축약이 심하다는 점에 원인이 있다. 그는 한문산문의 전통적 읽기방식인 송독誦讀을 거의 고려하지 않고 글을 쓰고 있다. 따라서 문장이 매우 껄끄럽고, 기괴하고 난

삽하기까지 하다. 게다가 이옥은 명청소품을 비롯한 자신의 방대한 독서량을 과시라도 하듯 궁벽한 전고典故들을 대폭 쓰고 있다.

이처럼 난해한 그의 글들을 몇 년의 고된 작업 끝에 충실한 역주본을 낸 실시학사 고전문학연구회에 진심어린 찬사를 드린다. 난공불락처럼 보이던 이옥의 글들이 완역됨으로써 향후 조선 후기를 연구하는 많은 연구자들에게 든든한 디딤돌이 마련되었고, 특히 조선 후기 소품문학 연구에 있어서는 새로운 전기轉機가 될 것이라고 필자는 감히 말하고 싶다.

다만 아쉬운 점은 일부 주석에 오류가 발견되는 것인데, 그 주된 원인은 역주자들이 이옥이 접하고 적극 채용했던 명청 소품 작품들을 숙지하지 못한 데 있는 것으로 보인다. 이는 사실 역주자들만의 책임이라기보다 조선 후기에 집중된 연구를 해오면서 그와 밀접한 관계를 가지는 명청의 학술·문학 실상에 대한 연구가 상대적으로 소홀해 왔던 우리 학계의 현단계를 지표해 주는 것이기도 하다. 그 외 극히 일부이긴 하나 번역·구두에서도 오류가 없지 않은데 이를 포함하여 몇 가지를 보이면 다음과 같다.

① 「유이원청악기游梨院聽樂記」에 인용된 기녀 설의雪衣 금심琴心과 그들이 활약했던 남곡南曲(기녀들의 거주 지역을 말함), 「삼유홍보동기三遊紅寶洞記」에 전고典故로 씌어진 "이십랑李十娘 집의 늙은 매화" 등은 청초淸初의 문인 여회余懷가 1693년에 지은 『판교잡기板橋雜記』에 모두 나오는 것인데, 이 책을 참조하지 못하여 주석이 미비하거나 잘못되었다.

② 「남정십편南程十篇」 내 「옥변屋辨」의 경우는 오역이 심한 편이다. 우선 박후朴侯(주석에서 미상이라 하였으나 박지원임)가 말한 부분의 번역이

자연스럽지 못하고, 이하 이옥의 논평에서는 4언구를 연용連用하며 압운까지 하고 있는데 이 부분에 구두가 잘못된 곳이 있으며, 이어 『연산역連山易』(『한위총서』「古三墳」에 수록되어 있음)의 "皇曰, 大庭, 主我屋室, 視民之未居者, 喩之"와 『주역周易·계사전繫辭傳』의 "上古穴居而野處, 後世聖人, 易之以宮室" 구절이 인용되었는데, 이것이 인용문임을 고려치 못하여 구두 및 번역이 잘못되었다.

③「남정십편」 내 「방언方言」에는 영남의 방언 여러 가지를 나열하였는데 그 중에 '廨曰求義'라는 구절이 있다. 역주본에서는 여기 '해廨' 자를 '구廐: 마구간'의 오자라고 교감하였는데, 이는 원문대로 '해廨'가 옳다. 『두시언해』 및 『번역노걸대』 등에 관아官衙를 '구위' 또는 '구의'라고 한 용례가 여럿 보인다.

823

④「독주문讀朱文」의 '조애鳥哀'를 '도이島夷'의 오사誤寫로 추정하였으나 이는 '조애'가 맞다. '조애지령鳥哀之靈'은 조애국鳥哀國의 용조해龍爪薤라는 것으로 신선이 먹는다는 채소이다. 출전은 『동명기洞冥記』이다. '중옹重甕' 역시 미상未詳으로 처리되었으나 이는 중옹씨로 그의 식읍食邑에서 온갖 보석이 다 났다고 한다. 출전은 『목천자전穆天子傳』이다. 「독주문」은 서두에서 갖가지 사물들을 나열하고 글의 후반에서 이를 다시 하나하나 적시摘示하면서 문장의 조응照應을 이루고 있는데, 그렇기에 후반에 나오는 고문古文은 '고문'이라고만 번역할 게 아니라 '삼창三蒼의 고문'(大篆으로 되어 있는 古文字를 말함)이라고 번역해 주어야 의미의 외연이 넓은 '고문'에 대한 읽는 이의 오해가 없을 것이다(참고로 「독주문」에는 갖가지 신이한 책들에 나오는 어휘와 전고들이 대량 인용된 바 이 책들은 거의 다 『(增訂)漢魏叢書』에 수록된 것들이다).

⑤ 「구문약소서歐文畧小序」의 척향자瘠鄕子는 이옥이 만년에 쓴 또 하나의 호號로 추정된다. '수척해져 가는 사람'이란 정도의 의미일 것인데, 이를 호로 보지 못하여 구두가 잘못되고, 문맥이 이상해졌다.

이상의 예시는 취모멱자吹毛覓疵에 불과하다. 다만 이옥 문학 연구에 있어서 상대적으로 소홀해 왔던 명청소품에 대한 중요도를 환기하고자 들어 본 것이다.

3.

앞서 언급한대로 정조는 문풍이 점점 비속해지는 것과 과문科文에까지 패사소품 문체가 침투하고 있는 것에 대해 심각하게 인식하고 이에 여러 조치를 취하였는 바 이런 성향을 가져온 가장 큰 원인으로 명청의 문집과 소설류의 탐독을 들고, 그 문풍을 험괴險怪와 첨산尖酸으로 지적했다. 그런데 이옥의 글들에는 정조가 그토록 비판한 명청의 작가 이름과 서명, 그 책들 속에 나오는 어휘 등이 다량으로 나오고 있다. 문집을 일별해 보면 이런 성향이 매우 두드러져서, 그가 유생으로는 유일하게 문체 문제로 걸려든 것이 결코 우연이 아니었음을 입증해주고 있다. 정조가 겨냥한 지점의 한복판에 있던 전형적 인물이 바로 이옥인 것이다.

이옥의 몇 가지 발언을 보자.

① 대저 천지만물에 대한 관찰은 사람을 관찰하는 것보다 큰 것이 없고, 사람에 대한 관찰은 정情을 살펴보는 것보다 더 묘한 것이 없고 정에 대한 관찰은 남녀의 정을 살펴보는 것보다 더 진실된 것이 없다.

—「俚諺·二難」

② 서書나 서序·발跋 같은 것은 취할 만하여 취하였고, 비碑와 갈碣은 체體를 갖추었기 때문에 각각 취하였다. 소疏와 차箚는 기인畸人: 세상과 어긋난 사람이 일삼을 것이 없기에 취하지 않았다. (…중략…) 책의 마지막은 「낙화기洛花記」로 끝을 맺었는데, 구양수가 지은 것이나 내가 취한 것이나 역시 모두 하나의 물거품 꽃이니 약約함과 약하지 않음을 논할 필요가 있겠는가!

—「歐文略小序」

③ 석호자石湖子는 말한다. 내가 일찍이 한양에 객으로 노닌 적이 있었는데 한양에는 충신, 효자, 열녀, 효녀의 정려문이 많았다. 내가 경의를 표하고 물어 보니 모두 양반 귀족 벼슬아치의 대갓집들이었다. 나는 이를 이상하게 여기지 않았다. 대저 양반 귀족 대갓집들은 모두 밖으로는 가훈을 지키고 안으로는 여사女師의 교육을 받아 신하가 되어서는 충성하고, 아들과 딸이 되어서는 효도하고, 부인이 되어서는 열烈과 절의를 지키는 것이 마치 소가 밭을 갈고 말이 멍에를 매는 것과 같아 나만 그 경우를 만났기 때문일 뿐이다. 이를 능히 함이 반드시 기이한 것이라 할 수 없고, 능히 하지 못함이 반대로 이상한 일인 것이니 무슨 기이함이 있겠는가?

—「頖村四旌閭記」

위에 든 세 가지 언급이 이옥의 세계관, 문예취향의 전모를 설명해 주는 것은 아니나 일단 그 성향의 대략은 가늠할 수 있게 해 준다. ①의 예문에서 우리는 이옥의 문학이 주정主情의 성향이 농후할 것임을 예상해볼 수 있고, ②에서 그의 문학이 기존의 사대부들의 관각館閣 문학과는 매우 이질적일 것임을 예견할 수 있고(글의 끝에 '물거품 꽃' 운운에서 이옥의 퇴영적 허무주의 내지 감상주의가 느껴진다), ③에서는 이옥의 사대부 상층문화에 대한 다소의 반감과 함께 그 문학의 방향이 민간 서민층에 가까이 서리라는 것을 예감할 수 있다.

요컨대 이옥의 문학은 중국과 조선, 아雅와 속俗, 남성과 여성, 중심부와 주변부에 있어서 모두 후자에의 지향을 가졌다(단, 俗은 미학적으로 卑俗의 의미는 아니다. 이옥의 글은 雅의 격조를 띠고 있는 것도 많다).

그의 의식과 글쓰기는 중국의 명말 청초와 조선의 18세기 말~19세기 초에 성행했던 '소품 문학'의 진수를 보여 준다고 해도 과언이 아니다. 소품을 정의하기는 쉽지 않으나 대개 다음과 같은 특징을 갖는다.

① 글의 편폭이 비교적 작다. ② 사물에 대한 접근 태도가 전관적全觀的이지 않고 편관적偏觀的이다. ③ 문장의 서술 체제가 격식적이지 않고, 자기고백적 진술함이 있다. ④ 아정雅正보다는 기취奇趣를 보인다. ⑤ 신변잡사로까지 글의 소재 확장이 있다. ⑥ 주제에 대한 강조보다 문예미에 대한 집착이 강하다.

소품이 이른바 '고문대책高文大冊'의 고문古文과 다른 점이라면 근본적인 것보다는 지엽·말단을 주로 취한다는 것이다. 소품은 일단 외견상 '근본'을 드러내지 않는다. 그러기에 '거대담론' 같은 것을 취하지 않았다. 소품은 어떤 현상의 지엽·말단에서 진실을 엿보고자 하거나, 찾고자 하는 의식을 가지고 있다.

이옥의 문학은 위의 조건들을 완벽하게 충족시키고 있다. 그는 글쓰는 행위 자체를 매우 사랑하고 즐겨한 작가이다. 구절 하나, 글자 하나에도 문예미적 집착이 대단하였다. 이지적이기보다는 감성적인 성향이 매우 농후한 소품이란 문체는 이옥의 체질과 너무도 잘 맞아 떨어졌다.

이제 필자가 이옥의 글을 읽으면서 느낀 점 몇 가지를 두서없이 적어보면 다음과 같다.

이옥의 글은 명청소품류 및 불경에 대한 숙독과 영향에서 나온 것이 많다(소품서 중에도 『한위총서(漢魏叢書)』, 『설령說鈴』, 『단궤총서檀几叢書』 같은 총서류와 『판교잡기』, 『정사유략情史類略』, 『묵취향墨醉香』 같은 남녀간의 애정 내지 여성적 취향을 갖는 책들이 특히 주목된다).

그의 글에는 그만의 독특한 미의식이 잘 녹아들어 있다. 「중흥유기重興遊記」의 경우는 좋은 예이다. 이 글에서 그는 북한산 유람의 아름다움을 노래했다. 하지만 그가 느낀 아름다움은 속세를 떠난 자연에만 있는 것이 결코 아니다. 그는 "산행을 마치고 도성으로 다시 들어오니 취렴翠帘이 내걸린 주막, 홍진紅塵을 일으키는 거마車馬가 더더욱 아름답게 보인다"고 했다. 아雅와 속俗, 고요와 번화의 그 온갖 정황과 사물들의 아름다움을 인정하고 있는 것이다.

그는 또한 대단히 세밀한 관찰자이다. 그의 관찰과 기록은 놀라울 만큼 꼼꼼하여 때로 집착에 가까울 정도이다. 「봉성문여」의 「시기市記」와 「남정십편」의 「사관寺觀」은 이 방면의 좋은 예이다. 「시기」의, 창문 구멍으로 보이는 시장을 오가는 온갖 사람들의 모습을 하나하나 써내려 가다가 어떤 이가 그 구멍 앞에 지게를 세워놓아 그만 시야가 가려 더 이상 못 보게 되었다는, 그 언표되지 않은 행간에 이옥의 무료와 우울이 읽는 이의 뇌리를 스친다. 「사관」에서는 오백 나한상의 묘사도 놀랍거니와 절의 전경의 꼼꼼한 기술은 이옥의 글 쓴 의도와는 무관하게 현재 전주 송광사(순천 송광사가 아님)의 건물 배치를 이옥 당시대로 재구할 수 있는 효용까지 가져다 준다. 그만큼 그의 관찰과 기록정신은 놀라운 수준이다(현재 송광사의 건물배치는 19세기에 중창·보수되면서 원래의 모습과는 완전히 바뀐 실정이다).

이옥의 작품에는 타인과의 교제 속에 나오게 되는 이른바 '응수문자應酬文字'가 전혀 없다. 이 점 이옥이 처한 처지를 잘 보여 주는 것이기도 하나(서얼·무반 집안에, 실세한 당파에, 국가로부터 불명예스런 처벌마저 받은 문인이었으니 본인 스스로도 교제에 소극적이었을 것이고, 대부분의 사람들 또한 그와의 교유를 피했을 것이다) 100편을 상회하는 현존 그의 산문들에 타인을 위한 문집 서발序跋, 누정기樓亭記, 송서送序, 서간, 묘지명 등이 전혀 보이지 않는다는 것은 본인의 의도적인 소산이라고 밖에 볼 수 없다(단, 송서와 서간은 1편씩 있다).

이옥의 글에는 거대담론이 배제되어 있다. 그는 경세제민, 도덕, 시대사상 등의 거대담론은 거의 다루지를 않는다. 그가 즐겨한 영역은 분명 다른 곳에 있었다. 이옥은 사상가는 아니었다. 소품 작가 가운데는 연암 박지원처럼 사상적으로도 정해精該한 이가 있었으나 이옥은 사상 방면에는 소극적이었다. 김려는 이옥의 「야인양군자설野人養君子說」, 「전세설田稅說」, 「두론斗論」 등의 글을 들면서 세상에 아주 유용한 글이라고 칭찬했지만 이런 성향의 글은 분명 이옥의 본령은 아니다. 그는 거대한 사상을 제시하지 않았지만, 기존의 세계를 주도하는 중심적 가치를 의도적이든 비의도적이든 해체시키는 방향으로 글쓰기를 함으로써 거대 사상이 해낸 시대적 역할에 버금가는 또 다른 역할을 해낸 셈이다.

이옥의 글엔 여운이 있다. 주제가 명쾌하게 제시되지 않으면서도 뭔가 있는 듯 여운을 주기도 하고, 때로 알 듯 모를 듯 화두만 던져 놓고 끝내기도 한다.

필자는 이옥 작품의 주요 특성을 다음과 같이 정리해 보았다. 아울러 관련 작들을 예시하여 독자들에게 읽어보기를 권한다.

첫째는, 문체의 실험성과 '낯설게하기'이다. '낯설게하기'는 그가 구사하는 한자, 어휘, 문장 구조 등에서 일관되게 보이는 것이다. 문체 실험의 예는 다양하게 보이나 「남정십편」, 「중흥유기」 같은 유기체遊記體 산문, 불경 문체를 패러디한 「원통경圓通經」 같은 글들을 한번 접해보면 여실히 느낄 수 있을 것이다.

둘째는, 여성성이다. 그의 문학에 나타나는 여성성 내지 여성취향은 『이언』을 중심으로 많은 연구가 있어 왔다. 이와 관련해서 중국 '사詞' 문학에 대해 지대한 관심을 표한 이옥의 문학론 자료들 및 「차도정절한정부운次陶靖節閑情賦韻」 같은 글도 유의해서 읽어볼 만하다.

셋째는, 유희, 희학성이다. 「연경烟經」(「남정십편」 내), 「원통경圓通經」, 「승불각蠅拂刻」, 「봉성문여」 내의 「애금공장愛琴供狀」과 「필영장사必英狀辭」 등이 대표적이다.

넷째는, 인정세태人情世態에 대한 글들이다. 사실 이옥의 최대 특장이 발휘된 곳이 이 분야이다. 한두 편이 여기 속할 것이 아니지만 필자는 「유광억전柳光億傳」, 「이홍전李泓傳」 같은 작품을 가장 재미있게 읽었다. 이외에 그가 유배지인 경상도 삼가현三嘉縣에서 보고 들은 것을 기록한 『봉성문여鳳城文餘』 역시 대표작이다. 이 안에 실린 「시투市偸」, 「승교적乘轎賊」, 「석굴도수石崫盜鑄」, 「구부총丐夫冢」, 「사당社黨」 같은 글들은 얼마나 흥미로운가!

이옥의 소품 산문은 중세 보편관념만을 주된 내용으로 하면서 전범추수적典範追隨的 성향을 농후하게 보이며 점차 매너리즘에 빠져든 고문古文의 대척에 서서 희학과 재미, 속취俗趣를 아우르는 글쓰기로 나름의 뚜렷한 개성을 선보였다.

혜환惠寰 이용휴李用休는 애제자였던 천재시인 이언진李彦瑱의 죽음을 두고, 신비로운 오색조五色鳥가 지붕에 잠깐 내려앉았다가 사람들이 몰려오자 홀연 자취도 없이 날아가 버렸다고 읊은 바 있다. 이옥 또한 오색五色, 그 이상의 빛깔을 보이고 떠난 인물은 아닐까. 이제 그 신비로운 빛깔 하나 하나를 추출하고, 이를 다시 종합하여 그의 시대에 제대로 드러나지 못했던 그 빛깔들을 선명히 드러나게 하는 것이 우리 후학들의 몫으로 남았다.

—『민족문학사연구』 20, 2002

고전 읽기의 모범 사례

황재문 | 서울대학교 규장각한국학연구원 인문한국사업단 HK교수

정교, 조광 편, 변주승 · 이철성 · 김우철 · 이상식 역, 『대한계년사』(전10권), 2004 외 1권

다산茶山 정약용은 빨리 읽기보다는 한 자 한 자 정확히 읽는 데 힘쓰는 것이 올바른 독서법이라고 그 아들에게 가르친 바 있다. 다산은 대충대충 하루에 천백 번을 읽어내려가면 결국 책을 읽지 않은 것과 같지만, 정확히 알 때까지 따져가면서 읽게 되면 책을 완전하게 이해할 수 있다고 했다. 또한 한 편의 글을 완벽하게 읽기 위해서는 많은 책을 참고하게 되므로, 사실은 그만큼의 책을 읽은 셈이 되고 결국 한 분야의 전문가가 될 수 있다고 했다.

최근에 출판된 번역서 『대한계년사大韓季年史』(전10권)와 『역주 매천야록梅泉野錄』(전3권)은 이러한 독서법에 충실한 책이라고 할 수 있을 듯하다. 수년간의 정기적인 독회讀會를 거쳐서 고전을 읽어낸 기록이기 때문이며, 또한 수많은 문헌을 참고한 흔적을 남기고 있기 때문이다.

황현黃玹, 1855~1910의 『매천야록』과 정교鄭喬, 1856~1925의 『대한계년사』는 이처럼 정밀하게 읽어낼 만한 가치가 있는 문헌이다. 이들 문헌

에 기반을 둔 수많은 연구 성과들을 거론하지 않더라도, 국사편찬위원회가 『한국사료총서韓國史料叢書』의 제1권과 제5권으로 각기 간행한 데서 우선 사료로서의 가치를 공인받았음을 확인할 수 있다. 또한 자결自決로 식자인識字人의 자세를 보여 준 대문장가 황현과 독립협회를 이끌어간 핵심적 인물 정교의 대표적 저술이라는 점도 그 가치를 엿볼 수 있는 단서가 될 것이다.

게다가 객관적 사실뿐 아니라 당시의 소문이나 여론, 사건이나 풍속·신조어의 역사적 연원 등 어느 정도 주관적일 수 있는 부분까지도 풍부하게 서술하고 있기 때문에, 이들 문헌은 당대 사회와 문화의 여러 측면을 살피는 데 좋은 자료이다. 요컨대 역사학자들뿐 아니라 조선 말기 고·순종대의 우리 사회에 대해 관심을 가진 모든 사람들이 읽을 만한 저술이라고 할 수 있을 것이다.

그렇지만 이들 문헌을 제대로 된 번역 없이 읽어내는 것은 상당히 어려운 일이다. 이 경우 한문으로 기록되어 있다는 점만이 그 이유라고 하기는 어렵다. 이미 국사편찬위원회에서 활자화했고 문장 자체가 아주 까다로운 편이라고 평가하기는 어렵기 때문에, 어떤 의미에서 이는 부차적인 이유라고도 할 수 있을 것이다. 그보다는 문헌에 다양한 국내외 인명이나 새로운 어휘, 국내외의 역사적인 사실 등과 같은 참고 문헌을 필요로 하는 사항이 많이 나타난다는 점과 오기誤記로 짐작되는 부분이 있는 등 자료 자체의 정확성 여부가 의심된다는 점이 어려움의 더 큰 이유라고 할 수 있을 것이다.

그런 점을 고려한다면 이들 문헌의 번역이 이본 대조 및 교감을 거치고 충실한 주석을 붙이면서 이루어졌다는 점은 높이 평가할 만하다. 『대한계년사』 번역에서는 규장각에 소장되어 있는 가람본을 영인하고 여타 자료와의 대조를 통해 정오표正誤表와 외국 인명 대조표를 작성해서 붙였고, 『매천야록』 번역에서는 매천 본가 소장 원본 및 국사편찬위원회 소장 필사본과 같은 이본을 대조함으로써 교주본을 작성했다. 이런 작업은 생각보다 품이 많이 들지만 '정확하게 읽기 위해서' 생략할 수 없는 일이고, 이는 동시에 자구 번역에 치중한 과거의 번역들과 선명하게 구분되는 점이라 할 수 있을 것이다. 또한 두 번역서 모두 다양한 자료를 활용한 충실한 주석이 붙어 있다는 점도 특별한 의의를 가진다 할 것이다.

물론 독자의 입장에서는 이들 번역에 대해 불만이 전혀 없을 수는 없을 듯하다. "현대 독자들이 읽기 쉽도록" 그리고 "아름다운 한글 구사력"을 발휘한다는 번역의 원칙을 내세웠음에도 불구하고, 누구나 쉽게 읽어낼 만큼 자연스러운 번역이라고 하기 어려운 부분도 일부 존재하기 때문이다. 특히 처음부터 읽지 않고 색인을 통해 필요한 부분을 찾는 독자는, 뜻을 정확하게 알 수 없는 어휘 때문에 당황할 수도 있을 듯하다. 이 경우 주석이나 색인이 다소 불친절하다고 느낄 수도 있다. 또한 부분적으로 직역·의역의 정도나 사용하는 용어가 달라져서 혼란을 느낄 수도 있을 것이다. 예를 들면 『대한계년사』 번역에서는 규장각 소장 가람본을 '원본'과 '필사본'으로 달리 표기하고 있고(사실 '원본'이 무엇을 뜻하는지 정확히 알기 어려운데, 만약 '정교가 쓴 원본'이라는 의미라면 이에 대해서는 이견이 있을 듯도 하다), 『매천야록』 번역에서는 주석에서 한 번 설명한 어휘를 뒷부분에서는 별다른 설명 없이 원문의 용어대로 사용하기도 한다.

그런데 어떤 면에서는 이러한 다소의 '불친절함'은 독자의 독서를 보다 정밀하게 만드는 효과가 있으리라고 생각해볼 수도 있을 듯하다. 독자가 내용을 이해하기 위해서는 전후의 맥락을 생각하면서 결국은 보다 정밀하게 읽을 수밖에 없을 것이기 때문이다. 사실 『매천야록』이나 『대한계년사』는 특히 조심스러우면서도 정밀한 독서가 필요한 책이다. 성실한 저자가 객관적이면서도 공정한 태도로 기술했음에도 불구하고, 저자의 관점이나 인식의 범위로 인해 이들 두 문헌 사이에는 사건의 정황이나 원인, 인물의 평가 등이 일치하지 않거나 심지어는 상반되는 예도 발견된다. 따라서 독자는 다양한 시각이 존재함을 인지하고 이를 상호 비교하면서 읽어나가야 사건의 진상에 접근할 수 있게 된다. 또 한편으로는 이들과는 또 다른 각도에서 조선 말기의 사회를 진단한 자료들, 예컨대 김윤식金允植, 1835~1922의 『음청사陰晴史』나 외국인들에 의해 씌어진 견문록 등과도 비교함으로써 보다 다양한 관점을 확보해야 한다.

이러한 요구는 독자에게 너무 큰 부담이 될 듯도 하다. 그렇지만 번역서의 주석에 다른 자료와의 차이나 관계가 일부 제시되어 있어 수고를 덜 수 있을 뿐 아니라, 독자 스스로 다른 문헌과 비교해 본다면 이는 부담이라기보다는 오히려 즐거움일 수도 있다. 또한 이러한 독서야말로 다산이 요구한 독서법에 가까운 것이리라. 책을 잘 읽은 사람들의 기록을 다시 한 번 잘 읽는 것, 이것이 두 번역서를 읽는 독자의 몫이다.

—『한국문화연구』 11, 2006

학문의 정밀성精密性을 위한 전범典範

장효현 | 고려대학교 국어국문학과 교수

박희병 교석, 『한국한문소설 교합구해』, 2005

1.

박희병 교수(이하 '校釋者'로 칭함)가 새롭게 교석校釋하여 펴낸 『한국한문소설교합구해韓國漢文小說校合句解』는 우리 학계에 학문의 정밀성을 위한 하나의 전범典範을 제공해준 것이라 할 만하다. 1,000페이지가 넘는 방대한 분량에 모두 83편의 한문소설을 정선精選하여, 이본異本을 교감校勘한 바탕 위에 표점標點과 주석註釋을 더한 이 책은 이 분야 학자들에게 부러움과 두려움을 동시에 갖게 해준다.

이 책은 교석자가 앞서 펴낸 『한국한문소설』(한샘, 1995)에서의 성과를 토대로 하면서, 그보다 한 단계 발전된 면모를 보여 준다. 이전 책에서는 모두 43편의 작품을 수록하였고 교감주校勘註가 들어 있지 않았던 반면, 이 책에서는 그 두 배에 가까운 수의 작품을 담고 있고, 철저한 원전비평原典批評에 바탕을 둔 교감주가 더해져 있다.

이 책의 제목을 '교합구해'로 붙인 데 대해서 교석자는 다음과 같은 설명을 보태고 있다. 우선 '구해句解'라는 말은 '텍스트의 자구字句에 대한 주석註釋 행위'를 뜻한다고 하였다. 조선 명종 때 인물인 윤춘년尹春年과 임기林芑가 『전등신화』에 주석을 붙여 『전등신화구해剪燈新話句解』라는 책을 간행한 바 있는데, 이는 동아시아에서 가장 이른 시기에 나온 본격적인 주석서였다. 『전등신화구해』가 보여 준 소설 주석학의 전통을 면면히 잇고자 하는 교석자의 고심이 이 책에 담겨 있는 것이다.

한편 '교합'은 '정본화定本化'를 뜻한다고 하였다. 정본화란 '한 작품에 둘 이상의 이본이 존재할 때, 그 이본들을 면밀히 대조하고 교감하여 원본에 가까운 하나의 본을 구성하는 행위'로서, '합리적 추론에 의한 원본에의 수렴과정이자, 원본에 최대한 근사하게 다가가려는 기도企圖'라 하였다. 이 방식은 '여러 이본 가운데서 선본善本이라고 판단되는 본을 하나 택해 활자화한 다음 이 본과 다른 본의 차이를 교감기로 밝히는 방식'과는 다른 것이다.

교석자가 기도企圖한 이러한 교합본을 만드는 작업에 대한 학계의 선례先例로 정규복 교수가 수행한 「구운몽九雲夢」 노존본老尊本 교합본을 들 수 있다. 정규복 교수는 김만중의 원작에 가장 가까운 것을 한문 노존본으로 비정比定하고, 여러 종의 노존본 계열 이본 및 노존본의 파생 계열인 방각본坊刻本 을사본乙巳本과의 대조를 통해 재구再構한 노존본 교합본을 제시한 바 있다. 『구운몽 원전의 연구』(일지사, 1977)에 그 성과가 수록되어 있다.

정규복 교수와 박희병 교수에 의한 이러한 교합본의 재구성은, 한 작품에 여러 이본이 존재하고 자구字句의 출입出入과 결락缺落이 빈번한 문헌 현상 속에서, 작자의 원본에 가장 가까운 정본定本을 찾아가기 위한 필수불가결한 작업이라고 할 수 있다. 그러나 앞선 정규복 교수의 작업에 대하여, '그것은 자칫하면 또 하나의 이본을 만들어낸 것일 뿐이며, 작자의 원본으로 볼 수는 없다'는 비판이 학계에 있었음을 되새겨 볼 필요가 있다. 우리는 이러한 비판의 시선도 염두에 두면서, 최대한 정밀한 수준의 이본 교감과 고도한 학문적 판단에 입각한 정본화를 추구해야 할 것이다. 교석자 자신도 정본화 작업을 위해 소설의 이본을 벌여 놓고 한 글자 한 글자씩 대조해 가면서 시비是非를 가릴 때에 "그 어떤 본에도 '是'가 없는 경우도 있었다"고 고백하고 있는 것처럼, 이는 때로 지난至難한 작업일 수 있는 것이다. 고도한 학문적 판단이 요구되는 소이所以이다.

2.

이 책은 크게 세 부분으로 구성되어 있다.

1. 한국한문소설의 성립 : 신라 말 고려 말
2. 한국한문소설의 전변 : 조선 선기
3. 한국한문소설의 다양한 전개 : 조선 후기

그리고 조선 후기의 한문소설은 다시 세 부분으로 나뉘어져 있다.

① 傳奇小說의 만개와 새로운 소설형식의 모색

② 傳奇小說, 傳系 小說, 野談系 小說의 교섭적 전개

③ 야담계 소설의 만개와 그 변용

또한 본문에 앞서, 도론導論으로 '한국 한문소설 개관'을 싣고 있다.

전체적인 편제編制와 도론 부분에 제시된 설명에서 간파할 수 있듯이, 이 책의 구성은 교석자의 그동안의 학문적 관심과 온축蘊蓄이 온전히 반영되어 있다. 석사학위논문에서 『청구야담』을 다루면서 시작된 야담계 소설에 대한 관심으로부터, 박사학위논문에서 전계소설傳系小說을 다루고, 이어 전기소설傳奇小說에 대한 일련의 논문을 발표하고 그것을 묶은 저서 『한국 전기소설의 미학』을 펴내기까지 이어져 온 한문단편소설에 대한 지속적인 관심과 그에 대한 이론적 정초定礎가 이 책의 바탕이 되고 있다.

따라서 이 책에는 한국 한문소설의 전모全貌가 담겨 있지는 못하다. 교석자 자신도 "한국한문소설을 모두 망라하고 있지는 않다. 일단 장편소설은 배제했으며, 단편이나 중편소설 가운데서 비교적 문예적 사상적 가치가 높다고 판단되는 것들만 정선해 수록하였다"고 하였다.

그런데 교석자의 이러한 언명言明과 선정된 작품이 적실히 부합하는가 하는 데 대해서는 학자에 따라 이견異見이 있을 수도 있을 것이다.

우선 단편・중편의 전통과 더불어 한국한문소설의 또 하나의 큰 물줄기라고 할 한문장편소설이 배제된 것은 아쉬운 부분이다. 그 분량의 방대함 때문에 별도의 여러 책으로 간행될 성질의 것이기 때문에 이는 어쩔 수 없는 것이지만, 도론 부분의 한문소설 개관에서도 한문 장편소설은 「옥루몽」에 대한 개설만으로 할애되어 있어 소홀히 취급된 감이 있다. 이정작李庭綽의 「옥린몽玉麟夢」, 김소행金紹行의 「삼한습유三韓拾遺」, 심능숙沈能淑의 「옥수기玉樹記」, 남영로南永魯의 「옥련몽玉蓮夢」과 「옥루몽玉

樓夢」, 박태석朴泰錫의 「한당유사漢唐遺事」, 서유영徐有英의 「육미당기六美堂記」, 정태운鄭泰運의 「난학몽鸞鶴夢」, 작자 미상의 「구봉기九逢記」, 「옥선몽玉仙夢」, 「봉래신설蓬萊新說」, 그리고 최근에 소개된 한문본 「남정팔난기南征八難記」, 「청백운靑白雲」과, 「장풍운전」의 원작 계열 작품인 「금선각金僊覺」 등 한문 장편소설은 뚜렷한 비중으로 소설사에 솟아 있는 것이다.

단편이나 중편소설 가운데서 비교적 문예적 사상적 가치가 높다고 판단되는 것들만 정선했다고 하였으나, 이 역시 연구자에 따라서는 이견을 보일 수 있을 듯하다. 몽유록 유형의 작품 가운데에서 제외된 「안빙몽유록安憑夢遊錄」과 「피생명몽록皮生冥夢錄」, 전기소설傳奇小說 혹은 재자가인소설才子佳人小說의 맥락에서 논의되고 있는 「동선기洞仙記」, 「빙허자방화록憑虛子訪花錄」, 「백운선완춘결연록白雲仙翫春結緣錄」도 포함될 만하다고 생각된다.

도론에서 비중 있게 설명한 풍자소설 가운데에서 본문에는 「오유란전」과 「호질」만 수록하였으나, 「지봉전」, 「정향전」, 「종옥전」, 「서대주전」, 「서옥기」는 충분한 의의가 있으며, 그 외에 「와사옥안蝸蛇獄案」도 매우 독특한 작품 세계와 사회적 의미를 갖고 있다고 평가된다. 그리고 근래에 소개된 「절화기담折花奇談」, 「포의교집布衣交集」이 배제된 것도 아쉬움이 남는다.

한편 김만중金萬重의 「구운몽九雲夢」과 「남정기南征記」, 조성기趙聖期 혹은 김도수金道洙의 「장선감의록」, 목태림睦台林의 「춘향신설春香新說」 등 애초에 한글로 지어진 작품이 한역漢譯되어 수용된 다양한 양상도 한문소설의 전개 구도 속에서 살펴야 할 사안으로 생각된다.

이상에서 이 책에 나타난 교석자의 작품 선별안選別眼에 대한 약간의 사족蛇足을 붙인 셈이지만, 이러한 지적은 한정된 책의 분량을 넘어서는 과도한 주문이 될 것으로 보인다.

3.

이 책의 참된 의의는 본문에 수록된 83편의 작품에 대한 정밀한 교감校勘과 표점標點, 그리고 세심한 구해句解에 있다고 할 것이다. 모든 작품에는 수 종의 대표적 이본의 대조를 거친 교감주校勘註가 달려 있기에, 이본 간의 편차와 각 이본의 특성을 미루어 짐작할 수 있으며, 간혹 독자의 입장에서 교석자와 다른 의견을 떠올릴 수도 있을 것이다. 이를테면, 「조신전調信傳」에서 열 살 된 딸이 돌아다니며 구걸을 하다가 개에게 물려 고통스러워하는 모습을 보면서 조신 부부가 탄식하며 눈물을 흘리는 대목에서, 원문은 '婦乃□澁拭涕'로 결자缺字가 있다. 이에 대해 이동환 교수는 그 결자를 '皺'로 보아 '皺澁', 즉 '찡그리다'로 이해한 바 있으나, 교석자는 그 결자를 '噎'로 보아 '噎澁', 즉 '목이 메다'의 의미로 보았다.

교석자가 가한 표점標點 작업 또한 고심의 산물임이 역력하다. 이를테면 「만복사저포기」의 처음 부분에 보면, 주인공 양생梁生이 '부모를 일찍 여의고 아직 장가들지 못한 상태에서 홀로 만복사의 동쪽에 살고 있었는데, 방 밖에는 배나무 한 그루가 있었다.'는 대목이 있다. 이전의 이재호, 심경호 교수가 '獨居萬福寺之東房, 外有梨花一株'로 구두를 떼었던 것과 달리, 교석자는 '獨居萬福寺之東, 房外有梨花一株'로 보고 있는데, 이는 온당한 것으로 생각된다.

구해句解, 註釋에 있어서의 정세精細함 또한 이 책의 중요한 미덕이며 학문적 소득이다. 일일이 매거枚擧할 수 없으나, 이를테면 「최치원」의 경우, 최치원이 두 자매와 하룻밤 정을 나눈 뒤에 희롱의 말을 던지는 대목에 나오는 '陳氏之女奴'를 종래 연구자들이 잘못 주석하였던 것과 달리, 『태평광기』 권375 「진랑비陳朗婢」의 여주인공으로 바르게 적시摘

示한 것과 같은 경우이다. 이러한 정세精細함은 교석자의 넓은 독서와 완벽을 추구하는 학문적 태도에 따른 결과라 하겠다.

그러나 간혹 과도한 풀이도 있으니, 이를테면 「원생몽유록」에서 주인공 원자허元子虛가 꿈속에서, 항우項羽에게 의제義帝가 쫓겨나 머물다가 살해된 곳인 장사長沙로 인식되는(원자허가 노래한 싯구에 '分明認是長沙岸'이라 함) 어느 강안江岸으로 옮겨 가 단종端宗 임금과 사육신死六臣을 만나는데, 여섯 신하의 요청에 따라 임금이 부르는 노래 가사 가운데에 '生爲千乘兮, 死作孤魂. 新是僞王兮, 帝乃陽尊. 故國人民兮, 盡輸楚籍'이라는 내용이 있다. 교석자는 여기서 '新'을 "漢나라 때에 王莽이 平帝를 죽이고 자기가 天子가 되어 國號를 新이라 했던" 사적史迹을 떠올려 국명國名으로 보았으나, 이는 이가원 교수의 풀이처럼 '새롭게 왕이 된 이는 거짓 왕이니' 정도로 풀이하는 것이 좋지 않은가 생각된다. '帝'는 항우가 짐짓 초楚 회왕懷王을 의제義帝라고 높였다가 얼마 안 있어 장사長沙로 쫓아낸 후 살해한 그 의제義帝를 가리키고, '초적楚籍'은 이름이 적籍인 초楚 항우項羽를 가리키는 것인 만큼, 작품의 문면의 흐름에서 왕망이 세운 나라 '新'이 삽입되는 것은 조금 거리감이 느껴진다.

아울러 재고再考의 여지가 있는 문제에 대한 약간의 소견을 덧붙인다.

이 책에 수록된 홍세태洪世泰의 「김영철전金英哲傳」은 그보다 다섯 배 분량의 풍부한 디테일을 담고 있는 원작 계열의 한문본 이본이 최근 발견됨으로 해서, 홍세태의 작으로 보기도 어렵고, 전계소설傳系小說로 보기도 어렵게 되었으므로, 장차 수정이 필요할 것이다.[1]

특히 이 책에서 신라 말~고려 말의 소설로 간주한 작품들은 「최치원」을 제외하고는 연구자에 따라 설화說話로, 혹은 서사산문敍事散文으

1 양승민 · 박재연, 「원작 계열 김영철전의 발견과 그 자료적 가치」, 『고소설연구』 18, 한국고소설학회, 2004.

로 보는 의견이 여전히 강하게 있는 만큼, 지속적인 논의가 필요할 것이며, 『기재기이企齋記異』에 대한 폄하貶下의 시각과 「월단단月團團」의 작자를 서거정으로 보는 관점도 학계의 이견異見을 고려하여 지속적인 고구考究가 필요한 과제가 아닌가 한다.

여섯 해 동안 '눈이 아파 계속 안약을 넣어 가며' 이룩한 박희병 교수의 방대한 교석서校釋書 『한국한문소설교합구해』가 학계에 제공한 공로功勞에 대해 어느 누구도 상찬賞讚에 인색할 수 없을 것이다. 앞으로도 국학國學의 큰 업적이 그에 의해 이루어지는 것을, 모든 연구자들은 부러움과 두려움을 갖고 기대할 것이다.

—『민족문학사연구』 30, 2006

삼명시화三溟詩話에 대하여

심경호 | 고려대학교 한문학과 교수

강준흠, 민족문학사연구소 한문분과 역, 『삼명시화』, 2006

『삼명시화』는 삼명 강준흠1768~1833이 작성한 시화집으로, 임형택 선생님 소장의 필사본이다. 이 필사본에는 최치원부터 시작하여 저자 강준흠의 당대인 19세기 초까지 127수의 시화가 집성되어 있다. 강준흠은 『동인시화』나 『성수시화』 등 조선 시화집 체제를 본떠서 이 시화집을 편성하였다. 다만, 자료상의 편중도 있고 전문傳聞의 한계도 있고 하여, 작자와 동시대일수록 시화의 분량을 증가시켜 두었다.

이 시화집에 대해서는 이현일 박사의 「『삼명시화三溟詩話』로 본 18세기 한시사漢詩史」, 『민족문학사연구』 27(민족문학사학회 민족문학사연구소, 2005. 4)라는 옥고가 그 존재를 학계에 소개한 바 있었다. 2002년부터 임형택 선생님과 이현일 박사 등 민족문학사연구소의 한문분과 팀은 이 자료에 대한 면밀한 연구를 공동으로 수행하여 탁월한 수준의 역주본을 학계에 제시하였다. 또한 이현일 박사는 역주본 말미에 『강준흠과 『삼명시화』」라는 해제를 첨부하였다.

이 역주본은 여러 가지 면에서 각 연구자의 온축의 공이 반영되어 있다. 우선 역주본의 체제는 다음과 같은 점이 돋보인다.

첫째, 각 시화를 화소별로 분절하고 알기 쉬운 표제어를 작성하였다.
둘째, 각 시화별로 역문을 앞에 두고 원문을 부기하였으며, 역주는 각주의 형태로 작성하였다.
셋째, 해제・참고문헌・색인을 붙여서 독자 및 연구자의 열람에 편하도록 구성하였다.

한편, 역주의 방식은 다음과 같은 점이 두드러진다.

첫째, 가능한 한 수록 시화의 원천을 밝히고자 하였다.
둘째, 인명, 지명, 작품명, 서명 등에 대한 상세한 정보를 부기하였다.
셋째, 시화에서 언급된 작품이나 사항에 대해 본집이나 선집, 사서의 기사 등에서 원문이나 사항을 확인하여 교감 주를 붙였다.
넷째, 시어나 개념어에 대하여 주석의 형태로 상세한 해설을 첨부하였다.
다섯째, 시화에서 거론된 시가 유형, 형식, 양식면에서 전통계승의 측면이 두드러진 경우에는 그러한 사실을 일일이 밝혔다.

이 역주본은 시화의 본문을 명료하게 번역하였을 뿐 아니라, 인용된 시도 무척 충실하게 번역하였다. 사천 이병연이 박연폭포를 읊은 시는 역주본을 통해서 읽어보니 더욱 생동감을 느끼게 된다.

> 박연폭포朴淵瀑布는 경기도 내에서 명승으로 으뜸이요, 금강산의 구룡연

九龍淵과 우열을 다툰다. 예로부터 이곳을 두고 지은 시편이 매우 많은데 어느 것이 제일인지 가리기 어렵다. 사천이 지은 시가 있는데 이러하다.

> 천마산을 못 보고 금년까지 지냈으니
> 한번만 보게 되면 신발이 다 닳아도 좋으리라.
> 동굴은 타고 가는 말머리에 문득 매달리고
> 흐르던 물, 숨은 용 앞으로 길게 떨어지누나.
> 여윈 등나무 늙도록 우레 가운데 서있고
> 병든 독수리 밤 내내 빗속에 자는구나.
> 비제飛梯 얻어 물의 근원 찾아가기 어려움에
> 긴 밧줄을 드리워서 깊은 못을 헤아려나 볼까.

朴淵瀑布甲於畿內, 與金剛九龍淵相伯仲, 從古題詠甚多, 未知孰爲第一. 槎川有詩曰 : "天摩不見到今年, 一見從玆可展穿. 洞穴忽懸行馬首, 湍流長落臥龍前. 癯藤抵老雷中立, 病鶻通宵雨裏眠. 難得飛梯窮出處, 且垂脩綆測深淵."

강준흠의 『시화』는 이병연의 시구 '병골통소우리면病鶻通宵雨裏眠'을 '병골病骨'로 적었으나, 역주자들은 본집을 조사하여 '병골病鶻'로 바로잡았다고 한다. 원문과의 대조를 충실하게 행한 예 가운데 하나이다. 다만, 전사轉寫의 오류에는 시화 작성자의 의식이 숨어 있을 수 있다. 병골病鶻은 곧 시적 화자를 상징한다고 보아 그렇게 옮겨 적었을 가능성이 있다.

사족을 하나 덧붙인다면, 마지막 두 구 '난득비제궁출처難得飛梯窮出處, 차수수경측심연且垂脩綆測深淵'는 전고를 끌어와 인생사의 철리哲理를 슬쩍 말하였다.

출구의 '출처出處'는 '물이 나오는 곳'이란 뜻과 '출처행장'의 뜻을 동시에 지닌 쌍관어이다. 이 구는 두보의 「비선각飛仙閣」 시에서 "잔도의 구름은 성하여 높고, 돌계단은 얽히어 굳다棧雲闌干峻, 梯石結構牢" 구를 의식한 표현이다. 또 『묵자』 「공수公輸」편에 나오는 공수반公輸盤의 고사도 암암리에 끌어왔다고 생각된다. 초楚나라가 송宋나라를 치는 데 도움이 되도록 공수반이 운제雲梯를 만들었는데, 묵적墨翟이 그 소식을 듣고는 달려가서 다른 재주로 송나라의 성을 지켰으므로 공수반이 아홉 차례에 걸쳐 그 기계를 설치했지만 결국 뜻을 이루지 못했다고 한다.

대구는 『장자』 「지락至樂」편에 나오는 "짧은 두레박줄로는 깊은 물을 길어 올릴 수가 없다綆短者不可以汲深"라는 표현을 뒤집어 쓴 것이다. 이 말은 『순자』 「영욕榮辱」편이나 『회남자』 「세림훈說林訓」에도 조금씩 표현을 달리하여 나온다.

이병연은 경물을 회화처럼 묘사한 시인이지만, 그도 역시 유학자로서 '작은 일이나 사물 하나에도 철리를 담아내려는' 태도를 완전히 탈각하지는 못하였다.

조선조의 시인들은 대개 지식을 바탕으로 시를 지었으므로 용자用字에 각별히 신경을 썼다. 때로는 고사의 원뜻과는 달라도 근거 있는 글자를 쓰려고 노력하였다. 그렇기 때문에 고사의 원뜻과 부합하기보다는 다소 어긋남이 있기까지 하다. 역주본은 그러한 점을 밝히려고 노력하였으나 때때로 놓친 부분도 없지 않다.

체제공이 어려서 조령을 넘고 낙동강을 건너다가 지은 시에 "미풍이 펼쳐지자 갈매기 물결 잔잔하니, 엊그제 조도의 시름 헛일인 듯 느껴지네微風闊展鷗波穩, 往日虛爲鳥道愁"라고 있다. 뒤에 채제공이 곽란이 일어나서 죽을 지경이 되자 그 부친은 몹시 걱정한 나머지 위의 싯구를 읊으며 "아이의 시는 원대한 기상이 보이는데 어찌 여기에 이르렀는가?" 하고 중얼거렸다. 채제공은 이윽고 병이 나았으며, 영조께 지우知遇를 받아 벼슬이 재상에 이르렀다고 한다. 강준흠은 이 사실을 들고, "시 또한 사람의 전도前途를 점칠 수 있는 것이로다"라고 하였다(역주본, 239~240쪽). 시점詩占의 시화로서 재미있다고 생각된다.

이 채제공의 동몽시구에는 육유陸游와 두보를 읽은 흔적이 남아 있다. 육유는 「잡흥雜興」시에서 "물새 헤엄치는 강물 가에서 뜻을 얻고, 기러기 깃든 갯가에서 돌아갈 것을 잊노라得意鷗波外, 忘歸雁浦邊"이라 하였으니, 구파鷗波는 은퇴의 장소를 비유하는 말이다. 또 두보는 「촉도난蜀道難」에서 조도鳥道를 건너기 어렵다는 사실을 노래하여 인생사의 어려움을 비유한 바 있다. 동몽의 시구라고는 하여도 학습의 흔적이 드러나 있으니, 역주에서 그 점을 밝혀두었더라면 좋았을 것이다.

실제로 역주를 하다 보면 시인이나 저술가의 심경을 명확히 이해하기가 매우 어렵다는 사실을 자주 느끼게 된다. 그럼에도 불구하고 나의 마음으로 작가의 뜻을 이해하려고 하는 '이의역지以意逆志'의 작업에 참여하여 소중한 성과를 올린 민족문학사연구소 한문분과 연구자분들에게 경의를 표하지 않을 수 없다.

그런데 시화의 또 다른 기능은 인평人評에 있다. 주지하다시피 강준흠은 남인 가운데서도 이기경과 함께 공서파에 속하는 인물이었다. 정약용丁若鏞, 1762~1836이 14년째의 유배에서 풀려날 기회가 있었으나, 그가 반대하는 바람에 4년이나 더 귀양살이를 해야 했다고도 한다. 문학적 담론, 그것도 단편의 형태를 띠고 있는 기록물을 두고 그 담론과 기록에 담긴 정치적 색채를 논하는 것은 온당하다고 할 수 없을지 모른다. 하지만 당색의 문제를 넘어서서, 각 시화에 담아낸 강준흠의 인평 양상을 깊이 있게 고찰할 필요는 있지 않을까 생각해보았다.

—『민족문학사연구』 34, 2007

『한불자전』의 새로운 탄생

우리나라 연구번역 상의 큰 업적

조광 | 고려대학교 명예교수, 국사편찬위원회 위원장

파리외방전교회 · 펠릭스 클레르 리델, 이은령 · 김영주 · 윤애선 역, 『현대 한국어로 보는 한불자전』, 2014

1. 들어가는 말

언어와 역사는 다른 나라를 이해하는 데에 있어서 가장 먼저 알아야 할 일이다. 알고자 하는 나라의 말을 이해하기 위해서는 우선 사전과 문법서가 편찬되어야 한다. 또한 그 나라의 역사와 문화에 대한 관심과 함께 자신과의 접촉 과정에서 일어난 일들을 기록하여 역사화歷史化하는 작업이 진행되어야 한다.

조선과 프랑스의 인연은 이미 17세기 초엽부터 간접적으로 이루어졌다. 조선인들은 당시 조선에 소개된 불랑기포佛狼機砲라는 서양식 화포의 명칭을 통해서 '불랑기' 즉 프랑스라는 나라를 알게 되었다. 당시 조선인들은 프랑스의 정확한 위치나 그 나라의 구체적 정황에 대해 이해하기에 앞서 대포의 위력을 먼저 생각하기 시작했을 것이다. 프랑스

와의 직접적 만남은 1835년 이후 프랑스 선교사들이 조선에 입국한 이후에야 이루어졌다.

프랑스 선교사들의 조선입국은 이미 1831년 로마 가톨릭교회의 대목구代牧區가 조선에 설치되고 조선의 선교가 프랑스 파리외방선교회에 위임된 이후부터 예견된 일이었다. 조선에 입국한 프랑스 선교사들은 한국어와 프랑스어의 대역사전對譯辭典도 문법서도 없는 가운데 조선어를 익히기 시작했다. 한편, 1860년대 초엽 조선에는 모두 12명의 프랑스인 선교사가 활동하고 있었다. 이들은 한국어 학습을 위해 한국어-프랑스어로 된 이개어 사전bilingual dictionary의 편찬을 위해 노력하고 있었다.

물론 이들의 노력은 1866년의 박해로 인해서 심각한 타격을 받았다. 이 박해과정에서 사전편찬의 중심인물이었던 다블뤼나 프티니콜라Petitnicolas 신부를 비롯한 9명의 선교사들이 죽음을 당했기 때문이다. 그러나 이 박해의 과정에서 3명의 선교사들은 조선을 떠나 중국으로 피신할 수 있었다. 살아남은 페롱Feron, 1827~1903과 리델Ridel, 1830~1884 신부는 피난지 만주에서 한국어 사전 및 문법서의 간행을 준비해 나갔다. 이 작업을 리델 신부가 완성하여 1880년 일본 요코하마에서 한불ᄌᆞ뎐을 간행할 수 있었다.

2. 『한불ᄌᆞ뎐』의 간행과 그 현대 한국어 번역

『한불ᄌᆞ뎐』은 우리나라 역사상 최초로 간행된, 한국어를 표제항으로 제시한 사전이었다. 표제어가 27,184개에 이르는 이 사전은 표제어에 대한 자세한 뜻풀이를 통해서 당시의 어휘에 대한 풍부한 지식을 전해주고 있다. 따라서 이 사전은 19세기 한국어를 연구하는 데에 있어서는 매우 중요한 자료가 된다. 또한, 『한불ᄌᆞ뎐』은 19세기 후반기 당시의 문화적 특성을 전해주고 있다. 그리고 이 사전에 사용된 한글 활자는 리델 신부와 함께 박해를 피하여 중국으로 건너갔던 최지혁崔智爀, 1809~1878의 글씨를 모본으로 삼아 제작된 활자로 전해지고 있다.

『한불ᄌᆞ뎐』과 문법서의 간행은 한국에 대한 서양인의 이해를 크게 향상시킬 수 있었다. 『한불ᄌᆞ뎐』은 그 마무리 과정에 리델 주교가 가장 중요한 역할을 했음에는 의심의 여지가 없지만, 리델은 사전의 저자로 자신의 이름을 올리는 대신에 '조선선교사들'을 공동저자로 제시하고 있다. 그들은 자신이 알고 있던 프랑스어와 라틴어에 관한 지식을 기본으로 하여 사전을 편찬했다.

오늘날 『한불ᄌᆞ뎐』에 대해 관심을 가지고 있는 연구자들은 이 사전을 특히 두 가지 측면에서 주목하고 있다. 첫 번째로는 『한불ᄌᆞ뎐』 표제항의 배열이나 특징 등과 같이 그 사전적 구조를 논하는 작업이 있다. 이 작업을 통해서 『한불ᄌᆞ뎐』은 전통적인 유해류類解類 등과 구별되는 근대적 사전임이 확인되었다.

둘째로는 『한불ᄌᆞ뎐』의 간행을 전후하여 발간된 유해류나 『한영ᄌᆞ뎐』과 같은 근대어 사전과의 관계를 검토하는 방향의 연구가 있다. 여기에서는 『한불ᄌᆞ뎐』의 표제항이 문헌에서 수집한 것인가, 아니면 당시 한국인의 말에서 직접 수집한 것인가에 대한 연구가 진행되었다. 이 문제는 이숭녕이나 송민 등의 연구를 통해서 문헌을 통해서 수집된 것으로 결론이 나와 있는 듯하다.

그러나 『한불ᄌᆞ뎐』의 표제항을 직접 검토해보면 당시 한국인이 사용하던 각종 어휘들이 풍부히 수록되어 있음을 확인할 수 있다. 예를 들면, 반답返畓, 쇼사昭史, 환자還子를 비롯한 당시 조선에서만 사용하던 한자어를 비롯하여 한국어 형용사나 부사들이 폭넓게 수집·해석되어 있다. 이러한 어휘들은 '고형古形의 문헌어文獻語'가 아닌 당시의 생활어들이었다. 이 점을 감안하면, 조선에서 활동하던 선교사들은 그들의 선교현장에서 한국어 어휘들을 수집하여 공유했고, 리델은 이러한 자료들을 활용할 수 있었음을 짐작할 수 있다. 물론 이 과정에서 리델은 중국에서 간행된 『역어유해보譯語類解補』와 같은 책자와 대조하여 문헌어로 된 표제항을 보충했을 것으로 보인다.

『한불ᄌᆞ뎐』은 개항기 이래 서양인들에 의해 출간된 문법서와 근대적 사전편찬의 모범이 되었다는 평가를 받고 있다. 또한 1890년대 초 한글학자 주시경周時經이 프랑스 선교사 뮈텔Mutel 주교를 방문하여 환담했다는 뮈텔 일기의 기록을 참고하면 『한불ᄌᆞ뎐』은 한국인 학자들의 한국어 연구에도 좋은 자극이 되었음을 알 수 있다.

그런데 『한불ᄌᆞ뎐』은 오늘날 한글을 표제항으로 삼고 있는 사전과는 달리 알파벳 순서에 따라 한국어가 배열되어 있다. 이는 이 사전의 편찬자가 그 활용대상자를 주로 프랑스 등 서양인으로 설정했던 까닭이다. 또한 『한불ᄌᆞ뎐』의 뜻풀이는 프랑스어로 되어 있다. 그러나 프랑스어는 대부분의 한국인들에게는 생소한 언어였고, 상당수의 학자들도 『한불ᄌᆞ뎐』에 사용된 프랑스어를 이해하는 데에는 어려움이 있었다. 『한불ᄌᆞ뎐』이 가지고 있는 이 두 가지 특성 때문에 『한불ᄌᆞ뎐』은 현대 한국인에게는 생소한 자료에 지나지 않았다.

이러한 문제점을 극복하기 위해서 부산대학교 인문학연구소의 이은영, 김영주, 윤애선 등은 이를 현대 한국어로 번역해 냈다. 『한불ᄌᆞ뎐』이 『현대 한국어로 보는 한불자전』이란 이름으로 새롭게 태어나게 된 것이다. 이로서 『한불ᄌᆞ뎐』이라는 이개어 사전이 한국어로 저술된 단일어 사전으로 변신되었다. 번역자들은 이를 지식베이스로 만들어서 웹에 공개하여 모든 연구자들의 이용에 편의를 도모했다. 그리고 이 책은 최근 소명출판사에서 종이책으로 출간되었다.

역자들은 6년에 걸친 각고 끝에 『현대 한국어로 보는 한불자전』을 간행할 수 있었다. 이 책의 간행은 19세기 한국의 어휘에 대한 연구뿐만 아니라 당대의 사회와 문화에 대한 이해를 높여줄 것이다. 그리고 이 책을 편찬해낸 프랑스인 '조선선교사들'의 사상과 당시 조선 천주교회가 가지고 있던 문화적 특성을 이해하는 데에 길라잡이가 될 것이다. 이 사전의 번역 간행 작업은 여러 측면에서 큰 파급효과를 낼 것임에 틀림없다. 그러므로 이 책의 번역자와 이 책의 번역을 감당한 부산대학교 인문학연구소는 우리 인문학의 발전에 이바지한 바에 대해서 정당한 평가를 받아야 한다.

3. 사전 번역에 대한 몇 가지 의견

『현대 한국어로 보는 한불자전』을 대하면서 필자는 몇 가지 사실을 거듭 확인할 수 있었다. 우선 이 '한불자전'은 19세기 한국어의 보고임을 거듭 확인하게 된다. 즉 이 사전은 이미 사용하지 않는 옛말들을 풍부히 담고있다. 예를 들면, '조숙하다'라는 뜻을 가진 순수 한국어인 '잿갑스럽다'와 같은 어휘가 있다. 이 낱말은 식민지시대 일부의 문학작품에서까지 살아 있었으나 오늘날은 사라져 버렸다. 오늘의 우리는 사라져버린 고운 낱말들을 되살리는 데에 이 사전의 도움을 받을 수 있을 것이다.

또한 이 사전은 당시의 일반적 문화와 관습 등을 알려준다. 예를 들면 '과맥전대취過麥田大醉'와 같은 한자어가 표제항으로 채택되어 있다. 이 사전에서는 이를 프랑스어로 '밀밭 앞을 지나는 것만으로도 취하다, 즉 술을 한 방울도 마시지 못하다, 술을 마시지 않다'로 풀이하고 있다. 물론 이러한 한자식 표현은 오늘날 사용되지 않는다. 그러나 우리는 오늘날까지도 '보리밭만 지나도 얼굴이 붉어진다' 등과 같이 술에 약함을 드러내는 말로 사용하고 있다.

『현대 한국어로 보는 한불자전』은 오늘의 한국 프랑스어학계 내지 사전학계가 성취해 낸 최고의 작업이다. 그만큼 이 작업은 어려운 작업이었고, 그 작업의 결과도 훌륭하다. 이러한 사실에 대해 이견을 가질 사람은 없을 것이다. 그러나 동일한 작품이라도 대략 30여 년을 주기로 해서 새로운 번역작업이 전개되고 있다. 번역은 해당 학계의 연구수준에 비례할 수 밖에 없는 작업이기 때문이다.

그렇다면 『현대 한국어로 보는 한불자전』도 어느 시기에 이르면 다시 손을 보아야 할 한계를 가진 책자이다. 한편, '번역은 반역이다traditturi, traditori'라는 이탈리아 속담이 있다. 어쩌면 '번역은 반역일 수밖에 없는 숙명을 지닌 작업'일 수도 있다. 이는 번역작업이 그만큼 어려운 일이라는 말이다. 그리고 이번에 간행된 '한불자전'도 항상 보완되어야 더욱 완벽을 기할 수 있는 책자가 될 수 있다는 말도 된다. 그러므로 전문가들의 참고를 위해 이 분야의 문외한인 필자가 이 사전을 보고 느낀 몇 가지 사실을 제시해 보고자 한다.

먼저, 이 사전은 언어학적 측면에서는 빈틈없는 번역이지만 문화사적 측면에서는 약간의 문제가 있다는 점을 지적할 수 있다. 예를 들자면, 사전에서는 'esclave'를 '노예'로 번역하고 있다. 그러나 당시의 문화나 사회제도로 볼 때 이는 '노비'로 번역해야 했다. 또 다른 예로는 왜란倭亂의 경우 '일본전쟁Guerre du Japon'으로 번역하고 있다. 그러나 이는 '일본과의 전쟁' 내지 '임진왜란'으로 번역했다면 더 좋은 역어가 되었을 것이다.

한편, '불통ᄒᆞ다不通'의 여러 풀이말 가운데 'pas de pénétration'을 '통찰력이 없다'로 번역했다. 물론 이 번역은 언어학적으로는 흠잡을 데 없는 번역이다. 그러나 당대의 관습이나 문화를 생각하자면 이는 '과거에 낙방하다'라는 의미로 번역해야 사실에 더 가까운 번역이 될 것이다. 즉, 'pénétration'을 '통찰'이나 '통찰력'으로 번역하기 보다는 '통과', '관철' 등의 의미로 번역했으면 더 좋았을 수도 있다. 비장裨將에 대한 역어로 '지사 또는 다른 높은 관리의 비서' 등으로 번역한 바 있다. 이는 'secrétaire du gouverneurou grand mandarin'을 번역한 문구이다. 그러나 이를 번역할 경우에는 당시의 제도사를 감안하여 '지방 감사나 수령의 보좌관'으로 번역함이 더 타당하지 않을까 생각한다.

위에 제시된 사례들은 이 한불자전에서 드러나는 일부 문제점을 제시한 것이다. 이러한 문제점은 아마도 번역의 철학과 관련된 문제이므로 다른 의견이 있을 수도 있을 것이다. 그러나 필자는 번역은 당대의 사회나 문화적 맥락까지도 존중하며 번역해야 되리라고 생각한다. 그렇다면 이번의 번역작업에 언어학자, 프랑스어학자, 사전학자의 참여뿐만 아니라 19세기 한국 사회와 문화에 친숙한 역사학자들도 같이 참여했다면 더 좋은 결과를 얻을 수 있었을 것으로 생각된다.

한편, 『한불ᄌᆞ뎐』에서 발견되는 오류도 바로 잡아주는 별도의 작업도 필요하다고 생각된다. 예를 들면, 반답(返畓), 쇼사(昭史)의 한자는 반답(反畓) 소사(召史)로 바로 잡아주고, 환자(還子)의 경우에는 환자(還

上)라는 한자어를 더해 주었으면 좋았을 것이다. 그리고 풀이말 가운데에서도 부족한 부분이 있을 경우에는 주석을 통해서 마땅히 이를 밝혀주어야 한다.

4. 나가는 말

한국어사전은 한국을 이해하려는 사람들에게 필수적 도구다. 그리고 사전에는 사전 편찬자의 관심과 지식, 그들의 취향까지도 담겨지게 마련이다. 1880년 요코하마에서 간행된 『한불ᄌ뎐』도 당시 프랑스인들이 한국을 이해하는 데에 지침이 되었던 책이다. 그리고 동시에 이 책은 19세기 조선의 사회와 문화가 가지고 있는 특색을 드러내준다. 딱딱한 문헌에서 발췌한 단어들이 아니라 조선의 선교 현장에서 채록한 생동하는 어휘들이 모여져서 이 사전의 표제항을 이루고 있기 때문이다.

오늘날 우리 학계에서는 『한불ᄌ뎐』이 가지고 있는 가치를 높이 평가하고 있다. 이 책은 근대 한국어 사전편찬의 모범이 되었다. 그러나 이 책의 풀이말이 프랑스어로 되어 있었던 까닭에 프랑스어를 이해하는 소수의 연구자에게만 활용되었을 뿐이있고, 대부분의 한국 연구자들에게는근접하기 어려운 자료였다. 그러나 이제 이은영, 김영주, 윤애선의 노력으로 이 책은 여러 연구자들에게 평등하게 개방되었다.

『현대 한국어로 보는 한불자전』의 새로운 탄생은 우리나라 연구번역 상의 큰 업적이며, 19세기 한국학 연구에 좋은 사료로 활용될 수 있다. 그러나 모든 번역작품들은 원작이 태어난 당시의 사회와 문화적 요소가 충분히 감안되어 번역되어야 한다. 즉 『한불ᄌᆞ뎐』은 19세기 한국사회를 표현하고 그 문화를 프랑스어로 풀이한 사전이므로 당시 한국사에 대한 이해가 병행되어야 좀 더 좋은 번역이 가능할 것이다.

그렇다 하더라도 현대 한국어로 새롭게 태어난 『한불자전』은 19세기 한국사회를 이해하기 위한 좋은 자료요 사료로 활용될 수 있다. 각 분야의 연구자들이 이를 활용함으로써 이 사전은 새로운 부가가치를 얻게 될 것임에 틀림없다. 이에 『한불ᄌᆞ뎐』을 현대 한국어로 번역하여 이를 민주화시킨 역자들의 노고에 거듭 경의를 표한다.

—『코기토』 79, 2016

현대 한국어로 보는 한불자전

홍윤표 | (전)연세대학교 문과대학 국어국문학과 교수

파리외방전교회 · 펠릭스 클레르 리델, 이은령 · 김영주 · 윤애선 역,
『현대 한국어로 보는 한불자전』, 2014

1. 『한불ᄌᆞ뎐』의 가치

한 시대의 언어 사전은 그 시대 언어의 음운, 형태, 통사, 의미, 어휘의 모든 체계와 구조를 담고 있다. 사전의 어휘를 통해 언어의 모든 내적 구조를 알 수 있기 때문이다. 또한 한 시대의 언어 사전은 그 시대의 문화도 반영하고 있다. 어휘는 언어의 외적 구조의 영향을 가장 많이 받는 언어 요소이기 때문이다. 언어학자들, 역사학자들이 한 시대의 언어나 문화를 파악하기 위해 그 시대에 나온 언어 사전들을 면밀하게 분석하는 것은 사전의 이러한 특성 때문일 것이다.

많은 사람의 주목을 받아 온 사전 중에 『한불ᄌᆞ뎐』(앞으로는 『한불자전』으로 표기)이 있다. 『한불자전』이 그러한 관심을 받아 온 것은 이 사전이 한국어를 표제항으로 한 최초의 사전이기 때문이다.

우리나라에서 국어 어휘를 모아 풀이해 놓은 어휘집은 오래전부터 있어 왔다. 훈민정음이 창제된 이후에는 한글로 표기해 놓은 어휘 자료집들도 꽤나 있었다. 대표적인 것이 『역어유해譯語類解』, 『몽어유해蒙語類解』, 『동문유해同文類解』, 『왜어유해倭語類解』, 『방언유석方言類釋』, 『과정일록課程日錄』 등을 포함한 유해서류類解書類와 『재물보才物譜』, 『박고博攷』, 『명물기략名物紀略』, 『사류박해事類博解』를 비롯한 각종 백과사전류, 그리고 『물명고物名攷』를 비롯한 각종 물명 어휘 자료들이 그러한 것들이다. 모두 대역 어휘집이지만 피정의 항은 중국어이거나 한자어였다. 따라서 엄밀한 의미에서 국어 어휘 자료집이라고 할 수 없다. 이들을 국어 어휘 자료로써 활용하기 위해서는 다음과 같이 한자로 된 피정의항과 한글로 표기된 정의항을 바꾸어 놓는 작업을 하여야만 가능하였다.

天道 하늘 → 하늘(天道)

19세기 말에 와서야 국어를 표제항으로 한 대역 어휘집이 등장하게 된다. 『국한회어』, 『한영자전』 등이 그것이지만, 가장 먼저 이루어진 것은 프랑스인 신부인 리델Felix-Clair Ridel이 1880년에 일본의 요코하마에서 출판한 『한불자전Dictionaire Coréen-Français』이다.

이 『한불자전』은 비록 한국어－불어의 대역사전이지만, 현대적 의미의 사전 형식을 제대로 갖추었다는 점에서 다른 대역사전이나 대역 어휘집과는 변별되는 가치를 지니고 있다. 『한불자전』은 다음과 같은 몇 가지 점에서 언어학적, 사전사적, 문화사적으로 주목을 받아 왔다.

① 우리나라 최초로 한국어를 표제항으로 한 어휘 자료집이다.

앞에서 언급한 바와 같이 『한불자전』 이전의 어휘 자료집들은 다음에서 보는 바와 같이 그 표제항이 모두 한자 또는 한자어이다.

天텬 道단 텬 땅 ◯ 하늘	『역어유해』 상, 1a
天道 하늘 ◯ 텡거리	『몽어유해』 상, 1a
天道 하늘 ◯ 압카	『동문유해』 상, 1a
天 하늘텬 뗀	『왜어유해』 상, 1a
天 하늘 漢 天텬友天텬道단淸압카蒙텡거리倭소라	『방언유석』 1, 1a
天 하늘 至高無上 太穹 上蒼 九蒼 九霄 玉宇 青冥 圓精	『광재물보』, 「천도부」, 1a

그러나 『한불자전』은 그 표제항이 한국어이다.

하늘 HA-NĂL, -I 天, Ciel, firmament	『한불자전』 77

이것은 곧 주석 또는 풀이하려고 하는 주체가 중국어 또는 한자어로부터 한국어로 바뀌었음을 의미하므로 우리나라에서 최초로 한국어 어휘를 대상으로 한 이중어 사전인 셈이다.

② 그때까지의 어휘 자료집 중에서 가장 많은 어휘 수를 보이고 있다. 『한불자전』의 총 표제어의 수는 27,184개로 문법부 및 지리부의 표제어까지 합치면 29,026개로 알려져 있다.[1] 그러나 이전의 어휘 자료집들은 이에는 훨씬 미치지 못한다. 예컨대 백과사전류인 『광재물보廣才物譜』의 주석에는 한글로 표기된 부분이 4,688항목에 지나지 않는다.

1 이은령, 「19세기 이중어 사전 『한불자전(1880)』과 『한영자전(1911)』 비교연구」, 『한국프랑스학논집』 72, 2010, 67쪽.

뿐만 아니라 『한불자전』 편찬 이후 반세기 이상이 지난 1948년에 편찬·간행된 정태진, 김병제 편찬의 『조선 고어 방언사전』의 표제어가 82,244개이고 1949년에 이상춘이 편찬한 『조선옛말사전』도 표제항이 29,530개인 점에 비해도 『한불자전』의 표제항 수는 1880년 당시로써는 대단한 어휘 수를 보인다고 할 수 있다.

③ 표제어에 대한 각종 정보를 제공하고 있다.

『한불자전』에는 표제어에 대한 각종 정보가 등재되어 있다.[2] 이처럼 각종 정보를 제공한 것은 프랑스의 사전 편찬 역사와 밀접한 관계가 있을 것이다. 리델이 프랑스의 사전이나 사전 편찬에 익숙했던 파리 외방 전교회 선교사여서 『한불자전』과 같은 사전이 편찬될 수 있었을 것이다.

④ 『한불자전』에 쓰인 한글 활자는 근대 한글 활자 서체의 역사에서 중요한 의미를 지니고 있다.

한글 해서체 5호 활자는 도쿄츠키치활판소에서 개발한 것인데 요코하마 프랑스 신문사가 최초로 이 활자를 이용하여 『한불자전』을 편찬한 것이다. 발행자인 레비C. Levy와 『한어문전』의 발행자 레비L. Levy와 사라벨S. Salabelle이 어떻게 한글 활자를 사용하였을까 하는 문제도 이 책을 통해 알 수 있다.[3]

2 『한불자전』의 미시구조의 각종 정보에 대해서는 윤애선, 「지식베이스 구축을 위한 『한불자전』(1880) 어휘부의 미시구조 분석」, 『한불자전 연구』, 소명출판, 2013, 207~309쪽에 자세히 소개되어 있으니 이를 참조할 것.

3 이 『한불자전』의 한글 활자에 대해서는 류현국 교수의 『한글 활자의 탄생』(근간)을 참조하면 더 자세히 알 수 있을 것이다.

⑤ 1880년대의 문화적 특징을 담고 있다.

『한불자전』에는 그 당시의 문화가 어휘 속에 남아 전하고 있다. 『한불자전』에는 그 당시의 기독교 어휘들이 녹아 있다고 할 수 있으나 소위 신교新教에서 사용하고 있는 어휘는 보이지 않는다. 예컨대 '셩당, 쟝로, 그리스도, 텬쥬' 등은 등재되어 있으나, '교회, 집사, 기독교, 하ᄂᆞ님' 등은 실려 있지 않다. '셩당, 그리스도' 등의 어휘는 이미 1865년에 간행된 『쥬년쳠례광익』이나 1887년의 『예수성교전서』에 등장하지만 사전에 등재된 것은 『한불자전』이 최초이다.

> 또 셰말에 거즛 그리스도ㅣ 셰상에 나 마귀의 능을 빙쟈ᄒᆞ야 성교ᄅᆞᆯ 잔해ᄒᆞ고 쥬의 위ᄅᆞᆯ 츔람이 ᄒᆞᆯ 때에
>
> —『쥬년쳠례광익』, 36b

> 텬쥬 젼능을 의지ᄒᆞ야 셩당에 나아가 졔ᄃᆡ 아래 업ᄃᆡ여 텬쥬ᄭᅴ 불샹이 녁이심을 구ᄒᆞ고 셩모ᄭᅴ 쥬보ᄒᆞ시기ᄅᆞᆯ 구ᄒᆞ야 ᄀᆞᆯᄋᆞᄃᆡ
>
> —『쥬년쳠례광익』, 12b

'長老'는 원래 불교 용어였는데,[4] 『한불자전』에 실린 '장로'는 기독교 용어의 의미로 쓰인 것으로 보이지는 않는다. 기독교 용어의 '장로'는 1887년의 『예수성교전서』에 처음 보인다.

> 자긔가 빈ᄃᆡ시 예루살임에 가 쟝노과 졔사쟝과 션비의게 고상ᄒᆞ고 또 죽이물 보왓다가 삼일만에 닐니라 ᄒᆞ니
>
> —『예수성교전서』, 「마태복음」, 16상 21절

4 長老 즁 위ᄒᆞᄂᆞᆫ 말.(『역어유해』 上(1690년), 25a)

'텬쥬天主'란 어휘도 『한불자전』에 등재되어 있지만, '천주교'란 어휘는 생성되어 있지 않았던 것으로 추정된다. '천주교'란 어휘는 1895년에 나온 유길준의 『서유견문』에 처음 등장한다.

> 羅馬의 舊代에 天主教의 新播홈으로 前後 數十\萬 人命을 坑殺ᄒᆞ며, 伊太利 佛蘭西 等國의 近古에 新舊教의 紛爭으로 亦 數十\萬人의 生命을 殺戮ᄒᆞ야 人民의 移産이 不少ᄒᆞ고 英吉利ᄂᆞᆫ 新教의 宗旨를 專尙ᄒᆞ야 國內 他宗의 教를 嚴禁ᄒᆞ나
>
> —『서유견문』, 124쪽

이 시기에는 '예수'라는 단어는 '야소耶蘇'로부터 온 단어이지만, 이 '야소'도 '예슈쓰'로부터 온 것으로 보인다.

> 神(신)의 子(ᄌᆞ) 耶蘇(예슈쓰)基督(크리슈도스)의 福音(복음)이니 그 쳐음이라
>
> —「신약성서 마가전」(1884), 1쪽

'교회'가 보이지 않은 이유는 이 당시에는 '교회'라고 하지 않고 '셩교회聖教會'라고 하였기 때문이다. 오늘날의 '교회'는 '셩교회'로부터 온 어휘로 보인다. '셩교회'는 『한불자전』에도 등재되어 있다.

이처럼 『한불자전』은 이 당시의 새로운 문화, 종교 등에 대한 정보를 담고 있어서 이 『한불자전』을 통해 그 당시의 사회상이나 문화의 모습을 파악할 수 있어서 우리 역사상 중요한 가치를 제공하고 있다고 할 수 있다.

2. 『현대 한국어로 보는 한불자전』의 가치

이처럼 중요한 가치를 지니는 『한불자전』의 불어로 되어 있는 뜻풀이 부분을 번역하고 뜻풀이에 보이는 다양한 어휘의 관계 정보와 용례 등을 구조적으로 제시하여 출판한 책이 곧 『현대 한국어로 보는 한불사전』이다. 이은령, 김영주, 윤애선 세 사람이 편찬한 이 책은 부산대학교 인문학연구소에서 '지능형 개화기 한국어사전 연구 총서'의 첫 권으로 2014년 12월에 소명출판에서 간행하였다. 이 책은 『한불자전』이 지니는 가치를 모두 그대로 간직한 채 다음과 같은 새로운 가치를 나타내고 있다.

① 1880년 당시의 단일어 사전으로 다시 태어난 책.

이 책은 언뜻 보면 단순히 『한불자전』을 번역한 책으로 인식하기 쉽다. 그러나 『한불자전』이 2개 언어의 대역사전인 반면에 이 책은 단일어 사전으로 다시 태어난 것이어서 단순한 번역 이상의 가치를 지니고 있다고 할 수 있다.

우리나라에서 한국어의 단일어 사전이 처음 등장한 것은 1910년에 편찬한 『말모이』가 최초로 알려져 있다. 그러나 이 사전은 이지 그 일부분만 발견되어서, 엄밀한 의미에서 국어에 대한 단일어 사전으로 처음 완본으로 나온 것은 1938년에 문세영이 편찬한 『조선어사전』이라고 할 수 있다.

20세기 이전의 한국어 단일어 사전은 볼 수 없었으니, 『현대 한국어로 보는 한불자전』의 간행으로 1880년대의 단일어 사전으로 다시 태어난 셈이다. 『한불자전』이 한국어-불어의 이중 언어 대역사전이라고 한다면 『현대 한국어로 보는 한불자전』은 한국어-한국어의 단일어 사전이라고 할 수 있기 때문이다. 풀이말이 그 당시의 표기법대로 되어 있지 않아서 그 당시의 단일어 사전이 아니라고 할지 모르지만, 『한불자전』을 애용하는 사람으로서는 이처럼 반가운 단일어 사전이 없는 셈이다. 표제항의 배열 순서가 현대 국어사전의 배열 순서로 바뀌어서 쉽게 찾아볼 수 있으며, 뜻풀이가 한국어로 되어 있어서 쉽게 표제항의 의미를 파악할 수 있으므로 이를 단일어 사전이라고 할 수 있는 것이다. 즉 표제항과 뜻풀이가 우리말로 되어 있기 때문에 대역사전에서 단일어 사전으로 바뀌었다고 할 수 있는 것이다.

성경에 자주 등장하는 풀인 '가라지'의 뜻을 알기 위해서 『한불자전』을 찾는다면,

가라지 kA-RA-TJI 梯 Grand herbe inutile ; zizanie

로 되어 있어서 불어를 능숙하게 알지 못하는 한, '가라지'에 대한 정확한 정보를 이해하기 쉽지 않을 것이다. 그러나 이제는 다음에서 보듯이 그러한 불편을 감수할 필요가 없게 되었다고 할 수 있다.

가라지 (梯) 쓸데없는 큰 풀. 줄 [역주] 풀

그래서 대역사전인 『한불자전』이 단일어 사전으로 다시 탄생하였다고 하는 것이다.

② 쉽게 검색할 수 있는 도구를 마련하여 주었다.

어떤 어휘의 역사를 파악하기 위해 국어사 자료들을 검색하였을 때,

『한불자전』에는 처음 등장하는 새로운 어휘가 많이 등재되어 있어서 필자도 『한불자전』을 매우 자주 이용하는 편이다. 그러나 한글로 표기된 표제항만 입력되어 있어서 검색된 자료라고 해도 그 의미를 파악하기 위해 『한불자전』을 다시 뒤져서 뜻풀이로 쓰인 불어를 찾아내고 그 중에 모르는 불어 단어가 나오면 다시 불어사전을 검색하거나 또는 종이 사전을 뒤져 보는 어려움을 겪지 않을 수 없었다. 이것이 얼마나 번거로운가는 그 과정을 거쳐 보지 않으면 이해하기 어려울 것이다. 그러나 이제 이 사전의 등장으로 이러한 번거로운 과정을 피할 수 있게 되었다.

③ 새로운 연구 과제를 창출하게 하였다.

이 『현대 한국어로 보는 한불자전』의 출판은 다른 분야의 학자들에게 새로운 연구 과제를 제공하여 줄 것이다. 즉 다른 대역사전도 이러한 과정을 거친다면 좋은 자료로 재생산될 수 있겠다는 생각을 가지게 한다. 게일J.S. Gale의 『한영자전』도 이러한 과정을 거쳐 그 시기의 한국어 단일어 사전을 만들어 볼 수 있을 것이며, 수많은 한국어–외국어 사전도 이러한 과정을 거쳐서 새로운 서양 문화와 서양 문명이 쏟아져 들어오면서 우리나라에 어떠한 어휘들이 생성·전파·소멸되었는가를 알 수 있는 중요한 자료로 재탄생시킬 수 있을 것이란 생각을 할 수 있게 한다.

④ 종합국어대사전(가칭) 편찬의 중요한 어휘사 자료를 제공해줄 것이다.

아직까지 우리나라에는 옥스포드 영어사전Oxford English Dictionary, OED과 같은 영어사전이나 라루스Larousse 프랑스어 사전이나 그림Grimm 독일어 사전이나 두덴Duden 독일어 사전과 같은 문화 선진국들의 국어사전에 견줄 수 있는 종합국어대사전이 없다. 이들에 비하면 국립국어원에서 편찬한 『표준국어대사전』은 소사전에 불과하다. 이러한 종합국어대사전을 편찬할 때, 19세기 말의 어휘는 검색되지만 그 의미는 문맥을 통해 파악되는 것이어서, 『현대 한국어로 보는 한불자전』을 보고 뜻풀이를 그대로 활용할 수 있어 이 사전의 활용적 가치는 매우 크다고 할 수 있다.

3. 남은 과제

『현대 한국어로 보는 한불자전』의 편찬만으로 모든 과제가 끝났다고 생각하지는 않는다. 더 욕심을 낸다면 각 항목(표제항)에 대해 주석을 붙여서 『한불자전』이 미처 하지 못한 사항들을 보완하였으면 좋을 것이라고 생각한다.

예컨대 앞에서 예를 든 '가라지'에 대해 다음과 같은 주석을 달 수 있을 것이다.

'가라지'의 초기 어형은 'ᄀᆞ랏'이다. 'ᄀᆞ랏'의 소급형은 'ᄀᆞ랒'일 것으로 추정된다. 'ᄀᆞ랒'의 어간 말음 'ㅈ'이 음절말 자음 제약에 의해서 'ㅅ'으로 나타난 것이기 때문이다. 이 형태는 17세기까지 나타난다. 19세기에 보이는 '가라지'는 바로 'ᄀᆞ랒'에 접미사 '-이'가 결합된 어형이다. '가라지'를 통해서 'ᄀᆞ랏'의 기저형이 'ᄀᆞ랒'임을 알 수 있다. 문세영의 『조선어사전』(1938)에서는 '가라지'와 '가랒'을 모두 표제어로 싣고 있는데, '가랒'은 '가라조'의 준말이라고 설명하고 있고, '가라지'는 '가라조'와 같은 말이라고 설명하고 있다. '가랒'에 대해서는 '가랒'을 참조하라고 되어 있다. '가라조'는 문헌에서 검색되지 않는다. '가라지'가 '조'와 비슷하게 생겨서 의미적 유연성에 의해 '가라조'라고 하지 않았나 생각된다. 현대 국어사전에서는 '가라조'를 '가라지'의 잘못 내지는 방언으로 처리하고 있다. 현대 국어사전에서 '가랒'을 '가라지'의 준말이라고 설명하고 있는데, 사실은 '가랒'에서 '가라지'가 파생된 것이므로 '가랒'을 '가라지'의 준말로 볼 수는 없다. 현대 국어사전에는 '가랒'이 아니라 '가랒'과 '가라지'가 함께 실려 있는데, '가랒'은 잘 쓰이지 않는다. '가라지'에 거의 단어 세력을 빼앗긴 상태이다. '가랒'의 세기별 형태 변화는 다음과 같다.

	15세기	16세기	17세기	18세기	19세기	20세기
ᄀᆞ랒	○	○	○			
가랒					○	○

이러한 주석 작업은 국어사 전공자들의 전문적인 도움이 필연적인 것이어서 그리 쉬워 보이지는 않으나 매우 의미 있는 일일 것이라고 생각한다.

—『교회사연구』 40, 2015

아동문학 담론의 현장 복원

원종찬 | 인하대학교 한국어문학과 교수

류덕제 편, 『한국 현대 아동문학 비평 자료집』 1-1900~20년대, 2016

아동문학 연구자들의 가장 큰 곤란은 자료 접근이 용이치 않다는 점이다. 일제강점기의 아동문학 관계 서적은 도서관에조차 보관되어 있는 경우가 극히 드물다. 도서관이 보유한 성인 대상의 신문과 잡지들에 흩어져 있는 아동문학 관계 자료는 범위가 워낙 광범위하기 때문에 하나하나 찾아 모으는 데 많은 노력과 시간이 투여된다. 그래서 아동문학 연구자에게는 기초연구의 방법과 감각을 익히는 것이 필수로 되어 있다. 자료를 추적하는 일에 매달리다 보면 자신이 탐정인지 연구자인지 헷갈릴 때가 적지 않다. 기초연구는 말 그대로 연구의 출발이자 바탕이 되는 것임에도 문학 외적인 것에 투여해야 하는 노력과 시간 때문에 그리 달가운 것은 못 된다. 문학 연구의 핵심은 결국 텍스트의 해석과 의미 생성에 있다고 봐야하지 않겠는가? 기초연구가 전부라면 빛도 나지 않을뿐더러 속된 말로 남 좋은 일만 하는 셈이 된다. 하지만 목마른 자가 우물을 판다는 말이 있듯이 이 땅의 아동문학 연구자라면 피해갈 수 없는 것이 또한 기초연구가 아닌가 한다.

필자가 아동문학 연구에 뜻을 둔 것은 1990년대 초반 무렵이다. 그때 가장 많은 공을 들인 일도 다름 아닌 일차자료의 수집과 정리였다. 그 결과로 이뤄낸 것이 월북 · 재북 · 실종 작가들을 포함하는 『겨레아동문학선집』(전10권, 보리, 1999)의 출간이었다. 국내에서 아동문학 관계 자료를 가장 많이 보유하고 있다는 이재철 교수의 소장본은 언감생심이었던지라 순전히 인하대 대학원생들의 발품과 이재복, 나까무라 오사무仲村修 씨 등의 도움으로 일제강점기의 아동잡지와 성인 대상의 신문 · 잡지에 흩어진 것들을 웬만큼 모을 수 있었다. 이때 모은 아동잡지들은 영인본 『한국 아동문학 총서』(전50권, 역락, 2010) 시리즈로 출간되었다. 정기간행물 가운데 누락된 호수도 적지 않고 복사 상태도 좋지 않았지만, 날로 쇄도하는 연구자들의 원본 자료 복사 요청을 개인적으로는 감당하기 힘들었던지라 영인본 총서 발행을 마냥 미룰 수만도 없었다. 이때 남겨진 과제의 하나가 아동문학 비평 자료의 수집과 정리였다. 비평은 아동 대상의 자료보다는 성인 대상의 자료에 더 많이 발표되었기 때문에 아동잡지 위주로 구성된 총서에서 확인 가능한 것은 극히 일부에 지나지 않는다.

그래서 영인본 총서 발행 직후 곧바로 비평 자료의 수집과 정리에 착수했다. 총서 발행의 인세를 인하대 대학원생에게 투입해서 원본 사료의 한글 입력을 시도한 것이다. 비평은 창작과 달라서 의미 전달이 더 중요한만큼 인쇄 상태가 흐릿하고 철자가 뭉개진 깨알 같은 원본 자료를 제시하는 것보다는 제대로 독해해서 새로 입력한 자료를 제시하는 것이 더 좋으리라고 판단되었다. 열 명 가까운 인하대 대학원생이 일 년가량 작업한 결과 1908~1950년까지 200자 원고지 1만 장, A4지로 1,300쪽에 이르는 분량의 아동문학 비평 자료가 입력되었다.

하지만 이를 출판하기까지는 상당한 보완이 필요했다. 원문 상태가 좋지 않아서 훌쩍 건너뛰거나 복자伏字로 처리한 부분이 너무 많았던 것이다. 누군가 책임감을 가지고 그야말로 안광眼光이 지배紙背를 철하도록 힘쓴다면 웬만큼 살려낼 수 있을 것이라는 생각이 들어서 출간을 미룬 채 보완을 기약했으나 감히 엄두를 못 내고 지금에 이르렀다. 열 일을 제쳐두고 이 일에 매달리지 않는 한 결코 해낼 수 없는 어려운 작업이 남아 있었던 것이다.

그런데 대구교대의 류덕제 교수가 마침내 이 힘든 일을 해냈다. 더욱이 필자가 확보하고 입력한 자료의 도움 없이 처음부터 끝까지 혼자 책임지고 해냈다는 점에서 입이 벌어지지 않을 수 없었다. 솔직히 필자는 그간 입력해 놓은 자료가 한순간 휴지조각이 되었다는 아쉬움이 없지 않았지만, 워낙 오랫동안 손을 놓고 있었던지라 곧바로 환호성을 지르는 기분으로 바뀌었다. 누가 해도 해야 될 일이었다. 류덕제 교수가 엮은 『한국 현대 아동문학 비평 자료집』은 우선 1900~1920년대 자료를 대상으로 1권이 1074쪽의 묵직한 두께로 출간되었는데 지금까지 알려지지 않은 자료를 새롭게 찾아서 보강한 것들도 상당했다. 마침 필자는 문학사 관련 논문을 쓰던 중이라 이 책을 바로 이용했다. 얼마나 편리하고 좋은지 모르겠다. 아동문학 연구자에게 이 책은 하늘에서 뚝 떨어진 선물이 아닐쏘냐 하는 생각을 아니할 수 없었다.

주지하듯이 소명출판은 책을 성심껏 잘 만들어내는 신뢰할 만한 출판사의 하나이다. 사전이나 전집처럼 꽤 두꺼운 책인데도 산뜻하고 깔끔한 느낌을 주는 장정과 제본이 책의 가치를 더해준다. 특히 말미에 붙은 상세한 '필자 소개'와 '찾아보기'는 대단한 공력이 들어간 부록으로서 연구자에게 큰 도움을 준다. 일제강점기의 아동문학 관계자는 행적을 알 수 없는 이, 익숙하지 않은 필명을 사용한 이, 그리고 동명이인이 수두룩하다. 예컨대 대전 출신의 비평가 송완순宋完淳이 구봉학인九峰學人, 구봉산인九峰山人이라는 사실은 어느 정도 알려져 있지만, 송소민宋素民, 소민학인素民學人, 호랑이, 한밧, 송타린宋駝麟이라는 사실을 아는 연구자는 그리 많지 않을 것이다. 류덕제 교수가 작성한 '필자 소개'는 그 자체가 중요한 연구논문이라고 해도 무방할 정도로 치밀한 고증에 바탕하고 있다. 현대문학 비평 전공자인 류덕제 교수의 내공이 가장 빛을 발한 대목이라고 여겨진다.

목차와 본문은 원문 그대로 살려 썼다. 이것도 엄청 고된 일이었을 것임을 알기에 경의를 표하지 않을 수 없다. 원문 자료의 훼손 상태를 감안할 때, 오늘날의 연구자에게 이보다 더 좋은 텍스트는 나오기 힘들 것이라고 판단되었다. 다만 요즘 젊은 연구자들은 한자 읽기를 외국어 대하듯이 끔찍하게 여기는지라 한글로 옮기고 필요시 한자를 병기竝記했으면 더 좋지 않았을까 하는 생각이 들었다. 나아가 표기법도 창작이 아닌 비평 텍스트인 점을 감안해서 과감하게 현대어로 고치는 게 가독성을 위해 더 좋지 않았을까 하는 생각이 들었다. 어차피 연구자들은 논문에 인용할 때 원문 확인 과정을 생략할 수 없는 노릇이다. 새로 입력해서 출간한 이차생산물은 귀신이 아닌 이상 아무리 노력해도 오탈자의 실수에서 100% 벗어나기 힘들기 때문이다.[1] 거꾸로 원문

1 경희대 한국아동문학연구센터 편, 『한국아동문학 연구자료총서』(전9권, 국학자료원, 2012)는 창작을 원문대로 표기한 자료라서 이용자들이 원문 확인의 수고 없이 그대로 인용하고픈 유혹에 사로잡힐 법한데, 어디까지나 이차자료인 만큼 곳곳에 숨어있는 오기(誤記)의 가능성을 염두에 두어야 한다. 예컨대 총서 1권에 실린 노원숙 동요 「금모래」의 서지사항에서 『별나라』 1926년 11월호가 '제1권 제11호'가 아닌 '제6권 제11호'라고 되어 있고, 총서 2권에 실린 이주홍 동요 「염물쇠도」의 "말나부트 배창자가"는 "말나부튼 배창자나"로 잘못 표기되어 있다. 이 작품의 서지사항 또한 『신소년』 '제10권 제12호, 1932년 12월호'인데 '제10권 제10호, 1932년 10월호'라고 되어 있다. 총서 3권에 실린 윤복진 동요 「댑, 댑, 댑사리」는 3연과 4연의 구분이 없어져서 전체 5연의 작품을 4연으로 만들어 놓았다. 필자가 전부 대조한 것도 아니요, 동요 · 동시 편을 읽다가 우연히 눈에 들어온 오기가 이러했다. 경희대 연구자료총서는 원문 자료에 비해

의 명백한 오탈자를 류덕제 교수가 각주나 괄호 처리로 바로잡아 보여준 것은 여간 고마운 일이 아니다.

많은 노력과 정성으로 이루어진 믿을 만한 편자와 출판사의 자료집이고, 창작이 아닌 비평 자료인 만큼 어지간한 논문 작성 시에는 이 책을 직접 인용해도 무방할 것이라고 본다. 그러나 사실 관계가 생명이 되는 논문일 경우에는 반드시 원문 대조가 필수라는 점을 잊지 말아야 한다. 필자가 확인할 필요성을 느끼고 원문을 찾아보다가 잘못 기재된 부분을 하나 찾아낸 게 있다. 심훈의 「경성보육학교의 아동극 공연을 보고(1) · (2)」(『조선일보』, 1927.11.16~18)라는 텍스트를 확인하는 과정에서 이 글이 『조선일보』 1927년 11월이 아니라 12월에 발표되었다는 것, 즉 발표 연월일을 '1927.12.16~18'로 바로잡아야 한다는 사실을 알게 되었다. 우연히 하나 확인한 게 딱 걸렸으니(!) 여간 민망한 일이 아니겠으나, 이런 오류를 모른체하고 넘어갈 수도 없는 노릇이라 연구자들의 경계로 삼고자 부득이 언급해두는 것이다.[2]

류덕제 교수가 엮은 아동문학 비평 자료집이 연구자들에게 얼마나 중요한지에 대해서는 긴 말이 필요치 않다. 근대 초입부터 발표순으로 정리한 아동문학 비평 자료의 복원으로 말미암아 이 땅에서 이뤄진 아동문학 담론의 역사와 그 생생한 현장을 누구든지 손쉽게 엿볼 수 있

가독성과 편리성이 주어진다는 면에서 반길 일이지만, 이차생산물을 원문 텍스트라 믿고 이용하다가는 큰 낭패를 겪을 수가 있다.

2 이참에 필자가 『아동문학과 비평정신』(창비, 2001)에서 부록으로 제시한 '한국 아동문학비평 자료 목록'의 오류에 대해서도 밝혀야겠다. 워낙 자료정리가 미흡한 시기에 작성한 것인데다 이용자에게 더 많은 정보를 제공하고자 필자가 확인한 일차자료뿐 아니라 이차자료에 나오는 평론 목록도 전부 끌어모았는데 발표 연월일 같은 서지사항에 오류가 적지 않다. 처음부터 어느 정도 예상은 했지만, 훗날 확보한 일차자료에서 원문을 찾아보다가 해당 연월일에 자료가 없는 경우가 종종 나와서 몹시 당황한 적이 있다. 이제 새롭게 보강된 류덕제 교수의 아동문학 비평 자료집 덕분에 필자가 작성한 부정확한 자료 목록은 더 이상 이용가치가 없어졌으니 다행스럽고도 잘된 일이라고 생각한다.

게 되었다. 이 책에는 기존의 아동문학사에서 실종된 작가 · 평론가뿐 아니라 수많은 소년운동가의 글들도 함께 수록되어 있다. 식민지와 분단에서 비롯된 한국 아동문학의 독특한 면모가 남김없이 담겨져 있는 것이다. 비평 자료는 비평사 연구의 일차적인 텍스트에 그치는 것이 아니라, 작가와 작품에 대한 당대의 인식을 살피는 데에서 가장 중요한 이차자료로 기능한다. 각 시기의 주요 과제와 쟁점을 집약적으로 드러내는 것도 비평 자료들이다. 아동 문학 연구자들이 특정 시기의 작가, 작품, 경향 등에 대한 앞선 논의를 참조하려고 할 때 결코 빠뜨려서는 안 되는 '선행연구' 자료로서 이 비평 자료집은 단연 일순위에 해당할 것이다. 류덕제 교수의 노고에 힘입어 한국 아동문학 연구가 앞으로 더욱 활기를 띠게 될 것이라고 확신한다.

—『아동청소년문학연구』 18, 2016

잊혀져가는 해방기의 소중한 기록을 찾아서

신현규 | 중앙대학교 다빈치교양대학 교수

오영식 편저, 『해방기 간행도서 총목록 1945~1950』, 2009

올해는 경술국치 100년이 되는 해이다. 광복한지도 65년이 된 해이기도 하다. 일제 강점기 동안 억눌렸던 출판계가 화산처럼 분출하며 책을 쏟아냈다. 이러한 해방기 폭발적인 출판은 국가 재건의 토대가 됐다. 비록 미군정과 좌우익 대립의 혼란, 동족상잔의 한국전쟁을 겪었으면서도 지금 이처럼 어느 시대보다 넉넉한 지식 창고는 해방기를 장식한 우후죽순雨後竹筍의 출판사들이 있었기에 가능했다. 그러나 해방기 출판의 역사는 공백으로 남아 있었다. 지금까지 살아남아 자신들의 역사를 정리해 놓은 출판사는 을유문화사 밖에 없기 때문이다. 당시 어떤 출판사들이 활동했고, 어떤 도서들이 간행되었는지를 살필 수 있는 자료들이 부족했던 것이다. 오영식의 편저 『해방기 간행도서 총목록 1945~1950』은 1945년 해방 직후부터 1950년 6월까지 5년여 동안 나온 출판물, 즉 1,000여 출판사와 5,288여 종의 책 정보가 담겨 있다. 이 책에는 해방기의 문화사, 문학사, 사상사, 출판문화사 등의 든든한 기초 자료로 가득 채워져 있다.

목록目錄, catalogue의 사전적 의미는 서적·잡지 등의 목차, 재고품의 일람표, 상품의 카탈로그 등을 말한다. 옛 법에서는 진상품의 품목을 적은 것을 목록이라 하였고, 현품과 함께 보냈다. 고대 중국의 학문 분과의 하나로 '목록학'이 있었다. 여기에는 서지학書誌學·도서관학이 포함된다. 자료로서의 완전한 서적목록을 작성하여, 가능하면 그 자료를 활용하여 한 시대 또는 몇 시대에 걸친 학술 계승의 계통을 밝히는 것이 목록학이라고 할 수 있다. 『해방기 간행도서 총목록 1945~1950』은 『출판대감(1945~1948)』의 단행본 목록 1,720종에서 1949~1950년 발간된 도서를 찾아내고, 지방의 출판 자료를 반영하였다. 이밖에도 『한국서목韓國書目(1945~1962)』, 『해방공간의 도서들(1945~1950)』 등을 참조했으며 여기에 편저자의 목록집 『불암통신佛巖通信』에 수록된 소장본으로 『해방기 간행도서 총목록 1945~1950』이 완성된 것이다. 여기에 편저자가 왕성하게 활동하고 있는 '근대서지학회' 회원들의 소장본 자료 제공도 빠질 수 없다.

이 책에서는 출판사와 간행도서로 살펴본 해방기 출판의 특징을 몇 가지로 나누어 설명한다. 우선 가장 활발했던 출판사는 175종을 출간한 을유문화사였고, 다음으로 정음사(167종), 금룡도서(78종), 동지사(67종), 박문출판사(64종), 동방문화사(62종) 등이 뒤를 이었다.

해방기에는 일제 강점기에 출간된 도서를 재출간한 책이나 번역서가 많았다. 또한 해방 이후 국가의 기틀을 세우려던 시기이다보니 좌우익 이념서적들도 봇물을 이뤘다. 냉전체제 속에서 민족의 자립 역량을 확보하고, 올바른 사회체계에 대해 고민한 흔적을 찾아 볼 수 있는 책들도 적지 않았다. 반면에 용지난을 반영하듯 판형이 작은 문고본들 34종이 발간되었다. 이 책에 실린 문고본만도 31개 출판사가 펴낸 34종이다.

해방기 베스트셀러로는 박계주의 소설『순애보』, 20판을 찍은 김래성의 탐정소설『마인魔人-범죄편』, 김구의『백범일지』등이 이름을 올렸다. 문학작품, 그 중에서도 통속소설 등이 많았고 근대문학사상 가장 뛰어난 문장가로 평가받은 상허 이태준의 저작들도 인기였다.

『해방기 간행도서 총목록 1945~1950』의 가치는 우선, 해방기 간행도서 목록 수를 획기적으로 늘렸다는 점이다. 구체적으로 살펴보면, 5,288종(단행본 3,876종, 잡지 1,412종)의 목록이 출판사별, 저자별, 주제별로 정리돼 있다. 단행본만 치더라도 기존 간행도서 목록들에 비해 1,600여종 이상을 더 찾아낸 것이다. 둘째, 추가된 목록에는 남북 분단의 진행과 이념대립으로 우리나라에서는 가려졌던 사회주의 관련 서적, 지방출판사에서 출간됐지만 납본이 누락된 도서, 출판사를 거치지 않고 개인들이 펴낸 도서 등이 다수 포함되었다. 그리고 셋째, 목록을 출판사별로 정리한 것에 있다. 끝으로, 해방기 출판사에 대한 연구자료가 태부족인 상황에서 이 책은 당시 출판사들의 흐름을 한눈에 살펴볼 수 있는 귀중한 자료로 평가된다. 이것은 해방기에 출판된 책들은 정리 자체가 제대로 되어 있지 않아, 그 누구도 엄두를 내지 못한 것이 바로 목록집이다. 이에 대한 가치는 바로 여기에 있는 것이다.

『해방기 간행도서 총목록 1945~1950』의 주제별 분류는 그 범주 설정이 우선 검토해야할 대상이 된다. 편저자의 일러두기에도 밝혀있는 것처럼 해방기에 간행된 도서들을 내용별로 분류하는 데 있어 KDCKorea Decimal Classification, 한국십진분류법는 참고사항 정도로 그칠 수밖에 없다. 해방기가 갖고 있는 차별적이면서 독자적인 특성이 우선되어야 하기 때문이다. 일제강점기를 벗어나자마자 기다렸다는 듯이 저서를 낼 수는 없었을 것이고, 학문적 성숙을 거쳐야만 나올 수 있는 책들을 1946년이나 1947년에는 만날 수 없었다.『해방기 간행도서 총목록 1945~1950』에는 이러한 점을 고려해서 크게 인문과학, 사회과학, 자연과학, 학습서의 네 가지 범주를 설정하였다. 그리고 인문과학의 범주 내에 문학, 어학, 역사, 철학, 종교, 예술 등을 두었다. 사회과학의 경우는 정치, 법률, 경제, 산업, 사회학 등을 세분하였다. 특기할 만한 것은 학습서 분야의 구분이다. 이것은 해방기 출판의 전모全貌를 파악하기 위해 포함시킨 경우이다. 학습서 또한 출판사의 출판 활동을 파악하는 단서가 되며, 저작자의 저술 활동을 파악하는 데에도 큰 도움이 되기 때문이라고 밝히고 있다. 오늘날 유명한 문인으로 평가받는 이라 하더라도 그 당시에는 교과서나 참고서를 집필한 경우가 적지 않았다.

문학 분야는 크게 한국문학과 외국문학으로 나누었다. 한국문학에는 시가, 소설(야담사화 포함), 평론, 희곡과 시나리오, 수필, 아동문학, 고전문학 등으로 세분하였다. 그리고 예술분야는 예술 일반, 미술과 서예, 음악, 연극과 영화, 체육, 문화와 문화재 등으로 분류하였다. 예술 일반에서는 김영석의 『예술론』, 김용배의 『미학·예술학』, 김용호의 『예술연감』, 김정학의 『문화과학입문』, 김정환의 『현대문화독본』, 김태오의 『미학개론』, 조선문학사의 『금일의 예술과 명일의 예술』, 한상진의 『예술과 사회』 등이 소개되어있다. 『해방기 간행도서 총목록 1945~1950』에는 덧붙여서 출판계 인로들과의 대담 내용을 실어 해방기 출판사에 대한 이해를 도운 것도 눈에 띈다. 출판사 로고와 인지, 책 표지 등 이미지를 풍부하게 실은 것도 의미 있는 작업이다.

—『한국문학과예술』 5, 2010

초출 일람

민　찬_한국문학의 지형도
　　　— 『민족문학사연구소』 14, 1999.
윤재민_조선시대 시가사를 보는 새로운 시각
　　　— 『고전문학연구』 17, 2000.
신재홍_현실주의적 연구방법의 성과와 과제
　　　— 『민족문학사연구』 15, 1999.
박애경_'미완의 근대' 그 너머에는……
　　　— 『민족문학사연구』 13, 1998.
남은경_18세기 혁신의 한시사
　　　— 『고전문학연구』 18, 2000.
박영민_새로운 시정신과 미의식으로 그려본 18세기 한국한시사의 지형도
　　　— 『정신문화연구』 22-4, 1999.
윤채근_한시사의 새로운 조명
　　　— 『Journal of Korean Culture』 1, 2000.
정우봉_18세기 한시사 이해의 시각과 구도
　　　—『민족문학사연구』 15, 1999.
안대회_사회사의 시각으로 해석한 서사한시의 면모
　　　— 『민족문학사연구』 19, 2001.
한수영_새로운 민족문학론 모색의 성과와 가능성
　　　— 『실천문학』 58, 2000.
양문규_'구체적 총체성'으로의 문학사를 위하여
　　　— 『민족문학사연구』 14, 1999.
김종욱_여전히 문제적인 30년대 소설들
　　　— 『민족문학사연구』 16, 2000.
전승주_근대성의 실현을 위한 문학이념으로서의 민족문학
　　　— 『민족문학사연구』 17, 2000.
김석봉_확인된 문제, 문제의 확인
　　　— 『현대문학의 연구』 14, 2000.
한수영_섬세한 실증과 올곧은 해석
　　　— 『현대문학의 연구』 14, 2000.

김태현_일본근대사 100년에 관한 성찰『조용한 혁명—메이지유신과 일본의 건국』
—『한국경제신문』, 2016.2.2.
유세종_루쉰과 소세키를 통해 본 동양적 근대창출의 방법론
—『실천문학』 64, 2001.
이경근_루쉰과 소세키—동양적 근대의 두 가지 코스
—『문학과 경계』 1-1, 2001.
이욱연_신화와 저항
—『창작과비평』 29-2, 2001.
정선태_일본에서의 한국문학 연구
—『실천문학』 62, 2001.
이득재_비'국민화'의 회로는 어떻게 가능한가
—『진보평론』 18, 2003.
이명원_괴물은 어떻게 자유로워지는가
—『오늘의 문예비평』 45, 2002.
이혜령_국어, 시험에 들다
—『민족문학사연구』 24, 2004.
이명원_비평의 '표어주의'에 대한 성찰
—『오늘의 문예비평』 45, 2002.
김예림_일본과 아시아 그리고 한국과 아시아
—『황해문화』 46, 2005.
임성모_만시지탄의 동아시아 지성사
—『창작과비평』 33-1, 2005.
홍기돈_친일문학, '굴종과 저항'에서 '협력과 저항'으로—『협력과 저항』이라는 책을 쓴 김재용 씨와의 인터뷰
—『피플』, 2004.10.
윤대석_'친일문학'을 해소하기 위해
—『사이間SAI』 3, 2007.
김현주_『무정』과 세 종류의 심리학
—『사이間SAI』 5, 2008.
이승희_근대 일본 형성기의 국가체제—지방관회의・태정관・천황
—『일본역사연구』 39, 2014.
김명환_우리 근대사의 이해와 통합적인 학문연구
—『안과밖』 37, 2014.
신영숙_『확장하는 모더니티』 서평
—『여성과 역사』 8, 2008.
정미숙_근대・일본・젠더
—『여성학연구』 19-1, 2009.

양동국_『일본문학 속의 사계-한국문학과의 비교를 통하여』
(최재철, 소명출판, 2016)
-『비교문학』 71, 2017.
최윤정_타자의 기억과 고통을 어떻게 나눌 것인가
-『여성학논집』 22-1, 2005.
김영옥_일본 근대 여성 글쓰기가 폭로하는 통합과 배제의 이중성
-『여성문학연구』 20, 2008.
강현조_근대 초기, 신문과 대중의 소통 방정식
-『대중서사연구』 20-1, 2014.
표정훈_구체적 실례와 자료의 종합적 해석
-『문학과사회』 20-3, 2007.
김종현_중국근대를 이해하는 새로운 시각
-『중국현대문학』 49, 2009.
이종민_'숨은 신'과의 실존적 대화
-『중국현대문학』 59, 2009.
고명철_오키나와 담론의 전형화를 경계하며
-『한겨레』, 2017.8.4
송민호_한국 근대문학사의 이념적 전망과 해체 이후의 풍경
-『민족문학사연구』 52, 2013.
김성연_'조선', 번역의 그물 속으로 들어가다
-『민족문학사연구』 52, 2013.
김화선_아동문학 형성기의 역사적 조건을 탐색하는 복수의 시선
-『아동청소년문학』 7, 2010.
김주리_'신여성', 해석의 과잉
-『여성문학연구』 22, 2009.
김진희_지식의 장(場)과 창조적 지(知)의 주체들
-『여성문학연구』 31, 2014.
김미정_'섹슈얼리티', 한국 근대문학사를 보는 또 하나의 시선
-『여성문학연구』 18, 2007.
강옥희_정전의 권위에서 주변과 일상으로
-『민족문학사연구』 22, 2013.
정혜영_추리와 연애, 그리고 한국 대중문학
-『어문논총』, 58, 2013.
정종화_식민지 조선의 할리우드 인식
-『사이間SAI』 20, 2016.
조은애_냉전을 되돌아보는 방법
-『민족문학사연구』 55, 2014.

최익현_남북문학 단절점 극복 노력, 3년간 수집한 자료 정리

— 『교수신문』, 2013.11.5.

손이레_『임화의 영화』 대 '임화의 영화'

— 『사이間SAI』 19, 2015.

와타나베 나오키_제국의 조선영화를 어떻게 논할 것인가

— 『한국극예술연구』 51, 2016.

이정숙_연극 연구 외연 확장으로서의 극장의 문화정치학

— 『한국극예술연구』 51, 2016.

이현경_좋거나 나쁘거나, 양자택일의 윤리학-멜로드라마

— 『여성문학연구』 30, 2013.

이혜령_프로토 프롤레타리아와 남한의 형성

— 『황해문화』 88, 2015.

김혜인_하나이면서 여럿인 영어 / 영문학

— 『민족문학사연구』 61, 2016.

박진영_표지의 발견과 이미지의 생태학

— 『역사비평』 118, 2017.

소인호_소설사의 빈 자리 채우기

— 『민족문학사연구』 35, 2007.

강혜선_타자를 초대하는 방식

— 『민족문학사연구』 35, 2007.

김정규_「국문학과 민족 그리고 근대」 있는 그대로 바라보기

— 『동대문신문』 2007.12.12.

김진균_보편주의와 전통 변용의 구상

— 『민족문학사연구』 53, 2013.

황정아_동아시아 자국(문)학의 다른 가능성을 찾아서

— 『창작과비평』 42-1, 2014.

이경림_소설들의 어떤 미래

— 『민족문학사연구』 53, 2013.

이병기_'국어'의 언어적 근대는 기획된 것인가

— 『개념과 소통』 14, 2014.

양진오_신채호문학 연구의 이정표, 『신채호문학연구초』

— 『어문논총』 58, 2013.

최현식_파탄과 구원의 이중적 책략을 위한 변해(辨解)

— 『교수신문』, 2011.9.6.

장만호_최남선 창가의 문화정치학과 『소년』 계몽기획의 이중적 구도

— 『한국시학연구』 46, 2016.

강영미_내재율이라는 빈 기표, 그 이후

— 『상허학보』 42, 2014.

권유성_한국 근대시 운율에 접근하는 한 가지 방법
　　—『어문총론』 60, 2014.
조형래_신소설, 부정적인 것의 가능성
　　—『반교어문연구』 40, 2015.
김윤진_근대 초기 한국문학을 탐험하는 법
　　—『민족문학사연구』 59, 2015.
유승환_'후래자(後來者)'가 발견한 프로문학, 그 논쟁의 지점들
　　—『민족문학사연구』 51, 2013.
장문석_전위라는 전통
　　—『인문논총』 74-2, 2017.
윤대석_다시 인젠 바다 위에 성좌가 있을 필요가 없다
　　—『황해문화』 70, 2011.
허윤회_모더니티의 여적(餘滴)
　　—『민족문학사연구』 21, 2002.
김영진_조선 후기 소품문, 그 다양한 빛깔
　　—『민족문학사연구』 20, 2002.
황재문_고전 읽기의 모범 사례
　　—『한국문화연구』 11, 2006.
장효현_학문의 정밀성(精密性)을 위한 전범(典範)
　　—『민족문학사연구』 30, 2006.
심경호_삼명시화(三溟詩話)에 대하여
　　—『민족문학사연구』 34, 2007.
조　광_『한불자전』의 새로운 탄생 우리나라 연구번역 상의 큰 업적
　　—『코기토』 79, 2016.
홍윤표_현대 한국어로 보는 한불자전
　　—『교회사연구』 46, 2015.
원종찬_아동문학 담론의 현장 복원
　　—『아동청소년문학연구』 18, 2016.
신현규_잊혀져가는 해방기의 소중한 기록을 찾아서
　　—『한국문학과예술』 5, 2010.

서평자 일람

민 찬 대전대학교 국어국문학과 교수
윤재민 고려대학교 한문학과 교수
신재홍(申載弘 Shin, Jae Hong) 가천대학교 인문대학 한국어문학과 교수
박애경(朴愛景 Park, Ae Kyung) 연세대학교 국어국문학과 교수
남은경(南恩璟 Nam, Eun Kyung) 고려사이버대학교 한국어학과 전임교수
박영민(朴英敏 Park, Young Min) 고려대학교 민족문화연구원 연구교수
윤채근(尹采根 Yoon, Chae Keun) 단국대학교 한문교육과 교수
정우봉(鄭雨峰 Chung, Woo Bong) 고려대학교 국문학과 교수
안대회(安大會 Ahn, Dae Hoe) 성균관대학교 한문학과 교수
한수영(韓壽永 Han, Soo Yeong) 연세대학교 국어국문학과 교수
양문규(梁文奎 Yang, Moon Kyu) 강릉원주대학교 국어국문학과 교수
김종욱(金鍾郁 Kim, Jong Uck) 서울대학교 국어국문학과 부교수
전승주(田承周 Jeon, Seung Ju) 서울과학기술대학교 기초교육학부 초빙교수
김석봉 서울대학교 강사
유세종(劉世鐘 Yoo, Sai Jong) (전) 한신대학교 중국학과 교수
김태현 『한국경제신문』 기자
이경근(李慶根 Lee, Kyung Kun) 서울대학교 시간강사
이욱연(李旭淵 Lee, Wook Yon) 서강대학교 중국문화학과 교수, 중국연구소 소장
정선태(鄭善太 Jeong, Seon Tae) 국민대학교 한국어문학부 교수
이득재(李得宰 Lee, Deuk Jae) 대구가톨릭대학교 러시아어학과 교수
이명원(李明元 Lee, Myoung Won) 경희대학교 후마니타스칼리지 교수
이혜령(李惠鈴 Lee, Hye Kyoung) 서강대학교 동아시아학술원 HK교수
김예림(金艾琳 Kim, Ye Rim) 연세대학교 학부대학 전임교수
임성모(任城模 Yim, Sung Mo) 연세대학교 사학과 교수
홍기돈 가톨릭대학교 국어국문학과 교수
윤대석(尹大石 Yun, Dae Seok) 서울대학교 국어교육과 부교수
김현주(金賢珠 Kim, Hyun Joo) 연세대학교 국어국문학과 교수
이승희(李升熙 Lee, Sung Hee) 동덕여자대학교 일본어학과 조교수
김명환(金明煥 Kim, Myung Hwan) 서울대학교 영어영문학과 교수
신영숙(申榮淑 Shin, Young Sook) 이화여자대학교 이화사학연구소 연구원
정미숙(鄭美淑 Jeong, Mi Suk) 문학평론가, 부경대학교 국제대학원 외래교수

양동국(梁東國 Yang, Dong Kook) 상명대학교 일본어권지역학 교수
최윤정 또 하나의 문화 사무국장
김영옥 성균관대학교 일어일문학과 강사
강현조(姜賢助 Kang, Hyun Cho) 연세대학교 글로벌인재학부 선임연구원
표정훈(表晶勛 Pyo, Jeong Hun) 출판평론가 / 칼럼니스트
김종현(金鐘賢 Kim, Jong Hyun) 동아대학교 중국어학과 교수
이종민(李琮敏 Lee, Jong Min) 우석대학교 실크로드영상연구원 상임연구원
고명철 광운대학교 국어국문학과 교수
송민호(宋敏鎬 Song, Min Ho) 홍익대학교 국어국문학과 조교수
김성연(金成姸 Kim, Sung Yeun) 연세대학교 국학연구원 학술연구교수
김화선(金和仙 Kim, Hwa Seon) 배재대학교 주시경교양대학 교수
김주리(金주리 Kim, Jue Lee) 국립한밭대학교 인문교양학부 교수
김진희(金眞禧 Kim, Jin Hee) 이화여자대학교 이화인문과학원 교수
김미정 서울대학교 국어국문학과 박사과정
강옥희(Kang, Ok Hee) 상명대학교 국어교육과 교수
정혜영 대구대학교 기초교육원 초빙교수
정종화(鄭琮樺 Chung, Chong Hwa) 한국영상자료원 선임연구원
조은애(曺恩愛 Cho, Eun Ae) 동국대학교 국어국문・문예창작학부 강사
최익현 『교수신문』 기자
손이레(孫이레 Sohn, I Rhe) 미시간대학교 박사과정
와타나베 나오키(渡辺直紀 Watanabe Naoki) 일본 무사시(武蔵)대학 인문학부 교수
이정숙(李貞淑 Lee, Jeong Sook) 경북대학교 기초교육원 초빙교수
이현경 『씨네21』 비평가
김혜인(Kim, Hye In) 동국대학교
박진영(朴珍英 Park, Jin Young) 성균관대학교 국어국문학과 교수
소인호(蘇仁鎬 So, In Ho) 청주대학교 국어국문학과 교수
강혜선(姜慧仙 Kang, Hye Sun) 성신여자대학교 인문과학대학 국어국문학과 교수
김정규(金柾圭 Kim, Jeong Gyu) 사서 및 기록전문가
황정아(黃靜雅, Hwang, Jung A) 한림대학교 한림과학원 HK교수
김진균(金鎭均 Kim, Jin Kyun) 성균관대학교 하이브리드미래문화연구소 연구원
이경림(李京林 Lee, Kyung Rim) 충북대학교 국어국문학과 강사
이병기(李秉騏 Lee, Byeong Gi) 한림대학교 국어국문학과 교수
양진오 대구대학교 국어국문학과 교수
최현식(崔賢植 Choi, Hyun Sik) 인하대학교 국어교육과 교수
장만호 경상대학교 인문학연구소
강영미(康泳美) 고려대학교
권유성 제주대학교
조형래 동국대학교 문화학술원

김윤진 서울대학교

유승환(Yoo, Sung Hwan) 대전대학교 박사후연구원

장문석(張紋碩 Jang, Moon Seok) 서울대학교 국어국문학과 박사과정

허윤회(許允會 Heo, Yuhn Hoi) 충북대학교

김영진 고려대학교 강사

황재문 서울대학교 규장각한국학연구원 인문한국사업단 HK교수

장효현(張孝鉉 Chang, Hyo Hyun) 고려대학교 국어국문학과 교수

심경호(沈慶昊) 고려대학교 한문학과 교수

조 광(趙珖 Cho, Kwang) 고려대학교 명예교수, 국사편찬위원회 위원장

홍윤표(洪允杓 Hong, Yun Pyo) (전)연세대학교 문과대학 국어국문학과 교수

원종찬(元鐘讚 Won, Jong Chan) 인하대학교 한국어문학과 교수

신현규(申鉉圭 Shin, Hyun Gyu) 중앙대학교 다빈치교양대학 교수

소명출판 도서 목록

책명	저자	발행년도
벌열미 사람들	허정분	1998
18세기에서 20세기 초 한국시가사의 구도	고미숙	1998
한국 고전문학 작가론	민족문학사연구소 고전문학분과	1998
텔레비전 카메라를 중심으로 본 영상제작의 이론과 실제	오진곤 · 복환모 편저	1998
연극 만들기	김균형	1998
1910년대 한국문학과 근대성	김복순	1999
정보화시대의 국어강의	세명대학교	1999
모더니즘과 포스트모더니즘을 넘어서	나병철	1999
개화기 신문 논설의 서사 수용 양상	정선태	1999
강경애 전집	이상경 편	1999
민족시인 신동엽	구중서 · 강형철 편	1999
고전소설사의 구도와 시각	정출헌	1999
조선시대 문학예술의 생성공간	강명관	1999
역할구성	스타니슬라브스키, 김균형 역	1999
18세기 한국한시사 연구	안대회	1999
현대시학의 두 구도	이은정	1999
채만식 문학의 재인식	문학과사상연구회	1999
한국 근대소설사의 시각	한기형	1999
한국 근대시의 공간과 장소	박태일	1999
이태준과 한국 근대소설의 성격	박헌호	1999
한국 근대문학과 계몽의 서사	채호석	1999
한국 근대문학비평사	김영민	1999
이상소설연구	김주현	1999
20세기 한국문학의 반성과 쟁점	문학과사상연구회	1999
일본한문학사	이노구치 아츠시, 심경호 · 한예원 역	1999
비평기계	고미숙	1999
민족문학을 넘어서	신승엽	1999
전통연극의 이해	장혜전	1999

책명	저자	발행년도
Korean Poetry in Classical Chinese	민병수	1999
한국문학의 이해	김재용 외	2000
예술과 인생	박명용 외	2000
문학과 삶의 지평	김준선 외	2000
1970년대 문학연구	민족문학사연구소	2000
불을 찾아서	김명인	2000
이상, 철천의 수사학	이경훈	2000
근대계몽기의 학술 · 문예사상	민족문학사연구소	2000
한국현대문학비평사	김영민	2000
20세기 한국문학과 근대성의 변증법	하정일	2000
한국 근대문학의 형성과 신경향파	박상준	2000
분단구조와 북한문학	김재용	2000
한국 근대소설의 기원	권보드래	2000
동북아 샤머니즘 문화	전북대 인문학연구소	2000
한국 모더니즘시의 글쓰기 방식과 시 해석	최미숙	2000
1930년대 한국시의 근대성	이명찬	2000
동방고전문학연구 (제2집)	동방고전문학회	2000
근대적 주거공간의 탄생	이진경	2000
국어교육학	이삼형 외	2000
소설과 일상성	한수영	2000
시와 생태적 상상력	이은봉	2000
정지용 문학의 현대성	김신정	2000
동양적 근대의 창출	히야마 히사오, 정선태 역	2000
조선 후기 시화사	안대회	2000
한국 근대산문의 읽기와 글쓰기	문영진	2000
한국연극, 가능성의 연극	김균형	2000
한설야 문학의 재인식	문학과사상연구회 편	2000
윤춘년과 시화문화	안대회	2001
토담집	이화종	2001
납함 아래의 침묵	방민호	2001
이상 시의 근대성 연구	조해옥	2001
교양인을 위한 우리 한문	우리한문연구회	2001
맞장뜨는 여자들	권명아	2001
윤동주와 한국문학	오오무라 마스오	2001
한문산문의 내면풍경	심경호	2001
작품과 시간	임규찬	2001

책명	저자	발행년도
비평과 권력	권성우	2001
황순원 문학의 설화성과 근대성	박혜경	2001
채만식과 조선적 근대문학의 구상	방민호	2001
이조 후기 한시의 사회사	진재교	2001
한국 현대시와 리얼리티	김윤태	2001
디지털 시대의 문화읽기	최혜실	2001
혼불의 문학세계	전라문화연구소	2001
니체, 천개의 눈 천개의 길	고병권	2001
시와 리얼리즘 논쟁	윤여탁 · 이은봉 편	2001
배우훈련	스타니슬라브스키, 김균형 역	2001
김시습의 사상과 글쓰기	최귀묵	2001
역주 이옥전집 (전 3권)	이옥, 실시학사 고전문학연구회 역주	2001
절옥귀감	정극 편저, 김지수 역	2001
창랑시화	엄우 편저, 곽소우 교석, 김해명 · 이우정 역	2001
국어교육의 문화론적 지평	최인자	2001
미적 근대성과 순간의 시학	남진우	2001
연극의 경험	J.L.Styan, 장혜전 역	2002
국민이라는 괴물	니시카와 나가오 저, 윤대석 역	2002
표상 공간의 근대	이효덕, 박성관 역	2002
일본문학의 근대와 반근대	미요시 유키오, 정선태 역	2002
근대 일본의 비평	가라타니 코오진 외, 송태욱 역	2002
현대 일본의 비평	가라타니 코오진 외, 송태욱 역	2002
생명시학의 전제	신덕룡	2002
문체로 읽는 소설	황도경	2002
철학극장, 욕망하는 영화기계	수유연구소+연구공간 '너머'	2002
필로시네마, 혹은 영화의 친구들	이진경	2002
한국 근대문학의 몇 가지 주제	최혜실	2002
허난설헌 시 연구	김성남	2002
김수영, 근대를 향한 모험	김명인	2002
분단 자본주의 시대의 민족문학사론	하정일	2002
역할창조	스타니슬라브스키, 김균형 역	2002
소설의 대화이론	권덕하	2002
사회적 상상력과 한국시	김응교	2002
중국의 자전문학	가와이 코오조오, 심경호 역	2002
조선 전기 시가예술론의 형성과 전개	길진숙	2002

책명	저자	발행년도
혜환 이용휴 시전집	이용휴, 조남권 · 박동욱 역	2002
한국 근대 여성문학사론	이상경	2002
한국 고전시가와 인물 형상의 동아시아적 변전	이형대	2002
기호학으로 세상읽기	기호학연대	2002
한국계몽주의문학사론	최원식	2002
주자언론동이고	한원진, 곽신환 역주	2002
대중문학과 정전에 대한 반역	조성면	2002
한국 근대소설과 현실 인식의 역사	양문규	2002
문화의 위치–탈식민주의 문화이론	호미 바바, 나병철 역	2002
창조신화의 세계	전북대 인문학연구소	2002
들뢰즈와 문학기계	고미숙 외	2002
기호학과 철학 그리고 예술	철학아카데미	2002
철학의 21세기	철학아카데미	2002
창조된 고전	하루오시라네 · 스즈키토미 편, 왕숙영 역	2002
염철론	환관 원저, 김한규 · 이철호 역	2002
을를에 관한 소묘	김정주	2002
디오니소스의 죽음	도태우	2002
리얼리즘의 시 정신과 시 교육	윤여탁	2003
1930년대 소설과 근대성의 지형학	김양선	2003
고전문학과 여성주의적 시각	정출헌 외	2003
모더니즘과 포스트 모더니즘의 수사학	박현수	2003
이상과 그의 시대	안미영	2003
근대민족문학비평사론	이상갑	2003
서운관지	성주덕 편저, 이면우 · 허윤섭 · 박권수 역주	2003
잠서 (상) (하)	당견, 김덕균 역	2003
인도인의 길	존 M. 콜러, 허우성 역	2003
내 안의 불빛	정혜주	2003
소설의 숲에서 문학을 생각하다	박상준	2003
미적 근대성과 동인지 문단	김춘식	2003
대동운부군옥 1~10	권문해, 남명학연구소 · 경상한문학연구회 역	2003
한국한시와 여성인식의 구도	박영민	2003
한국 근대문학과 일본	사에구사 도시카쓰 외	2003
문학과 삶의 만남	김중신	2003
이찬시전집	이동순 · 박승희 편	2003

책명	저자	발행년도
심연을 탐사하는 고래의 눈	정선태	2003
몸과 몸짓 문화의 리얼리티	성광수 · 조광제 · 류분순 외	2003
국민국가의 정치적 상상력	이승원 · 오선민 · 정여울	2003
근대계몽기 단형 서사문학 자료전집 (상) · (하)	김영민 · 구장률 · 이유미 편	2003
일본 단일민족 신화의 기원	오구마 에이지, 조현설 역	2003
일본어의 근대	코모리 요이치, 정선태 역	2003
디지털 시대의 영상문화	최혜실	2003
『사상계』와 1950년대 문학	김건우	2003
서정주 시의 근대와 반근대	최현식	2003
한국 근대 고백소설의 형성과 서사양식	우정권	2004
조벽암 시전집	이동순 · 김석영 편	2004
연극으로 배우기	Tony Jackson 편, 장혜전 역	2004
임화문학의 재인식	문학과사상연구회	2004
행복한 시인의 사회	이화현대시연구회	2004
부휴자담론	성현, 이래종 역주	2004
열림의 이론과 실제	박상진	2004
시간의 비교사회학	마키 유스케, 최정옥 외역	2004
한국 근대 자유시의 이념과 형성	정우택	2004
1920년대 초기 시의 이념과 미학	조영복	2004
한국 근대문학의 실증과 방법	박태일	2004
체호프와 그의 시대	추다꼬프, 강명수 역	2004
문학 · 텍스트 · 읽기	최유찬	2004
한국 사실주의 희곡, 그 욕망의 식민성	이승희	2004
나쓰메 소세키 문학예술론	나쓰메 소세키, 황지헌 역	2004
나쓰메 소세키 문명론	나쓰메 소세키, 황지헌 역	2004
세상의 노래비평, 인간사화(人間詞話)	왕국유, 류창교 역주	2004
한국 근대소설의 형성과 전(傳)	김찬기	2004
현대소설사와 근대성의 아포리아	강진호	2004
식민지 근대성과 소설의 양식	박헌호	2004
한국시의 미학적 패러다임과 시학적 전통	성기옥 외	2004
정지용 시의 미학성	김용희	2004
중국고대철학사	알프레드 포르케, 양재혁 · 최해숙 역주	2004
중국소설사	루쉰, 조관희 역주	2004
대한계년사 (전 10권)	정교, 조광 편, 변주승 · 이철성 · 김우철 · 이상식 역	2004
근대계몽기 지식 개념의 수용과 그 변용	이화여대 한국문화연구원 편	2004

책명	저자	발행년도
협력과 저항―일제 말 사회와 문학	김재용	2004
근대 중국의 문학적 사유 읽기	이종민	2004
동영상으로 보고 듣고 교정하는 화술실습	김균형	2004
1930년대 후반 근대인식의 틀과 미의식	김예림	2004
토지의 문화지형학	최유찬 외	2004
전통 시기 중국의 서사론	홍상훈	2004
문학에서 문화로	김용규	2004
조연현, 비극적 세계관과 파시즘 사이	김명인	2004
한국 근대문학의 유인(誘因)과 미적 주체의 좌표	김민정	2004
국역 고산유고	이형대 외	2004
내셔널리즘과 섹슈얼리티	조지 모스, 서강여성문학회 역	2004
취교전	완유, 최귀묵 역	2004
공간과 도시의 의미들	철학아카데미	2004
일본과 아시아	다케우치 요시미, 서광덕·백지운 역	2004
마하뜨마 간디의 도덕·정치사상 권1 ―문명·정치·종교 (상)·(하)	라가반 이예르 편, 허우성 역	2004
마하뜨마 간디의 도덕·정치사상 권2 ―진리와 비폭력 (상)·(하)	라가반 이예르 편, 허우성 역	2004
마하뜨마 간디의 도덕·정치사상 권3 ―비폭력 저항과 사회 변혁 (상)·(하)	라가반 이예르 편, 허우성 역	2004
이태준 문학의 재인식	문학과사상연구회	2004
한국 근대산문의 계보학	김현주	2004
불온한 상상의 축제	이경수	2004
한국 근대문학의 형성과 문학 장의 재발견	민족문학사연구소 기초학문연구단	2004
중국의 우주론과 청대의 과학혁명	존 헨더슨, 문중양 역	2004
나띠야 샤스뜨라 (상)·(하)	이재숙 역주	2004
통사	이종휘, 김영심·정재훈 역	2004
이아주소 1~6―세계에서 가장 오래된 한자 백과사전	이충구·임재완·김병헌·성당제 역	2004
이장의	원효, 은정희 역	2004
역주 원중랑집 1~10	원굉도, 심경호 역	2004
국조역상고	서호수·성주덕·김영 편저, 이은희·문중양 역	2004
기억·서사	오카 마리, 김병구 역	2004
근대계몽기 가족론과 국민생산 프로젝트	전미경	2005
근대계몽기 단형서사 문학 연구	연세대 근대한국학연구소	2005
백호통의	반고, 신정근 역	2005
한국한문소설 교합구해	박희병	2005

책명	저자	발행년도
텍스트의 제국	크리스토퍼 리 코너리, 최정섭 역	2005
근대, 다중의 나선	최성실	2005
한국 한문학 연구의 새지평	이혜순 · 임형택 · 김시업 · 김상홍 · 이광호 · 안병학 편	2005
한국 현대시문학사	이승하 외	2005
삼취인경륜문답	나카에 초민, 연구공간 '수유+너머' 일본 근대사상팀	2005
시대를 건너는 시의 힘	이화현대시연구회	2005
문학이란 무엇이었는가	김행숙	2005
한국 근대문학의 재조명	원종찬	2005
한글로 논문작성하기	조관희	2005
제국 권력에의 야망과 반감 사이에서	최주한	2005
강산 이서구의 삶과 문학세계	남재철	2005
조선 후기 서얼문학 연구	김경숙	2005
한국 근대 서사 양식의 발생 및 전개와 매체의 역할	연세대 근대한국학연구소	2005
근대 한국과 일본의 민요창출	임경화	2005
춘색매화달력	다메나가 슌스이, 최관 역	2005
미래를 향한 끊임없는 도전–카이스트 35년 한국의 산업발달	카이스트	2005
중국시율학 1~4	왕력, 송용준 역	2005
파란 · 폴란드 · 뽈스카	이민희	2005
현대시의 성숙과 지향	맹문재	2005
중국당대문학사	김시준	2005
페미니즘 미학과 보편성의 문제	김복순	2005
한국 근대소설의 형성 과정	김영민	2005
초기 소설사의 형성 과정과 그 저변	정환국	2005
상군서	상앙, 우재호 역	2005
노자도덕경하상공장구	이석명	2005
전등삼종 (상) · (하)	주릉가 교주, 최용철 역	2005
친일문학의 재인식	한수영	2005
근대네이션과 그 표상들	황호덕	2005
근대 중국의 언어와 역사	페데리코 마시니, 이정재 역	2005
아청빛 길의 시학	김현자	2005
옛노래, 옛사람들의 내면풍경	임형택	2005
창조와 폐허를 가로지르다	김행숙	2005
정본 이상문학전집 1~3	이상, 김주현 주해	2005
잃어버린 문학사의 복원과 현장	이동순	2005

책명	저자	발행년도
한국 근대문학과 민족-국가 담론	서울시립대학교 인문과학연구소	2005
루쉰과 저우쭈어런	쑨위, 김영문 · 이시활 역	2005
한국 근대문학의 정치적 (무)의식	류보선	2005
반일과 동아시아	우카이 사토시 외저, 연구공간 '수유+너머' 번역네트워크 역	2005
언어횡단적 실천	리디아 리우, 민정기 역	2005
천 가지 가르침	샹까라, 이종철 역	2006
탈식민주의를 넘어서	민족문학연구소	2006
근대의 불안과 모더니즘	김영찬	2006
날아라 금빛 날개를 타고	고혜정	2006
쓰르라미 울어 울더니	김백헌	2006
근대의 어둠을 응시하는 고양이의 시선	정선태	2006
또 다른 목소리들	류보선	2006
조선 후기 지식인, 일본과 만나다	원중거, 김경숙 역	2006
와신상담의 마음으로 일본을 기록하다	원중거, 박재금 역	2006
부사산 비파호를 날 듯이 건너	성대중, 홍학희 역	2006
붓끝으로 부사산 바람을 가르다	남옥, 김보경 역	2006
환영의 근대문학	정혜영	2006
근대계몽기 지식의 발견과 사유 지평의 확대	이화여대 한국문화연구원	2006
소설과 서사문화	나병철	2006
고사변자서	고힐강, 김병준 역	2006
탈식민의 역학-제도로서의 한국 근대문학과 탈식민성 II	민족문학사연구소 기초학문연구단	2006
포스트 콜로니얼 드라마	헬렌 길버트 · 조앤 톰킨스, 문경연 역	2006
김시습의 「조동오위요해」의 역주 연구	최귀묵 역저	2006
한국문학과 섹슈얼리티	심진경	2006
일본 명치 · 대정 시대의 생활문화사	니니키다 구니오, 김정례 · 김용의 역	2006
한국의 근대신문과 근대소설	김영민	2006
제도사로서의 한국 근대문학	이현식	2006
근대 일본 사상사	이에나가 사부로, 연구공간 수유+너머 일본근대사상팀 역	2006
국어라는 사상	이연숙, 고영진 · 임경화	2006
한국문학의 근대와 근대성	연세대 근대한국학연구소	2006
한국문학 · 대중문학 · 문화콘텐츠	조성면	2006
삼명시화	강준흠, 민족문학사연구소 한문분과 역	2006
모더니즘의 심연을 건너는 시적 여정	이기성	2006
혜강집	혜강, 한흥섭 역주	2006

책명	저자	발행년도
미디어기호학	대니얼 챈들러, 강인규 역	2006
옥대신영 1~3	서릉, 권혁석 역	2006
일제 파시즘체제하의 한국 근대문학비평	이현식	2006
근대를 넘어서려는 모험들—일제 말기의 문학사상 연구	홍기돈	2007
이찬과 한국 근대문학	김응교	2007
한국의 현대시와 시론	허윤회	2007
완판 영웅소설의 대중성	임성래	2007
근대계몽기 문학의 재인식	문학과사상연구회	2007
창가와 신시의 형성 연구	김병선	2007
김정식 작품 연구	전정구	2007
한국 근대소설의 이념과 윤리	차원현	2007
어린이관의 근대	가와하라 카즈에, 양미화	2007
생명의 거미줄—현대시와 에코페미니즘	이혜원	2007
조선의 혼을 찾아서	오오무라 마스오, 정선태・심원섭 역	2007
한국소설과 골상학적 타자들	이혜령	2007
한국 근대소설과 섹슈얼리티의 서사학	이혜령	2007
묻혀진 문학사의 복원	민족문학사연구소 고전소설사연구반	2007
명말 강남의 출판문화	오오키 야스시, 노경희 역	2007
1950년대, 한국영화와 문화 담론	오영숙	2007
안쪽과 바깥쪽	강명관	2007
농암잡지평석	강명관	2007
공안파와 조선 후기 한문학	강명관	2007
국문학과 민족 그리고 근대	강명관	2007
역주주역사전 1~8	정약용, 방인・장정욱 역	2007
중국고대음악사고 하(1)・(2)	양음류 편, 이창숙 역	2007
근대계몽기 지식의 굴절과 현실적 심화	이화여대 한국문화연구원	2007
글쓰기라는 거울—근대적 글쓰기의 형성과 재현성	신지연	2007
신서	가의, 박미라 역주	2007
천황의 초상	타키 코지, 박삼헌	2007
신화의 저편—한국 현대시와 내셔널리즘	최현식	2007
황후의 초상—쇼켄황태후의 표상과 여성의 국민화	와카쿠와 미도리, 건국대학교 대학원 일본문화・언어학과 역	2007
우리 한문학과 일상문화	이화한문학연구회 편	2007
혜환 이용휴 산문 전집 (상)・(하)	이용휴, 조남권・박동욱 편	2007
'조선적인 것'의 형성과 근대문화담론	민족문학사연구소 기초학문연구단	2007
신유식론 (상)・(하)	웅십력, 김제란 역주	2007

책명	저자	발행년도
다시 보는 한국인의 지혜	민병수	2007
유랑자의 달	황도경	2007
모더니티의 이면(異面)	고봉준	2007
연애라는 표상-한국 근대소설의 형성과 사랑	김지영	2007
확장하는 모더니티-1920~30년대 근대 일본의 문화사	요시미 슌야 외, 연구공간 수유+너머 '일본 근대와 젠더 세미나팀' 역	2007
연기자를 위한 화술 A to Z	김균형	2008
백철연구-한없이 지루한 글쓰기, 참을 수 없이 조급한 글쓰기	김윤식	2008
김수영과 신동엽-1950 60년대 한국 현대시의 현실지향성	이승규	2008
『무정』을 읽는다-『무정』의 빛과 그림자	하타노 세츠코, 최주한 역	2008
한국의 근대신문과 근대소설 2-한성신보	김영민	2008
탈식민의 미학	하정일	2008
근대시의 경계적 상상력	오문석	2008
근대시의 모더니티와 종교적 상상력	유성호	2008
문학어의 근대-조선어로 글을 쓴다는 것	문혜윤	2008
한국 근대문학의 수렴과 발산	정선태	2008
횡단과 경계-근대문학 연구와 비평의 대화	권성우	2008
한국문학에 나타난 외국의 의미	존 프랭클	2008
한국 고전시가의 근대적 변전과정 연구	박애경	2008
연극적 상상력	로버트 에드먼드 존스, 신일수 역	2008
한문소설과 욕망의 구조	윤채근	2008
1960년대 현실주의 문학비평과 매체의 비평전략	하상일	2008
표암 강세황 산문전집	강세황, 박동욱·서신혜 편	2008
여성 표현의 일본 근대사-'여류 작가'의 탄생 전야	히라타 유미, 임경화 역	2008
한국 근대소설의 형성과 『매일신보』	이희정	2008
만주, 동아시아 융합의 공간	한석정·노기식 편	2008
일본문학 번역60년 현황과 분석-1945~2005	윤상인·김근성·강우원용·이한정	2008
모래와 돌 (상)·(하)	무주 이치엔, 정천구 역	2008
작가의 탄생과 근대문학의 재생산제도	박헌호 외	2008
명공서판청명집-호혼문 역주	박영철 역	2008
낭만적 망명	권성우	2008
한국 현대소설의 비판적 언술 양상	김동석	2008
형상과 비전	윤영천	2008
제도로서의 한국 근대문학과 탈식민성	민족문학사연구소 기초학문연구단	2008
취미의 탄생-백화점이 만든 테이스트	진노 유키, 문경연 역	2008

책명	저자	발행년도
야스쿠니신사	아카자와 시로, 박화리 역	2008
교감 국역 송남잡지 1~12	조재삼, 강민구 역	2008
교감 국역 송남잡지 찾아보기	조재삼, 강민구 역	2008
한국 여성문학 연구의 현황과 전망	한국여성문학학회	2008
연표로 읽는 문학사	근대문학100년 연구총서 편찬위원회	2008
약전으로 읽는 문학사 1~2	근대문학100년 연구총서 편찬위원회	2008
논문으로 읽는 문학사 1~4	근대문학100년 연구총서 편찬위원회	2008
다른 목소리들	고봉준	2008
『개벽』 연구	최수일	2008
식민지기 문학과 근대성	정혜영	2008
한국문학과 역사의 그늘	하상일	2008
한국 근대시의 이상과 허상－1920년대 '국민문학'의 논리	구인모	2008
근대적 글쓰기의 형성 과정 연구－논설문의 성립 환경과 문장 모델을 중심으로	배수찬	2008
한국 근대문화와 박경리의 『토지』	최유찬 외	2008
김유정 문학의 재조명	김유정문학촌	2008
한국의 웃음문화	김유정탄생100주년기업사업추진위원회	2008
한국독립운동지혈사	박은식 · 김도형	2008
명사 식화지 역주	박원호 · 양종국 · 노기식 · 김성한 · 이석현 · 권인용	2008
신황정통기	기타바타케 지카후사, 남기학 역	2008
신고송 문학전집 1~2	김봉희 편	2008
대비로자나성불경소 1~3	김영덕 역	2008
천연론	엄복, 양일모 · 이종민 · 강중기 역	2008
한국문학과 개인성	박숙자	2009
삼론현의	길장, 박상수	2009
채만식 중 · 장편소설 연구	군산대학교 채만식연구센터 편	2009
근대 일본의 젠더이데올로기	오고시 아이코, 전성곤	2009
일본 유학생 문인들의 대정 · 소화 체험	심원섭	2009
중국 고대소설과 소설 평점－행간 읽기와 쓰기	데이비드 롤스톤, 조관희 역	2009
텍스트성 · 철학 · 예술－해석학과 해체주의 사이	휴 J. 실버만, 윤호병 역	2009
윤동주 시 깊이 읽기	권오만	2009
천손은 어느 곳에서 노닐고 계시는고－한시 속의 고구려	이혜순 · 남은경 편역 · 해설	2009
현대소설사와 근대성의 아포리아 (2판)	강진호	2009

책명	저자	발행년도
영화와 소설의 시점과 이미지	나병철	2009
대화체 가사의 유형과 역사적 전개－조선조 및 개화기의 대화체 가사에 대한 통시적 접근	김형태	2009
중국의 충격	미조구치 유조, 서광덕 · 차태근 · 김수연 역	2009
산학계몽 (상) · (중) · (하)	주세걸, 허민 역	2009
일본작가들이 본 근대조선	이한정 · 미즈노 다쓰로 외	2009
한국 아동문학의 형성－아동의 발견, 그 이후의 문학	조은숙	2009
현대문학사와 민족이라는 이념	김한식	2009
우리, 유쾌한 사전꾼들	이기성	2009
문학 이후	이경돈	2009
한국 현대 시어의 탄생	김용희	2009
불교가사의 계보학, 그 문화사적 탐색	김종진	2009
주희의 후기 철학	이불, 조남호 · 강신주 역	2009
태극해의	주희, 곽신환 · 윤원현 · 추기연 역	2009
근대의 노래와 아리랑	김시업 외	2009
조선 후기 한문학과 중국문학	신익철 외	2009
한국문학과 사회상	권순긍 외	2009
임순득, 대안적 여성 주체를 향하여	이상경	2009
임화문학예술전집 1～5	임화문학예술전집 편찬위원회 편, 김재용 책임편집	2009
이가환 시전집	이가환, 조남권 · 박동욱 역	2009
이십이사차기 1～5	조익, 박한제 역	2009
일본영대장	이하라 사이카쿠, 정형 역	2009
유종원집 1～4	유종원, 오수형 · 이석형 · 홍승직 역	2009
현대 중국여성의 삶을 찾아서－국가 · 젠더 · 문화	김미란	2009
조선 후기 대하소설의 다층적 세계	한길연	2009
북한의 문화 정전, 총서 '불멸의 력사'를 읽는다	강진호 외	2009
총서 '불멸의 력사' 해제집	강진호 외	2009
총서 '불멸의 력사' 용어사전	강진호 외	2009
17세기 한문소설집 『화몽집』 교주	최웅권 · 마금과 · 손덕표	2009
이광수 문학의 재인식	문학과사상연구회	2009
고려시대 음악사상	한흥섭	2009
근대문학을 향한 열망, 이태준	안미영	2009
동아시아의 국민국가 형성과 젠더－여성 표상을 중심으로	하야카와 노리요 외, 이은주 역	2009
신여성, 근대의 과잉－식민지 조선의 신여성 담론과 젠더정치, 1920～1934	김수진	2009

책명	저자	발행년도
인간, 삶, 진리—중국 현당대 문학의 깊이	심혜영	2009
근대 역사담론의 생산과 역사소설	이승윤	2009
옥담유고	이응희, 이상하 역, 이종묵 해제	2009
옥담사집	이응희, 이상하 역, 이종묵 해제	2009
이제 희망을 노래하련다—90년대 우리시 읽기	이화현대시연구회	2009
서사문학과 현실 그리고 꿈	신동흔	2009
임화문학연구	임화문학연구회	2009
근대문학의 장(場)과 시인의 선택	김진희	2009
한국소설 텍스트의 시학	박상준	2009
42개의 질문으로 누구든지 연극 만들기	김균형	2009
도화선 1~2	송용준 · 문성재	2009
키메라 · 만주국의 초상	야마무로 신이치, 윤대석 역	2009
증보 정본 이상문학전집1~3	이상, 김주현 주해	2009
해방기 간행도서 총목록 1945~1950	오영식 편저	2009
한설야와 이데올로기의 서사학	이경재	2010
소현성록 1~4	조혜란 · 정선희 · 허순우 · 최수현	2010
유씨삼대록 1~4	한길연 · 김지영 · 정언학 · 한길연	2010
현몽쌍룡기 1~3	김문희 · 장시광 · 조용호 · 김문희	2010
조씨삼대록 1~5	김문희 · 조용호 · 정선희 · 전진아 · 허순우 · 장시광	2010
임씨삼대록 1~5	김지영 · 최수현 · 한길연 · 서정민 · 조혜란 · 정언학	2010
애니메이션의 이해와 시나리오 창작	김교봉	2010
일제 말기 국책과 체제 순응의 문학	조진기	2010
한국 근대소설의 이면	최미진	2010
근세일본의 대중소설가, 짓펜샤 잇쿠 작품선집	짓펜샤 잇쿠, 강지현 역	2010
근대의 세 번역가	김욱동	2010
번역과 한국의 근대	김욱동	2010
역주 예개	유희재, 윤호진 · 허권수 역	2010
양주화방록 1~3	이두, 홍상훈 · 이소영 역	2010
동경몽화록	맹원로, 김민호 역	2010
신어역해	육가, 장현근 역	2010
전쟁하는 신민, 식민지의 국민문화—식민지 말 조선의 담론과 표상	와타나베 나오키 · 황호덕 · 김응교 편	2010
일본의 '소설' 개념	노구치 다케히코, 노혜경 역	2010
신문관 번역 소설 전집	박진영 편	2010
이미지로 읽는 중화인민공화국	유영하	2010

책명	저자	발행년도
언어와 풍경	남기혁	2010
요가수트라 주석	비야사, 정승석 역	2010
좌담회로 읽는 『국민문학』	문경연·서승희·양승모·이경미·이종호·임미진·전지니·정실비·최정옥 역	2010
조자건집	조식, 이치수·박세욱 역	2010
당시삼백수 1~2	형당퇴사 편, 류종목·주기평·이지운 역	2010
문선역주 1~9	김영문·김영식·양중석·염정삼·강민호 역	2010
문선역주 색인	김영문·김영식·양중석·염정삼·강민호 역	2010
식민지 극장의 연기된 모더니티	이상우	2010
김동리 연구	홍기돈	2010
고킨와카슈 (상)·(하)	기노 쓰라유키 외, 구정호 역	2010
중국고대화론유편 1~16	유검화, 김대원 역	2010
침대에서 바라본 아르헨티나	루이사 발렌수엘라, 조혜진·우석균·박병규 역	2010
회남자 1~2	유안, 이석명 역	2010
구운몽의 불교적 해석과 문학치료교육	이강옥	2010
선(禪), 언어로 읽다－송준영 선시론	송준영	2010
수호지진묘죽간 역주	수호지진묘죽간정리소조, 윤재석 역	2010
지도의 암실	정은경	2010
논어징 1~3	오규 소라이, 이기동·임옥균·임태홍·함현찬 역	2010
한국문학의 근대와 근대 극복	문학과사상연구회	2010
전쟁이 만들어낸 여성상	와카쿠와 미도리, 손지연 역	2011
식민지 검열 : 제도·실천·텍스트	검열연구회	2011
한국 현대시의 정전과 배제	박용찬	2011
사상과 성찰－한국 근대문학의 언어·주체·이데올로기	한수영	2011
근대 지의 성립－근대 일본의 문화사 3－1870~1910년대 1	나리타 류이치 외, 연구공간 수유+너머 '일본 근대와 젠더 세미나 팀' 여	2011
문사통의교육 1 5	장학성, 임형석 역	2011
일제말 친일목적극의 형성과 전개	이재명	2011
임화문학연구 2	임화문학연구회	2011
아침의 영웅주의－최남선과 이광수	서영채	2011
풍자 만화로 보는 근대 일본	시미즈 이사오, 장영순 역	2011
대혜보각선사어록 1~6	대혜종고, 김태완 역	2011

책명	저자	발행년도
일본 유학생 작가 연구	하타노 세츠코, 최주한 역	2011
동서양 서사문학의 환상과 기이의 미학	김문희 · 김윤상 · 박지현 · 정의진 · 표정옥	2011
일본 영화의 래디컬한 의지	요모타 이누히코, 강태웅 역	2011
중국의 지식장과 글쓰기	서경호 · 김월회 · 염정삼 · 홍상훈 · 박소현 · 박지현 · 김상호 · 류창교 · 이정재 · 나선희 · 백광준 · 민정기	2011
근대 수신 교과서 1	안종화 · 유근 · 박정동 · 이원긍 · 노병선 · 진희성, 허재영 · 박병기 · 남정희 · 김수경 · 김현미 역	2011
근대 수신 교과서 2	휘문의숙, 김남이 · 서경희 · 홍인숙 역	2011
근대 수신 교과서 3	신해영, 김민재 역	2011
근대 역사 교과서 1	현채, 나애자 역	2011
근대 역사 교과서 2	현채, 임이랑 역	2011
근대 역사 교과서 3	국민교육회, 박광연 역	2011
근대 역사 교과서 4	정인호 · 조종만 · 안종화, 강영심 역	2011
근대 역사 교과서 5	유옥겸, 박기수 · 차경애 역	2011
근대 역사 교과서 6	김상연, 임이랑 역	2011
갑골학 일백 년 1~5	왕우신, 양승남 외, 하영삼 역	2011
조선 여행에 떠도는 제국	서기재	2011
허필 시전집	허필, 조남권 · 박동욱 편	2011
재일 디아스포라 시문학의 역사적 이해	하상일	2011
채만식 문학의 인식론적 지형도와 구성 원리	이도연	2011
돈황 강창문학의 이해	전홍철	2011
근대 한국인의 탄생—근대 한 · 중 · 일 조선민족성 담론의 실제	이선이 · 최강민 · 손지연 · 이선이 편	2011
번역과 번안의 시대	박진영	2011
동도	로티 블레어 파커, 오세준 역	2011
비화해적 가상의 두 양태—김수영과 김춘수의 시학 연구	조강석	2011
우초신지 1~4	장조 편, 이민숙 · 이주해 · 박계화 · 정민경 역	2011
황제사경 역주	김선민 역	2011
보성론	견혜보살, 안성두 역	2011
'삐라'로 듣는 해방 직후의 목소리	김현식 · 정선태 편저	2011
데라우치 마사다케 통감의 강제 병합 공작과 '한국 병합'의 불법성	윤대원	2011
근대 동아시아 담론의 역설과 굴절	방광석 · 송완범 · 신현승 · 유수정 · 이한정 · 전성곤 · 한경자 · 홍윤표	2011

책명	저자	발행년도
문학과 수사학	오형엽	2011
김소월 시의 리듬 연구―『진달내꽃』을 중심으로	장철환	2011
한일 근대소설의 문체성립―다야마 가타이·이와노 호메이·김동인	안영희	2011
감성의 근대―근대 일본의 문화사4 : 1870~1910년대 2	고모리 요이치 외, 허보윤·정성필·강현정·전미경·남효진·최성연·한윤아·김주현·엄미옥·윤광옥·김연숙 역	2011
역주 유양잡조 1~2	단성식, 정환국 역	2011
호토토기스의 변용―일본과 한국에서의 텍스트의 '번역'	권정희	2011
19세기 서얼 지식인의 대안적 글쓰기, 『삼한습유』	조혜란	2011
여씨춘추	여불위, 정하현 역	2011
가무음악략사	고나카무라 기요노리, 서정완 역	2011
영어학자의 눈에 비친 한국어의 힘	김미경	2011
서하객유기 1~7	서하객, 김은희·이주노 역	2011
조선 표상의 문화지―근대 일본과 타자를 둘러싼 지(知)의 식민지화	나카네 타카유키, 건국대학교 대학원 일본문화언어학과 역	2011
연경재 성해응 문학 연구	손혜리	2011
김내성 연구	이영미·최애순·최승연·김종수·정종현·이호걸·고선희·김현주·이선미	2011
조선의 탐정을 탐정하다―식민지 조선의 탐정소설사	최애순	2011
특명전권대사 미구회람실기 1~5	구메 구니타케, 정애영 역	2011
각인의 이론―현상학과 구조주의의 이후	휴 J. 실버만, 윤호병 역	2011
산학협력의 좌표를 찾아서―미국 대학의 기술 이전과 바이-돌 법	데이비드 마우어리·리처드 넬슨·브헤이븐 샘팻·아비즈 지도니스, 김석호·한동성·차소영·김소영 역	2011
아단문고 미공개 자료 총서 1~9	재단법인 아단문고	2011
다이쇼 데모크라시	마쓰오 다카요시, 오석철 역	2011
박세영 시전집	이동순·박영식 편	2012
당대변문―중국 백화소설과 희곡의 발생에 끼친 불교의 공헌에 관한 연구	빅터 메이어, 징광훈·전홍철·정병윤 역	2012
상해박물관장전국초죽서―공자시론	마승원 주편·정리주석, 최남규 역	2012
상해박물관장전국초죽서―치의	마승원 주편, 진패분 정리주석, 최남규 역	2012
상해박물관장전국초죽서―성정론	마승원 주편, 복모좌 정리주석, 최남규 역	2012
번역시의 운율	연세대학교 근대한국학연구소 편	2012
근대시의 모험과 움직이는 조선어	하재연	2012

책명	저자	발행년도
덩잉차오 평전 1~3	진펑, 손승회 역	2012
미디어의 시대—근대적 문학제도의 성립과 독서의 변천	간 사토코, 노혜경 역	2012
(완결판) 타오르는 강 1~9	문순태	2012
사조선록역주 1~5	서긍 외, 은몽하 · 우호 편, 김한규 역	2012
제국의 수도, 모더니티를 만나다	엘리스 K. 튼 · 존 클락 편, 이상우 · 최승연 · 이수현 역	2012
근대 일본 형성기의 국가체제—지방관회의 · 태정관 · 천황	박삼헌	2012
피안 지나기까지	나쓰메 소세키, 김숙희 역	2012
원형 도상의 언어적 기원과 현대시의 심연	조영복	2012
지역, 예술을 말하다	부산대 한국민족문화연구소 편	2012
김유정의 귀환	김유정학회 편	2012
사통통석 1~4	유지기, 포기룡 통석, 이윤화 역	2012
"나는 여자다" 방법으로서의 젠더—최정희론	김복순	2012
한말숙 작품에 나타난 타자 윤리학—한말숙론	이덕화	2012
자유를 향한 자유의 시학—김승희론	이혜원	2012
일본 대중문예의 시원, 에도희작과 짓펜샤 잇쿠	강지현	2012
한국계 미국 이민 자서전 작가	김욱동	2012
심체와 성체 1~7	모종삼, 황갑연 · 전병술 · 김기주 · 이기훈 · 김제란 역	2012
임화문학연구 3	임화문학연구회	2012
이좌훈 시전집	이좌훈, 조남권 · 박동욱 역	2012
식민지 시기 전후의 언어문제	고영진 · 김병문 · 조태린 편	2012
식민지 문학을 읽다	윤대석	2012
신채호문학연구초	김주현	2012
한유산문역주 1~5	한유, 이종한 역	2012
한국 현대시의 미와 숭고	이재복	2012
역학철학사 1~8	주백곤, 김학권 · 김진근 · 김연재 · 주광호 · 윤석민 역	2012
냉전과 혁명의 시대 그리고 『사상계』	사상계연구팀	2012
전쟁기의 언론과 문학	정진석	2012
모시명물도설	서정, 매지고전강독회 역	2012
근대 학부 편찬 수신서	박병기 · 김민재 역	2012
문화냉전과 아시아—냉전 연구를 탈중심화 하기	기시 도시히코 · 쓰치야 유카 편, 김려실 역	2012
내적 오리엔탈리즘 그 비판적 검토—근대 일본의	전성곤	2012

책명	저자	발행년도
'식민' 담론들		
대한자강회월보 편역집 1 —교육, 학술의 근대적 전환	부산대 점필재연구소 고전번역학센터 편역	2012
내셔널리즘의 편성 —근대 일본의 문화사 5 : 1920~1930년대 1	고모리 요이치 외, 한윤아 · 윤광옥 · 강현정 · 남효진 · 정성필 · 김연숙 · 이현희 · 엄미옥 · 전미경 · 허보윤 역	2012
부/재의 시대—근대계몽기 및 식민지기 조선의 연설,좌담회	신지영	2012
소설의 귀환과 도전적 서사—주체 · 윤리 · 사랑 · 혁명의 귀환에 대하여	나병철	2012
지식과 소설의 연대	구장률	2012
한국의 이야기판 문화	김유정기념사업회 편	2012
외국어로서의 한국어 교육 연구	임향란 · 황진재 · 왕청칭 · 왕효성 · 왕파 · 우동매 · 진류연	2012
프로문학의 감성구조	손유경	2012
한국전쟁기 문학담론과 반공프로젝트	서동수	2012
그림과 공연—중국의 그림 구연과 그 인도 기원	빅터 메어, 김진곤 · 정광훈 역	2012
최재서 일본어 소설집	최재서, 이혜진 역	2012
문화의 위치(수정판)	호미 바바, 나병철 역	2012
근대 서사 텍스트와 미디어 테크놀로지	최성민	2012
한일 학병세대의 빛과 어둠	김윤식	2012
문학사의 이론	임성운	2012
이청준과 남도문학	최현주	2012
중국윤리사상연구	장대년, 박영진 역	2012
한국 근대소설의 기원, 증보판	권보드래	2012
아말피의 여공	존 웹스터, 이성일 역	2012
문학제도 및 민족어의 형성과 한국 근대문학(1890~1945)—제도, 언어, 양식의 지형도 연구	김영민	2012
조선 후기 사행가사의 문학적 흐름	김윤희	2012
동아시아 근대 한국인론의 지형	이시이 외	2012
헌법정치의 이상과 현실	김철수	2012
조선시대 시가의 역사적 이해와 전망	최현재	2012
방언소증 1~3	양웅, 곽박 주, 대진 소증, 이연주 · 이연승 역	2012
백석 번역시 선집	백석 역, 정선태 편	2012
이효석 문학의 재인식	문학과사상연구회	2012
무깟디마 1~2	이븐 칼둔, 김정아 역	2012
불안의 수사학	우찬제	2012

책명	저자	발행년도
틀을 돌파하는 미술-정현웅 미술작품집	정지석 · 오영식 편저	2012
역주 악서 1-예기훈의	진양, 조남권 · 김종수 역	2012
역주 악서 2-주례훈의, 의례훈의, 시훈의	진양, 조남권 · 김종수 역	2012
역주 악서 3-상서훈의, 춘추훈의, 주역훈의, 효경훈의, 논어훈의, 맹자훈의	진양, 이후영 역	2012
야나기 무네요시와 한국	가토 리에 · 권석영 · 이병진 외	2012
일본 근대문학과 스포츠	김옥희	2012
한국 근 · 현대 여성문학 장의 형성	김양선	2012
아단문고 미공개 자료 총서 2012-01~15	재단법인 아단문고	2012
한국 근대 극장예술과 취미 담론	문경연	2012
근대 대중가요의 지속과 변모	장유정	2012
근대 대중가요의 매체와 문화	장유정	2012
한국 고전번역가의 초상, 게일의 고전학 담론과 고소설 번역의 지평	이상현	2012
만주란 무엇이었는가	나카미 다사오 외, 박선영 역	2013
부조리의 포도주와 무관심의 빵	김욱동	2013
대중, 비속한 취미 '추리'에 빠지다	오혜진	2013
정비석 문학 선집 1-단편소설	정비석, 김현주 편	2013
정비석 문학 선집 2-단편소설	정비석, 진영복 편역	2013
정비석 문학 선집 3-단편소설	정비석, 김현주 편	2013
식민적 근대성과 한국영화-조선영화와 충무로 영화의 역사적 문화 상상	주창규	2013
재중 조선인 문학 연구	최학송	2013
북리지 · 교방기	손계 · 최령흠, 최진아 역	2013
영웅에서 위인으로-번역 위인전기 전집의 기원	김성연	2013
'가미카제 특공대'에서 '우주전함 야마토'까지-전후 일본의 전쟁영화와 전쟁 인식	박진한 · 강태웅 · 한정선 · 이택광 · 신하경	2013
비평적 글쓰기의 계보-한국 근대 문예비평의 형성과 분화	강용훈	2013
식민지 조선의 언어 지배 구조-조선어 규범화 문제를 중심으로	미쓰이 다카시, 임경화 · 고영진 역	2013
한일 근대어문학 연구의 쟁점	연세대 근대한국학연구소	2013
사적 기록성과 미적 거리의 길항-북한 대표작가 천세봉의 문학과 삶	김은정	2013
한국인과 숲의 문화적 어울림	이정호	2013
문학과 과학 1-자연 · 문명 · 전쟁	황종연 편	2013
뷰파인더 위의 경성-박태원과 고현학(考現學)	류수연	2013
타이완의 근대문학 1-운동 · 제도 · 식민성	천팡밍 · 장룽즈 · 황메이어 · 팡샤오	2013

책명	저자	발행년도
	첸, 최말순 편	
타이완의 근대문학 2—운동 · 제도 · 식민성	황메이어 · 린치양 · 예렌펑 · 샹양 · 류수천 · 천젠중 · 천팡밍 · 주후이주, 최말순 편	2013
타이완의 근대문학 3—운동 · 제도 · 식민성	스수 · 천밍타이 · 류지후이 · 천치우 · 징즈신 · 쉬리팡 · 왕쉐링 · 장야후이, 최말순 편	2013
고전시가 교육의 탐구—시공간적 거리감, 전유, 정서를 중심으로	고정희	2013
수이전	이대형 편역	2013
현대소설과 분단의 트라우마	강진호	2013
김유정과의 만남	김유정학회 편	2013
김유정과 동시대 문학 연구	유인순 외	2013
조선족 디아스포라의 만주아리랑	김영필	2013
근대 한국문학과 미술의 상호작용	김미영	2013
고전소설, 몰입과 미감 사이	조혜란	2013
대중문화, 지역을 디자인하다	부산대 한국민족문화연구소 편	2013
지역 문화, 길을 묻다—10인의 전문가가 들려주는 지역문화의 현장과 미래	인천문화재단 · 경인일보 기획	2013
동아시아의 자국학과 자국문학사 인식	류준필	2013
목일신 전집	목일신, 이동순 편	2013
목일신 동요곡집	목일신, 이동순 편	2013
지역에서 행복을 찾다	부산대 한국민족문화연구소 편	2013
한국 대중연애서사의 이데올로기와 미학	진선영	2013
『학원』과 학원세대	장수경	2013
북한의 시학 연구(전6권)	이상숙 외	2013
잡담과 빙고—경기 · 충청 장토문적으로 보는 조선 후기 여객주인권	고민정 · 김혁 · 안혜경 · 양선아 · 정승모 · 조영준	2013
문헌과 주석	남성심 · 김정현 · 김광일 · 당윤희 · 문준혜 · 신원철 · 문수정	2013
한국문학과 민주주의	함돈균 편	2013
냉전 체제와 자본의 문화—근대 일본의 문화사 9 : 1955년 이후 1	요시미 슌야 외, 허보윤 · 김연숙 · 전미경 · 한윤아 · 이현희 · 장현정 · 남효진 역	2013
1960년대 소설 연구—사유의 이념, 자유의 현실	이수형	2013
일기를 통해 본 전통과 근대, 식민지와 국가	정병욱, 이타가키 류타 편	2013
복희고	원이둬, 홍윤희 역	2013
월경(越境)하는 극장들—동아시아 근대 극장과 예술사의 변동	김종진 · 김현철 · 박영산 · 양근애 · 이상우 · 이승희 · 이주영 · 이화진 · 장동천	2013

책명	저자	발행년도
포섭과 저항의 로컬리티	부산대 한국민족문화연구소 편	2013
최장집의 한국 민주주의론	김정한 편저	2013
동아시아의 근대, 그 중심과 주변	김선민 · 윤욱 · 조성산 · 홍윤희	2013
센티멘탈 이광수—감성과 이데올로기	박헌호 편저	2013
1980 대중 봉기의 민주주의	김정한	2013
용과 중국인 그리고 실크로드	홍윤희	2013
19세기 조선의 문화구조와 동역학	강상순 편저	2013
한국과 베트남 사신, 북경에서 만나다	인하대 한국학연구소 편	2013
동아시아 개항장 도시의 로컬리티	조정민 편	2013
선망과 질시의 로컬리티	부산대 한국민족문화연구소 편	2013
식민사학과 민족사학의 관학아카데미즘	김종준	2013
차이와 차별의 로컬리티	부산대 한국민족문화연구소 편	2013
동아시아 한국학의 분화와 계보—복수의 한국학들	인하대 한국학연구소 편	2013
러시아의 한국학과 북우 계봉우	인하대 한국학연구소 편	2013
돈황문학사전	전홍철 · 이용재	2013
돈황 민간문학 담론	전홍철	2013
염상섭 문장 전집 1~2	한기형 · 이혜령 편	2013
공간의 사유와 공간이론의 사회적 전유	류지석 편	2013
동아시아한국학의 형성—근대성과 식민성의 착종	인하대 한국학연구소 편	2013
로컬의 일상과 실천	부산대 한국민족문화연구소 편	2013
'물결21' 코퍼스의 구축과 활용	김일환 · 정유진 · 강범모 · 김홍규	2013
신문의 언어 사용 통계	정유진 · 김일환 · 강범모 · 김홍규	2013
연변조선족의 역사와 현실	인하대 한국학연구소 편	2013
한국의 근대 문화장의 동역학	박헌호 편저	2013
이주와 로컬리티의 재구성	부산대 한국민족문화연구소 편	2013
한불자전 연구	이은령 외, 부산대학교 인문학연구소 편	2013
연변학의 선구자들	인하대 한국학연구소 편	2013
장소경험과 로컬 정체성	부산대 한국민족문화연구소 편	2013
창조성과 도시	이상봉 편	2013
부산 시공간의 형성과 다층성	문재원 편	2013
당시별재집 1~6	심덕잠, 서성 역	2013
한국 근대소설의 구어전통과 문체 형성	양문규	2013
일본 대중지의 원류—메이지기 소신문 연구	쓰치야 레이코, 권정희 역	2013
주부의 탄생—일본여성들의 근대와 미디어	기무라 료코, 이은주 역	2013
권력의 도상학—식민지 시기 파시즘의 시각 문화	한민주	2013
멜로드라마적 상상력—발자크, 헨리 제임스, 멜로드라마,	피터 브룩스, 이승희 · 이혜령 · 최승	2013

책명	저자	발행년도
그리고 과잉의 양식	연 역	
목욕하는 남자(민혜숙 단편소설집)	민혜숙	2013
책의 탄생과 이야기의 운명	박진영	2013
창부의 이력서-최희숙 소설	최희숙, 김홍중 편	2013
냉전시대 한국의 문학과 영화-자유의 경계선	테드 휴즈, 나병철 역	2013
담마빠다-빠알리어 문법과 함께 읽는 법구경	김서리 역주	2013
지수염필 (상)·(하)	홍한주, 김윤조·진재교 역, 임완혁 윤문	2013
정전 형성의 논리	이형대 편저	2013
사상으로서의 조선문학 -전시체제기(1937~1945) 한국문학의 윤리	이혜진	2013
천황제와 젠더	가노 미키요, 손지연 외역	2013
현장에서 바라본 문학의 의미	이경재	2013
시시문학의 시대와 그 여정-17세기 소설사	민족문학사연구소 고전소설사연구반	2013
이미지의 정치학과 모더니즘-김기림의 예술론	김예리	2013
찰나멸논증	우제선 역저	2013
식민지 이성과 마르크스의 방법-김남천과 임화의 창작방법론 연구	김지형	2013
1930년대 후반 식민지 조선의 소설 이론-임화, 최재서, 김남천의 소설 장르 논의	이진형	2013
조영출 전집 1~3	조영출, 장유정·주경환 편	2013
언어적 근대의 기획-주시경과 그의 시대	김병문	2013
정비석 연구	이영미·김현주·이선미·김병길·이길성·최애순	2013
젠더와 번역-여성 지(知)의 형성과 변전(變轉)	박지영·이지영·서정민·박상석·김연숙·김복순·김양선·김윤선·강소영·윤정화·류진희·장미영·허윤·권오숙	2013
역대시화 1~6	하문환 편, 김규선 역	2013
혼종문화론-지구화 시대의 문화연구와 로컬의 문화적 상상력	김용규	2013
아단문고 미공개 자료 총서 2013-01~15	재단법인 아단문고	2013
사회의 발견-식민지기 '사회'에 대한 이론과 상상, 그리고 실천(1910~1925)	김현주	2013
논어고의 (상)·(하)	이토 진사이, 장원철 역	2013
중국어권 문학사	후지이 쇼조, 김양수 역	2013
인도인의 길 (제2판)	존 M. 콜러, 허우성 역	2013
폭력을 관통하는 열 가지 시선	곽정연·김이섭·김인수·문광훈·변광배·사지원·이은희·정인모·조경욱·조연숙	2013

책명	저자	발행년도
법관양성소와 근대 한국	김효전	2014
현대 한국어로 보는 한불자전	파리외방전교회 · 펠릭스 클레르 리델, 이은령 · 김영주 · 윤애선 역	2014
일본 시가의 마음과 민낯	오오카 마코토, 왕숙영 역	2014
한국 현대시의 형성과 율의 이념-자유시 리듬의 문제	박슬기	2014
염상섭 문장 전집 3(1946~1962)	한기형 · 이혜령 편	2014
서북문학과 로컬리티-이상주의와 공동체의 언어	정주아	2014
김유정과의 동행	유인순	2014
전통지속론으로 본 한국 근대시의 운율 형성 과정	윤덕진	2014
오역의 문화	김욱동	2014
총력전하의 앎과 제도-근대 일본의 문화사7 : 1935~1955년 1	사카이 나오키 외, 이종호 · 임미진 · 정실비 · 양승모 · 이경미 · 최정옥 역	2014
민주화 · 탈냉전 시대, 평화와 통일의 사건사	정태헌 · 이수훈 편	2014
한국의 근대신문과 근대소설 3-만세보	김영민	2014
문체, 소설의 몸-소설문체론 강의	황도경	2014
1950년대 모더니즘 시의 알레고리적 미의식 연구-조향, 박인환, 김수영을 중심으로	김창환	2014
원본 『진달내꽃』 『진달내꽃』 서지 연구	엄동섭 · 웨인 드 프레메리	2014
식민지 조선의 영화소설	전우형	2014
'제국일본'과 영어 · 영문학	윤수안, 윤수안 · 고영진 역	2014
모란정	탕현조, 이정재 · 이창숙 역	2014
언어의 놀이, 서사의 실험-박태원의 문학 세계와 탈경계의 수사학	김미지	2014
송원희곡고 역주	왕국유, 오수경 역	2014
일제강점기 금지도서 목록	정진석 편	2014
다시 읽는 백석 시	현대시비평연구회 편저	2014
문학과 과학 2-인종 · 마술 · 국가	황종연 편	2014
육아의 탄생	사와야마 미카코, 이은주 역	2014
김유정과의 산책	김유정학회 편	2014
역사와 주체를 묻다-근대 일본의 문화사 10 : 1955년 이후 2	시마조노 스스무 외, 남효진 · 이현희 · 한윤아 · 전미경 · 김연숙 · 강현정 · 허보윤 역	2014
만주실록 역주	고려대학교 민족문화연구원 · 만주학센터 만주실록 역주회 역	2014
'중심'의 회복을 위하여-신화와 상징으로 현대소설 읽기	민혜숙	2014
조선영화와 할리우드	연구모임 시네마바벨 편	2014
차이와 윤리-개화 주체성의 형성	김미정	2014

책명	저자	발행년도
김광균 문학전집	오영식 · 유성호 편	2014
한국학의 학술사적 전망 1~2	임형택 편	2014
조선 기록문화의 역사와 구조 2-기록에서 사회로	황재문 · 이영경 · 박현순 · 김시덕 · 정호훈 · 문중양 · 윤대원 · 안승택	2014
식민주의와 문학	오무라 마스오	2014
조선 후기의 과거(科擧)	박현순	2014
동아시아의 문헌 교류-16~18세기 한 · 중 · 일 서적의 전파와 수용	조계영 · 이유리 · 노경희 · 당윤희 · 장유승	2014
근대 한국어 시기의 언어관 · 문자관 연구	이현희 · 김한결 · 김민지 · 이상훈 · 백채원 · 이영경	2014
조선 기록문화의 역사와 구조 1-지식에서 기록으로	조계영 · 이영경 · 정호훈 · 정긍식 · 박현순 · 김시덕 · 황재문 · 정병설	2014
만주, 경계에서 읽는 한국문학	김재용 · 이해영 편	2014
조선의 『소학』-주석과 번역	정호훈	2014
19세기 서구인들이 인식한 한국의 시와 노래	김승우	2014
증상으로서의 내재율	신지연	2014
귀신 · 요괴 · 이물의 비교문화론	신이와 이단의 문화사 팀	2014
임화문학연구 4	임화문학연구회	2014
문학, 교양의 시간	서은주	2014
저수하의 시간, 염상섭을 읽다	한기형 · 이혜령 편저	2014
타오르는 강-소설어 사전	문순태	2014
한국 천주교문학사	구중서	2014
서사학과 텍스트 이론-토도로프에서 데리다까지(개정증보판)	박진	2014
대한자강회월보 편역집 2-실용학문의 태동	임상석 · 정두영 역	2014
대한자강회월보 편역집 3-자강의 논리	박관규 · 손성준 · 신상필 · 홍인숙 역	2014
박성리 문학 연구-움직임과 멈춤의 상상력	김은경	2014
한국 근 · 현대 불교소설 연구	고송서	2014
한성신보 1~4	연세대학교 학술정보원 · 연세대학교 근대한국학연구소 편	2014
식민지라는 물음	이타가키 류타 · 정병욱 편	2014
망탈리테의 구속 혹은 1970년대 문학의 모태	박수현	2014
텍스트는 젖줄이다-대중서사론 입문	김상천	2014
The Vertex : Poems of Yi Yook-sa	이성일 역	2014
문학의 숲, 그 경계의 바리에떼	박상준	2014
이광수와 식민지 문학의 윤리	최주한	2014
감정 · 기억 · 전쟁-근대 일본의 문화사 8 : 1935~1955년 2	나리타 류이치 외, 정실비 · 최정옥 · 서승희 · 이경미 · 이종호 · 양승모 ·	2014

책명	저자	발행년도
	전지니·임미진 역	
뿌쉬낀 평전	엘레인 페인스테인, 손유택 역	2014
텔레비전 드라마, 역사를 전유하다	텔레비전드라마연구회	2014
김억의 창작적 역시와 근대시 형성	최라영	2014
청대 만주족의 샤먼 제사-『제사전서무인송념전록』 역주	고려대 민족문화연구원·만주학센터 문학 팀 역주	2014
북한의 우리문학사 재인식	민족문학사연구소 남북한문학사연구반	2014
중국 고소설 작가고증학 원론	구양건, 김수연 역	2014
역주 악서 4-악도론	진양, 이후영·김종수 역	2014
김말봉 전집 1~3	김말봉, 진선영 편	2014
아단문고 미공개 자료 총서 2014-01~39	재단법인 아단문고	2014
전후 일본의 문화외교 연구	김필동	2014
와사등, 기항지	김광균, 배선애 편	2014
산호림, 창변	노천명, 배선애 편	2014
신소설, 언어와 정치	권보드래	2014
동아시아 3국의 사회변동과 갈등관리-한국, 일본, 중국	정영태	2014
멀티 엔터테이너로서의 중국 고대 기녀-당(唐)·송(宋)·원(元) 기녀의 문학 예술적 역할에 관하여	권응상	2014
근대시의 전장	이순욱	2014
정태병 전집	정태병, 이동순 편	2014
정태병 동화집	정태병, 이동순 편	2014
디지털 시대의 인문학	김욱동	2015
한국 근대시의 흐름과 고원	곽명숙	2015
이해조 문학 연구	배정상	2015
임화(林和)의 영화	백문임	2015
중심과 주변의 삼중주	서경호·조관희·김월회·염정삼·김상호·박영희·홍상훈·이소영·김진공	2015
동아시아 근대 지식과 번역의 지형	이화인문과학원 편	2015
유치환과 이원수의 부왜문학	박태일	2015
1910년대 소설의 역사적 의미	함태영	2015
이용악 전집	이용악, 곽효환·이경수·이현승 편	2015
자유롭게 쓸 수 있는 창작 뮤지컬 대본 두 편	김균형	2015
근대이행기 동아시아의 자국어인식과 자국어학의 성립	인하대 한국학연구소 편	2015
님의 침묵	한용운, 이기성 편	2015
성벽, 헌사	오장환, 이기성 편	2015

책명	저자	발행년도
은뢰—조선신궁에서 바라본 식민지 조선의 풍경	한국전통문화대학교 한국전통문화연구소 편, 정선태 역	2015
국가를 흐르는 삶	김예림	2015
단재 신채호 소설 연구	김현주	2015
'문(文)'과 '노벨(novel)'의 장르사회학—1930년대 후반기 소설의 장르론적 연구	장성규	2015
혁명과 죽음—1960년대 '문학, 정치'의 경계와 죽음충동	박대현	2015
차연의 윤리와 사건의 정치—2000년대 소설에 대한 소고	김남혁	2015
다형 김현승 시 연구	유성호	2015
조선	다카하마 교시, 김영식 역	2015
김현의 독서와 비평적 실천	이승은	2015
선후문학을 다시 읽는다—이중언어·관전사·식민화된 주체의 관점에서 본 전후세대 및 선후문학의 재해석	한수영	2015
용동궁등록—탈초본	고민정·안혜경·양선아·조영준	2015
용동궁공사책—탈초본	고민정·안혜경·양선아·조영준	2015
나는 닦는다 야마토로 통하는 마루를—국민문학 수록 시(1941.11~1943.9)	가미무라 슌페이·가미야 미호·김은정·김지형·노지현·박지영·채호석 편역	2015
전쟁과 극장—전쟁으로 본 동아시아 근대극장의 문화정치학	이상우 외	2015
하나오카 사건 회고문	마쓰다 도키코, 김정훈 역	2015
백두대간에서 만난 자연의 인상 삶의 풍경	이우학교 제8기 백두대간종주탐사팀, 정선태 편	2015
한국경찰사 1~2	이윤정	2015
문학과 과학 3—영혼·생명·통치	황종연 편	2015
소식문예이론	최재혁	2015
허용된 불온—식민지시기 검열과 한국문학	한만수	2015
식민지 시기 언론과 언론인	박용규	2015
서비스 이코노미—한국의 군사주의·성 노동·이주노동	이진경, 나병철 역	2015
이태준 전집 1~7	상허학회 편	2015
김유정과의 향연	김유정학회 편	2015
동아시아 한국문학을 찾아서	원종찬 편	2015
식민지적 전향—식민지와 문학	김창석	2015
계몽과 혁명—신채호의 삶과 문학	김주현	2015
아나키즘, 비애와 분노의 뿌리—근대 지식인 문학과 농민주체문학의 기원	김택호	2015

책명	저자	발행년도
형성기 한국 근대소설 텍스트의 시학－우연의 문제를 중심으로	박상준	2015
서사란 무엇이었는가	김찬기	2015
한국 소년소설과 근대주체 '소년'	최미선	2015
제국에의 길－원리, 천황, 전쟁	정의 · 전성곤	2015
한국 모더니즘 시의 반복과 변주	오형엽	2015
다문화 시대의 한국소설 읽기	이경재	2015
다문화와 인정의 로컬리티	이명수 · 장세용 · 오경석 · 박병섭 · 차철욱 · 차윤정 · 조명기 · 조관연	2015
포스터스 박사의 비극	크리스토퍼 말로, 이성일 역	2015
근대 동아시아의 공간 재편과 사회 변천－주체, 윤리, 사랑, 혁명의 귀환에 대하여	인하대 한국학연구소 · 중국 복단대학 역사지리연구중심 편	2015
제국의 기획－혁신관료와 일본 전시국가	제니스 미무라, 박성진 역	2015
조선 후기 사족과 예교질서	박종천 편	2015
이청준 소설과 사유의 악마성	김소륜	2015
현대시의 윤리와 생명의식	이혜원	2015
삼국사기와 삼국유사의 역사인식과 역사의식	문성화	2015
한국 불교시가의 동아시아적 맥락과 근대성	김종진	2015
돈황변문교주 1～6	황정 · 장용천 교주, 전홍철 · 정병윤 · 정광훈 역주	2015
식민주의와 타자성의 위치	서영인	2015
집 잃은 개를 찾아서 1～2	진경환	2015
박인환 문학전집 1－시	엄동섭 · 염철 편	2015
시인 박용래－그의 삶과 문학	김현정 · 박진아 편	2015
적대와 동원의 문화정치－한국 반공영화의 제도화 1949～1968	정영권	2015
근대세계의 형성－근대 일본의 문화사1: 19세기 세계 1	사카이 나오키 외, 허보윤 남효진 한윤아 이현희 강현정 김연숙 전미경 역	2015
감정의 지도 그리기－근대/후기 근대의 문학과 감정 읽기	이명호 외	2015
풍속통의 (상) · (하)	응소, 이민숙 · 김명신 · 정민경 · 이연희 역	2015
땅의 노래－조태일의 시세계	이동순 편	2015
백 년 동안의 진보	박헌호 편저	2015
태화산 편지	한상도	2015
문학윤리학비평이론	니에전자오, 윤석민 · 임대근 · 김순진 역	2015
한국 근대문학과 민족－국가 담론 자료집	신두원 · 한형구 외편	2015
책 잡지 신문 자료의 수호자－지식의 보물창고를	정진석	2015

책명	저자	발행년도
지키고 탐험로를 개척한 사람들		
바람에도 흔들리는 땅 -조선시대 지진과 재난 이야기	최범영	2015
한국 근대시의 과제와 문학사의 주체들	김진희	2015
미공개 『어린이』 1~4	김옥빈 · 방정환 · 이정호	2015
창작 뮤지컬 대본 두 편 2	김균형	2015
창작 뮤지컬 대본 두 편 3 & 연극 대본 두 편	김균형	2015
『어린이』 총목차 1923-1949	김경희 · 박종진 · 서희경 · 이혜영 · 장정희 · 오영식 편	2015
유의 미학, 『금오신화』	김수연	2015
구중서 그의 문학을 걷다	임규찬 · 유성호 편	2015
서술이론 1- 구조 대 역사 그 너머	제임스 펠란 · 피터 J.라비노비츠 편, 최라영 역	2015
조종현 전집 1~2	조종현, 이동순 편	2015
백석, 자기 구원의 시혼	이세기	2015
김말봉 전집 4-가인의 시장, 화려한 지옥	김말봉, 진선영 편	2015
베이징 컨센서스	황핑 · 조슈아 쿠퍼 레이모 · 존 윌리엄슨 · 조셉 스티글리츠 · 추이즈위안 · 아리프 딜릭 · 위커핑 · 장권취, 김진공 · 류준필 역	2015
탐정과 밀정-한국 근대 추리소설의 기원과 역사	박진영	2015
재일이라는 근거	다케다 세이지, 재일조선인문화연구회 역	2016
영어 강좌의 탄생-미디어와 교양이 만난 근대 일본	야마구치 마코토, 김경원 · 박애경 · 서은주 · 이인영 역	2016
노래로 엮은 『춘향전』, 『남원고사』의 서사화 방식	윤덕진 · 임성래	2016
무사도와 에로스 -전국시대 무사들의 사랑과 동성애	우지이에 미키토, 신은영 역	2016
최남선 · 근대시가 · 네이션	최현식	2016
한국 현대 아동문학 비평자료집 1-1900~20년대	류덕제 편	2016
일본 대중문화의 원형-일본의 역사 : 일본근세 서민문화사	아오키 미치오, 허은주 역	2016
문학미디어론-무한의 시학과 미학 : 춘향전 은하계의 탐사로부터	임형택	2016
오이디푸스의 눈-식민지 소신문학과 동아시아의 시디적 상상	소메영	2016
언어 · 헤게모니 · 권력-언어사상사적 접근	가스야 게스케, 고영진 · 형진의 역	2016
1910년대 매일신보 단형서사 자료집	연세대 인문예술대학 국어국문학과 CK사업단 편, 배현자 · 이혜진 교열 및 해제, 김영민 · 배정상 감수	2016

책명	저자	발행년도
근대 일본의 지식장과 젠더투쟁	이은주	2016
선(禪), 초기불교와 포스트모더니즘 너머	송준영	2016
식민지 근대의 시작과 대중문학의 전개	이주라	2016
신경향파 문학의 재인식	문학과사상연구회	2016
조선 후기 왕실재정과 서울상업	조영준	2016
소암 김영보 전집	김동소 편	2016
비교문학과 텍스트의 이해 -일본문학·문화의 경계	한일비교문학연구회 편	2016
에도의 독서회-회독의 사상사	마에다 쓰토무, 조인희·김복순 역	2016
시대의 얼굴-잡지 표지로 보는 근대	서유리	2016
김유정의 문학광장	김유정학회 편	2016
국악 고문헌 연구	한지훈	2016
주희 '음분시'론의 재평가	한지훈	2016
일본문학 속의 사계-한국문학과의 비교를 통하여	최재철	2016
다시 읽는 천주교 미담 1911-1957	김윤선 편저	2016
염상섭 문학의 재인식(개정판)	문학과사상연구회	2016
슬픈 사회주의자-미학적 실천으로서의 한국 근대문학	손유경	2016
근대의 수정구슬-근대 여성과 한국문학	이태숙	2016
근대 중국, 그 사랑과 욕망의 사회사	천성림	2016
경계의 언어와 시적 실험-어문표준화 정책에 따른 문인들의 언어의식과 창작태도의 변화	여태천	2016
평양을 담다-역주『평양지』『속평양지』	이은주	2016
한국 도량형사	이종봉	2016
문학적 근대의 자의식	김명인	2016
저항과 포섭 사이-탈식민주의 이론에 대한 논쟁적인 이해	이석구	2016
윤동주와 한국 근대문학	오무라 마스오	2016
한국 개신교와 정치-개신교 정교 분리 원칙의 변용	김용민	2016
일본문학의 수용과 번역	이한정	2016
근대 지식과 인간과학	이화인문과학원 편	2016
자율과 연대의 로컬리티	하용삼·강수택·이상봉·변광석·오미일·김인덕·손은하·이은상·문재원	2016
돈황학대사전	지센린, 고려대학교 민족문화연구원·금강대학교 불교문화연구소 역	2016
비평의 고독(권성우 비평집)	권성우	2016
근대 지식과 저널리즘	이화인문과학원 편	2016

책명	저자	발행년도
노래는 저 혼자 울고 있고(최무영 유고 시집)	최무영	2016
부산의 장소를 걷다	부산대 한국민족문화연구소 편	2016
조선시대 예교담론과 예제질서	박종천 편	2016
역주 춘추번로의증	소여, 허호구 · 윤재환 · 정동화 역	2016
한국 근대문학과 중국	김재용 · 이해영 편	2016
서술이론 2—구조 대 역사 그 너머	제임스 펠란 · 피터 J.라비노비츠 편, 최라영 역	2016
최무영 유고 시집	최무영	2016
사랑하는 대륙이여—시인 김용제 연구	오무라 마스오, 심원섭 역	2016
편견—인류의 재앙	프레데릭 마이어, 임호일 역	2016
천사의 멜랑콜리(김행숙 평론집)	김행숙	2016
아시아적 신체와 혼종적 정체성	이덕화	2016
파도바의 폭군 안젤로	빅토르 위고, 곽광자 역	2016
조선 후기의 일기문학	정우봉	2016
기억의 역전—전환기 조선 사상사의 새로운 이해	노관범	2016
나쓰메 소세키의 「만주와 한국 여행기」	나쓰메 소세키, 김유영 역	2016
문학과 애도(이경재 평론집)	이경재	2016
정전의 질투—김동리 소설문학외사	김병길	2016
조용한 혁명—메이지유신과 일본의 건국	성희엽	2016
조용한 혁명—메이지유신과 일본의 건국(2판)	성희엽	2016
옛시조의 모티프 · 미의식과 심상공간의 역사	김흥규	2016
태화산 편지 2	한상도	2016
김말봉 전집 5~6	김말봉, 진선영 편	2016
디오니소스의 귀환—테오도로스 텔조폴로스 배우 훈련법	테오도로스 텔조폴로스, 김재경 역	2016
학무의 고고학—한국 전통 지식의 굴절과 근대 학문의 기원	이행훈	2016
사지를 넘어 귀향까지—일제 강제 징용 수기	이상업	2016
풍화와 기억—일제 말 친일협력 문학의 재해석	김재용	2016
임화문학연구 5	임화문학연구회	2016
일제하 한국 아나키즘 소사전	오장환 편	2016
문학이라는 혼종지대(박진 평론집)	박진	2016
감정과 도덕—성리학의 도덕 감성론	홍성민	2016
근대 초기 잡지의 발산과 근대적 문학관의 형성	서은경	2016
인문콘텐츠와 대중매체	가톨릭대 글로컬문화스토리텔링연구소 편	2016
지역 문화 콘텐츠와 스토리텔링	가톨릭대 글로컬문화스토리텔링연구소 편	2016

책명	저자	발행년도
불온의 시대－1960년대 한국의 문학과 정치	임유경	2016
서사의 요철－기독교와 과학이라는 근대의 지식－담론	김성연	2016
김사량과 일제 말 식민지문학	곽형덕	2016
인문예술 제2집(연간 무크지)	인문예술 편집부 편	2016
해방, 비국민의 미완의 서사	안미영	2016
동아시아 고전학과 한자세계	박일호 외	2016
동아시아 문학 속 상인 형상	박경남 편	2017
대학론, 대학을 공부하다	신현철	2017
한국의 팔경도	박해훈	2017
정판교집 (상)·(하)	정섭, 양귀숙 역, 이등연 해제	2017
춘외춘(春外春)－한국 근대 신문 최초 삽화 게재 소설 자료집	연세대학교 인문예술대학 국어국문학과 CK사업단, 배현자·이혜진 교열 및 해제, 김영민·배정상 감수	2017
아베 미츠이에(阿部充家)와 조선－구마모토, 국민신문, 경성일보 시대	심원섭	2017
한국 근대문학과 동아시아 1－일본	김재용·윤영실 편	2017
지배의 논리 경계의 사상	정선태	2017
화법에 대하여－전영우 이야기	전영우	2017
구인회의 안과 밖	현순영	2017
이상 문학의 재인식	문학과사상연구회	2017
존재와 현상－김춘수 시의 현상학적 읽기	문혜원	2017
한일 고전문학 속 비일상 체험과 일상성 회복－기적과 신이, 경험과 상상의 카니발	정형·윤채근 편	2017
귀신과 괴물－조선 유교사회의 그림자	강상순	2017
중국소설과 지식의 조우－근대전환기 문학장의 재발견	정선경	2017
사지를 넘어 귀향까지(일본어판)	이상업, 이양수 역	2017
김유정의 문학산맥	김유정학회 편	2017
생태와 대안의 로컬리티	공윤경·박규택·박수경·박혜영·양흥숙·이유혁·조명래·조영준·조정민	2017
대학정책, 어떻게 바꿀 것인가	한국대학학회 편	2017
트랜스내셔널 노동이주와 한국	윤해동 편	2017
권정생의 문학과 사상	엄혜숙	2017
세계문학 무라카미 하루키	시바타 쇼지 외, 남휘정 역	2017
조선 중기의 전쟁과 고소설의 기억	이종필	2017
사지를 넘어 귀향까지(일제 강제 징용 수기) 제2판	이상업	2017

책명	저자	발행년도
잃어버린 목소리, 다시 찾은 목소리―구혜영론	안미영	2017
근대 담론의 형성과 지식장의 전환	이화인문과학원 편	2017
근대 여성문학의 탄생과 미디어의 교통(交通)―1920~30년대 여성문학의 형성과 여성잡지의 젠더정치	김경연	2017
현대 중국의 아틀라스―세계에서 가장 급성장하는 경제 들여다보기	로버트 베네위크·스테파니 헤멜릭 도널드, 심태식 역	2017
로컬리티의 시간성	장세룡·최성철·조현수·차철욱·양흥숙·레이첼 조	2017
트랜스로컬리티와 경계의 재해석	이유혁·다이아나 브라이던·조명기·예동근·문재원·이혜진	2017
로컬리티와 포스트모던 공간성	박규택·박경환·이명수·이상봉·하용삼	2017
협동조합과 생명운동의 역사―원주지역의 부락개발, 신협, 생명운동	김소남	2017
로컬서사와 재현	이유혁·손은하·조관연·조명기·박수경·문재원·김동규	2017
한국문학의 외연	정은경	2017
한국문학과보편주의	조강석	2017
미친 자의 칼 아래서 1~2	한기형 편	2017
레드와 블랙(김옥란 연극평론집)	김옥란	2017
동아시아 지식네트워크와 근대 지식인	이화인문과학원 편	2017
영화관과 관객의 문화사	가토 미키로우, 김승구 역	2017
마을연구와 로컬리티	차철욱·차윤정·전은휘·이동일·양흥숙·변광석·박해광·공윤경	2017
도시와 공생	부산대 한국민족문화연구소·오사카시립대 도시문화연구센터 공편	2017
젠더와 로컬리티	장세룡·임옥희·문재원·조정민·이유혁	2017
사건, 정치의 토포스―외부의 잠재성과 로컬리티	장세룡·신지영·문재원·김원·김원·조명기·이농연·오미일	2017
오키나와를 읽다―전후 오키나와 문학과 사상	조정민	2017
중국문학 속 상인 세계	소의평, 박경남·신정수·김수현·우수치 역	2017
로컬리티 담론과 인문학	문재원·이명수·조명기·차윤정·박규택·이상봉·차철욱·조관연·장세룡	2017
다문화 오디세이―다양성의 새로운 국제정치를 항해하기	윌 킴리카, 이유혁·진주영 역	2017
『콜랭 드 플랑시 문서철』에 새겨진 젊은 한국학자	부산대학교 인문학연구소·점필재연	2017

책명	저자	발행년도
의 영혼—모리스 쿠랑(Maurice Courant) 평전과 서한자료집	구소 · 콜레주 드 프랑스 한국학연구소 편	
한국문학의 동아시아적 지평	오무라 마스오, 곽형덕 역	2017
한일 상호이해의 길	오무라 마스오, 정선태 역	2017
식민주의와 문학	오무라 마스오	2017
한국 고소설의 현장과 문화지형	유춘동	2017
한국 현대문학의 공간과 장소—미쓰비시 사택에서 뉴욕의 맨해튼까지	이경재	2017
감성정치와 사랑의 미학—감성사회의 역설과 사랑의 재발견	나병철	2017
심소 김천흥 선생 무악인생록	김천흥, 김영희 편	2017
제국일본의 생활공간	조던 샌드, 박삼헌 · 조영희 · 김현영 역	2017
보성학교 오영식 선생 정년기념 소장도서 전시회 40년—108번뇌	오영식 편	2017
인천말 연구	한성우 편저	2017
1900 동아시아, 서양인들의 답사 리포트	다니엘 워레스 스미스, 윤승준 · 이영미 역	2017
경성제국대학 부속도서관 장서의 성격과 활용—식민주의와 총동원체제	진필수 편	2017
동아시아 냉전의 문화	오타 오사무 · 허은 편	2017
미디어의 출현과 근대 소설 독자	전은경	2017
근대지식과 '역사'의 발견—신채호의 역사서술을 중심으로	김수자	2017
보성과 한국문학—작고문인을 중심으로	오영식 편	2017
할리우드 프리즘—20세기 한국영화와 할리우드	연구모임 시네마바벨	2017
만문노당 역주 1~4	고려대학교 민족문화연구원 만문노당역주회	2017
정치적 인간과 성적 인간—한국 근대문학의 언어, 주체,이데올로기 2	한수영	2017
빨간 의자(최범영 장편소설)	최범영	2017
포퓰리즘과 민주주의	진태원 편	2017
역주 악서 5—악도론 : 호부(胡部) 팔음(八音), 속부(俗部) 팔음(八音)	진양, 조남권 · 김종수 역	2017
여성, 산문 살롱 —20세기를 읽고 21세기를 생각하다	김진희 · 송경란	2017
다시 보는 한하운의 삶과 문학—나병과 좌익, 이중의 배제를 넘는 생의 노래	부평역사박물관 편	2017
모성과 모성 경험에 관하여—아드리안 리치의 삶과 페미니스트 비평의 이해	한지희	2017
인문콘텐츠의 교육적 활용	가톨릭대학교 글로컬문화스토리텔링	2017

책명	저자	발행년도
	연구소 편	
문화와 문화콘텐츠	가톨릭대학교 글로컬문화스토리텔링 연구소 편	2017
키워드, 공기어, 그리고 네트워크–신문 빅데이터가 보여 주는 것	김일환 외	2017
광주의 시인들	이동순	2017
연변학의 선구자들 2	인하대 한국학연구소・연변대학교 민족연구원 편	2017
황원행 (상)・(하)	연세대 인문예술대학 국어국문학과 CK사업단 편, 배현자・이혜진 교열 및 해제, 김영민・배정상 감수	2018
구운몽과 꿈 활용 우울증 수행치료	이강옥	2018
한국 고전문학의 여성적 시각	박혜숙	2018
문명장치로서의 이야기–이야기의 형성하는 힘 그리고 중국	김월회・박영희・박지현・이소영・김진공・민경욱・정진선・안정훈・홍상훈・김진곤	2018
조운 문학 전집	이동순 편	2018
조남령 문학 전집	이동순 편	2018
조의현 문학 전집	이동순 편	2018
제국신도의 형성–식민지조선과 국가신도의 논리	아오노 마사아키, 배귀득・심희찬 역	
소명출판 20년, 한국문학 연구 20년	소명출판 편집부 편	2018

발행 잡지	발행처	발행년도
민족문학사연구 제11호~제65호	민족문학사연구소	1997.10~2017.12
코기토 제60호~제83호	부산대 인문학연구소	2006.8~2017.10
근대서지 제1호~제16호	근대서지학회	2010.3~2017.12
한국전통문화연구 제13호~제20호	한국전통문화대학교 전통문화연구소	2014.5~2017.11
역사문제연구 제32호~제38호	역사문제연구소	2014.10~2017.10
비교한국학 24권 제1호~제25권 제3호	국제비교한국학회	2016.4~2017.12

소명출판 연혁

1998년 02월 17일	소명출판 설립
1998년 08월	민족문학사학회 계간지 『민족문학사연구』 출판 제작, 배포에 관한 계약체결(제11호부터)
2002년 12월	한국학술진흥재단 학술명저번역총서 동양편 출판 계약(2001년 선정 과제)
2003년 09월	연세대학교 근대한국학연구소 연세근대한국학총서 출간약정 체결
2004년 06월	이달의 우수전자책 수상(『민족시인 신동엽』)_문화관광부장관
2006년 08월	부산대학교 인문학연구소 계간지 『코기토』 출판 제작, 배포에 관한 계약체결
2006년 10월	간행물윤리상 출판인쇄상 수상_한국간행물윤리위원회
2007년 01월	제47회 한국출판문화상 편집부문 수상(『붓끝으로 부사산 바람을 가르다』 외 3종)_한국일보사
2007년 01월	한국학술진흥재단 학술명저번역총서 동양편 출판 계약(2003~05년도 선정 과제)
2007년 10월	재단법인 동북아역사재단 동북아역사재단 연구총서(21-26) 출판 계약
2007년 11월	제4회 한국출판문화대상 저술 부문 수상(『국문학과 민족 그리고 근대』)_문화일보사
2008년 01월	제48회 한국출판문화상 저술 부문 수상(『공안파와 조선 후기 한문학』)_한국일보사
2008년 02월 15일	소명출판 창립 10주년 기념식
2009년 05월 29일	임화문학예술전집(전8권 중 5권) 출간 및 임화문학예술상 제정

2009년 10월 16일	제1회 임화문학예술상 시상(수상자 백무산, 시집 『거대한 일상』)
2010년 03월	일본 재단법인 산토리 문화재단 해외출판지원 협약 체결 (『다이쇼 데모크라시』)
2010년 04월	아르헨티나 공화국의 대외관계, 국제통상 및 문화부의 후원 출간 약정 (루이사 발렌수엘라 작품선집, 『침대에서 바라본 아르헨티나』)
2010년 04월	『근대서지』(근대서지학회) 잡지사업 등록 및 창간호 출간
2010년 05월	한국연구재단 학술명저번역총서 동양편 출판 계약(2006~07년도 선정 과제)
2010년 08월	서울대학교 중국어문학연구소 연구총서 출간약정 체결
2010년 10월 15일	제2회 임화문학예술상 시상(수상자 최원식, 비평집 『제국 이후의 동아시아』)
2010년 11월	인하대 한국학연구소·민족문학사학회 '식민지 시대 주요 한국 문학작품의 정본화를 위한 기초자료 조사 및 원본비평 연구' 최종결과물 출간약정 체결
2011년 04월	서울대학교 규장각한국학연구소 규장각학술총서 출간약정 체결
2011년 06월	2011년 1분기 우수문학도서 선정 및 납품(『지도의 암실』)_한국도서관협회
2011년 06월	부산대학교 인문학연구소 번역총서 출판지원약정(『문화냉전과 아시아』)
2011년 06월	경희대학교 비교문화연구소 출판지원약정 체결(『근대 한국인의 탄생』)
2011년 07월	이화여자대학교 한국문화연구원 출판지원약정 체결(『근대 수신 교과서』, 『근대 역사 교과서』)
2011년 10월 14일	제3회 임화문학예술상 시상(수상자 손택수, 시집 『나무의 수사학』)
2011년 10월	연세대학교 근대한국학연구소 연세근대동아시아 번역총서 출간 약정 체결
2011년 11월	제34회 문화관광부 추천도서 선정(『디지털 시대의 문화읽기』)_문화관광부장관
2011년 12월	부산대 한국민족문화연구소 로컬리티 교양총서 출판권 설정 계약 체결
2012년 08월	부산대학교 점필재연구소 고전번역학센터 출판지원약정 체결 (『대한자강회월보 편역집』)

2012년 10월 12일 제4회 임화문학예술상 시상(수상자 안도현, 시집 『북항』)

2012년 12월 고려대학교 민족문화연구원 문화동역학라이브러리 총서 출판계약 체결

2013년 02월 부산대 한국민족문화연구소 로컬리티 연구총서 출판계약 체결

2013년 03월 인하대 한국학연구소 동아시아한국학연구총서 출판계약 체결

2013년 10월 11일 제5회 임화문학예술상 시상(수상자 김흥규, 『근대의 특권화를 넘어서』)

2013년 11월 2013년 한국출판학술상 수상_한국출판연구소

2013년 12월 제10회 불교출판문화상 우수상 수상(『담마빠다』)_불교출판문화협회

2014년 04월 이화여자대학교 이화인문과학원 인문지식총서 출판계약 체결

2014년 05월 한국전통문화대학교 전통문화연구소 계간지 『한국전통문화연구』 출판 제작에 관한 계약체결(제13호부터)

2014년 07월 2014년 우수출판콘텐츠 제작 지원 2종 선정(『신소설, 언어와 정치』, 『텍스트는 젖줄이다』)_한국출판문화산업진흥원

2014년 10월 역사문제연구소 계간지 『역사문제연구』 출판 제작, 배포에 관한 계약체결(제32호부터)

2014년 10월 17일 제6회 임화문학예술상 시상(수상자 나희덕, 시집 『말들이 돌아오는 시간』)

2015년 03월 (재)한국연구원 한국연구총서 출판계약 체결

2015년 12월 4일 제7회 임화문학예술상 시상(수상자 김사인, 시집 『어린 당나귀 곁에서』)

2016년 04월 국제비교한국학회 계간지 『비교한국학』 출판 제작, 배포에 관한 계약체결(제24-1호부터)

2016년 07월 2016년 우수출판콘텐츠 제작 지원 1종 선정(『문학이라는 혼종지대』)_한국출판문화산업진흥원

2016년 10월 14일 제8회 임화문학예술상 시상(수상자 강영수, 『통일시대의 고전 『임꺽정』 연구』)

2017년 01월 가톨릭대학교 글로컬문화스토리텔링연구소 글로컬문화스토리텔링 연구총서 출판계약 체결

2017년 03월 2017년도 우수콘텐츠 잡지 선정(『근대서지』)_한국잡지협회

2017년 07월 2017년 우수출판콘텐츠 제작 지원 1종 선정(『여성, 산문 살롱』)_

	한국출판문화산업진흥원
2017년 10월 13일	제9회 임화문학예술상 시상(수상자 권성우, 비평집 『비평의 고독』)
2018년 2월 24일	소명출판 창립 20주년 기념식

추천 · 우수도서

1999~2008 한국출판인회의 이달의 책(총 18종)

1999~2017 한국출판문화산업진흥원(문화체육관광부) 우수학술도서(총 93종)

2002~2017 대한민국학술원 우수학술도서(총 141종)

2005~2017 한국출판문화산업진흥원(한국문화예술위원회) 우수문학도서(총 13종)

2009~2017 한국출판문화산업진흥원(문화체육관광부) 우수교양도서(총 6종)